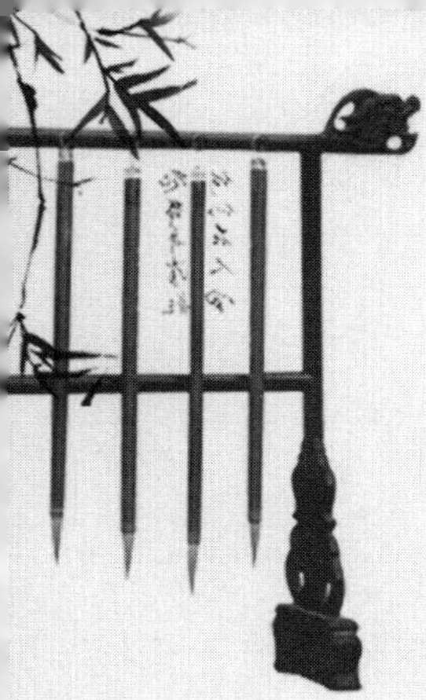

陈林蔚 编著

中国书名词语

ZHONGGUO
SHUMING CIYU
TIJIE HUISHI

题解汇释

中国广播影视出版社

图书在版编目(CIP)数据

中国书名词语题解汇释 / 陈林蔚编著. -- 北京：中国广播影视出版社，2019.1

ISBN 978-7-5043-8212-2

Ⅰ. ①中… Ⅱ. ①陈… Ⅲ. ①图书—题名—研究—中国 Ⅳ. ①G254.31

中国版本图书馆 CIP 数据核字(2018)第 255344 号

中国书名词语题解汇释

陈林蔚　编著

责任编辑　王丽丹　周　玲

封面设计　文人雅士

出版发行　中国广播影视出版社

电　　话　010-86093580　010-86093583

社　　址　北京市西城区真武庙二条 9 号

邮　　编　100045

网　　址　www.crtp.com.cn

电子信箱　crtp8@sina.com

经　　销　全国各地新华书店

印　　刷　天津顾彩印刷有限公司

开　　本　880 毫米×1230 毫米　1/16

字　　数　720(千)字

印　　张　27.25

版　　次　2019 年 1 月第 1 版　2019 年 1 月第 1 次印刷

书　　号　ISBN 978-7-5043-8212-2

定　　价　98.00 元

目 录

上 篇

下 篇

D

Da

Dai

Dan

Dao

Deng

Di

Dian

Diao

Die

Ding

Dong

Dou

Du

Duan

E

E

Er

F

Fa

Fan

书名小考

上　篇

A

An

【 案 】

原意为几案。《说文》:"案,几属。从木安生。"《后汉书·梁鸿传》记有"举案齐眉"之典,其案是指放食器的木制短脚托盘。后又有几案,是狭长矮小的方桌。《三国志·吴志·周瑜传》裴松之传注引虞溥《江表传》:"权拔刀斫前奏案曰:'诸将吏复有言当迎曹者,与此安同。'"由于常在案几上处理公务,所以官府处理公事的文书、成例和讼狱的判定结论曰"案"。案作为动词又有考察、考据、考究之义。《史记·魏其武安侯列传》:"灌夫家在颍川,横甚,民苦之,请案。"案字和书名词语有"公案""(乌台)诗案""学案""医案"等,请参见。

Ao

【 奥 】

原指室之西南隅。《段注说文解字》:"室之西南隅宛然深藏,室之尊也。"后引申为:深、幽、秘之义。《四库全书》子部术数类收有唐杨筠松撰《青囊奥语》一书,乃风水堪舆家相墓之作。子部医家类收有宋刘温舒撰《素问入式运气论奥》一书。此外,书名词语尚有"奥论""奥义""论奥"等,见各该条。奥论,深远的论述。清江藩《汉学师承记·跋》:"缀王肃之危词,弃郑君之奥论。"《四库全书》收有《六经奥论》旧题,宋郑樵撰。

奥义,高深奥秘之理。孔安国《尚书序》:"雅诰奥义,其归一揆。"《宋史·蔡元定传》:"讲论诸经奥义。"《四库全书》收有元人保巴撰之《易源奥义》。我国将印度古代吠陀文学中的哲学部分《吠檀多》(意为"吠陀的终结")译作《奥义书》。

B

Ba

【 跋 】

《说文》释为"颠也",就是跌倒。人跌倒则暴露后部。明宋濂编撰的字书《篇海·身体部》:"足后为跋。"转意为一种文体,乃书于文章之后者。《说文·跋·段注》:"题者标其前,跋者系其后也。"明徐师曾《文体明辨·跋》:"按题跋者,简编之后语也。凡经、传、子、史、诗文、图书类,前有序引,后有后序,可谓尽矣。其后览者,或因人之请求,或因感而有得,则复撰词以缀末简,而总题之曰'题跋'。"常见于书籍、文章、字画、金石拓片之后,作为评价、鉴定、考释、记述的短文。《四库全书》子部艺术类收有宋董逌撰《广川书跋》《广川画跋》,清王澍撰有《竹云题跋》。

Bai

【 百 】

《说文》:"百,十十也。"原为数词,引申为众多。《易·系辞下》:"百官以治",进而有囊括、一切、所有之意。于书名中并非实指,义取多、全、凡是等,义取丰富。如南朝萧齐天竺法师求那毗地翻译的《百喻经》、宋左圭编《百川学海》、张预撰《百将传》、童蒙读物《百家姓》。清刘乙《百悔经》。光绪年间湖北崇文书局刊《百子全书》。民国上海商务印书馆出版《百衲本二十四史》等。参见"百科全书”“百咏”等条。

【 百科全书 】

收集人类社会科学、自然科学各领域之术语、名词及重要事件、典故等资料，按字母顺序或学科分类列为条目，进行简单精当的论述和概括的工具书。百科全书英语原文 Encyclopaedia，来自希腊文，原意是“面的教育”或“完整的知识系统”。西方此类书籍以古罗马时期老普林尼的《博物志》为最古老。而 1559 年德国萨克雷首次出版以《百科全书》命名的书籍。1751—1765 年法国狄德罗和达朗贝尔主编的《百科全书》出版，从精神上鼓舞了法国大革命。英国于 1768—1771 年在苏格兰首次出版《大不列颠百科全书》。《苏联大百科全书》于 1926—1947 年出版。日本于 1931—1936 年出版《大百科事典》。我国最早有公元 220 年魏文帝主持编纂的《皇览》(已佚)。唐有欧阳询的《艺文类聚》。宋李昉奉敕编的《太平御览》，后又有《册府元龟》。明初有《永乐大典》。清初有《四库全书》。近代中国第一部百科全书式词典是 1915 年陆尔奎主编的《辞源》。现代的《中国大百科全书》由 1980 年开始出版，于 1994 年七十四卷全部出齐。

【 百衲 】

衲，为缝补、连缀之意。佛徒有所谓百衲衣者，言密针缝衲补缀之，多可借喻聚合不同来源，以拼合而成者。宋董逌《广川书跋・昼锦堂记》：“蔡君谟(襄)妙得古人书法，其书《昼锦堂》，每字作一纸。择其不失法度者，裁截布列，连成碑形。当时称《百衲本》，故宜胜人也。”后有以各种残缺善本辑合而成的书籍亦称“百衲本”。上海商务印书馆刊有集宋元版本之《百衲本二十四史》。近人傅增湘编有《百衲本资治通鉴》。

【 百咏 】

咏是曼声长吟、歌唱，也指作诗。《诗・周南・关雎序》：“吟咏性情，以风气上。”疏：“长言曰咏。”唐陆龟蒙《和袭美送孙发百篇游天台诗》：“直应天授与诗情，百咏唯消一日成。”有诗才快捷、丰富之意。《四库全书》别集类收有宋曾极撰《金陵百咏》、张尧同撰《嘉禾百咏》。元冯子振、释明本合撰《梅花百咏》等。

【 稗 】

稗为一种似谷的杂草总称，故用以形容微小、琐碎之物。书名中用“稗”字常是作者自谦琐碎细小，或言出自民间草野。如清郑方坤之《经稗》一书，《四库全书简明目录》介绍说：“采诸家笔记中说经之语，排次成书，补传注之阙。因多来自说部，故取稗官之义，以稗为名。”《四库全书》收有宋林至撰《易稗传》。明唐顺之撰《荆州稗编》。清王夫之撰《诗经稗疏》。稗史则专指野史，见该专条。按，稗官即小官。汉代置稗官，使记录闾巷风俗，逸闻旧事，后发展为小说家流。

【 稗史 】

非正史，乃杂记逸闻旧事、民间风俗者，曰“稗史”。唐高昌修《〈唐阙史〉序》：“故自武德、贞观而后，吮笔为小说、小录、稗史、野史、杂录、杂记者多矣。”元人仇运撰《稗乘》等。清人李宗孔撰《宋稗类抄》。近人徐珂编《清稗类抄》。

Ban

【 版 】

一、古代用以书写的木板。《管子・宙合》：“修业不息版。”尹知章注：“版，牍也。”与简连称之“简牍”即书籍。

二、印版，印刷用的底板。唐冯宿《禁版印时宪书奏》：“准敕禁断曆日版。”

三、引申书籍印刷一次为一版，再印为重版。新近排印者为新版。版别表示书籍的重要变动，有初版、再版、三版等。参见“版次”条。

四、版本，见该条参见“刻”“镌”“锲”诸条。

【 版本 】

古代以雕版印刷之书称版，手抄之书称本。后版本连称，则泛指不同的刻本。现代版本，是指图书因编辑、传抄、印刷不同而产生的不同的本子。《宋史・儒林传・崔颐正》：“咸平初，又有学究刘可名言诸经版本多舛误。真宗命择官详正。”版本表示图书的各种特征，如书写或印刷的形式、年代、版次、字体、行款、纸墨、装订，内容的增删、修订、批校，及传播过程中的题识、庋藏、印记、题录等。版本尚有以下区别，按印刷质料方法分有木板、铜版、影印等。以朝代分有宋版、元版、明版等。以印刷先后分有旧版、新版等。以印刷地处分有X省版、（武英）殿版等。以编辑、装帧形式分有聚珍版、袖珍版等。近代图书有强调销售目的豪华版、普及版（廉价版）及限定版等。版本之异，常标识于书名前后。参见“本”字条中“版本之本”。

【 版次 】

同一图书的出版次第。标明图书的版别，以示版本的重要变动。首次出版者称第一版或初版。内容作重要修订后排印出版叫新版或第二版，余类推。如重印时只变动开本、版式、装帧等，不作为版次变更，仅计以印次。图书书名前缀版次如“新版”等字样，是凸显新异。其标明印次，常为宣传发行量大，多次重引印，以示读者增加。

Bao

【 宝鉴 】

原是镜子的美称。转意为人生鉴借、座右铭之谓。《新唐书·张九龄传》：“千秋节，公、王并献宝鉴。九龄上《事鉴》十章，号《千秋金鉴录》，以申讽喻。”原又作《千秋金镜录》，宋人因避宋太祖祖父赵敬讳改为《宝鉴》。宋沈括《梦溪笔谈·异事》：“嘉祐中伯兄为卫尉丞，吴僧持一宝鉴来云：‘斋戒照之，当见前途吉凶。’”清小说《红楼梦》一名《风月宝鉴》。其第十二回：“（贾瑞）拿起那宝鉴来，向反面一照，只见一个骷髅儿立在里面。”题于书名取可借鉴之意。常为某种重要的参考书。唐卫嵩有《医门金宝鉴》。《四库全书》子部艺术类，收有元人夏文彦撰《图画宝鉴》。

【 宝卷 】

一种讲唱文学形式。唐代寺院中，有一“俗讲”为名的说唱文学。其文字形式流传下来即“变文”。内容多为佛教故事，宣传因果报应。以七字、十字之韵文为主，间以散文。宋代和尚亦有“说经”。后来共同发展成一种曲艺。现存《香山宝卷》相传为宋代普明和尚的作品。著名的还有元末明初《目连救母出离地狱升天宝卷》。明清以后，以民间故事和现实生活为题材的宝卷开始流行，有《梁山泊宝卷》《药名宝卷》等。参见“变”字条。

【 宝书 】

一、中国古代曾将周朝官修史书称为“宝书”。《公羊·隐公第一》唐徐彦疏：“昔孔子受端门之命，制春秋之义。使子夏等十四人求周史记，得二十国宝书。”

二、泛指珍贵书籍。李白诗《猛虎行》：“宝书长剑挂高阁，金鞍骏马散故人。”

三、佛教经典。

四、珍贵的书信或书法。《四库全书》子部医家类收有《卫济宝书》，旧题宋东轩居士撰，为一古医药书，书名取“保民济世，宝贵重要”之意。

Bei

【 备 】

《说文》中备之古意为慎、谨慎。又为具（俱）、全、尽之意。现代突出后一义，释为具备。又引申为准备、预备之意。组成书名词语有以下两种释义：

一、作全、尽解，如：

1. 备论，解作全论。《四库全书》子部兵书类，收有宋何去非撰《何博士备论》，见后专条。

2. 备志，《四库全书》地理类中有明董斯张撰《吴兴备志》。《四库总目》介绍其：“采摭极富，于吴兴一郡遗闻琐事，征引略备。每门皆全录古书，载其全文。”

3. 备史，犹言全史。《四库全书》史部载记类收宋钱俨撰《吴越备史》。

二、准备、预备之意：

1. 备考，《四库全书》子部艺术类，有清王毓贤撰《绘事备考》。为留作参考之意。部类书类著录之，《古今合璧事类备要》。

2. 备遗，《四库全书》收明项笃寿之《今献备考》。项自序谓：“以备遗忘。乃自谦不以史书自任意。”

【 备考 】

备考者，留作参考也。明胡应麟《少室山房笔丛·史书占毕一》:“内外传或矛盾焉,两存以备考也。”明潘光旦撰有《汇辑舆图备考》。《贩书偶记续编》录有清何其言撰《食物本草备考》等。

【 备览 】

提供阅览。《清会典事例·翰林院·典礼·日讲》:“采择前史事迹,纂辑成书,进呈备览。”《四库全书》子部儒家类有宋陈模撰《东宫备览》。《四库总目》介绍其为“取经史旧闻有关训储者,汇成一编,备太子阅览参者”。《贩书偶记》子部杂家类录有清夏力恕撰《证疑备览》。农家类录有恽畹香撰《蚕桑备览》等书。

【 备论 】

即完备的论述,详细的叙列。《史记·三皇纪》:“不可备论。”唐司马贞《三皇本纪》:“古书亡佚,不可备论,岂得谓无帝王耶。”《四库全书》子部兵家类录宋何去非《何博士备论》,乃评论古人用兵之作,论述全面故谓之备论。

Ben

【 本 】

原意是植物的根。《说文》:“木下曰本。”书名词语有“本草”等。“本”字引申尚有以下各义:

一、原始、本源,如:《世本》一书,录在《汉书·艺文志》中春秋类,意为世系之本源。书中记皇帝以后,帝王、公卿、大夫的世系、都邑等。此外书名词语还有本例、本末、本事、本释、本义、本音、本旨等。见各该条。

二、书籍也。《后汉书·延笃传》:“旬日能讽读之。”注:“欲写左氏传,无纸,乃借本讽之。”后特指图书的版本。参见后面版本之本。

三、戏剧脚本。如剧本、唱本、连台本戏等。见有关条目。

四、版本之本。与写本、抄本相对而言,指中国古代及近代刊刻图书各种情况的区别。“版”是刻制印版方面的区别。“本”则有更广泛的区别。在“版本”连称时,其意重在后者,常有以下各种形式:

1. 以刻印时代区分,有宋、金、元、明、清各朝代本,古本等。

2. 以刻印地域分,有浙、闽、赣、晋、(江)苏、皖、蜀等地本,还有高丽本、越南本等。

3. 以刻印处所区别,有殿(武英殿)本、管刻本、监(国子监)本、经厂本(明代)、内府本、藩刻本、局本、家刻本、坊刻本等。

4. 以装订形式分,有经折装(又名梵夹装)本、旋风装本、线装本、毛装本、坊刻本等。近代有精装本、平装本、洋装本、豪华本、普及本等。

5. 以内容分,有足本、残本、增订本、删节本(节本)、繁本、简本、单行本、合订本、孤本、洁本、定本等。

6. 以所附载资料分,有批点本、评本、评注本、单疏本、集解本、纂图互注本、绣像本、插图本等。

7. 以图书价值分,有珍本、善本、孤本、秘本等。

8. 以资料处理形式分,有正本、别本、百衲本等。

9. 以印刷方式分,有石印本、活字本、铅字本、影印本、油印本、自印本等。

10. 以版式分,有九行本、百口本、黑口本、两节本、巾箱本等。

11. 以文字或语文分,有大字本、小字本、宋体字本、软体字(写体)字本、篆刻本、满文本、满汉文合刊本、外文本、×(如英、日等国外文)汉对照本、言文对照本、白话本等。

12. 以墨色区别,有朱墨本、多色套印本、彩印本等。

13. 以所用纸张区别,有皮纸本、麻纸本、绵纸本、竹纸本、宣纸本、毛边纸本、罗纹纸本、铜版纸本、报纸本等。

上述各种版本词语,有时附缀于书名前后。择其重要者,各有专条释例,请参考。

【 本草 】

古代药书的通称。本,《说文》:“根也,木下为本。”也泛指茎、干等。草,草本植物的总称。《论语·阳货》:“多识于鸟兽草木之名。”药书所记药物以草类为多,故称《本草》。传说此书全名《神农本草经》。唐李世绩等以梁阮孝绪《七录》中载有《神农本草经》三卷,推以为始。但后来《七录》与此书均已佚失。宋掌禹锡曰："旧说《本草经》三卷，神农所作，而不经见。《汉书·艺文志》亦无录焉。"《汉书·平帝纪》云："元始五年，举天下通知逸经、古记、天文、历算、钟律、小学、史篇、方术、本草者，所在轺者，遣诣京师。"本草之名，盖见于此。（汉刘安）《淮南子》："神农尝百草滋味，一日而七十毒，由是医方兴焉。"然上世未著文字，师学相传，谓之本草。两汉以来名医益众，张（机）华（佗）辈始因古学，附以新说，通为编述。《本草》由是见于经录。唐显庆（公元656—660）年间，命苏恭、李世绩等，参考得失，增药至844种，镂版刊行为《唐本草》，是为官方第一本正式出版的本草书。五代后蜀孟昶，命其学士韩保升，参照《唐本草》刊印《蜀本草》。宋嘉祐年掌禹锡又增药至（326）种，为《嘉祐补注本草》。徽宗政和年间，曹孝忠修定《政和重修经史证类本草》，为北宋集大成者。明李时珍汇萃众说，订误补缺，著《本草纲目》五十二卷，收药1882种，为总结性巨著。我国古代有关药食的书，多称"××本草"。《四库全书》中子部医药类录有《证类本草》《汤液本草》，农家类中录有《救荒本草》等。"本草"乃成为古代中医药学书籍的通称。参见下篇《本草纲目》《神农本草经》等条。

【本例】

《四库全书》经部春秋类中录有宋崔子方撰《春秋本例》二十卷。《四库总目提要》载："是书大旨以为圣人之书，编年以为体，举时以为名，著日月以为例，而日月之例又为本，故曰'本例'。"

【本末】

原意是树木的根和梢，用以比喻事物的始终原委。《礼记·大学》："物有本末，事有始终。"特指历史事实的始终。如中国史籍有"纪事本末"一类。参见该条目。

【本事】

一、旧事。《汉书·艺文志》："（左）丘明恐弟子各安其意，以失其真，故论本事作传。"后谓原本之真实为本事。《论衡·儒增》："传言秦灭周，周之九鼎入于秦。案本事，周赧王之时，秦昭王使将军摎攻王赧，王惧惶奔秦，顿首受罪，尽献其邑三十六，口三万。"《四库全书》子部医家类收有宋许叔征《本事方》（全名《类证普济本事方》），《四库全书简目》谓其："所载皆经验诸方，并记医案，故以本事为名，犹孟棨记诗家故实，称《本事诗》也。"

二、诗歌、戏剧、小说等文艺作品，所根据的故事或原来的事实，亦谓之本事。唐吴镜《乐府古题要解·乌生八九子》："若梁刘孝威《城上乌·一年生九雏》但咏鸟而言，不言本事。"明胡应麟《少室山房笔丛·艺林学山三》："近世论乐府，必欲求合本事。"后凡介绍作品，扼要叙述故事情节或基本内容时，亦称本事。《四库全书》集部诗文评类唐孟棨之《本事诗》，《四库简目》介绍其为："取历代缘情之作，各详其事迹……"

【本义】

（又作"本谊"）最初之意。《汉书·韦言成传》："远离组统，乖谬本义。"清纪昀《阅微草堂笔记》："黄山谷名其尺牍曰刀笔，已非本意。"于书名多指其著书最初之意。如《唐书·艺文志》录有薛仁贵《周易新注本义》。《宋史·艺文志》录有朱熹《易本义》。《四库全书》经部诗类收有宋欧阳修撰《毛诗本义》。《四库全书》介绍其："推原所始……往往得诗人本义。"

【本音】

《广雅·释诂》："本，始也。"《四库全书》经部小学类收有清顾炎武撰《诗本音》。《四库全书》介绍其："即本经所用之音，互相参考，证以它书，明古音原作是读，非由迁就，故曰'本音'。"按古音之学，自明陈第开辟新域，破除宋人牵强附会叶韵之说；至顾炎武提出"沿流而溯源"，借今音离合以求古音，阐述了上古至中古的语音发展变化的内部规律，贡献巨大。《诗本音》是《诗经》研究，更是语音学研究的重要著作。

【本旨】

又作"本指"。为原意、主旨，本来或主要意旨之解。汉蔡邕《月令问答》："前儒将为章句者，皆用其意传，非其本旨。"郭沫若《中国古代社会研究》："从容中道，这就是《中庸》的本旨。"《四库全书》子部术数类收有明叶子奇撰《太玄本旨》。《四库总目》言其："（扬雄《太玄经》）原文艰涩，子奇能循文阐发，使读者易明。"

Bi

【 笔 】

本为书写工具，转义作一文体名。广泛地说，凡诗文、记论、笺牍等有意为之的制作皆可曰“笔”。晋葛洪《抱朴子·辩句》：“所以过绝人者，唯在才长思远，口给笔高，德全行洁，强训行洁之诗耳。”狭义的指，与诗歌等韵文相对而言的散文。南朝梁简文帝《与湘乐王论文书》：“谢朓、沈约之诗，任昉、陆倕之笔，斯实文章之冠冕，述作之楷模。”唐时日本人遍照金刚撰之《文镜秘府论》：“文者，诗、赋、铭、颂、箴、吊、诔等是也。笔者，诏、策、移檄、章奏、书启也。”特别是指与抒情写意文章相对而言的记叙文、应用文等。南朝梁元帝《金楼子·立言》：“如是不便为诗若阎纂，善为章奏如伯松，若是之流泛谓之笔。吟咏风谣、流连哀思谓之文。”鲁迅《汉文学史纲要》第一篇：“……盖其时（指六朝）必有藻韵、善移人情始得称文，其不然者，概谓之笔。”与笔有关之书名词语有：笔丛，明胡应麟之《少室山房笔丛》为其杂篇从说。笔解，唐韩愈与李翱之《论语笔解》言其类似注解。笔精，精妙的文笔。如明徐𤊹之《徐氏笔精》。笔录，宋魏泰有《东轩笔录》。笔谈，宋沈括有《梦溪笔谈》，其谓：“所与谈者，唯笔砚而已。”此外，尚有“笔记”“随笔”“漫笔”等，各请参见。

【 笔记 】

一、指散文。作文体义，谓与韵文相对者。意类“文笔”。南朝梁王僧儒《太常敬子仁府君传》：“诗赋极其精深，笔记尤其典实。”二、谓一种随笔记录，不拘体制，内容博杂之文。用以记见闻、辨名物、订俗讹、释古义、述史实、写情怀……原初北宋宋祁撰有《笔记》一书。内分释俗、考订、杂说三卷，为始以此名书者。后陆游之《老学庵笔记》以杂记见闻知著。三、文体近于说部者，亦称之笔记。如谢采伯之《密斋笔记》。后者发展为“笔记小说”。从此，笔记渐分两途。如《四库全书》将此类书，按内容分别列入史部杂史类或子部杂家类。明清两代笔记撰者颇多。异名尚有“笔录”“随笔”等。宋王增之《王文正笔录》即为笔记。明人叶盛的《水东日记》也是笔记。参见“随笔”等。

Bian

【 编 】

原指古代串连竹简的皮条或绳子。《史记·孔子世家》记载：“（孔子）读易，韦编三绝。”后转义成为书籍的代称。唐韩愈《进学解》：“手不停披百家之编。”亦可作量词，指一部书或书的一部分。《梁书·庾诜传》：“诵法华经，每日一编。”组成数名词语还有上编、下编、续编等。编，在书名中，唐以前甚少见。《汉书·艺文志》皆用“篇”字，兼指文章的数量。《隋书·经籍志》中，书名也未曾见“编”字。至唐人始以“编”字名书。如郑谷（公元？—896）有《云台编》，收入《四库全书》。《四库简明目录》介绍其：“以乾宁初扈从登华山，于云台观编次，即以为名。”后宋人孙奕有《示儿编》，周孚有《蠹斋铅刀编》，皆收入《四库全书》。迄今常有用于书名者，其意大抵不如用“集”字正式，或意为谦逊欤？又，编字在书名词语前面者，常为动词用法。如宋人张敦颐撰《六朝事迹编类》，意为将事迹按类编列。隋朝有类书《编珠》，意为内容编列如明珠。此外尚有“编年”“编年史”等，请参见。

【 编年 】

按年代顺序编排史料事迹者，曰编年。《公羊·隐·六年》：“春秋事编年，四时具，然后编年。”《文心雕龙·史记》：“然纪传为式，编年缀事，文非泛论，按实而书。”方法是以事系日，以日系月，以月系时，以时系年。时间为经，史实为纬。以编年题书名者，有宋陈均《九朝编年备要》。刘时举《续宋编年资治通鉴》。胡仔《孔子编年》。徐自明《宋宰辅编年录》。现代有 1987 年北京出版社出版之《中国历史大事编年》。按年代顺序编写的史书称“编年史”。明人堵文席有《编年史》一卷，该书又名《堵文忠公年谱》。

【 辨 】

辨，判别区分。古代指一种论辩文体。清王

兆芳《文体通释》:"辨者,通作辩,判别也。明辨非争辩也。扬子曰:'唯五经为辨。'主于别是非,明异同、若别黑白。源出《礼·辨名记》,流有墨子《三辨》,汉陆贾《新语·辨惑吴》,韦昭《辨释名》,唐陆文通《春秋集传辨疑》,宋贾昌超《群经音辨》,《文粹》列辨。"清吴曾其《文体刍言》:"辨与论同,而其体出较后。如陆士衡之《辨士论》,刘孝标之《辨命论》,皆辨也,而不以辨名篇,盖自六朝以上,为此体者绝少,故《文选》中曾不一及(《九辨》此非体)。唐宋以后有之,韩柳集中凡屡见。"用辨做书名词语者,有《四库全书》子部儒家类中著录之宋朱熹《杂学辨》。《四库全书简明目录》介绍其:"为斥当代诸儒杂学于佛老而作。……讲学家专著一书以相攻驳者,始于是书。"书名题辨字,有议论、斗辩之意。顾蔼士撰《隶辨》一书,为分别隶形体,考证来源之书。收入《四库全书》小学类。有辨字作书名词语的尚有"辨义",作辨明、议论解。明卓尔康撰有《红楼梦辨》,五十年代再刊,改名为《红楼梦研究》。顾颉刚著有《古史辨》。朱自清 1947 撰《诗言志辨》。此外,尚有"辨惑""辨误""辨疑""辨证"等词,请各参见。

【 辨惑 】

惑,疑惑,使人不解。《荀子·解弊》:"治则复经,而疑则惑也。"惑又有迷乱、烦恼之意。《四库全书》收有宋邵伯温《易学辨惑》一书,乃为与同时郑夬辩论所撰,《简目》介绍:"作此书,以辨其诬。"元明之际,武进谢应芳编有《辨惑编》,反对鬼神迷信,材料丰富。如上述,辨惑就是分辨、解开疑惑。义似辨疑,都有论辩之意,然惑字之语气重于疑字,稍有不同耳。参见"辨疑"条。

【 辨误 】

辨别错误也。《四库全书》史部编年类录有元胡三省撰《通鉴释文辨误》一书,以通鉴释文或浅陋,或伪托,恐遗误后学,因作此书以刊正之。史部存目尚有明傅逊《春秋左传注解辨误》,其序言曰:"先儒虽宏深瞻博,非逊所能企其百一,而疵纇颇多,始猥会众说,而这之中。有未经辨议者,亦创以己意而为之厘革焉。"

【 辨疑 】

对疑问辨别区分。《礼·坊记》:"夫礼者,所以章疑别微。"疏:疑,谓是不决。《四库全书》收有唐陆淳撰《春秋集传辨疑》,《总目》介绍其书:"述啖、赵两家攻驳三传之言也。……缕列其失,一字一句而诘之,故曰《辨疑》。"

【 辨证 】

辨析考证。《隶释·汉绵竹令王君神道碑》宋洪适释:"德父治郡之余,专意金石刻,辨证亦甚精确。"《四库全书》总集类收有宋彭叔夏撰《文苑英华辨证》一书,其考订异同,极为精核。经部诗类《诗疑辨证》为清黄中松撰。《总目》介绍其:"考订名物,以决众说之非,故以辨证为名。"

【 变 】

又称变文。原为唐代说唱艺术的底本,后列文体之一。特点是以韵文和散文交叉组成。因将旧有故事,变通生动,重新敷衍,故曰"变文"。先时多取材佛经,宣传教义。如《大目犍连冥间救母变文》等。后来题材扩大到历史故事、民间传说,有《昭君变文》《孟姜女变文》等。初于清光绪二十五年(1899)发现于敦煌石室。近人编有《敦煌变文集》,辑录较为详备。

【 便览 】

内容简明,便于查阅的书籍。清阮葵生《茶余客话》卷十六:"若今日操觚者所为,只是一部《搢绅便览》耳。"《贩书偶记·续集》医家类中录有明人刘锡撰《活幼便览》二卷。清人丁宜撰有《农圃便览》。现代有 1987 年成都巴蜀书社出版之《简明百科便览》,1988 江苏出版工作者协会编有《读书便览》,用意都在方便读者。

Biao

【 标准 】

榜样、规范,可作为衡量事物的依据或准则者。《荀子·儒效》:"(君子)行有防表。"唐杨琼注:"谓有标准也。"杜甫《赠郑十八贲诗》:"示我百篇文,诗家一标准。"《四库全书》集部收有宋李刘撰《四六标准》。经部收有清江永撰《古韵标准》。现代技术亦有《国家标准》之类的书籍。

【表】

一、文体之一。《释名·释书契》:“下言于上曰表。”古代有所陈述,上奏之文称表。《文体明辨·表》:“按,字书,表者标也、明也,标著事绪,使之明白,以告乎上也。先秦献言于君,皆称上书。汉定礼仪,乃有四品,其三曰表。”如《出师表》《陈情表》等是之。

二、表格、表谱。指按年代顺序或事物分类,列记便览事物的表格、著述。《史记》有《三代世表》。《汉书》有《高惠高后文功臣表》。清赵翼《廿二史札记》:“大臣无功无过者,传之不胜传,而又不容尽没,则列表载之。”《四库全书》史部收有清永瑢、纪昀奉敕撰之《钦定历代职官表》。经部小学类有顾炎武撰《古音表》。近代有《中国历史大事年表》及各种一览表、统计表等。以“表”字组成的书名词语还有:“表微。”《四库全书》收有清胡彦升撰《乐律表微》,为阐扬衰微绝学之作。“表传”,宋金履祥在书页乌丝栏外,上下左右,皆以细字标识,开注家一体,名书曰《尚书表注》,收入《四库全书·经部》。此外,尚有“年表”“图表”等,见各该条。

Bie

【别】

异也,见《集韵》。又有另外之义。《史记·高祖纪》:“使沛公,项羽别攻城阳。”书名有《春秋别典》,明薛虞畿撰,为“于三传之外,掇拾春秋事迹”。《别雅》清吴玉搢撰,为取字体之假借通用者,依韵编之,以补训诂书“五雅”之不足。书名词语尚有“别本”“别裁”“别集”“别录”“别史”“别传”等请参见。

【别本】

一、副本。指正本以外的版本。《世说新语·文学》:“初注《庄子》者。数十家,莫能究其旨要,向秀于旧注外为解义。妙析奇致,大畅玄风。唯《秋水》《至乐》二篇未竟而秀卒。秀子幼,义遂零落,然犹有别本。”《南史·刘孝绰传》:“又写别本,封至东宫。”明成祖六年(1408)完成之《永乐大典》谓之正本。嘉靖、隆庆年间,摹别本一份,藏于文史宬。清《四库全书》于1782年完成之后,全书分抄七部,各藏于北京等七处皇家藏书处,皆为别本之例。

二、异本。指同书另一来源的版本。宋董逌《广川书跋》卷六:“《黄庭经》别本,此当时唐人得旧本摹入石者,时见笔意与常见二本及今秘阁所存异甚。”

别裁区别裁定,以决取舍。唐杜工部《戏为六绝句》:“别裁伪体亲风雅,转益多师是汝师。”清钱谦益笺注:“别者,区别之谓。裁者,裁而去之也。能别裁伪体,则近于风雅也。”杜甫意谓所选,已剔除不合风雅标准的“伪体”。后来用作诗歌选本的名称。清沈德潜有《五朝诗别裁》。今中华书局出版有《唐诗别裁集》《宋诗别裁集》《元诗别裁集》《明诗别裁集》《清诗别裁集》等。

【别集】

与总集相对而言,为汇聚一人著作之书。占“四部分类法”中集部书籍之大部。别集之称,初见南朝阮孝绪(479—536)的《七录》中第四录《文集录》的第二类目《别集部》。阮孝绪自述分类之旨曰:“王(俭)以诗赋之名,不兼其余,故改为文翰。窃以为倾世文词,总谓之集,变翰为集,于名尤显。故序‘文集’录为内篇第四。”中国古代图书分类的原则之一,即视存书数量的多寡,书少,则不单立部类,《七录》中《文集录》收书一千零四十二种,是著录数量最多的部类。文集之初,盖源于子书。汉代“罢黜百家,独尊儒术”,子书式微。而汉代文人已有意为文,统治者也提倡为前代文士裒集遗文。如:汉章帝诏求刘苍遗书以便“集览”。魏文帝曹丕撰集徐(幹)、陈(琳)、应(瑒)、刘(桢)之遗文。有人为纪念前人而整理聚集遗文。如:刘向集楚辞。班超子妇为班昭撰集。《隋书·经籍志》称:“别集之名,盖汉东京所创也,自灵均以降,属文之士众矣,然其志向不同,风流殊别,後之君子,欲观其体势而见其心灵,故别聚焉,名之为集。”集之编撰,初如子书,乃后人或门人裒集。后南北朝时期已有人在生前自己撰集并自题集名。《四库全书总目》:“集始于东汉,荀况诸集,汉人追题也。

其自制名者，则使张融《玉海集》，其区分部帙，则江淹有前集，有后集。梁武帝有诗赋集，有文集，有别集。谢朓有集，有逸集。与王筠之一官一集，沈约之正集百卷，有别选集略三十卷者，其体例均始于齐梁。盖集之盛自是始也。”王筠在论及家世集时，曾自夸家中人人有集，见撰之风盛。阮孝绪《七录》中立《文集录》，并立别集、总集等类目。宋代倡文治，编集之风盛行。明代集书充斥。清代文集发展至前所未有。题名除“集”字外，也有题“稿”“抄”“编”“录”“略”等。或独创新题。如颜元作《习斋记余》，万斯同作《群书疑辨》等，其内容皆似文集，而变其题名耳。参见条目“集”“文集”“总集”等条。

【 别录 】

一、《别录》，专用书名，本西汉刘向撰，其子刘歆汇集。刘向为朝廷校勘、整理图书。每校一书由刘向加以编次，写出续录提要，抄录上报。后刘歆又将众录别集成书，题为《别录》。阮孝绪《七录序》：“昔刘向校书，辄为一录，论其指归，辨其讹谬，随竟奏上，皆载在本书。时又别集众录，谓之别录，即今之《别录》是也。”原书已佚。清人洪颐煊、马国翰、姚振宗等皆有辑本。

二、一种目录解题式的文体。近人张舜微《清人文集别录·自序》：“别录之体犹提要也……盖即后世目录解题之始，名曰别录，谓纂辑群书之叙录，都为一集，使可别行云尔。”

三、另外的撰录。《四库全书》史部载有宋陈彭年《江南别录》一书。《简目》介绍其：“时徐铉、汤悦方奉诏撰江南录，此乃彭年私纂，故以别录为名。”

【 别传 】

在中国古籍四部分类法中，属杂史类。史传中列于史书的称史传，二者皆为本传。别传乃区别于本传，凡补充记载逸闻逸事者称之，以补本传之不足。清王兆芳《文体通释》：“别传者，别，分也，传文分别与正传之外，与之分处也。主于续事正传，搜遗重录。”清吴曾祺《文体刍言》：“别传之作，多因其人已有传别举一二事以补其佚。”《隋书·经籍志》史部列有杂史、杂传两类。后刘知几《史通·杂述》又将杂史区分为十类，其一为别传。裴松之注《蜀志·赵云传》，有《赵云别传》。《四库全书》子部道家类录有宋余琬撰《易外别传》，其自序言：“所论非《易》之本义，而考其枝节旁出者，故曰别传。”小说家中亦有以别名书者。如：袁行霈等编《中国文言小说书目》中录有宋秦醇撰《赵飞燕别传》，汉无名氏撰《李陵别传》二书。近人有林纾将马支孟德（A. W. Marchmont）的传记性小说《*For Love or Crown*》（直译为《爱情或王冠》）译出，题名为《西利亚郡主别传》。1908 年由商务印书馆出版。1917 年周瘦鹃将法国马利琴·勒勃朗的一本小说译出，题书名为《福尔摩斯别传》，由中华书局出版。

Bo

【 驳 】

论辩纠正。《魏书·李冏传》：“常弹驳公卿，无所回避。”汉郑玄曾撰《驳五经异议》，将许慎《五经异议》条举而驳其说。《四库全书》收录，列在五经类之首。《隋书·经籍志》著录有魏王基撰《毛诗驳》一书。书名词语有“义驳”，魏王肃撰《毛诗义驳》收入《四库全书》。或作“议驳”。《隋志》著录应劭之《汉朝议驳》。又有“驳义”，《四库全书》收录清毛奇龄《诗传诗说驳义》，皆就他人所论而辩驳之，义皆类似。

【 博 】

台湾《中文大辞典》释为：广也，众也，多也。组合的书名词语有：

一、博议，广泛详尽的讨论或评议。《汉书·沟洫志》：“且水势各异，不博议利害而任一人，如使不及今冬成，来春桃华水盛，必羡溢，……”《四库全书》录有吕祖谦撰《详注东莱左氏博议》。

二、博闻，广博的见闻。《管子·宙合》：“圣人博闻多见。”《四库全书》史抄类录有宋杨侃编《两汉博闻》。

三、博录。《四库全书》农家类录有明鲍山撰《野菜博录》。另有“博览”“博物志”，请参见。

【 博览 】

即广泛观览。《汉书·成帝纪赞》：“博览古今，容受直辞。”《隋书·经籍志》经三，杂家类录有《博览》十三卷。（未注撰人）。现代有1987年北京燕山出版社刊印之《北京博览》。1988年中央电视台编辑《经济博览》，由中国科技出版社出版。

【博物志】

博物，博闻多知。《左传·昭·元》：“晋侯闻子产之言曰：‘博物君子也。’”志，记事的书。《博物志》十卷。旧题晋张华（232—300）撰。王嘉《拾遗记》称张华好观秘异图纬之部。掇取天下遗逸，自书契之始，考验神怪及世间闾里所说，造《博物志》四百卷。《四库全书总目提要》称：“原书已佚，好事者掇取诸书所引博物志，而杂采他小说以足之。……不尽华之原文也。”列于小说家类。后有宋李百撰《续博物志》，补张华之所未备。明董斯张又撰《广博物志》。《四库总目》云其：“疏于持择，近于稗贩，……但搜罗既富，唐以前遗闻坠简，裒聚良多。在明代诸类书中，固犹为近古矣。”近代则以之总称动植物、矿物、生物、生理等为博物学。参见下篇《博物志》。

Bu

【补】

一切事物的修旧补损皆可曰补。于书籍则指增订、补充、续纂等状况。唐李肇撰《国史补》收于《四库全书》子部小说家类。明张景撰《补疑狱集》，为补充晋和凝《疑狱集》之作。收入《四库全书》法家类。明丘濬撰《大学衍义补》。清卢文弨等人撰《补辽金元文艺志》。书名词语尚有“补辑”“补续”“补遗”“补逸”“补义”“补正”“补注”“补传”等，见各该条。

【补辑】

补充辑录。隋江总《陶白贞集序》：“门人补辑，若逢辽东之本；好事研搜，如诵西河之箧。”王守仁《传习录·卷下》：“学岂有内外乎？《大学》古本乃孔门推传旧本耳。朱子疑其有所脱误而改正补辑之。”清人顾怀三撰《补辑风俗通义佚文》，收入《金陵丛书》。

【补续】

增补接续。汉班固《奕旨》：“既有过失，逡巡擂行，保角依傍，却自补续，虽败不亡。”《后汉书·卢植传》：“在东观，校中书五经纪传，补续汉纪。”清钱大昕撰《补续汉书艺文志》，补原书之不备，兼有考证。收入《积学斋丛书》。

【补遗】

补，此处意为增订。遗，遗失、遗漏。即增补原书的缺失。《四库全书》正史类录有宋吴仁杰撰《两汉刊误补遗》，是补刘攽《两汉刊误》《东汉刊误》二书之遗漏。清阮元撰《三家诗补遗》。《四库全书》收有日本山井鼎撰《七经孟子考文补遗》。

【补逸】

逸，散失、亡失。《后汉书·儒林传》：“采求阙文，补缀漏逸。”元汪克宽撰《经礼补逸》。清姚之骃编《后汉书补逸》，收《东观汉纪》，谢承撰《后汉书》等，皆是散佚之余，搜合而成者。

【补义】

增订阐明书中的道理意义。如《四库全书》经部诗类录清姜炳章《诗序补义》。其书为补充增订宋苏辙《苏氏诗集传》引文仍如苏氏之例，而补增原文，且一一订其疏舛者。

【补正】

补充缺漏，刊正谬误也。南朝何成天《上元嘉历表》：“若谬有可采，庶或补正，以备万分。”鲁迅《嵇康集序》：“为此所阙失，得由彼书补正，兼具二长，乃成较盛。”《四库全书》经部礼类录有清纳兰性德撰《陈氏礼记集说补正》。为纠驳元人陈浩之《礼记集说》而作。凡浩所遗者，谓之曰“补”；浩所误者，谓之曰“正”。

【补注】

补充前人注释的缺漏，为注释体式之一。宋洪兴祖撰《楚辞补注》为其中名作。宋朱熹《楚辞集注序》；“及隋唐间，为训解尚五六家……今亦漫不复存，无以考其说之得失。而独东汉王逸《章句》与近世洪兴祖《补注》并行于世。”洪书前列王逸旧文，而一一疏通证明，拾其遗阙，皆以“补曰”二字别之。且于逸注多所阐发。

【 补传 】

补充传文缺漏。宋朱熹《朱熹大学章句》:“右传之五章,盖致知之义,而今亡矣。闻窃取程之意以补之……”《四库全书》经部诗类录有宋范处义《诗补传》,其书自序以小序为据,而兼取诸家之长。文义有阙,补以说文篇韵。

【 簿 】

登记事物的本册。《汉书·张释之传》:“上问上林府诸禽兽簿。”注:师古曰:“谓簿书也。”《汉书·李广传》:“大将军使长史急责(李)广之幕府对簿。”注:师古曰:“簿,谓文状也。”《隋书·经籍志》经部乐类录有《太常寺曲簿》。元钟嗣成撰《录鬼簿》记载元代书会的戏曲、散曲作家的生平事迹和作品目录,是研究古典戏曲和金元文学的宝贵材料。

C

Cai

【 才子书 】

才子,原指德才兼备之人。《左传·文公十八年》:“昔高阳氏有才子八人……齐圣广渊,明允笃诚,天下之民,谓之八恺。”后多指才华颖敏之人,且主要是文人。《文选·潘岳·西征赋》:“终童山东之英妙,贾生洛阳之才子。”(终军、贾谊)。“才子书”的说法是清初文人金圣叹为张扬他的文学主张而首先提出的。如:《必读才子书》《唐才子书》《贯华堂才子书》等。金氏在《读第六才子书〈西厢记〉法》中说:“仆昔因儿子甥辈,要他作得好文字,曾将《左传》《国策》,《庄》《骚》《公(羊)》《穀(梁)》,《史(记)》《汉(书)》、韩、柳、三苏等书,杂撰一百余篇……依张洞初先生必读古文书旧名,只加才子二字,名曰《才子必读书》,盖欲望读之者必为才子也。”清初廖燕《金圣叹先生传》:“(圣叹)所评《离骚》《南华》《史记》《杜诗》《西厢》《水浒》以次序定为六才子书。”金氏此举,首开将小说、戏曲与经、史、子、集并列之例。乾隆以后,坊间又出现所谓《十才子书》。书坊亦随意添改书目及顺序,各说诸多不同,甚至才子佳人之小说亦标其称矣。参见下篇《金圣叹全集》。

Can

【 参 】

参字原有错杂其间,兼并交互,参加,进入等含义。《四库全书》易类录有梁寅撰《周易参议》。《总目提要》言其书:“以程传主理。本义主象,稍有异同,因融会参酌合以为一,……”清王绂撰《参读礼志疑》。乃因同朝陆陇其撰《读礼志疑》,王绂于其书“缓据诸说,以己意参订……与陆书互有得失”。上述诸“参”字列于书名,皆有参入、参考、参酌、参订及阐发之意。

【 参考 】

参合他事他说,加以考察。《汉书·四五·息夫躬传》:“唯陛下观览古戒反复参考,无以先入之语为主。”《三国志·魏志·杜畿传注》:“杜预著《春秋左氏经传集解》,又参考众家谱第,谓之《释例》。”现代,指著作或研究时,用作参证之书。如中国历史博物馆编辑之《中国近代史参考图录》。

Cao

【 草 】

一、草本植物之总称。用于书名的有“本草”,见该专条。

二、指草稿。《汉书·淮南王安传》:“视草”,颜师古注:“草,谓为文之稿。”作诗文集名,意犹未定稿。书名词语有“谏草”“诗草”等，请参见。

Ce

【策】

策通“册”。策，古代用竹片、木片记事著书。独片称简。文长，书于多片。用绳编连曰策。东汉蔡邕《独断上》：“策者简也。《礼》曰：不满百文，不书于策。”晋杜预《春秋左传序》：“大事书之于策。”后转意为王命之书。《释名·释书契》：“书教令于上，所以驱策诸下也。”再转义为谋计。《史记·袁盎传》：“盎虽家居，景带时，使人问筹策。”明人《文体明辨·策》：“按《说文》云：策者，谋也。《汉书音义》曰作简策难问。例置案上，在试者意，投射者取而答之，谓之射策。如录政化得失，显而答之，谓之对策。”著名者如汉贾谊之《治安策》，董仲舒之《贤良对策》等。先秦史传《战国策》之命名，汉刘向有书录云：“……本号，或曰国策，或曰国事，或曰短长，或曰事语，或曰长书，或曰修书。臣向以为战国时，游士辅所用之国，为之策谋，宜为《战国策》。”《四库未收书目》录有《策学统宗》，二十卷，撰者不详。参见“问”“问对”等条。

Chan

【阐】

显示说明。《说文》：“开也。”《集韵》：“明也。”书名词语“阐微”是阐发幽隐深微。《四库全书》经部录有清江永撰《律吕阐微》。“阐要”为阐释要点。《四库全书》史评类录有《评鉴阐要》，为清高宗撰，刘统勋等编。

Chang

【长】

短之对言，两者相较，赢者为长。《孟子·滕文公上》：“布帛长短同则贾相若。”兼指空间及时间。书名词语有，“长编”“长短”“长笺”“长篇”“长篇小说”“长语”等。见各该条。

【长编】

在写定著作之前，汇集编排有关材料，以待删定撰写成书的初步稿本。如宋司马光编之《资治通鉴》，即先作长编，后删定成书。另有宋李焘之《续资治通鉴长编》。乃焘将北宋九朝史实仿司马光长编例，编年纪事成书。焘不敢言为《续通鉴》乃名以《长编》。鲁迅《书后集·致曹聚仁》：“我数年前，曾拟编中国字体变迁史及文学史稿各一部，先从作长编入手。”现代有《世界共产主义运动史长编》。

【长短】

（又作短长）原指长度尺寸。史书则专指战国时纵横家的游说之术。《史记·田儋传》：“蒯通者，普为长短说。”索隐：“欲令此事长，则长说之；短则短说之。”《汉书·张汤传注》：“应劭曰：‘短长术兴于六国时，长短其语，隐谬用相激怒也。’张宴曰：‘苏秦、张仪之谋，趣彼为短，旧此为长。’”故《战国策》亦名《短长书》，又名《长书》。《四库全书》杂家类录有唐赵蕤撰之《长短书》。《提要》谓其：“源出于纵横家。其曰《长短经》者，盖《战国策》有短长书之名，蕤因转名其书。”近代作家唐弢之杂文集亦题名《短长书》。参见“短长”一条。

【长笺】

原为训诂学用语。凡在已有注释的古书上，再加己意之注，成为对原注的补充、订正、阐发皆曰笺。长笺是汇集诸家注释，加以论辩，会通裁定，以衷一是者曰长笺。明赵宧光撰《说文长笺》《六书长笺》二书。书中对二徐所列诸多所增删，其字下注谓之“长语”，所附论辩谓之笺文，故以长笺为名。《四库全书》以两书多有疏舛，故列于存目。又清人朱鹤岭撰《禹贡长笺》，录于《四库全书》。

【长篇】

指长的篇幅，多用于诗、文、小说等文学或文艺作品。南朝梁刘勰《文心雕龙·才略》：“曹摅清靡于长篇，季鹰辩切于短韵。”例如长篇诗歌、长篇评书、长篇弹词等。参见“长箱小说”条。

【长篇小说】

小说按其篇幅有长、短、中篇之分。长篇小说篇幅较长，内容丰富，情节繁复，人物众多……，反映广阔的社会生活面貌和复杂的矛盾冲突，颇受读者欢迎。我国古代之《三国演义》《水浒传》《金瓶梅》等皆为名作。西方作家雨果、司各脱、列夫·托尔斯泰等，亦擅长此道。近现代则名作迭出矣。

【长语】

原意是详言、长言。《汉书·成帝纪》："联以长言下宏章。"后转指多余的话。钟嵘《诗品》："（陶潜）文体省净，殆无长语。"杜甫《哀王孙诗》："不敢长语临交衢。"作书名有自谦意。如明人曹安撰《谰言长语》。王鏊撰《震泽长语》。

【唱】

（古通倡）原指歌唱、吟咏。《礼记·乐记》："一倡（唱）而三叹。"杜甫《悲陈陶》："仍唱胡歌吟东市。"后特指古代一诗体。《晋书·隐逸·夏统传》："子胥见戮，国人痛其忠烈，为作《小海唱》。"宋严羽《沧浪诗话·诗体》："曰引、曰咏、曰曲、曰篇、曰唱。"后亦泛指诗词作品。如《四库全书》别集类录有元尹廷高之《玉井樵唱》、吴景奎《药房樵唱》、叶颙《樵云独唱》。又有"倡酬""唱和"之说，参见"酬唱"条。

Chao

【抄】

誊写也。《晋书·纪瞻传》："好读书，或手自抄写。"《南史·王僧儒传》："（儒）撰《百家谱集抄》十五卷。"《隋书·经籍志》经籍二地理类录有齐陆澄撰《地理书抄》、梁任昉撰《地理书抄》各一。清代王谟将上述二书收入《汉唐地理书抄》中。抄，现一般解为：在预定范围内，收录名家著作而编辑成的书。书名词语尚有"抄存"。清人陆陇其撰《松阳抄存》。为其官灵寿（古名松阳）知县时，于簿书之暇，取其所撰《问学录》《日记》二书，抄撮精要而成。明吕柟（楠）撰《二程子抄释》，乃依《二程遗书》原书摘抄者。此外尚有"抄本""集抄"等词语，请参见。

【抄本】

照原本抄写而成的书籍。唐以前多称写本，唐以后多作抄本。宋时雕版印书虽已盛行，但仍有少量图书靠传抄流通。明郎瑛《七修类稿·辨证五·三〈宋江演义〉》："作于旧书肆中得抄本。又作"手写本""手抄本。"1975 年上海人民出版社出版《铸雪斋抄本聊斋志异》。

【钞】

《说文》："钞，叉取也，从金少声。"宋《集韵》："钞，或作剿、抄，摷。"晋时，钞、抄并用。晋葛洪《抱扑子·金丹》："余今略钞金丹之部，较以示后之同志。"《隋书·经籍志》录有葛洪撰《汉书钞》三十卷。无名氏《子钞》二十卷。《四库简目》介绍清朱鹤龄《读左日钞》云："集旧解者十之七，出新意者十之三，故以'钞'为名。"宋魏了翁《经外杂钞》、清姚家驷《宋稗类钞》皆杂采杂录属。参见"诗钞""史钞""书钞"等条。

Cheng

【成】

完成也，就也。《书·大禹谟》："地平天成。"成字组成的书名词语如"成书"，指已刊印或编辑完备的书。《经解入门·平日读经课程》："踵曩代成书而后成……"宋朱弁《曲洧旧闻》卷八："子容又图其形制著为成书，上之。诏藏于秘阁。"《四库全书》乐类录有元刘瑾《律吕成书》。《总目》介绍其为："瑾合二家之书，反复推衍，以成是篇。……犹不甚支离者，长短皆备。"书名词语尚有"大成""集成""考成"请参见。

Chi

【尺牍】

一、书版。汉代诏书按制，写于一尺一寸长的书版上。《汉书·匈奴传》："汉遗匈奴书，以尺一牍。"《通俗篇·之学·尺牍》："按，牍，方版。"古人称长者曰简，短者为牍。凡笔记文辞，皆得谓之尺牍，后人但以简书当之。

二、书信、信札。《汉书·陈遵传》:“遵略涉传记,赡于文词。性善书,与人尺牍,皆以藏去为荣。”尺赎之名,初见于此。北齐《颜氏家训·杂艺》:“尺牍书疏,千里面目也。”又名书简、尺素、尺翰、尺简、尺楮等。明清以后,渐以尺牍专指书札。行文以达意为主。用语称呼,以尊卑长幼亲疏各有应用。结尾,亦今各有语式。清李紫珊《半园尺牍》,举例较详。近代各种介绍书信写法、格式之书,多以《××尺牍》为名。

三、文体名。《史记·仓公传赞》:“缇萦通尺牍,父得以后宁。”《三国志·魏志·管宁传》:“尺牍之迹,动见楷模焉。”《四库全书》别集类录有宋孙觌撰、门人李祖尧编辑之《内简尺牍》十卷。

Chong

【 重 】

再也。见《尔雅·释言》。书名词语有:

重编,重新编辑之书。《四库全书》集部有明丘濬撰《重编琼台会稿》。

重雕,重新雕版刊行。如《重雕足本鉴诫录》,蜀何光远撰。另“重刊”“重印”“重版”等,义皆近之。

重订,重新修订的书籍。《四库全书》经部录有明姚舜牧撰《重订诗经疑问》。

重刻,新版刻印,《四库全书》史部收有《钦定重刻淳化阁帖释文》。

重修,重新编修。《四库全书》小学类录有宋陈彭年奉敕重修梁顾野王《玉篇》,题为《重修玉篇》,又有其《重修广韵》。

重译,为据外文原版已译过的著作,重新再次翻译。

另有“重评”,见该条。

【 重评 】

反复加评。如《红楼梦》之不同版本中有《脂砚斋重评石头记》,又称“甲戌本”。为现存《红楼梦》最早的抄本,现藏于北京大学图书馆。1962 年中华书局曾影印出版。此外,《脂砚斋重评石头记》还有“己卯本”,藏于北京图书馆。北大图书馆另有一“庚辰本”,二书皆已影印出版。

Chou

【 酬唱 】

酬原指应对。《易·系辞上》:“是故可与酬酢。”注:“酬酢犹应对也。”唱,指诗词歌赋。酬唱又作酬和,谓以诗词互相酬答。唐郑谷《酬补阙张茂枢诗》:“积雪巷深酬唱夜,落花墙隔笑语时。”《宋史·宋湜传》:“与种放、魏野游,多篇什酬唱。”《四库全书》总集类收有宋扬亿编《西昆酬唱集》、邵浩编《坡门酬唱集》。此外,朱熹等人的《甫岳酬唱集》,邓忠臣等撰《同文馆唱和诗》义皆类之。

Chu

【 初 】

一、意为初始。《说文》:“从刀、衣,裁衣之始也。”表示序次则居于第一。

《易·乾》:“初九,潜龙勿用。”孔颖达疏:“居第一之位,故曰初。”书名词语有:

1.“初编”。如商务印书馆,曾刊印清人留云居士辑明季杂史《烈皇小识》等书,为《明季稗史汇编》。后又收到《明季遗闻》等书,辑成《明季稗史续编》。乃将前者《汇编》更名为《明季稗史初编》,意即第一编。

2. 初稿。宋王巩《王氏谈录·修书进稿》:“公言修书稿草,《隋书》尤重,谓之初稿,与正本并奏。”《四库全书》别集类收夏良胜撰《东州初稿》,有自谦为草稿,未定稿之意。

3. 初津。《四库全书》经部易类有清晏斯盛《易学初津》一书。意在指示《易经》初学之方法门路,以济渡后学焉。

4. 初集。谓早成之集,详见该条。

二、意为根本。《庄子·缮性》:“无以反其性情,而复其初。”注:“初者,谓性命之本。”《四库全书》儒家类录清王植撰《正蒙初义》,为王植诠释宋张载《正蒙》一书本义而作。另有“初集”“初刻”请参见。

【 初集 】

初,始也。示次序居先。书名词语"初集",即第一集。《四库全书》别集类中有《圣祖仁皇帝御制初集》《二集》等书。有注说明:癸亥(1683)以前集文为初集。丁丑(1697)以前集文为二集。清人秦鉴撰《兰芬斋丛书初集》即第一集。近代1933—1935年商务印书馆刊有《四库全书珍本初集》等。

【 初刻 】

第一版刻印的图书曰"初刻"。叶德辉《书林清话·汲古阁刻书之一》:"汲古阁初刻《南唐书》,舛误特甚。此再刻者,已多所改正。"书名有明凌濛初撰《初刻拍案惊奇》等。

【 楚辞 】

本义是楚地歌谣。姚华《论文后篇》:"楚辞者,楚人之辞也。"《汉书·地理志》:"楚贤臣屈原被谗流放,作《离骚》自悼。后有宋玉、唐勒之属,慕而述之。汉兴有枚乘、邹阳、淮南小山、严助、朱买臣等人,追步而赋,故世传楚辞。"屈原作品,篇目最早见之于《史记·屈原贾生列传》:"太史公曰:'余读《离骚》《天问》《招魂》《哀郢》,悲其志……"但未提到作品篇数。最早著录屈原作品的《汉书·艺文志·诗赋略》中,记为:"屈原赋二十五篇。"现存收集屈原作品最早之书,是东汉王逸的《楚辞章句》,其叙云:"逮至刘向典校经书,分为十六卷。……今臣复以所识所知,稽之旧章,合之经传,作十六卷章句。"并有题"左都水使者光禄大夫臣刘向集""校书郎中臣王逸章句"等字样。近人王国维云:"此当是王逸旧题,逸去刘向未远,语当可信。"是以刘向辑集王逸章句,为定书名《楚辞》之始。至此,《楚辞》乃成为骚体文章之总集书名。至《隋书·经籍志》首次著录于集部第一。从此"楚辞"由一种文学流派、体式的名称,转变成为一个专有书名。参见下篇《楚辞章句》等专条。

Chuan

【 传 】

有传授之意,例如《论语·子张》:"君子之道,孰先传焉?"有传播之意,例如《礼记·祭统》:"有善而弗知,不明也;知而弗传,不仁也。"于书名词语有"传灯""传家""传奇""传说"见各该条。参见"诗传"条。

【 传灯 】

释家有《传灯录》,为《景德传灯录》的简称,宋释道元撰。书名释意。是:佛法能破众生之昏暗,以灯为譬,以法传人,乃曰"传灯"。《大智度论》:"……为不令法灭,汝当教化弟子,弟子复教化余人,辗转相教,譬如一灯复燃余灯,其明转多。"唐崔颢《赠怀一上人》:"传灯遍都邑,杖锡游王公。"《四库全书》经部易类有题宋徐总干撰《易传灯》一书,亦借释语命名者。

传家,传给子孙或子孙世代相传。宋苏轼《再和许朝奉诗》:"传家有衣钵,断狱尽《春秋》。"《四库全书》别集类有宋司马光之《传家集》八十卷。清人石成全《传家宝》一书,为平生有关处世教训之作。

【 传奇 】

一、指一种体裁的小说,以其"多奇异可以传示,故称传奇"。《两般秋雨庵随笔》,主要是唐、宋人以文言写的短篇小说,情节多奇特神异,故名之。其源盖出于六朝"志怪"而内容已扩及人情世态和社会生活。元稹《莺莺传》,曾题名"传奇"。《新唐书·艺文志》小说类录有唐裴铏撰《传奇》三卷,今佚。为作书名之始。此后"传奇"一词,乃渐成为唐宋文言小说的概称,内容且多成为后代戏曲、曲艺所取材。鲁迅先生于1927年曾辑有《唐宋传奇集》八卷,共收有王度、陈玄佑、沈既济等人文言短篇小说共四十五篇。

二、宋元戏文诸宫调及元人杂剧也有称传奇的。如元人钟嗣成之《录鬼簿》,称所录之杂剧,皆曰"传奇"。

三、明代将演唱南曲为主的长篇戏曲称"传奇",以别于北方之杂剧。著名者有汤显祖的《牡丹亭》、洪升的《长生殿》、孔尚任的《桃花扇》等。

四、指西方中世纪欧洲骑士文学中的一种长篇叙事诗,内容多为冒险故事或惊奇之情节。原文为Romance。我国曾译为"罗曼斯",也有人译作"传奇"。如著名的法国《列那狐传奇》(*Romandere-*

nart)及《玫瑰传奇》(*Romanderose*)等。

【传说】

一、谓辗转传述之旧说。《汉书·艺文志》:“下及诸子传说,皆充秘府。”

二、谓民间口耳相传的故事。韩愈《谁氏子》:“神仙虽有传说,知者尽知其妄矣。”鲁迅《中国小说史略·第二篇》:“传说之所道,或为神性之人,或为古英雄,其奇才异能神勇为凡人之所不及,而由于天授,或天相者。简狄吞燕卵而生商,刘媪得交龙而孕季,皆其例也。”传说内容大多是流传下来的对过去事迹的记述和评价,或以特定历史事件为依据,或为纯属幻想的产物。西方史学家分史前史料为神话(Myth)和传说(Legend)两类。前者是关于神或有神性之先民故事。传说则非必有神性,包括无可征信之记载,可为历史参证之先民故事。其价值是在一定程度上表现人民群众的要求和愿望。现多保存在记载下来的民歌和民间故事中。

Chun

【春秋】

原指岁时。《诗·鲁颂·閟宫》:“春秋匪解(懈),享祀不忒。”郑玄笺:“春秋犹言四时也。”周代成为各国史书的通称。《释名·书契十九》:“春秋言春夏秋冬终而成岁,举春秋则冬夏可知矣。春秋书人事卒岁而究备。春秋温凉中象政和也,故举以为名也。”《墨子·明鬼下》:“周之《春秋》、燕之《春秋》、宋之《春秋》、齐之《春秋》。”《孟子·离娄下》:“晋之《乘》、楚之《寿无》、鲁之《春秋》,一也。”鲁之《春秋》经孔子整理后,定名专称《春秋》。(参见下篇《春秋》条目题解)。然后代仍有人沿用“春秋”题名史书。如汉赵晔撰《吴越春秋》。北魏崔鸿撰《十六国春秋》。此外,先秦诸子书,也有以春秋题名者。《汉书·艺文志》中,儒家类有《虞氏春秋》,杂家类有《吕氏春秋》等。晋朝,为避简文帝母郑太后小名阿春之讳,遇春改为“阳”字。晋孙盛撰别史即题名《晋春秋》。现代以“春秋”名书者,皆为带有史传色彩者。如:郭沫若的自传《革命春秋》。易沙白的《帝王春秋》。高云览的小说《小城春秋》。宋之的等人撰有《戏剧春秋》《幕边春秋》《粉墨春秋》等。现代作者慕湘著有《晋阳秋》,反映七七事变以后,中国共产党在山西领导革命斗争的历史。又春秋谓褒贬。《春秋》寓褒贬之意而借用。《聊斋志异·郭生》:“王谛玩之,其所涂留,似有春秋。”

【醇】

原指浓厚的酒。《说文》:“不浇酒也。”段注:“浇,沃也。凡酒沃之以水则薄。不杂以水则醇。”《文选·嵇康·琴赋》:“旨酒清醇。”注:“善曰:‘醇,厚也。’”引申为醇厚、精粹之意。用在书名示其为集粹、精选。如《四库全书》总集类中有《御选唐宋文醇》,《简目》介绍其:“为删除芜杂,采掇精英,定为斯篇。”另有《御选唐宋诗醇》,《简目》言其:“诗家源流正变,已综括无遗。”

Ci

【词】

一、语言结构中的基本单位,能独立运用,具有声音、意义和语法功能者。《说文》:“词,意内而言外也。”段注:“有是意于内,因有事言于外者,谓之词。”是为字词之词。词分实词、虚词两大类。旧时“词”字,专指语助词、虚词。如清王引之的《经传释词》,为专门辩解“词之发句、助句者”。近人杨树达的《词诠》亦为专门诠释虚词的著作。近代则将专门收集、解释词汇的工具书统称“词典”,参见各该条。

二、指言辞、文辞。《说文》段注:“(词)从司言,此谓摹绘物状及发声注语之文字也。积文字而为篇章,积词而为辞。”《史记·申公传》:“是时天子方好文词。”《隋书·经籍志》集部总集类录有《词林》五十八卷,列文选、文海之间,不知作者,内容不详,或即“文辞”之类。

三、文体名。古乐府中有“歌辞”“曲辞”“谣辞”等,皆可合乐歌唱,后泛称可以歌唱的诗曰“词”。因其由诗歌发展而来。故称“诗余”。又以先有曲调,后填文辞,乃称“曲子词”。再缘其句式长短不一，而名之曰“长短句”。《宋史·艺文志》录有《易安词》六卷。《辛弃疾长短句》十二卷。《四库全书》集部词曲类录有词集、词选七十余种，如《珠玉词》《六一词》等。

与诗词有关的书籍有：讲求词的格律的清人万树编的《词律》。辑录词格曲调，可按谱填词者有明张綎撰的《诗余图谱》，清王弈清编的《钦定词谱》。填词押韵用书有清戈载的《词林正韵》。有关词学之书，清代有秦思复的《词学丛书》、查培继的《词学全书》等。

【词典】

搜集词汇加以解释，供人查阅的参考书。1922年商务印书馆曾出版周铭三编的《国语辞典》。

【词话】

一、评论词、词人，词派源流、有关词的本事和考订的著作。体式仿自诗话。最早有宋扬绘的《时贤本事曲子集》，已佚。今存著名的词话有：宋王灼的《碧鸡漫志》、清陈廷焯的《白雨斋词话》、民国王国维的《人间词话》等六十多种。

二、宋代平话之一种。清钱曾《也是园书目》收录宋人词话《灯花婆》《种瓜张老》《紫罗盖头》《女报怨》等十二种。

三、元明时一种说唱艺术，中有词曲，有说有唱，故称“词话”。《元曲选·救风尘三》：“那唱词话的有两句留文……”龚自珍《题红惠花诗册尾》：“歌板无聊舞袖凉，江南词话断人肠。”著名的有明诸圣邻的《大唐秦王词话》。

四、明人章回小说，书中夹有诗词的，亦名为“词话”，如《金瓶梅词话》等。

【词林】

《广雅释诂》：“林者，聚也。”《白虎通·五行》：“众也。”题名词林者有以下诸义：

一、词坛。引申为文人荟萃处。《梁昭明太子答晋安王书》：“殽核坟史，渔猎词林。”清张宗橚撰《词林纪事》一书，记词坛故事。

二、翰林之别称。明洪武初建翰林院于皇城内，匾之曰“词林”。《四库全书》史部职官类有《词林典故》一书。该书系乾隆九年，重修翰林院落成，皇帝赐宴赋诗。掌管学士鄂尔泰等请撰此书，以志缘起、官制、职掌……，终以题名。

三、汇典在一起的文词。《隋书·经籍志》总集类录有《词林》五十八卷，今佚。明黄文华撰《词林一枝》（全称《青阳时调词林一枝》）。许宇撰《词林逸响》，为散曲、戏曲选集。

【辞】

一、文辞、言辞之成文者，特指优美的语言、文章。《说文》：“积文字而为篇章，积间而为辞。”《孟子·万章上》：“不以文害辞。”集注：“不可以一字而害文之义。”宋王应麟《困学纪闻·易》：“辞，非止语言，今之文，古所谓辞也。”《易经》之“系辞”指文王作的卦辞，因系于卦下，谓之“系辞”。《四库全书》经部易类有《周易系辞》二卷。

二、古文体之一种。《汉书·艺文志》中录杂赋十二家，内有《成相杂辞》十一篇。屈原作《离骚》，《汉志》录入题为《屈原赋》，后刘向命名为《楚辞》。汉乐府中有《歌辞》《曲辞》《谣辞》等，都是可以入乐的。汉时赋体大盛，辞赋常连称之。晋陶渊明有《归去来辞》。《隋书·经籍志》总集类有《乐府歌辞抄》一卷。

古体诗中也有称“辞”的，如《木兰辞》。《宋史·艺文志》总集类中有《辞林类稿》三卷。宋黄坚《古文真宝后集·辞类·箴解》：“诗变而为骚，骚变为辞，皆可歌。辞则兼诗、骚之声，而尤简邃焉者。武帝因祠后土于汾阳作《秋风辞》一章，凡三易韵。其节短，其声哀，此辞之权舆乎？”清姚鼐编有《古文辞类纂》录战国至清的古文辞赋，宣扬桐城派的文学观点。

三、在一些合成词里，辞也作词。参见“辞典”条。

【辞典】

古代指文辞典雅。《广弘明集·昭明太子答玄圃园讲颂令》：“辞典文艳，既温切稚。”近代则指解释词语的工具书。乃是汇集各类学科中的词语及重要学说，按一定次序排列，逐一解释，以备检查之工具书。有汇集通用词汇的普通辞典和专门汇集某一学科或相关学科词语的专科辞典两大类。

中国近代第一部用新法编写的大型百科类辞典，是1915年商务印书馆出版，陆尔奎、傅运森、蔡文森等主编的《辞源》。1937年中华书局出版《辞海》，均为我国近代著名的辞典。

Cong

【丛】

聚、集。《说文》："丛，聚也。"《正字通》："丛，集也。杂至也。"《汉书·酷吏传》："罔（网）密事丛。"师古注曰："丛谓众也。"用作书名多指聚集众多的文札、笔录。《隋书·经籍志》经部录有秦末孔鲋撰之《孔丛》七卷。梁沈约《珠丛》一卷。《四库全书》中录有《宝刻丛编》《爱日斋丛抄》《困居丛稿》《渔隐丛话》《古音丛目》《读四书丛说》《铁围山丛谈》《西溪丛语》《渔蛮丛笑》等。此外请参见"丛刊"，"丛考""丛刻""丛书"等。

【丛刊】

根据一定目的或使用对象，选择若干种书编为一套，在一个总名称下出版的丛书。

有综合性的如：商务版，张元济编辑的《四部丛刊》；也有专题性的如：商务版《严译名著丛刊》，收严复译述八种。有专科性的如：清刊本《红楼梦丛刊》，收书十五种。

【丛考】

聚集丛撮之考证。如：清赵翼撰之《陔馀丛考》。1927年商务版钱静方编《小说丛考》。1939年中华书局出版程会昌撰之《目录学丛考》。

【丛刻】

刻版刊印的丛书，即丛书、丛刊之别名。如清人傅春官之《金陵丛刻》，收历代南京作者所著，汇而刻之。近代《侯官严氏丛刻》为严复撰，熊元锷编。罗振玉辑本人著作为《雪堂丛刻》。周瘦鹃的《欧美名家小说丛刻》收翻译欧美十四个国家的四十七位作家的短篇小说若干。

【丛书】

最早见用于书名者，为唐陆龟蒙之《笠泽丛书》，但其实际是诗文杂著的别称。其序言："丛书者丛脞之书也。从脞犹细碎也，细而不遗大，可知其所容矣。……歌、诗、颂、铭、记、传、序，往往杂发，不类不次，混而载之，得称为'丛书'。"清叶名沣《桥西杂记·丛书》："古无辑录，名家著述为丛书者，唐陆龟蒙有《笠泽丛书》，丛书二字，始见于此，然乃诗文专集也。"现代则指：按一定目的和使用对象，将各种单行书籍编辑成套，以一总名刊行者曰"丛书"。中国最早编辑的丛书始于宋代，宁宗嘉泰二年（1202）俞鼎孙等汇集《石林燕语》，等六种书刊，合编为《儒学警悟》者。后度宗咸淳九年（1273）刊行《百川学海》，丛书乃大行。明清尤盛。自元明至近代约三千种。上海图书馆编有《中国丛书综录》可供参阅。丛书有综合性的或专门、专题性的。分述如下：

一、综合性的，又称"汇编丛书"

1. 丛杂聚集，各类兼收者，如宋左圭《百川学海》，元陶宗仪《说郛》等。

2. 按中国古籍分类，以经、史、子、集部类编收的。清《四库全书》，即是最大的丛书。民国时期有商务印书馆张元济的《四部丛刊》等。

3. 丛集古佚，如清茆泮林《十种古佚书》。

二、专门性的，又称"类编丛书"

1. 按学科门类从集的，如清纳兰性德的《通志堂经解》、俞森的《荒政丛书》、民国曹炳章辑《中国古代医学大成》等。

2. 按时代编年丛辑的，如明程荣的《汉魏丛书》等。

3. 按地方区域丛集的，如明天启年间的《盐邑志林》、清傅春官的《金陵丛刻》等。

4. 按人物家族丛集的，如明李贽的《李氏全书》、清方昌翰的《桐城方氏七代遗书》等。

存留、保存。清陆陇其有《松阳抄存》。诗的选集，有时称"诗存"，如清曹庭栋编《宋五百家诗存》。文集也有称文存的，如《胡适文存》。存疑，是有疑问，暂存而不论。如明林希元《易经存疑》。以"存"字题于书名者尚有清俞正燮《癸巳存稿》、任陈晋《易象大义存解》。明顾允成《小辨斋偶存》，清胡煦《周文函书约存》等。

D

Da

【答问】

以记述问答体题名的书籍。《梁书·武帝纪下》:"《毛诗答问》《春秋答问》凡二百卷,并正先儒之迷。开古圣之旨。"《四库全书》史评类录有宋王应鳞撰《通鉴答问》。晚清张之洞的《书目答问》,为目录学名著。参阅"问""问答"诸条。

【大】

意为与小相对,凡言物体所据空间、数量、力量超过一般或所比较的对象时,辄曰大。也用于形容抽象的概念如广泛、重要、高贵、壮美等。作书名词有以下各种含义:

一、内容丰畜、重要、繁多、完备等。中国古代文篇中即有以"大"字,示其性质的特殊。如《诗经》中之《大雅》,《礼记》中有《大学》。经籍中有《易大传》《尚书大传》等。后来出现有《××大义》《××大全》《××大成》《××大观》等。民国初年有《中华大字典》,五十年代日本诸桥正次出版《大汉和词典》等,参见各该条。

二、对书籍内容表示尊崇、赞美者,用"大"字作前缀,如:《易经》尊为《大易》,佛经尊为《大藏》。宋杨简搜孔子遗言为《先圣大训》。宋胡宏摄辑帝王名号曰《皇王大纪》。恭称别人的文集为《大全集》。赞美著名专家为"大家",如《唐宋八大家文抄》。我国自汉朝尊其朝廷为"大汉"。以后唐、宋、明、清皆仿效前例,故书名有《大唐西域记》《大宋宣和遗事》《大明一统志》《大清律例》等。

三、书籍之增益、汇注、修订后,常在书名上加"大"字,以示版本之更新。如中国古代字书《玉篇》,宋代经陈彭年等增改后,更名为《大广益会玉篇》。以"大"组合的书名词语还有:"大成""大典""大纲""大观""大全""大事记""大义""大旨""大众""大传"等,请参见。

【大成】

意为大的、完备的事功、成果。中国古乐中,一变为一成,九变为乐终,至九成完毕,称为大成。引申之凡集纳前人的学说、理论,以形成完整的体系者,为大成。例如称孔子"集先圣之大道,以成己之圣德者也"。是"集大成"。用于书名,指是某些学说、主张之综合、集中,有众人成就。乃称《大成》。如《四库全书》,经部春秋类有元俞皋《春秋集传释义大成》。

【大典】

一、原指重要的典章、法典。南朝梁任昉《王文宪集序》:"公生自华宗,世务简隔,至于军国远图,刑政大典。既道在庙廊,则理擅民宗。"《旧唐书·职宫志》:"集贤学士之职,刊辑古今之经集,辨明邦国之大典。"元朝有《元经世大典》,是汇集元典章制度的政书。朝鲜李朝亦曾制定《经国大典》《大典通论》。后来在上述两书的基础上,修成《大典汇通》,于 1865 年刊行,为研究拟鲜历史法制的重要材料。

二、谓宏伟的,或可供典范的书籍、著作。《后汉书·郑康成传论》:"括囊大典,网罗众家,删裁繁诬,刊改漏失,自是学者略知所归。"《后汉书·蔡邕传》:"伯喈(邕字)旷世逸才,多识汉事,当续成后史,为一代之大典。"例如明朝之《永乐大典》。

【大纲】

要点、纲领。《后汉书·叙传下》:"各存大纲,以统旧文。"近代则指某种学科的总要、纲目:如胡适 1919 年出版的《中国哲学史大纲》(只出了上册)。1937 年上海笔耕书局出版李达著《社会学大纲》。此外尚有蔡元培的《哲学大纲》、蔡尚思的《中国学术大纲》、华岗的《辩证唯物论大纲》、郑振铎的《文学大纲》皆一时名著。

【大观】

原指是对全局洞达透彻的观察。《易·观》:"大观在上。"贾谊《鹏鸟赋》:"达人大观兮,物无不可。"又指盛大壮观的景物。宋范仲淹《岳阳楼记》:“此则岳阳楼之大观也。”用于书名如《浙江旅游大观》《世界名胜大观》等。引申之,如聚集事物美好繁多,或规模宏大,内容完备,亦称大观。清周中孚《郑堂札记》:“博采群书,洋洋乎大观哉!”书名有老舍先生的《相声大观》。张涵的《美学大观》。此外尚有《世界风情大观》《笔记小说大观》《清朝野史大观》等。

【 大全 】

广大、完全。作书名指某种学术的全部,或某人著作的全集。宋刘克庄《题都察院诗卷》:“小儒可是通行瞻,拟为坡仙注大全。”《四库全书》经部录有明胡广奉敕撰编之《周易传义大全》《书经大全》《诗经大全》《四书大全》等。集部录有元胡祇遹撰之《紫山大全集》。

【 大事记 】

古代不平常、重大的事件曰“大事”。如下列诸事:一、祭祀、征伐;二、政权更迭;三、国计民生;四、男女婚姻等。但《左传・文元年》:“能行大事乎?”指政变。《史记・绛侯周勃世家》:“可属大事。”指国家政务。后将已经发生的重大事件,按年月日顺序排列记载,以备检索的资料典籍,谓之“大事记”。《四库全书》,史部编年类有宋吕祖谦编之《大事记》。近现代以《大事记》名书者甚多,不赘举。

【 大义 】

原指严正的道理、大原则。《左传・僖五年》:“狐偃言于晋侯曰:‘求诸侯莫如勤王,诸侯信之,且大义也。’”引申之意是要旨、要义。在古代儒家的论述中,多指主要的,或精微的意旨。《后汉书・班固传》:“所学无常师,不为章句,举大义而已。”《汉书・艺文志》:“仲尼而微言绝,七十子丧而大义乖。”用作书名词语可以单申或兼有上述诸义。《四库全书》经部易类录有元解蒙撰《易精蕴大义》。孝经类有元董鼎撰《孝经大义》。近代辜鸿铭(1857—1928)著有《中国人的精神》,又名《春秋大义》《原华》。1996年有海南出版社出版日本五味川纯平著《虚构的大义》,副题“一个关东军士兵的日记”揭露第二次世界大战中,日本军国主义者以所谓的“大义”,欺骗其人民为侵略战争卖命,在我国东北被击溃后的悲惨命运。

【 大旨 】

释为大意、大要。又作大指、大恉。《史记・汲黯传》:“黯学黄老之言,治官理民,好消静,择丞吏而任之,其治,择大旨而已,不细苛小。”清小说《红楼梦》第一回:“因见上面,大旨不过谈情,亦只是实录其事。”《四库全书》经部易类录有清孙奇逢撰之《读易大旨》。

【 大众 】

中国古代原指统治者征发的军旅、工役的多数。《礼记・月令》:“(孟春之月)毋聚大众,毋置城郭。”后来则指大多数的民众、群众。宋苏轼《王仲义真赞》:“决大策,安大众。”近代书名加以“大众”字样,示书籍内容是普及型的,适合大多数公众阅读研习。三十年代,艾思奇同志所著之《大众哲学》是著名的哲学通俗读物。法国天文学家费拉马立翁1880年撰《大众天文学》是世界科普名著。

【 大传 】

两解:

一、经传诂释之一。早期指《周易》作解释的传文。《史记・太史公自序》:“《易大传》:‘天下一致而百虑,同归而殊途。’”又为《礼记》中篇名。《郑玄目录》:“名曰《大传》者,以其记祖宗人亲之大义。”汉初伏胜撰《尚书大传》,意谓其为新说,以传述经文之大义。

二、传记之一种,以其内涵详细周全而有别于“小传”“略传”等。近代如1945年朱东润撰《张居正大传》(已著录可参见)。现代如徐彻著《慈禧大传》。周远廉著《乾隆皇帝大传》。张亚新著《曹操大传》等。

Di

【 地理书 】

古称《图经》。专门记载山川、疆域、物产、人口等。如,《尚书》中的《禹贡》,《周书》中的《职方志》。史书自《汉书》起,始立地理志部分。然上述诸文字,皆附于他书之中,并未独立成书。《汉书・艺文志》只将《山海经》列于数术类之中,并无地理类书籍入录。魏晋南北朝以后，地理类书籍渐多，晋阮孝绪在其《七录》中，始立《土地部》。《隋书·经籍志》首在史部中立地理类目，将《山海经》收录在内。并录入北齐陆澄编辑的《地理书》一百四十九卷。另陆澄、任昉各撰《地理书抄》亦录入。至清修《四库余书》史部地理类已分列为：宫殿疏之属、总志之属、都会郡县之属等十一个属目。其存目尚列有《历代地理指掌图》一书。而地理书则逐渐与方志结合，且与记载地理沿革的史志在内，发展成方志类图书。请参见《方志》《图经》等条目。又《四库全书》子部数术类存目所录《地理大全》，实属堪舆、风水书一类。孙殿起《贩书偶记》子部数术相宅相墓属中录有《地理原本》等多种，皆其类也。

【 地图 】

古代指描绘土地、山川等地理形势的图。《周官·地官·土训》："掌道地图，以诏地事。"《战国策·燕策》："荆轲奉樊于期头函。而秦舞阳奉地图匣以次进。"现代则指按科学规范绘制的，反映地表自然现象、行政区划、人文分布和交通系统等状况的图画。古代，《隋书·经籍志》地理类录有《周地图记》一百零九卷。明代沈定之撰有《古今舆地图》。陈祖绶撰有《职方地图》。朱国达等辑《地图综要》。现代则有可应用于各种用途的"地图册"或各种规格的地图。

Dian

【 点 】

原指书写中小而黑的笔画。《正字通》："点，点画也。"引申之义，有如下之类：

一、标点。检阅古书，于句加圈，于逗加点，犹言句读。《宋史·何基传》："凡所读，无不加点。"

二、涂灭，即涂改文章。《尔雅·释器》："灭谓之点。"注："以笔灭字为点。"《后汉书·文苑·弥衡传》："衡揽笔而作，文无加点。"

三、检点文字，点读文句，删改冗误。如点勘、点校类。宋吕祖谦《方斋行》："旧书重叠堆在床，点堪同异分边旁。"书名点勘者有《四库全书》别集类录有清陈景云撰《韩集点勘》，近人陈汝纶撰《桐城吴先生点勘诸子七种》。"点校"参见后面专条。

四、指点，意味评论。《红楼梦》第三十一回："宝玉听了，知道是点他前日的话。"读书人于文章妙要之处旁加圈、点以为志。以此意名书者有南开大学出版社刊李丽中著《朦胧诗、新生代诗百首点评》。1995 年中山大学出版施爱乐撰《点评金庸》一书。参阅"评点"条。

【 点校 】

点，检查核对。辛弃疾词："沙场秋点兵。"校，校勘。点校如"点勘"。清吴敏树《与杨性农书》："前承委点校大文，负恃爱好，辄竭愚虑。"1980 年中华书局出版宋人《陆九渊集》，并题"钟哲点校"。参见"校点"条。

【 典 】

《说文》段注："典字从册在丌（音 ji，放物之架）上，会意。原指古代五帝之书，尊称《五典》。后引申为常道、准则，亦指记载典章制度的重要文献。《书·五子之歌》："有典有则，贻厥子孙。"进而指一切可以作为典范的书籍。汉王符《潜夫论·赞学》："典者，经也，先圣之所制。"三国时魏文帝曹丕撰有《典论》。《隋书·经籍志》录有三国魏人著《典略》《典言》。梁人著《皇典》《梁典》及《玉烛宝典》诸书。清《四库全书》史部职官类录有《唐六典》。通制类录有唐杜佑《通典》、明徐溥《明会典》、清允祹奉敕撰《钦定大清会典》。政书类录有《幸鲁盛典》《八旬万寿盛典》等书。经部小学类有《御定康熙字典》。为中国"字典"之始。子部艺术类收录清人朱象贤《印典》一书，列印章故实。1948 年上海中央书店刊行聆音馆编纂之《戏典》，为戏曲研究工具书。此外尚有"词典""辞典""法典""会典""事典""字典""典故"各条，请参见。

【 典故 】

一、原指典制、常例、掌故和故事。《后汉书·东平王仓传》："陛下至德广施，慈爱骨肉，每赐宴见，辄兴席考察。中宫亲拜。乃过典故。"《宋史·宋敏求传》："熟于朝廷典故。"《四库全书》杂史类存目有明人余纪登撰之《典故纪闻》等。

二、现代又谓诗文中援引的古代故事和有出处来历的词语。如老舍话剧《茶馆》第三幕:"'青是山,绿是水,花花世界',又有典故,出自《武家坡》。"用于书名者有:辽宁人民出版社的《成语典故》、作家出版社的《历代典故词典》等。

【 牒 】

原指简札,后引申为簿册、文书,特指谱录。《韩非子·大体》:"豪杰不著名于图书,不录功于盘盂,记年之牒空虚。"沈括《梦溪笔谈·杂志一》:"温州雁荡山,天下奇秀,然自古图牒,未尝有言者。"唐李善注《文选》曾引用刘歆《七略》中所录《子云家牒》。《隋书·经籍志》其一礼记篇,录有南朝宋任预撰《礼论条牒》十卷。其二谱系篇录有《魏文帝族牒》一卷。《旧唐书》录有《裴氏家牒》。唐代开始设立"修玉牒官",故《新唐书》中,录有《皇唐玉牒》,由此,"玉牒"成为专门记载帝王谱系之书。《宋史·艺文志》史部谱牒类录有《仁宗玉牒》等书。《明史·艺文志》史部谱牒类录有《天潢玉牒》。清代玉牒不见著录。仅见爱新觉罗·溥仪《我的前半生》第九章曾提到"1937 年修订的《玉碟》……"等有关史料。参见《家牒》条。

Ding

【 订 】

曾为注释古书之名词,即对古籍进行正订评议。《说文解字》:"订,平(评)议也。"例如评订义理为"订义"。《四库全书》经部礼类有宋王与之撰《周礼订义》。正订训诂为"订诂",《四库全书》录有明何楷《古周易订诂》。考订舛谬为"订溈(讹)《四库全书》子部杂考类有清胡鸣玉《订溈杂录》。订正错误是"订误",《四库全书》编年类有清陈景云《纲目订误》等。另参见"考订""增订"条。

【 定 】

〔附未定〕《增韵》:"正也。"定,有不易、决定、订正诸义。书名题有"定本"是经过编排、整理、审定,可以刊引的本子。《魏书·孙惠蔚传》:"……上书:'臣依前丞相卢昶所撰《甲乙新录》,欲裨残补缺,损并有无,校练句读,以为定本。'"《四库全书》孝经类录有元吴澄《孝经定本》。《贩书偶记》诗经类录有清段玉裁《毛诗故训传定本》。1956 年北京古籍出版社出版朱师辙著《商君书解诂定本》。与上述相反,又有"未定"之说。如《贩书偶记》续编录有清人何如漋撰《庄子未定稿》一书。另参见"文定"一词。

Du

【 读 】

诵书,见《说文》。亦为文体之一,晋张华《博物志》卷四:"贤者著述曰传、曰记,曰章句、曰解、曰论,曰读。"或认为即是"跋",清吴曾祺《文体刍言》:"读,古人读书,偶有所得,则书于简之后,因名曰读,备遗忘也。而能者为之,便有词采可观。故可传者亦多。唐以后有之,前此无所见。"唐以后以"读"名篇者渐多。韩愈之《读荀》《读墨子》,欧阳修之《读李翱文》,王安石的《读孟尝君传》等皆传世名篇。其之读,不仅诵读,而且有玩味、研习、阐微之意。如观画亦可曰"读画"。近人杨伯俊在其所著《孟子译注》中,《孟子·万章下》之句:"颂其诗,读其书,不知其人,可乎,"注其"读"字为:"既有诵读之意,亦可有抽绎之义。"故译文强调"研究"两字。现代亦有读后感之类文章。用于书名见于《四库全书》史评类有宋胡宪撰《读史管见》。《四库总目》中,著录有《读×××》之类的书籍,一百一十余种。清王夫之的《读通鉴论》、顾祖禹的《读史方舆纪要》、王世贞《读书后》等,皆名篇名著。

【 读书 】

专以"读书"著于书名中者甚多,皆可作研习某典籍或学术的专著视之。如《四库全书》别集类中,明王世贞的《读书后》,儒家类明薛瑄的《读书录》。又有"读书志",《四库全书》目录类有宋晁公武《郡斋读书志》。清王念孙撰有《读书杂志》。另有"读书记"。《新唐书》著录有隋王劭《读书记》。《四库全书》杂家类录有清何焯《义门读书记》。清钱曾撰有《读书敏求记》皆为名作。现代则有各种"读后感"著者甚多。

Duan

【 短长 】

指短长术。又作长短、长短术。我国战国时谋士之术也。《史记·六国年表序》:“六国之盛自此始,务在强兵并敌,谋诈用而从衡(纵横)短长之说起。”《史记·田儋传》:“蒯通者善为长短说。”索隐:“言欲令此事长则长说之,短则短则短说之。”《汉书·张汤传》:“边通学短长。”注,师古曰:“短长术兴于六国时,长短其语,隐谬用相激怒也。张晏曰‘苏秦、张仪之徒,趣彼为短,归此为长。《战国策》名长短术也。’”补注,沈钦韩曰:“刘向上《战国策》云:‘旧号或为《短长》。’”唐赵蕤撰《长短经》命名亦本此。近代作家唐弢 1947 年出版之杂文集,题名《短长书》。作者序言:“……这些长长短短的文章,大部分写于战时,为了趁便,也就沿用了这个老名称。”参阅“长短”一条。

【 断 】

判断、断定之意。以断作书名词语者,大多有:专学、独立品评、不同俗论之意。如汉蔡邕《独断》一书,《四库总目》评介其为:“考据专著,字字可为典据。”评介宋孙甫撰《唐史论断》为:“……其间善恶分明,可为龟鉴者,后系以论。”评介宋傅寅撰《禹贡说断》云:“博引众说,断以己意,具有特解,不肯蹈袭前人。”《四库全书》艺术类书画属有唐张怀瓘《书断》,为品评判断书法家高下之书。又“断”可指分开,如断句。《四库全书》经部录有元陈悦道《书义断法》。现代词意有断绝义,日本作家屋太一小说中译名《油断》一书,叙述日本海外石油供应中断后引起的混乱。

Dui

【 对 】

应对、答问。《诗·大雅·桑柔》:“听言则对。”笺:“对,答也。”清吴曾祺《文体明辨·奏疏》:“……三曰对,四曰启。”薛凤昌《文体论》:“对,则始于汉,以君所问,奏对之。皆属口述文字,故宜简而不繁。”有“对问”。王兆芳《文体通释》:“对问者,对应无方也,对君子所问也。主于因言应答,不长其恶。源出伊尹《对汤问》,流有鬻子《对文武成王问》,宋玉《对楚王问》……”《汉书·艺文志》录有:《封禅议对》《博士臣贤对》等。《隋书·经籍志》录有朱澹远撰《语对》、无名氏《对要》《对林》《众书事对》等书。此外有“对话”,请参见。

【 对话 】

二人或二人以上的相对谈话曰“对话”。元萨都剌《夜泊钓台诗》:“山僧对话夜未央,不知风探湿衣裳。”文章修辞中,作者以第三者身份,记录二人或二人以上之相互问答,兼以阐明事理者,称“对话法”。于书名有当代刘纲纪的《美学对话》、马佩的《逻辑学对话》。译著有朱光潜的《柏拉图文艺对话集》。现代有《金庸与池田大作对话录》。

F

Fa

【 发 】

原意是启发、阐明。《论语·述而》:“不愤不启,不悱不发。”《广雅·释诂三》:“发,开也。”《广雅·释诂四》:“发,明也。”汉枚乘撰《七发》赋。郑玄撰《发墨守》一书,以反驳何修撰《公羊墨守》的论述。书名词语还有“发凡”“发挥”“发微”等,请参见。

【 发凡 】

阐明全书的要旨及编纂的体例,即发凡启例之意。始自孔子修经。《春秋》《易经》皆曾有凡例,以揭示要旨,举一例众,后散佚中断。晋杜预在其《春秋左传序》中言:“其发凡以言例,皆经国之常制,周公之垂法,史书之旧章。”近人著作书前,常有发凡若干例,皆其仿类。作书名词语,指对某一学科的一般介绍,约当于“概论”。如陈望道撰之

《修辞学发凡》。《贩书偶记》小学类录有四川刊饶炯撰《许(慎)书发凡类参》。现代有张岱年《中国哲学方法论发凡》。

【 发挥 】

发扬挥散,即充分地表达意见,详细地阐明道理。《易·乾文言》:“六爻发挥,旁通情也。”唐李德裕《易州侯台记》:“博采旧史,发挥新意。”《四库全书》道家类有宋俞琰撰《周易参同契发挥》。医家类有元朱震亨撰《局方发挥》,《四库简目》介绍其书:“以(南宋)和剂局方多用温补燥烈之药,耗损真阴,乃著此书以辟之。”

【 发微 】

阐发微妙,发明隐奥。用在书名指对某一事理精蕴,或某一事物原委的探求。《四库全书》春秋类有宋孙复撰《春秋尊王发微》。数术类有宋蔡元定撰相地之书《发微论》。《四库总目提要》介绍其:“默定于数理之外,而后能推顺逆咫尺微茫之间……皆能抉摘精奥。”清吴乔撰有《西昆发微》。

【 法 】

一、法度、法律。《盐铁论·诏圣》:“法者,刑罚也。所以禁强暴也。”古代专指刑法,后来泛指法律,又引申为规章制度。《周礼·天官·大宰》:“以八法治官府。”我国最古之法典,为战国时李悝编纂的《法经》。中华民国时期有《六法全书》。《四库全书》政书类有苏洵撰《谥法》。现代有各种法律书,多题《××法》。

二、标准、规则、规范。《易·系辞下》:“制而用之谓之法。”唐孔颖达疏:“言圣人裁制其物而施用之,垂为模范,故谓之法。”书名词语有“法式”“法书”“法帖”等。请参见。

三、方术。《史记·项羽本纪》:“教籍兵法。”《汉书·艺文志》录有《吴·孙子兵法》《军礼司马法》。《隋书·经籍志》子部录有梁武帝撰《棊(棋)法》一卷。医方类录有《入林采药法》二卷。《四库全书》儒家类录有宋张宏等编的《朱子读书法》。农家类录有明熊三拔撰《泰西水法》等。

四、特指佛教教义曰“法”。《浮住子·克责身心门》:“佛为众生说法。”书名词语有“法华”“法苑”“法藏”。如《法华经》(即《妙法莲华经》)。隋释智顗讲《法华经》,弟子笔录为《法华文句》(又名《法华玄义》)。唐释道释撰《法苑殊林》。录于《四库全书》。宋晁迥撰《法藏碎金录》为禅门语录。

【 法典 】

中国古代指法度典章。《孔子家语·五刑解》:“礼度毕陈,五教毕修,而民犹未化,必明其法典,以申固之。”另又指佛教经典。南朝梁僧祐《出三藏集各录序》:“昔刘向校书,已见佛经,故知成帝前,法典久至矣。”近代则指比较全面系统地用文字记载的法律文件。例如,我国将西方此类法律文献 Code 译为“法典”。如公元前十八世纪的《汉谟拉比法典》,公元六世纪东罗马帝国的《查士丁尼法典》,1804—1810 年的《拿破仑法典》。

【 法式 】

法度、制度、标准。《史记·秦始皇本纪》:“二十八年刻石:‘治道运行,诸产得宜,皆有法式。’”《四库全书》史部政书类录有宋李诫撰《营造法式》。子部谱录类录有宋李孝美撰《墨谱法式》。

【 法书 】

指书法名家的范本,或具有一定书法艺术成就的作品,亦可美称别人的书法。《梁书·殷钧传》:“又受诏料俭西省法书、古迹、剔为别目。”《颜氏家训·十九杂艺》:“吾幼承门业,加性爱重,所见法书亦多,而玩习功夫颇至。”我国现存最早的法书是晋陆机的《平复帖》,现藏故宫博物院。《四库全书》艺术类录有唐张彦远编《法书要录》,元盛熙明撰《法书考》。

【 法帖 】

以摹刻前人法书之拓本或印本为帖者,曰“法帖”。元周密《志雅堂杂抄》:“江南后主(李煜)尝詔徐铉,以行藏入之石,名《昇元帖》。此则在淳化阁贴之前,当为法书之祖。”宋曹士冕《法帖谱系·杂说上·淳化阁帖·叙说》:“太宗皇帝时,尝遣使购募前贤真迹,集为法帖十卷,镂版而藏之。”曹士冕书录于《四库全书》。同时并录宋刘次庄撰淳化阁帖释文《法帖释文》。清乾隆十二年(1747)勒刻的《三希堂法帖》为法帖中的巨制。

Fan

【 反 】

与正相对。《庄子·寓言》:"与己同则应,不与己同则反。"引申为反对、反驳。又另有翻覆、翻案之意。"反"在中国古代是辩论文体之一,同"驳"类似。清王兆芳《文体通释》:"反者,复也、背也。主于违背旧文,欲使倾复。源出汉扬子《反离骚》。流有魏王粲《反金人赞》,晋孙楚《反金人铭》,唐皮日休《反招魂》,明徐祯卿《反反骚赋》。用于书名大体有二者:一是反驳,二为翻案前者如恩格斯的名著原名《欧根·杜林先生在科学中实行的改革》,中译名为《反杜林论》言简意赅。至于翻案文章,即特为与原书旨意相反的论著。《汉书·扬雄传》:"(扬雄)怪屈原文过相如至不容……,遇不遇命也,何必湛身哉。乃作书,性往摭离骚文而反之,自㟭山投诸江流以吊屈原,名曰《反离骚》。"晋王康据亦有《反招隐》诗。《文选》中注之曰:"康以为混俗自处,足以免患,何必山林?然后为道。故作《反招隐》之诗,其情与隐者相反。"至近代文学小说中,则出现翻案小说之异种。如清巴吉人撰《荡寇志》,与《水浒传》立意相反,使山泊首领,非死即诛。至《西游补》《续金瓶梅》,亦若是。后来者则直书《反××》。如常1924周大荒撰《反三国演义》,大唱反调,虽仍拥刘、贬曹、抑孙而终归于刘,结局肆意铺陈,与历史实际相反,终是出气文字而已。张恨水《啼笑因缘》出版后不久,有徐哲身撰《反啼笑因缘》(又名《啼笑鸳鸯》),也是反其意而言。情节、结局大相径庭,都是与原著背反的翻案文章。

【 范 】

模范、楷式、榜样。汉扬雄《法语学行》:"师者,人之模范也。"《后汉书·张衡传》:"耻一物之不知,有事之无范。"《四库全书》儒家类录唐太宗撰之《帝范》,是李世民自编的太子教材。宋司马光撰《家范》,乃杂采史事可为法纲者列之,可知一代伟人修身齐家之梗概。子部杂家类有宋张磁撰《仕子规范》。集部总集类有宋谢枋得《文章轨范》。

Fang

【 方 】

一、方技之"方"。古代将医、卜、星、相等皆列为"方术"。《庄子·天下》:"惠施多方,学富五车。"《汉书·艺文志》按刘歆《七略》之分,列医经、经方、房中、神仙等四种书为"方伎略"。并录有《五藏(脏)六府(腑)十二病方》三十卷。后书名单署"方"字者,多指方剂,如药方、单方、饮馔、食品、酿造上的配方等。《四库全书》医家类录有晋葛洪撰《肘后备急方》等。

二、方法、智谋、策略等。如"方略",见该条。

三、地方、土地。《淮南子·本经》:"载圆履方。"高诱注:"圆,天也。"方,地大地曰"方舆"。地方语言曰"方言"。地方史志曰"方志"。见各该条。

【 方略 】

一、计划、策略。《荀子·王霸》:"乡(向,崇尚)方略、审劳佚、谨畜积、修战备。"《韩诗外传四》:"若夫总方略,一统类,齐言行。"书名有孙中山《建国方略》,1922年上海民智书局出版。

二、谓军功之事。清代于军机处下置方略馆,设总裁,掌修方略。《清会典》注:"每次军功告藏,及遇有政事之大者,奉旨纂辑成书,纪其始末,或曰方略,或曰纪略……"《四库全书》纪事本末类录有《皇清开国方略》《圣祖仁皇帝亲征平定朔漠方略》等书。

【 方言 】

即地方语言。语言学上指与通行标准语有区别,只通行于一个地区的地方变体语言。我国古代著名的方言专著是题为汉代扬雄撰的《輶轩使者绝代语释别国方言》,简称《方言》。该书收录于《四库全书》小学类,虽疑有伪托仍不失为研究古代汉语的重要材料。清杭世骏撰有《续方言》,亦收于《四库全书》。章炳麟(1869—1936)著有《新方言》一书。现代有各种方言辞典。

【 方舆 】

即大地。《易·说卦》:"坤为地……为大舆,以其能载万物故称‘方舆’。”战国时宋玉《大言赋》:“方舆为地,圆天为盖。”古代地理学又称为“方舆之学”。《四库全书》地理类录有宋祝穆撰《方舆胜览》。《贩书偶记》录有清顾祖禹撰《读史方舆纪要》。

【 方志 】

又作“方誌”。即地方史志。记载全国或一地的地理、沿革、风俗、经济、文教、人物、名胜、古迹等资料的书,曰“方志”。按类大体可分:统志、通志、府志、县志等四类。方志源出于《周礼》:“春官外史掌四方之志。”名始于此。中国古籍如《尚书·禹贡》《山海经》等,皆可属之。两汉到六朝继有发展。汉朱赣《地理书》,陈顾野王《舆地志》,都有总志的性质。地方志,有吴韦昭的《三吴郡国志》,晋常璩《华阳国志》等。至唐宋,则体例日臻完善。总志类有隋虞世之《隋区宇图志》,唐李泰《括地志》,李吉甫《元和郡县志》,宋王存《元丰九域志》,地方志有宋宋敏求《长安志》等。元、明、清三代则由官方主持修撰《大元一统志》《大明一统志》《大清一统志》,皆以宏博见称。省志则又称《通志》。元朝以后,著名的乡镇、寺观、山川也兴起修志。如《乌青镇志》《南浔志》《庐山志》《灵隐寺志》等。历久《方志》乃成为我国古籍中颇为可观之类。明清两代修志专家辈出,如方海、唐枢、王世贞、王世懋、黄光升、颜木等各有所长。清代方志学且各成流派。有戴震为首的“考据学派”,重考据沿革。章学诚为首的“撰著学派”,以方志属史,重视地方写实。民国时缪全孙等,则提倡改革体制。方志目录也出版多多。著名者如朱世嘉编的《中国地方志综录》等。

Fen

【 分 】

别也。《说文》:“从八、刀。刀以分别物也。”即分开、划分。书名词语有“分类”。《四库全书》类书类录有清何焯奉敕撰《御定分类字锦》。集部有《分类补注李太白集》,宋杨齐贤集注。“分门”,分别部门。如:宋不著撰人的《分门古今类事》,刘克庄撰《分门类纂唐宋时贤千家诗选》。此外尚有宋程公说撰《春秋分纪》。清芮长恤撰《纲目分注补遗》等。

Feng

【 风 】

在书名中有多种含义:

一、自然界的空气流动。常与风云、风尘、风雪等共署,以反映特定的情趣意境。例如长篇小说徐訏的《风萧萧》、孙犁的《风云初记》、台湾作家南宫博的《花信风》。散文有周作人的《风雨谈》、方敬的《风尘集》。戏曲有李玉的《风云会》。话剧有吴祖光的《风雪夜归人》、陈白尘的《大风歌》等。

二、风气、教化。如汉应劭撰《风俗通》等。

三、与景物联称如“风月”,但常有别解,见后面专条。

四、风度、风韵、才俊。书名例如现代作家欧阳山的长篇小说《一代风流》等。

五、风情,泛指男女情事。亦为“风月”“风流”之另解。如《红楼梦》别名《风月宝鉴》。戏曲有清邹式金的《风流冢》(写众娼家吊柳永事),及万树的《风流棒》等。

六、谓民歌。古代特指《诗经》中的十五国民歌,或称“国风”。近代则指各地方的民谣、民歌。如乾隆年刊、会稽商盘辑的《越风初稿》。长沙廖元度的《楚风补》。贵州甕安傅玉书辑《黔风》。顺治年刊、太原赵瑾选的《晋风选》等。

七、泛指诗歌。唐人杜荀鹤之诗,多揭露社会现实,描写民间疾苦,明毛晋辑其诗集名曰《唐风集》。

【 风土记 】

风是民风、土俗、习惯。土指土地、山川、气候、物产等地理环境。总称之曰“风土”《后汉书·西域传》:“班超遣掾甘莫,穷临西海而还,皆前世之所不至,山经所未详,莫不备其风土,传其珍怪焉。”书名《风土记》者,始于周处。《晋书·周处传》言其著有《风土记》，原书已佚，唯古书常引用之。《四库全书》地理类杂记属录有唐人莫休符撰《桂林风土记》。元人周达观撰《真腊风土记》。宋人盛行风土之书，宋祁、范成大皆有其作。明清之际此类志书，以太湖流域最多。《贩书偶记》录有溆浦严如熤撰《三省山内风土杂识》。

【 风雅 】

一、文体。《诗经》中的《国风》与大、小《雅》并称"风雅"。《诗·大序》："风，风也，教也。风以动之，教以化之。……言天下之事，行四方之风，谓之雅。"后借指诗词文章。《文选序》："风雅之道，粲然可观。"特别代称诗词。《四库全书》总集类录有元傅习、孙存吾同编之《元风雅》。

二、文学理论词语。中国古典文学特别是诗歌创作中的一种主张。儒家诗论列"风""雅"为诗六艺中的两类。诗歌创作以风、雅为楷模，强调作品反映现实，教化示范，具有思想和社会意义。杜甫诗《戏为六绝句》："别裁伪体亲风雅，转益多师是汝师。"李白《古风第一》："大雅久不作，吾衰竟何陈……自从建安来，绮丽不足珍。"《四库全书》总集类录有元刘履撰《风雅翼》。

【 风月 】

一、清风明月之简称，泛指美好的景色。《文心雕龙·明诗》："文帝陈思，纵辔一骋节。王、徐、应、刘望路而争驱。并怜风月，狎池苑。"引申为诗文雅事。宋欧阳修《赠王介甫诗》："翰林风月三千首，吏部文章二百年。"《四库全书》诗文评类有宋朱弁的《风月堂诗话》。明人邓至谟撰有小说《风月争奇》。

二、谓眼前闲适的景色。《南史·徐勉传》："今夕止可谈风月，不宜及公事。"鲁迅有杂文集《准风月谈》。

三、代指女性的风情、风骚。《金瓶梅》：第一回回目："景阳冈武松打虎，潘金莲嫌夫卖风月。"进而成为男女间情事的隐语。《红楼梦》第十五回："能儿……渐知风月。"《红楼梦》别名之一为《风月宝鉴》。清代有：邗上蒙人撰小说《风月梦》，又名《名妓争风全传》《海上花魅影》。

Fu

【 府 】

《说文》："府，文书臧（藏）也。"后指国家储藏财物或文书的地方。《礼记·曲礼下》："在官言官，在府言府，在库言库，在朝言朝。"注："谓宝藏货贿之处也。"又，《战国策·秦策》："此谓天府。"注："府，聚也。"例如：汉代采集民歌的官署称"乐府"。所采集民歌及文人仿作的诗也叫"乐府"。用于书名，《隋书·经籍志》经一诗类录有《毛诗谊府》，后魏安丰王元延明撰。经三，子杂家类录有《文府》，南朝梁《文章义府》等书。《四库全书》类书类录有明王志庆撰《古俪府》。清张玉书等奉敕撰《御定佩文韵府》。杂家类录有清黄生撰《义府》。词曲类录有宋赵师使撰《筠溪乐府》。总集类录有元人左克明撰《古乐府》。另有书名词语"秘府"，请参见。

【 赋 】

原意为朗读、吟咏。《左传·隐公元年》："公入而赋。"《楚辞·招隐》："人有所极，同心赋些。"以后特指为吟诵或创作诗歌。《汉书·艺文志》："不歌而诵谓之赋，登高能赋可以为大夫。"苏轼《前赤壁赋》："横槊赋诗。"也曾引申为诗歌的创作手法。《周礼·春官·大师》："大（太）师教六诗："曰风、曰赋、曰比、曰兴、曰雅、曰颂。"郑玄注："赋之言铺，直铺陈今之政教善恶。"后来，赋成为汉代盛行的一种文体的名称。"赋"之用于书篇名称。最早是荀子，其著作中有《礼赋》《知赋》等。《汉书·艺文志》曾将屈原作品著录为《赋二十五篇》则其时"赋"的意义更广泛一些，包括韵散结合的文体。以讲求辞藻、对偶、韵律写物状貌，蔚以刻画著称，号曰"汉赋"。《隋书·经籍志》将屈原作品列为《楚辞》，而录有谢灵运《赋集九十二卷》、梁武帝《历代赋十卷》。隋唐以后赋体衰微，用作书名则体有韵、散，多借用其"敷陈其事，而直言者"的一种文学创作方法之义。如梁武帝撰有《围棋赋》。《四库全书》艺术类录有旧题唐荆浩撰《画山水赋》。类书类有宋吴淑撰《事类赋》。地理类录有明董越撰《朝鲜赋》。清和人曾撰《卜勉城赋》，卜勉城即今齐齐哈尔。书内详述该地区的民族、经济、文化等。近代以“赋”名书者，如田汉的五幕话剧《秋声赋》。峻青的散文集《雄关赋》等。

G

Gai

【 概 】

原作“槩”，总结、概括。《后汉书 · 西域传论》：“然好大不经，奇谲无已，虽邹衍谈天之辩，庄周蜗角之论，尚未足以槩其万一。”又有梗概、大略之意。梁萧统《文选 · 答湘东王求文集书》：“至于此书，弥见其美，远兼邃古，傍概典故。”以“概”字作书名者有：清刘熙载的《艺概》《书概》等。《书概》又名《书法论略》。《艺概》有作者《自叙》言：“余生平言艺，好言其概，今复于存者辑之，以名其名也。庄子取‘概乎吾尝有闻’（《庄子 · 天下》）。太史公叹‘文辞不少概见’（《史记 · 伯夷列传》）。‘闻’、‘见’皆以概为言，非限于一曲也。盖得其大意，小缺为无伤，且触类引申，安知显缺者非隐者备也。”以“概”字组合的书名词语有“概述”——概略的叙述，如于洪卫的《实践唯物主义研究概述》。“概说”——概略的解说，如叶绍钧的《作文概说》“概观”——概略的观察，梁漱溟的《东方学术概观》。另有“概览”“概要”“梗概”等，请参见。

【 概览 】

概：概略、大略。概览谓可概略的观览。用于书名如近代郭沫若的《中国社会之概览》。1989 年上海人民出版社出版田芳艺编辑的《上海概览》一书。

【 概论 】

谓总括其意旨，而论其大要。如清梁启超之《清代学术概论》。瞿秋白的《社会科学概论》(又名《社会科学十二讲》。其他如：《中国文学史概论》《程序设计概论》《宇宙发展史概论》等。

【 概要 】

重要问题的概括。梁启超于《论古代学术》第二章第三节中言：“比三派之概要，其立脚地，皆以埃利亚派同。”书名有杜国庠的《先秦诸子思想概要》、余楠秋的《演说学概要》、张世禄的《中国训诂学概要》等。

Gan

【 绀珠 】

绀，青中透红之色。绀色之珠，古代传说视为异珍，五代王仁裕撰《开元天宝遗事 · 记事珠》：“开元中，张说为宰相，有人惠说一珠，绀色有光，名曰记事珠。或有阙忘之事，则以手握此珠，便觉心神开悟，事无巨细，涣然明晓，一无所忘。说秘而至宝也。”后之著书题名者，每取此传说以增色。如宋朱胜非摘记古书，题名《绀珠集》。宋王应麟编类书，题名《小学绀珠》，列举博物常识，以教童幼。元方回《〈小学绀珠〉序》：“唐燕公患多读少记，得绀碧大珠一颗，握以自照，则平生所读所记，了了不忘。故后人摘书小说奇事名《绀珠集》。”清熊立品撰中医痘科专著名曰《痘痳绀珠》，为医药证治备忘之作也。

Gang

【 纲 】

原指提网的绳。《书 · 盘庚上》：“若网在纲，有条而不紊。”《韩非子 · 外储说右下》：“善张网者引其纲，不一一摄万目而后得。”梁刘勰《文心雕龙 · 史传》：“晓其大纲，则众理可贯。”后引申为事物的总要。《隋书 · 经籍志》录有《七经义纲》。道家类录有《老子义纲》等书，皆论述原书之义理纲要也。近代孙殿起编，雷梦水整理之《贩书偶记续编》录有清尹乐尧编《五经补纲》一书。以“纲”字组成的书名词语还有“大纲”“提纲”“纲鉴”“纲领”“纲目”“纲要”等，请参见。

【纲鉴】

此指自朱熹编撰《通鉴纲目》以后，如明清坊间刻书者，取其中"鉴""纲"二字，倒置曰"纲鉴"，并仿朱熹体例编写之通史。明人顾锡时撰《纲鉴正史约》作乡塾课学之本。另王世贞（凤州）也曾撰《纲鉴》一书。袁黄撰《袁了凡纲鉴》，清吴乘权等人编辑《纲鉴易知录》，皆流行之本。太平天国洪仁玕在《早次实录·论天下读书士子》中记："唯喜读古文纲鉴，每得有忠真节义之句，便念念不忘。"

【纲领】

总纲和要领。《三国志·魏志·陈矫传》："子本嗣，历位郡守九卿，所在操纲领，举大体，能使群下自尽。"晋葛洪《抱朴子》："操纲领以振毛目，握道术以御众才。"孙、雷二氏所编《贩书偶记续编》五经总义类录有《御纂七经纲领》一书，清潘仁录。现代则特指党和政府根据自己在一定时期内的任务而规定的奋斗目标和行动步骤。马克思在致威廉·白拉克的信中说："一个原则性的纲领……这就是在全世界面前树立起，可供人们用来判断党的运动水平的界碑。"恩格斯在1890—1891年发表了马克思的名著《哥达纲领批判》。列宁在1899年发表《我们的纲领》。1911年又发表《关于选举运动和选举纲领》等书。

【纲目】

大纲和细目。汉徐幹《中论·民数》："是以先王制六乡六遂之法，所以维持其民，而为之纲目也。"用作书名，始于朱熹。朱子约司马光《资治通鉴》为精要。以大字提要称纲，小字叙事称目，编年记载历史事实。纲目清楚，便于检阅，名之曰《资治通鉴纲目》，省称《通鉴纲目》。《四库全书》列于史部史评类。朱熹之后，有人仿此"纲目体"编书。如：《四库全书》小学类有元人舒天民撰《六艺纲目》。明李时珍撰《本草纲目》。近代析诒征撰《中国文化史》，邓之诚撰《中华两千年史》皆用此体。

【纲要】

总纲和要领。《魏书·殷绍传·上四序堪舆表》："子究经年，粗举纲要。"南朝梁刘勰《文心雕龙·诸子》："洽闻之士，宜撮纲要。览华而食实，弃邪而采正。"今多用作提取总纲和要领的著作或文件。如：鲁迅《汉文学史纲要》、吕思勉《理学纲要》、王力《中国语法纲要》等。

Gao

【稿】

又作"稾"，指诗文的草底，写作名词之一。《说文系传》："文章之未修治也。"《北史·李公绪传》："颇好属文，成则弃稿。"以"稿"作书名，初见于宋代。宋以前编纂文稿，率名为"集"。《汉书·艺文志》《隋书·经籍志》中皆未见以稿作书名者。宋中叶战乱之后，文集或毁或佚。后人重编，常不得全帙，乃以"稿"，为名。如朱长文的《乐圃余稿》乃毁余之文。蒋堂的《春卿遗稿》也是后人掇拾佚篇而成。也有人自名其作为稿。《宋史·尤袤传》载其撰有《遂初小稿》六十卷。《宋史·艺文志》载洪迈有《野处类稿》一百零四卷。可证宋代以后，始以稿字名书。或谓古文人以"稿"名书，有自谦之意。以稿名书，或直题。如宋吴文英的《梦窗稿》，或前加修饰之词。大约有两类：

一、标示某种形式：

1. 藏稿，有珍藏蕴酿，待机披露之意。如明顾宪成的《泾皋藏稿》等。

2. 丛稿，自谓丛脞。宋乐雷发有《雪矶丛稿》。

3. 初稿，常为征求意见的未定稿。如1956年刘授松的《中国新文学初稿》。

4. 存稿，为现有仅存意。明罗钦舜有《正庵存稿》。

5. 汇稿，系汇编合成。明邱濬有《重编琼台汇稿》。汇又作彙，如清金人瑞撰《唱经堂才子书彙稿》。

6. 类稿，乃分门别类编辑者。明郎瑛有《七修类稿》。

7. 漫稿，随心应手而录。元黄庚有《月屋漫稿》。

8. 小稿，自谦所著。如宋刘学箕的《方是闲居士小稿》。

9. 遗稿，是前人遗作，如上述之《春卿遗稿》。

10. 杂稿，兼收并畜，宋李曾伯的《可斋杂稿》。

11. 摘稿，明周瑛的《翠渠摘稿》是其门人选录的，故名"摘稿"。

二、表示作品内容，有"诗稿"如陆游名其在蜀诗作为《剑南诗稿》。现代人有《陈毅诗稿》。有"文稿"言专收文章，元苏天爵撰《滋溪文稿》。专收奏章草稿的有明夏言《南宫奏稿》等。

此外尚有元顾瑛的《玉山璞稿》。明王翰的《梁园寓稿》。宋包恢的《敝帚稿略》等，各寓其意。

Ge

【 歌 】

《说文》："咏也。"《系传》："歌者，长引其声以诵之也。"长言即咏。咏其声谓之歌，类拖长声有节奏的念诵，以抒发情感。《白石道人歌曲》："放情曰歌。"有时作诗也称"歌"《诗·陈风·墓门》："夫也不良，歌以讯之。"笺注："谓作此诗也。"引申能唱的诗也称"歌"。作为书篇之名，《汉书·艺文志》录有"歌诗二十八家"，如《高祖歌诗二篇》等。《隋书·经籍志》录有《歌录》《古歌录抄》等。汉代乐府中有"长歌行""短歌行"。唐白居易作叙事诗《长恨歌》。《四库全书》别集录明王恭的《草泽狂歌》即其诗集。明周履靖撰《五柳赓歌》，为其仰慕陶潜作品而和韵之诗文。近代人的诗集也往往以"歌"题名。如冯至的《昨日之歌》、艾青的《归来之歌》。靳以的散文集亦名为《江之歌》。书名词语尚有"歌诀""歌曲""歌诗""诗歌"等条，请参见。

【 歌诀 】

口诀之类者。为便于记诵而编成的简明扼要，字数整齐，或带有韵脚的文句。《宋史·艺文志》录有《地理秘妙歌诀》。明陶宗仪《辍耕录·披秉歌诀》："凡披秉（注），须以歌诀次第，则免颠倒之失。"《贩书偶记续编》小学类录有清倪璐撰《诗韵歌诀初步》五卷。医药界传有《汤头歌诀》等。（注）披秉，指古代天子祭祀。其时百官陪位，穿着官服，佩戴饰物，要依歌诀次序，防颠倒有失。

【 歌曲 】

有谱可唱的诗词曲辞曰"歌曲"。或依谱填词，或先制词后配谱。《礼记·乐记》："知音不知乐者，众庶也。"疏注：言众庶和歌曲之音，而不知乐之大体，是音犹易，而乐极难也。"北周庾信诗："杨柳成歌曲，蒲桃学绣文。"《宋史·乐志》："高宗命学士沈虚中作歌曲，以荐于大庙圆丘明堂。"宋诗人姜夔撰《白石道人歌曲集》，收于《四库全书》词曲类。《总目》介绍其："诗格高秀，词亦精深华妙。尤善自度新腔，故音节文采，并冠绝一时。其诗有谓：'自制新词韵最娇，小红低唱我吹箫。'颇得骚人风致。"其词曾附当时工尺谱，为现在仅有的宋代乐谱，已有人译成当今曲调。当代将诗歌或特制的词配以乐谱令人演唱或欣赏的作品，如民间歌曲、流行歌曲等，亦若是。

【 歌诗 】

原指咏唱诗篇。《左传·襄公十六年》："歌诗心类。"注："歌古诗，当使各从义类。"分指歌、诗，能唱的诗曰"歌"。《书·舜典》："诗言志，歌咏言。"《史记·高祖本纪·十二年》："酒酣高祖歌诗曰'大风起兮云飞扬……'"《汉书·艺文志》录有《高祖歌诗二篇》等。《唐书·李白传》："以白歌诗，裴旻剑舞，张旭草书为三绝。"见证曾经称诗为歌诗。现代则统改称诗歌。《四库全书》别集类录有唐吴融撰《唐英歌诗》三卷。《贩书偶记》录有清乾隆本钱塘王琦撰《李长吉歌诗汇解》四卷。参见"诗歌"一条。

Geng

【 梗概 】

大概、大略。《后汉书·杜笃传》："臣所欲言，陛下已知，故略其梗概，不敢具陈。"《文选·汉张衡·东京赋》："不能究其精详，故粗为宾言其梗概如此。"书名例如：冯雪峰等著《鲁迅生平及他的思想发展梗概》，沈阳，1951年版。参见"概"字条。

Gong

【 公案 】

原指官吏审理案件的桌子，引申为所审理的案件。有时也指有纠纷的事件为公案。以之为书名者有《龙图公案》《施公案》《彭公案》等。自唐代传奇《昆仑奴》《聂隐娘》等问世以后，宋代出现了话本小说。南宋灌园耐得翁《都城纪胜·瓦舍众伎》："说公案，皆是博刀、赶棒、发迹变泰之事。"罗烨《醉翁谈录·小说开辟》中著录话本，将公案、朴刀、捍棒分列。内容有侠义、武功与审理侦破案件。两类内容曾各自发展，前者有宋代的《江湖异人录》，明代的《剑侠传》。后者宋代有《简帖和尚》，明代有《龙图公案》《海刚峰先生官居公案传》。后来则二者合流。著名的如《施公案》《彭公案》，其主要思想倾向是：极赞忠烈之臣，侠义之士。虽多数作品荒率殊甚，艺术粗糙，但有的艺术上具有一定成就，颇有语言生动、明快的特色。"写草野豪杰，亦奕奕有神，间或衬以世态，杂亦诙谐，亦每令莽夫分外生色。"（鲁迅《中国小说史略》）公案书为一般读者津津乐道，是通俗文学中，社会影响不可忽视者。参见"案"字条。

【 宫词 】

原指以宫廷生活为题材的诗词。汉魏六朝已开其风，至徐陵、庾信始有"宫体"之名目。唐李白的《清平调》等实为宫词之先声。至王昌龄其体初成。唐大历中王建有宫词百首。后蜀花蕊夫人效之亦为宫词百首。此外后晋和凝，宋赵佶、王硅、胡伟、周彦质、王仲修、张公庠、宋白等人都有宫词传世。明毛晋汲古阁《十家宫词》收自王建至王硅等十家所作。清张海鹏辑《宫词小纂》，收明清人撰宫词九种。明陈继儒《古今诗话》云："王建宫词百首，皆言宫中事，史传、小说多所不载。"《苕溪诗话》："建宫词凡百绝，天下传播此体者，虽有数家，而建为之祖耳。"现代则有电视剧小说《大明宫词》，演唐武则天、太平公主和宠臣张昌宗、张易之等事。大明，指唐长安皇城东内宫殿。高宗李治龙朔二年（公元662）置，高宗曾与武后则天居此，以此名之。其书作者郑重，人民日报出版社2000年5月出版。

Gou

【 钩 】

原意是取。《易·系词》："钩深致远。"疏："物在深处，能钩取之。"引申为探索、探讨。王安石《本朝百年无事札子》："虽有文籍，委之府吏，非有能吏以钩考。"用于书名，意在探索解说者，有"钩解"。《四库全书》易类有明陈士元《易象钩解》。意作探索深奥者，有元张理《大易象数钩深图》。意指探索隐微者，有宋刘牧《易数钩隐图》。此外尚有"钩玄（元）""钩沉"等，请参见。

【 钩沉（沉又作沈）】

钩为钩深致远。沉是幽渺或久佚之意。常用于学术上，搜集与发掘罕见资料和深奥的义理。《晋书·贺循传附杨方》："（方）上补高梁太守，在郡积年，著《五经钩沈》。"《隋书·经籍志》录有此书。《四库全书》五经总义类录有清余箫客撰《古经解钩沉》，该书搜集唐以前解经遗说。辑佚书中常以"钩沉"为名，如鲁迅辑录的《古小说钩沉》。

【 钩玄（元）】

探索精微。语出韩愈《进学解》："记事必提其要，纂言必钩其玄。"清人为避康熙之讳，有时将"玄"改作"元"。《四库全书》录有明石光霁《春秋书法钩元》作者力图探求春秋笔法褒贬深意。医家类录有元朱震亨撰《金匮钩元》。明项世芳撰《玉局钩玄》，探求弈理精微。1936年香港出版周德裕等编的《象戏钩玄》为象棋谱书，研究有独到之处。

Gu

【 孤本 】

指存世仅有一份的图书，如某一种版刻，或未刊的手稿，或原物不存现仅存一份的碑帖拓本等。清何绍基《张长史郎官石记诗》："石记郎官张长史，罗池神庙沈传师。世间古澹萧疏字，多是荒寒孤本碑。”为突出强调常标缀于书名前部。《孤本元明杂剧提要》，王季烈撰，见于《中国丛书综录子目》。

【古】

《说文》：“故也。”《正字通》：“远代也。”书名用“古”字一般指往昔、古代。如古画，古代的画。南朝谢赫有《古画品录》。古刻，古代雕刻、雕版。元陶宗仪有《古刻丛抄》。古乐，古代音乐。清应伪谦有《古乐书》。古书，古代典籍。民国李继煌著有《古书源流》。“古”字又特指先秦时代前后。如古音，明陈第撰《毛诗古音考》。清江永撰《古韵标准》。元人祝尧之《古赋辨体》，指汉至宋朝之诸赋。作者各有所指。书名词语尚有“古本”“古今”“古诗”“古文”“古逸”等，请参考。

【古本】

古老的书籍版本。《梁书·刘之遴传》：“案古本《汉书》称‘永平十六年五月二十一日己酉，郎班固上’，而今本无上书年月日。”《隋书·经籍志》：“……检其所得，多太建时书纸墨不精，书亦拙恶，于是总集编次，存为古本。”如《中国丛书综录》收清人丁锦撰《古本难经阐注》。1933 年上海中西书局刊，署名施耐庵的《古本水浒传》。1954 年起原北京大学文学研究所编辑出版《古本戏剧丛刊》初、二、三、四、九等集。

【古今】

往昔曰古，现时为今。《礼记·三年问》：“是百王之所同，古今之所一也。”以“古今”名书者，大多纵向合取，跨度较长，搜罗丰富。汉代伏无忌撰《伏侯古今注》，录于《隋书·经籍志》，今佚。《四库全书》杂家类录有晋崔豹撰《古今注》，为考证名物制度之作。清代《古今图书集成》为现存最大类书。清世宗雍正作序云：“是书亦海涵地负，集经史诸子百家之大成。前乎此者，有所未备；后有作者，又何以加焉。”故名《古今图书集成》。古今或作“今古”。明姑苏抱瓮老人编有《今古奇观》，是短篇拟话本小说选集。

【古诗】

一、泛指古代诗歌。如未能确定写作年代的《古诗十九首》。多指南北朝以前，汉魏时代诗歌。梁钟嵘《诗品·卷上》：“古诗其体，源出于《国风》”。近人隋树森撰有《古诗十九首集释》。

二、指古体诗。由于对唐代发展起来的绝句、律诗称为近体诗，则在诗的形式、字数、对仗、平仄、用韵都比较自由者，称为古体诗，简称“古诗”。流行最广的古代选本是清人沈德潜选编的《古诗源》，由中华书局刊本。

【古文】

一、古代的文字。例如上古时代的甲骨、金、籀等文字。特指以春秋战国时代文字所书写的先秦典籍，如《古文尚书》等。《四库全书》录有清毛奇龄撰《古文尚书冤词》，乃其为《古文尚书》辩护之作。

二、文体名，相对于六朝骈体文而言，而将先秦西汉的散体文谓之古文。唐韩愈以骈俪文体，气格卑靡，乃倡以散体古文为楷模。其《〈题欧阳生哀词〉后》文曰：“愈之为古文，岂独取其句读不类今者耶？思古人而不得见，学古道则兼通其辞，通其辞本志乎古道者也。”宋欧阳修继之大力张扬其说，世谓其为“古文运动”。明代茅坤选“唐宋八大家”为古文运动代表人物。清姚鼐编有《古文辞类纂》。清吴楚材、吴调侯编有《古文观止》，为流传甚广之本。

【古逸】

已佚的古代诗文、典籍。一作古佚。清黎庶昌，在日本搜辑我国古佚书凡二十六种。多为古本逸篇，命名为《古逸丛书》。

【诂】

《说文》：“诂，训故言也，从言、古声。”指用当代语言解释古汉语，或以通用语言解释方言。《后汉书·扬雄传》：“雄少而好学，不为章句，训诂通而已，博览无所不见。”旧本多作故。如《汉书·艺文志》中尚书类录有《大小夏解故》。《诗经》类有《鲁故》《齐后氏故》《韩故》等，皆为《诗经》注本。颜师古注：“故者，通其旨意也。”又录有《毛诗故训传》，汉代皆如此书。而唐石经及孔颖达《毛诗正义》皆作“诂训传”。《诗·周南·关雎·诂训传第一释文》：“故训……今或作”诂，音古，又音故。按：诂、故，皆是古义，所以两行。”《隋书·经籍志》

载录贾逵撰《春秋左氏解诂》、张辑撰《古今字诂》。《四库全书》录有《诂训柳先生文集》,附题:唐柳宗元撰,宋韩醇音释。参见“故”字条。

【 故 】

一、旧的,过去的事物。《论语·为政》:“温故而知新,可以为师矣。”朱熹集注:“故者,旧所闻。”《商君书·更法》:“是以圣人苟可以强国,不法其故。”作书名词语,例如明朱谋(㙔)《诗故》,其曰“故”者,乃明人著书,取汉儒《鲁故》《韩故》《毛诗故训传》之古义者。明张鸣凤《桂故》,纪桂林故实,乃志乘之书。二书均收于《四库全书》。故实,即可资参考的旧事、史实。唐李绰撰《尚书故实》,纪其所言杂事而时征古义。此外尚有“故事”“典故”等,请参见。

二、与“诂”通假。段玉裁《说文解字注》:“汉人传注多称‘故’者,‘故即‘诂’也。”如《汉书·艺文志》中之《鲁故》《齐孙氏故》。毛诗“故训传”即“诂训传”。汉以后少用“故”字。《四库全书》中明人朱谋(㙔)撰《诗故》,即取上述之意,言以汉学说诗,亦是好古之为。宋人戴侗撰《六书故》,考证六书字义。参见“诂”字条。

【 故事 】

意为旧事。《史记·太史公自序》:“余所谓述故事。整齐其世传,非所谓作也。”《隋书·经籍志》录有《汉武故事》二卷,无撰人。《四库全书》录《汉武故事》标“旧题汉班固五撰”。《四库》又录宋人撰《五国故事》二卷。又意为典故。《四库》职官类有宋程俱撰《麟台故事》,记北宋词林典故。近代则属文学体裁的一种,偏重于事件过程的描述,讲求情节的生动性及连贯性,宜于口头讲述。如林汉达所著《春秋故事》《战国故事》《西汉故事》等。鲁迅先生著有《故事新编》。

Guan

【 观 】

指谛视、审察、广瞻、瞭瞰、巡览等非常的看视。《谷梁·隐·五》:“常视曰视,非常曰观。”以“观”字作书名词语的如韩氏清的《现代哲学系统观》。茅盾译著《近代文学面面观》等。另如“观象”,是观察天文及自然现象。《三国志·吴志·虞翻传》:“观象云物,察应寒温。”《四库全书》存目有旧题唐李淳风撰《观象玩占》。“观光”是游览、观察政教、风物、古迹等。《文选·曹植·七启》:“是以俊乂来仕,观国之光。”《四库全书》别集类有元陈孚撰《观光稿》,记所历山川胜迹。另如“观止”乃盛称所见,已尽善尽美,不必再观其他。《左传·襄公二十九年》:“(吴季札观乐于鲁)曰‘观止已,若有它乐,吾不敢请已。’”如流行的古文选本《古文观止》。书名词语尚有“大观”“概观”(“概”字条中)等,请参见。

管泛指长圆形中空物,引申在观察上范围狭小。《庄子·秋水》:“以管窥天。”书名词语有“管窥”。《后汉书·章帝纪》:“联在弱冠,未知稼墙之艰难,区区管窥,岂能昭一隅。”《四库全书》四书类有元人史伯璿撰《四书管窥》。又“管见”谦谓见识狭小。《晋书·陆云传·上司马悟书》:“苟有管见敢不尽规。”《四库全书》史评类录有元人曹彦日撰《经幄管见》,是进讲经史之作。参见已著录之近代钱钟书《管锥编》。

Guang

【 广 】

大也。《诗·小雅·六月》:“四牡修广。”《说文》:“广,殿之大屋也……”用以形容大、多、宽、阔,引申为增益、扩充等。《汉书·艺文志》:“鲁恭王坏孔子宅,欲以广其宫。”用于书名表示其内容广泛、扩大。明万历年周履靖编丛书《夷门广牍》。清毛奇龄撰《尚书广听录》,乃取:君子博识而广听之意。乾隆年,无间居士撰《广新闻》,系异闻之属。清王兆芳《文体通释》:“广者,大也,曾习也。主于斥大旧闻,增习承衍源出扬子《广离骚》,流有蔡邕《广连珠》。”在书名上加“广”字,是在原书基础上的扩充、增加了内容。《隋书·经籍志》中录有魏张辑增广《尔雅》而成的《广雅》。《广韵》即宋陈彭年增广《切韵》之作。类似之有明董斯张的《广博物志》。冯可察的《广百川学海》。清康有为

《广艺舟双楫》。张金吾《广释名》。民国陈启彤的《广新方言》等。书名词语尚有“广要”，明毛晋撰《陆氏诗疏广要》，乃因陆机之书，旁征博引，为之注释。“广义”，清王夫之撰《说文广义》，以推广、阐发原书含义。此外“广记”有专条，请参见。

【广记】

载记广博。晋杜预《春秋左氏传序》：“必广记而备言之。”宋人以广记而名书者，最著名的为李昉撰《太平广记》。还有蔡正孙《诗林广记》。陈元靓《岁时广记》。欧阳忞《舆地广记》等。参见《四库全书》。

Gui

【归】

有趋向或集中于一处之意。西晋左思《吴都赋》：“百川派别，归海而已。”书名中是归向、汇积之意。清郑瑞辑有《朱子学归》，乃读朱熹语录，随笔摘记，积而成篇。《贩书偶记续编》道家类录清李朴《道德归元》一书。

【龟】

龟在古代视为灵物，可卜先知，乃用龟甲占卜。《礼记·曲礼上》：“龟为卜策为筮。”《汉书·艺文志》著龟类录有《龟书》五十二卷。清末刘鹗集发现殷墟龟甲甲骨文而撰《铁云藏龟》一书。古人又认为龟无所不知，故称博学多闻的人为“总龟”。《新唐书·殷践猷传》：“（贺）知章曾号为‘五总龟’。”宋阮元撰《诗话总龟》宋真宗大中祥符六年（1013）王钦若等撰成《册府元龟》一千卷。“册府”指书库：“元龟”即龟鉴之意。书名词语“龟鉴”专条，请参见。

【龟鉴】

古代龟卜，以为借鉴。借喻供对照学习的榜样，或引以为戒的教训。《旧唐书·刘蕡传》：“为上圣之龟鉴。”《四库全书》儒家类录有元苏天爵撰《治世龟鉴》。法家类有宋郑克撰《折狱龟鉴》。杂家类录元张光祖撰《言行龟鉴》等。

【规】

原指画圆的工具，引申为法度、准则、典范。《史记·司马相如·难蜀父老》：“必将崇论宏议，创业垂统，为万事规。”古代是一种文体，《书》曰：“官师相规。”常箴规并称，但箴者箴上之缺，而规者臣下之互相规谏者也。汉以前无作者，唐元结始作《五规》。清吴增祺《文体刍言》：“规亦告勉之词。谓之规者，约之使合于法度也。此体古无所师，唐人以义为之，后人每有规条，规约之目，亦是此意。”《贩书偶记》录有隋刘炫撰《规过》三卷。清陈熙吾撰《春秋规过考信》。清山西绛州李毓秀撰《弟子规》，是除《三字经》以外影响最大的三字句训蒙课本。还有各种《法规》。太平天国曾颁有《太平条规》。1984年台湾允晨文化公司出版王洪钧著《新闻法规》。

H

Hai

【海】

一、海洋之海。地理学上谓大洋靠近陆地的部分。中国古代认为：《说文》：“海，天池也，以纳百川者。”又指荒远之地。《荀子·王制·北海注》：“海，荒晦绝远之地。”我国汉代出现了《山海经》，然多杂传闻臆测之语。至明清渐有实地考察之书。如明黄衷撰《海语》、陈伦炯《海国闻见录》，皆录于《四库全书》。道光二十二年（1842）魏源刊印《海国图志》，介绍世界各国地理历史，对改良运动影响很大。

二、因海之大，引申如下：《说文》段注：“凡地大物博者，皆得谓之海。”又可喻人物积聚繁多者，如人海、宦海、学海等。且指器物之大者。《闽杂记》：“闽俗盛宴，备馔必用大碗为敬，称为海碗。或谓海者，极言其大也。”书名用“海”字，常示学术之渊薮博大。《隋书·经籍志》杂家类录有《书图泉海》。兵家类录有《金海》。《四库全书》类书类录宋王应麟撰《玉海》，潘自牧编《记纂渊海》。小说类录明陆楫撰《古今说海》。总集类录清黄宗羲撰《明文海》。我国最早刻印的丛书是宋左圭编的《百川学海》。近代著名工具书有《辞海》等。

He

【 合 】

《说文》："合，亼口也。"段注："三口相同是为合。"意为会聚。《论语·宪问》："桓公九合诸侯。"书名词语有"合璧""合订""合刻""合评""合注"等，见各该条。

【 合璧 】

圆形有孔之玉为璧，半圆形的曰半璧。两个半璧合成一个圆形叫"合璧"。《汉书·律历志上》："日月如合璧，五星如联珠。"借喻为集会精华，相互参照之意。书名有《四库全书》小学类存目的《字韵合璧》。艺术类有清和素撰《琴韵合璧》。类书类有宋谢维新撰《古今合璧事类备要》。清人汤文璐编《诗韵合璧》。

合订多卷合为一编。《四库全书》录有清朱轼撰《周易传义合订》。又纳兰性德的《合订删补大易集义粹言》，系删除重复，刊削繁芜，合为一编者。今将散册书籍、杂志装订成一册，也称"合订本"。

【 合集 】

将若干专集，合而刊之曰"合集"。明代苏州人张泽合刻湖广竟陵谭元春（字友夏）之诗、文而刊之，题为《谭友夏合集》。清人毛奇龄的经集、文集合刊，题为《西河合集》。近代梁启超的《饮冰室合集》系由文集与专集两部分组成，1936 年中华书局刊。

【 合校 】

集合不同版本进行校勘。1955 年中华书局刊《洛阳伽蓝记合校本》，题（北魏）杨衒之原撰，张宗祥校。乃据隐堂绿君亭、照旷阁、吴若准《集证》、吴馆本以及《汉魏丛书》诸本参证互校重印。1960 年中华书局王明整理的《太平经合校》，题录言："《太平经》现存只有明正统《道藏》本，仅残余五十七卷。现整理者据《太平经抄》和其它二十七种引书加以校补整理，基本上恢复原书一百七十卷原貌。"

【 合刻 】

《四库全书》杂家类存目，录有明钟惺编《合刻五家言》。是书将《文子》作"道言"。刘昼《新论》作"德言"。《鬼谷子》作"术言"。《公孙龙子》作"辩言"耳。又取《文心雕龙》，共五种书合刻。《总目提要》谓其杜撰强合。近代陈潜收邓廷祯、林则徐所著诗、词，各自成卷，汇刊为《邓林唱和诗合刻》，可列总集之属。

【 合评 】

会集众评。《四库全书》总集存目有明凌濛初《合评诗选》，是编全录《文选》诸诗，而杂录各家评语附于上方者。

【 合注 】

合编注解。《四库全书》春秋类录有《左传杜林合注》，是将宋林晓叟撰《左传句解》散附于杜预注之下，以林之明显求杜之深奥可谓相资为功。

Heng

【 衡 】

古代原指测量物体重量的器具。《礼记·月令》："同度量，均衡石。"转意为称量、比衡，引申为比较事物的轻重得失。如"衡文"即是评阅文章。《四库全书》子部录汉王充撰《论衡》。书名原意是对古往今来一切学说、思潮加以衡量。又有宋人朱熹的文章语录名《经济文衡》。史部录宋刘敞撰《春秋权衡》，评论三传得失。诗文评类录元王构撰《修辞鉴衡》。当代有 1974 年台湾正中书局出版唐昌际撰《国际政治论衡》。

Hong

【 鸿烈 】

原意是大事业。《后汉书·和帝纪》："诏曰：

‘西域诸国纳质内附，岂非祖宗迪哲重光之鸿烈欤。’”书名有汉景帝时淮南王刘安等人撰《淮南子》，又名《淮南鸿烈》。高诱在《〈淮南鸿烈〉解叙》中言：“鸿，大也。烈，明也。为大明道之言也。”属杂家著作。《隋书·经籍志》史部杂史类录《晋书鸿烈》六卷，小注张氏撰。

Hou

【 後（又作后）】

意为时间较晚或相对位置在后。《四库全书》别集类录明王世贞撰《读书后》，即今“读后感”之类。又指在前书之后继作之举，常题作《后××》等。如唐释彦悰仿陈姚最《续画品》之体例而撰《后画录》。北宋孔氏仿唐白居易《白氏六帖》而撰《后六帖》。清无名氏假托曹雪芹撰《后红楼梦》，是续作中最早的。以“後”组成的书名词语有“后案”。清王鸣盛撰《尚书后案》，言为最后所存之案。“后篇”。清徐乾学撰《资治通鉴后编》，为续《通鉴》之作。“后记”，《隋书·经籍志》录有伪托陶潜撰的《搜神后记》。“后录”，《文献通考》录有《闻见后录》，乃邵伯温继《前录》之作。尚有“后集”“后传”等，请参见。

【 后集 】

指编于前集以后的文集，大多与前集、正集相对而言。如《隋书·经籍志》录有梁金紫光禄大夫《江淹集》九卷，又录有《江淹后集》十卷。又梁有《徐勉前集》与《徐勉后集》同列著录。清人李塨有《恕谷后集》，阎镐（塨门人）序称：“塨于康熙四十二年（1073）以前，为文规效欧、苏，悉弃置之，仅留此后之作品，故名《后集》。”

【 后传 】

在正传、前传之后继作之传。《后汉书·班彪传》：“彪乃继采前史遗事，旁贯异闻，作后传数十篇，因斟酌前史而讥正得失。”后传所记，或为正传之续，或为其繁衍。《四库全书》录有宋陈傅良撰《春秋后传》。明末陈忱继《水浒传》后，撰《水浒后传》。

Hua

【 话 】

《尔雅·释诂》：“话、言也。”疏：“善人之言也。”（善人：有德之人）《诗·大雅》：“慎不出话。”疏：“话，善言也。”此指高妙之论。通常则指一般的议论、谈说、话题。唐孟浩然诗：“把酒话桑麻。”以“话”作书名的有《四库全书》诗文评类宋王铚撰《四六话》，为专论四六文之作。更多的以“话”作书名的，常在话字前面加修饰或限制性词语。有以下两者情况：

一、指撰作的形式。如宋胡仔的《苕溪渔隐丛话》，示丛聚。宋人《五代史平话》为口语讲述。现代夏丏尊《文章讲话》是讲演式。赵树理的《李有才板话》中有快板书。朱自清《新诗杂话》所论驳杂。当代刘纲纪的《美学对话》为问答式。

二、指书的内容。宋欧阳修《六一诗话》专论诗歌。明人《金瓶梅词话》在小说中附有词曲。近人王国维《人间词话》是词学专著。当代有朱德生的《认识论史话》。唐弢撰《晦庵书话》。此外尚有《希腊神话》《安徒生童话》等。

其他，或意在赏析，如元王恽《玉堂嘉话》。现代王梦生的《梨园佳话》等。或渲染情感，如清王世祯《分甘余话》。现代郭沫若的《牧羊哀话》。或表示写作的时间、背景、人物，宋叶梦得有《避暑录话》。黄休复有《茅亭客话》。王暐《道山清话》。元杨瑀《山居新话》。近代邓拓的《燕山夜话》等。

另“词话”“对话”“讲话”“史话”“佳话”“平话”“评话”“神话”“书话”“诗话”“童话”“笑话”“夜话”等各有专条，请参阅。

【 话本 】

此处“话”指故事。话本即宋元间说书人，讲说故事的底本，多用白话写成。有两种：一为小说类，内容是社会逸闻、民间故事等，多为短篇；一为讲史类，内容是历代兴亡和征战故事等，多为长篇。话本是后世白话小说的滥觞。《三国演义》就是在《三国志平话》的基础上写成的。今存尚有《清平山堂话本》等。

Hui

【 回忆录 】

是以文学的形式，用叙述和描写的方法，追忆本人或他所熟悉人物地经历、社会活动及历史事件等。形象地再现历史本来面目，从而表达作者的观点、倾向和爱憎。它不容虚构，具有一定的文献性。根据内容有：革命回忆录，文学回忆录等，均属史传文体。此类作品最初出现在西方的英、法。十七世纪法国作家拉罗什·富科及圣西门都撰有回忆录。我国已翻译了：苏联《赫鲁晓夫回忆录》《肖斯塔科维奇回忆录》（原名《见证》），英丘吉尔的《第二次世界大战回忆录》，美《尼克松回忆录》、柬埔寨的《西哈努克回忆录》（原名《甜蜜与辛酸的回忆》）。中国近代名人亦出版有《曾生回忆录》《李宗仁回忆录》《鲁迅回忆录》《蒋碧微回忆录》等。

【 汇 】

原指水流相汇合。《书·禹贡》："东汇为彭蠡。"后指聚集而成的事物曰汇。书名有明人周子义辑的丛书《子汇》，共汇辑战国至唐诸子书共二十四种，三十四卷。近代徐世昌辑有选录的清代诗歌总集《晚晴簃诗汇》。近人李佐贤撰《古泉汇》，集录东周至明代钱币资料。书名词语"汇编"，指辑编在一起的文章、文件。如《上海小刀会起义史料汇编》《太平天国文书汇编》等。另请参见"汇校""汇刊(合刊)"等。

【 汇校 】

汇合各本进行校勘。1980 年中华书局出版《经典释文汇校》，是以宋本、唐石经、唐写本、影宋本等对勘，并采摭各家校记编成。1937 年中华书局出版《光华大学丛书本·吕氏春秋汇校》，蒋维乔等编。

【 汇刊(合刊) 】

例如近代邓实的《古学汇刊》，收录曾刊诸《国粹学报》之研讨古学的文章，并合宋、明刊本之国学丛书，汇编而成。又义近者有"合刊"，近代陶慰农辑印《医学三书合刊》，收清代名医徐大椿、叶天士两家医书三种汇刊而成。

【 会 】

会合、汇集。《书·禹贡》："会于渭汭。"（汭：河弯曲处）《左传·文公十六年》："会师于临品。"书名有明王圻编《三才图会》，汇集有关天、地诸物和人物画像成书，故名。明周述学撰《历学算会》清人汪伋编有类书《事物原会》等。"会"字组成的书名词语还有："会编"，《四库全书》史部有《三朝北盟会编》，该书征引之原文，以全录且异同并存，故名之。"会笺"，清人徐文靖之《禹贡会笺》为博据诸书，而断以己意者。"会辑"，《四库》录清人吴映《周易汇辑》。类似者有明刘三省的《书传会选》。此外尚有"会典""会通""会要""会元"等，请参阅。

【 会典 】

记载一朝官署、职掌、制度典章之书。源于《周礼·周官》。唐人仿之曰《唐六典》。宋称《会要》。元为《元典章》。明、清则称《会典》，以六部为纲，大抵以官统事，以事隶官。《四库全书》政书类有《明会典》《钦定大清会典》等。

【 会通 】

会是会合、荟萃。通是贯通、变通。《易·系辞上》："圣人有以见天下之动而观其会通。"指观察各种运动现象相合相通之处。于书名多为荟诸家之说而兼采，贯参伍以相变而融通之意。《四库全书》录元董真卿《周易会通》。李廉《春秋会通》及天文类的清薛凤祚撰《天学会通》等。

【 会要 】

会，会合。要，重要。书指历代所修分门别类记载经济、政治、典章制度及损益沿革之籍。例源于《礼记》。至唐苏冕撰《九朝会要》（已佚）为始。宋王溥以其书增补成《唐会要》，为现存最古者。宋代重视会要的编修，但今仅存《宋会要辑稿》，清人辑自《永乐大典》者。宋有人补前朝缺漏，《两汉会要》《五代会要》皆为宋人补编。近代杨晨补撰《三国会要》。元修《经世大典》，即会要之别名。明、清两代偏重制度法律，改称《会典》。文人仿会要体，明人陶宗仪撰《史书会要》，朱谋垔撰《画史会要》。

【 会元 】

会,聚集。元有首、大、善、原来等义。书名词语“会元”,有汇要,纂编、考纪等意。《四库全书》释家类有宋释善济撰《五灯会元》。该书将释家《景德传灯录》《天圣广灯录》《建中靖国续灯录》《联灯会要》《嘉泰普灯录》五书摘要汇编而成,故称《会元》。《四库》还有宋叶时的《礼经会元》,杂家类有李上交撰《近事会元》等书。

【 荟 】

《说文》:“荟,草多貌。”《诗·曹汉·侯人》:“荟兮蔚兮。”集传:“荟、蔚,草木盛多之貌。”书名有《荟蕞》,唐郑虔撰。杜甫《八哀诗·郑公虔》:“贯穿无遗恨,荟蕞何技。”《天禄识余》:“郑虔采集异闻,著书四十余卷,名曰《荟蕞》……虚白谓:‘著书虽多,皆细小之事。’”《四库全书》儒家类录有清高宗乾隆撰《御制日知荟说》,是乾隆自选所作论说文摘要。《总目》案介为“帝王之学”。另有“谈荟”,请参阅。

【 彙 】

(现代汉语“彙”作异体,合并于“汇”)原意是同类、品类。汉扬雄《太玄经·周》:“阳气周神而反乎始,物继其彙。”引申为以类会集。左思《吴都赋》:“草则藿蒳,姜(薑)彙非一。”书名词语有以下各例:

“彙编”,汇总编辑,据以成书。清陈康祺《郎潜纪闻》是摘抄成卷,彙编成部者。

“彙辑”,按品类编辑成书。《四库全书》小学类有清梁诗正等撰《钦定叶彙辑》。

“彙解”,为类集注解。《四库》存目有清许体元《周易彙解衷翼》。

“彙考”,是类集考证。《四库》杂家类有清沈自南《艺林彙考》。近代王锡棨著《泉货彙考》。

“彙刻”汇集刊刻。清顾修撰《彙刻书目》,乃中国第一部丛书目录,补续者颇多。

“彙选”,彙集选收。《四库》总集类录明贺徵编《文章辨体彙选》,七百八十卷。《四库简目》介绍其:自《文苑英华》以来,总集之博,未有如是书者……

“彙注”类集注解。明汪元量撰《孝经彙注》。

“彙纂”,类辑编纂。《四库》录《书经传说彙纂》。

Huo

【 或 】

代词:有人、有的人。或问,原为文体之一是用问答体以说明观点,后多用于书名。宋《〈中庸章句〉序》:“且记所尝论辩取舍之意别为《或问》,以附其后。”《四库全书》录朱熹撰《四书或问》,《四库总目提要》介绍:“朱子以诸家之说,纷错不一,因设为问答,明所以去取之意,以成此书。”《四库》尚录有宋陈大猷撰《书集传或问》、元程端礼撰《程氏春秋或问》等。

J

Ji

【 缉 】

原指把麻纤维捻成线。《说文》:“缉,绩也。”段注:“析其皮如丝成为缕是曰绩,亦曰缉。”引申为收集、编次。用于书名有宋严粲撰《诗辑》录于《四库全书》。

【 稽 】

原意是查考、考核《书·大禹谟》:“无稽之言勿听。”《荀子·非相》:“兼听而时稽之。”书名词语有“稽古”,意即考古。《四库全书》录有清陈启源撰《毛诗稽古编》。此书凡训诂、篇义、诠释经旨、名物,皆坚持唐以前古义之学,故题曰“稽古”。有“稽疑”是考核决疑。《四库》五经总义类录明朱睦(㮮)撰《五经稽疑》,乃作者研习儒家经典,或有疑者,则参订诸家,或裒集异同,以存古义,皆由有疑处而得学,故曰"稽疑"。

【 辑 】

古代指车舆、车箱。《说文》:"舆之中无所不居,无所不载。"引申为收敛,意为收集,聚集。《汉书·艺文志》:"夫子既卒,门人相与辑而论签,故谓之《论语》。"注:师古曰:"辑与集同。"以"辑"字组成的书名词语有"辑刊",为学术机构刊行成套的,定期或不定期的论文集。例如《社会科学辑刊》。有"辑览",《四库全书》史部录《御批历代通鉴辑览》。是书为乾隆披阅明李东阳《通鉴纂要》后,以其失宜芜杂不足备览,乃命详考史传,重加编订,而最后亲为论定者。有"辑闻"。是聚集见闻。如《四库》杂家类录宋俞德邻撰《佩韦斋辑闻》。有"辑要"乃辑集紧要。《元史·仁宋纪》:"诏汇淛(浙)行省印《农桑辑要》万部,颁降有司,遵守勤课。"有"辑传",明王樵以朱子为宗,博采众家撰《春秋辑传》。另"辑校""辑略""辑佚""诗辑"请参见。

【 辑校 】

辑录并校勘。章培恒《〈聊斋志异〉新序》:"辑校者广泛收集《聊斋志异》现存的各种版本数十余种。"1956 年新知识出版社出版范祥雍的《古本竹书纪年辑校订补》。1980 年中华书局出版唐李恭等撰,贺次君辑校的《括地志辑校》。

【 辑略 】

汉成帝时,光禄大夫刘向受诏校经传诸子诗赋,每种皆叙明篇目,撮取大意,未终而卒。向子歆继其事,于是总群书而奏其《七略》,首为《辑略》,为诸书之总要也。原《七略》已佚,后有借其为书名者。宋石(憝)编有《中庸辑略》著录于《四库全书》。

【 辑佚 】

收集、编录已散佚的书籍资料。历代典籍,经水火兵燹,多有亡佚。但仍有散见于他书,而并未全亡者。有从现存古书,古注,类书,总集中,考求佚文,掇拾补录,以求再现佚书之概貌或残篇。宋王应麟辑郑玄《周易注》《尚书注》及三家诗,为辑佚之始。明陶宗仪《说郛》辑有众多明以前的小说、史志。清代修《四库全书》,从永乐大典中辑出佚书达三百七十五种,四千九百二十六卷,为空前之举。其中李焘的《续资治通鉴长编》,郝经的《续后汉书》等,皆为卷帙浩繁、久已失传的名著。清代辑佚非常繁荣,如大家黄奭所辑《汉学堂丛书》共二百八十种。马国翰的《玉函山房辑佚书》,搜罗唐代以前佚书达六百余种。严可均辑《全上古三代秦汉三国六朝文》共七百四十六卷。近代鲁迅亦辑有《会稽郡故事杂集》《古小说钩沉》,成就斐然。

【 集 】

《说文》原意是群鸟聚木之上。引申指人或物的多、杂为集。"集"字在图书文献学的意义有三:

一、作名词。用在书名上,指人们汇集某人单篇作品或多人有关著作而成的书。我国汉代的《汉书·艺文志》中,尚未见以"集"名书者。南北朝后,文人编集之风颇盛。《隋书·经籍志》在"经籍四"之部中,专门著录各种文集。由编辑刊印之内容与形式的不同而各有词语组合。如:新刊之书曰"新集",宋杨亿有《武夷新集》。集选重要曰"要集",《隋书·经籍志》三录有《天文要集》。汇辑逸作曰"逸集",《隋志》中录有《谢朓逸集》。杂收诸作曰"杂集",如鲁迅之《会稽郡故事杂集》等。此外尚有"别集""初集""合集""家集""略集""内集""偶集""前集""全集""诗集""外集""文集""小集""新集""续集""选集""遗集""正集""专集""总集"等,请参见。

二、作名词。指中国古代图书四部分类法的四大部类之一的集部。即经、史、子、集的"集"。作动词,指集合、汇辑。如宋真德秀的《四书集编》,是裒集诸书。现代刘春瑞等编《中外幽默集粹》,是聚其精华。集录尚存的文献。有近代马衡的《汉石经集存》。汇集刊刻,见清人张祥河之《论画集刻》。汇集备览,例如清吴大章的《诗传名物集览》、邹存淦的《田家占侯集览》。按类汇辑的是清吴宝芝的《花木鸟兽集类》。汇集如林者,有近代王国维的《观堂集林》。简略汇集,可见清马长淑的《渠风集略》。杂采诸说,如宋俞琰撰《周易集说》。集录诸家评论者,见近人解庵居士的《悟石轩石头记集评》。汇集经义者，举宋李明复的《春秋集义》。宋薛据的《孔子集语》是语录采辑等。此外尚有“集”“集抄”“集成”“集校”“集解”“集锦”“集录”“集释”“集疏”“集要”“集注”“集传”“文集”等，请参见。

【 集抄 】

搜集抄录各家著作而编辑成的书。《南史·王僧儒传》：“僧儒集《十八州谱》七百一十卷。《百家谱集抄》十五卷。《东南谱集抄》十卷。”《旧唐书·经籍志》集部录有《集抄》四十卷。又《诗集抄》十卷，注为谢灵运撰。

【 集成 】

集大成之意，即聚集而成。作书名是指集合多种著作而成的丛书。清蒋廷锡《〈古今图书集成〉告竣恭进表》：“唯图书之钜册，为圣祖所集成。”《四库全书》录有元人熊良辅撰《周易本义集成》。1935年商务印书馆编印《丛书集成》。1936年世界书局刊印济末裘庆元辑《珍本丛书集成》，又在抗战前出版《诸子集成》，后者解放后由中华书局重印。

【 集校 】

汇集各家对某一古籍的校本并断以己意。《贩书偶记》杂史类录清宋翔凤撰《帝王世纪集校》。1956年科学出版社出版郭沫若、闻一多评之《管子集校》。1959年中华书局出版杨炳安著《孙子集校》。

【 集解 】

汇集各家对某一典籍语言和旨意的注解，或附己意之断，以助读者研习之，曰“集解”，又作“集注”“集说”“集释”等，义皆近之。考，旧题战国公羊高撰《春秋公羊传》引沈子、子司马子、子女子、子北宫子、高子、鲁子之言。汉毛亨《诗训诂传》引仲梁子、高子、孟仲子之言，皆称引师说以解经，是为集解、集说之先声。《晋书》载三国魏何晏等于正始年（公元240—249）上《奏进论语集解》中言：“（何晏等五人）共集《论语》诸家训诂之善者，义有不安，辄改易之，名‘集解’。”南朝刘宋裴骃（约公元438年前后在世）在《史记集解》序中说：“采经传百家，并先儒之说，豫是有益，悉皆抄内。删其游辞，取其要实。或义在可疑，则数家兼列，……号曰‘集解’。”张守节正义：“裴骃采九经诸史，并《汉书音义》及众书之目而解《史记》，故题《史记集解》。”是以阐明原书正文而集合诸书的另一名著。此类著作尚有宋苏轼的《春秋集解》、清张伯行《小学集解》、王先谦《庄子集解》、近人卢弼撰有《三国志集解》。另一种是：聚合经、传，为之作解。如晋杜预撰《春秋经传集解》，是将《春秋经》和《左氏传》合起来，随而解释。孔颖达疏曰：“丘明作传，不敢与圣言相乱，故与经别行，……经传异处，于省览为烦，故杜分年相对，别其经传而解之。”是集解的另一种形式，较为少见。故孔疏又云：“杜言‘集解’，谓聚集经传，为之作解。何晏《论语集解》，乃聚集诸家义理，以解《论语》言同而义异也。”

【 集锦 】

精彩优美事物的汇集曰“集锦”。《红楼梦》第十七回：“原来四面皆是雕空玲珑的木板，或‘流云百幅’，或‘岁寒三友’，或山水人物，或翎毛花卉，或集锦，或博古，或万寿万福，各种花样，皆是名手雕镂，五彩销金嵌玉的。”1991年中国旅游出版社出版《中外古今书画故事集锦》，孙兆时等编。

【 集刊 】

汇辑同类论文，以定期或不定期形式刊行的系列书刊。如《红楼梦研资料集刊》《中国近代史研究集刊》等。

【 集录 】

搜集抄录。《后汉书·律历志下》：“今考论其业，义指博通，术数略举，是以集录为上、下篇。”南朝梁任昉《王文宪集序》：“今书七志，为一家言，不列于集，集录如左。”清吴汝纶《〈天演论〉序》：“集录者，篇各为义，不相统贯，原于《诗》《书》者也。”《四库全书》儒家类录宋吕祖谦撰《丽则论说集录》。

近代彭希涑辑《潜园集录》。为收录唐、明、清人所撰笔记、杂著汇编成书。

【 集释 】

汇集诸家对某古籍的解说，断以己意。《隋书·经籍志》录有南朝姜道盛《集释尚书》。清人郭庆藩撰《庄子集释》，王先谦为之序。

【 集疏 】

杂引诸说，加以疏解。如《四库全书》四书类录宋蔡模《孟子集疏》。清王先谦撰有《诗三家集疏》。

【 集要 】

择集约要。《隋书·经籍志》经三中录崔安撰《帝王集要》。《四库全书》释家类录宋晁迥撰《道院集要》。明人钟芳撰《春秋集要》。又可作“要集”，《隋书·经籍志》天文类录《天文要集》。杂家类录《真言要集》。

【 集注 】

汇辑或综合各家对同一古籍音义的注释，类似集解。唐颜师古《〈汉书〉序列》：“《汉书》旧无注解，唯服虔、应劭各为音义，自别施行，至典午中朝，爰有晋灼集为一部，凡四十卷，又颇以意增益，时辩前人当否，曰《汉书集注》。”清赵翼《陔馀丛考·章句》：“朱子作《大学》《中庸》章句，《论语》《孟子》集注其名非创也。晋灼……汇为一部，名曰《汉书集注》。陶弘景著《孝经·论语集注》。崔灵运有《集注毛诗》二十二卷、《集注周礼》四十卷，此集住之所本也。”宋朱熹撰《楚辞集注》《四书章句集注》。明王九思撰《难经集注》。清张聪撰《黄帝内经·素问集注》。

【 集传 】

古籍传释的一种，乃汇集各家解说并附以己意者。如宋朱熹撰《诗集传》。苏辙亦撰《诗集传》。宋蔡沈撰《书经集传》。上述各书见于《四库全书》。

【 纪 】

《说文》：“纪，别丝也。……别丝者，一丝必有其首，别之是为纪。”王筠句读：“纪者，端绪之谓也。”引申为事物的头绪、开端。又转义为要领、纲领。另义指世代。纪、记二字古通，则纪或通记。清王兆芳《文体通释》：“纪者，丝别也，理也，记识也。记识事迹，若理别丝缕也。刘知几曰：‘纪之为体，犹《春秋》之为经，系年月以成岁时，书君上以显国统，主于编年列事，分理条别。’源出《禹本纪》（《史记·大宛传》引）。流有《警史纪》，汉迁史十二本纪。荀悦撰有《汉纪》。”说明“纪”始自文体。用于书名《汉书·艺文志》春秋类录《汉大年纪》五篇。《隋书·经籍志》正史类录《齐纪》。唐代韦韦瓘撰传奇《周秦行纪》。

《四库全书》地理类录西洋艾儒略撰《职方外纪》，外纪是记载中国以外的世界风土地理。戚继光撰《练兵实纪》，纪作记载解。书名词语还有“小纪”“杂纪”“纪略”“纪胜”“纪事”“纪事本末”“纪闻”“纪要”等，请参见。

【 纪略 】

以纪略为书名者，多为仿纲目体例纪事之书。《四库提要》史部存目录《龙飞纪略》，书记明太祖事迹，初名《征伐礼乐书》后改今名。清代设方略馆，凡军功、政事之大者，纪其始末成书，曰《方纪》，或曰《纪略》。《四库全书》史部录《钦定河源纪略》《闽粤巡视纪略》等。又地方指南一类书亦名《纪略》。

如《台湾纪略》《秦边纪略》等。

【 纪胜 】

记录胜事、胜迹。《四库全书》地理类录宋耐得翁撰《都城纪胜》，书分十四门，皆记杭州琐事。

【 纪事 】

记叙事实也。汉王充《论衡·正说》：“《洪范》五纪，岁月日星，纪事之文，非法家之言也。”明宋濂《文原》：“世之论文有二：曰载道，曰纪事。纪事之文当本之司马迁、班固。”书名见《四库全书》诗文评类录宋计有功的《唐诗纪事》。清厉鹗撰《宋诗纪事》。现代有1979年贾泽林著《苏联哲学纪事》。1953年田间散文集《板门店纪事》出版。1978年孙犁散文集《白洋淀纪事》出版。

【 纪事本末 】

史书体裁之一。特点是以历史事件为纲，每事都纪其始末，再按年月顺序编排。《四库提要》：“宋袁枢，以《通鉴》旧文，每事为篇，各排比其次第，而详叙其始终，命曰‘纪事本末’，史遂又有此一体。”此体既避免编年，每一事件前后隔离，难得全貌之弊；又纠正纪传体诸事杂陈，未能独详之缺，可以完整地记录某一历史事件。袁枢撰《通鉴纪事本末》，既有创意，后为之因，于编年、纪传二体之外自立一家。明冯琦撰《宋史纪事本末》。清谷应泰有《明史纪事本末》。杨陆荣撰《三藩纪事本末》等。

【 纪闻 】

记录见闻、杂识。《四库全书》录明张献翼撰《读易纪闻》。宋洪皓之《松漠纪闻》,纪其使金事迹。宋龚明的《中吴纪闻》录吴中故志、风土人文。宋张世南《游宦纪闻》,载杂事旧闻。王应麟《困学纪闻》,乃宋代考证名著。元人无名氏撰《东南纪闻》列为小说。按,元指宋为东南,乃杂记宋事。

【 纪要 】

记载要点、纲要。《四库全书》别史类录宋黄震《古今纪要》,为撮举历史,括其纲要者。清顾祖禹撰《读史方舆纪要》。现代用于会议文件如《双十会谈纪要》,记抗日战争胜利后,国共两党谈判会议文件。

【 记 】

义有数解:

一、古代解释经传的文字,功能与“传”“说”相近。然经义之不备,兼录经义以外以助说明。《经学历史》:“孔子所定谓之经,弟子所传谓之传或谓之记。”如《礼记》之记,即汉儒解说《礼》之文字。许多汉朝以前说明古书的书籍,都叫作“记”。用于书名,最早见于《庄子·天地篇》:“《记》曰:通于一而万事毕,无心得而鬼神服。”陆德明《经典释文》:“《记曰》书名也,云老子所作。”(见中华书局《庄子集释》)。

二、指一种文体。泛指记人事、山水、景物等的文字。明徐师曾《文体明辨》:“《金石例》云:‘记者,纪事之文也。’《禹贡》《顾命》乃记之祖,而记之名则昉于《戴记》《学记》诸篇。……汉魏以前,作者尚少,其盛自唐始也。其文以叙事为主,……”清王兆芳《文体通释》:“记者,疏也,识也,条疏事实而记识也。主于疏识实事,不遑议论。源出《周史·记逸》《逸周书·史记篇》,流有汉司马迁《史记》、蔡邕《车驾上原陵记》……”《汉书·艺文志》中录有礼类《记》百三十一篇。书类有刘向撰《五行传记》等。《隋书·经籍志》杂传类录杜预撰《女记》。地理类录晋平西将军周处撰《风土记》。《四库全书》杂家类唐封演撰《封氏闻见记》。清何焯撰《义门读书记》。诗类录宋吕祖谦撰《吕氏家塾读诗记》。此外有清戴震的《颜氏学记》。近代梁章钜的《归田琐记》。1916 年中华书局出版朱世溱译英国小说《小拿破仑别记》。1936 年沈从文撰《湘西散记》。胡风曾撰《鲁迅访问记》。沙汀撰《记贺龙》。书名词语还有“笔记”“广记”“漫记”“偶记”“日记”“散记”“小记”“学记”“游记”“杂记”“札记”“传记”“记事”“记闻”等,请参见。

三、小说之书名,或取《××记》,乃记事述说之意。小说源于史传,其体例也似。如东晋前秦王嘉的《拾遗记》、干宝的《搜神记》、唐传奇的《枕中记》《古镜记》《离魂记》。明代长篇章回小说《西游记》。清末的《官场现形记》。现代的有老舍《猫城记》,沙汀《淘金记》《困兽记》《还乡记》,当代柳青的《种谷记》,梁斌的《播火记》等。

四、戏曲,兴于宋、元。如从唐元镇《会真记》改编的名著,元王实甫的《西厢记》。明四大传奇是:《荆钗记》《白兔记》《杀狗记》《幽闺记》(《拜月亭》)。汤显祖的“临川四梦”是:《紫钗记》《还魂记》《南柯记》《邯郸记》。近代京剧有《珠痕记》《贩马记》等。话剧有夏衍的《愁城记》,陈白尘的《纸老虎现形记》。曲艺也有相声《夜行记》等。

【 记事 】

记录重大史实。《礼记·文王世子》:“是故圣人之记事,虑之也大……”《汉书·艺文志》:“古之王者世有史官,君书必举,……左史记言,右史记事。”后形成记述事实经过的文体名。《四库全书》小说类录有宋范缜撰《东斋记事》,记当时蜀事。地理类有元高德基撰《平江记事》,记吴中故实。现代有田间 1957 年撰小说《宋村记事》。

【 记闻 】

记录见闻。《孔子家语·六本》:“纪闻而言,无务多说。”王肃注:“但记所闻而言……”《四库全书》小说类录宋司马光撰《涑水记闻》乃杂记宋代旧事。起于太祖,讫于神宗,每条皆注其述说之人,故曰《记闻》。

祭以供献、祀神、奉祖或对亡者表示悼念、敬意的仪式曰“祭”。《说文》:“祭,祭祀也。从示,以手持肉。"《广雅·释言》:"祭者,际也。人神相接故曰际。"唐柳宗元《监祭使壁记》:"圣人于祭祀,非必神之也。盖亦附之教也。"对死者的祭奠,有着教育、激励后人的意义。西方古代也有祭献诸神或亡灵的仪式。用作书名词语有"祭文",原指古代祭时宣读之文。如当代王毅等编的《古今哀祭文赏析》。尚有"祭"字组成的书名有:1927 年蒋光慈创作的中篇小说《野祭》,意在祭奠被反动军阀杀害的革命者。1944 年郭沫若总结明末农民起义的历史经验而著《甲申三百年祭》,毛泽东推荐给全党作为整风文献。1976 年我国出版波兰作家密茨凯维奇 1832 年创作的诗剧《先人祭》,其作品在激励波兰人民的爱国热情,反对沙皇暴政中起了很大作用。

Jia

【 家 】

一、指家族、家庭。《周礼·地官·小司徒》注:"有夫有妇,然后为家。"用于书名词语如"家语",原意为一家之记录,后专指《孔子家语》一书。(见魏王肃《〈孔子家语〉序》)该书著录于《四库》儒家第一。又录《家范》,犹言家规,宋司马光撰,宋项世安撰《项氏家说》系项氏谪居家室之读书杂记。另有"家牒""家集""家刻""家门集""家谱""家乘""家书""家训","家传"等,请参见。

二、原意是以专门学识或技艺而名世者,又引申为学术或艺术流派。《荀子·解蔽》:"今诸侯异政,百家异说,则必或是或非,或治或乱。"《汉书·艺文志》:"昔仲尼没而微言绝,七十了丧而大义乖,故《春秋》分为五,《诗》分为四,《易》有数家之传。"其著录首列:《易经》十二篇,施、孟、梁丘三家。《隋书·经籍志》易类录《周易马、郑、二王四家集解》。唐刘克庄编《千家诗》。明茅坤辑《唐宋八大家文抄》。清曾国藩辑《十八家诗抄》。1937 年开明书店出版陈乃乾辑《清名家词》。1982 年文化艺术出版社刊陈墨慧撰《新武侠二十家》。

【 家牒(谍) 】

记载家族世系的谱牒。亦家谱之别称。南朝梁任昉《王文宪集序》:"公讳俭,其先自秦至宋,国史家牒详矣。"李善注《文选》,引刘歆《七略》有《子云家牒》。《旧唐书·经籍志》录有裴守贞撰《裴氏家牒》。宋王禹偁:《小畜集·六,一品孙郑显》:"坐久问家碟,其族大且綦繁。"明宋濂撰有《查林曾氏家牒序》。

【 家集 】

家人之著述文集。唐杜牧《冬至日寄小侄阿宜诗》:"家集二百篇,上下驰皇王。"宋苏辙《寄兄子瞻诗》:"谁将家集过幽都,逢见胡人问大苏。"《贩书偶记续编》录清容城胡彧康熙年刊《烟月堂家集》,家集或署他名如《贩书偶记》家集属中录有新安吴我炽乾隆年刊《吴氏传家集》。嘉庆年间方于谷辑《桐城方氏诗集》。道光年曲阜孔宪彝辑《阙里孔氏诗抄》等,皆为家集。参见"家门集"。

【 家刻 】

书籍之为私家或家塾所刊刻者,称"家刻本""家塾本"或"家刻集"。私家刻书起于五代,两宋时趋增,明清而盛。著名者如南宋相台岳氏家塾所刻《五经》,屡为后世翻印。参见下编《相台五经》条。

【 家门集 】

又作家世集。家门,原指家世之门,引申为家庭、家族。古代特指卿大夫之家。《左氏·昭·三》:"政在家门,民无所依。"注:大夫专政。又指门第、家声。家门集,谓家族累世的著作成果。《南史·王循传》:"又于诸儿论家门集云:'史传安平崔氏及汝南应氏,并累世有文才,……然不过父子两三世耳。非有七叶之中,名得重光,爵位相继,人人有集,如吾门世者也。'"参见"家集"条。

【 家谱 】

记载家族世系并重要事迹的书。又称"家牒""家乘""族谱""宗谱"等。《隋书·经籍志》谱系篇小序:"氏姓之书,其所由来远矣。……周,家小吏定系世,辨昭穆,则亦史之职也。……汉初得《世本》叙黄帝已来祖世所出。……晋世挚虞作《族姓昭穆记》。……今录其见存者,以为谱系篇。"然题"家谱"者则可溯唐李善注《文选》时引用《子云家牒》及《王氏家谱》。《隋书·经籍志》录有《杨氏家谱并墓记》《百家谱》等。《新唐书·艺文志》录《谢氏家谱》等十八种。《宋史·艺文志》录《臣寮家谱》等二十二种。《明史·艺文志》录《李韩公家乘》《宗谱》等书。《四库全书》录《钦定八旗满州氏族通谱》。近代《贩书偶记续编》录《郑和家谱考释》。自宋以后，家谱多为私藏，一般不公诸于众，官方目录所收不多。《四库》不收家谱。参见“谱”字有关条目。

【 家乘 】

乘，古代指车子。以其能载，转意为载录历史的书籍。《正字通》：“乘，晋史曰乘。”毛氏曰：“乘者载也。取载事为名。”记私家之事者，谓之家乘。陆游《老学庵笔记》：“黄鲁直有日记，谓之家乘，至宜州犹不辍书。”自《明史·艺文志》谱牒类录《李韩公家乘》后，即以家谱名为家乘。《贩书供记》传记类录《海丰张氏家乘》有小注：又名《海丰张氏族谱》。

【 家书 】

家人往来的书信。《宋书·武帝纪》：“皇后寝疾之际，汤药不周。手与家书，多所求告。”杜甫《春望》：“烽火连三月，家书抵万金。”明袁凯诗：“江水三千里，家书十五行。”现代书名有《曾国藩家书》《傅雷家书》等。

【 家训 】

垂训子孙治家立身之言。《后汉书·边让传》：“髫龀夙孤，不尽家训。”《南齐书·颜之推传》：“之推撰家训二十篇行于世。”按即《颜氏家训》。《隋书·经籍志》录南北朝时燕人明岌撰《明氏家训》。清朱柏卢撰《朱子家训》。1994年湖北出版成晓军主编的《帝王家训》《宰相家训》《名儒家训》等。

【 家传 】

又称家史。《后汉书·列女传序》：“梁嫕、李姬各附家传。”南朝谢灵运《山居赋》：“国史以载前纪，家传以申世谟。”《北史·贺若弼传》：“（上）曰：‘公欲扬我名，我不求名，公宜自载家传。’”宋欧阳修《主彦章画像记》：“得公之孙睿所录家传。”清吴曾祺《文体刍言》：“家传，自汉以来，不为史家而为人作传者极少，至家传则绝无之。后乃见于《唐书·艺文志》。宋元以后，始多此体。国朝则仿而为者愈众。”《唐志》中录《韦氏家传》等二十部。《宋志》中录《陈栩郭令公家传》等十四部。《贩书偶记》录《高邮王氏家传》《吴江沈氏家传》等。清鄂恒撰民族史书《伊尔根觉罗氏家传》，咸丰年有刻本传世。以“家史”为名者见《新唐书》录之《刘氏家史》。

【 佳话 】

犹言美谈，被传诵一时，当作趣味或可助谈兴的好事。宋晁补之《次韵祝朝奉十一丈》：“翛然一室内，黄卷开佳话。”清昭梿《啸亭杂录·红兰主人》：“方舟妻某。迟方舟久不归，作《杭州图》以寄之，当时传为佳话。”书名有清无名氏撰《西湖佳话》。民国王梦兰撰《梨园佳话》等。

【 嘉话 】

有教益的善言或有价值的掌故资料。晋张协《七命》：“虽在不敏，敢听嘉话。”唐韦绚追述刘禹锡语，撰《刘宾客嘉话录》。《四库全书》子部录元王恽《玉堂嘉话》。又《嘉话》亦为《佳话》之别体。

Jian

【 间（又作閒）诂 】

有二说：

一、指夹注。《墨子·经说上》：“间，谓夹者也。”汉许慎注《淮南子》，题曰《淮南鸿烈间诂》。叶德炯跋云：“间诂犹言夹注，与笺同实而异名。其书为许君未卒业之书，仅约略笺识其旁，若夹注然，故谓之间诂。”间指写注的位置，从形式上解释。

二、《说文》：“閒、隙也，从门从月。”段注：“门开而月入，门有缝而月光可入。”清孙诒让注《墨子》题曰《墨子间诂》。其序云：“间者，发其疑悟，诂者正其训解。”黄绍箕《墨子间诂·跋》：“孙仲容先生旁及异本，博引古书，太史公曰：‘《书》缺有间，其轶乃时时见有他说。’郑康成《尚书大传序》：‘音声犹有讹误，先后犹有差舛，重以篆隶之殊，不能无失，数子各论所闻，以己意弥缝其间，别作章句。’所谓‘间’者，即指声音之讹误，先后之差舛，篆隶之殊失而言。‘弥缝其间’犹云‘弥缝其阙’也。”即是从内容上训解，入于中而明之意。

【 笺(通“牋”) 】

原指狭条小竹片。古时在纸出现前,书籍正文写在大简策上,读书有所表识,另削小竹简系于相应的大竹简上录以备考。后引申有数义:

一、古籍训诂注解的一种,学者用以记录表识。表是揭示、表明,阐明原书隐晦之处。若别有识见、补充,乃曰识。始于汉郑玄。郑氏《六艺论》云:“注《诗》宗毛为主,毛意若隐,略更表明。如有不同,即下己意。”《毛诗》卷首有“郑氏笺”。孔颖达疏:“郑于诸经,皆谓之注,此言笺者:吕忱《学林》:‘笺者,表也、识也。’郑以毛学审备,尊畅厥旨,所以表明毛意,记识其事,特称为笺。”宋洪迈《容斋随笔·经解之名》:“汉代学术甚讲师承,学有所宗。凡引申、发明前人之意,或补充、或发挥、或别断、或订正,不与原书传注相杂,则特称笺。”郑玄撰书即名之曰《毛诗传笺》。《四库全书》录清陈法撰《易笺》,清查为仁、厉鹗笺《绝妙好词笺》,徐之静撰《禹贡会笺》,潘维诚撰《论语古注集笺》等。另“笺注”“笺证”,请参见。

二、指一种文体。属奏记、书札、札记之类。明徐师曾《文体明辨》:“刘勰云:牋(笺)者,表也,识表其情也。古时君臣同书,至东汉始用笺记。公府奏记,部将奏笺。是时太子诸王大臣,皆得称笺。后世专以上皇后、太子。于是天子称表,皇后太子称笺,而其他不得用矣。”《文选》中有陈琳《答东阿王笺》、吴质《答魏太子笺》。后笺亦作札记解。用作书名如《四库全书》杂家类录明高濂撰《遵生八笺》,是书以闲适、消遣之事分为八类,故称“八笺”。另录宋高似孙撰《砚笺》。今人杨宪益撰《零墨新笺》,1947 年中华书局出版。

三、指信札。原为古代特制的一种小幅华贵的纸张,供题诗、写信等用。如“花笺”“锦笺”等。唐薛涛善制小笺,世称“薛涛笺”。元人费著撰《蜀笺谱》。近代鲁迅与郑振铎合作出版明胡正言《十竹斋笺谱》。后来一般书信也称笺,如“便笺”“信笺”“手笺”等。

【 笺证 】

注释并考证。如陈寅恪《元白诗笺证稿》。为者以史释诗并以诗证史的集大成之作。北京文学古籍社 1955 年刊本。

【 笺注 】

即注解古书。韩愈《施先生墓铭》:“古圣人言,其旨秘微。笺往纷罗,颠倒是非。”《四库全书》别集类录宋吴正子笺注,刘辰翁评点之《笺注评点李长吉歌诗》。又录清吴兆宜注的《庾开府集笺注》和《徐孝穆集笺注》二书。近人邓广铭撰有《稼轩词编年笺注》,1957 年古典文学出版社刊。

【 简 】

一、古代用以书写的狭长竹片或木片。《说文》:“从竹间声。”《释名》:“间也编之篇篇有间也。”事少则书之于简,事多则编简成册,书之为简策。以简作书名者见之于《四库全书》杂家、杂说属录宋人沈作喆撰《寓简》。现有根据 1972—1976 年甘肃额纳河流域出土文物编印的《居延汉简》等。

二、简约之简。《说文通训定声》:“简,简者曰而用之,故为省约。”苏轼《石钟山记》:“余是以记之,盖叹郦元之简,而笑李渤之陋也。”书名词语有“简编”,今如范文澜撰《中国通史简编》。“简表”,如辽宁博物馆编辑之《历代官制简表》。“简介”,有今宋拾撰《先秦史籍简介》。“简论”,今有高宣扬撰《解释学简论》。“简明”,现有中央团校编印的《马克思主义简明教程》。“简史”,今有集体编写的《欧州哲学简史》。“简释”,现代姚守中等撰《党史名词简释》。“简要”,见集体编写的《马克思主义简要读本》。

三、“简书”之简,即书信。明徐师曾《文体明辨》:“简者,略也,言陈其大略也,……”清吴曾祺《文体刍言》:“古者书简并称,故书籍之类,可以谓之简。书信之类,亦得谓之简。其与书小异。书则长短并宜,简则零篇寸楮为多。自魏晋以后始有之。字或作柬,义同。”以义名之,其以通信形式开展讲述与论说。如近代朱光潜所著《谈美书简》,王元化著之《思辨短简》等。

【 见闻录(附闻见录) 】

见闻指所见所闻之事物,义近知识经验。《鬼谷子·符言》:“验耳目之所见闻。”又“闻见”义亦近之。《史记·殷记》:“帝纣资辨捷疾,闻见甚敏。"书名有《四库全书》杂史类录宋曹勋撰《北狩见闻录》。清张集馨撰《道咸宦海见闻录》。小说类录宋邵伯温《闻见录》又称《闻见前录》。其子邵博撰《闻见后录》。地理外纪类录清陈伦炯撰《海国闻见录》。

【 鉴 】

古代东周盛水的器皿,形似大盆,可以照影。《说文通训定声》:"鉴,假借为镜。监、镜一声之转。"乃与镜通。战国时始制铜镜故铜镜也称为"鉴"。《诗经》中言为取影察形之器。如《邶风·柏州》:"我心匪鉴"引申为借鉴。《国语·吴》:"王盍亦鉴于人,无鉴于水。"又后为一文体之名。清王兆芳《文体通释》:"鉴者,镜属。取明水之鉴诸也,理明如镜也。主于著明事理,为后世镜。"汉荀悦撰《申鉴》。再为编年史的一种。清冯桂芬《〈明纪〉序》:"编年之名亦有二:曰鉴,曰纪。"见于《四库全书》者有:宋郭允蹈《蜀鉴》。吕祖谦《宋文鉴》。元汤垕《画鉴》。辽释行均《龙龛手鉴》。清张登《伤寒舌鉴》等。另有"金鉴""通鉴""渊鉴"等,请参见。

【 谏 】

《字彙》:"谏,直言以悟人也。"一般专指规劝在上之君主、尊长等,使改正错误。《战国策·赵策》:"太后不肯,大臣强谏。"《隋书·经籍志》杂家类录南朝虞通之撰《善谏》。另有"谏草",宋吕午撰《左史谏草》。录于《四库全书》。

Jiang

【 讲 】

说、谈论。《礼记·礼运》:"协于艺,讲于仁,得之者强。"《国语·鲁上》:"夫仁者讲功,而智者处物。"书名词语有"讲稿",是古代儒者讲解经义的底稿。《四库全书》五经总义类收录宋黄仲元撰《四如讲稿》另有"讲话""讲义"请参见。

【 讲话 】

一、讲演的话,笔录成书。如毛泽东《在延安文艺座谈会上的讲话》。

二、一种普及性的著作体裁,用于书名。如近代夏丏尊、叶绍钧(圣陶)合著之《文章讲话》。茅盾的《世界文学名著讲话》《文学写作讲话》。当代詹文浒的《西洋哲学讲话》等。

【 讲义 】

原意为讲说经义。《南史·梁武帝纪下》:"帝创同泰寺……晨夕讲义,多由此门。"后指讲解经义的讲稿或书籍。宋王应麟《困学纪闻》:"古之讲经者,执卷而口说,未尝有讲义也。元丰间陆农师在经筵,始进讲义。"宋邢昺《孝经注疏序》:"今剪截元疏,旁引诸书。分义错经,会合归趣。一依讲说,次第解释,号为之讲义也。"《宋史·艺文志》录汤羲撰《周易讲义》、曾肇撰《书讲义》。《四库全书》录宋戴溪撰《春秋讲义》。现代按教学要求编写,给学生用以学习、讨论和研究的材料,亦名之曰"讲义",属教材之类。如上海中医学院编印的《医古文讲义》,1960 年人民卫生出版社出版。

Jiao

【 校 】

汉贾逵《国语注》:"校,考也。"《国语·鲁下》:"昔正考父校商之名《颂》十二篇于周太师。"《汉书·楚元王传附刘向》:"诏自领校中五经秘书。"用作书名有单题"校"者。如 1958 年人民文学出版社刊五代赵崇祚辑、李一氓校的《花间集校》。书名词语有"校诂"是校勘诂训,如 1956 年古籍出版社刊马叙伦著《老子校诂》。"校笺"是校订和笺注,1961 年中华书局刊宋陈亮撰、夏承焘校笺的《龙川词校笺》。校笺又可作笺校,1981 年上海古籍出版社刊明袁宏道撰、钱伯城笺校的《袁宏道集笺校》。"校书"为校勘众书,中华书局 1984 年刊清人于鬯表的《香草校书》。"校异"为校勘同异,《贩书偶记》录姚凯元撰《孟子校异》。"新校"是新作校勘,《贩书偶记》录《新校本抱朴子内篇》,嘉庆年刊。1957 年中华书局刊元杨朝英选、隋树森校订的《新校九卷本阳春白雪》。"详校"是详细校勘,光绪年施国祁撰刊《金史详校》录于《贩书偶记》。另有"校本""校补""校订""校点""校读""校勘""校理""校录""校诠""校释""校正""校证""校注""点校""合校""汇校""集校""精校"等,请参见。

【 校本 】

将不同的版本与相关的资料,进行校勘的本子。或以某一善本作底本与各种版本、资料对照,注录其讹误衍脱,此底本即称校本。如:《贩书偶记》录清人汪远孙撰《汉书地理志校本》。1958 年人民文学出版社出版曹雪芹著,俞平伯校订,王惜时参校的《红楼梦八十回校本》。中华书局 1960 年出版周祖谟著《广韵校本》。

【 校补 】

校订并补正。明胡应麟《诗薮外篇·元》:"(吴师道)邃经史,饶著述,尝校补《战国策》大行于世。"清俞樾《古书疑义举例·因误夺而误补例》:"凡夺字则当校补,乃有校补不当,以至补非其字者。"1942 年,重庆出版闻一多撰《楚辞校补》,乃以洪兴祖《楚辞补注》为底本,参照历代二十七家校勘材料,对《楚辞》进行校补、诠释词义。1959 年云南出版之《说苑斠补》乃汉刘向著,刘文典校补者。中华书局 1961 年出版明陈所闻编,吴晓铃校补之《南北宫词校补》。校补又作补校,《贩书偶记》录有清末杨守敬撰《汉书地理志补校》。

【 校点 】

点评校勘。1961 年中华书局出版《苏舜钦集》并题"沈文倬校点"。1975 年人民卫生出版社出版明李时珍《本草纲目》(点校本),系用万历三十一年(1603)江西本为底本,旁校各本进行校勘排印者。参见"点校"。

【 校读 】

审阅校订。鲁迅《书信集·致王志之》:"所以你的小说,也只能大略一看,难以静心校读,有所批评了。"吉林人门民出版社 1981 年刊张松如编著的《老子校读》。

【 校勘 】

意类校雠。即将书籍的不同版本和资料进行比较审定,辨其真伪异同。唐白居易《策林二·大官乏人》:"秘著之官,不独以校刊之用取之。"宋欧阳修《书春秋繁露之后》:"董生之书,流散而不全,方俟校勘。"古书流传之中,往往错乱,清代官私刻本,常列举各本异同,以求恢复原本面目。并于书后写"校勘记"。至于清代形成的,订正书籍伪误同异之学。名家有戴震、卢文弨、丁杰、顾广圻等。《贩书偶记》小学类录清庞大堃撰《形声类篇校勘》。1957 四川出版清顾显光辑《华阳国志校勘记》。1958 上海出版罗念祖著《辽史校刊记》。校刊记又作"校记"。民国刘承丰撰《章氏(学诚)遗书校记》。

【 校理 】

谓校勘整理。《汉书·刘歆传》:"孝成皇帝闵学残文缺,稍离其真,乃陈发秘臧,校理旧文。"《文选·西都赋》:"启发篇章,校理秘文。"《贩书偶记》录民国吴承仕撰《淮南(子)旧注校理》。1984 年中华书局出版张震泽著《孙膑兵法校理》。

【 校录 】

校订著录。唐薛用弱《集异记补编·叶法善》:"子本太极紫微左仙卿,以校录不勤,谪于人世。"清方苞《文王十三生伯邑考辨》:"自东汉相传以至于今,皆欲所校录也。"1955 年上海刊明祁彪佳著、黄裳校录《远山堂明曲品剧品校录》。1959 年中华书局刊陈汉章著《后汉书补表校录》。

【 校诠 】

校勘诠释。如童弟德撰《韩集校诠》,其校勘以魏本为主,诠释则宋注家为多。另 1957 年古籍出版社刊王启湘著《周秦名家三子校诠》。1958 年科学出版社刊高亨著《墨经校诠》。

【 校释 】

校勘注释。明胡应麟《少室山房笔丛·笔林学山·大颠书》:"唯韩集参会诸家,精为校释。"胡适《〈梁任公墨经校释〉序》:"梁先生的校释,有许多地方与张惠言、孙诒让诸人大不相同。"梁书《墨经校释》1936 年中华书局出版。1958 年龙门书局刊朱谦之撰《老子校释》。1980 年天津刊东汉应劭撰、吴树平校释的《风俗通校释》。

【 校正 】

校对改正。宋曾巩《〈梁书目录〉序》:"臣等既校正其文字，又集次为目录一篇。”近代叶德辉《书林清话》：“谨依监本写作大字，附以释文，三复校正发行。”《贩书偶记》录清毕源撰《山海经新校正》。郝懿行撰《竹枝纪年校正》。1957 年中华书局刊《新校正梦溪笔谈》，宋沈括撰，今胡道学校正。

【校证(證)】

校勘考证。宋梅尧臣《寄宋次道中道诗》：“屡假箧中书，校证多护真。”1980 年中华书局刊晋张华《博物志校证》，范宁校证。又刊王利器校笺之《文心雕龙校证》。1956 年上海出版《梦溪笔谈校证》胡道静校注。

【校注(註)】

校勘并注释。如 1954 年中华书局刊马建忠著，章锡琛校注的《马氏文通校注》。又刊明费信撰，冯承钧校注的《星槎胜览校注》。人民文学出版社 1957 年刊姜亮夫撰《屈原赋校注》。1979 年出版王学初撰《李清照集校注》。

【斠】

原为量谷物刮平之器。印申为“平之”，与角、校等字通。《礼记・月令》：“角斗通，正权概。”《说文》：“斠。”段注：“角即斠假借字，今俗谓之校。”《说文通训定声》：“凡较量、校雠……疑皆当作此为正文。”《贩书偶记》录清人杨某等撰《经解斠》、常庸撰《群书斠识》。当代有上海古籍书店刊印之《晋书斠注》。1959 年云南出版《说苑斠补》。

Jie

【节本】

图书经删节后印行的版本。宋楼钥《攻瑰集・拾遗・〈通鉴总类序〉》：“《资治通鉴》不刊之书也。司马公自言精力尽于此书，而士大夫鲜有能偏读者。始则以利举而求简便，世所传节本，自谓得此足矣。”近代节本以小说或教科书较多。如 1935 年开明书店刊《水浒》(节本)，将原书七十四回改编成四十八节。1956 年通俗文艺出版社刊《西游记》(节本)。

【洁本】

删除猥亵内容的版本。1955 年第一期《新华月报》：(茅盾)“在 1935 年，我应开明书店的邀约，作一本所谓《红楼梦》洁本……”《洁本红楼梦》为茅盾改订，1935 年上海开明书店铅印本。

【解】

注释，训诂学名称之一。《说文》：“解，判也。从刀判牛角。判，分也。”本意是分解。用于注疏典籍，即剖明解释，分析词语、文意之谓。始于《礼・经解・疏》：“解者分析之名。此篇分析六经礼教不同，故名‘经解’。”后即以名注解之文。如《管子》中有《形势解》。《韩非子》有《解老》篇。韩愈作《进学解》。解，成为一种文体。明徐师曾《文体明辨・解》：“按字书：解者，释也。因人有疑而解释之也。扬雄始作《解嘲》，世随仿之。其文以辨释疑惑，解剥纷难为主，与论说、议辩盖相通焉。其题曰解某，曰某解，则惟其人命之而已。”以“解”字作书名的如汉许慎的《说文解字》。《隋书・经籍志》录崔灵恩的《春秋经传解》。《四库全书》书经类录宋杨简《五诰解》。存目录明徐体乾的《周易不我解》。清张庚撰《古诗十九首解》。解字作书名词语，因撰写的形式或内容不同而有多种。如：《论语笔解》《易象大易存解》《太极图分解》《易象钩解》《尚书合解》《周易彙解》《孝经句解》《老子节解》《读易近解》《礼记略解》《易经理解》《英文分类名著评解》《周易浅解》《孟子说解》《周子疏解》《英汉双解字典》《四书索解》《周易完解》《读杜心解》《禹贡新解》《性理要解》《毛诗原解》《老子臆解》《周易正解》《古文孝经指解》《西算新法直解》等。另有“解诂”“解题”“解义”“解颐”“解注”“集解”“经解”“通解”“图解”“详解”“题解”“注解”“训解”等，请参阅。

【解诂】

又作“解故”，即解析注释，又为古籍注释名词之一。《汉书・艺文志》尚书类录《大小夏侯解故》。《后汉书・何休传》：“休坐废锢，乃作《春秋公羊解诂》。”休此书收于《四库》。现代有 1956 年古籍出版社刊朱师辙著《商君书解诂定本》。1963 年朱继海著《楚辞解故》，中华书局出版。1985 年上海古籍出版社刊闻一多撰《九歌解诂》《九章解诂》。

【 解说 】

解释说明。《史记·三王世家》:"谨论次其真草诏书于左方,令览者自通其意而解说之。"《汉书·翟方进传》:"微自解说"注,师古曰:"解说犹今言分疏。"《四库全书》经部录清毛其龄撰《圣谕乐本解说》。现代有李达撰《实践论解说》《矛盾论解说》。1981年台湾远流书店出版徐代德等译《现代世界思想名著解说》。

【 解题(或作题解) 】

解,解说。题,书籍的名目。解题又称"叙录""书录""提要"等。内容包括书籍作者,著作缘起,写作及出版时间,内容经纬,版本沿革,卷次及揭示书籍主旨与应用指示入学门径及评论等。《四库全书总目》:"各评其卷帙多少,撰人名氏而品其得失,故曰题解。"解题始于汉《书序》。刘向《别录》的主要部分就是"书录"。唐吴兢撰《乐府解题》。宋周密《齐东野语·书籍之厄》:"吴氏旧书至五万一千一百八十余卷,且仿《读书志》作解题,极其精详,近亦散失。"宋陈振孙《直斋书录解题》乃为名作。清《四库全书总目提要》是集古代解题大成之作。1984年湖北人民出版社刊洪湛侯等编《楚辞要籍解题》。作"解题"时有1932年中华书局刊《社会科学名著解题》徐嗣同编。

【 解颐 】

谓开颜欢笑。《小学嘉言》:"论当世而解颐。"注:"颐,口旁也。人笑则口旁解。"语出《汉书·匡衡传》:"匡说诗,解人颐。"如淳注曰:"使人笑不能止也。"宋周密《齐东野语。六解颐》:"匡说诗,解人颐。盖言其善于讲诵,能使人喜而至于解颐也。"按此乃指讲演者见解新颖,妙语如珠,听众反应热烈。书名如明朱善撰《诗解颐》,季本善撰《诗说解颐》,两书皆取此义。见《四库》。隋唐以后,辑录的笑话亦名"解颐"。《隋书·经籍志》录杨松玢撰《解颐》,《新唐书》录有《会昌解颐》,均列入小说家类。《说郛》中录宋人高峰撰《群居解颐》,明无名氏撰《解颐赘话》,清赵恬养撰《增订解人颐新集》,都是民间文学"笑话"的编集。

【 解义 】

解释词义、文义。《晋书·郭象传》:"先是注《庄子》者数十家,莫能究其旨统。向秀于旧注外,而为新义,妙演奇致,大畅玄风。"《四库全书》录清牛纽撰《国讲易经解义》、李光地撰《尚书七篇解义》、张廷玉撰《日讲礼记解义》等。

【 解注 】

犹言注解。《汉纪·成帝纪》:"中兴之后,大司农郑众……各为《春秋左氏传》作解注。"《四库全书》乐经存目录明邓文献《律吕解注》、儒家存目录明何详撰《识仁定性解注》。

Jin

【 金 】

《说文》:"金,五金也。黄金为长。"古代广义的,凡金属统称曰"金"。特称时只限黄金。用于书名则取其尊贵、宝重意。《唐实录》载:太宗李世民亲撰《金镜书》。《旧唐书·张九龄传》载:九龄于天长节进《金镜录》言千古兴亡之事《四库全书》录元赵仿撰《春秋金钥匙》。佛教中有北凉雲无谶译的《金光明经》。书名词语尚有"金匮""金鉴"等,请参见。

【 金鉴 】

指宝贵如金,可作借鉴者。唐玄宗时,以八月初五生日为千秋节,王公大臣竞献宝鉴。张九龄独上《事鉴》十章,以申讽喻。(见《新唐书一二六本传》)。陆游《题明皇幸蜀图》:"老臣九龄不可作,鱼盆珠丝《金鉴编》。"书名有《四库圣书》史部清傅洪泽撰《行水金鉴》《钦定古今储贰金鉴》。另《御纂医宗金鉴》。

【 金匮 】

金为金属。古代用铜制成的柜称"金匮",用以收藏重要文献或文物。《史记·高帝纪》:"与功臣剖符作誓,丹书铁卷,金匮石室,藏之宗庙。"后特指政府设立的藏书之所。《史记·太史公自序》:"迁为太史令,纳石室金匮之书。"《汉书·艺文志》术数略录《堪舆金匮》,《隋书·经籍志》兵家类录《太公金鉴》。《四库全书》医家类录汉张机撰《金匮要略》、元朱震亨撰《金匾钩元》。

【 禁书 】

又称“禁毁书”“禁譭书” 原指中秘藏之书。《史记·仓公传》:“臣意即避席再拜谒……,接阴阳禁书,受读解验之,可一年所。”后又指禁止刊行、收藏、流通之书。宋苏辙《乞裁损待高丽事件劄子》:“即不许买禁物、禁书及诸毒药。”《明律·礼仪·仪制·收藏禁书及私习天文》:“凡私家收藏玄象器物,天之图谶,应禁之书……,杖一百。”《宋志》载《禁书目录》一卷。清代浙江编有《禁书总目》。光绪年姚觐元曾刊《四库馆奏准销毁抽毁书目》。近代陈乃乾撰《索引式的禁书总目》,孙殿起撰《清代禁书知见录》。1958 年上海出版蔡国良的《中外禁书》。1990 年上海文化出版社刊安平秋等编的《中国禁书大观》。天津也曾刊有《禁书详解》。

Jing

【 精 】

《说文》:“精,择采也。从米,青声。”段注:“《庄子·人间世》曰:‘鼓荚播精。’司马云:‘简米曰精。简即柬,俗作拣者是也。’”,引申为凡最佳之称。用作书名,有“笔精”意为精妙之文笔。江淹《别赋》:“虽渊云之墨妙,严乐之笔精……讵能摹暂离之状,写永诀之情者乎?”李白《王右军诗》:“扫素写道精,笔精妙入神。”《四库全书》子部录明徐𤊹《徐氏笔精》。另书名词语“精粹”“精华”“精校”“精品”“精义”“精蕴”等,请参见。

【 精粹 】

精华纯粹也。《汉书·刑法志》:“夫人肖天地之貌,怀五常之性,聪明精粹,有生之最灵者也。”《后汉书·张衡传·思玄赋》:“教神化而蝉蜕兮,朋精粹而为徒。”现代有中国大百科全书出版社刊刘启云等编译之《诺贝尔奖金获得者演说词精粹》等。

【 精华 】

指事物最精粹的部分。《史记·天官书》:“城郭、室屋、门户之润泽,次及车服畜产精华,实息者吉,虚耗者凶。”孔颖达《毛诗正义序》:“先君宣父,厘正遗文,缉其精华。”《四库全书》类书中录《御定子史精华》。别集类录清王士祯自定诗集《精华录》。1947 年上海潮锋社出版魏如晦(阿英)编选之《现代名剧精华》。

【 精校 】

精细校订的版本。《经解入门·平日读经课程》:“明刻经书,类多荒率;国朝人刻本,率多精好。二孙……诸家之本尤胜。其书体例不一,中有精校本、精校足本。”《红楼梦书录》中录光绪年铸记书局铅印本,王希濂等评的《精校全图铅印评注金玉缘》(即《红楼梦》)。

【 精品 】

精选之品类。米芾《画史》:“……所收皆精品。”1997 年林非等人编选之《中外永恒主题散文精品》。

【 精义 】

精深微妙的义理。《文选·曹摅·思友人诗》:“精义测神奥,清机发妙理。”《四库全书》录宋黄伦撰《尚书精义》、朱熹撰《论孟精义》。文评类录宋李耆卿撰《文章精义》。近代有治石主人撰《红楼梦精义》等。

【 精蕴 】

含蕴精奥。宋文天祥《顺宁精舍诗》:“后来得西铭,精蕴发珠泗。”《四库全书》天文算法类录清康熙敕撰《御制数理精蕴》。

【 菁华 】

菁,本义是韭菜花。《说文》:“韭华也。”亦谓物之精粹者,与精华类。然精华有人工选择意,而“菁华”凸显其自然自在。《尚书大传·帝载歌》:“菁华已竭,褰裳去之。”《文选·颜延之·陶征士诔》:“至使菁华隐没,芳流歇绝,不其惜乎!”《四库全书》艺术类录宋陈思撰《书苑着华》。

【 经 】

《说文》:“织从(纵)丝也。”《正字通》:“经,凡织,纵曰经,横曰纬。经长竟,而纬可接续。必先经后纬也。”又引申为南北行的道路、路径。再引申,

《释名·释典艺》："径也，常典也。如径路，无所不通，可常用也。"《博物志》："圣人制作曰经，贤者著述曰传。"后指被作为典范的著作。首先是儒家著作被称为经。汉时有六经：《诗》《书》《礼》《易》《春秋》《乐》。但《乐》经亡佚，实存五经。东汉末加《论语》《孝经》为七经。唐时先加《周礼》《礼记》为九经，后再加《尔雅》《公羊传》《谷梁传》为十二经。宋时又加《孟子》成十三经。然墨家有《墨经》，法家有《法经》，兵家有《握奇经》。佛教指释迦牟尼弟子们所传述的著作为《佛经》。伊斯兰教称其经典为《古兰经》。古代也有人把自己的著作称为经。如汉扬雄有《太玄经》。隋王通撰《元经》。宋真德秀著《心经》《政经》。后来广义地将专述某一事物、技艺、经验的著作亦称为经。如：《山海经》《周髀算经》《针灸甲乙经》。唐陆羽撰《茶经》。宋晏天韦撰《棋经》。风水家有《宅经》。天津大学出版社刊陈礼章著《实用新闻写作经》。有些集中、专注于某些事物的书也称经。如唐陆鲁望有《耒耜经》，宋苏子瞻著《酒经》，元许名奎撰《忍经》，还有《牌经》《嫖经》（明本，又名《青楼韵语》）等。组合书名词语有"经籍"，即经典书籍。《隋书》中列有《经籍志》。清阮元撰《经籍纂诂》。"经义"是解说经书的义旨，清朱彝尊撰《经义考》，王引之撰《经义述闻》。又，经，尚有经营治理之义。如"经略"是筹划治理。明潘季驯撰《两河经略》。郑芳增撰《江南经略》。又"经世"即治世，明陈子龙有《经世文编》。另"经典""经解""经说"等，请参见。

【 经典 】

一、古代指作为典范的儒家经书。唐刘知几《史通·叙事》："自圣贤著作，是曰经典。"唐陆德明撰《经典释文》，明陈耀文撰《经典稽疑》等。

二、一定的时代，一定的阶级，公认最重要的，有指导性的著作。如"马列主义经典著作"。吕同六主编，华夏出版社刊《二十世纪世界小说经典》。志愚主编，北方文艺出版社刊《世界散文经典》等。

三、自然科学中，指十九世纪，以牛顿为代表构建的较为完整的物理学理论，常与二十世纪现代物理学相对称，如《经典力学》《经典物理学》等。

四、指宗教的典籍。

【 经解 】

历代解释儒家经典书籍的通称。《四库全书》录宋孙觉撰《孙氏春秋经解》。其他如：《通志堂经解》《学海堂经解》、正续《皇清经解》等，皆为诠释经书要义的丛书。参阅"经说""说经"条。

【 经说 】

经文的解说。清恽敬《〈大云山房文稿二集〉序》："熙宁宝庆之会，时师破坏经说，其失也凿，……"墨子有《经说》上下二篇。《汉书·艺文志》录道家《老子傅氏经说》等，今不传。宋程颢《程氏经说》。元熊朋来有《五经说》。明陈龙正有《朱子经说》。清代徐养原、王绍兰、雷学淇、郑珍、凤韶、孙经世、丁午、周象明、顾成章、李光墺等皆著《经说》。曹从周撰《经说略》。民国陈伯陶撰《孝经说》。

【 镜 】

照，借鉴。《汉书·谷永传》："以镜考己行。"师古注："镜，谓鉴照之。"《墨子·非攻》："君子不镜于水，而镜于人。"用于书名有示范、典型、楷模之意。唐末有《韵镜》一书，未署撰人。《四库全书》天文算法类录元李治撰《测图海镜》。总集类录明陆时雍撰《古诗镜》。《贩书偶记》录清彭作邦撰《易学史镜》。中华书局1956年重印清陈淏子辑《花镜》。

Jiu

【 纠 】

原意是绳索的绞合、缠绕。如曰纠缠。引申有二义：

一、为集合、收集。《左传·僖二四年》："纠合宗族。"

二、矫正错误。《周礼·大司寇》："以五刑纠万民。"书名见于《四库全书》史部明朱明镐撰之《史纠》。该书考订诸史书法之谬及其事迹之抵牾。另录清俞汝言撰《春秋四传纠正》，乃摘列春秋三传及胡安国传之失，随事纠正。参见"纠谬"。

【 纠谬 】

纠正错误。《书·冏命》:"绳愆纠谬,格其非心。"《旧唐书·王元感传》:"长安三年,表其上所撰《尚书纠谬》十卷。"《四库全书》录宋吴缜撰《新唐书纠谬》。《简目》介绍其:"所驳凡四百余事……然亦多中其失。"清人张庚撰《通鉴纲目释地纠谬》,有《藏书堂从书》本。

【 旧事 】

往事也。汉蔡邕《陈政要疏》:"诚当思省,述脩旧事,使抱忠之臣,展其狂直。"唐白居易诗:"故情欢喜开书信,旧事思量在眼前。"《四库全书》杂史类录唐余知古撰《渚宫旧事》。地理类录宋周密撰《武林旧事》。元吴友仁撰《吴中旧事》。

【 旧闻 】

往昔的传闻。《史记·太史公自序》:"小子不敏,情悉论先人所次旧闻,弗敢阙。"后传述生平闻见之书,多名以旧闻。《四库全书》小说家类录唐李德裕《次柳氏旧闻》。《简目》介绍其所以命名:"所记凡玄宗遗事十七条。盖柳芳闻之高力士,尝记为一书,后诏求芳书不获,而德裕之父尝文其说于芳之子冕,德裕因述为此编,故名之曰《次柳氏旧闻》。"又杂家类录宋朱弁《曲洧旧闻》。《简目》介绍:盖其使金被留时所作。以皆追述北宋逸事,无一事涉及金朝,故曰:"旧闻。"史评类录宋李心传撰《旧闻证误》,是书驳正宋代私史之伪。举要,举,有提出、推选、称论、总括等意。举要为举其大要,陈其大略。《文心雕龙·诠赋》:"枚乘《兔园》,举要以会新;相如《上林》,繁类以成艳。"《四库全书》录俞琰撰《读易举要》。又录清江永《周礼疑义举要》。清末高步嬴撰《唐宋文举要》《唐宋诗举要》,新中国成立后,中华书局予以再版。

Ju

【 举隅 】

举出一端。《论语·述而》:"举一隅,不以三隅反,则不复也。"反,类推。复,再予教导。唐杜甫《壮游》:"举隅见烦费,引古惜兴亡。"清人龙启瑞与赵曾望均撰有《字学举隅》。二十世纪四十年代,叶绍钧、朱自清等人撰有《精读指导举隅》《略读指导举隅》等书。

【 举正 】

谓指出讹谬,加以指正。唐刘肃《大唐新语·友悌》:"毕构为益州长史,兼按察使,多所举正,风俗一变。"《四库全书》录唐郭京撰《周易举正》。集部录宋方崧卿撰《韩集举正》,其书辑补韩文,参校众本,钩贯同异,弃短取长。首编自注云:"书名举正,乃因郭京易举正之旧也。"

【 句读 】

句和读。古人指文章停顿或休止之处。文辞语意已尽处为句,未尽而须停顿处曰读。书面上用圈(句号)和点(读号)来标记。元黄公望《韵汇举要·二六·宥》:"凡经书成文语绝处,谓之句;语未绝而点分处,以便诵咏,谓之读。"《四库全书》录清张尔岐撰《仪礼郑注句读》。

【 句解 】

句,句子。南朝刘勰《文心雕龙·章句》:"因字而成句,积句而成章,积章而成篇。"丁福保《重刻〈法华经句解〉序》:"所谓句解者,逐句诊释,不事繁征博引,唯以疏通大旨为主。"《四库全书》录宋朱申撰《周礼句解》、元朱祖义撰《尚书句解》。皆随文诠释,使佶屈聱牙之句,皆可了然于心目。

Juan

【 卷 】

《增韵》:"可舒卷者曰卷。"六朝而隋唐,书籍由简编发展成卷轴。其时之帛书或纸书,按文章之长短,粘成长幅,书成卷起,端置轴以便舒卷,故名之。明胡应麟《少室山房笔丛》:"书籍自汉至唐犹用卷轴,每读一卷或检一事,抽阅展舒,甚为烦数。至唐末宋初,抄录一变而为印摹,卷轴一变而为书册。"由于书籍篇幅多者分为若干卷,卷也就成为书的计量单位。"卷""篇"等词,皆由书籍的形式和计量单位发展为书名。以卷为书名者,古代有唐变文和宋平话发展的《宝卷》等。《四库全书》诗类录清毛奇龄撰《续诗传鸟名卷》现代有将书之篇幅多者分为若干卷，或以之独立标名。如《延安文艺丛书》编为十六卷。按门类分为《文艺理论卷》《小说卷上》《小说卷下》……《贾平凹文集》以交叉分组方式分为《浮世卷》《世说卷》《寻根卷》《侠盗卷》《野情卷》《灵怪卷》《闲澹卷》《求缺卷》等。

【 镌 】

《说文》段注："谓破木之器。"引申为破木、琢石之作。组词"镌刻"为雕刻义。"镌印"为雕版印刷。《后汉书·蔡邕传》："邕目书册于碑，使工镌刻，立于太学门外。"清薛福成《〈筹洋刍议〉序》："而二三友朋借抄不辍，或暂镌之，稍免传抄之讹舛。"书名有清萃文书屋活字本《新镌绣像红楼梦》、藤花榭重刊本《重镌全部绣像红楼梦》。

Jue

【 诀 】

方法、秘窍。《列子·说符》："卫人有善数者，临死以诀喻其子。"后指记载要诀的文辞。清王兆芳《文体通释》："诀者，与决通义，决断之要法也。主于明决要道，探秘署法。源出黄帝《兵法要诀》，流有宋道士崔嘉珍《脉诀》，宋楼昉《崇古文诀》。"吴曾祺《文体刍言》："凡艺事之微，必有其要窍所在，能者因揭其旨以告人，而命之曰诀。道释二家多用此语，如真诀、仙诀之类。文章也籍以名篇，古有之……"《四库全书》艺术类录明丰坊撰《书诀》，载学书之法。又录宋刘仲甫《棋诀》。元黄公望撰《写山水诀》。另有"歌诀""口诀，""秘诀""要诀"等，请参见。

【 決(决) 】

一、通诀。诀窍之意。《隋书·经籍志》兵书类录许昉撰《戎决》。卜书有《破字要决》。医方类有《玉房秘決》。

二、决断，确定。如"决录"为写定的著述，犹言定本。《四库全书》录明徐过撰《周易象旨决录》。《总目》介绍其命名："是书据过自序：初名《易象旨》，后遂加决录之名。案《三辅决录》名始赵岐，而命名之义无传说，以意推之，盖定本之谓也。"

【 抉 】

《说文》："抉，挑也。"引申为揭发。《新唐书·李揆传》："构抉过失。"田北湖《与某生论韩文书》："愈为此文，犹之抉盗发奸，未有左证，竟以己意为文献。"书名词语有"抉微""抉隐"等，皆发抉事物隐微之意。如 1925 年天津大公报铅印阐阙铎撰《红楼梦抉微》。1934 年上海印书馆出版洪秋蕃撰《红楼梦抉隐》等。

Jun

【 攟(现作捃) 】

拾也。见《集韵》。《说文》释义为摘取、拾取。汉刘向《说苑·至公》："楚文王伐邓，使王子革、王子灵共捃菜。"李延寿《上南北史表》："除其冗长，捃其精华。"书名有约要之义。《四库全书》别集类录唐元竑撰《杜诗攟》，乃其读杜诗时所作札记。《贩书偶记》杂家类录清平步青撰《霞外攟屑》，人称其句句可宝。另其史部录《明史考证攟逸》。民国王颂蔚撰。

K

Kan

【 刊 】

原意为砍斫。引申为雕刻。印刷术发明后又指雕版印刷，刊遂释为印行。清魏源《〈圣武记〉录》："索观者众，随作随刊，未遑精审。"又作订正、修正。《晋书·齐王攸传》："攸以礼自拘，鲜有过事，就人借书，必手刊其谬，然后反之。"书名词语有"刊存""刊误""丛刊""汇刊""集刊"等，请参见。

【 刊存 】

所刊为遗存之文稿。如近代《蜕翁诗词刊存》，陈蜕安撰，女弟德辉夫、汪兰皋等刊印。

【 刊误 】

订正疑义、讹误。又作"勘误"。《新唐书·艺文志》录庸李涪撰《刊误》，内容以考订典章制度为主，又考证旧文，引古以正唐代之失。该书亦录于《四库全书》。《宋史·艺文志》录有《汉书刊误》。《四库》又录有明焦竑《俗书刊误》清毛奇龄《春秋简书刊误》。

【 刊正 】

改订书籍文字之错误，又作刊定。《后汉书·卢植传》："裁定圣典，刊正碑文。"晋杜狱《春秋左氏传·集解序》："其教之所存，文之所害，则刊而正之，以示劝戒。"《四库全书》录宋岳珂撰《刊正九经三传沿革例》。

Kao

【 考 】

稽核也。学术中有考证、考校、考订等含义。即使用文献资料核实说明。清王兆芳《文体通释》："考者，叩也。稽考事物，若叩击之也。主于破疑征信，搜佚备存。源出蜀谯周《古史考》，流有宋欧阳修《五代史司天职方考》，马端临《文献通考》，魏了翁《古今考》及王应麟《诗考》《诗地理考》《汉制考》。"清吴曾祺《文体刍言》："考者，主于胪列故实，以详核为上，其用与解释相辅，而体稍不同。汉唐以前，此等文尚少，宋以后多见。"按，班固《汉书·艺文志》诸子小说家录《周考》，下注：考周事也。书名有考证谬误者，如明袁仁撰《春秋胡传考误》。考索本源者，如元萧汉中《读易考原》。近代 1944 年重庆出版方豪之撰《红楼梦新考》。此外尚有"考订""考定""考略""考实""考释""考索""考文""考信""考异""考正""考证""备考""从考""参考""汇考""肆考""述考""通考""图考"等，请参见。

【 考订 】

考核订正。宋秦观《谋至》："将有天下之事，未尝不先于谋。故考订卿士之议，参酌庶人之言，所以谋之于明也。"后特指研究古书、古事之真伪异同。元马端临在《文献通考自序》中言及杜佑《通典》时曰："杜书纲领宏大。考订该洽，固无以议为也。"书名见《贩书偶记》录光绪年曾廉撰《元史考订》。

【 考定 】

考核审定。《汉书·楚元王传》："考定律历，著《三统历谱》。"唐韩愈《唐故相权公墓碑》："(公)考定新旧令式，为三十篇……"书名见《贩书偶记续编》录《墨子经说考定会解》。

【 考略 】

考证记略。略简要之叙。《四库全书》传记类录明冯从吾撰《元儒考略》。清蔡上翔撰有《王荆公年谱考略》。近人何泽翰著《儒林外史人物本事考略》。又作略考。《贩书偶记续编》经部书类录无名氏撰《书序略考》。

【 考实 】

考按事实。《东观汉记·明帝纪》："遣谒者考实，具知奸状。"《后汉书·清河孝庆王传》："使小黄门蔡伦考实之。"《四库全书》录清江永《春秋地理考实》，内凡春秋地名，悉除经传之次，确指今为何地，故曰"考实"。

【考释】

考证解释古代文字或文献。季羡林《吐火罗语的发现及其在中印文化交流中的作用》："经学者们的考释定为栗特语，也是属于印欧语系的。"《贩书偶记》录近人罗振玉撰著《殷墟书契考释》。

【考索】

探求研索。《朱子语类》："横渠说太和所谓道一段，考索许多，亦好。"清章学诚《文史通义·答客问》："高明者多独断之学，沉潜者尚考索之功，天下之学术不能不具此二途。"《四库全书》类书类录宋章俊卿撰《山堂考索》(一名《群书考索》)。《简目》介绍其"引据博赡，考辨箱核"。

【考文】

原指考正书名。《礼记·中庸》："非天子，不议礼，不制度，不考文。"郑玄注："文，书名也。"后泛指考订文辞。《贩书偶记》录日本近江猪饲彦博撰，天保壬辰(道光十二年)精刊《论语考文》。下注"彦博精校勘之学"。

【考信】

考察真实以取可据信者也。《礼记·礼运》："此六君子者，未有不谨于礼者也，以著其义，以考其信。"《史记·伯夷列传序》："夫学者载籍极博，犹考信六艺……"清崔述著《洙泗考信录》考辨儒家经典。崔氏自述有言："历考其事，汇而编之。传注之与经不合者，则考辨之。而异端小说不经之言，或闢其谬，而删削之，题曰《考信录》。"

【考异】

考辨、订正书籍不同版本间的文字或所记事实之疑难异同，以明去取或列得失。如宋司马光曾撰《资治通鉴考异》。宋朱熹撰之《韩文考异》。清钱大昕有《廿二史考异》。杭世骏有《石经考异》。

【考正】

考察核实并为之订正。《南史·萧子显传》："又采众家《汉书》，考正异同，为一家之书。"《孔子家语·本性解》："考正其义。"《四库全书》目录类录清王澍撰《淳化秘阁考正》。清孙承泽撰《考正晚年定论》，是对王守仁《朱子晚年定论》一书详为考正，逐条辨驳，辑为此书。

【考证】

又异体證今并作证。根据文献资料考核、证实和说明问题。《远诗百一抄·刘固·夏日饮山亭》："人来每问农桑事，考证床头种树书。"按，考证或作考据，为一专学。自宋代宋祁、曾巩、沈括、洪迈、郑樵、王楙、王应麟诸氏而兴，成宋学之一。诸公常积毕生之精力，踵曩代之成书而著，为后代学者大省精力。如王应麟之《汉书艺文志考证》。《四库全书》录《钦定四库全书考证》为王太岳等人纂辑。近代有1935年上海商务刊，蒋瑞藻著《小说考证》。胡适亦著有《中国章回小说考证》。

【攷】

今并作考。《周礼·夏官·大司马》："以待考而商诛。"攷即攷核，诸经中唯《周礼》多作攷，后世通作考。乃通于考。《四库全书》录宋程大昌撰《攷古编》，《函海》本作《考古编》。《贩书偶记续编》录清冯承辉撰《石鼓文音训攷正》。近代北京大学出版柯劭忞著《新元史攷证》。

Ke

【科】

指法律、刑罚。诸葛亮《前出师表》："若有作奸凡科及为忠善者，宜付有司论其刑赏。"《隋书·经籍志》刑法篇中录《梁科》三十九卷，无撰人。

【刻】

《说文》："刻，镂也。"段注："金谓之镂，木谓之刻。"即用刀雕木。后特指刻板印书。胡应麟《笔丛》谓雕本始于隋，行于唐，扩于五代，精于宋。单称"刻"亦指刻本、版本。清人卢见增《〈封氏闻见记〉序》："唯《闻见记》独存，然流传绝少，故《稗海》《秘笈》诸刻，罕津逮焉。"以刻为书名者，有明代周弘祖撰《古今书刻》，是研究明代刻书及碑石流通存毁情况的参考书。近人叶德辉辑刊《观古堂刻书》，汇刻清及清以前、近代诸书二十二种。另有"丛刻""初刻""二刻""汇刻""合刻""集刻"

"家刻""新刻"等,请参见。

Kou

【 口诀 】

原指佛家、道家以口语传授道法或秘术的要语。《抱朴子·明本》:"至要之言,又多不书,登坛献歃血,乃告口诀。"后谓掌握某种要领或诀窍而编成简明,便于记诵的语句。如民间流传的"乘法口诀"等。书名有《周易口诀义》,录于《四库全书》,唐史征撰。

Ku

【 库 】

《说文》:"兵车臧也。从车在广下。"段注:"此库之本义也。引申之凡贮物舍皆曰库。臧即今之藏字。"用于书名,有汇辑多方,兼收并蓄之意。如明张一龙撰兵书《武库纂略》。明陈玄宇父子撰围棋谱书《仙机武库》。近人王文濡辑《说库》丛书,收汉至清代小说 171 种。因辑收众多,犹如书库,故名。现代如 1989 年工人出版社刊傅加令编辑的《东方文学名著宝库》。中国广播电视出版社九十年代刊《东方思想宝库》《外国散文金库》等书。另有词语"文库"请参见。

Kuang

【 匡 】

《广雅·释言》:"匡,正也。"即纠正。《左传·襄公十四年》:"善则赏之,过则匡之,患则扶之。"《论语·宪问》:"管仲相桓公,霸诸侯,一匡天下,民到今受其赐。"清阮元《小沧浪笔谈·山左金石志序》:"若夫匡谬正讹,仍有望于博雅君子。"《四库全书》小学类录唐颜师古撰《匡谬正俗》。春秋类存目录明郭德博撰《春秋匡解》。清毛先舒撰《匡林》,为匡正苏轼《志林》及他人著作者。清冯舒撰《诗纪匡谬》,乃纠正《古诗纪》之谬误。

Kun

【 困学 】

遭遇困难则发愤学习。《论语·季氏》:"生而知之者,上也;困而学之,又其次也;困而不学,民斯为下矣。"疏:"因其行事,有所困,礼不通,发愤而学之者。"宋王应麟撰《困学纪闻》。元鲜于枢撰《困学斋杂录》。明张次仲撰《周易玩辞困学记》。

L

Lan

【 览 】

览,观也。或特指阅读。《韩非子·外储说·左上》:"今世之谈也,皆道辩说文辞之言,人主览其文而忘其用。"后亦指所观览大略之文辞。梁刘勰《文心雕龙·杂文》:"详夫汉来杂文,名号多品,或典诰誓问,或览略篇章,或曲操弄引,或吟讽谣咏。总括其名并归杂文之区;……"《吕氏春秋》中有《八览》。用作书名有观览、涉略之意。《隋书·经籍志》儒家类录梁周捨撰《正览》和无撰人之《宜览》。杂家类录梁缪袭撰《皇览》。《贩书偶记续编》杂家类录明朱谋(玮)撰《玄览》。《四库全书》史、编年类录《御批历代通鉴辑览》。清丁丙辑有《西湖集览》。另有"备览""便览""博览""概览""胜览","通览""要览""一览""御览""综览"等,请参见。

【 滥觞 】

本谓水之源,引申义为原始。《荀子·子道》:"昔者江出于湣山,其始出也,其源可以滥觞。"言江河发源之处,水极少,只能浮起酒杯,故以指事物之源。梁钟嵘《诗品·通论》:"夏歌曰:'郁陶乎予心。'楚谣曰:'名余曰正则。'虽诗体未全,然是五言之滥觞。"《四库全书》录元黄泽撰《易学滥觞》,为易学发凡之作。

Lei

【类】

《说文》:"种类相似,唯犬为甚。"书名中有二义:

一、种类,即许多相同或相似的集合。《荀子·劝学》:"草木畴铸生,禽兽群焉,物各从其类也。"引申为归类、分类。《宋史·范正辞传》:"敕近臣视其可行者,类次以闻。"自《唐书·艺文志》起有"类书"之属。

二、法式、榜样。《楚辞·九章·怀沙》:"明告君子,吾将以为类兮。"用作书名词语有按类编辑,或作类比、模式之义。《隋书·经籍志》小学类录魏人李登撰《声类》。杂家类录《方类》(无撰人)。其他如分类医案:明江瓘撰《名医类案》。分类采抄:清潘家因《宋稗类抄》。按类编稿:宋曾巩《元丰类稿》。按类考据、查考:明陈士元《论语类考》。比类古事:宋无名氏撰《分门古今类事》。编辑性质相类的文章:梁刘峻之《类苑》、唐裴子野《类林》、宋曾慥《类说》。按类(部首)分编字书:宋司马光《类篇》。还有宋赵昇《朝野类要》、宋许淑微《类证普济本事方》、元苏天爵《元文类》、清顾栋高《毛诗类释》、陈邦彦等撰之《御定历代题画诗类》等。另有:"集类""事类""类编""类函""类聚"等,请参见。

【类编】

按类编辑。《明史·后妃传·成祖徐皇后》:"尝采《女宪》《女诫》,作《内则》二十篇,又类编古人嘉言善行作《劝善书》,颁行天下。"清厉荃《〈事物异名录〉自序》:"退而购其书读之,见事物各有异名,心窃喜之,欲类编成秩,以备省览。"《四库全书》目录金石属录宋无名氏撰《宝刻类编》。子部录明张九韶《理学类编》。录清吴士玉等奉敕编《御定骈字类编》。《四库未收书目》录宋朱左撰《类编朱氏集验医方》及无名氏《类编草堂诗余》等。

【类函】

汇集的类书曰"类函"。以之名者如:明俞安期编《唐类函》。《四库全书》子部录清张英、王士禛等撰《御定渊鉴类函》。

【类聚】

同类聚合。《易·系辞》:"方以类聚,物以群分。"古类书多取此名。如著名的唐欧阳询等奉敕撰《艺文类聚》、宋祝穆撰《古今事文类聚》、蔡世昌撰《回文类聚》等。见《四库全书》。

Li

【例】

《说文》:"比也。"即类比、比照。引申之凡用来说明或证明某种情况、说法者,曰例。若阐述书籍体例的文辞,称"例言""凡例""义例""略例""释例"。常作书名。清王兆芳《文体通释》:"例者,比也。比类全书之科条也。主于校比凡要,条理始终。源出《春秋范例》,流有汉颍容、晋杜预《春秋释例》、魏王弼《周易略例》,及清魏澹《魏史义例》。"清吴曾祺《文体刍言》:"例言,古之读书者,必先明其例,故晋人杜元凯有《左传释例》一书,而其序中亦言:发凡以言例。"近人胡才甫著有《诗词释例》。王英著《诗词曲语词例释》。如附有实例的评论则名"例话",如周振甫之《诗词例话》。

Lian

【连台本戏】

原为戏剧名词,指多本大戏,为对折子戏而言。类似现在的电视连续剧。早在清同治、光绪年间,即有多本大戏出现。如"八本雁门关"等。每日演出一本,多日演完。二十年代许多戏曲演员,也竞编多本戏以争取观众。一般一场演一本。如《全本玉堂春》《全本浔阳楼》等。后又恢复清代的连台多本演出。如《狸猫换太子》《火烧红莲寺》。或一日演一本,或一本连演数日。常连续三四十本,达数年之久。由于情节连贯，内容通俗，加之值以机关布景招徕，颇受观众欢迎。称之连台本戏。其刊印之脚本，有时标明以吸引读者。

Lie

【 列 】

序列、众多之意。多数称列，言众多则分位次或行次，故多数者曰列，如列强、列位等。用于书名有汉刘向撰《列女传》《列仙传》。无名式撰《列国志》。清钱谦益撰《列朝诗集》。

Lin

【 林 】

原意是从木。《说文》："平土有从木曰林。"后泛指从聚之处也称林。《汉书·司马迁报任安书》："士有此五者，然后可托于世，列于君子之林矣。"《诗经·小雅·宾之初宴》："百礼即至，有壬有林。"朱熹集传："壬，大；林，盛也。"用于书名示汇集之众。《隋书·经籍志》小学类录晋吕忱《字林》，经三部录魏邯郸淳编的《笑林》，是中国古代第一部笑话集。又录北齐何望之撰《谏林》。唐释道世撰有《法苑殊林》。宋苏轼有《东坡志林》。王观国撰《学林》。明何良俊撰《何氏语林》。清程允生等撰《幼学故事琼林》。近人王国维有《观堂集林》。1958 年中华书局刊胡玉缙撰《许庼学林》。鲁迅编辑瞿秋白遗作题曰《海上述林》。另有"书林""诗林""词林"等，请参见。

Lu

【 录 】

记载、抄写。《说文通训定声》："古剥木为书，故曰録也。"清王兆芳《文体髓通释》："录者金所刻箓，篰也，领也。"总领事物书于竹篰，后世以纸代也。主于定例编记，领理繁杂。源出《周官·职币奠录》。流有计然《万物录》，汉刘向《别录》《诸子书录》，梁阮孝绪《七录》，唐许嵩《建康实录》。历代实录甚多，及宋儒《语录》。"称"录"之书名，以内容或形式的不同，有以下诸例：细小丛碎者有唐李冲昭《南粤小录》，清姚莹《寸阴丛录》，清吴庆坻《蕉廊脞录》。博采汇集有宋刘清之《诫子通录》、清彭希涑《潜园集录》。择约缀要有宋李心传《建炎以来系年要录》、清屠文漪《九章录要》。耳闻笔记有《龙图耳录》(别名《三侠五义》)。梁元帝有《同姓名录》，唐陆龟蒙有《小名录》。唐以后科举及第时刊《题名录》。还有梁陶弘景《古今刀剑录》。隋侯白《启颜录》。唐颜师古《隋遗录》。宋赵明诚《金石录》。朱熹《近思录》。元钟嗣成《录鬼簿》。明陶宗仪《辍耕录》。清顾炎武《日知录》。近代译西方"Who's Who"为《名人录》。另有"别录""笔录""回忆录""见闻录""漫录""目录""谱录""实录""书录""闻见录""新录""要录""野录""语录""杂录"等，请参见。

Lue

【 略 】

一、简略。《正字通》："粗举其凡曰大略。"《孟子·万章下》："尝闻其略也。"注：略，粗也。后文体中概略性文词也称"略"。清王兆芳《文体通释》："略者，经略土地也，法也，约要也。得约要之法而经略之也。主于简举经猷，概陈要法。源出《六韬·兵略》，流有秦黄石公《三略》。及刘歆《七略》，邹堪《周易统略》，梁阮孝绪《文字集略》，宋杨亿《历代铨政要略》。"以略作书名的有：宋高似孙《子略》概录诸子。明顾起元《说略》摘诸说部。尚有"略记"，乃简略记之，如宋宋祁的《益都方物略记》。"略史"简略的历史，如谢彬《西藏交涉略史》。"略志"为简约之志，如宋苏辙《龙川略志》。"通略"是贯通简约，如元陈栎的《历代通略》。另有"略解""略说""纪略""集略""考略""事略""史略""要略""传略"等，请参见。

二、谋划、智略。见"方略"条。

【 略解 】

从大体、要点上稍加解释。《魏武帝孙子兵法序》："行于世者，失其旨要，故撰为略解焉。"《隋书·经籍志》录有庾氏撰《礼记略解》。

【略说】

大概的论说。《汉书·艺文志》录有五鹿充宗撰《略说》三篇。1933年上海商务印书馆出版吕思勉著《字例略说》。

Lun

【论】

《说文》:“论,议也。”凡言语得其理,得其宜,谓之论。后亦指一种辩论文体。梁刘勰《文心雕龙》:“圣哲彝训曰经,述经叙理曰论。论者,伦也:伦理无爽则圣意不坠。昔仲尼微言,门人追记,故仰其经目,称为《论语》。概群论理立名,始于兹矣。自《论语》以前,经无论字;六韬二论,后人追题乎?”清王兆芳《文体通释》:“论者,伦也,谈论有伦也。主于讲论道理,酌理衷圣。源出《论语》,流有荀子《礼论》《乐论》诸篇。汉儒《石渠论》《白虎论》,及《吕氏春秋·六论》,汉桓宽《盐铁论》、王符《潜夫论》。《文选》《文粹》列论。其题或曰“某论”或曰“论某”,则无异焉。组成书名如:《论语》、汉崔寔《正论》、魏曹王《典论》、宋无名氏《历代名贤确论》、明末王夫之《宋论》。其他如考论古奥的有宋刘文舒《素问入式运气论奥》。推论判断的有宋范祖禹《唐史论断》。近代陈望道著《文法简论》。1915年陈蜕刊《红楼梦、石头记泛论》。1939年吴俊生刊《教育论丛》。1948年中华书局刊赵纪彬《哲学要论》。1986年贵州人民出版社刊陈望衡等著《黑格尔哲学论稿》。1992年湖南出版社刊何满宗《广播电视新闻导论》。另有“论衡”“论集”“评论”“新论”“总论”等,请参见。

【论衡】

汉王充撰有《论衡》,其自述云:“《论衡》者所以铨轻重之言,立真伪之平。”意在对古今一切思潮、学说加以衡量,评论是非,诠定轻重,批判虚妄。近代章炳麟撰有《国故论衡》。1974年台湾正中书局出版唐昌晋著《国际政治论衡》。皆为对学术或局势品评、衡量之义。

【论集】

选取诸文,编次纂集。汉赵岐《〈孟子注疏〉题辞解》:“于是退而论集,所与高弟子公孙丑、万章之徒疑难答问。”《隋书·经籍志》杂家类录晋殷仲堪撰《论集》。现代则为“论文集”之意。如1980年期中国人名大学新闻系连续刊出《新闻学论集》多册。1989年台湾南光书局出版沈宝德等人编著的《中国美学论集》。

M

Man

【漫】

本义是水涨外溢,转指抽象的散、泛、随意、不受拘束等。如《四库全书》史评类存目录明毛元仪《青油史漫》。此外书名词语有“漫笔”犹随笔。如明李诩《戒庵漫笔》。随手抄记如宋赵彦卫《云麓漫抄》、王灼《碧鸡漫志》。元黄庆有《月屋漫稿》。另有“漫记”“漫录”“漫谈”等,请参见。

【漫记】

漫,随便、任意。杜甫《闻官军收河南河北》:“却看妻子愁何在,漫卷诗书喜欲狂。”杨万里《桑茶坑道中》:“漫插漫成堤上柳,半开半落路边花。”漫记是不经意,随手记录之意。1942年中华书局出版梁绍文著《南洋旅行漫记》。1938年上海复社在外国租界成为抗日孤岛的险恶形势下,把美国作家、记者斯诺的《红星照耀下的中国》改名《西行漫记》以掩护出版流传,为出版史上佳话之一。

【漫录(附随录、偶录)】

随笔记录。随录,亦为随笔抄录。偶录,是偶有所得,录而存之,义皆类似。《四库全书》杂家类录宋人吴曾《能改斋漫录》。清人和邦额撰《蓬窗随录》。谢廷章撰《课余偶录》。

【漫谈(附漫话)】

皆为不拘形式地对某一话题发表意见或谈体会。如《四库全书》别集类录明任环《山海漫谈》。现代有1980年中国青年出版社刊陈杨俊炯著《哲学漫谈》。1981年辽宁人民出版社刊沈殿忠编《辩证法漫话》。

Men

【门】

《说文》:"从二户,象形。"《一切音义经·十四》:"一扇曰户。两扇曰门。"是建筑物出入口,转意为进出的门径,引申为做事的必经之路。《周易·系辞下》:"乾坤,其《易》之门耶。"《隋书·经籍志》道家类录《老子章门》一书。近代中华书局1939年刊谭正璧著《诗词入门》。1947年光华大学出版社刊胡绳著《辩证法唯物论入门》。中华书局1948年刊韩非木编《四库入门》。1984年中国广播出版社刊江苏人民广播电台编《自然辩证法入门》。1989年上海科学文献出版社刊冯懿治著《科学研究之门》。

Meng

【蒙】

原为草名,即女萝。转意为蔽、复,又为暗昧之意,即蒙昧无知。《云笈七签·卷十三》:"不学不知谓之蒙。"用于书名有《隋书·经籍志》小学类录晋人束哲撰《发蒙记》。《四库全书》录明蔡清撰《易经蒙引》。另有"蒙求""启蒙"请参见。

【蒙求】

蒙昧者来求以决疑难。《易·蒙》:"非我求童猛,童蒙求我。"唐李翰撰《蒙求》以教童子。后仿其体撰书者有宋王逢求《十七史蒙求》。元胡炳文撰类书《纯正蒙求》。清王筠有《文字蒙求》1936年中华书局重印。

【梦】

睡眠中的幻象,即人在蒙眬时,由于内外刺激而唤起潜意识中,与经验观念相连合的思维活动。《荀子·解蔽》:"不以梦剧乱知,谓之静。"注:"梦,想象也。"文学著述也需要广泛的幻想,或以假托的形式出现。中国文学常常与"梦"有联系,如古代寓言。《庄子·齐物论》:"昔者庄周梦为蝴蝶,栩栩然蝴蝶也。自谓适志与,不知周也。俄然觉,则蘧然周也。"后来即以此比喻生命的变化无常。唐李白诗有《梦游天姥吟留别》。唐人传奇《南柯太守传》讽喻权势富贵的虚幻。苏轼词曰"人生如梦"。词牌也有"如梦令"。宋孟元老撰《东京梦华录》,吴自枚撰《梦粱录》。戏曲兴,元人有关汉卿的《西蜀梦》《蝴蝶梦》,乔吉《扬州梦》。明汤显祖有《临川四梦》。清李渔有《梦中缘》,李桂玉(女)有弹词传奇《榴花梦》。现代有昆曲《游园惊梦》。诗文集例有:明杨巍《梦山集》,王夫之《噩梦》。清吕留良《梦醒集》,陈裴之《梦玉词》,王昭园(女)的《梦书》。笔记有明张岱《陶庵梦忆》。小说最著名的是清《红楼梦》。繁衍仿效的有:《绮楼重梦》《红楼真梦》《续红楼梦》《补红楼梦》《梦红楼梦》《原红楼梦》、还有《风月梦》《梦影录》《兰花梦传奇》等。近代诗集有刘大白的《旧梦》,小说有蒋光慈的《新梦》及《金屋梦》《昙花梦》《海上繁华梦》《梦游燕京花月记》等。现代小说有琼瑶的《六个梦》《一帘幽梦》《梦的衣裳》,姬小苔(台)的《梦归》,毕熙燕(美)的《绿卡梦》等。

Mi

【秘】

《说文·秘·系传》:"秘,不可宣也,秘之言闭也。"即不公开的,隐秘的或深奥难测的。《史记·陈丞相世家》:"其计秘,世莫得闻。"集解:"《桓谈新论》或云;陈平为高帝解平城之围,则言其事秘,世莫得闻也。此以工妙善,故隐藏不传焉。"即秘作书名者有《隋书·经籍志》录有晋葛洪撰《遁甲肘后立成囊中秘》。天文类录庚季才撰《灵台秘苑》。医方类录《玉房秘诀》。明朱晋桢撰棋书《桔中秘》。清周际垣撰《颐生秘旨》另有:"秘传""秘道”“秘法”“秘方”“秘府”“秘记”“秘笈”“秘诀”“秘录”“秘史”“秘书”“秘术”“秘辛”“秘要”等，请参见。

【 秘传 】

秘密传授。汉王充《论衡·谈天》：“秘传或言，天之离天下六万余里。”明王绍冈等撰围棋谱录《石室秘传》。清叶桂撰《医效秘传》等。

【 秘道 】

犹秘术。《汉书·翼奉传》：“以律知人情，王者之秘道也。”《隋书·经籍志》道佛经类中载：“（道教元始天尊）每至天地初开，或在玉京之上，或在穷桑之野，授以秘道，谓之开劫度人。”《隋书·经籍志》医方类录有《素女秘道经》。

【 秘法 】

秘密的方法。清王士祯《池北偶谈·谈献一·方伯公答人诗》：“问予何事容颜好，曾受高人秘法传。”《隋书·经籍志》医方类录有《陵阳子说黄金秘法》。

【 秘方 】

或称禁方，不公开的药方也。宋赵蕃《梦陈择之诗》：“蜀中富名士，匪卜亦隐医。秘方苟有传，寄我无或遗。”《隋书·经籍志》以方类录《神仙饵金丹沙秘方》。《贩书偶记续编》医家类录明肖山竹林寺僧撰《妇科秘方》。

【 秘府 】

原指禁中藏图书秘记之所。《汉书·艺文志》：“诸子传说，皆充秘府。”引申为秘奥之处。唐时日本僧人遍照金刚（弘法大师）曾撰《文镜秘府论》，1975 年人民文学出版社刊点校本。

【 秘记 】

珍贵罕见的典籍。唐谢偃《正名论》：“先生访秘记于千载，释凝滞于万古。”《汉书·艺文志》天文类录有《图书秘记》十七篇。

【 秘笈 】

笈，原指装书或物的小箱。《晋书·王裒传》：“负笈游学。”也指珍贵罕见的书籍。鲁迅 1932 年 8 月 15 日《致台静农》书信：“郑君治学，盖用胡适之法，往往持孤本秘笈，为惊人之具。”明人陈继儒编有丛书《宝颜堂秘笈》。1916—1926 年上海商务印书馆刊孙毓修等编辑的丛书《涵芬楼秘笈》。

【 秘诀 】

秘者，神也，神秘不可测。秘诀，谓为某些不公开的，神秘的方法。唐明皇《送道士薛季昌还山诗》：“犹期传秘诀，来往候仙与。”杜甫《忆昔诗》：“秘诀隐文须内教，晚岁何功使愿果。”旧题唐王维撰《画学秘诀》。元人王绎撰绘画论著《写象秘诀》。清张文艺撰《养蚕秘诀》。《贩书偶记续编》道家类录《北极紫庭秘诀》，清张继宗撰。

【 秘录 】

原指未曾公开的或珍贵的典籍。清黄宗羲《陈夔献五十寿序》：“理学不本之经术，非矜集注为秘录，则援作为轫传。”《四库全书》杂史存目有明人撰《筠轩清秘录》。1933 年英编《中国新文坛秘录》在上海出版。1978 年台湾出版《将总统秘录》。1980 年天津政协出版《土肥原秘录》。

【 秘史 】

未经宣布，不为人知的事迹。用于书名如：《永乐大典》中收有《元朝秘史》，清代改名《蒙古秘史》。1956 中华书局刊策·达木丁苏隆编译本。书局又刊妫血胤撰《清秘史》。《四库全书》存目录明宁王权撰《汉唐秘史》。1988 年宝文堂书店出版《中国宦官秘史》。1993 年中国社会出版社刊白新良等撰之《乾隆皇帝秘史》。

【 秘书 】

原谓禁中秘藏之书。《汉书·刘歆传》：“歆校秘书。”《梦溪笔谈》：“后汉之时藏书东观，在禁中。至桓帝之时，始置秘书监，支配一切秘书，秘书之名始于此。”后泛指秘本书或机要书籍。明毛晋编有丛书曰《津逮秘书》。《贩书偶记续编》医家中录明山阴钱氏刊《胎产秘书》。清马俊良编《龙威秘书》。刘一峰编《秘书》。

【 秘术 】

秘密的方法或法术。《晋书·忠义王豹传》：“霸王之神宝，安危之秘术，不可须臾而怠之也。”

南朝何逊《七召》:“今欲导足下以卫生之妙术,怡神之妙道。”《隋书·经籍志》医方类录葛氏撰《序房内秘术》。

【 秘辛 】

秘即秘密书籍。辛乃天干的次第。此初见于《汉魏从书·杂事秘辛》。清方以智在《通雅·释诂》中言:“秘辛……犹令甲、令乙也。《汉魏丛书·杂事秘辛》,明杨慎曰‘卷首有秘辛二字,不可解,要是卷轶甲乙名目。’”是书写后汉桓帝的懿德皇后被选入宫之小史。文辞艳丽,但涉猥亵。识者认为是杨慎伪撰。今亦有用作书名。如海外华人陈澄之撰《慈禧秘辛》。

【 秘要 】

精奥秘要。《后汉书·八二上·任文公传》:“父文孙,明骁天官风星秘要。”《晋书·韦叟传》:“于群言秘要之意,无不综览。”《隋书·经籍志》医方类录《徐太山房内秘要》。唐王焘撰《外台秘要》,1982年由人民卫生出版社重印。《四库全书》艺术类录清蒋骥撰绘画技法《传神秘要》。

【 秘藏 】

隐藏、珍藏之物。《汉书·刘歆传》:“陈发秘藏,校理旧文。”《四库全书》医家类元李杲《兰室秘藏》,书名取《素问》“藏诸灵兰之室”语。杂家类录明张应文撰《清秘藏》,乃借用倪瓒的“清秘阁”藏之意。

Ming

【 明 】

有二义:

一、明白、显著。《礼记·中庸》:“明则著。”书名词语如:“明确辨别”1938年中华书局刊谈正璧《字提明辨》。“明义”详明义理,如《四库全书》尚书类录明黄道周撰《洪范明义》。

二、史地名词。如明,明朝。明李东阳撰《明会典》。清计六奇撰《明季北略》明版书是明朝刊印的古籍。但《明本排字九经直音》是元朝明州(今宁波)刊刻的书籍。

Mo

【 末 】

《说文》:“末,木上曰末。”即树梢。转义指事物末尾。书名词语有“始末”,言自始至终。《晋书·谢安传》:“安虽受朝寄,然东山之志,始末不渝。”见于南宋章冲撰《春秋左传事类始末》。《四库全书》经易类录清毛奇龄撰《推易始末》。有“首末”,言其首尾、始终。唐颜真卿《与李太保帖》:“张溆昨艰难时,首末得力,愿在麾下,有容足处,庇之,幸甚。”《四库全书》传记类录宋胡知柔撰《象台首末》,辑其父孟显遗作,补史所缺。另“本末”见该条。

【 墨 】

《说文》:“墨书墨也,从土黑。”义注:“古者,漆书之后皆用石墨以书……汉以后松烟桐煤既盛……”即书写绘画的黑色颜料。引申有以下诸义:

一、指文笔书画。唐孟浩然《还山贻湛法师诗》:“墨妙称古绝,词华惊世人。”《四库全书》类书类存目录宋人刘应求《翰墨大全》。历史笔记有清黄均宰的《金壶七墨》。笔记小说有民国毛祥麟的《对山墨余》。论文随笔有近人袁昌英的《山居散墨》。论述书法有唐韦续的《墨薮》。品评书画有近人按岐的《墨缘汇规》。

二、指书法真迹。如中华书局出版的《古今名人墨迹大观》。1929年北新书局出版柳亚子编《曼殊遗墨》。

三、绳墨,原指木工校正用的墨斗线。引申为规矩、法度。如明人方隅专《医林绳墨》。

Mu

【 目 】

目,《说文》:“人眼。”转义动词为看。比喻为孔、眼,如“纲举目张”。再引申为抽象的条目、项目。目录也简称目。《隋书·经籍志》礼记类录有皇侃撰《丧服问答目》。近人杨树达著《群书检目》。江翰著有《故宫方志目》。另有“目录”“书目”“总目”等,请参见。

【 目录 】

一、按一定次序或主题,编排图书的署名、作者、出版处、内容与收藏等情况,以供读者查考、研究。《汉书·一百下·叙传》:“刘向司籍,九流以别,爰著目录,略序洪烈。”东汉郑玄制《三礼目录》,乃以“目录”作书名之始。或曰录、簿。《隋书·经籍志》经类中录有郑玄撰《论语孔子弟子目录》,簿录类录王俭撰《宋元徽元年四部书目录》。《旧唐书·经籍志》起,首开“目录类”的记载。后称研究书记目录、版本异同、刊印源流的学科为目录学。现代图书目录有书本式、卡片式、计算机读目录等形式。清人永瑢等撰《四库全书简明目录》。

二、书籍正文前所列篇章目此,以简介内容或备检索之用。宋司马光撰《资质通鉴目录》为其著者。

N

Nan

【 难 】

原意是危难。转义是责难、诘问。《韩非子·有难注》:“古人行事或有不合理,韩子立意以难之。”南朝刘义庆《世说新语·言语》:“足下相难,依据何经?”后为论辩文体之一。清王兆芳《文体通释》:“难者,盖恶鸟也。相与雠仇若疾恶鸟也。不易也,言说如与为雠仇而使不易安处也。主于辩理诘驳,树敌投艰。”源出韩非字《难篇》。流有汉扬子《难盖天八序》及临硕《周礼难》、司马相如《难蜀父老》、范升《奏难费氏易左氏春秋立博士》、陈阮《奏难范升》。书名有先秦医书《难经》,书中设八十一难,以设难答疑形式解答和发挥医书《内经》的理论问题。《隋书·经籍志》诗类录有晋陈统撰《难孙氏毛诗评》。五经总义类录有无名氏撰《论语难郑》等书。

Nei

【 内 】

一、昭示内容。书名内外者,大抵有论著内容主次而言。先是《汉书·艺文志》中杂家类录有《淮南内》二十一篇,《淮南外》三十三篇。师古注曰:“内篇论道,外篇杂说。”清庄逵吉认为:内外之别为刘向所定。唐成玄英《庄子序》:“所言内篇者,内待外之立名。内则谈于理本,外则语其事迹。”现代多数人认为论著名“内”者,为作者言论主要本旨部分,“外”是绪馀、发挥部分。又《晏子春秋》《抱朴子》等亦分内外篇。《汉书·艺文志》录有《黄帝内经》十八卷、《外经》三十七卷。《扁鹊内经》《外经》等。另有“内集”,请参见。

二、道教、佛教的典籍。如,汉代以后,佛教以佛经为“内典”,佛教以外的书为“外典”。唐道宣撰有《大唐内典录》。

三、指内室。《礼记》有《内见》篇,为规范闺门之内者。或特指宫中,武则天曾撰《内范》一书。《四库全书》儒家类录明仁孝文皇后徐氏撰《内则》二十篇。

【 内集 】

如上述,编辑论著,体现著者主旨部分称“内篇”,其余称“外篇”或“杂篇”,例《庄子》一书。后人编辑文集,仿之作“内集”“外集”。如《隋书·经籍志》录梁人《陶弘景内集》。宋黄庭坚的《山谷内集》,系其甥洪炎所编。

【 内传 】

一、指古代解释经义时,与本文密切配合的传述性文章。与广引事例,推演本义的“外传”对称而言。《汉书·艺文志》录韩婴撰《韩内传》,今佚。汉刘歆认为《左传》是《春秋》的内传。

二、记载人物轶闻逸事的传记亦称“内传”,后来形成一类传记体小说。唐李商隐《碧城》诗:“武皇内传分明在,莫道人间总不知。”《隋书·经籍志》录有《汉武内传》《关令内传》《南岳夫人内传》《太元真人东乡司命茅君内传》等。

Nian

【 年 】

本义是收成。《说文》:“谷孰(熟)也。”《尔雅·释天·义疏》:“《书》正义引孙炎曰:‘周曰年者,周以稼穑兴,年谷为重。《春秋》书大有年是也。”用于书名:《汉书·艺文志》春秋类录《太古以来年纪》《汉大年纪》。《四库全书》编年类录宋王益之《西汉年纪》。晋朝在汲县发现的魏国编年体竹简史书,后世称之为《竹书纪年》。另有:“年表”“年谱”“年鉴”等,请参见。

【 年表 】

按年代编排的史事或人物事迹的表文。如《史记》中有《十二诸侯年表》《六国年表》。《四库全书》录宋人《春秋年表》《历代纪事年表》。1958 年三联书店出版翦伯赞主编的《中外历史年表》。

【 年鉴 】

汇集一年内某个领域的大事件统计等资料,以供参考之书。我国《宋史·艺文志》曾录有署名刘玄撰《年鉴》一书,已佚。英国称年鉴为“Yearbook”或“Aunual”,创刊于 1758 年。法国年鉴创刊于 1818 年间出版迄今未间断。近代中国题名年鉴最早出版的是 1913 年上海神州编译社的《世界年鉴》。现代《中国年鉴》于 1981 年创刊,1985 年由新华社主办,中国年鉴社出版,每年刊印。

【 年谱 】

以编年的形式胪列人物生平重要事迹的谱录。大多为后人根据人物著述或史籍记载考订而成。近代亦有本人自撰者。年谱兴于宋代。如《宋史·艺文志》录薛齐谊撰《六一居士年谱》《韩愈年谱》。《四库全书》传记类录宋赵子栎撰《杜工部年谱》。清吴荣光有《历代名人年谱》。康有为撰《康南海自编年谱》。张謇有《蔷翁自定年谱》。1979 年王观泉著《鲁迅年谱》,黑龙江人民出版社刊。1980 年中华书局出版广东哲学社会科学研究所等编的《孙中山年谱》。

O

Ou

【 偶 】

偶尔、偶然。用于书名,多为不期而得乃录之、存之、集之、述之……宋人吴子良撰有《荆溪林下偶谈》评论诗文。明顾宪成有《小辨斋偶存》。清王士祯有《池北偶谈》。清李渔有《闲清偶寄》(又名《闲情偶集》)。民国方士淦有《蔗余偶笔》、谢挺章有《课余偶录》。俞平伯撰《读词偶得》等。另有“偶记”请参见。

【 偶记 】

书名多指间或文思泛涌、偶有闻见而记述者。《贩书偶记》录明郑仲夔《偶记》十卷。清刘大櫆撰《论文偶记》。现代孙殿起之《贩书偶记》为目录学名著。茅盾 1958 年撰《夜读偶记》。

P

Pang

【 旁通 】

旁字本义是广泛普遍。《尚书·说命下》:“旁招俊乂,列于庶位。”旁通则为四方通达之义。《易·乾》:“六爻发挥,旁通情也。”指卦爻的阴阳,互为通达。后引申为融会贯通。《四库全书》经部录有元陈师凯撰《书蔡氏传旁通》。又录梁益撰《诗传旁通》,皆有博引曲尽之称。

Pi

【 批 】

形声，从手，比声。本义为击、触等。书籍中附有批点、批评、批注者常署之。如：清末王希廉的《绣像全图增批石头记》《评注加批红楼梦全传》等。另有“批点”“批评”“批判”等，请参见。

【 批点 】

读书时在书刊上加以批注或圈点，标出精彩或写出自己的看法。明顾起元《客座赘语·少治公注杜诗》：“少治先生尝批点杜诗虞注，今只记其二条。”《四库全书》经部礼类存目录明郭正域撰《批点考工记》，又录旧题谢枋得撰《批点檀弓》。明天启年戚继光撰刻《重订批点类辑练兵诸书》。近代纬文堂刊有《绣像批点红楼梦》。

【 批判 】

评论、裁断。《朱子语类》卷一：“而今说天有个人在那里批判罪恶，固不可。说道全无主之者，又不可。”1931 年上海神州国光社刊郭沫若翻译马克思原著《政治经济学批判》。1945 年重庆群益书店刊郭沫若《十批判书》。马克思另一经典名著《哥达纲领批判》也已翻译出版。

【 批评 】

对文章、书籍加以批点评注。清孔尚任《桃花扇·逮社》：“俺小店乃坊间首领，只得聘请几家名手，另选新篇。今日正在里边删改批评，待俺早些贴起封面来。”上海古籍书店《红楼梦书录》中录清代《新增批评绣像红楼梦》。

【 埤 】

《说文》：“增也。”有大增益之解。《诗经·邶风·北门》：“政事一埤益我。”又《广雅·释诂二》：“助也。”《四库全书》小学类录宋陆佃撰《埤雅》，取辅佐《尔雅》之意。另录有清朱鹤龄撰《尚书埤传》。

Pian

【 篇 】

原指竹简。《说文》：“篇，书也，从竹扁声。”《汉书·公孙宕传》：“著之于篇。”注：“篇，简也。”《说文通训定声》：“篇，谓之书于简册可编者也。”引申之：首尾一贯的文字为篇。或用作诗文计量的单位。《汉书·艺文志》所录易类、诗赋类文献，皆计作“篇”。诗经类等或计作“卷”，其医经类录《旁篇》二十五卷。《隋书·经籍志》小学类录梁顾野王撰《玉篇》。儒家类录《女篇》。《四库全书》字书类录旧题宋司马光撰《类篇》。宋沈兢撰《菊名篇》。金人韩孝彦撰《篇海》现代如巴人小说名《捉鬼篇》。冯雪峰的文集名《新生篇》。曹禺执笔的话剧名《胆剑篇》。台湾诗人席慕蓉有诗集《时光九篇》。朱玉衡等选注的诗词集名《华夏正气篇》。

Pin

【 品 】

一、事物的标准、类别、法式。也作评论、衡量解，如品评。《汉书·扬雄传下》：“称述品藻。”著，师古曰：“定其差品及文质。”《隋书·经籍志》杂传类录《海内士品》。簿录类录有《书品》。《四库全书》录梁庚肩吾撰《书品》，梁钟嵘撰《诗品》。

二、辨别滋味、兴味也称品。如宋黄儒撰《品茶要录》。近代陈森撰长篇小说《品花宝鉴》言其品评梨园优伶之色艺也。另有“品彙”“精品”“小品”等，请参见。

【 品彙(汇) 】

按事物的品种类别汇辑。《晋书·孝友传序》：“分浑元而立体，道贯三灵，资品彙以顺名，功苞万象。”韩愈《感春·二》：“幸逢尧舜名四目条理品彙皆得宜。”明人高棅编有《唐诗品彙》，按品格汇编唐诗五千余首。

Ping

【 平话 】

即评话。或以原艺人用口语讲述，元人书作评话。据宋周密《武林旧事·三》记：“有演史、说经诨经、小说、说诨话四种。”平话是中国白话小说的肇端。其“演史”的底本。经文人的加工，成为各种长篇历史小说。如《三国演义》《水浒传》等。“小说”被改编成短篇小说收入《三言》《二拍》等总集中。诨,插科打诨谐谑之属,是现代相声的远祖。说经则已消失。现存最早的刊本是宋代无名氏的《五代史平话》。

【 评 】

品论是非高下。《后汉书·许劭传》:“初劭与(从兄)靖,俱有高名。好共覈(核)论乡党人物,每月辄更其品题。故汝南俗有‘月旦评’焉。”后指一种文体。明徐师曾《文体明辨》:“子书云:‘评,品论也。’史家褒贬之词。始见于《三国志》。”清王兆芳《文体通释》:“评者,平也订也,议也,校订评议也。主于长短旧说,主议持平。源出晋孙毓《毛诗异同评》,流有陈邵《周礼异同评》,江熙《公谷二传评》及袁盎《书评》。”书名如明李贽撰《史纲评要》。清王希廉等撰《增评补图石头记》。近人解庵居士撰《悟石轩石头记集评》。现代有俞平伯编《砚脂斋红楼梦辑评》。陈曦钟《水浒传会评本》。另有:“评点”“评话”“评林”“评论”“评注”“评传”“批评”“重评”“诗评”“史评”,请参见。

【 评点 】

批评圈点诗文书籍,提出读者自己的看法。是我国文学理论批评的一种特殊形式,一般包括圈点、眉批、夹批、总评等。清人黎庶昌《〈续古文辞类纂〉序》:“宋、元、明以来,品藻诗文,或加丹黄,判别高下,于是有评点之学。”评点盛于宋代,至明清更风行对小说、戏剧的评点,金圣叹为其代表人物之一。经人评点的书籍称“评点本”。如《四库全书》别集类的《笺注评点李长吉歌诗》,唐李贺撰。清人吴汝纶有《评点唐诗鼓吹》《四书评点》及金圣叹批《第六才子书西厢记》等书。清参阅“点”字条中“点评”等资料。

【 评话 】

即说书。口语言讲故事,多为讲史,也加有诗文评议。属曲艺的一种。渊源于唐、宋时盛旺的民间技艺。《武林旧事》言有四科:演史、说经诨经、小说、说诨话。初有说有唱,韵散相间,后发展为单纯散体说话,元人乃称其曰“平话”。所用底本称“话本”(另有专条)。《永乐大典》中有评话一门,收二十六卷,已佚。嘉靖时洪氏刊《清平山堂话本》,收小说二十七篇。现存宋、元话本约百种,以宋《五代史平话》最早。明清时评话盛于江南《桃花扇·修扎》:“约定今日午后,来听评话。”当时业者柳敬亭,技艺、人品极高。今评话家推为祖师爷,后世以苏省最发达,苏州有百余年历史的“伪裕社”,当代评书即其流,是大众喜闻乐见的曲艺的一种。在南方各省,评话又与弹词结合起来称“评弹”。刊本今有《全相平话五种》《秦并六国平话》《三国志平话》等。参见“平话”条。

【 评林 】

集诸家批评、评介于一帙,曰评林。明人周挺编有《唐诗选脉会通评林》。凌稚龙撰《史记评林》。现代张岱年著有《玄儒评林》等。

【 评论 】

批评、议论。《三国志·魏志·李通传注》:“未尝评论时事,臧丕人物。”《隋书·杨异传》:“评论得失。”后指一种体裁的议论文。即评述某一问题、事件或作品的论文。例如1934年中华书局出版刘大杰编译的《东西文学评论》。1935年出版的《现代文学评论》等。

【 评注 】

评论并注解。明钟惺《与蔡敬夫书》:“选定古今诗《诗归》,稍有评注,发复指迷。”清人王文儒编有《唐诗评注读本》。

【 评传 】

为人立传,并对其生活经历、学术思想及著作加以评论者。如《茅盾评传》《巴金评传》《鲁迅评传》。

Pu

【 谱 】

《释名·释典艺》:“布也,部列其事也。”后之按照事物类别或系统,编排的记录。《史记·五代世袭》:“自殷以前诸侯不可得而谱,周以来乃颇可著。”后汉郑玄作《诗谱》,孔颖达正义:“以其列诸侯及诗之次，故名谱也。”清王兆芳《文体通释》：“谱者，谱录也、布也、谱也。布事籍录，令周谱也。……亦谓之牒。主于布列年世，先后普记。源出五帝三代谱牒，流有汉扬子《家牒》。后代世谱玉牒，士大夫族谱，贤儒年谱，诸名物之谱，及汉郑子《诗谱》，后魏李概《音谱》。《四库全书》录有宋无名氏《宣和画谱》、王灼《糖霜谱》、元熊朋来《瑟谱》、明刘宗周《人谱》，清陆圻有《新妇谱。王奕清等撰《御定词谱》《御定曲谱》。另有年谱”“家谱”“谱系”等，请参见。

【 谱系 】

记述宗族世系或同类事物之历代系统的书。《隋书·经籍志》，列有“谱系编”，所列除帝王、氏族家谱、姓谱外，还有《竹谱》《钱谱》等。《四库全书》目录类录宋曹士冕撰《法帖谱系》。

Q

Qi

【 七 】

中国古代认为“七”之数，有超常的神秘性，见天有北斗七星，日、月加金、木、水、火、土为七曜，人有七窍等，产生天人感应思想。《汉书·律历志》：“七者，天、地、人，四时之始也。”七之数的合成，是以三（寓意丰富）、四（寓意通达）相加。认为是奇巧、祥瑞之数。文人撰述乃常以“七”题名，祈符合个中奥秘，使利于传播。《楚辞》收有汉东方朔撰《七谏》，是以“七”题名文体之创。后枚乘撰《七发》之赋，以七重铺叙而得名。后人仿之者甚多，形成一种题名“七”的文体。如曹植的《七启》、左思的《七讽》、张衡的《七辩》等。唐代以前擅七体的作家有四十多人。明徐师曾《文体明辨》：“七者，文章之一体。词虽八首，而问对凡七，故谓之七。”清王兆芳《文体通释》：“七者，设主客为七章也。主于托物问答，讽喻归道。学术研究也常以七分部。如《七略》《七录》《七志》等。丛书之编合于七数的有《七经》《七林》《七书》等。个人撰述如《云笈七签》《七修类稿》《金壶七墨》《东坡七集》《七姬咏林》《七奇图说》《七颂堂诗集》。戏曲有《七子图》《七杀碑》。小说有《七侠五义》《七剑下天山》《峨眉七矮》等。

【 奇书 】

《说文》：“奇，异也。”奇书，不平常的书。《汉书·郊祀志》：“腹中有奇书。”《张湛·列子序》：“三君总角，竟录奇书。”明范钦辑有《范氏奇书》，为罕见古籍的丛书。明人熊飞将《水浒》《三国》合编为《汉宋奇书》。明话本《石点头》，在光绪年上海书店石印，改题为《醒世第二奇书》。明代小说《金瓶梅》，康熙三十四年张竹坡刊刻时改题《皋鹤堂批评第一奇书金瓶梅》。《金瓶梅》别名还有《四大奇书第四种》《新绣绘图第一奇书钟情传》等。小说《红楼梦》别名有《批评新大奇书红楼梦》。清代《野叟曝言》也有标为《奇书》者。

【 起居注 】

指古帝王的言行录。初为禁中官名。掌皇帝起居，记述其言行。上古周时称左、右史。汉为宫中女史。后魏是起居令史。唐宋时为起居郎、起居舍人。明称起居注。后由翰林院掌此职，其所记之文即《起居注》。汉武帝时有《禁中起居注》。明帝时有《明帝起居注》。后历代皆有《起居注》，以唐宋时最详，为修史的重要根据。《四库全书》录唐温大雅撰《唐创业起居录》。现代有中华书局刊《康熙起居注》《雍正朝起居注》。

【 启蒙 】

开导蒙昧使之明白贯通，教育初学令获入门基本知识；或宣传教导使人接受新事物以求进步者。汉应劭《风俗通·皇霸》：“亦是以祛蔽启蒙矣。”后来内容浅近，示人门径之书多以启蒙为名。《隋书·经籍志》小学类录晋人顾恺之《启蒙记》（已佚）。《四库全书》录宋朱熹的《易学启蒙》。四书类录元人景星《大学中庸集说启蒙》。

Qian

【 前集 】

意如“初集”。乃示序次先后,或指在某一时期以前编成之集。如《隋书·经籍志》别集类录梁太常卿《刘之遴前集》,又录《刘之遴后集》。还有《徐勉前集》和《徐勉后集》。近代赵熙有《香宋诗前集》,熙号香宋,乃作者遗存诗集,但非全部拟以后再编者。现代台湾诗人路易士有《三十年前集》,是作者三十岁生日以前的诗作集。

【 浅 】

浅近不深奥者。《荀子·正名》:“夫曰尧舜禅让,是虚言也。是浅薄之言,陋者之说也。”近代常识、浅显之书每以名之。明仁陈紫峰撰论八股文的专著名月《浅说》。《四库全书》清潘思矩《周易钱释》。现代有通俗书籍如1947年中华书局刊陈兼善撰《进化论浅说》。1980年香港天地图书公司出版李怡著《社会科学名著浅介》等。

Qin

【 钦 】

钦,旧时对皇帝所行事的敬称。如书籍钦定,即皇帝的著述或由皇帝指另修纂、裁定、编印之书。《皇朝政治学问答》:“修书纂例完竣,请皇上定准,而后刊行则曰钦定。”清代以前少见,清代较多。《四库全书》儒家类录清雍正六年敕撰《钦定执中成宪》。政书类录乾隆二十六年敕撰《钦定大清会典》。

【 琴趣 】

词之别名。词原可配乐歌唱,其音动听,故有此称。典见《晋书九十四·列传第六十四·隐逸》:“陶潜不解音,畜素琴一张。弦徽不具,每朋酒之会,则抚而和之曰:‘但识琴中趣,何劳弦上声?’”以之题书名,宋欧阳修词集名《醉翁琴趣》,黄庭坚词集名《山谷琴趣》。宋人以《琴趣》名词集者,还有晁补之、晁端礼、赵彦瑞、叶梦得等。清人亦有朱彝尊之《静志居琴趣》,张奕枢之《月在轩琴趣》,吴泰来之《昙花阁琴趣》,姚梅伯之《画边琴趣》,况周颐之《蕙风琴趣》,邵章之《云淙琴趣》等。参阅后“趣”字条。

Qing

【 情书 】

指男女间表示爱情的书信。《醒世恒言·李玉英狱中讼冤》:“焦氏嚷道:‘可是写情书的汉子,坏了我的帖儿?’”1931年上海出版庐隐、李唯建合著的《云欧情书集》。现代有鹭江出版社刊《作家的情书》。浙江出版的《情书名篇》。广西出版的《中外情书集粹》。中国作协编印的《公开的情书》等。

Qu

【 曲 】

一、原意是乐曲。《国语·周语上》:“使公卿至于列士献诗,瞽献曲,史献书。”《汉书·艺文志》中未见著录书名“曲”者。《隋书·经籍志》乐类中录《齐朝曲谱》等。现代则有各种音乐的曲谱。

二、韵文的一种。即古代乐曲的唱词。汉乐府中立为一体。宋严明《沧浪诗话》:“曲,古有《大堤曲》,梁简文有《乌栖曲》。”唐五代时出现“曲子词”,后来发展成韵文诗词的“词”。有的词人也称自己的词为“歌曲”。如宋姜夔有《白石道人歌曲》。姜夔《诗说》言:“委屈尽情曰曲。”元朝又出现散曲——一种新的韵文:分“小令”和“套曲”两类。例如元人乔吉的《梦符散曲》。时人任敬中编有《散曲丛刊》《曲谐》等。参见“歌曲”条。

三、剧曲,即戏曲。凡以曲演唱故事,首尾备具而有科白者,则称“剧曲”如:元之杂剧,明之传奇。明毛晋编戏曲集《六十种曲》。清蒋士铨有《红雪楼九种曲》。李渔的《笠翁十种曲》都是传奇剧本。近代也有借“曲”字中流丽动人、曲折多采的意蕴作书名词语。如田汉的话剧《回春之曲》《十三陵水库畅想曲》。孙犁的叙事诗《白洋淀之曲》。郭沫若的传记文学《洪波曲》。姚雪垠的报告文学

《四月交响曲》。巴金小说《激流三部曲》等。参见三部曲等条。

【 趣 】

一、音趋(阴平),趋向、趋附。古代与趋通。《诗·大雅·棫朴》:“济济群王,左右趣之。”又有心意解,晋嵇康《琴赋》:“览其旨趣。”注曰:“趣,意也。”书名如《隋书·经籍志》道家中录毋丘望之撰《老子指趣》。

二、音去(去声),兴味、情味、韵味。《南史·陶潜传》:“少有高趣。”清孔尚任《桃花扇·眠香》:“席前搀趣话,花里听琴声。”书名有欧阳修《醉翁琴趣外编》(又名《六一词》)。明徐芝的《适情雅趣》(棋书),通俗小说古航艳艳生编《昭阳趣史》(记赵飞燕姐妹事)。近现代有:徐复初编《香艳趣语》及《烟酒茶趣话》《趣味心理学》《电影趣闻》《老北京风情记趣》《水浒拾趣》《千奇百趣》等。参阅前“琴趣”条。

Quan

【 全 】

完整无缺。《后汉书·桓荣传》:“自居全德。”注:“全德,言无玷缺也。”又指统括齐全。题之书名如《全上古三代秦汉三国六朝文》《全唐诗》《全唐文》。陈景沂撰《全芳备祖》。清郑方坤的《全闽诗话》。戏曲、小说则又“全本”,如《全本玉堂春》。解释古籍有宋林之奇《尚书全解》。考证古籍有明姜宝《春秋事义全考》。传记、小说有:1991 年北京出版社刊李凡著《孙中山全传》、山东教育出版社的《中国皇帝全传》《中国后妃全传》。说部中有一百二十回本《水浒全传》《济公全传》等。另有“全集”“全书”“全相”“大全”等,请参见。

【 全集 】

一、作者的全部著作,合刊为一集者。如苏轼的著作,宋时已有麻沙书坊刊印的全集本,《四库全书》录为《东坡全集》。1957 年中华书局出版清王琦注的《李太白全集》。

二、多人有关著作的编集。如清人朱欣编辑的《唐宋十大家全集录》,收入《四库全书》总集类存目。

【 全书 】

原指内容完整,不残缺的书。《颜氏家训·风操》:“但既残缺,非复全书。”曾巩《新序目录序》:“隋唐之世尚为全书,今可见者十篇而已。”后用作书名有以下各例:

一、指一个人的全集。如宋人汪悼编的《曾子全书》。明王守仁撰《王文成全书》等。

二、就某一专题全面阐述,裒辑编次的书如明朱载堉撰《乐律全书》。中华民国时有《六法全书》。现代有广播电视出版社 1995 年编印的《教育法全书》等。

三、搜罗宏富,荟萃无遗的丛书。如清代编成的《四库全书》。清王纕堂辑《二十二子全书》等。

【 全图 】

旧时线装本通俗小说,于每回前面绘有主要情节画图者成绘图本。鲁迅《且介亭杂文·连环图画》:“明清以来,有卷头只画书中人物的称为‘绣像’。有画每回故事的称为‘全图’。”1981 年内蒙古人民出版社刊清咸丰年刻印的《绣像全图三国演义》。

【 全相 】

相,(人的)状貌、相貌。《荀子·非相》:“形相虽恶而心术善,无害为君子也。”全相即绣像、全图之意。元朝年间有《全相评话五种》:包括《武平王伐纣评话》《七国春秋评话(后集)》《秦并六国评话》《前汉书评话(续集)》(缺正集)、《三国志评话》共五种。为元至治年间新安虞氏刊行,现藏日本内阁文库。为我国现存最早讲史话本,有重要的历史价值。参见“绣像”“全图”,等条。

【 铨 】

《字林》:“铨,具也。谓具说事理。”《通俗文》:“释言曰铨。”即阐述解释事理。书名“题”铨,言注解侧重内容事理。如唐人李翱的《易铨》。元人赵仿撰《周易文铨》。明邓伯羔有《古易铨》。清陈士斌撰《西游真铨》,今人俞景撰《封神铨解》。1928 年商务印书馆刊杨树达著《词铨》,为阐明古汉语虚词用法之书。台湾学生书局 1987 年出版光晟著《道墨新铨》。

Que

【 阙（即古“缺”字）】

本意是古代立在宫殿、祠庙和陵墓前左右的高大建筑，因二阙间有空缺。故名阙，又假借通“缺”。词组有“阙如”，如字是助词，即空缺之意。《论语·子路》：“君子于其所不知，盖阙如也。”谓缺而不言。后常用为缺欠之意。书名有清焦袁熹的《春秋阙如编》，录于《四库全书》。词组“阙文”，指文中脱落、存疑之处。《论语·卫灵公》：“子曰：‘吾犹及史之阙文也。’”邢昺疏：“文，字也。古之良史以书字有疑则阙之，以待能者，不敢穿凿。孔子言我尚及见此古史阙疑之文。”书名有宋王禹偁的《五代史阙文》，录于《四库》。又“阙疑”，言有疑惑则暂置不论，不妄加臆测。《论语·为政》：“多闻阙疑，慎言其余，则寡尤。”疏：“言博学多闻，疑则阙之。尤须慎言其余不疑者，则少过也。”《汉书·艺文志·六艺》：“后世经传既已乖离，博学者又不思多闻阙疑之意，而务碎义逃难，使词巧说，破坏形体。”书名有《四库全书》所录元郑玉撰《春秋阙疑》。

Qun

【 群 】

本意是羊群。引申为聚合的人或物。《易·系词上》：“方以类聚，物以群分。”《荀子·非十二子》：“一统类，而群天下之英杰。”题作书名有明王象晋撰《群芳谱》。书名词语有“群经”。《南史·沈竣传》：“凡圣贤所讲之书，必以《周官》立义，则《周官》一书，实群经源本。”后常总指儒家经典。书有宋人贾昌朝《群经音辨》、清俞樾《群经评议》。“群书”，《汉书·司马迁传赞》：“博极群书。”如唐虞世南、褚遂良等辑《群书治要》、宋洪迈《翰苑群书》、明张九韶《群书拾唾》、清陆心源《群书校补》、近人杨树达《群书检目》等。又专指人群、群众者。近代严复著有《群学肄言》《群己权界论》等。

R

Ri

【 日 】

指每日之作。如每日抄写。《宋史·黄震传》：“所著日抄一百卷。”其书名《黄氏日抄》，见《四库》。又每日讲说，《明史·礼志》：“日讲，嘉靖六年定制。月三、八日，经筵日讲官二员，讲《大学衍义》。”《四库全书》录清牛钮等撰《日讲易经讲义》等。又有每日听闻，《史记·信陵君传》：“魏王日闻其毁，不能不信。”即《四库》杂家类录元人李翀撰《日闻录》。清顾炎武取《论语·子张》中子夏所言“日知其所亡”（亡，指未知事物）。题其日积月累的读书心得为《日知录》。清乾隆帝亦撰有《日知荟说》。另有“日记”“日录”，请参见。

【 日记 】

每日的记录。源于古代一种按日记事的文体。《荀子·疆国》：“王者之功名。不可胜日志也。”对杨倞注：“日记识其政事。”宋陆游《老学庵笔记》：“黄鲁直有日记，谓之家乘。”据现有资料表明，中国最早的日记是唐李翱的《来南录》。全文仅842字，记述了作者去广州的形成与见闻。宋代写日记相沿成风。《四库》收宋韩淲《涧泉日记》。元时发展到以记述私人生活为主德正体日记，巨帙《郭天锡日记》，按日记载十余年事。明叶盛《水东日记》，收入《四库》。史体日记亦称“日录”“日谱”“日历”等。《唐书·艺文志》录有唐偕《日谱》。《宋史·艺文志》录有唐天祐二年《日历》一卷。

西方日记式文体出现于文艺复兴末期。18世纪作家J. 斯威夫特、作家W. 司各特各有日记体作品问世。20世纪奥地利作家卡夫卡、法国作家纪德，都有日记体名作。日记体作品除反映著者本人的性格、命运外，对记载社会、政治、历史皆有极其重要的作用。

我国现代作家鲁迅1918年发表第一篇白话小说即以《狂人日记》命名。1927年女作家丁玲发表《莎菲女士日记》。1933年作家阿英在上海编辑出版了《日记文学从选》，有《文言卷》和《语体卷》各一，收入我国古今几十位作家的日记作品。

【 日录 】

史书记事的一种体例，乃记其事并时日。后指史官按日的记录。汉何修注《公羊传》：“大夫卒，无罪者日录，有罪者不日，略之。”《宋史·周常传》：“记之日录，传之史笔。”清高士奇撰有《扈从西巡日录》，见《四库》。又指日记，参见“日记”条。

S

San

【 三部曲 】

源于古代希腊敬神集会时，公演情节连贯的三幕悲剧。如著名的悲剧作家埃斯库多斯的《奥列斯特》，由《阿伽门农》《奠酒人》《报仇神》三剧组成。后泛指三部内容各自独立而又互相连贯的戏剧、小说、诗歌等。欧洲十四世纪意大利诗人但丁的长诗《神曲》，即由《地狱》《炼狱》《天堂》三部组成。1516年葡萄牙诗人维特森的圣礼剧由《地狱之舟》《炼狱之舟》《光荣之舟》三部组成。1894年意大利作家邓南遮完成《玫瑰小说·三部曲》，由《欢乐》《无辜者》《死的胜利》组成。近代美国作家德莱塞有《欲望三部曲》：《金融家》《巨人》《斯多葛》。前苏联作家高尔基有小说《童年》《在人间》《我的大学》三部曲。阿·托尔斯泰小说《苦难的历程》有《两姐妹》《1918年》《阴暗的早晨》三部。冈察尔的《旗手》由：《阿尔卑斯山》《蓝色的多瑙河》《金色的布拉格》组成。

我国自“五四”以后，引进西方文学形式发展现代文学，作家也以“三部曲”命名作品。如郭沫若的小说《漂流三部曲》：《歧路》《炼狱》《十字架》。巴金的小说《爱情三部曲》：《雾》《雨》《电》。《激流三部曲》：《家》《春》《秋》。洪深的戏剧《农村三部曲》：《五奎桥》《青稻米》《青龙桥》。茅盾小说《蚀》三部曲由《幻灭》《动摇》《追求》组成。台湾作家钟肇政的《台湾人三部曲》有《沉沦》《沧溟行》《插天山之歌》。欧阳山长篇小说《一代风流》有《三家巷》《苦斗》《柳暗花明》三部。郭小川长诗《将车》由《月下》《雾中》《风前》三部组成。当代长篇小说唐浩明的《曾国藩》有《血祭》《野焚》《黑雨》三部。二月河的《雍正皇帝》由《九王夺嫡》《雕弓天狼》《恨水东逝》组成。

【 散记 】

乃闲散之时，随手而记；分散之思，东鳞西爪之意。文体选材自由，笔调轻松，讲求意境，富感染力。《贩书偶记》小说家中录清史震林《西清散记》现代有1936年沈从文撰《湘行散记》。1939年王统照撰《欧游散记》。1940年沙汀著《随军散记》。1951年郑振铎著《蛰居散记》。1936年周而复撰龚《东南亚散记》等。

【 善本 】

在抄写、校雠、刻印、注解等方面精益求精的珍贵古本图书。宋欧阳修《文忠集·一四一·田弘正家庙碑》：“自天圣以来，古学渐盛。学者多读韩文，患集本讹舛。唯余家本，屡经校正，时人共传，号为善本。”清张之洞《輶轩语·语学》：“……读书宜求善本。善本非纸白版新之谓，为其为前辈通人，用古刻数本，精校细勘付刊，不伪不缺之本也。……善本之意有三：一、足本无缺卷，未删削；二、精本：一精校、一精注；三、旧本：一旧刻、一旧抄。”

Shang

【商】

《说文》:"商,从外知内也。"《广雅·释诂一》:"商,度也。"计量之意。又古与章通,有使明之解。书名用"商"有商略、研究意。《后汉书·张让传论》:"成败之来,先使商之久矣。"李贤注:"商谓商略。"《四库全书》录明周宗建撰《论语商》、清万斯大《仪礼商》。另有:"商兑""商榷",请参见。

【商兑】

商酌、商讨。《易·兑》:"九四。商兑未宁,……"释文:"商,商量也。郑云:隐度也。"程传:"商兑未宁,谓拟议所从而未决,未能有定也。"近代章炳麟著有《社会通诠商兑》、方东树著《汉学商兑》、郭沫若著《民族形式商兑》。

【商榷】

斟酌、商讨。《北史·崔孝芬传》:"商榷古今,间以嘲谑,听者忘疲。"《文选·左思吴都赋》:"剖判庶士,商榷万俗。"注:"商,度也。榷,粗略也。翰曰:'言分别众事,商略万国之俗也。'"清王鸣盛撰有《十七史商榷》。

Shen

【神话】

反映古代人们对世界起源、社会生活等的原始理解之故事和传说。鲁迅《中国小说史略》第二篇:"昔者初民,见天地方物,变异不常。又出于人类所能之上,则自造众说以解之。凡所解释今未之'神话'。"神话是古代生产水平低下时期产物,虽非科学但仍与迷信有别。既富于积极浪漫主意精神,且寄托人们的理想。我国古籍如《山海经》《淮南子》等书中都保存许多神话资料,但无"神话"词义名词。近代始将西方 Mythy 译为"神话"。1928 年茅盾著《中国神话 ABC》和《北欧神话 ABC》。1935 年郑振铎编著《希腊神话》。1960 年袁珂《中国古代神话》出版。

Sheng

【乘】

古代指车辆,春秋时多指兵车。《左传·成公十六年》:"苗贲皇徇曰:'蒐乘、补卒、秣马、利兵……明日复战。'"又为计车辆之数。《礼记·郊特牲》:"乘者,出于车赋,出长谷一城。"春秋时晋以其名其史书。见于《孟子·离娄下》,音义:晋名春秋为乘者,取其善恶无不载。《正字通》毛氏曰:"乘者,载也,取载事为名。"故"乘"也有载事、历史之意。(参见"家乘"条)《四库全书》史部载记类存目录晋人撰《史乘》一书。地理类录元于钦撰《齐乘》,乃援据经史,考证三齐舆地见闻者。子部录明周嘉胄撰《香乘》,凡香之名品、修制、典故艺文,一一胪列。明焦竑撰《焦氏笔乘》为考证之作。清许奉恩撰《里乘》,又名《兰苕馆外史》,记里巷稗史。李岳瑞撰《春冰室野乘》,载朝野轶闻逸事。何秋涛撰《朔方备乘》,记述清代北方边防军备。1933 年中华书局刊吴宗慈撰《庐山小乘》,介绍庐山山政及山川胜迹,附庐山历代诗选。

【胜览】

胜:优美的山水或古迹。胜览是可畅快观览的名胜风景。宋谢绛《游嵩山寄梅圣殿承书》:"自长夏门入,绕菘轘一匝四百里,可谓另极胜览。"南宋祝穆撰有《方舆胜览》。

Shi

【诗】

一、一种有韵律,有节奏,可歌诵的文体。用以抒发感情,表达心志。《说文》:"诗,志也。从言寺声。"《书》曰:"诗言志,歌咏言。"《汉书·艺文志》:"通其言,谓之诗;咏其声,谓之歌。"诗的形式,古多四言,东汉以后五、七言渐多。唐以后又分古体、近体,古体为乐府,近体即律诗及绝句。《汉志》乐经类录有《雅歌诗》。歌诗类录有《高祖歌诗》。《隋书·经籍志》总集类录东晋谢灵运《诗集》《诗英》,干宝《百志诗》《毛伯成诗》。暨南朝陈徐伯阳《文会诗》，梁钟嵘《诗评》（下注：或曰《诗品》）、《诗类》《诗缵》等。《四库全书》录唐《常建诗》，孟棨《本事诗》、宋苏轼《施（元之）注苏诗》。此外还有宋周弼撰《端平诗隽》。明臧懋循编《唐诗所》。清曹庭栋编《宋百家诗存》、陈焯编《宋元诗会》等。类如诗论的有：宋吴陵的《诗说》、清葛震的《诗史》、陈伟言的《诗因》、尹嘉诠的《诗续》、姚铨的《诗源》、胡周鼐而的《诗刻》、刘然的《国朝诗乘》、朱观的《国朝诗正》、汪森的《约西诗载》等。另有"诗草""诗抄""诗传""诗稿""诗歌""诗话"，"诗辑""诗集""诗笺""诗林""诗评""诗史""诗选""诗余""诗传"等，请参见。

二、特指《诗经》。如汉代郑玄为《诗经》序排谱次而著《诗谱》，为笺注毛诗而撰《诗笺》。宋严粲撰《诗辑》，以采集诸家《诗经》之说。王应麟的《诗考》，清范祖禹的《诗解》，皆考证《市井》之作。明朱谋（玮）撰《诗故》，阐述毛诗故训。明张次仲的《待轩诗记》，是读《诗经》的笔记。清钱澄之撰《诗学》，综述各代《诗经》学的研究成果。清李光地撰《诗所》，乃涵泳《诗经》文句，推求诗愈所属之作。毛奇龄的《诗扎》为研学札记。上李所言"诗"云，皆专指《诗经》一书。另有"诗传"，请参见。

【 诗草 】

诗的草稿，或未流传的诗作。五代齐己《乱中闻郑谷、吴延保下世诗》："兵火焚诗草，江流涨墓田。"后亦指"诗集"，如清黄遵宪撰《人境庐诗草》、李庚尧《与竹斋诗草》。1958 作家出版社刊李季《西苑诗草》。

【 诗抄（钞）】

诗集选本的别称。抄，《集韵》又作"摷、剿"等《隋书·经籍志》总计类录谢灵运撰《诗抄》、梁《杂诗抄》等（今佚）。名"诗抄"有总集性质的如：清吴之振的《宋诗抄》、吴应和等选的《浙西大家诗抄》、陈衍选的《近代诗抄》、昊闿生选的《晚清四十家诗抄》。1981 年新疆维吾尔自治区出版胥志民编《现代西域诗抄》。有别集性质的如：清昊雯撰《莲样诗抄》、杨大鹤选《剑南诗抄》、1959 年的《田间诗抄》、1955 年李季的《玉门诗抄》。

【 诗传 】

诗的传存，一如诗集。宋徐积《诗》："穷阎无屋住，广殿有诗传。"以此名诗集者，有清江苏青浦王昶《湖海诗传》另见后《诗》传。参见"传"（chuan）字条。

【 诗稿 】

诗的草稿。元曹波启《过长桥诗》："行囊口膹新诗摘，身世端居古画图。"因"稿"系指未修治的诗文，故后人常谦称自己的诗集，首创是陆游的《剑南诗稿》。宋赵汝燧有《野谷诗稿》。清魏源有《清夜斋诗稿》。近代，1976 年文物出版社刊《鲁迅诗稿》。此外还有《陈毅诗稿》《董必武诗稿》、郭沫若的《英译诗稿》等。

【 诗歌 】

原指诗与歌曲。古代韵文不合乐的称诗，合乐的称歌。《汉书礼乐志》："和亲之说难形，则发之于诗歌咏言……"1981 年山东人民出版社刊路南孚编《中国历代叙事诗歌》。参见"歌""曲"诸条。

【 诗话 】

一、品论诗作及其体例源流、技巧法式、甘苦得失、风格流派、故实逸事，或记叙诗人议论、行状等等的著作，体例同于"词话"。始于宋欧阳修的《六一诗话》。自后作家迭出，计宋代诗话不下数十种。宋许顗《彦周诗话》："诗话者，辨句法，备古今，纪盛德，录异事，正讹误也。"清章学诚《文史通义》："诗话之源，本于钟嵘《诗品》。……"著名的诗话有：宋司马光《续诗话》、刘攽《中山诗话》、陈师道《后山诗话》、叶梦得《石林诗话》、周必大《二老堂诗话》、杨万里《诚斋诗话》、严羽《沧浪诗话》、阮阅《诗话总龟》、金王若虚《滹南诗话》、明谢榛《四溟诗话》、杨慎《诗话补遗》、清王士祯《带经堂诗话》、袁枚《随园诗话》、吴景旭《历代诗话》、丁福保《清诗话》等。

二、宋代说唱文学的一种，略如"评话"之类。每节前为说话，末系以诗，故称"诗话"。最早的一种如《唐三藏取经诗话》。参见"词话"条。

【 诗辑 】

辑录某人诗作或众人诗作的书。如黄遵宪的

《人境庐集外诗辑》，吴灏编的《杭郡诗辑》。又专指《诗经》者，如宋严粲撰《诗辑》，以集采诸家《诗经》之说为书。

【 诗集 】

计某人或众人的诗而成书者。唐杜甫《遣兴诗之三》："观其著诗集，颇亦恨枯槁。"《隋书·经籍志》录谢灵运撰《诗集》。《四库全书》录唐《储光羲诗集》《白石道人诗集》。近代有 1941 年桂林白虹书店刊《鲁迅诗集》。

【 诗笺 】

原指汉代郑玄为《诗经》毛注所撰的笺注，又称"郑笺"。后来泛称为诗集所作的笺注。宋人蔡梦弼有《杜工部草堂诗笺》。

【 诗林 】

原指诗人聚会之所，如诗社、诗坛等。《张翥诗》："诗林别后应俱进，时遣邮筒慰寂寥。"《四库全书》诗文评类录宋蔡正孙撰《诗林广记》。

【 诗评 】

评论诗歌之作。五代齐己《寄朗陵二禅友》："潇湘曾宿话诗评，荆楚连秋阻野情。"《四库全书》总集类录元人方回《文选颜、鲍、谢诗评》。

【 诗史 】

诗歌发展的历史。清孙维辑撰《道咸同光四朝诗诗史》。清李宣、葛震各撰《诗史》之书。近代陆侃如、冯沅君同著《中国诗史》。又古人称画是"无声诗"。故明姜绍书撰画史，题名《无声诗史》。

【 诗选 】

选录诗作的集子。专选某个人作品者，如宋人选辑陆游的《放翁诗选》、清陈文述的《颐道堂诗选》等。也有从许多人诗作选编的集子，如宋王安石的《唐百家诗选》、明曹学佺编的《石仓历代诗选》、清顾嗣立编的《元诗选》。有性质如别集的选本如明沈周撰，华汝德编的《石田诗选》，见《四库全书》。现代有冯至编的《杜甫诗选》、周汝昌编的《范成大诗选》等。

【 诗余 】

词的别名，如其另一别称"长短句"。宋时已有此名。明徐师曾《文体明辨》："诗余者，古乐府之流而后世歌曲之滥觞也。……近时何良俊以谓诗亡而后有乐府，乐府缺而后有诗余，诗余废而后有歌曲，真知言哉。"此说乃视"词"为"诗"的余绪之解。明曹国佺《蜀中诗话》："唐人长短句，诗之余也，始于李太白。太白以草堂名集，故谓之《草堂诗余》。"殆为同调。清况周颐《蕙风词话》："诗余之余，作赢余之余解。唐人朝成一诗，夕付管弦，往往声希节促，则加入和声。凡和声皆以实字填之，遂成为词。词之情文节奏，并皆有余于诗，故曰诗余。世俗之说若以词为诗之剩义，则误解此余字矣。"然古代视诗为文学正宗，词始于民间，文人雅化为之，视之有余力则作，初曰"诗余"未始无因。至宋词风大盛，名家辈出。元、明、清佳作相继，在文学史上地位独特，理应视作诗歌在形式上的演进。《四库全书》词曲类录有宋黄机撰《竹斋诗余》、未著撰人的《草堂诗余》《御选历代诗余》等。

【 《诗》传 】

《诗》经的注解或解说谓之《诗传》。《汉书·楚元王刘交传》："元王好《诗》，诸子皆读《诗》。申公始为《诗》传，号《鲁诗》。元王亦次之传，号曰《元王诗》，世或有之。"颜师古注："凡言传者谓为之解说，若今《诗·毛氏传》也。"后汉荀悦《前汉纪·孝成皇帝纪》中言：(后汉)荀爽著有《诗传》一书，皆附正义，无他说。《北史·刘献之传》："献之少而孤贫，雅好诗传。"《四库全书》经部诗类录此类书有：宋杨简《慈湖诗传》、朱鉴《诗传遗说》、元刘瑾《诗传通释》、清陈大章《诗传名物集览》等。参见"传"(zhuan)字条。

Shi

【 识(又音 Zhi) 】

一、识(Shi)，知识、见解。《礼记·乐记》："识礼乐之文者能述。"汉张衡《东京赋》："鄙夫寡识。"书名词语有"小识"，意为浅陋的知识。《庄子·缮性》："小识伤德，小行伤道。"南朝梁庾黔委《答释法云书》："狎其小识，晦兹大旨。"明方以智撰书题名《物理小识》。清诸联撰《明斋小识》。又有"识误”,宋张淳撰《仪礼识误》为校订考识之作。参见“识小”“小识”条。

二、通“志’,音 Zhi,意为记住、记载。参见“志”字条。书名还有清胡虔《识学录》、高士奇《天禄识余》、悔堂老人《越中杂识》、谭嗣同《石菊隐庐笔识》等。

【 识小 】

识,释:知识,又作记载解。识小,为作者自谦所知、所录浅薄、琐细,与“大义”相对。《四库全书》录清程廷祚《春秋识小录》、沈名荪《南史识小录》。徐士銮撰《藏云阁识小录》(又名《古泉从考》)。明周宾有《识小编》,清蒋鸿翮撰《识小类》、夏大观有《识小类编》。

【 实 】

余实事、真实。《淮南子·原道训》:“实出子虚。”《北齐书·崔暹传》:“岁余,奴告暹谋反,锁于晋阳,无实,释而劳之。”书名词语如“实纪”,明戚继光撰《练兵实纪》,乃记其练兵实效之作。又“考实”是考订实地,清江永专《春秋地理考实》。

【 实录 】

符合实际可靠的记载。《汉书·司马迁传赞》:“其文直,其事核,不虚美,不掩恶,故谓之实录。”集解:王先谦曰:“自唐以后,每帝修实录,义取于此。”最早有梁周兴嗣《梁皇帝实录》,已佚。唐代有韩愈撰《顺宗实录》为今存最古者。宋,仅存《太宗实录》残本。明清两朝设实录馆专司其事,存世较多。《四库全书》别史类录唐许篙撰《建康实录》。“实录”已成为专记某皇帝统治时期大事的编年体史籍。又古代私人记录先祖行迹者亦称“实录”。如唐李翱的《皇祖实录》。《四库全书》史部存目录元人撰《孔子实录》述孔子事迹。

【 拾遗 】

一、补录缺漏。《史记·太史公自序》:“序略,以拾遗补艺,成一家之言。”《隋史·经籍志》录有晋郭璞撰《毛诗拾遗》。《四库》录宋苏辙《论语拾遗》,清厉鹗《辽史拾遗》。清赵学敏撰《本草纲目拾遗》。近代有鲁迅《集外籍拾遗》等。

二、广泛掇集为人所忽视遗漏者。如符秦方士王嘉撰《拾遗记》,其记多为史传所无者。明胡爌撰《拾遗录》。近代茅盾著《劫后拾遗》。

【 史 】

《说文》:“史,记事者也。”有以下数义:

一、记载历史的书。《孟子·离娄》:“其事则齐桓、晋文,其文则史。”始为《尚书》《春秋》。后列《史记》《汉书》以下之《明史》《清史稿》,凡二十五史,号为正史。《四库全书·别事类序》:《汉书·艺文志》无“史”名。《战国策》《史记》均附见于《春秋》。厥后著作渐繁,《隋志》乃分正史、古史、霸史诸目。”以“史”为书名,二十五史为最著名。清末刊有《泰西新史》等。史学类书有刘知几的《史通》、明朱明镐的《史纠》等。另有“史抄”“史稿”“史纲”“史话”“史记”“史略”“史论”“史评”“史诗”“简史”“略史”“秘史”“野史”“通史”“诗史”“小史”“外史”“逸史”等,请参见。

二、述各种事物源流及发展者,亦常以“史”题名。如朱长文有《琴史》,米芾撰《砚史》《书史》。元陆友撰《墨史》。明王稚登撰《奕史》。清何萱撰训诂书《韵史》。现代有《海军史》《梦文化史》等。

三、小说,历来认为来自稗宫、野史,为标榜有根有据以招徕读者,常以史题名。如通俗小说中的《昭阳趣史》《东楼秽史》《铁花仙史》《巧缘浪史》《怡情佚史》(即《品花宝鉴》)等。现代有张恨水的《春明外史》。民国初年英国狄更斯的《威克匹克先生》,曾被译为《旅行笑史》。另有:“外史”“艳史”“野史”“逸史”等,请参见。

四、某些笔记、杂文、报告文学、通俗读物也常以“史”题名。宋岳珂有《桯史》。明代笑话集名《雪涛谐史》。冯梦龙撰《情史》。近代有《张勋丑史》《甲申痛史》。瞿秋白的访苏报告文学题名《赤都心史》。

【 史抄(钞) 】

摘抄一种或数种史书而成的著作。《宋史·艺文志》始设“史钞”类目,此后史抄渐多,明朝尤盛。以其“博取约存”而读者称便。但或有为原书节本体例不一。明刊本芜滥甚多。清王佶之撰有《鹤山史抄》。

【 史稿 】

尚未最后定稿的历史著作。如近人赵尔巽主

编的《清史稿》。陈修斋撰有《欧洲哲学史稿》，郭因撰《中国绘画美学史稿》。还有《清华大学校史稿》等。

【 史纲 】

通史的或某个时期、某个学科的历史纲要。明人李贽著《史纲评要》。现代有侯外庐的《中国思想史纲》。谭丕模的《清代思想史纲》。当代朱德生等人撰的《西方认识论史纲》等。

【 史话 】

通俗地讲解历史的书，如《隋唐史话》《五代史话》等。常用于断代史或某种学科、事物发展史的书名。当代有郭昆如的《西洋哲学史话》、朱德生的《认识论史话》、夏基松的《唯物论史话》等。中华书局出版的《中华历史小丛书》中收有《报刊史话》《北京史话》《故宫史话》《绘画史话》《京剧史话》《四库全书史话》等多种。

【 史记 】

原指古代记载历史的书，为一类书名。司马迁《史记·周记》："周太史伯阳读史记，曰周亡矣。"《正义》朱：诸国皆有史以记事，故曰"史记"。《史记·六国表》："秦既得意，烧天下诗书，诸侯史记尤甚，为其有所刺讽也。"《汉书·艺文志》："仲尼思存前圣之业……以鲁周公之国，礼文备物，史官有法，故与左丘明观其史记……"王充《论衡·说日》："鲁史记曰：'两星不及地而复。'"杜预《春秋左氏传集解序》："春秋者，鲁史记之名也。"疏："……史官记事为书，立名以春秋二字，为记事之书名也。"可见当时各国皆有"史记"之书。王充、杜预都曾特别引论鲁史记之书。后来各国史记或毁、或佚，只有鲁史记以"春秋"的名义保留下来。司马迁的著作在《汉书·艺文志》中以《太史公百三十篇》名义著录，又称《太史公书》《太史公记》《太史记》。至《隋书·经籍志》标立史部，以司马迁《史记》居首，才成定名。此后《史记》成为司马迁著作的专称。"史记"之名又流传至国外，1145年（我南宋绍兴十五年）高丽国人金富轼撰《三国史记》记述新罗、高句丽、百济三国历史。1212年（我南宋咸淳八年）越南陈太宗时人黎文休撰《大越史记》。参见下篇《史记》一条。

【 史略（附略史） 】

历史著作以简略形式著述者。《唐书·艺文志》录唐杜牧《史略》《四库全书》录明不著撰人的《朝鲜史略》及《越史略》。1925年北新书局出版鲁迅著《中国小说史略》。中华书局1937年出版徐式圭著《中国监察史略》。1948年出版程幸超编著《中国地方行政制度史略》。1992年岳麓书社刊杨安仑等著《先秦美学思想史略》。史略又可作略史：1926年谢彬著《西藏交涉略史》，中华书局刊。

【 史论 】

原指史传文末，评述所载事件、人物的议论文字。梁刘勰《文心雕龙·定势》："史论序注，则师范于核要。"清王兆芳《文体通释》："史论（论赞、某人曰、序、铨、评、议、述、撰、奏、史臣曰）：史论为论赞。赞一作讃，见也，明也。附论说于纪传之后，其伦理明见，若赞者之引见也。……"《文选》列"史论"一门。以后，凡是评论史书及历史人物、事件的文字，皆称"史论"。元王约曾著《史论》一书，已佚。

【 史评 】

评论历史人物、事件或史书的著作。宋晁公武《郡斋读书志》目中列有"史评"一栏。录《唐史评》等书。《四库全书》史部有"史评"一类。其存目录明范光宙撰《史评》。

【 史诗 】

古代叙事诗中的长篇作品，叙述英雄传统说或重大历史事件的长诗。章炳麟《文学说例》："韵文完具而后有散文，史诗功善而后有戏曲。"近代翻译外国史诗和发掘的少数民族史诗相继出版。1979年上海译文出版社刊杨宪益译《荷马史诗·奥德修纪》。另，我国藏族的《格萨尔》、蒙古族的《江格尔》、柯尔克孜族的《玛纳斯》等，也陆续出版。

【 式 】

规格、标准。《北史·周高祖本纪》："议权衡度量，颁于天下。其不依新式者，悉追停之。"又作模范、榜样。《汉书·扬雄传》："蜀有司马相如，作赋甚弘丽温雅，雄心壮之，每作赋，常拟之以为式。"作书名例《汉书·艺文志》五行家中的《羡门

(墓门)式》。唐皎然撰《诗式》。宋李诫有《营造法式》。元王充耘撰《书义矜式》,所阐释经义程式,可为取士的参考,见《四库全书》。

【 世 】

本义是三十年。转意为一生、世代、人间等。《三国志·蜀志·诸葛亮传·隆中对》:"孙权据有江东,已历三世。"书名和书名词语有《世表》:如《史记》中的《三代世表》,将黄帝至周的世承关系列表。《世本》:《汉书·艺文志》录《世表》,记黄帝至春秋时,诸侯大夫世系。《世家》:为文史纪传体,始于《史记》用于记载诸侯王事迹。现代有作家出版社刊董均伦等撰《孔子世家》。《世说》,意为世俗言论《荀子·正论》:"世俗之为说者。"南北朝宋人刘义庆撰《世说新语》,为中国早期著名笔记小说。后来,唐李屋、宋孔平仲都撰有《续世说》等书。

【 事 】

泛指人类生活的一切活动和遭遇的一切现象。《书·益稷》:"股肱惰哉,万事坠哉。"古籍中又特指天子诸侯的重大军事政治事件。如:祭祀、会盟、兵戎等。书名例有:《战国策》别称《事语》。《汉书·艺文志》录有《奏事》《燕十事》等书。宋叶廷珪撰《海录碎事》书名词语有"近事"指近日之事。宋郑文宝撰《南唐近事》。"事实"义近实录,如宋李攸撰《宋朝事实》。"事物"指一般的作为、物件,如宋高承撰《事物纪原》、明傅岩撰《事物考》。另有"事典""事类""事略""大事""本事""故事"等,请参见。

【 事典 】

我国古代原指治世法规之书。《明史·艺文志》录有徐祀《事典考略》。近代"事典"一词,指典故的一种,是诗文引用过去的故事,有别于语典。日本于1931年出版了《大百科事典》。因为出版者认为,百科全书以语词次序排列义项,以词语和文字为主;但是从知识内容来说,实际是对事项的解释,所以应当用"百科事典"一词。此后日本出版以"事典"题名的工具书很多,如《世界大百科事典》《日本地名大事典》《日本美术名宝事典》《歌剧大事典》等。近来我国也逐渐用"事典"题名工具书。如1990年河北教育出版社刊《外国历史大事典》。1991年南海出版社刊《世界大事典》。还有《毛泽东遗物事典》《摄影事典》《东西方文化比较事典》《日本事典》《现代经济事典》等。

【 事类 】

按事分类相从。《后汉书·陈宠传》:"撰《乱颂比》七卷,次事科条,皆以事类相从。"晋挚虞《文章流别论》:"古诗之赋,以情意为主,以事类为佐。"《四库全书》录宋无名氏撰《分门古今事类》,又录吴淑撰《事类赋》。清人华希闵继之撰《广事类赋》。吴世海再编《广广事类赋》。姚之骃撰《元明事类抄》。

事略原为文体之一,即概略记述过去的人物、事迹者,有别于正式的传记。姚华《论文后编·目录中》:"事略不必如行状、行述之具备,即一言一事,亦可成篇:或生平梗概,虽已悉书,然恐其不详也,故亦称略,以待增益。"例,有记一人事者,如明归有光《先妣事略》。有集若干人物辑为一节者,如清李元度《国朝先正事略》。宋王禹偁《东都事略》,记北宋九朝事迹。

【 释 】

解释。《国语·吴语》:"乃使行人奚斯,释言于齐。"清王兆芳《文体通释》:"释者,解也。解释文字也。主于因文解义,正名事物。源出《尔雅》之篇,称释某。流有汉刘熙《释名》、唐陆德明《经典释文》……。"书名多为注释古籍者。如《隋书·经籍志》所录李颙《尚书新释》、张凭《论语释》。另晋杜预有《春秋释例》。宋刘次庄撰《法帖释文》。元李治、明顾德祥共撰《测图海镜分类释述》。清阎若璩有《四书释地》。近代俞平伯撰《清真词释》。郭长生撰《老子白话释秘》等。另"通释",请参见。

Shu

【 书 】

一、书写、记载.《说文·聿部》:"书,箸也。"聿,即笔。从聿,者声。隶书省"者"成"曰"。箸(著)即显明。合意是用笔使文字显明。《广雅·

释言》："书，记也。"《礼记·玉藻》："动则左史书之，言则右史书之。"本意是"写"转义是"记载"。所以古代史书都命名为"×书"。先秦古籍《尚书》意即上代之书。《汉书·艺文志》在书类中录有《周书》七十一篇，下有小注"周史记"。我国正史中有《汉书》《晋书》《宋书》《南齐书》《梁书》《陈书》《魏书》《北齐书》《周书》《隋书》《唐书》等。《史记》的记也是"书记"之意。现代书名有吕荧的《美学书怀》等。

二、书记、书本。《正字通》："凡载籍谓之书。"《汉书·艺文志》路有《推杂书》《龟书》《图书秘记》等。《隋书·经籍志》录有《字书》《外国书》、虞喜撰《志林新书》。唐颜元孙有《干禄字书》。宋陈方有《农书》。清周亮工有《书影》。现代有郁达夫杂文集《闲书》、聂绀弩文集《血书》、郭沫若的《十批判书》等。另有："禁书""秘书""奇书""全书""图书""书抄""书林""书录""书目"等，请参见。

三、特指先秦古籍《尚书》。《论语·为政》："《书》曰：'孝乎，惟孝友于兄弟……'"《宋史·艺文志》录有《书传》、宋蔡沈撰《书集传》，都是《尚书》的传注。宋吕祖谦撰《书说》，明胡广有《书传大全》，清魏源的《书古微》，此等"书"字，皆是《尚书》的简称。

四、谓书法，写字的艺术。《南史·王僧虔传》："高祖素善书，笃好不已。与僧虔赌书曰：'谁为第一？'对曰：'臣书第一。'"南朝梁庾肩吾著《书品》，唐孙过庭撰《书谱》，宋米芾撰《书史》，董史撰书法家传《书录》，明丰坊撰《书诀》等。另见"书法"专条。

五、文体名、主议论。古代以人臣进呈形式者，又称"上书"。如西汉邹阳的《与吴王书》，司马迁的《报任安书》，王安石的《与司马谏议书》，康有为撰《大同书》，1895 年刊有《公车上书记》。

六、指书信，见该专条，并参见"书简""情书"条。

七、曲艺名，见"说书"专条。

【 书抄(钞) 】

原意是手抄书本，后亦指辑录资料的成书。《文心雕龙·四论说》：孔融考廉，但谈嘲戏；体同书抄。"钟嵘《诗品》："大明、秦始中，文章殆同书抄。"《隋书·经籍志》史部录晋葛洪《汉书钞》，子部录《杂书钞》《书钞》《东方朔书钞》等。《四库全书》类书类录唐虞世南《北堂书钞》，所摘古书，常为考证家援以为据。尚书类录宋袁燮撰《絜斋家塾书钞》。清王谟辑有《汉唐地理书钞》。参见"抄"字条。

【 书法 】

文字的书写艺术，或指书法作品。《南齐书·周颙传》："少从外氏车骑将军臧质家得卫恒散隶书法，学之甚工。"《四库全书》艺术类录元盛熙明《书法考》明项穆《书法雅言》。清冯武撰《书法正传》。1986 年北京大学出版社刊杨在春《现代书法》。1989 年上海书画出版社出版殷荪编《中国书法史图录》。1994 年中国人民大学出版社出版刘炳森著《中国书法艺术》。

【 书简 】

书札、书翰。《三国志·吴志·赵达传》："有书简上作千万文，著空仓中封之。"1937 年上海出版许广平编《鲁迅书简》、郭沫若的《樱花书简》。有的以书信的形式发为议论，或作散文、报告文学的书名。茅盾著有《回忆·书简·杂忆》。郑振铎著《西行书简》。姚雪垠有《战地书简》。朱光潜有《谈美书简》。

【 书话 】

关于"书籍"的谈话。包括作者、版本、流传、装帧、掌故、逸闻和逸趣等。《宋史艺文志五》小说类录何谿文《竹装书话》。1962 年唐弢出版《晦庵书话》。1996 年北京出版社出版《现代书话丛书》包括：《鲁迅书话》《周作人书话》《郑振铎书话》《阿英书话》《巴金书话》《唐弢书话》《孙犁书话》等。

【 书林 】

一、指文人学者聚处。《汉书·扬雄传·长杨赋》："今朝廷纯仁。尊道显义，并包书林。英华沉浮，洋溢八区。"

二、指藏书众多之处。《后汉书·和帝纪》："帝幸东观，览书林，阅篇籍。"用作书名，《隋书·

经籍志》总集类录《书林》十卷(无撰人)。清叶德辉著有《书林清话》叙述各代书籍版本。近代马宗震著《书林藻鉴》是中国书法家史传汇编。

【 书录 】

一、图书记录,意同书目。《新唐书·艺文志》录有毋煚《古今书录》。宋陈振孙有《直斋书录解题》。清黄丕烈有《百宋一廛书录》。清丁顺撰《武林藏书录》。近代有邓邦述《群碧楼善本书录》。徐以孙纂辑《东西学书录》。现代如上海古籍出版社刊一粟编辑的《红楼梦书录》。

二、书法学著录,如宋董史撰《皇宋书录》,记宋书法家161人名氏,收于《四库全书》艺术类。

【 书目 】

图书目录,特指书本式耳录。《南史·张缵传》:"躜固求不徙。欲偏观阁目内书籍。尝执四部书目曰:'若度次毕,可言优仕也。'"《梁书·任昉传》:"昉虽家贫。泉书至万余卷,率多异本。及卒后,武帝使学士贺纵,共沈约,勘其书目,官无者,就其家取之。"著名书目还有:宋赵希声《遂处堂书目》。明杨士奇的《文洲阁书目》。清周贞亮、李之鼎的《书目举要》、张之洞的《书目问答》等。

【 书信 】

书谓函札,信指信使及音讯,又通称信札。古代一般有辞命、议论二体,三代以上少见,至春秋列国大夫相与往来始盛。《左传昭六年》:"叔向使诒子产书。"梁任昉《文章缘起》:"书,汉太史令司马迁《报任安书》。"唐王驾《古意》诗:"一封书信千行泪,寒到君边衣到无?"著名者尚有丘迟《于陈伯之书》、王安石《与司马谏议书》等。近代有:鲁迅编《两地书》《书信》。此外如《胡适往来书信选》《郭沫若书信集》等。戏曲剧本有《蒋干盗书》《柳毅传书》等。另请见"家书"等条。

【 疏 】

本义:通也,无障碍也。见《说文》。《孟子·滕文公上》:"禹疏九河。"在文献学上有二义:

一、指奏章。疏的另一义,有分条记录或陈述之意。后者见于向皇帝条陈意见的"上疏"。清王兆芳《文体通释》:"疏,陈言而条析疏通,奏议之属也。汉兼施于王侯,魏晋六朝专上王侯,后世专上天子。"汉贾谊有《论积贮疏》。《四库全书》诏令奏议类录明潘季驯撰《潘司空奏疏》。

二、疏通经义,即注解、阐释经书及其旧注的文字。唐玄宗《孝经序》:"是以一章之中有数句,一句之内,意有兼明。具载则文繁,略之又意缺。今存于疏,用广发挥。"清蔡焯《史通通释举例》:"释之为用,析节而疏其义。"所以阐释旧注曰"疏"。因时代之异,汉人旧注,后人难解,乃有"疏"此种注释形式,其始于六朝而盛于唐。皮锡瑞《经学历史》:"夫汉学重在明经,唐学重在疏注。"宋刊《十三经注疏》。以"疏"作书名者《隋书·经籍志》有《周易义疏》《周易讲疏》等。《四库全书》集部录宋吴仁杰《离骚草木疏》、另录赵顺孙《四书纂疏》、蔡模《孟子集疏》、清王夫之《诗经稗疏》、沈彤《仪礼小疏》、王明弼《周子疏解》、郝懿行《尔雅义疏》。另有"注疏""疏义""疏证"等,请参见。

【 疏义 】

疏通并阐发文意。北齐颜之推《颜氏家训·勉学》:"夫圣人之书,所以设教,但明练经文,粗通注义,常使言行有得,亦足为人;何必'仲尼居'即须两纸疏义?"《四库全书》四书类录宋金履祥撰《大学疏义》。政书类录唐长孙无忌撰《唐律疏义》。

【 疏证(證) 】

阐释、考证。陈旦《〈列子·杨朱篇〉伪书考证》:"今仅就《天瑞》一篇言之,其托伪之迹,已不可掩。够广为疏证,虽累帙不能尽。"或融会义理,兼以阐发、校订、考证、疏通者,如王念孙《广雅疏证》。侧重考辨者,如阎若璩《古文尚书疏证》。

述《貌文》:"述,循也。"又指阐述前人成就。《论语·述而》:"述而不作。"

其义有二:

一、训诂名词之一。作书名常为谦称自己的注解。郑子约"述者述于古事"。主于循旧申言,不敢妄作。源出于吴陆绩《周易述》。明曹瑞撰《太极图说述解》、清李光地有《周易述注》,见《四库全书》。

二、一种论说文体,又作著述。《正韵》:"凡终人之事,纂人之言皆曰述。"清吴曾祺《文体刍言》:

"述之云者，盖不敢居于著作之称，姑述前言而已。其用为文之一体者，古无是称，亦无是作，唐以后始见。"杜甫曾有《杂述》《秋述》等作。《隋书·经籍志》录南朝祖冲之《述异记》（已佚）。又《郡斋读书志》载南朝任昉撰《述异记》。《唐书·艺文志》录唐刘炫《述义》。近代书名有瞿秋白《海上述林》、刘纲纪《美学述林》。还有《明末清初小说述录》《两宋思想述评》《音学述微》《经义述闻》《中华道统述要》《中国戏剧文化史述》《顾颉刚先生学述》《存在主义述译》。

另有"概述""浅述"等，请参见。

【 述考 】

述：记述、阐述。指叙录前人成说，或传于旧章，谦称"述而不作"者。考：考证。书名有 1945 年上海知行社刊，谭正璧撰《中国佚本小说述考（日本所见）》。参见"考"字条。

【 术（術） 】

本義是邑中的道路。见《说文》。引申为求通。后亦指技能、技艺以至学术、学问。梁刘勰《文心雕龙·书记》："术者，路也。算历级数，见路乃明，九章积微，故以为术；淮南万毕，皆其类也。"《汉书·艺文志》历谱家录《许商算术》。《四库全书》天文历算类录题为汉徐岳专《术数纪遗》。晋刘徽撰《九章算术》。后魏贾思勰撰《齐民要术》。《隋书·经籍志》经三医类录《序房内秘术》。

【 数字与书名 】

中国古代由于天人感应的思想，认为自然界的数字，有一种超自然力量的神秘性，可以导致某种愿望的实现。用数字题在书名，表示一种特殊的寓意或企望：

一、一，是数字之始，万物之本。又有独、初、满、全、终等含义。《老子》云："道生一，一生二，二生三，三生万物。"书名举例如：《一鸣集》《一瓢诗话》《一代风流》《一文钱》《一棒雪》《一箭仇》《一切经音义》等。

二、二，《易·系辞上》："分而为二。"又作加倍、对立、分裂解。由增倍引申为偶数、成双、成对，则有祥瑞的含义。书名有《贰臣传》《二心集》《二程全书》《二妙集》《二度梅》《二马》等。二又作两，如《两狼山》《两世姻缘》。又作双，如《双溪集》《双忠记》《双官诰》等。

三、三作数字的特殊性，源于早期人类计数能力不超过三的时代，所以三象征着多、丰富等。《左传·定十三》："三折肱为良医。"《后汉书·袁绍传》："三者数之小终。"俗谚有"事不过三"之说。标志一个限段。书名又《三坟》《三略》《三藏》《三才图绘》《三国志》《三岔口》《三战吕布》《三余集》《风尘三侠》《三闲集》《三家巷》等。

四、四，此数观念来自人类的方位感。引申为通达。《说文》："象四分之形。"段注："口，象四方；儿，象分也。"也有分判之意。书名如《四书》《四州志》《四库全书》《四部备要》《四游记》《四世同堂》等。

五、五数观念，起自人的一拳五指，象形文字作"X"（印时上下加一）象征阴阳在天地的交午（交叉），引申作中数，十之半。寓意有正中、杂集、缤纷诸意。书名举例如：《五典》《五经》《五总志》《五灯会元》《五虎平西》《五女兴唐》《五侯宴》《五子登科》《五采路》等。

六、六是由三的两倍组成，寓意既多且偶。又与"禄"同音，吉。书名有《六韬》《六一诗话》《六才子书》《六国大封相》《六十种曲》等。

七、见"七"字专条。

八、八是由二的四倍组成。《易·系辞上》："两仪生四象，四象生八卦。"四面再析可得八方。又与"发"谐音，引申有发达、旺发之兆。书名例有：《八索》《八代诗选》《八义记》《八大锤》《唐送八大家文选》《八千卷楼藏书》等。

九、九是奇数之最。《说文》解其有"象其屈曲究尽之形"谐音"究""久"等，有多多之意。古代有"九"的文体。清王兆芳《文体通释》："九者，老阴之数，逾七而多者也。古恒言少曰一，多曰九。讽词别章，至九数也。主于假譬规讽，充义尽情。"源出夏禹《九歌》。流有楚辞屈原《九歌》，至汉王逸《九思》等篇。魏曹植《九咏》……是七体的究尽发挥。"书名有《九丘》《九章算术》《九边图说》《九更天》《九命奇冤》《九龙口》《九尾龟》等。

十、十是最完满、充实之数。《易经疏》:“十者数之极。”《左传疏》:“十是数之小成。”完全、完备之意,所以有十分之说。书名例有《十翼》《十州记》《十国春秋》《十认错》《美芹十论》《十驾斋养新录》《十种古逸书》等。参见“百”“其”诸条。

Shuo

【说】

《说文》:“说,说解也。”

一、说话、讲述。用于书名如《说不尽的毛泽东》《说杭州》《再说美国》《刘说字画》《戏说乾隆》《评说三毛》《老子他说》《查拉斯图拉如是说》《话说长江》《话说运河》等。

二、解释、说明。《诗·卫风·氓》:“士之耽也,犹可说也;女之耽也,不可说也。”书名如汉许慎的《说文解字》。清朱骏声的《说雅》。黄仲炎的《春秋通说》。庄詠的《杜诗浅说》。中华书局刊《图书馆简说》。李达撰《矛盾谕解说》等。有的书是专门解释一种事物的,如清焦循的《剧说》。《书目问答补正》录《炮说》。现代梁行之著《说陶》。蔡志忠有《禅说》等。此外有“概说”“解说”“略说”“诗说”“图说”“杂说”等,请参见。

三、原指一种言论、主张。《孟子·滕文公下》:“世衰道微,邪说暴行。”晋陆机《文赋》:“秦平微以闲雅,说炜晔而谲诳。”主于博导指趣,心解口述。后发展成一种文体,或形成一种学说。《管子·立政》:“寝兵之说胜,则险阻不守;兼爱之说胜,则士卒不战。”隋王通著《中说》。元陈绎撰《文说》。1896年梁启超著论述农业的《说橙》。台湾陈大齐著《孔子学说》。胡怀琛著《中国先贤学说》等。

四、训诂学名词之一。早期古籍注释接替“××说”。《后汉书·孔奋传》:“奋晚有子嘉,官至城门校尉作《左氏说》云。”李贤注:“犹今之疏也。”《汉书·艺文志》诗经类录有《鲁说》,易类录《五鹿充宗略说》,礼类录《中庸说》,《论语》有《齐说》等。宋吕祖谦撰《东莱书说》《左氏传说》。俞琬撰《周易集说》。清张尔岐撰《老子说略》。

五、古代一些笔记、小说、杂文、丛书也题名曰“说”。清吴曾祺《文体刍言》:“说之始兴,盖出于子家之绪余。故自汉以来,著述家所作杂说,十尝八九,盖皆有志之士悯时疾俗及伤己不遇,不欲正言,而托物以寄意,此其意也。”《隋书·经籍志》录梁沈约撰《俗说》《杂说》二书。《四库全书》录汉刘向撰《说苑》,南朝刘义庆撰《世说新语》。明陶宗仪辑丛书《说郛》。清吴震方、汪琬撰书皆题《说铃》。收汉至清朝笔记小说百七十一种的丛书,题名《说库》,清王文濡辑。另有“说林”“小说”“传说”等,请参见。

再,表演评书、评话、评弹等者曰“说书”,见该专条。

【说林】

《韩非子》中有此篇名。《史记·韩非传》:“故作孤愤、五蠹、内外储说、说林、说难十余万言。”索隐:“谓广说诸事,其文若林故曰‘说林’。”《新唐书·艺文志》录《说林》二种,撰者各为孔衍、张大素。

【说书】

初见于墨子《耕柱篇》:“能谈辨者谈辨,能说书者说书,然所言与今事别。”后则指一种曲艺,即演述评话、演义等。南宋洪迈《夷坚志》:“茶肆中坐,见幅纸用绯贴其尾云:今晚讲说《汉书》。”《古杭梦游录》:“说话有四家:说史、说铁骑儿……”孔尚任《桃花扇·听稗》:“兄可知道泰州柳敬亭说书最妙。”《老残游记》:“明儿白妞说书,我们可不必做生意,来听书吧。”陈云《关于评弹》:“新书我听得不多。”其名“书”者,常是说者的底本。许多曲艺也称为“书”,如评书、大鼓书、快书、快板书等。书名又陈汝衡的《说书史话》、陈士和的《评书聊斋志异》、胡文彬的《红楼梦子弟书》、老舍的《鼓书艺人》。小说书名有《说唐演义》《说岳全传》等。参见“评话”条。

Si

【四六】

一种文体,又名“骈文”。特点一是多用对句,二是以四字、六字为基本句法。起于齐梁之间，沈约、谢朓、徐陵、庾信诸人逐渐发扬。《文心雕龙·章句》中言：“若夫笔句无常，而字有条数。四字密而不促，六字格而非缓，或变之以三五，盖应机之权节也。”唐初王、杨、卢、骆竞而为之，乃盛极一时。晚唐李商隐作《樊南甲乙集》中有“樊南四六”之语，宋以后即以“四六”称此类文章。宋洪迈《容斋随笔》：“四六骈俪，属词比事，宜警策精切，使人读之激昂，讽咏不厌。……于文章家为至浅。然上至朝廷命令诏册，下至缙绅之间笺书祝疏，无所不用。”其声调和谐，典故博多，文辞华丽，是以风行。但后来泛滥文苑，又束缚思想，有识之士发起古文运动，以挽狂澜。乃使文风大变散文行时矣。书名例有：宋王子俊撰《格斋四六》、李廷忠撰《桔斋四六》、李刘《四六标准》、叶适《四六丛珠》、清陈维崧《陈检讨四六》《四六金鍼》等。

【 肆考 】

肆者，陈列也。又有勤力之意。书名见《四库全书》类书类收录的明彭大翼专《山堂肆考》。该书辑群书故实，类编成帙。内容宏富浩博，剪裁得宜，浅显易懂。

Song

【 颂 】

颂扬、赞美。《礼·少仪》：“颂而无谄，谏而无骄。”后指文体的一种，以褒述功美为旨。陆机《文赋》：“颂优游以彬尉，论精微而朗畅。”在《诗经》中是一体，如《风》《雅》《颂》。《隋书·经籍志》杂传类录曹植撰《列女传颂》。现代诗歌集有延安大学中文系编《延安颂》。散文有雁翼的《白杨颂》。

Sou

【 薮 】

原意是打泽，后喻为人或物聚集之处。《书·武成》：“为天下逋逃主，萃渊薮。”有旧题唐人韦续撰《墨薮》、皮日休撰《文薮》。

Su

【 素 】

素字，小篆原文上为“垂”，下为“系”会意是：丝织物光润易于下垂者，“绢”等。用于书名有：

一、指写于绢上的书。如题名秦人黄石公撰的兵书《黄石公素书》。

二、指人的本原如情、性之具。《周易》：“太素者质之始也。”书名有《素问》即《黄帝内经·素问》，即黄帝向岐伯问病之缘由。

三、素女，是中国古代传说中多才多艺的仙女，言其善歌，知阴阳之道，且擅房中之术。《隋书·经籍志》中录有《素女秘道经》《素女方》《素女经》等。清代叶德辉将上述书籍收入其《双梅闇丛书》中。

Sui

【 随笔 】

古代指一种随手札记的文体。宋洪迈《容斋随笔序》：“予老去习懒，读书不多，意之所在，随之纪录。因其先后无复诠次，故目之曰‘随笔’。”见《四库全书》子部。“随笔”，自宋代之后，十分盛行。《四库》录元人蒋正子《山房随笔》。清顾奎元有《春秋随笔》。1934 年上海生活书店刊巴金《旅途随笔》。1935 年上海开明书店刊茅盾《速写与随笔》。1949 年香港人间书屋刊夏衍的《蜗楼随笔》。

Suo

【 索 】

《说文》解作草绳，引申为搜求。《易·系辞》：“探赜索隐”疏：“索，谓求索。”《汉书·杜林传》：“吹毛索疵。”书名词语有“索引”。如《十三经索引》。“索隐”如宋张行成撰《皇极经世索隐》。“考索”宋张如愚撰《群书考索》（即《山堂考索》）等，见各专条。

【 索引(附引得) 】

古代指牵引,《易林》:“爰我婴女,索引不得。”现代此词为英语 Index 的意译,是检索图书资料的一种方法。即将从文献资料中摘取的资料单元,按要求编成款目,对标目进行整序(如按分类式或按字序),以建立参照结构。这样组成一种用以检索文献内容的线索目录,即为“索引”。如《十三经索引》《二十四史人名索引》《古今人物别名索引》等。有人将 Index 音译作“引得”。如《四库全书总目及未收书目引得叙例》,意义同。参见“引”字条。

【 索隐 】

意为寻求事物隐僻之理,言治学乃探深解微之作。《易·系辞》:“探赜索隐,钩深致远,以定天下之吉凶……”古代注释考证典籍,有题名索隐者,如唐司马贞的《史记索隐》,其自序言:“探求异闻,采摭典故,解其所未解,申其所未申,故以索隐为名。”近代有王梦阮、沈瓶庵的《红楼梦索隐》,蔡元培的《石头记索隐》等。

【 琐(璅)记 】

细小、琐碎的记述。《贩书偶记》录清吴邦选撰《读易琐记》。近代梁章钜有《归田琐记》。1940年沪三通书店刊鲁彦散文记《随踪琐记》。

T

Tan

【 谈 】

《说文》:“语也。”引申为言论。《荀子·儒效》:“慎、墨不得进其谈。”作书名有谈论、论说之意。常题名于“随笔”“杂文”“小品”等书籍,如宋吴箕的《常谈》,明徐贞卿的《谈艺录》。现代如鲁迅的《门外文谈》《准风月谈》,周作人的《谈龙集》《谈虎集》等。“谈”字作书名,常以不同的修饰,表示不同的情味。如宋高晦叟的《珍席放谈》、朱彧的《萍洲可谈》、陈长方的《步里客谈》、俞琰的《席上腐谈》、孙升的《孙公谈圃》、周密的《浩然斋雅谈》、明赵宧光的《寒山帚谈》、徐应秋的《玉芝堂谈荟》、清萧腾麟的《西域琐谈》、王士祯的《池北偶谈》、邹弢的《三借庐笔谈》。近代有茅盾的《杂谈苏联》、阿英的《小说闲谈》、朱自清的《经典常谈》、聂绀弩的《海外奇谈》等。另有“丛谈”,请参见。

【 谭 】

称说,与“谈”通。《庄子·则阳》:“夫子何不谭我于王?”《三国志·魏志·管辂传》:“此老生之常谭。”明洪应明撰《菜根谭》,冯梦龙撰《古今谭概》。清和邦额撰《夜谭随笔》。1928 年屺胆生根据英译本转译的阿拉伯民间故事,取《天方夜谭》(又题作《一千零一夜》)。

【 探 】

原意是取、摸取,引申为探讨、探求。《商君书·新径》:“探渊者知千仞之深,悬绳之数也。”唐韩愈《韦侍讲盛山十二诗序》:“韦侯读六艺之文,以探周公孔子之意。”近代取之作书名者,如《毛泽东哲学思想初探》《屈赋新探》等。还有“探索”,如陈慕纯著《人道的探索》。“探讨”,如《系统科学的哲学探讨》。“探微”,如王育珠《伦理学探微》。“探析”,有张明《现代西方哲学探析》。“探原”,李镜池有《周易探原》。“探幽”,例李冬妮《金苹果之谜——美学探幽》等。

Tao

【 梼杌 】

古代传说中的恶兽,见之于旧题东方朔撰之《神异经》,《孟子·离娄下》:“恶兽名,古者以为凶人之号,取记恶垂戒之义也。”所以古代楚国史书亦取名《梼杌》。明张宣《疑耀·梼杌》："梼杌，恶兽。楚以名史，立于惩恶。"又云："梼杌能逆知未来，故有掩扑者，必先知之。史，以示往，知未来，故取名焉，亦一说也。"《四库全书》史部录有宋人张唐英撰《蜀梼杌》一书。明末有人撰《梼杌闲评》写阉人魏忠贤丑史。

Ti

【提纲】

原意是举网，引申为"列举大的或主要的"。《宋史职官志》："提纲而众目张，振领而群毛理。"《四库全书》职官类录宋人撰《州县提纲》，讲为官之道，推本而知要。春秋类录旧题元陈则通撰《春秋提纲》，分门别类综论《春秋》。地理类录清齐召南撰《水道提纲》，以巨川为纲，而以所汇众流为目，故曰"提纲"。参见"纲"字条。

【提要】

提纲扼要。唐韩愈《进学解》："记事必提其要。"清彭元瑞撰《石经考文提要》。郭沫若1926年撰《西洋美术史提要》。参见"要"字条。

【题】

本义是头额。《楚辞·招魂》："雕题黑齿。"引申为事物的前端。题，作动词则为书写题署、题名命名之意。书名词语"题"为标目之意。《释名·释书契》："书称题。题，谛也，审谛其名号也。"如"解题"为古代解释书籍题目的文字，详见该专条。"解题"又作"题解"，中华书局1932年出版《社会科学名著题解》。现代一些学习辅导书题名"题解"，为解答课题，如《代数题解》《物理题解》等。

Tiao

【条辨】

逐条辨析。南朝梁陶弘景《真灵位业图序》："事事条辨，略宣后章。"《四库全书》医类录明方有执撰《伤寒论条辨》。

Tie

【帖】

有二义：

一、读tie(上声)

1. 指写有简短文字的柬帖。清吴曾祺《文体刍言》："帖，帛书属也。盖书于木者为扎，书于帛者谓之帖，……后乃转为书之别名。其文亦善于用短者为贵，魏晋间人多有之。"汉崔瑗有《杂帖》、蜀武侯有《远涉帖》、魏锺繇、晋王羲之皆以《杂帖》名世。书名见《隋书·经籍志》礼类录任预撰《礼论帖》三卷。

2. 唐、宋、元、明经科考试名目曰"帖"。唐白居易、宋孔传撰《白孔六帖》为范本。

二、读tie(去声)

指供临摹或欣赏的墨迹或印本，也指碑刻的拓本。唐李商隐《拟意诗》："书成祓禊帖，唱杀畔字愁。"书名如《三希堂法帖》。

Tong

【通】

通字，有通常、共同、通贯、洞晓、博识、整个、全部等含义。《隋书·经籍志》录《春秋旨通》《六经通数》等书。《四库全书》录宋赵以夫撰《易通》、清闵其级《六书通》、柴绍炳《古韵通》、唐刘知几有《史通》、宋周敦颐有《通书》、元胡炳文撰《四书通》、明湛若水有《格物通》、方以智有《通雅》。《十通》是十种署有通字书名的古籍即：《通典》《通志》《文献通考》《续通典》《清通典》《续通志》《清通志》《续文献通考》《清文献通考》《清续文献通考》。近代有朱起凤的《辞通》、杜信孚的《同书异名通检》等。还有唐杜佑《通典》、宋邢凯的《坦斋通编》、张行业的《易通变》、刘清之《戒子通录》、李淇《春秋通说》、张大享《春秋通训》、元马端临《文献通考》、陈栎《历朝通略》、胡一桂《十七史纂古今通要》、释念常《佛祖历代通载》、张存中《四书通证》、朱公迁《四书通旨》、曾贯《易学变通》、明陈建

《学蔀通辨》、明万民英《通会》、清魏荔彤《大易通解》、乾隆《钦定八旗满洲氏族通谱》、傅以渐等《易学通论》、近人吴闿生的《诗义会通》等。作书名词语还有:"通检""通鉴""通解""通考""通览""通论""通史""通释""通俗""通义""通议""通志"等,请参见。

【 通检 】

属检索之类,意为普遍的检查。见《金史·世宗纪》:"命泰宁军节度使张弘信等二十四人,分路通检诸路物力。"通检作书名,始见于清黎永椿的《说文通检》。近代有中法汉学研究所编辑的《通检丛刊》,包括有《淮南子通检》《山海经通检》《论衡通检》等。顾颉刚撰《尚书通检》。吴晓铃编《方言校笺及通检》。1962 年江苏人民出版社刊林信孚编《同书异名通检》。

【 通鉴 】

通为广博、贯通。鉴是借鉴。北宋英宗治平三年,司马光进所撰《通志》,诏命续撰至当代。元丰七年,书成。神宗谕此书"鉴于往事,有资于治道"乃赐名《资治通鉴》,简称《通鉴》。

【 通解 】

疏通、解释。《后汉书·儒林传下·谢该》:"建安中,河东人乐群条《左氏》疑滞数十事以问,该皆为通释之。名为《谢氏释》行于世。"《隋书·经籍志》春秋类录王述之撰《春秋左氏经传通释》。《四库全书》录清魏荔彤《大易通解》。1944 年中华书局刊余家菊撰《大学通解》,1945 年又刊余氏《论语通解》。

【 通考 】

通,解作完全、洞贯、博综。汇考古今典章制度源流,而作贯通的叙述者曰"通考"。著名的如元马端临的《文献通考》。黄镇成有《尚书通考》。清朝有《钦定皇朝文献通考》。徐乾学撰《读礼通考》、鄂尔泰撰《授时通考》、孙德谦撰《诸子通考》等。单称"通考"则为马端临著作的简称。参见《四库全书》《番薯偶记》中的著录。

【 通览 】

通,广博、贯通、全、整。通览即通视。汉王充《论衡·起奇》:"博览古今者为通人。"汉应劭《风俗通·正失》:"通览古今。"书名有 1991 年吉林人名出版社刊《世界通览》等。

【 通论 】

贯通多方的论说,或曰别于专论的通泛的议论。《后汉书·沛献王辅传》:"好经书,善说《京氏易》《孝经》《论语》传及图谶。作《五经论》,时号之'沛王通论'。"《四库全书》录清李光地《周易通论》、方苞《春秋通论》。中华书局 1935 年刊陈钟凡著《中国韵文通论》,同年又刊范寿康编《哲学通论》。1948 年刊徐德春编《教育通论》。

【 通史 】

与断代史相对,不限一个朝代,通贯古今。而内容涉及政治、经济、文化等各方面的史书曰"通史"。始见于南朝梁,武帝令吴均等撰史四百八十卷。自三皇至于南朝,通贯古今,名之曰"通史"。见录于《隋书·经籍志》,今佚。其体流派较多:有纪传体的《史记》,编年体的《资治通鉴》,典志体的《通志》等。此外有唐姚康复的《通史》、宋范质的《五代通录》、苏辙的《古史》、罗泌的《路史》、胡卫撰《通史缘起》等,皆为各有所长的一家之言。清末蔡尔康与英人李思(J. L. Rees)合译书题名《万国通史》。六十年代起我国翻译出版苏联科学院主编的《世界通史》。有在某个学术领域或学科内,综述古今源流的史籍也称"通史"。如侯外庐的《中国思想通史》、梁宗臣的《世界数学通史》等。

【 通释 】

疏通、解释。《北史·宇文恺传》:"今录其疑难,为之通释。皆出证据,以相发明。"后成为训诂注释之词,内容是对原文字句的音、义,作全面的阐述,且兼及校订、考证等。宋王应麟有《通鉴地理通释》。清王夫之撰《楚辞通释》。浦起龙有《史通通释》。

【 通俗 】

浅显易懂。汉服虔有《通俗文》一卷。著录于《隋书·经籍志》小学类。明代《京本通俗小说》中《冯玉梅团圆》:"话须通俗方传远,语必关风始动人。"清人翟灏撰有《通俗篇》解释俗语。近代大众读物常署以"通俗"字样。如《三国志通俗演义》、蔡东藩的《清史通俗演义》、韩树英的《通俗哲学》等。此外尚有《通俗歌曲》《通俗音乐手册》等多种。

【 通义 】

原指普遍适用、通常不变的义理。《孟子·滕文公上》:“或劳心,或劳力。劳心者治人,劳力者治于人。治于人者食人,治人者食于人,天下之通义也。”后作书名,常为疏通大义,概述性的著作。如应劭的《风俗通义》,班固的《白虎通义》,宋有未著撰人的《春秋通义》,清朱鹤龄撰《诗经通义》,章学诚撰《文史通义》《校雠通义》。

【 通议 】

共同议论。《后汉书四三·朱晖传》:“于是诏诸尚书通议。”元人沙克什撰《河防通议》。又通议亦犹通义。汉刘向《说苑·奉使》:“夫杀人之使,绝人之情,非古今之通议也。”源流壎撰《隐居通议》乃其诗文汇集。

【 通志 】

通,解作贯通、综合。《通志》作书名有二义:

一、专有书名,指宋郑樵的《通志》二百卷。其仿通史之例,采摭浩繁,议论精辟。清乾隆又敕撰《续通志》,辑载宋、元、明之事。

二、地方志中以省为单位者,多题作《通志》。省之建制始于元,明朝起省志始称《通志》。由明朝内布政使主修,学政总纂。清代则由巡抚或总督主修。有总志式者,如《河南通志》。有地方史式的,如《山西通志》。有兼两省者如《湖广通志》。《四库全书》收《通志》有:盛京、畿辅、江南、江西、浙江、福建、湖广、河南、山东、山西、陕西、甘肃、四川、广东、广西、云南、贵州等地者。

【 童话 】

儿童文学的一种。以适应儿童心理,通过富于幻想和夸张的塑型,反映自然、社会和人生,以达到教育的目的。是近代由国外引进的文学形式。1902 年周桂笙翻译出版《格林姆童话》。1909 年孙毓修主编《童话丛书》。五四以后鲁迅亲译《爱罗先珂童话集》。此后中国童话的创作和翻译日趋繁荣。

【 统 】

从系、充声。本意是指丝的头绪。《淮南子·泰族》:“茧之性能成丝,然非得工女煮以热汤而抽其统纪,则不能成丝。”后引申唯一脉相传的系统。转意则有总领、综合之意。《隋书·经籍志》小学篇录阳承庆撰《字统》。《四库全书》小学类录元杨桓撰《六书统》。清熊赐履撰《学统》,言学术之道统。宋赵善湘撰《洪范统一》,录于《四库》尚书类。此外尚有元齐履撰《春秋诸国统纪》。清徐文靖撰《竹书统笺》。

Tu

【 图 】

古代有绘图、肖像、地图诸义。《汉书·艺文志》历法类录《耿昌月行帛图》一书。《隋书·经籍志》礼类录《五服图》。宋吕大临撰《考古图》。元李好文撰《长安志图》。明吴国纶撰《九边图》。清代通俗小说中有《九美图》《合欢图》《秘戏图》《增评绘图大观琐录》(即《红楼梦》)。戏曲有《铁冠图》等。《四库全书》录有《钦定补绘离骚全图》《皇清职贡图》等。近代有陈白尘的话剧《岁寒图》《升官图》。组合书名有晋葛洪撰《五岳真形图文》。编图成册的有明胡宗宪《筹海图编》。现代有江苏美术出版社刊《世界原始美术图集》。书中附图的有元王喜的《治河图略》。注释书有《易经图释》《难经图注》。宋郭固撰《兵法攻守图术》。明俞焕章撰《读史图纂》,王圻等撰《三才图绘》等。此外尚有“图画”“图记”“图鉴”“图解”“图经”“图考”“图录”“图谱”“图书”“图说”“图赞”“图志”“地图”“全图”“舆图”等。请参见。

【 图表 】

表明各种情况和注明各种数字的图和表的总称,如示意图、图表、统计表等。清廖平撰《春秋图表》。

【 图画 】

解似上文“图”字。西汉刘向《列女传·班婕妤传》:“……辞曰:‘观古图画,圣贤之君,皆有名臣在侧。’”《四库全书》艺术类录宋郭若虚撰《图画见闻志》。现代有农村读物出版社 1995 年刊《最新三维立体图画》。

【 图记 】

图指图画,记为录记。宋欧阳修《丰乐亭记》:“考其山川,按其图记。”清唐训方撰《征图记》。书分图、记两部,以图为目,以记叙事。每记一战,皆有图解。清麟庆撰《鸿雪因缘图记》,也是绘图并作记的著作。

【 图鉴 】

以图为主并有文字说明的书籍,多为参考工具书。如《中国高等植物图鉴》《哺乳动物图鉴》等。1989年人民音乐出版社刊《中国音乐史图鉴》。1994年现代出版社刊《世界军用飞机百科大图鉴》等。

【 图解 】

利用图形来分析、解说。如金人刘守真撰,马重素编的《图解素问要旨论》。《四库全书》存目录明刘日曦撰《易思图解》。《贩书偶记》录明万历李仲子辑《步天歌图解》。

【 图经 】

意为图书经典。古代又特指记述山川、地貌、物产、文物的书籍。唐王建《题酸枣县蔡中郎碑》诗:“不向图经中旧见,无人知是蔡邕碑。”宋苏轼《廉州龙眼质味殊绝可敌荔枝诗》:“图经未曾见,玉食远莫属。”《隋书·经籍志》地理类录《冀州图经》《齐州图经》《幽州图经》等。唐苏颂撰《本草图经》。宋徐竞撰《宣和奉使高丽图经》。古代山水有经,郡县有图,合而称之“图经”,地理书类多此名。宋大中祥符时诏修天下图经,仿唐三年一造之制。《通志·艺文略·地理类》有“图经”一门,列诸州图经三十三部。元时也有全国性图经。清光绪十五年傅云龙刊《游历日本图经》。

【 图考 】

附有图画的考证典籍。如清陈文述的《秣陵图考》。黄沛尧等编的《西藏图考》。吴其濬的《植物名实图考》。刘启彤编,张之洞署名的《各国铁路图考》等。

【 图录 】

古代又作图箓,释为天神策命之说。《后汉书·谢夷吾传》:“推考星度,综校图录。”近代则指附有图像的典籍,多为文物记载。如中国历史博物馆编《中国近代史参考图录》。冯其庸编《曹雪芹家世,红楼梦文物图录》。殷荪编《中国书法史图录》等。

【 图谱 】

古代指谱牒。《隋书·牛弘传》:“至于《河》《洛》之篇,医方图谱之说,弥复为少。”在洪升《长生殿·制谱》一折中,则指乐谱。近代则泛指按类编排的图集。书名举例:唐柳瀑编有《续唐皇室图谱》1936年商务印书馆刊《鸟类图谱》。郑振铎编有《中国历史参考图谱》。1993年中国书店刊《毛泽东像章图谱》。

【 图书 】

古代原指地图及计籍。《史记·萧相国世家》:“沛公至咸阳,何独先入,收秦承相、御史律令、图书藏之。沛公为汉王,以何为丞相。汉王之所以知天下厄塞,户口多少,强弱之处,民所以疾苦者,以何先得秦图书也。”后约在南北朝时,书籍开始有插图,遂以图书名之。《隋书·经籍志》礼类中录《周官礼图》等多种。《四库全书》录宋人撰《家山图书》,其例先图后书,解说礼经。明章潢撰《图书编》,义取古人左图右书之义。清代编成的丛书《古今图书集成》,义为集古今图书之大成。

【 图说 】

附有图画以助解说的书籍。宋周敦颐撰《太极图说》。明华懋康撰《军护器图说》、王微撰《诸器图说》。清末郑观应在《盛世危言·商战》中曰:“或具图说,请制作。则籍官本以兴创之,禁别家仿制以培植之。”清南怀仁撰《坤舆图说》。现代有王红旗编《古代神异图说》。台湾光复书局刊有《图说世界历史》。小说中带插图的,有题作“图说”者。如1906年上海出版王希一编《增评加批金玉缘图说》。

【 图赞 】

赞又作讚,为文体的一种。是写在画面或图真上的赞美诗文。晋郭璞撰《山海经图赞》,以图像和赞文为《山海经》作注释。晋荀勖所制目录《新簿》中,其丁部列有诗赋、图赞等书。《旧唐书·蒋义传》："此圣历中侍臣图赞。"明不著撰人的《圣贤图赞》录于《四库全书》。

【 图志 】

附有地图的志书。古方志无图，至唐李吉甫撰郡县图志，其志有图，故名《元和郡县图志》，后志存图亡。宋人邓牧撰《洞霄图志》。元冯复京等撰《昌国州图志》。明吴元龙的《九边图志》曾列为禁书。

W

Wai

【 外 】

与内相对而言。《庄子·齐物论》："六合之外，圣人存而不论。"作书名常与内、正、本等义对称。如正书以外补遗补缺曰"外编"，宋程迥有《周易章句外编》。或曰"外编"，宋朱熹编有《二程外书》。或以某著作要旨为内篇：《庄子》《晏子春秋》均有内外篇。此外有宋蔡广成的《周易外义》。元吴澄的《易纂言外翼》。另有"外集""外史""外传"等，请参见。

【 外集 】

一、别于作者正集的书，多由后人编集散逸或次要著作。《四库全书》录有《柳河东集·外集·新编外集》。《提要》叙其：宗元集为刘禹锡所编。宋穆修始刊刻。暨后出者，宋元时已有四种版本。沈晦取各本参校，独据穆本为正。而以诸本所遗者别作《外集》。后韩醇又搜编遗佚曰《新编外集》。明陆深有《俨山外集》，乃深之子所集。

二、僧人将所撰的诗文集称为"外集"。盖释家以佛经为内学，视诗文非本分事，故曰"外集"。如宋释道璨的《柳塘外集》。明释宗锄有《全室外集》。

三、道学家尊道学，薄事功，故称议政之文为"外集"。如清陆陇其有《三鱼堂文集》十二卷，《外集》六卷，《外集》为其门人侯铨编陆氏奏议、条陈而成。

【 外史 】

一、稗史的别称。如旧题汉黄宪撰《天禄阁外史》。王鏊《天禄阁外史序》："黄叔度所著《外史》八卷，……皆孔氏之遗言逸论，而书史所不载者也。"元末权衡撰《庚申外史》。

二、小说也有称外史的。如清吴敬梓的《儒林外史》、吕熊的《女仙外史》、不奇生的《武则天外史》。清末写鸦片误国的《蜃楼外史》。平江不肖生的《留东外史》。民国张恨水的《春明外史》。

【 外传 】

一、经传之一，对"内传"而言。附经作传，广引事例，但不是完全解释经义的书。《四库全书总目提要》："杂引古书古语，证以诗词，与经义不相比附，故曰'外传'。"此称体例不一，又有义类题作"外篇"者。汉王充《论衡·案书》："《国语》左氏之外传也。左氏传经，词语尚略，故选录《国语》之词以实。"再《吴越春秋》以吴为内传，越为外传。《越绝书》作者不一，其出于传说者为外传。

二、传记之一种，记录轶闻逸事，为正史作补充的传记；或在正史传记之外，另作新传者。清吴曾祺《文体刍言》："外传之体与别传同，小说家多有此种文字，如《飞燕外传》《太真外传》是也。"《飞燕外传》录于《四库全书》小说类存目，旧题汉伶元撰。现代有《蒋介石外传》《康生外传》等。

Wei

【 微 】

原意是小、细、少，引申为幽深精妙之义。《易·系词下》："君子知微、知彰、知柔、知刚。"张衡《归田赋》："谅天道之微昧。"后在古籍注释中，指解释经典微义的文字。清王兆芳《文体通释》："微者，隐也，细也。经指精细者，幽隐难显而释之，使明显也。颜师古曰：'微谓释其微指。'主于抉明经义，钩隐宣精。"《汉书·艺文志》春秋类录《左氏微》《虞氏微传》。唐陆淳撰《春秋集传微旨》。明徐用诚撰《玉机微义》。《四库全书》小学类录梁国治撰《钦定音韵述微》。存目录朱奇龄的《春秋测微》。魏源撰《诗古微》《书古微》。康有为撰《孟子微》。1925 年阚铎著《红楼梦抉微》。1931 年胡哲敷著《陆网哲学辨微》。1992 年赵书廉著《魏晋玄学探微》。另有"阐微""表微""发微""微言"等条，请参见。

【 微言 】

精深微妙的言论。《逸周书·大成》："微言入心，夙喻动众。"《汉书·艺文志》："昔仲尼没而微言绝，七十子卒而大义乖。"注：李奇曰："隐微不显之言。"康有为著《春秋笔削大义微言考》。《红楼梦书录》载孙渠甫撰《石头记微言》。

【 纬 】

原指织物的横线，与"经"线相对。古代此类书名是指汉人所撰，依托儒家经义，与经书对称的一类书。其内容是宣扬符箓瑞应占验者。如《易纬》《诗纬》等。其中除保留某些古代文化之外，大多是神学迷信。纬书隋末因禁毁而失传。但后来有的学者，在撰述考证经文、名物的著作时，也以"纬"名之。如宋高似孙的《纬略》、明袁袠的《世纬》、清马骕的《左传事纬》等。

Wen

【 文 】

"文"字有花纹、文字、文章、文辞、文化、人文等含义。《隋书·经籍志》小学类录许慎《说文》、梁周兴嗣《千字文》，经籍四录有《梁代杂文》等书。唐徐坚专《文府》，南宋陈骙撰《文则》，明梅鼎祚撰《文纪》，清张秉直撰《文谈》，严可均辑《全上古三代秦汉三国六朝文》。组合书名有：示文章抄录的，明茅坤《唐宋八大家文抄》。言文稿留存的有元苏天爵《滋溪文稿》，及近代的《胡适文存》。选文章精粹有宋姚铉《唐文粹》。集文章总汇，如清黄宗羲的《明文海》。《经济文衡》。讲文章要诀有宋楼昉《崇古文诀》。文章途释有元赵汸《周易文诠》。研究文句通则的如清马建忠《马氏文通》。文章评衡如清许梿《六朝文挈》。举优异文章如清陈廷敬等编的《皇清文颖》。另有"文编""文定""文集""文库""文林""文史""文献""文选""文学""文苑""文约""文章"等，请参见。

【 文编 】

汇编一人或多人的文章为一集。唐元结自集其文为《文编》十卷，见录于《新唐书·艺文志》。唐李观有《李元宾文编》。宋赵孟坚有《彝斋文编》。明陈子龙撰《明经世文编》。清陈廷敬撰《午亭文编》。明唐顺之取周到宋的文章，分类编排为《文编》六十四卷。

【 文定 】

经删除选定的文集。清靳治荆《〈南雷文定〉序》："（黄宗羲）于是尽太其等身之著，而约存若干首，汇为一编，名曰'文定'。"其典故首见于《三国志·曹植传》中宋裴松之注引《典略》云："临缁侯（曹）植以才捷……，数与（杨）休书曰：'……昔丁敬礼（廙）常作小文，使仆润饰之。仆自以才不能过若人，辞不为也。'敬礼云：'卿何所疑难乎？文之佳丽吾自得之，后世谁相知定吾文者耶？吾尝叹此达言以为美谈。"又晋《陆士龙文集》载陆云在《与平原书》中，劝说其兄陆机曰："可因今清净，尽定昔日文，但当钩除，差易为功力。"

【 文集 】

汇集一人或数人作品成一帙者曰"文集"。《南史·范泰传》："泰博览经籍，好为文章，撰《古今善言》二十篇及文集传于世。"刘师培《搜集文章的材料方法》："其足考古代文集卷目者，实以《隋书·经籍志》为大宗。"书名如《四库全书》集部所录《李太白文集》等。参见"别集""集"等条目。

【 文库 】

一、古代收藏册籍之所。《宋史·职官志》："金耀门有文库，藏三司帐簿。"在日本，古代收藏书籍和文件的场所亦称文库。又日本明治年代，称图书馆为文库。如"内阁文库""东洋文库"。

二、丛书之称。为供应一定的读者群，按照计划，选择已印行的读物，或专门编写的著作丛集。同一文库中的图书版式、装帧要统一，以示标榜。文库有两种出版形式：一种册书有限，另一种终期不定，不断出版。日本1927年岩波书店，首创《岩波文库》。中国商务印书馆三十年代发行《万有文库》《中学生文库》。1936年阿英编校有《晚明小品文库》。郑振铎编有《世界文库》（未完成）。

【 文林 】

原意为文士之林，文人聚集处。后泛指文坛、文学界。《后汉书·崔骃传论》："崔氏世有美才，兼以沉沦典籍，遂为儒家文林。"亦有人以之名诗文集。《宋史·欧阳修传》："修于后进，有片言只字可采，必加称扬。又尽录之为一册，名曰《文林》。"丛书中有《文林绮绣》，系宋、明人撰集之文章佳句集五种。

【 文史 】

古代指文书记事。汉司马迁《报任安书》："仆之先人非有剖符丹书之功，文史星历近乎卜祝之间，固主上所戏弄，倡优畜之，流俗之所轻也。"后指文学、史学的著作或知识。唐杜甫《送李校书二十六韵》："十五富文史，十八足宾客。"《新唐书·艺文志四》丁部集录总集类有"文史类"一目。清章学诚著有《文史通义》。

【 文献 】

古代指典章制度的文字资料，又谓多闻而熟悉典故的人。《论语·八佾》："夏礼吾能言之，杞不足徵也。殷礼吾能言之，宋不足徵也。文献不足故也。"朱熹注："文，典籍也。献，贤也。"马端临《文献通考自序》："凡叙事则本之经史，而参之以历代会要以及百家传记之书。信而有证者从之，乖异传疑者不录，所谓文也。凡论事则先取当时臣僚之奏书，次及近代诸儒之评论。以至名流之燕谈，稗官之记录。凡一话一言，可以订典故之得失，证史传之非者，则采而录之，所谓献也。"马氏编撰的《文献通考》达三百四十八卷。清钱林辑，王繰编的《文献徵存录》。近代则指对某一学科有关的，或有广泛历史价值、参考价值的重要图书资料。如人民出版社刊发的《十四大以来重要文献选编》。

【 文选 】

一、诗文的选集。最早是梁萧统的《昭明文选》。《四库全书》集部录宋不著撰人的《宋文选》。明胡俨之有《颐庵文选》。现代有《邓小平文选》。

二、专指《昭明文选》，简称《文选》。是我国现存最早的诗文总集。

【 文学 】

原指中国古代之孔子门下四学科之一，即"文章博学"。《论语·先进》："文学子有、子夏。"后泛称包括了一切思想表现、意识形态；狭义则指用语言塑造形象，反映社会生活，表达作者思想感情的艺术。《三国志·魏志·王粲传》："文帝为五官将，及平原君植，皆好文学。"近代有书名如民国时期周钟游编的《文学津梁》。新中国成立后有游国恩主编的《中国文学史》。

【 文苑 】

文士聚会之处，犹言文坛、文学界。我国正史中，从《后汉书》起设文苑传，记文士言行。后世多相承袭之。《文心雕龙·才略》："后汉才林。可参西京。晋世文苑。足俪鄴。"宋代称孙洙发现《古文苑》，传为唐人旧藏本。宋李昉撰编《文苑英华》。清孙星衍编《续古文苑》。

【 文约 】

原指文章的简约。《史记·屈原传》："屈原之作《离骚》……其文约，其辞微，其志洁，其行廉。"后则指文章的约选之作，如清黄宗羲的《南雷文约》。

【 文章 】

原意是文采。《周礼考工记·画缋》："青与赤谓之文。赤与白谓之章。"后借喻文辞为文章。以其命形质曰文，指起止曰章。《世纪·儒林传》："明天人之际，通古今之义。文章尔雅，训词深厚。"现代则指独立成篇，有组织的文字为文章。晋挚虞曾撰《文章流别论》。梁任昉有《文章缘起》。宋谢枋得撰《文章轨范》。李耆卿撰《文章精义》。真德秀撰《文章止宗》。明吴纳撰《文章辨体》。

【 闻 】

《说文》："知声也，从耳门声。"段注："往曰听，来曰闻。"书名见《隋书·经籍志》经三录南朝徐益寿撰《记闻》二卷。宋赵汝楳有《周易辑闻》。陈鹄撰《耆旧续闻》。王质有《诗总闻》。明张献翼撰《读易纪闻》。清王引之著《经义述闻》。中华书局1936年刊王祈译自德文的《三国干涉秘闻》。现代有天津出版邹伟编《历代太监秘闻》。另有“闻见录”“新闻”等条,请参见。

【 闻见录 】

闻见:所闻、所见。《史记·殷纪》:“帝纣资辨捷疾,闻见甚敏。”书名词语有“闻见录”。《四库全书》小说类录宋邵伯温《闻见录》、邵博《闻见后录》、叶绍高《四朝闻见录》。地理类外纪属录清陈伦炯《海国闻见录》。

【 问 】

有不知或疑难而寻求解答。《书·仲虺之诰》:“好问则裕,自用则小。”古代文篇有屈原之《天问》,柳宗元的《晋问》等。形成文体为假设提问并作解答的文字。联篇成书见于《隋书·经籍志》所录《周易问》《礼杂答问》。南齐顾欢的《尚书百问》语等。用作书名词有:问询辨识的,如明高拱的《问辨录》。质问疑难者,如宋刘羲的《通鉴问疑》,元朱倬的《诗疑问》。尚有宋朱熹的《延平答问》,戴溪的《石鼓论语问答》,吕大圭的《春秋或问》,明吕柟的《四书因问》,黄道周的《榕坛问业》,清张之洞的《书目答问》。现代有江苏古籍出版社刊《民间宗教常识答问》。人民卫生出版社的《家庭中医顾问》。1996年北京出版《香港知识屋百问》。今见“问对”“答问”等条。

【 问对 】

原指一问一答。《左传·襄十二年》:“齐侯问对于晏桓子。”后形成一种以设问、对答为主要形式的文体。明徐师增《文体明辨》:“问对者,文人假设之词也。其名既殊,其实复异。故名实皆问者,屈平《天问》、江淹《邃古篇》之类是也;名问实对者,柳宗元《晋问》之类也。其他曰难,曰谕,曰答,曰应又有不同,皆问对之类也。古人君臣朋友口相问对,其词详见于《左传》《史》《汉》诸书。后人仿之,乃设词以见志,于是有问对之文;而反复纵横。真可以舒愤郁而通意虑,益文之不可缺者也。”其不同于“策问”实朝廷上应试之作。书名有唐李靖的《李卫公问对》、元何异孙的《十一经问对》,明王机的《针灸问对》等。

Wu

【 物语 】

原为日语(Kutaru)故事的意思。后特指日本平安时代(公元十世纪前后)产生的一种故事性文学体裁。《竹取物语》是最早的传奇故事。丰子恺先生翻译的《源氏物语》《落洼物语》即取此名义。

【 误 】

谬误、错误。《三国志·吴志·周瑜传》:“曲有误,周郎顾。”用于书名有订谬、考证、校正诸义。唐李涪撰《刊误》。宋朱熹撰《孝经刊误》。张淳撰《仪礼刊误》。明焦竑撰《俗书刊误》。宋毛居正撰《六经正误》。清陈景云撰《纲目订误》。江永撰《深衣考误》。顾炎武撰《九经误字》等。

X

Xi

【 析 】

原意是劈开。《诗·齐风·南山》:“析薪为之何?非斧不克。”引申作分析。《庄子·天下》:“判天地之美,析万物之理。”书名词语有“析义”:分析解说旨意,如清张倬的《伤寒见证析义》、林云蒙《古文析义》等。“析疑”是解释疑点,如清方苞的《仪礼析疑》。近代有李忠尚著《新马克思主义析要》。新华出版社刊的《古今哀祭文赏析》。合肥教育局编的《鲁迅作品选析》。郑州出版的《鲁迅作品试析》等。

【 系 】

《说文通训定声》:"系统于上而连属于下谓之系。"后指连缀、联属,引申又有统绪、系统诸义。书名词语"系传"即取系属、依附之义,谓以下缀上,以末联本。如南唐徐锴撰《说文系传》。"系统",是指一贯的、条理不乱的顺序。书名如现代的黄子通的《儒道两家哲学系统》。暨蔡尚思的《孔子思想体系》。另有《中国新文艺大系》《毛泽东大系》等书。

【 戏曲 】

我国传统的舞台表演艺术形式。由演员扮演故事,综合音乐、舞蹈、武术各种艺术而成。明陶宗仪《辍耕录·二五·院本名目》:"唐有传奇,宋有戏曲、唱诨、词说,金有院本、杂剧、诸宫调。院本、杂剧其实一也。"又该书《二七·杂剧曲名》:"稗官废而传奇作,传奇作而戏曲兴。"近代王国维的《宋元戏曲考》,为最早著作。又有《古本戏曲丛刊》的出版。1994年《中国古代文体丛书》收有《戏曲》一单行本。

Xiang

【 详 】

周详、繁多。《荀子·非相》:"传者,久则论略,近则论详。"杨倞注:"详,周备也。"书名有宋王昭禹《周易详解》。李光《读易详说》。明白云霁《道藏目录详注》。清胡煦《卜法详解》等,均见于《四库全书》。另有"详解",请参见。

【 详解 】

详尽解释也。如《四库全书》易类录宋李杞撰《周易详解》。现代有1948年中华书局刊钱歌川编《英文作文正误详解》。1993天津出版古亦冬撰《禁书详解》。

【 像 】

原指形象、形状,特指肖像。《楚辞·招魂》:"天地四方,多贼奸些。像设君室,静闲安些。"朱熹集注:"像,盖楚俗,人死则设殷其形貌放室蔺祠之也。"明清章回小说书首有人物像,或每回前设情节绘图,常标"像"字,或标"绣像"。如道光年刊《新评绣像红楼梦全传》。清张竹坡批评的《全像金瓶梅第一奇书》。还有清光绪年刊《增评补像全图金玉缘》(即《红楼梦》)等。另有"绣像"条,请参见。

Xiao

【 小 】

《说文》:"小,物之微也。"凡形容事物在诸方面不及一般,或不及比较的对象者曰"小",与大相对。有时用于谦称。书名例如:《汉书·艺文志》所录《小雅》(即《小尔雅》)。清漠鸿氏有《小家语》。通俗小说中有《小五义》等。用于书名有宋袁撰《枫窗小牍》,刘学箕的《方是闲居小稿》,刘克庄的《江西诗派小序》。清沈彤的《春秋左传小疏》,毛奇龄的《易小帖》,瞿昌文的《粤行小纪》,曾钊的《周礼注疏小笺》,张海鹏辑的《宫祠小纂》,徐逢吉的《清波小志》等。另有"小集""小纪""小记""小录""小品""小史""小说""小学""小语""小传"等单条,请参见。

【 小集 】

以部分作品汇集成的书册,一般篇幅较少。宋陈亮《宋陈春坊墓志铭》:"取前代诸君事,抄成小集,暇日从容献之。听知所择,以为东宫德业之侯。"《隋书·经籍志》别集类录《梁元帝小集》。1948中华书局刊《唐人选唐诗》中有《搜玉小集》系唐人诗集。现代作家孙犁著有《津门小集》。

【 小记 】

短小的札记。如《四库全书》杂家杂考录清何绣的《樵香小记》。《贩书偶记》春秋类录清薛承宣撰《读左小记》、钱保塘撰《辨名小记》。现代作家叶圣陶著有《小记十篇》。

【 小纪 】

野史体例之一。宋熊克的《中兴小纪》,叙述宋室南渡事迹。《四库简目》介绍该书:"其曰小纪,盖宋制。凡累朝国史,先修日纪,故以小别之,明非官撰也。"清刘尚友撰《定思小纪》,记李自成进京后时所见闻。

【 小录 】

一、正史外的短篇杂史。唐刘知几谓：正史除编年、纪传外，又有十流，其二为小录。当时是指记录知交的私志，如戴连的《竹林名士》、卢子行的《知己传》。《唐书·艺文志》录马总撰《当年小录》。《四库全书》史部录唐李冲撰《南岳小录》。

二、科举题名录，《四库全书》史部录《绍兴十八年同年小录》。

【 小品 】

狭义的指一种散文其特点是：篇幅较短，形式活泼，深入浅出，夹叙夹议。可记事物，抒情怀，尤长于讽刺。鲁迅《杂谈小品文》："讲小道理，或没道理，而又不是长篇的，才可谓之小品。"小品一词源于佛经，谓经之节略本。公元四世纪，鸠摩罗什翻译《般若经》时，将较详细的二十七卷译本称为"大品"，而较简略的十卷本称为"小品"。《世说新语·文学》："有北来道人与林公相遇于瓦官寺，共讲小品。""殷中军读小品，下二百签，皆是精微。"刘孝标注："释氏辨空经，有详者焉，有略者焉。详者为大品，略者小品。"唐孟郊《孟东野集·读经》："经黄名小品，一纸千明星。"后为文人所借用，称一种类似随笔、杂记的文体。自六朝、唐时兴起，而盛于明、清。明朱国祯撰《涌幢小品》，清王符曾有绩评《古文小品咀华》。1935 年阿英编校，光明书店刊《现代十六家小品》。1936 年郭沫若著《历史小品》。卢隐著《东京小品》。1990 年台湾正中书局刊印梁实秋《雅舍小品》。

【 小识 】

浅陋、微少的知识或记载。《庄子》："小识伤德。"作书名意为谦其所述浅陋寡识，或为微末之学。清唐鉴撰《清学案小识》、诸联撰辑《明斋小识》。参见"识(shi)"字条。

【 小史 】

一、某一方面的简单史传或资料。宋姚宽《西溪丛话》曾引《高氏小史》。宋陈思撰先秦至五代能书人之小传曰《书小史》。宋伯仁记载当时各地名酒曰《酒小史》。明李拭有《历代小史》。清黄本铨记小刀会起义史事题《枭林小史》。近代常乃真撰《中国思想小史》。

二、小说有时也题名"小史"。清上谷蓉江撰《西湖小史》。1917 年陈家麟译俄国托尔斯泰《安娜·卡列尼娜》时图书题名曰《婀娜小史》。近代沈从文著小说《阿黑小史》。

【 小说 】

小说一词最早见于《庄子·外物》："饰小说以干县令，其于大达亦远矣。"意为浅薄琐屑的言论。《汉书·艺文志》诸子略中录有小说十五家。班固云："小说家流，盖出于稗官。街谈巷语，道听途说者之所造也。"下注如淳月："……街谈巷说，其细碎之言也。王者欲知闾巷风俗，故立稗官使称说之。"师古曰："稗官，小官。"汉桓谭《新论》："小说家合丛残小语，近取譬论，以作短书……"当时凡丛杂的著作，如杂事、异闻、缀辑琐语等，皆称作"小说"。《汉书·艺文志》将其与诸子书并列。后来演说故事的小说，则源于先秦的神话、传说、寓言、故事等。如西汉刘向所撰《说苑》《列女传》等，记录了许多故事，是后来小说的萌芽。

魏晋南北朝时，出现了写灵异神怪的"志怪"和写人物言行的"志人"等者作，开始有了简单的情节和性格刻画，是为故事化小说的滥觞。《隋书·经籍志》亦列小说类，录《小说》两种，其一题为：梁太史殷芸撰。唐朝传奇兴起，鲁迅在《中国小说史略》中成："小说亦如诗至唐代而一变虽尚不离于搜奇记逸，然叙述婉转，文辞华艳，与六朝之粗陈梗概者较，演进之迹甚明，而尤显者乃在是时始有意为小说。"原因之一是当时举人常作传奇呈于考官，显示才学，以求干禄仕进。

宋代市民文化活跃，出现了"评话""话本"。明郎瑛《七修类稿·辩证上·小说》："小说起于宋仁宗，当时太平盛久，国家闲暇，日欲进一奇怪之事以娱上。"至此小说乃成为一种故事性文体的专称，出现了《京本通俗小说》一类的作品。成为中国古代小说的形成时期。

元、明时期，在与戏曲繁荣的同时，开始流行章回体小说。在野文人专门从事创作的甚多。短篇精品，长篇巨著相继问世。清代还出现了专门评论小说的专家——金圣叹，是中国小说史上一个高峰。五四以后出现了白话小说，又借鉴了外国小说加以发展，在题材、内容、手法等方面日益丰富，成为当代文学基本形式之一。

小说书名，本极繁纷，极富个性。直书"小说"者，多为辑集或是学术论著。如：宋元刻本《京本通俗小说》。明许天斋刻《全像古今小说》，1959 年出版汪辟疆校录的《唐人小说》。现代有《中国古代孤本小说》《幽默小说》等。鲁迅先生著有《小说旧闻抄》《中国小说史略》。蒋瑞藻撰有《小说考证》。

【 小学 】

汉代以文字学为小学，因儿童入小学先学文字故名。《汉书·艺文志》录有小学十家。隋唐以后成为文字学、训诂学、音韵学的总称。《隋书·经籍志》录晋王义撰《小学篇》等一百零八部。《四库全书》录宋王应麟撰《小学绀珠》。明程愈撰《小学集说》。清钟钧辑《小学汇函》丛书。

【 小语(附语小) 】

原指细碎之说杂录、笔记体文字。汉桓谭《新论》："若其小说家合从残小语，近取譬论，以作短书，治身理家，有可观之辞。"三国时曹魏人傅咸有《小语赋》。书名有清申涵光的《荆园小语》。现代有台湾作家靳佩芬的《罗兰小语》等。又有"语小"一词，如宋人陈昉撰《颍川语小》。清毛先书撰《语小》，其义似之。

【 小传 】

一、注释古籍传注之一，与大传相对。常为谦称，内容与一般传注大体相同。宋刘敞撰《七经小传》，沈该撰《易小传》。明郑元发撰《易经小传》。也有人谦称《稗传》。

二、简短的传记。有为一人作的，但与史书列传有别。如唐李商隐的《李贺小传》，宋陆游的《姚平仲小传》。有采集多人逸事，总为一篇者，如明江盈科的《明十六种小传》。

【 笑话 】

引人发笑的谈话或故事。《隋书·经籍志》经三子部小说类中，首次著录后汉邯郸淳撰《笑林》三卷。《新唐书·艺文志》丙部小说家录《何自然笑林》。《宋史·艺文志》小说家类录《林下笑谈》(未著作者)。明清笑话书进一步发展。明陈眉公辑刻《时兴笑话》，是首次将笑话用于书名。1995 年王利器编辑《中国笑话大全》出版。

Xin

【 新 】

与旧相对，指初次出现或更新更佳者。《诗·豳风·东山》："其新孔嘉，其旧如之何？"《书·胤征》："旧染污俗，咸与维新。"孔传："皆与更新。"汉代于秦焚书之后，面临重建文化之机，对有新见解的著作，题名往往前加"新"字。如《汉书·艺文志》所录刘向撰《新国语》《新序》。另桓谭撰《新论》。贾谊撰《新书》。陆贾撰《新语》。许峻撰《易新林》。南北朝刘义庆撰《世说新语》。徐陵编《玉台新咏》。宋杨亿有《武夷新集》。欧阳修撰《新唐书》。王安石撰《周官新义》。马纯撰《陶朱新录》。王雱撰《南华真经新传》。王明清撰《玉照新志》。明天启年刊刻《新修成都府志》。清王正祥编《新定十二律京腔谱》。康有为撰《新学伪经考》。道光年刊《新评绣像红楼梦全撰》。同文堂刊《新增批点绣像红楼梦》。近代有蔡锡纯撰《红楼梦新索隐》。方豪撰《红楼梦新考》。周汝昌撰《红楼梦新证》。张恨水撰《春明新史》。金性尧编《唐诗三百首新注》。台湾杨胤宗撰《屈赋新笺》。日本昌住有《新撰字镜》。此外书名词语尚有："新编""新刻""新论""新书""新闻""新义""新语"等条，请参见。

【 新编 】

新编撰。唐李商隐《题李上谟壁诗》："旧著思玄赋，新编杂拟诗。"《四库全书》录宋晁迥撰《昭德新编》。明陈暐撰《吴中金石新编》。宋人尚有《新编五代史评话》。现代有张锡坤的《新编美学辞典》。苗力田的《西方哲学史新编》。

【新刻】

重新雕版印刷的书籍，或曰新版。明嘉靖年刊《新刻全象按鉴演义南北傅题解》（现存残本）。明万历年有《新刻金瓶梅词话》。清康熙年刊陆西星撰《新刻钟敬伯先生批评封神演义》。与"新刻"近义书名词语有下例：宋江少虞辑《新雕皇朝类苑》。明万历《新刊明目良方》《新锲抱朴子内篇、外篇》。《新镌绣像醉醒石小说》等。

【新论】

汉桓谭曾撰《新论》。《后汉书·桓谭传》："初，谭著言当世行事二十九篇，号曰《新论》，上书献之，世祖善焉。"宋苏轼《次韵子瞻诗》："近成新论无人语，仰羡飞鸿两翅差。"北齐刘昼撰《刘子新论》。宋孔平仲撰《珩璜新论》。清江永撰《律吕新论》。1943 年中华书局刊杨杰著《国防新论》。1985 年台湾世界书局刊刘绍基著《中国哲学新论》。

【新书】

西汉贾谊撰有《贾子》，录于《汉书·艺文志》。至《新唐书·艺文志》录为《贾谊新书》。意指新编撰、刊印的书籍。如宋蔡元定撰《律吕新书》。元赵友钦的《原本革象新书》。明戚继光的《纪效新书》。

【新闻】

原意是新近听说的事，后泛指最新的消息。唐李成用《春日喜逢乡人刘讼诗》："旧业久抛耕钓侣，新闻多说战争功。"《宋史·艺文志》子部小说类录唐段成式撰《锦里新闻》。后来成为新闻纸的简称。宋赵异《朝野类要》："朝报，日出事宜也。每日门下后省编定……率有漏泄之禁，故隐而号之曰'新闻'。"又作"新文"《红楼梦》第四十八回："平儿……就拉宝钗悄悄说道：'姑娘可听见我们的新文没有？'"近代多指通信、信息，如 1994 年台湾出版张勤著《电视新闻》一书。1996 年我国中华工商联出版陈仁明著《新闻启示录》等。现代有各种《新闻学》的专著。

【新义】

新的意义，新的阐发。古代原指对先秦经籍的解释，对两汉经师而言，有新的发明。《晋书·王接传》："接乃更著《公羊春秋》多有新义。"《宋史·王安石传》："初，安石训释《诗》《书》《周礼》既成，颁之学官天下号称《新义》。"《四库全书》录王安石《周官新义》。明汤三才《礼记新义》。清代有青山山农撰《红楼梦新义》。近代有闻一多著《古典新义》等。

【新语】

新鲜的话题、语句或笔录。杜甫诗《解闷六》："即今耆旧无新语，漫钓槎头缩头鳊。"书名，汉陆贾有《新语》。《隋书·经籍志》录三国吴顾潭撰《顾子新语》。《四库全书》小说家中录南朝刘义庆之《世说新语》，唐刘肃的《唐新语》等。

Xiu

【绣像】

原指彩色丝线绣成的佛像或人像。《广弘明集》十六南朝梁沈约绣像题赞序："乐林寺主比丘尼释宝愿造绣无量寿尊像一躯。"明清时起，一般通俗小说卷首有人物图画像，或每回前有情节插图。鲁迅《且介亭杂文·连环图画琐谈》："明清以来，有卷首只画书中人物的称为绣像。"因线条勾勒，描摹精细故称之。书名如：李渔撰《绣像十二楼》。无名氏刊《绣像红牡丹全传》《绣像九美图》《批评绣像红楼梦》《绣像三国演义》等。

Xu

【序】

原为文体之名，指著作或诗文的序言。清王兆芳《文体通释》："序者，本字作叙。宴会赋诗而叙之。又饯送有诗，赠言以为叙也，诗序之变也。主于即事记述，写以深情。源出晋王羲之《兰亭诗序》……"《尔雅》又作"绪"，言其善叙事理，次第有序，若丝之绪也。后亦指评介作品内容的文字。用作书名的有：汉刘向的《新序》。《隋书·经籍志》经二杂传类录郭元祖撰《列仙赞序》。《四库全书》子部录旧题唐人曾文迪撰《青囊序》。

【叙】

同序。清王兆芳《文体通释》:"叙者,通作序。次第也,端绪也,述也。述书篇之意,或古或今,或人或己,而次厥端绪也。"书名有许慎的《说文叙》。《隋书·经籍志》所录《杂纂文章录集叙》。南朝人宋炳撰《画山水序》。王微撰《叙画》等书。参见"叙录"条。

【叙录】

图书提要,又作"序录"。清吴曾祺《文体刍言》:"西汉时刘子政(向)在录阁审定图籍,每上一书,则为之缕述作者之大意,及其得失之所在,名曰'序录'。"今尚存其《管子叙录》《战国策叙录》。1953年中华书局刊阿英(钱杏邨)著《雷峰塔传奇叙录及其它》一书。

【绪】

丝之端也。《说文》段注:"抽丝者,得绪则可引。"引申为开端、头绪。《淮南子·精神训》:"反复终始,不知其端绪。"《四库全书》录元刘玉汝撰《诗缵绪》,为继承先贤集传发明之意。书名词语有"绪论",为文章、著作论述其大旨及导言。如宋胡太初的《昼廉绪论》。"绪言"是发端之言、前言,明娄坚撰《学古绪言》。"绪余"为剩余或次要之意,明孙一奎撰《医旨绪余》。近代书名亦有题《××绪论》者。

【续】

原意为连接、连属。《晋书·卫玠传》:"貂不足,狗尾续。"清王兆芳《文体通释》:"续者,连也,继也……,继前书而连属也。主于继连旧籍,循例增事。"晋司马彪撰《续汉书》、梁吴均撰《续齐谐记》、唐林慎思《续孟子》、宋李焘《续资治通鉴长编》等,皆补前人遗漏,或自撰新说,或接前例继编。此外有宋郭正祥《青山续集》、姜特立《梅山续稿》、元陈桱《通鉴续编》、明人《续西游记》、清丁耀亢《续金瓶梅》。另请参见"续集"条。

【续集】

继原书之后,所编成的文集。《四库全书》录宋姜特立《梅山续集》,《简目》注曰:"正集已佚,所存唯此。"明李嗣京《滕王阁续集》,乃取明中叶后滕王阁中赋咏编成,以续正德中董尊所辑唐至明的诗文,见《四库》存目。

Xuan

【悬解】

古人认为有系者曰悬,无系者曰解;又以生为悬,以死为解。道家认为哀乐得失无动于心,得到解脱为"悬解"。引申为解倒悬,即解救于困境之中。《后汉书·王充传论》:"若王充之推董卓而引其权,伺其间而蔽其罪,当此之时,天下悬解矣。"又悬为系物之状,物悬有不定之势,故虽作解说而亦有谦虚之意。《四库全书》医家存目录《素问悬解》《难经悬解》《伤寒悬解》《金匮悬解》《灵枢悬解》等书。现代中华书局曾刊王琯著《公孙龙子悬解》。

【选】

择也。见《说文通训定声》。《礼记·礼运》:"选贤与能。"书名以选,指遴选成册的作品。南朝萧统《文选序》:"故与夫篇什,杂而集之,选自周室,迄于圣代,都为三十卷,名曰《文选》云尔。"清王士祯等《师友传信录》:"文之有选,自萧维摩始也。"宋黄升编有《花庵词选》。《唐人万首绝句选》乃宋洪迈原本,王士祯编选。现代有钱钟书的《宋诗选》。另合肥刊有《鲁迅作品选析》。山西出版《鲁迅小说选读》。中华书局刊王学浩编《近代独幕剧选粹》。上海古籍出版社出版郑文著《汉诗选笺》。另有"选集",请参见。

【选集】

甄录一人或若干人著作成集者,曰"选集",或单曰"选"。如《昭明文选》等。由于编辑识力、观点和经验各异,同一作品的不同版本也有不同的特色。1980年人民文学出版社刊《巴金选集》。1983年百花出版社刊《王蒙选集》。

Xue

【 学 】

原意是觉悟，见《说文》。后转释为学习、学说、学派。《庄子·天下》:“百家之学，时称而道之。”古代又特指为经典注释名称之一。晋张华《博物志》卷四:“何休注《公羊》，云‘何休学’，有不解者，或答曰:‘休谦词，受业于师，乃宣此一，不出于已。’”唐陆德明《经典释文》:“学者，言为此经之学，即注述之意。”后世注书标“学”者，有宋李焘的《易学》《春秋学》。范处义的《诗学》。喻樗的《于泉论语学》等。以“学”字为书名，见录于《隋书·经籍志》者有:蔡邕的《劝学》、朱育的《幼学》等。《四库全书》史部录宋范祖禹《帝学》，天文算法类录清江永《算学》(又作《数学》)。清年希尧撰《视学》是几何学书，成书于雍正七年(1729)，比法国梦日于1799年出版的同类书《画法几何学》早七十年，近代凡研究某一事物而自成系统具有条贯者，皆谓之“××学”。进而对某一专题、专著的研究也可称“学”，如“红(红楼梦)学”“金(金庸)学”。此外尚有“学案”“学海”“学林”“困学”“文学”等条，请参见。

【 学案 】

记叙学派内容、源流、发展、师弟传承，并加以论断的书。《四库全书》四书类录明刘从周《论语学案》。另清黄宗羲有《宋元学案》。唐鉴有《国朝学案小识》。黄宗羲《明儒学案原序》:“诸先生深浅各得，醇疵互见。要皆功力所至，竭其心之万殊者，而复成家。未尝以懵懂精神尝人糟粕，于是为之分源别派，使之宗旨历然由是而之焉，固圣人之耳目也。”参见“案”字条。

【 学海 】

始见于汉扬雄《法言·学海》:“百川学海，而至于海;丘陵学山，不至于山。是故恶乎尽也。”言为学者，当如河川流向大海，日进不已。停则一事无成。后又喻为学识渊博之人。汉时，人舍何休为“学海”，郑玄为“经神”，(见晋王嘉《拾遗记》)。宋左圭辑丛书一百七十七卷，题为《百川学海》。清曹溶等辑《学海类编》丛书。

【 学记 】

原为《礼记》篇名。按:“郑目录云:‘名曰学记者，以其记人学教之义。’”《贩书偶记》录清戴望撰《颜氏学记》，朱性坦撰《岩斋学记》。

【 学林 】

学问之林，喻学问的总汇。《汉书·叙传下》:“函雅故，通古今，正文字，惟学林。”师古曰:“信惟文学之林薮也。”《四库全书》杂家类录宋王观撰《学林》(全称《学林新编》)。

Xun

【 训 】

一、教训之训。用于教诲、开导的文辞。《广韵》:“男曰教，女曰润。”《玉篇》:“训，诫也。”南北朝时颜之推撰《颜氏家训》。《隋书·经籍志》杂家类录《正训》《内训》等书。宋吕本中撰《童蒙训》。明温璜撰《温氏母训》。清康熙帝撰《圣谕广训》。

二、诂训之训。用通俗的词语，解释难懂的词语。《说文解字·言部》:“训，说教也。”《汉书·扬雄传》:“训者，释所言之理。”引申注书多曰“训”。《汉书·艺文志》易类录《淮南道训》。《隋书·经籍志》录贾奎《春秋释训》、服虔《汉书音训》。《四库全书》录宋张大亨《春秋通训》、清李钟伦的《周易纂训》。《汉书·艺文志》录《训纂》一书，传为扬雄所编的古字书，已佚，后世有辑佚本。

【 训解 】

训释解说。汉高诱《〈吕氏春秋〉序》:“不韦乃集儒书，使著其所闻为十二纪、八览、六论、训解各十余万言。”裴骃《史记集解序》:“列异同，兼述训解。”《四库全书》录宋蔡渊的《周易卦爻经传训解》。

Y

Ya

【 雅 】

原意是正的、合乎规范的。《毛诗序》:“言天下之事,形四方之风,谓之雅。雅者,正也。……”又可引申为高雅不俗……“雅”作书名,有三种情况:

一、释为:正确的意义。先秦古籍有解释词义的专著《尔雅》,书名是“近正”的意思。后人仿其例而作的书有《小雅》(《小尔雅》,撰者佚名)。魏张楫撰《广雅》(又名《博雅》)。宋陆佃撰《埤雅》。明朱谋(玮)撰《骈雅》。方以智有《通雅》。清代有俞樾《韵雅》。谭之琥《钤雅》。夏味堂《拾雅》。陈肇博《羼雅》。刘璨《支雅》。史梦兰《叠雅》。汪曰桢《湖雅》。杨琼《肄雅》。陈荣衮《幼雅》。王初桐《演雅》。有专释某类词语的,如宋赵汝楳《易雅》。清周春《佛尔雅》。杨柳官《梵雅》。王初桐《西域尔雅》。明郎奎金改汉刘熙的《释名》为《逸雅》。明张萱将《广雅》《小尔雅》《方言》《释名》、诸书合编称为《汇雅》。另仿《尔雅》之例而非训诂内容的有唐梅彪的《药石尔雅》、清倪倬《农雅》等。

二、释为:典雅。言其雅言典切,语和而庄,意宽而密。清蔡世远编《古文雅正》。近人刘节卿有《麈谈指雅》。

三、原来特指《诗经》中的一体,又称“雅歌”。用于宴会,有“大雅”为天子之乐,“小雅”为诸侯之乐。三国魏嵇康《游仙诗》:“临觞奏九韵,雅歌何邕邕。”后代称诗词为“雅”。书名有宋曾慥《乐府雅词》。明张之象编《唐雅》。清张达《白沙风雅》等。

Yan

【 言 】

原意是话、言语、言论。《左传·襄公二十五年》:“言之无文,行之不远。”《孟子·滕文公下》:“天下之言,不归杨,则归墨。”《汉书·艺文志》中儒家类录《儒家言》《谰言》(均不知作者)。《隋书·经籍志》录汉扬雄《扬子法言》,梁武帝撰《孔子证言》。杂家类录吴裴玄《裴氏新言》,后齐荀士逊《典言》。《四库全书》子部录五代王定保《唐摭言》,宋叶适《习学记言》,叶梦得《岩下放言》,明项穆《书法雅言》,郑瑗《井观琐言》,明清以后,有些小说也以“言”字题名。如明冯梦龙的话本《喻世明言》《警世通言》《醒世恒言》等,通称“三言”。清夏敬渠撰长篇小说《野史曝言》,王涛撰小说《遁窟谰言》。近代有郑观应的《盛世危言》,方东树的《昭昧詹言》。另有“格言”“寓言”“言行录”等,请参见。

【 言行录 】

记载人物言行之书。记载一人的,如清舒敬亭的《朱子文公传道经世言行录》。叶清臣的《王曾言行录》。记多人于一书的,如宋朱熹的《名臣言行录》,清沈佳《明儒言行录》。

【 演义 】

敷陈义理而加以引申,谓之演义。《后汉书·周党传》:“博士范升奏毁党曰:‘党等,文不能演义,武不能死君,钓采华名,庶几三公之位。’”书名如元梁寅的《诗演义》。后来将一种由讲史平话发展而来的,杂取史传稗说,敷衍成的长篇章回体小说称为“演义”。清刘廷玑《在园杂志》云:“‘演义’者本有其事,而添设敷衍,非无中生有者比也。”如明罗贯中的《三国演义》,清褚人获的《隋唐演义》,清末小说《海上花列传》又名《海上花趣事演义》。1936 年中华书局刊《新体莎氏(莎士比亚)乐府演义》。蔡东藩著有《民国演义》。现代有王俊彦《中美苏三国演义》。

【 艳史 】

题名“艳”者,常是关于男女言情的撰著,如“艳诗”“艳史”等。明清小说中,此类书名甚多。

如齐东野人的《隋炀帝艳史》，松竹轩的《妖狐艳史》，中原浪子的《京华艳史》，及无名氏的《钟情艳史》《巫山艳史》《桃花艳史》《阎婆惜艳史》等。

Yao

【要】

重要，又作约略、简当诸解。《书·毕命》："辞向体要。"《隋书·经籍志》以"要"字作书名者有：《春秋说要》《梁撮要》《天文要集》《兵法接要》（魏武帝撰）、《兵书要略》《易要诀》《本草要方》《徐太山房内秘要》等书。书名还有唐吴竞的《贞观政要》，孙思邈《备急千金要方》，明宋绪《元诗体要》，清庄中伟《参补礼经精要》，于敏中等《四库全书荟要》，潘逢禧《正音通俗表摘要》。近现代有：谢蒙《哲学大要》、王壮弘《六朝墓志检要》、刘安国《陕西交通挈要》、南昌行营编《军语释要》、石村《因名述要》、许庆凯《逻辑要领》、刘国钧《图书馆学要旨》、王蘧常《诸子学派要铨》等。此外尚有"概要""纲要""辑要""集要""举要""秘要""提要""要诀""要览""要略""要义"等，见各该条。

【要诀】

要领、秘术。《列仙专》："乞长生要诀。"宋周密《癸心杂识·前集·胎息》："此一般要诀，且静心细意，字字研究。"《新唐书·艺文志》兵书类录隋高祖《兵法要诀》。《四库全书》集部录元倪士毅撰《作文要诀》，是封建时代为应付经义考试，指点学习古文诀窍的书。清叶景癸撰《色牧要诀》，吴传坛撰《艺兰要诀》。

【要览】

要，要点、纲要。《韩非子·扬权》："事在四方，要在中央，圣人执要，四方来效。""要览"择要供观览也。《隋书·经籍志》儒家类录晋吕竦撰《要览》。元陶宗仪《说郛》中录晋陆机撰类书《要览》。宋释道诚有《释氏要览》。明道扬撰《全婴要览》。清世祖顺治撰《御定资政要览》，收入《四库全书》。

【要略】

略数其要，论其大体。《淮南子》中有《要略篇》，汉高诱题解注："凡鸿烈之书二十篇，略数其要，明其所指，序其微妙，论其大体，故曰'要略'。"《南史·竟陵王子良传》："依《皇览》例，为《四部要略》千卷。"《隋书·经籍志》杂家类录魏彦深撰《诸书要略》。

【要义】

要旨，重要的意义。宋曾巩《与王深南书》："此吾徒所学之要义，以相会远，故略及之。"宋魏了翁撰《周易要义》《尚书要义》。

Ye

【野】

原意是郊外、乡野，引申为民间，不当政的地位，于"朝"相对。《书·大禹谟》："君子在野，小人在位。"书名有宋周密《齐东野语》，贾同的《山东野录》，王楙的《野客丛书》，元郭翼的《林外野言》。清人小说《野史曝言》等。另有"野录""野史"等，请参见。

【野录】

为私撰的历史，与野史同。作者谦言细碎，故未题为"史"。形式多为笔记，所以制目录者，常列于杂家或小说家类中。《宋史·贾同传》："（同）著《山东野录》七篇。"魏了翁《跋季文简公手记》："笔削于家乘、野录者，父兄子弟，姻亲友朋间相传习，便如申伏之国，制宝之心，盖有不与秦火俱烬者也。"《四库全书》杂家类录宋陈櫆《负暄野录》，小说家类录宋释文莹《湘山野录》。清孙之騄撰《二申野录》。参见"野史"条。

【野史】

旧时私家撰述的史书，与正史相对而言。《唐书·艺文志》录有《大和野史》，题名即示与官修史书有别。唐陆龟蒙《奉酬苦雨见寄诗》："自爱垂名野史中，宁论抱困荒城侧。"《四库全书》小说家录宋释文莹《玉壶野史》（即《香山野录后集》），龙衮撰《江南野史》。宋遗民无名氏撰《三朝野史》。清代有《野史大观》。明清通俗小说也有题名"野史"的，如《艳婚野史》《绣榻野史》《株林野史》等。

【 夜话 】

夜谈也。白居易《招东邻诗》:“小榼二升酒,新簟六尺床。能来夜话否？池畔欲秋凉。”苏轼《答周循州诗》:“未敢叩门求夜话,时叨送米继晨炊。”《宋史·艺文志》小说类录僧惠洪撰《冷斋夜话》。现代有邓拓、吴晗、廖沫沙合著的《燕山夜话》。译文有俄国果戈里原著,满涛译的《狄康卡近乡夜话》。

Yi

【 一览 】

原指粗略一看。《后汉书·弥衡传》:“吾虽一览,犹能识之。”今指简易明了,一望而知曰“一览”。《四库全书》地理河渠属录明潘季驯《河防一览》。《贩书偶记》小学类音韵属录清李书云撰《问奇一览》。现代书名有《北京古迹一览》《世界各国经济情况一览》。

【 医案 】

为中医临床时间的记录,记载有关症状、病理、治法、处方等内容。体现中医理、法、方、药的具体运用。《史记·扁鹊仓公列传》中所载淳于意所诊,皆有“诊籍”为医案之起源。宋代则有许叔微撰《普济本事方》。其后医家多有所著。《四库全书》医家类录明薛己撰《薛氏医案》、陈桷《石山医案》。江瓘汇集诸家为一册的《名医类案》。近人秦伯未有《清代名医类案》,搜罗甚丰。参见“案”字条。

【 遗 】

前代、前人的遗留。《国语·鲁语上》:“臣闻圣王公之先封者,遗后人之法,使无陷于恶。”《隋书·经籍志》录郭璞撰《毛诗拾遗》。宋朱熹编有《二程遗书》,罗璧撰《识遗》,朱鉴有《诗传遗说》。元杨维祯撰《丽则遗音》。明钱棻辑《遗墨》。清王引之有《王文简公遗文》,王夫之《船山遗书》,汪韫玉《听月楼遗草》,叶杉辑《明纪编遗》。民国陈寅恪撰《陈师曾遗诗》等。另有“遗集”“遗稿”“遗事”“拾遗”等专条,请参见。

【 遗稿 】

前人所遗留的手稿,多是未曾刊印的。宋林逋诗:“茂林他日求遗稿,犹喜曾无封禅书。”如明人所辑蒋堂遗文,题曰《春卿遗稿》。虞集遗文曰《道园遗稿》。张羽有《东田遗稿》。清汪廷珍遗文名《实事求是斋遗稿》。参见“稿”字条。

【 遗集 】

一、前人遗留的诗文集。五代齐己《寄匡阜诸公》:“争学忘言住幽静,吾师遗集尽清吟。”《四库全书》别集类录宋郑兴裔的《郑中肃奏议遗集》。清曾纪泽留有《曾惠敏公遗集》。

二、裒集前人遗作编成的集子。鲁迅《且介亭杂文·隔膜》:“(清初文字狱)‘南社’里有几个人,为被害者辑印遗集。”又如近人张元济辑刊的《戊戌六君子遗集》。

【 遗事 】

谓前代或前人留下来的事迹。《史记·乐毅列传》:“夫齐霸国之余业,而最胜之遗事也。”曾巩《虞美人诗草》:“当年遗事久成空,慷慨尊前为谁舞。”书有五代王仁裕的《开元天宝遗事》。宋《大宋宣和遗事》。元刘一清的《钱塘遗事》。王颚的《汝南遗事》等。宋末元初,朝鲜以汉文编撰,汇集新罗、百济、高句丽三国遗闻。逸事之书,亦名《三国遗事》。民国初年,林纾译法国小仲马的小说《茶花女》,命名为《茶花女遗事》。

【 疑 】

疑问。《礼记·坊记》:“夫礼者,所以章疑别微。”孔颖达疏:“疑谓是非不决。”清邵泰衡撰《檀弓疑》,乃论辩《檀弓》一书可疑之处。书名还有唐陆淳《春秋集传辨疑》。宋张文伯《九经疑难》,刘羲仲《通鉴问疑》。明陈跃文《经典稽疑》,杨于庭《春秋质疑》。清杭世骏《诸史然疑》,方苞《仪礼析疑》,王绂《参读礼志疑》,邵泰衢《史记疑问》。清钱大昕考历代名人生卒年月之书名《疑年录》。各书均见于《四库全书》。另有“疑义”“辨疑”、阙疑”“质疑”等专条,请参见。

【 疑义 】

指不理解的含义或道理。《后汉书·郑玄

传》："孔融闻玄善算，乃招而见之于楼上，因从质诸疑义。"又指不能确定之意义，如清俞樾《古书疑义举例·助语用不字例》："不者，弗也。自古及今，斯言未变，初无疑义。"《隋书·经籍志》录梁周捨撰《礼疑义》。《四库全书》录明马明衡《尚书疑义》。

【义】

意义、道理。《诗·大序》："诗有六义焉。"《谷梁传·昭公四年》："《春秋》之义，用贵治贱，用贤治不肖，不以乱治乱也。"用于书名为注释义理之意。南北朝以前指注解义理之文：如《礼记》中的《祭义》《昏义》《乡饮酒义》。《汉书·艺文志》尚书类录《欧阳说义》。汉王玢有《春秋左氏述义》。魏刘祯《毛诗义问》。崔灵恩《三礼义宗》。南北朝以后特指解注之文，意同于义疏。如巢猗的《尚书义》、何修的《礼记义》等。隋范广有《论语别义》、顾彪《尚书文外义》、杨又《毛诗异义》、顾欢《毛诗叙义》。此外有唐史征《周易口诀义》。宋真德秀《大学衍义》、李衡《周易易海撮要》。元程端学《春秋本义》。明刘濂《乐经元义》、张拱《四书解义》等。近代有清青山山农撰《红楼梦广义》。筌溪汉生的《红楼梦补义》。吴浩的《十三经义疑》。俞樾的《诸子平议》、闻一多的《古典新义》、柳诒征的《国史要义》等。另有"大义""集义""讲义""精义""疏义""通义""疑义""演义""音义""义府""义林""义疏""义证"等，请参见。

【义府】

指义理的所在、所藏。《左传·僖二十七年》："诗书，义之府也。"《四库全书》杂家类录清黄生撰《义府》。

【义林】

汇集经义要义的论著《隋书·经籍志》录《春秋义林》(无撰人)。唐释窥基有《法苑义林》。

【义疏】

古籍注释名称。特点是兼释经文和注文，对字、词、句全面疏通，详尽犹如讲稿。起源于南北朝时对佛经的宣讲。宣讲者阐释发挥，力求普及，所以广采群书，补充旧注，或究其原委，因之又称讲疏。盖缘于南北朝后期学者，对魏晋笺注的先秦儒家经典，已感到古奥难懂。乃借鉴佛教讲经的形式为儒家经典注释，即为"义疏"，并流传开来。《隋书·儒林传序》："二刘(焯、炫)拔萃出类，学通南北，博极古今……所制诸经义疏，缙绅咸宗师之。"《隋书·经籍志》著录的《周易义疏》下注"宋明帝集群臣讲"，可见统治者亲自提倡，风气大盛。《隋志》中所录群经，都有义疏，《毛诗》义疏有七种之多，但存世者仅皇侃的《论语义疏》。其缺点是流于烦琐，病在浮泛。《颜氏家动卜勉学篇》："俗间儒士，不涉群书，经纬之外，义疏而已。"即指摘这种流行的学取捷径的风气。书名见于《四库》的，有唐宋人的《十三经义疏》。魏何晏集解、皇侃义疏的《论语集解义疏》，清郝懿行的《尔雅义疏》。

【义证】

释义并引证。《晋书·束皙传》："皙在著作，得观竹书，随疑分释。皆有义证。"《梁书·孔子祛传》："高祖撰五经讲疏及孔子正言，专使子祛检阅群书，以为义证。"《隋书·经籍志》录刘芳撰《礼记义证》。清洪颐煊有《管子义证》，桂馥撰《说文义证》等，参见"证"字条。

【艺】

原意是种植。《孟子·滕文公上》："后稷教民稼穑，树艺五谷。"引申为技艺、才能，也特指文学、艺术。书名有：明王世贞的《艺苑卮言》，王世懋的《艺圃撷余》，清包世臣撰《艺舟双揖》，刘熙载有《艺概》，吴省兰辑丛书《艺海珠尘》。又有"艺文"条，请参见。

【艺文】

古代六艺群书之概称，汉班固《典引》："苞举艺文，屡访群儒。"又班固在《汉书》中，引刘歆《七略》而首载《艺文志》。乃将当时所存典籍汇目成篇，标名《艺文志》。成为中国纪传体史书及典志体志书，记载图书目录部分的专名。仿其例，正史中的《唐书》《宋史》《明史》都载设有《艺文志》。但《隋书》《旧唐书》则称《经籍志》。其余各史缺而不载，后人有辑补者。又唐欧阳询编辑的丛书题名《艺文类聚》，是汇集词章文艺之意也。

【艺文志】

中国纪传体史书及典志体志书等记载图书目

录部分之专名。汉班固撰《汉书》，据刘歆《七略》，首载《艺文志》。其后各史及地方志乘多仿此例。如《新唐书》《宋史》《明史》。唯《隋书》及《旧唐书》则称《经籍志》。《通志》称《艺文略》。清代学者补辑有《补后汉书艺文志》《补三国艺文志》《补晋书艺文志》《补五代史艺文志》《补辽金元艺文志》《补元史艺文志》等。对研究历代图书文献学术源流具有一定参考价值。又，方志中所编辑之诗文或著作目录亦称《艺文志》，方志中之《经籍志》或《著述志》则专载著作目录。

【忆】

思念、想念。《乐府诗集·饮马长城窟行》："上言加餐饭，下言长相忆。"北周庾信诗："还思建业水，终忆武昌鱼。"明张岱撰《陶庵梦忆》。1925年北京朴社出版俞平伯诗集《忆》。解放后巴金著《忆鲁迅先生》。近代书名常有《忆××》等，皆为回忆性的著作。参见《回忆录》条。

【议】

有商议、评论、意见等义。《左传·襄公三十一年》："子产曰……夫人朝夕退而游焉。以议执政之善否。"《墨子·亲士》："馅谀在侧，善议障塞。"后指一种文体，用于说理或陈述意见。清王兆芳《文体通释》："议者，语也、谋也，谋事之语也……主于援旧谋新，语中事理。源出黄帝时《明台议》，流有秦王绾《帝号》《封建》二议，淳于越《封建议》，诸儒生《封禅议》，李斯《存朝废封建诸议》，汉萧何《天子服议》……"《汉书·艺文志》孝经类录《五经杂议》。《隋书·经籍志》录汉王肃《尚书驳议》、何休《春秋议》。南宋李焘有《六朝通鉴博议》，元沙克什撰《河防通议》。明杨士奇等编《历代名臣奏议》。清俞汝言有《春秋平议》。现代王慎先著《辩证法心议》等。

【异】

不同《论语·子张》："异乎吾所闻。"又有奇特、怪异之意。书名有汉郑玄之《驳五经异义》，王充《毛诗辨异》。南朝刘敬叔撰《异苑》，《隋书·经籍志》录有《临海水土异物志》。宋吴淑撰《异人录》，倪思撰《斑马异同》。明杨慎撰《异鱼图赞》。《四库全书》史地类录图理琛的《异域录》。陈厚耀撰《春秋战国异辞》。

【轶】

散失，同佚、逸。《史记·五帝纪赞》："其轶乃时时见于他说。"意为世人不甚知道的事迹，多指未经史书记载者。书名标"轶事"者，有1936年上海出版奚识之、秦瘦鸥译注的《泰西五十轶事》。1982年天津出版孔德懋著《孔府内宅轶事》。1988年吉林出版王鸿宾等著《盛京轶事》等。1992年华文出版社刊周简段著《神州轶闻录》。

【谊】

古代有时同"义"字之用。《说文段注》："谊，义，古今字，周时作谊，汉时作义……"汉书义字多作谊。《汉书》引贾谊《过秦论》："一夫作难而七庙隳，身死人手，为天下笑者，何也？仁谊不施，而攻守之势异也。"汉服虔撰《春秋左氏传解谊》。《隋书·经籍志》录后魏元廷明撰《毛诗谊府》。清龚橙撰《诗本谊》，马其昶撰《三经谊诂》皆仿用其古义。

【逸】

原意是弃绝，转义为逃亡，引申为散失、亡失。《后汉书·儒林传序》："采求阙文，补缀漏逸。"用于书名指编辑已散失的古书。如《隋书·经籍志》所录《谢朓逸集》。《四库全书》史部录有晋孔晁注《逸周书》。此外如元吴澄的《仪礼逸经》。明郎奎金汇刻训诂书，将《释名》改称《逸雅》。张丁撰《白石山房逸稿》。朱睦㮮撰《革除逸史》。清朱鹤龄有《古文尚书逸篇》，程大中撰《四书逸笺》，黎庶昌辑有《古逸丛书》。另有"逸史"，请参见。

【逸史】

指散佚、罕见的史籍或正史以外的史书。唐刘知几《史通·古今正史》："求褚国逸史，逮正史无，鸠集稽备。"《新唐书·艺文志》小说家录大中时人撰《仪式》三卷。南宋蒋芾亦撰有《逸史》。《四库》录朱睦㮮《革除逸史》。明末有以翁村老民题撰的《海东逸史》，述南明鲁王事迹。济温睿临撰南明史书《南疆逸史》。近代有冯自由《革命逸史》记辛亥革命。明清通俗小说也有题作"逸史"的。如《禅真逸史》《龙阳逸史》《岭南逸史》《虎丘花案逸史》等。

【绎】

原意是抽丝,引申为理出头绪或线索。又转为陈述、陈列。《书·君陈》:“庶言同则绎。”《诗·小雅·车攻》:“赤芾金乌,会同有绎。”书名有清马骕撰《绎史》。明王士性撰《广志绎》,清胡承诺撰《绎志》,皆抒述个人志意之作。

【意】

见解、意义、意理,《易·系辞上》:“书不尽言,言不尽意。”《唐书·徐旷传》:“文远说京,偏举先儒异论,分明是非,乃出心意。”书名有宋张栻《论语意原》、蔡渊《易象意言》。刘敞《刘氏春秋意林》。1921年中华书局刊陆农言编《国语发音学大意》。

【意见】

意,又有猜测、料想之意。又意见,即见解、主张,常指个人的、私自的见解。《后汉书·四九·王充等传论》:“夫遭运无恒,意见偏杂,故是非之论,纷然相乖。”《魏书·任城王传·附子澄》:“高祖曰:‘众人纷纭,意见不等,朕莫知所从。’”书名有明钟邦奇《启蒙意见》、王恕《石渠意见》等。

【翼】

原意是鸟翼。翼处两侧,助其飞行。引申之意是辅助。《国语·楚上》:“求贤良以翼之。”即注:“翼,辅也。”书名有宋郑汝谐《易翼传》。元胡一柱有《周易启泉翼传》,明王志长有《周礼注疏删翼》,崔铣有《士翼》,清晏斯盛有《易翼说》,胡渭《大学翼真》等。

Yin

【因】

一义是因缘,事的缘由。《汉书·邹阳传》:“无因而至前者也。”唐赵璘撰《因话录》乃以叙旧闻、典故而名之。又有依、顺之意。《吕氏春秋·看守》:“因智而明之。”注:“因,依也。明人吕柟撰《四书因问》,乃因四书之義,推而证诸……”

【音】

原指声音,特指字的发音、读音。北齐颜之推《颜氏家训·音词》:“璵璠,鲁之至宝。当音‘余烦’。”书名古代多指用反切音确定音读的古籍。清王兆芳《文体通释》:“音,声也,文字之声读也。主于纽弄反切,定声正读。源出魏孙炎和反语为《尔雅》音,流有六朝人多为诸经音。及后儒多为子史音。”《隋书·经籍志》,录孙炎、郭璞《尔雅音》。晋孙邈撰《五经音》《庄子音》等。宋人贾昌朝撰《群经音辨》。元杨士弘撰《唐音》。明陈第撰《毛诗古音考》。清顾炎武有《音论》《诗本音》《易音》《古音表》等书。另有“音韵”“音义”等条,请参见。

【音韵】

研究汉语特别是文学语言中的声、韵、调诸要素之结构和演变的学科。起于齐、梁、梁沈约的《普陆厥问声韵书》:“若以文学之音韵,同管弦之声曲,则美恶妍蚩,不得顿相乖反。”《四库全书》存目录明吕维其《音韵日月灯》,清李光地等奉敕撰《音韵阐微》,梁国治等撰《音韵述微》等。今人罗常培有《汉语音韵学导论绪论》。参见“韵”字条。

【音义】

原意是文章的含义。魏陈琳《答东阿王笺》:“音亦既远,清词妙句,焱绝焕炳。”后专职文字的读音和意义尤为古籍注释名称之一。内容是标注字音和字义而释其文,有的兼及文字校刊。兴自六朝,著名的唐陆德明之《经典释文》即为《周易音义》《尚书音义》《毛诗音义》等十四种音义的总和。音义或可别题:如服虔作《汉书音训》,杨慎作《周易音诂》,罗复作《诗集传音释》,许翰作《太玄经音解》,刘芳有《毛诗音证》,服虔有《春秋音隐》,陆德明有《周易并注音》等。《隋书·经籍志》小学类录《叙同音义》、正史类录《汉书音义》。唐玄应撰《一切经音义》。宋孙爽撰《孟子音义》。明陈弟撰《屈宋古音义》等。

【吟】

吟咏、朗读。《正字通》:“吟,诵也。”《楚辞·渔父》:“行吟泽畔。”《庄子·德充符》:“倚树而吟。”后又称诗体的一种。宋严羽《沧浪诗话》:“吟,古词有《陇头吟》,孔明有《梁父吟》,相如有《白头吟》。”宋张表臣《珊瑚钩诗话》:“吁嗟慨叹,悲忧深思谓之吟。”宋姜夔《白石诗话》:“悲如恐蛩曰吟,通乎俚俗曰谣,委屈尽情曰曲。”书名有宋王镃的《月童吟》,吴龙翰的《古梅吟稿》。元黄玠的《弁山小隐吟录》,胡天游《傲轩吟稿》。朱晞颜《鲸背吟集》。明姚舜牧《乐陶吟草》。清丁嘉琳撰《红楼梦百美吟》。现代有臧克家的《今昔吟》。夏衍剧作名《水乡吟》。莫应丰有长篇小说《将军吟》等。

【 引 】

原意是开弓、拉弓。后引申为引导、带领。《史记·魏公子列传》:“公子引侯生坐上座。”组成书名词语有“引论”,如:1987 年湖南文艺出版杜刊,苏联 T. H. 波斯彼洛夫主编,邱榆若等译的《文艺学引论》。“引义”,如清王夫之《尚书引义》。近代优等书增朱《自然辩证法引论》等。又古代乐曲有《霹雳引》,为序奏之意,乐府作为诗体之一。近人俞平伯撰诗集《遥夜闺思引》。引之另一引申义是引用。《魏书·刑罚志》:“今引以盗律之条,处以和掠之罪……”英语“Index”,近代译为“引得”或“索引”,有专条,请参见。

【 引得 】

英文 Index 的音译。现译作“索引”。1931 年原燕京大学与美国哈佛大学合办的哈佛燕京学学社引得出版社,首先用“引得”作书名,出版《引得》多种。例如《艺文志二十种综合引得》,将《汉书·艺文志》等二十种各朝《艺文志》《经籍志》汇编成集。含各目录书所收先秦至清末图书四万余种,成为我国最大的一部封建社会总目书,中华书局于 1960 年影印出版。参见“索引”条。

【 隐 】

《说文》释作藏、匿等意。隐晦与显明之意反。古代曾用作经籍注释名称。姚振宗《隋书·经籍志考证》卷三:“齐梁时隐士何胤注书,于书背书书之,谓之隐义。背隐义之意盖如此。由是推导,则凡称音隐、音义隐之类,大抵皆从卷背录之,皆是前人隐而未发之义。当时别无书名,故即就本书加隐字以名之。”《隋书·经籍志》录晋郭象《论语隐》、南朝宋徐广撰《毛诗背隐义》、梁于氏《毛诗音隐》、陈统《毛诗表隐》、谢氏《礼记音义隐》等。近代有洪秋蕃《红楼梦抉隐》,王梦阮等的《红楼梦索隐》诸书。另《汉书·艺文志》杂赋类录《隐书》十八篇。清人俞樾著《隐书》专收谜语。另参见“索”“索隐”等条。

Ying

【 英华 】

原指草木之美者。扬雄《长扬赋》:“英华沉浮,洋溢八去。”后亦指美好精粹的人或物。作书名初为梁昭明太子萧统所用,其撰编《诗苑英华》,录于《隋书·经籍志》,今佚。宋李昉等奉敕撰有《文苑英华》。清顾有孝编有《乐府英华》。

【 影 】

一、人或物的形象映于镜面或水面形成的幻形,或出于遮断光线而形成的暗像。用于书名多取其形象性。如明陆云龙撰拟话本小说《幻影》(又名《型世奇观》)。清吴藻的杂剧《乔影》。近代朱自清散文集《背影》。靳以小说《黑影》等。

二、接在名词后面,表示模糊的形象。如清周亮工撰《书影》,取老年人读书仅存书影于胸中之意,记述老年读书心态,近代舒新城撰《蜀游心影》记自然风物的情思。

Yong

【 咏 】

长声而歌,如吟咏、歌咏。《说文》:“咏,歌也,从言永声。”《乐记》:“歌之为言也,长言之也。说之,故言之。言之不足,故长言之。”或以“咏”题名诗集,如新诗曰“新咏”。南朝徐陵编有《玉台新咏》。用诗词来描写景物、抒发感情称作咏物、咏史。唐胡曾撰《咏史诗》。清汪元慎有《咏史集》。元谢宗可有《咏物诗》。咏,亦为诗体的一种,晋夏侯湛作《离亲咏》。宋人蒲积中有《岁时杂咏》。清代有黄金台《红楼梦杂咏》,杨维屏《红楼梦戏咏》,改琦《红楼梦图咏》,黄昌麟《红楼二百咏》,石溪散人《红楼梦人物咏》等。

You

【 游记 】

散文的一种,内容为描述旅途经历见闻。以写景记胜为主,或涉及风土人情、历史沿革、政经社会、传记逸事等。游记展示地方色彩,表达思想感情。取材自由,风格多样,讲求真实,不能虚构。游记文体在我国历史悠久。北朝郦道元的《水经注》,杨衒之的《洛阳伽蓝记》,皆是较早的游记名著。唐柳宗元的《永州八记》,为游记精品。书名还有明代的《徐霞客游记》。清刘鹗的《老残游记》是以游记为名的长篇小说。现代作家有郁达夫的《达夫游记》,谢冰心的《冰心游记》等。参见"记"字条。

Yu

【 余(馀) 】

原意是剩余,多出来的。《诗·秦风》:"今也,每食无余。"引申有广博、其他、本论以外、未尽之言诸义。如宋郑刚中《周易窥余》、朱长文《乐圃余稿》、无名氏《江南余载》。元朱震亨《格致余论》。明崔铣《读易余言》、杨慎《丹铅余录》。清王士祯《分甘余话》等。

【 语 】

古代自言为言,与人谈论谓语。《说文》释为"论也"。《礼·余记》:"三年之丧,言而不语。"注:"言,言己事也,为人说话谓语。"《诗·大雅·公刘》:"于时言言,于时语语。"传:"直言日曰,论难曰语。"后泛指说话、言论。《释名·释典艺》:"《国语》记诸国君臣相与语言、谋议之得失也。"《汉书·艺文志》录有《论语》《孔子家语》《国语》等。《隋书·经籍志》录《春秋嘉语》《古文琐语》、陆贾的《新语》、刘义庆的《世说新语》。唐有刘肃撰《大唐新语》,杨筠松《青囊奥语》,王冰《元珠密语》。宋代起渐成为笔记、语录体式书名,如薛据《孔子集语》,晁补之《晁氏客语》、范晞文《对床夜语》、叶梦得《石林燕语》、高观国《竹屋痴语》、周密《齐东野语》、陈昉《颍川语小》。元代有艾性夫《剩语》、白珽《湛渊静语》、姚相寿《乐郊私语》。明代有顾起元《客座赘语》、宋雷《西吴里语》、周经实《九经逸语》、高拱《本语》。清代有王言《消寒绮语》、酿花使者《花间笑语》、梁乔宁《五经类语》、申涵光《荆国进语》。近代有周履靖《狂夫酒语》、姚灵犀《金红脞语》、顾鸿翔《人生絮语》、白采《绝俗楼我辈语》。小说有忧患余生的《邻女语》。此外有"语林""语类""语录""长语""小语"等条,请参见。

【 语类 】

分类汇集的语录。宋黎靖德编《朱子语类》。清程川编《朱子五经语类》。

【 语林 】

东晋裴启撰古小说《语林》一卷,此书已佚。《世说新语》多取材于此,后遂以"语林"为笔记小说的代称。宋洪兴祖撰《语林》五卷。王谠撰《雨林》十一卷,又名《唐语林》。明钟惺《谭友夏》:"奇俊辨博,自是文之一种。以施之书牍题跋、语林说部,当是本色。"

【 语录 】

古代一俗语文体,乃口头问答的笔录。唐代僧徒用俚语纪录其禅师的言谈。不作文学修饰,谓之语录。于史初见于《旧唐书·经籍志》中杂史类录孔思尚《宋齐语录》。后宋儒讲学,弟子录其语,也称语录。宋陆游《跋兼山先生易说》:"郭立子从程先生游最广,程先生病,犹与立子有问答语,著于语录。"《宋史·艺文志》录有程颐、刘安世、谢良佐、张九成、尹惇、朱熹等诸家语录。《贩书偶记》释家类录元释原妙《高峰大师语录》、明释性冲《无幻禅师语录》、清释宝贤《省庵法师语录》等多种。近代谓某人或多人的言论记录或摘录谓语录,如《毛主席语录》。又古代凡奉使、伴使,以邦交事重,例进语录于朝。如宋富郑公有《使北语录》,倪思有《重明节馆伴语录》。

【 舆 】

舆字原意是车厢,引申为载行之具,再引申为承载万物之大地。因之"舆"字有一解是疆土、土地,而地图也称为"舆图"。北周庾信《齐王进白兔表》:"舆图欲远。则玉虎晨鸣;辙迹方开,则银麈入贡。"清马廷檙诗《荆卿故里》:"一卷舆图计已矗,单车竟入虎狼都。"明何镗撰《历代舆图》,姚虞撰《岭海舆图》,清胡林翼主编《大清中外一统舆图》。又有"舆地"即大地,宋欧阳忞撰《舆地广记》。

【 玉 】

原指质细、坚硬而有光泽的美石。《说文》:"石之美有五德者仁、义、智、勇、洁。"引申为高洁、华美、宝贵、坚贞等褒义。题作书名皆为珍本、佳作之意。传说周朝姜太公撰兵法六篇曰《玉前》。晋葛洪撰医书《玉函方》。南朝顾野王撰字书《玉篇》。徐陵集诗集曰《玉台新咏》。宋王应麟撰类书《玉海》,周必大撰《玉堂杂记》,释文莹撰《玉壶诗话》,王明清撰小说《玉照新志》,元顾瑛文集曰《玉山璞稿》。

【 御 】

《说文》:"御,使马也。"即驾驭,引申有治理、进用等意,特指进奉于天子称御。后来凡与天子诸侯有关的事物,皆冠以御字以为敬称。《左氏·哀·三》:"出御书俟于宫。"宋高承《事物纪原·经籍文艺·御制》:"《孔子家语》:"舜作《南风》之诗,此则御制之始也。"此后凡皇帝所撰、所批或奉其意旨所纂的书,书名都冠以御字。如唐玄宗有《御注孝经》。清康熙有《御纂七经》《御定康熙字典》《御选唐诗》《御批资治通鉴纲目》。乾隆有《御制文初集》。另有"御览"请参见。

【 御览 】

即皇帝观览之意。《北齐·齐纪下·后主》:"是月,敕撰《玄洲苑御览》。"是书为祖珽奉敕撰,后改名《圣寿堂御览》,录于《隋书·经籍志》杂家类,今仅存一卷。明陈陈元《金莲记·射策》:"诸生试卷,尽经御览。"北宋李昉等奉敕撰有《太平御览》,也简称《御览》。

【 寓 】

寄托《庄子·齐物论》:"唯达者知通为一,为是足入用而寓诸庸。"言有隐含的旨意。《四库全书》集部录宋沈作喆《寓简》一书,该书作者自序言:居山中偶有所得,写于简牍之上,故以为名。明王翰撰《梁园寓稿》,都穆撰《寓意编》等。另有"寓言"条,请参见。

【 寓言 】

古代之为文有寄托之意者。《史记·庄周传》:"其著书十余万言,大抵率寓禽言也。"《庄子·寓言》:"寓言十九,重言十七。"释文:"寓言十九,寓,寄也。以人不信己,故托之他人,十言而九见信也。"《中国文言小说书目》中录有明人陈世宝《古今寓言》,即为托讽取譬之作。汪东伟《芙蓉镜寓言》述神幻不经之言。近代寓言是一种文学体裁,用假托的故事或以自然物拟人的手法,讲某些道理,常带有劝诫或教育的性质。如译自古希腊的中译本《伊索寓言》,及冯雪峰著的《雪峰寓言》等。

Yuan

【 原 】

原字义是推究、考究、研究。《荀子·儒效》:"原仁义,分是作。"后为文体名,乃论文的一种。用"原"字为题,意为对某事物推究本原,加以论述。明吴讷《文章辨体》:"韵书:原者,本也;一说,推原也。意始《大易》'原始要经'之训。"徐师曾《文体明辨》:"自韩愈作五'原'而后人因之,虽非古体,然其溯原于本始,致用于当今,则诚有不可少者。至其曲折抑扬。亦可与论说相为表里。无甚异也。其题或曰原某,或曰某原,亦无它义。"清王兆芳《文体通释》:"原者,一作源,水泉本也。亦谓之始。始,初也,推原厥初也。主于因流上溯,寻讨本初。源初《淮南子·原道训》。流有唐韩退之《五原》。皮日休、牛僧孺《三原》,及宋郑汝谐《论语意原》,高承《事物纪原》,明徐炬《古今事物原始》。"书名尚有:宋程大昌《易原》,清张海鹏《学津讨原》,方玉润《诗经原始》,陈元龙《格致镜原》及光绪刊本《原红楼梦》。近代有辜鸿铭《原华》(又名《春秋大义》或《中国人的精神》),熊十力的《原儒》。现代有王澍西等著的《毛泽东早期思想探原》。刘文英等著《简明马克思主义哲学原理》。另条"原本"请参见。

【原本】

第一次写成或刻定的书本。清李渔《闲情偶寄·词曲》:“原本不传,而传其抄本也。”书名有《四库全书》所录宋朱熹《原本周易本义》、元赵友欣的《原本革象新书》及明西洋利玛窦撰、徐光启译欧几里得《几何原本》。民国元年有正书局刊《国初抄本原本红楼梦》。

【苑】

古代称养禽兽、植林木的地方,多指帝王或贵族园林,引申为荟萃之意。《宋史·杨徽之传》:“采辑前代文字,类为《文苑英华》。”汉刘向撰《说苑》。诸葛亮撰《将苑》。《隋书·经籍志》录北周庾季才撰天文类书《灵台秘苑》、南朝谢康乐撰小学类书《要字苑》、无名氏撰小说《笑苑》。唐释道释撰《法苑殊林》。宋章樵注《古文苑》,杨亿撰《谈苑》。明张之象等编《唐诗类苑》。清钱仪吉撰《经苑》。

【源】

水流始出处,引申为来源、根源。《荀子·富国》:“百姓时和,事业得叙者,货之源也;等赋府库者,货之流也。”书名有《隋书·经籍志》小学类著录之《音书考源》。宋娄机撰有《汉隶字源》,林駉撰《源流至论》。清沈德潜撰编《古诗源》。近代有韩永贤著《周易解源》,李镜池著《周易探源》。1915—1939年商务印书馆出版陆尔奎等编纂的《词源》,是中国最早的以词语为主,兼包百科的大型工具书。

Yue

【约】

原意是缠缚。《字书》云:“约,束也。”亦指古代一种文体。清王兆芳《文体通释》:“约者,缠束也,以言为缠束也。郑子曰:‘言语之约束。’盟誓、誓约之变也。主于约束取信,定义严谨。源出苏秦为六国作《从约》。”汉王褒始作《僮约》。书名有明尹阱的兵书《乡约》。现代有各种《条约》等。又引申作简要、要略。《管子·桓公问》:“事约而易从,求寡而易足。”书名有清胡煦《周文函书约存》,录于《四库全书》易类。清吴善述撰小学类书《六书约言》。清末有话石主人撰《红楼梦约言》。另有“文约”条,请参见。

【乐】

此指音乐。《礼记·乐记》:“故惟君子能知乐。”注:“八音普作,克谐曰乐。”属此类的书有《汉书·艺文志》所录《乐记》二十三篇。先秦古籍《乐经》,汉刘德撰的《乐元书》均已亡佚。后来唐段安节撰《乐府杂录》(又名《琵琶录》)。宋陈旸撰《乐书》。明朱载堉撰《乐律全书》。清徐大椿有《乐府传声》。文人纂文集,也有以“乐”字题名的。如宋柳永的《乐章集》,朱长文的《乐圃余稿》。现代有诗人雷抒雁的诗集《绿色的交响乐》等。

【乐府】

原为古代主管音乐的官署,起于汉代。《汉书·礼乐志》:“武帝定郊祀之礼,乃立乐府,以李延年为协律都尉。”注:“乐府之名,乃始于此。”《日知录》:“乐府是官署之名,其官有令,有音监,有游徼。后人乃以乐府所采之诗,即名之为乐府。”至魏晋,曹、陆等人依拟古题作乐府诗。唐、宋将可以入乐的诗词,金、元、明将散曲、剧曲,因可配乐,乃皆归入乐府,称乐府体。书名《乐府》者,有宋郭茂倩编的《乐府诗集》,是书上起陶、唐,下讫五代,网罗赅博,源流详备。宋曾慥的《乐府雅词》辑宋人词。元杨朝英《乐府新声阳春白雪》是散曲总集。胡存善有《乐府群玉》。张养浩有《云庄乐府》。马致远有《东篱乐府》。近人任纳辑元徐再思、贯云石的散曲,题名《酸甜乐府》。

Yun

【韵】

指音节的收音即韵母部分,通称押韵。南朝梁刘勰《文心雕龙·声律》:“异音相从谓之和,同声相应谓之韵,指句末所用之韵。”分韵编排,供写作诗、赋、词、曲检索韵字的书,谓之“韵书”。例如晋吕静的《韵书》,隋陆法言《切韵》,唐孙愐《唐韵》,宋陈彭年《广韵》、定都《集韵》,元周德清《中原音韵》。明代有《洪武正韵》。清代有《佩文韵府》等。

此外“韵谱”为排列韵字顺序之书。南唐徐锴撰《说文解字韵谱》。“韵语”则为诗歌的别名,如宋周密的《草窗韵语》,葛立方的《韵语阳秋》等。参见“音韵”等条。

Z

Za

【杂】

原意是组合、配合。《易·系辞下》:“物相杂,故曰文。”又有繁多、聚合、烦琐、不纯等意。书名例有:《汉书·艺文志》所录《古杂》《杂灾异》《杂家言》《杂歌诗》等。《隋书·经籍志》录有《前汉杂笔》《东晋杂笔》等。汉《盐铁论》别名《杂论》。唐李商隐撰《杂纂》,苏鹗撰《杜阳杂编》,郑处诲撰《明皇杂录》,段成式《酉阳杂俎》言杂记类事,如肴蔌之杂陈于俎。宋魏了翁有《经外杂抄》,李伯曾有《可斋杂稿》,唐庚有《三国杂事》,吕本中有《紫薇杂说》,蒲积中有《岁时杂咏》,周密有《癸辛杂识》,林季仲有《竹轩杂著》。明宋玉撰《竹屿山房杂部》,无名氏撰《杂事秘辛》,沈德符撰《顾曲杂言》。清顾铁卿有《广杂纂》。近代鲁迅著《会稽郡故事杂集》。还有“杂记”“杂剧”“杂录”“杂文”“杂志”等,请参见。

【杂记】

一、史学记体之一,指正史以外的史籍。唐刘知几《史通·杂述》:“史氏流别,其流十焉,八曰杂记。祖台志怪,干宝搜神,刘义庆幽明,刘敬叔异苑,此之谓之杂记。”清章学诚《文史通义·修志十议》:“凡事属琐屑,而不可或遗者……当于正传之后,用杂著体,零星纪录,或名外编,或名杂记,另成一体。”以“杂记”名书者见《隋书·经籍志》录晋张华《杂记》。《四库全书》史部录宋孔传撰《东家杂记》,乃孔子传记。宋李心传有《建炎以来朝野杂记》。现代徐铸成有《旧闻杂记》。

【杂剧】

又称元曲。晚唐已见“杂剧”之名。明陶宗仪《辍耕录》:“金有院本杂剧。”至元代大盛,著名作家有关汉卿、王实甫、马致远、白朴等。书有清邹式金编《杂剧新编》,《增订丛书举要》录《杂剧十段锦》等。

【杂录】

驳杂的记录,又为古史学的一种。唐高彦林《〈唐阙史〉序》:“故自武德、贞观而后,吮笔为小说、小录、稗史、野史、杂录、杂记者多矣。”书名见《唐史·艺文志》录唐郑处海撰《明皇杂录》。《四库全书》录宋庞元英《文昌杂录》,元鲜于枢《困学斋杂录》,明冯时可《两航杂录》,清胡鸣玉《订讹杂录》等。

【杂文】

原意是各种文章的总称。近代则专指一种短小精悍的文艺性社会论文。我国的杂文是“古已有之”的,从先秦诸子的某些散文开始,中古有唐宋八大家的一些“论说”文,到清代姚鼐编纂的《古文辞类纂》中的论辩、书说、杂记等类的文章,都可以看作古代的杂文。在中国文学史上第一个提出“杂文”这个概念,并把它列为一个独立文体的是南朝的刘勰,他在《文心雕龙》中专列《杂文》一章并言:“详夫汉末杂文,名号多品,或典诰誓问,或览略篇章,或曲操弄引,或吟讽谣咏,总括其名,并归杂文。”近代杂文的命名缘起,是三十年代以鲁迅为首的作家大量创作“随感”“杂感”一类的文章。1934年刘复将自己的综合性文集定名为《半农杂文》。1934年9月大学生林希隽在《现代》杂志上,轻蔑地称当时“随感式短文”为“杂文”。10月鲁迅即在《文学》月刊上发表《作“杂文”也不易》一文,给以批驳,肯定了杂文的价值。之后又将自己的文章编成《且介亭杂文》《且介亭杂文二集》《且介亭杂文末编》,近代杂文融叙事、抒情、议论为一体,而以议论说理为主。形象,凝练。杂文是鲁迅一生创作最辉煌的成就。毛泽东称赞鲁迅晚期的杂文，由于学会了运用辩证法，而最没有片面性。1992 年广播电视出版社刊有《鲁迅杂文》一书。

【杂志】

原意是：零散的记述传闻、逸事、掌故的笔记。清钱大昕《十驾斋养新录·家谱不可信》："师古精于史学，于私谱杂志，不敢轻信，识见非后人所及。"古书名有宋江休复《嘉祐杂志》，周游《清波杂志》。元陆支《研北杂志》。清王念孙《读书杂志》。近代将英语 Magazine 译作"杂志"即期刊也。

Zai

【载】

记录、登载。《书·禹贡》："冀州既载。"释文："载，载于书也。"南朝刘勰《文心雕龙·辨骚》："昆仑悬圃，非经义所载。"《隋书·经籍志》杂史类录东晋孟仪撰《周载》。《四库全书》小说家录唐张鷟《朝野佥载》及不著撰人的《大唐传载》等书。

【在】

存在。《论语·学而》："父在，观其志……"《银雀竹简·孙膑兵法》："战胜，则所以在亡国而继绝世也。"新中国成立前上海商务印书馆曾刊印薛熙纂编的《明文在》。

Zan

【赞】

字本作讚，后通作赞，有解释阐明、赞美颂扬等义。古代亦将一种称美的文体名之曰"赞"。梁刘勰《文心雕龙·颂赞》："赞者，明也，助也。……然本其为义，事生奖叹，所以古来篇体，促而不广，必结言于四字之句，盘桓于数韵之辞。约举以尽情，昭灼以送文，以其体也。"清王兆芳《文体通释》："赞者，明人物之美恶，令其著见也。李充曰：'容象图而赞之。宜使辞简而义正。'萧统曰：'图象则赞兴。'主于拟象率物。明见如图。"史称此体源于晋人郭璞。《隋书·经籍志》录嵇康《圣贤高士传赞》《陈留先贤像赞》《桂阳先贤画赞》。《四库全书》录宋岳珂《宝真斋法书赞》。明杨慎有《异鱼图赞》。

【讚】

古文体名《释名·释典艺》："称人之美曰讚。"后与赞通。《隋书·经籍志》录《孝经解讚》《长沙耆旧传讚》等。

Zang

【藏】

由梵文"Pitaka"汉译为"箧藏"而来。原指储存东西的地方。引申作包含蕴积之义，后来在文献中为佛教、道教经典的总称。意谓其经典能包含蕴积无量法义，故名曰藏。如佛经总汇曰《大藏经》，南北朝时称"一切经"，隋以后始有此称。唐杜荀鹤《题护国大师塔》："吾师觉路余知处，大藏经门一夜吟。"金代有《金版大藏经》（即《赵金城藏》）。道教有《政和万寿道藏》乃宋政和年间造印。书名还有宋晁周《法藏碎金录》。古代医书有元李杲《兰室秘截》。近代有 1949 年重庆出版高语罕著《红楼梦宝藏》。

Zeng

【增】

增加，书名词语如用于增加补充，清惠栋考补汉郑玄书撰《增补郑氏周易》。如增加扩充有宋陈与义的《增广笺注简斋诗集》。《增修东莱书说》是吕祖谦撰，时澜增修。《增注唐策》乃宋佚名撰。《增订清文鉴》为清傅恒等撰，《新增词林要韵》撰者佚名。上述诸书，见于《四库全书》。

Zha

【札】

（异体劄、剳）古代用以记载文字的小木片。《说文》段注："长大者曰椠，薄小者曰札。"笔记类文体亦称札。《四库全书》经部诗类录清毛奇龄撰《诗札》，取名意谓以札问讯，答之以辞而成书。参见“札记”条。

【 札记 】

小竹、木片。古人读书后对正文有感,或作注释,辄书于竹木片上,辑而成篇册。转而指一种笔记类的文体。札记常载读书心得或体会、见闻等。内容庞杂,形式灵活,学术性、资料性兼而有之。清人姜宸英言:“所记大抵小事、传闻,而一行可尽者,故取名于此。”《四库全书》子部录姜宸英《湛园札记》,陶鸿庆《读老庄札记》,朱亦栋《群书札记》。近代如郭沫若《读〈随园诗话〉》札记》等。参见“记”字条。

【 劄记 】

现劄废并入札,古代劄同札,也是笔记的一种。以“劄记”名书者,内容多为校勘、考证之文。清乾嘉学者,翻刻古书,罗列诸本,一字之异,亦考其原委得失,著成“劄记”者甚夥。清阎若璩有《潜丘劄记》,赵翼有《二十二史劄记》。

Zhai

【 摘 】

原是采摘瓜果,引申之凡选取、抽取等也称摘。汉蔡邕《琅琅王蔡君碑》:“履孝悌之性,怀文艺之才,包洞典籍,刊摘沉秘。”书名词语如“摘稿”:《四库全书》录元洪焱祖《杏林摘稿》,明周瑛《翠渠摘稿》。明吕坤撰《呻吟语摘》。清朱彝尊撰《红楼梦摘华》。潘逢禧有《正音通俗表摘要》。现代有各种文摘等。

Zhang

【 章 】

原指诗歌或乐曲的段落,亦指文章的段落或篇。唐刘知几《史通·叙事》:“句积而章立,章积而篇成。”书名有汉史游撰童蒙识字课本《急就章》。汉赵岐撰《孟子章指》,于每章之末,括其大旨,间作韵语,谓之章指,成为经籍注释的一种形式。《四库全书》别集类录宋柳永词集《乐章集》。另参见“章句”“文章”等条。

【 章句 】

解:章节和句子。汉代儒者以分析章句来训解古籍,逐渐形成一种注释方法。内容一是解释词句,二是串讲句意,阐发章旨。史称西汉张禹为帝师,以上难数问,乃为《论语章句》。《后汉书·桓谭传》:“章句谓离章析句委曲较派也。”宋沈括《梦溪笔谈·补笔》:“古人谓分章摘句,则今之疏义也。”缺点是往往失于烦琐,后来成为一类书名。《汉书·艺文志》易经类录有:《章句》施、孟、梁丘氏各二篇。尚书类录《欧阳章句》,春秋类录《公羊章句》等。又汉王逸的《楚辞章句》、赵岐的《孟子章句》皆称善本。

Zhe

【 折 】

原意是折断,引申为判断。《易·丰》:“君子以折狱致刑。”释文:“折,断也。”书名词语有“折衷”(又作折中)。元赵采撰《周易程朱传义折衷》。清傅恒等撰《御撰周易折中》,其源于《史记》:“折中于夫子。”者,断也;中,当也。意谓取其中正,无所偏颇。又“折诸”,清张尚瑗《三传折诸》,乃取扬雄语“群言淆乱,折诸圣语”为书名。

Zhen

【 珍本 】

珍贵或难得的书籍。凡具有历史、艺术和科学价值的图书、资料、文献,特别是古代稀罕的写本、刻本和善本书籍,皆可视为珍本。近代上海贝叶山房刊有张静庐辑的《中国文学珍本丛书》(1935—1936)。上海中央书店曾刊《国学珍本丛书》,襟霞主人辑(1935—1936)。

【 箴 】

古文通鍼、针,即缝纫用针,后来指一种规诫性的韵文。梁刘勰《文心雕龙·铭篇》:“箴者,针也。所以攻疾防患,喻针石也。斯文之兴,盛于三代,夏商二箴,余句颇存……”《四库全书》经部春秋类录《箴膏肓》一书。又史部职官类录宋吕本中《关箴》，许月卿撰《百官箴》等书。

Zheng

【正】

有正确、正直、纯正、改正诸义。书名如"正史"，指历朝政府官修规定的史书，清乾隆四年定《史记》至《明史》等二十四种史书为"正史"，私家不得擅增，"正史"遂为官修史书的专称。书名词语有"正论"，《隋书·经籍志》录王肃《王子正论》、袁准《袁子正论》。"正蒙"，取"蒙以养正"之意，书《正蒙》，宋张载撰。"就正"取"就有道而正焉"意，清包仪撰《易原就正》。"刊正"是"刊正错谬"，宋岳珂撰《刊正九经三传沿革例》。又宋毛居正撰《六经正误》。元周伯琦撰《六书正讹》。明赵南星撰《学庸正说》，高拱有《春秋正旨》，张自烈有《正字通》，黄道周有《易象正》。清顾炎武撰《唐韵正》，沈廷芳撰《十三经注疏正字》。另有"正集""正义""正传""正宗"等，请参见。

【正集】

由作者的主要诗文著作汇编成的集子。邓实在《谢翱〈晞发集〉后序》中言："乙巳之春，余在海上，无锡徐君粲赠余以平湖陆大业刊《晞发集》一册，云得之放滑县暴氏……容之，则仅正集，而缺其遗集。求人年馀而不可得。"《四库全书》总集存目录明葛鼒、葛鼐评辑之《古文正集二编》。

【正义】

此指经典正确的或本来的含义。《后汉书·桓谭传》中桓上书："屏群小之曲说，述五经之正义。"后指注释古籍时，能正确疏解经史意义者曰"正义"。唐始用于书名。《旧唐书·儒学传》："又以儒学多门，章句繁杂，诏国子监祭酒孔颖达撰《五经正义》。"是唐代统治者在取得全国政权后，鉴于儒学众说纷纭，不利于统一思想，乃令孔氏撰《五经正义》，立官方标准的经书解释。此书较之六朝"义疏"既赅博，又简要。其特点是强调学有所宗，但不破旧注。即使有引申发明也不另立新说，即所谓"疏不破注"。虽云保守，但注释较翔实易懂，颇具参考价值。后来张守节撰《史记正义》，然注而未疏，亦称博当。

【正传】

一、传（音 zhuan），正传犹本传。清文康《儿女英雄传》第十四回："这回书之后，便入十三妹正传。"近代鲁迅小说亦名《阿 Q 正传》。

二、传（音 chuan），谓正统的传授。明王守仁《大学问》："此为格致诚正之说，所以阐尧舜之正传，而为孔氏之心印也。"《四库全书》艺术类录清冯武撰《书法正传》，叙其秉承传授，而著此论正书之法。

【正宗】

起源于佛教，称初祖达摩所传之嫡派为正宗。《题云峰悦禅师语录》："不受然灯记莂，自提三印正宗。"后泛指学业、技艺的嫡传正派为正宗。宋真德秀撰有《文章正宗》。

【政】

政治、政事。书名如汉崔实撰《政论》。唐吴竞撰《贞观政要》，刘秩撰《政典》。送真德秀撰《政经》。元无名氏撰《宋季三朝政要》。清于成龙撰《于清端政书》，实为文集。

【证(證)】

意为验证、证实。《楚辞·九章·惜诵》："故相臣莫若君兮，所以证之不远。"用于书名表示一种注释方式：即以广博征引的材料，来验证古籍原书。《隋书·经籍志》录有《毛诗笺音证》《礼记义证》《春秋辩证》等书。《四库全书》录宋彭叔夏《文苑英华辨证》，李心传《旧闻证误》。元张存中《四书通证》。清毛奇龄《大学证文》，翟均廉《周易章句证异》。近代有寿彭飞撰《红楼梦本事辩证》。又证亦通症，指病况、症候，如宋唐慎微《证类本草》。明王肯堂《证治准绳》。后此类多用"症"字。另有"辨证""笺证""考证""义证"等条，请参见。

Zhi

【直】

有不弯曲、直接、正直等意。书名有宋吕夏卿的《唐书直笔》，意为如实记载，典自《晋书·郭璞传》:"忝荷史臣,取意直笔。"宋人撰《九经直音》,言其不用反切,直接以同音注之。宋杨士瀛《仁斋直指》意谓直言指出。典自《荀子·不苟》:"正义直指,举人之过,非毁疵也。"明刘寅撰《三略直解》,清傅恒《御纂春秋直解》皆是一涤曲说之意。

【旨】

古代解作美味。《礼记·学记》:"虽有佳肴,弗食,不知其旨也。"注:旨,美也。《论语·阳货》:"食旨不甘"引申意,一作意义、意思解。《宋书·谢灵运传》:"妙达此旨,始可言之。"书名有唐人《春秋微旨》。元朱公迁撰《四书通旨》。元人《尚书要旨》《尚书约旨》。明人《易经大旨》《易经渊旨》《易经会旨》清王坦有《琴旨》。清人亦撰有《中庸本旨》。近代有《图书馆学要旨》。参见"大旨"条,又旨与指通,参见"指"字条。

【指】

一、指点、指导。如《隋书·经籍志》所录《杂字指》《论语标指》。宋沈义父撰《沈氏乐府指迷》,另"指说""指解"则含有解说的意思,唐成伯玙撰《毛诗指说》,宋司马光撰《孝经指解》。清钱熙祚辑刊丛书《指海》。另"指南"有专条,请参见。

二、指向。如书名词语"指归",谓所指归向。宋黎立武撰《中庸指归》。清胡谓撰《禹贡锥指》,喻以锥指地,谦言所见识小。

三、与"旨"通,如赵岐《孟子章指》。参见"旨"条。参见"指归""指南"条。

【指归】

意旨、归向。晋郭璞《尔雅序》:"夫《尔雅》者,所以通训诂之指归。"疏:"言此书所以通畅古今之言,训道百物之貌,使人知其旨意、归乡(向)也。"鲁迅《坟·摩罗诗力说》:"今则举一切诗人中,凡立意在反抗,指归在动作,而为世所不甚愉悦者,悉入之。"《隋书·经籍志》小学类录《四声指归》,道家类录《老子指归》。《四库全书》四书类存目录明魏校撰《大学指归》。《贩书偶记》释家类录明释大佑集《净土指归》。

【指南】

我国古代传说,黄帝与蚩尤战,蚩尤作大雾,黄帝造指南车胜之。《梦溪补笔谈·药议》载发明指南针用于舟车,为我国四大发明之一。紧着"指南"比喻指导或指导者。汉张衡《东京赋》:"鄙哉予乎!习非而遂迷也,幸见指南于吾子。"唐李商隐《献集贤相公启》:"为百代之指南。"宋王安石《到舒次韵答平甫》:"只愁地僻无宾客,旧学从谁得指南。"以之作书名者有:宋程大昌《禹贡指南》。元刘鉴《切韵指南》。清马注《清真指南》,顾龙振《诗学指南》,韦进德《医学指南》1935年中国医学书局刊彭英辑《推拿指南》。现代名《指南》的书籍甚多,如:《北京旅游指南》《台湾特产风味指南》《老年生活指南》《香港指南》《微计算机购用指南》。参见福建人民出版社《中国工具书大辞典》。

【志】

原意是记载、记住。后特指以某以专题为范围,系统地记叙和说明其历史和现状的问题。《周礼·春官·小吏》:"掌邦国之志。"汉郑玄注:"志,谓记也。"清王兆芳《文体通释》:"志者,通作识,或作钻。记也,记事迹也。刘知几曰:'班马著史,别裁书志。蔡邕曰意,华峤曰典,张勃曰录,何法盛曰说。名目虽异,体统不殊。主于记识前迹,与记相通。"其名起于《汉书·十志》,而后人因之。应用的范围很广。如"艺文志""经籍志""地方志(方志)""人物志""风土志"等。《隋书·经籍志》录魏郑小同《郑志》、顾野王《舆地志》、王俭《今书七志》、挚虞《文章志》等。著名的如晋陈寿《三国志》,唐李吉甫的《元和郡县志》,宋郑樵《通志》,苏轼《志林》,苏辙《龙川略志》,晁公武《郡斋读书志》,黎则《安南志略》,钱面《钱氏私志》,王明清《玉照新志》,陈彭年《志异》。明代有《大明一统志》。清代有《大清一统志》,蒲松龄撰《聊斋志异》,梁玉绳撰《史记志疑》,梁诗正撰《西湖志纂》。另有"方志""图志""杂志"等条,请参见。

【识】

参见"识"(shi)字条。

【质疑】

新又所以提出以求解答《汉书·陈尊传》:"(张)竦居贫,无宾客,时时好事者从之质疑问事,论道经书而已。"书名有宋叶大庆《考古质疑》。明杨于庭有《春秋质疑》。清赵继序《周易图书质疑》。见《四库全书》。

Zhu

【珠】

珍珠,借喻优美的文辞。南朝梁刘勰《文心雕龙·时序》:"茂先(张华)摇笔而散珠,太冲(左思)动墨而横锦。"同朝沈约曾撰《珠丛》,又注《梁武连珠》一书,见录于《隋书·经籍志》。隋杜公瞻撰类书《编珠》。宋王应麟撰《小学绀珠》录于《四库全书》类书类。参见"绀珠"条。

【属】

原意是连接,引申为缀辑、撰著。《礼记·经解》:"属辞比事,春秋教也。"本位连缀文词,排比史事,以明史意,后亦泛指撰文记事。晋葛洪《抱朴子·行品》:"口不能吐片奇,笔不能属半句。"《四库全书》录元赵汸《春秋属辞》,明傅逊《春秋左传属事》。

【注(又作註)】

《说文解字》:"注,注灌也。"后借指注释经义的文字。唐贾公彦《仪礼疏》:"注义于经下,若水之注物。"《诗·周南·关雎序》孔颖达疏:"注者,著也。言为之解说,使其义著明也。"王兆芳《文体通释》:"著者,……主于灌注经义,与传同义。源出汉杜子春《周官注》,流有马郑诸经注,及汉唐人经史注。"唐宋以前经注皆作"注",明人起改作"註"。《隋书·经籍志》录晋灼撰《汉书集注》、吕文优撰《尚书羲注》。明白云霁撰《道藏目录详注》,陈泰交撰《尚书注考》,王守仁有《大学古本旁注》。清李光地撰《周礼述注》,傅以渐有《易经通注》,赵一清有《水经注释》,杨懋建撰《红楼梦注》。民国上海石印王希廉的《增评加注全图红楼梦》。现代有金性尧《唐诗三百首新注》,广东出版《王安石诗文选注》。另有"起居注""注解""注疏"等,请参阅。

【注解】

即作注释、注脚也。《后汉书·儒林杨伦传》:"扶风杜林传《古文尚书》,林同郡贾逵为之作训,马融作传,郑玄注解。由是《古文尚书》遂显于世。"《晋书·礼知》挚虞表:"《丧服》本文省略,必待注解,事义乃彰。"宋邢昺《孝经注疏序》:"诸家注解,皆荣华其言,妄生穿凿。明皇遂于先儒注中,采摭菁英,删去烦乱,撮取义理允当者,用为注解。"亦可指解释字句的文字。用于书名有《四库全书》。儒家类录清李光地《注解正蒙》存目中录陈兆成《太极图说注解》。

【注疏】

解释经义曰注,疏通传注曰疏。清顾炎武《日知录·十三经注疏》:"先儒释经之书,或曰传、或曰笺、或曰解、或曰学,今通谓之注。《书》则孔安国传,《诗》则毛苌传,郑玄笺。……《公羊》则何休学。《论语》则何晏集解。……其后儒辨释之书,名曰'正义',今通谓之'疏'。"南宋以前,注、疏皆各单行,至绍熙年,始有合刊本。宋佚名者辑刻《十三经注疏》,清阮元校刊,今有中华书局刊本。清人齐召南撰《注疏考证》,沈淑撰《注疏琐语》。参见"疏"字条。

Zhuan

【传】

有数义:

一、原意有传授、宣扬、转达等含义。胡韫玉《古书校读法》:"传者,由此达彼。引申之凡由此达彼者皆曰传。"自汉代儒家学术重视师传,学者视儒家原作为经,而对经典的阐发训释则称为传。王充《论衡·正说》:"圣人作其经,贤人作其传。"梁刘勰《文心雕龙·史传》:"传者,转也。转受经旨,以授于后,实经文之羽翮,记籍之冠冕也。"后来则专指解释经义的文字。《公羊传·定公元年》:"主人习其读而问其传。"何休注:"读曰经,传为训话。"但传的解释与训诂有所不同。马端临《毛诗传笺通释》:"诂训,第就经文所言而诠释之。传则并经文所未言者而引申之,此则诂训与传之别也。"章炳麟《国故论衡·解故上》:"古之为传,异于章句,章句不离经而空发,传则有异。"一般认为《左传》是传述《春秋》大义而作。类似的还有《公羊传》《谷梁传》。《毛诗诂训传》则是阐发章句者。唐刘知几《史通·补注》:“降及中古,始名传曰注。”宋戴埴《鼠璞·传注》:“先汉,经自为经,传自为传。自马融注《周礼》,省学士之两读,以传连经。”《汉书·艺文志》尚书类中录有《传》41篇。诗经类录《齐后氏传》《齐孙氏传》等。组成书名有:宋吕祖谦《左氏传说》,为吕氏讲说推阐之作。还有王雱的《南华真经新传》,清陈奂的《诗毛氏传疏》,马端临的《毛诗传笺通释》等。另有“大传”“集传”等条,请参见。

二、传记之传。《集韵》:“记载事迹以传于世曰传,诸史列传是也。”《汉书·叙传》:“彼何人斯,窃此富贵,营损高明。作戒后世,述佞幸传。”明徐师曾《文体明辨》:“《字书》云:‘传者,传(平声)也,记载事迹以传于后世也。’汉司马迁作《史记》创为‘列传’以记一人之始终,而后世史家卒莫能易。”清吴曾祺《文体刍言》:“传者,传也。所以传其人之贤否善恶,以垂示万世。本史家之事,后世文人学士亦往往效而为之。”传之分类大体有史学传、文学传两种。史学传简称“史传”,翔实记述史实,形式多样。《汉书·艺文志》录有《高祖传》十三篇。汉刘向曾撰《列女传》《列仙传》。晋郭璞撰《穆天子传》。葛洪撰《神仙传》。《隋书·经籍志》录魏晋南北朝人物传记二百余种。书名“列传”者有清陈鼎《东林列传》等。文学传记,见后面专述。

三、用于文学小说题名。小说来自稗官野史,后来形成志怪、传奇、平话,发展为小说。为了吸引读者,乃标榜近真。“传”字逐渐用于小说书名。唐人刘餗的《传记》,宋僧赞宁的《传载》皆列为小说。明清有《水浒传》《儿女英雄传》等。近代通俗小说有《江湖奇侠传》《蜀山剑侠传》。现代有金庸《射雕英雄传》,梁羽生的《白发魔女传》。诗歌特别是叙事诗也有以“传”题名的,如田间的《赶车传》,李季的《杨高传》等。此外还有“传记”“传略”“别传”“大传”“家传”“后传”“列传”“内传”“评传”“小传”“外传”“正传”“自传”等条,请参见。

【传记】

一、指经书的注解。《汉书·元后传》:“《五经》传记,师所诵说。”清章学诚《文史通义·传记》:“《春秋》三家之传,各记所闻,依经起义,虽谓之记可也。经《礼》二戴之记,各传其说,附经而行,虽谓之传可也。”缘古,文无定体,经史也未分科,故传记统称。

二、文体名,亦单称“传”,是记载人物事迹的文字。《四库全书》史部列有传记类。又分“史学传”“文学传”两种。其记载简略者曰“小传”,补充本传者曰“列传”,自己记述者曰“自传”等。另一为文学传记,以史实为依据,不排除合理的艺术想象,描写人物的生活经历、精神面貌,甚至心理活动:并再现一定的历史与社会背景。单以“传”为书名者甚多,兹不赘列。以“传记”作书名者有中华书局1936年版张孝若撰《南通张季直先生传记》。1947年新绿文学社编有《名家传记》。1976年安徽师范大学编有《历史人物传记选注》,古籍出版社刊。参阅“传”字条。

【传略】

简略的传记。《隋书·经籍志》杂传类录《孝子传略》一书(无撰人)。1956年北京作家出版社刊朱正著《鲁迅传略》。

【撰】

著述、写作。《楚辞·招魂》:“结撰至思,兰芳假些。”又解为编订、编纂。曹丕《与吴质书》:“倾撰其遗文,都为一集。”《隋书·经籍志》杂传类录熊新撰《豫章旧志后撰》,经四部录《魏武帝新撰》。台湾《中文大辞典》录有日本人昌住的《新撰字镜》,藤原基俊的《新撰朗咏集》。

Zhuang

【状】

原意是实行荣、描绘,引申为叙述、情状。《庄子·德充符》:“自状其过。”注:“自陈其过。”《正字通》:“状,体也。形象也。”汉人用以名一种向上陈述事状的文书,如孙权的《白曹公状》。唐人用于记传之文,也称为状。如韩愈的《段太尉逸事状》。元以后多称为“行状”。书名有:《隋书·经籍志》史部谱系篇所录《氏族要状》。《四库全书》

地理杂记类录晋嵇含撰《南方草木状》。《贩书偶记》传记类录《陈右铭(宝箴)行状》,其子三立撰。《吴先生(汝纶)传状》,其子闿生等撰。

Zi

【 子 】

原为古代对男子的尊称,如孔子、墨子。《谷梁传·宣十年》:"其曰子,尊之者也。"注:"子者,人之贵称。"又特指老师《论语·学而》:"子曰……"南朝梁皇侃义琉:"子是有德之称,古者称师为子也。"古代学者重视师承,凡立一家之言者皆称"子"。又引申为其所著之书。《事物纪言》引《文心雕龙》曰:"鬻能作书,题曰《鬻子》,盖周初人,此名子之始也。"自汉代起,在图书分类中,单立"子书"成一类。《汉书·艺文志》言刘歆的《七略》中,立有"诸子略",后逐渐演变成四部分类法的子部书,亦称子书。纪昀在《四库全书总目·子部总叙》中言:"自六经以外立说者,皆子书也。其初亦相淆,自《七略》区而别之,名品乃定。"《汉志》易类录《谷五子》十八篇。《隋书·经籍志》经三称录:"凡诸子合八百五十三部……"《四库全书》中子部著录达九百二十九部。另书名有明归有光编《诸子汇函》,清俞樾编《诸子评议》等。

【 字 】

本意是妇人生子。音滋,滋生也。许慎《说文解字序》:"仓颉之初作书,盖依类象形,故谓之文。其后形象相益,即谓之字。字者,言滋儿浸多也。"《汉书·艺文志》录《古今字》《别字》等书。汉许慎撰《说文解字》。三国魏人司马炎撰《字音》。唐颜元孙撰《干禄字书》,张参撰《五经文字》。宋王安石撰《字说》,王克继撰《字源》,李从周撰《字通》。南宋吕忱撰《字林》。元李文仲撰《字鉴》。明梅膺祚撰《字汇》。清黄生撰《字诂》,王锡侯撰《字贯》等。另"字典"条,请参见。

【 字典 】

汇集单字,按某种检查方法编排起来,注明其形体、读音、意义和用法的工具书。"字典"两字的来源,或说在唐释惠琳所撰的《一切音义经》,引用的七种文字书中,有《文字典说》一种,取其二字。然我国以"字典"为书名者,则以清《康熙字典》为首。此以前检索文字的书刊,向以"字书"名之。最早的如《汉书·艺文志》所录的《史籀》,《汉志》解为:"周代史官教学童书。"汉许慎撰有《说文解字》。梁顾野王撰《玉篇》,都是著名的字书。1716年《康熙字典》始正式刊刻。民国中1915年中华书局出版《中华大字典》。新中国成立后1953年出版《新华字典》,1986年出版《汉语大字典》皆为著名的字典。

【 自传 】

作者自述生平的传记著作。常用第一人称。古代称"自序",如司马迁的《太史公自序》。王充有《自纪篇》,江淹有《自序传》,皆为自传之例。唐陆羽则直署《陆文学自传》。近代有《鲁迅自传》《沫若自传》。巴金曾译克鲁泡特金的《我的自传》。现代有《爱新觉罗·溥杰自传》《蔡廷锴自传》等。

Zong

【 宗 】

原意是祖先,引申为所尊崇者,又引申为根本宗旨。《隋书·经籍志》录有《三礼七宗》《字宗》等书。又,因各有所尊,而各成支派,故曰宗派。《四库全书》录宋赵汝楳撰《筮宗》,清万斯同撰《儒林宗派》。另有"正宗"条,请参见。

【 综 】

总集、聚合。《易·系辞上》:"错综其数。"孔颖达疏:"错谓交错,综谓总聚。"《四库全书》集部录明朱彝尊编的《明诗综》《词综》。近代有1959—1962年上海图书馆编纂的《中国从书综录》。另有"综览",请参见。

【 综览 】

综合、集中之观览。《晋书·儒林传》:"(韦)叟,雅好儒学,于群言秘要之义,无不综览。"《文选·潘岳·杨仲武诔》:"固能综览义旨而轨式模范矣。"注,李周翰曰:"综,犹总也。"1994年人民日报出版社刊荣宪兵主编的《世界珍闻综览》。

【 总 】

《说文》:“总,聚束也。”段注:“谓聚而缚之。”有统、会、聚、合诸义。《淮南子·原道训》:“万物之总,皆阅一孔;百事之根,皆出一门。”高诱注:“总,众聚也。”书名见于《四库全书》所录辽耶律纯撰《星命总括》,义谓总汇包括。宋沈枢的《通鉴总类》,义谓汇其总而分其类。宋徽宗敕编《圣济总录纂要》,是汇总载录。王质《诗总闻》,为总录见闻。曾公亮等撰《武经总要》,乃总括约要。易祓《周易总义》,谓总论经义。王尧臣等编有书目《崇文总目》。清王文诰撰《苏文忠公诗编集成总案》。另有“总集”“总论”“总目”等条,请参见。

【 总集 】

总者,聚合也。汇集多人作品的诗文集,谓之总集。是相对只收一人著作的别集而言。《隋书·经籍志》:“总集者,以建安以后,辞赋转饭,众家之集,日以滋广。晋代挚虞苦览者之劳倦,于是采摘孔翠,芟剪繁芜。自诗赋下,各为条贯,合而编之,谓为《流别》,是文集总抄。作者继轨,属辞之士以为覃奥而取则焉。”《四库全书总目·总集类·前叙》:“文籍日兴,散无统纪,于是总集作焉。一则网罗散佚,使零篇残什,并有所归;一则删汰繁芜,使莠稗咸除,菁华毕出,是固文章之衡鉴,著作之渊薮矣。三百篇既列为经,王逸所剖又仅楚辞一家,故体例所成以挚《流别》为始。其书虽佚,其论尚散见《艺文类聚》,盖分体编录者也。《文选》以下,互有得失。至宋真德秀《文章正宗》,始列出谈理一派,而总集遂判两途。然文质相扶,理无偏废,各明一义,未害同归。……至明万历以后,侩魁渔利,坊刻弥增,剽窃陈因,动成巨帙,并无门静之可言……”《隋书·经籍志》载《文章流别集》,挚虞(公元? —312)撰,咸举为总集之始。此书《宋史》即未著录,则已佚。《文选》,梁昭明太子萧统(501—531)编,为今存总集最古者。晋阮孝绪《七录》第四录中第三类列为“总集部”。六朝至唐、五代,照例有人选录文学作品编为总集。宋真德秀起开始选录议论文章,总集内容扩大,数量剧增。《宋史》总集类著录有435部,10657卷。明代总集类将“奏议”“尺牍”尽皆收入。坊间则滥刻大部头书,但传世无几。清乾隆开修《四库全书》,对总集加以整理,其集部“总叙”中言:“总集之作,多由论定,而兰亭金谷觞咏于一时。下及汉上题襟,松陵唱和。丹阳集惟录乡人,箧中集则附登乃弟。虽去取金孚众议,而履霜有渐,已为诗社标榜之先驱,其声气攀援,甚于别集。要之浮华易歇,公论终明。岿然独存者:《文选》《玉台新咏》以下,数十家尔。”书名例有:《四库全书》所录宋孔延之编《会稽掇英总集》等。

【 总论 】

概括、全面的论述。《文选·干宝·晋纪总论注》:“向曰:‘此论自宣帝至愍帝,合其善恶而论之,是名总论也。’”《四库全书》医家类录隋巢元方等撰《巢氏诸病源侯总论》。中华书局1939年出版朱斯煌著《信托总论》。1945年出版王琰译日本西川义方著《看护学总论》及集《看护学各论》。

【 总目 】

总目录。梅尧臣《答刘原甫诗》:“崇文库书作总目,未暇缀韵酬草莱。”宋王尧臣等编《崇文总目》。清代有《四库全书总目》。清黄彭年有《万卷楼藏书总目》。

Zou

【 奏 】

进上。《书·舜典》:“敷奏以言。”秦国以前皆曰上书。秦初规定上天子之文,专称曰“奏”。汉承秦制,后代奏体渐废。书名例见《四库全书》史部录宋范仲淹《范文正奏议》,明夏言《南宫奏稿》、潘季驯《潘司空奏疏》,清乾隆敕编《御选名臣奏议》等。

Zu

【 足本 】

足的原意是人之脚,引申为完备、完美。《论语·八佾》:“文献不足也,足,则吾能征之矣。”此文献,指无残缺,未删削,内容完整的书籍。即今之“足本”,与“节本”“略本”相对而言。清张之洞《輶轩语·语学·读书宜求善本》:“善本之意有三:一、足本(无缺佚、未删削);二、精本;三、旧本。”例小说中有清光绪年刊求不负斋石印《增评全图足本金玉缘》。世界数据牵引本《足本精装红楼梦》等。

Zuan

【 缵 】

继续。《诗·豳风·七月》:“载缵武功。”又为继承,《礼记·中庸》:“武王缵太王、王季、文王之绪。”再飨舆纂通。书名见《隋书·经籍志》所录范晔的《汉书缵》及《后汉书·缵论》。《四库全书》道家类录宋杜道坚撰《文子缵义》,书中除采诸旧说以外,凡道坚自为说者,则题“缵义”以别之。元刘玉汝撰《诗缵续》,以其主于发明集传,故曰“缵续”。

【 纂(通“篹”) 】

原始的字义是赤丝带,转义为系缚,引申高汇集、编辑、编撰。《晋书·刑法志》:“虽时有蠲革,而旧律繁芜未经纂书。”《汉书·艺文志》小学类录有字书《训纂》。《隋书·经籍志》录有《汉书训纂》。五代有书名《豪异秘纂》录于《说部》。唐陆淳有《春秋集传纂例》。宋褚伯秀撰《南华真经义海纂微》,吴缜有《五代史纂误》,赵顺孙撰《四书纂疏》,宋徽宗敕撰医书《圣济总录纂要》。元王天与有《尚书纂传》,詹道传有《四书纂笺》,吴澄有《易纂言》。清李钟伦撰《周礼纂训》,王顼龄奉敕撰《钦定传说汇纂》。参见于《四库全书》。

Zui

【 最 】

一义为要、概要。《小尔雅·广诂》:“最,要也。”又指汇聚、聚合。《管子·禁藏》:“冬,收五藏,最万物。”尹知章注:“最,聚合。”又为程度副词,在比较中有极、尤、第一诸义。唐韦庄《金陵曲》:“无情最是台城柳,依旧烟笼十里堤。”书名例有清张金吾辑《金文最》,录于《贩书偶记》。

下　篇

A

A

【 阿Q正传 】

中篇小说。鲁迅(原名周树人,1881—1936)撰。1921年12月4日至1922年2月分章发表于北京《晨报·副刊》。1923年8月编入小说集《呐喊》。2002年北京人民出版社出版有赵延年撰木刻插图本。是鲁迅小说的代表作,它以辛亥革命前后的农村未庄为背景,塑造了身受精神毒害的贫苦农民阿Q的形象。关于题名,作者在本书《第一章·序》中言:"我要给阿Q作正传,已不止一两年了。""传的名目很繁多:列传、自传、内传、外传、别传、家传、小传……,而可惜都不合。""总而言之,这一篇也便是'本传',但从我的文章着想,因为文体卑下,是'引车卖浆者流'所用的话,所以不敢僭称,便从不入三教九流的小说家所谓'闲话休提言归正传'这一句套话里,取出'正传'两个字来,作为名目,……"阿Q的命名缘由:"他活着的时候,人都叫他阿Qui,死了以后便没有人再叫阿Qui了,那里还会有'著之竹帛'的事。""我曾经仔细想:阿Qui,阿桂还是阿贵呢?只好用了'洋字',照英国流行的拼法,写他为阿Qui,略作阿Q。"

【 阿英文集及阿英剧作集 】

阿英(1900—1977)撰。阿英,笔名,本名钱杏邨。文学批评家、作家。安徽芜湖人,青年时曾参加五四运动,1920年开始发表作品。1926年加入共,1927年参与组织太阳社,倡导无产阶级文学,并开展文学理论批评工作。1930年当选"左联"常务委员。抗日战争爆发后,在上海坚守文化阵地,创作爱国主义作品。1941年转移到苏北,在新四军从事文艺、新闻等工作。胜利后参加文艺界领导,新中国成立后担任文化部门领导,同时孜孜不辍于著述、研究。《文集》有1979年香港版,1981年北京版。《剧作集》是1980年北京版。兹将其部分单行本题解如下:

一、《流离》。1928年,上海亚东图书馆出版。日记体散文集,记述了作者1927年漂泊流亡生活。其《自序》言:"……从这一部分记录里,能以看出离乱时代的一部分人民流离颠沛的生活状况,以及过往的一年的社会暗影,以及在可能的范围内所发泄的悲愤的心情。"

二、《饿人与饥鹰》。上海现代书局1928年初版。诗集,收二十九首,编为两卷。《自序》:"这两卷诗代表了我的两个时代。前一卷大都是在极困窘时写成的,其间多经济苦闷的喊叫。后一卷则系逃亡中所成,大半是失败后的悲愤心情的表演。"作者前卷喻己为"饿人",后者喻己是"饥鹰"。

三、《夜航集》。上海良友图书公司1935年初版。散文集。作者《夜航小引》述及题名缘由:"夜航船,是昼伏夜行的,而我的写作生活,也差不多一样,都是夜阑人静,万籁俱寂的时候。"又"说明我所写的文字内容的杂和浅。……夜航船中……睡不着觉大家围起来说东说西的,事实上还是大人先生所说'愚昧的,智识欠缺的细民'……他们对社会的不满,牢骚的发泄,他们总是要用各种各样的方式传达出;这与我的写作态度是一致的"。"昔日张宗子有《夜航船》一书,为了避免名字的雷同,我把'船'改为集。"

四、《海国英雄》。(又名《郑成功》)1940年上海国民书店出版。四幕历史话剧。书中编剧者言:"郑成功是中国最富有韧性战斗精神的民族英雄。闽都覆灭以后,宁违父志,不肯负国,艰苦奋斗达数十年之久。树牙穷岛(按,即台湾),招致遗民,喋血海疆,鲸波为赤。能以一隅而系天下望,其果毅忠谅实足多者。故本剧写作,意在表揭此种百之不磨,再接再厉,为公忘私,不以失败灰心、耐劳刻苦的韧性战斗精神。"

五、《碧血花》。(一名《明末遗恨》,又名《葛嫩娘》)1946年,上海国民书店出版。三幕(后改四幕)历史话剧。作者《公演前记》:“某一晚,往观欧阳予倩兄所作改良评剧《桃花扇》。在场中,由于对李香君这一传奇人物的重温,忆起(余曼翁)《板桥杂记》中,尚有较香君更具积极性人物。首先忆起的,就是至死不屈,断舌喷血的嫩娘。其激昂慷慨,可歌可泣的之史实,颇有成一历史剧的必要。”遂作《碧血花》。书名典自《庄子·外物》:“苌弘死于蜀,藏其血,三年化而为碧。”

Ai

【 艾青诗全编 】

艾青(1910—1996)撰。人民文学出版社2003年7月北京版。艾青,原名蒋海澄,浙江金华人。1928年入杭州国立西湖艺术学院绘画系。翌年留法勤工俭学,接触苏联文学及法国现代诗歌。1932年回国潜心于诗歌创作,并加入左联。被国民党逮捕,在狱中他把蒋字下面的“将”字×掉,成了“艾”字。“青”字是诗人家乡金华人,读“澄”字的发音。海字发音hai,海澄连读快读,音近“艾青”即改用艾青作笔名。1936年发表名作《大堰河》。1937—1945年为其创作高潮,有诗集《北方》《向太阳》《火把》等。解放后任中国文联委员、《人民文学》副主编等。1957年错划为右派,仍坚持写作。1979年昭雪后,担任政协委员、人大常委等职。后又出版《归来的歌》《艾青谈诗》等书。兹将其部分单行本书名题解如下:

一、《大堰河》。新诗集。1937年自刊出版,收诗九首。关于题名,骆寒超《论艾青》中引有艾青的回忆:“我的家很富有。我生下来以后,说我命‘硬’,把我送给同村一个贫农妇女去哺乳寄养。她连名字也没有。因为她娘家在邻近的大叶荷村,所以大家就叫她大叶荷。大叶荷养我时已是第五个孩子的母亲,奶水不多,她只得把自己的女孩溺死。我觉的自己的生命,是从另外的一孩子那里抢夺来的,一直总是十分内疚和痛苦。”《大堰河》即“大叶荷”的谐音,表现诗人浓郁深切的怀念。

二、《旷野》。诗集。重庆生活书店1940年9月初版。包括《旷野集》二十三首,《马槽集》十三首。作者《旷野·前记》云:“《旷野集》所收诗二十首,均系作者在西南山岳地带所作,或因远离烽火,闻不到‘战斗的气息’,但作者久久沉于莽原的粗犷与无羁,不自禁而有所歌唱,每一草一木亦寄以真诚,只希望这些歌唱里面,多少还有一点社会的东西,不被理论家们指斥为‘山林诗’就是我的万幸了。”

三、《春天》。诗集。人民文学出版社1956年6月出版,收五十三首。为作者1945—1955年十年间创作的选集。作者有《后记》言:“这十年是震天动地的十年。……这是一个伟大的时代,可以说是人类解放的曙光期。对于我们祖国来说,是一个辞别了严冬的、刚刚进入初春的时期。所以我采用了‘春天’两个字,作为这个集子的名字。”

【 艾芜文集 】

艾芜(1904—1992)撰。艾芜,原名汤道耕。四川繁县人。“五四”以后,因反对家庭封建而出走,流浪于云南边疆及缅甸、新加坡等地。做过小贩、编辑等。1925年写作时取笔名“汤爱吾”。但思其容易引起“只爱自己”的误会,乃改笔名曰“艾芜”,且有几层含义:一、与“爱吾”谐音;二、“艾”字通“刈”,割除,有芟除芜草之意,又与本名“道耕”的“耕”字相连;三、与作者钦慕的小说《七侠五义》中的小侠“艾虎”谐音。1930年回国后参加“左联”,开始发表其风格独特的作品。《艾芜文集》1984年由四川人民出版社刊行。作者曾单独发行的著作有若干题解如下:

一、《南行记》。是作者第一个小说集。1935年由上海文化生活出版社刊行。作者自述1925年后漂泊流落云南及亚洲各地,故曰“南行”。又是将亲历和所见所闻的人和事,用第一人称的形式写成,故曰“记”。

二、《荒地》。短篇小说集,1942年桂林文化供应社出版。《荒地》是集中的一篇,象征国统区。黑暗的社会现实。作者在《序言》中说:“在荆棘里看见长不起来的残弱果树,在茅草里看见受不住阳光的稻粱,在刺藤里看见宛转可怜的小花,我就不能不十分愤慨。”

三、《百炼成钢》。长篇小说,1958年作家出版社出版。写新中国成立初期,某炼钢厂恢复和扩建的故事。作者在《前言》中说："我的书名采取一句中国的成语'百炼成钢'，这不只是因为书里的人物在炼钢，而主要的意思，是说新的人是锻炼出来的，而且还须不断地锻炼。"

四、《初春时节》。散文特写集，1958年百花文艺出版社出版。作者在《序言》中说："我惭愧我对毛泽东时代的劳动英雄接触的太少，集子里所写的特写和散文，只是人类初春时节很少的一点记录而已。"

五、《浪花集》。文艺杂论，北京人民出版社刊。作者在《后记》中写道："中国的大地上，经过伟大的浪潮，已把旧的东西冲洗去了；新的东西正应运而生，到处充满蓬蓬勃勃的朝气。我们恰逢其会，正在伟大的浪潮中生活过来。当受着浪潮冲击的时候，身上也的确激起了小小的浪花，心中生出极大的喜悦。……集子中的文章，就是在这样的情形下写成的。"

【 爱情三部曲 】

中篇小说集，巴金（1904—2005）著。是《雾》《雨》《电》三书在1936年合刊时的总题名。作者在《电·序》中说："我仍然勉强把恋爱作为小说的主题，事实上《三部曲》所写的主要是人，是性格。"兹分述如下：《雾》，1932年上海新中国书局初版本。写留日学生周如水和张若兰的爱情故事。作者言："《雾》的主人公是周如水，一个软弱的优柔寡断的人。"取其性格近似"雾"一样的象征之意。《雨》，写主人公吴仁民的三角恋爱故事。作者说："……吴仁民，一个情的有点粗暴、浮躁的人。""雨"象征吴的性格。有上海良友图书印书公司1933初版本。《电》的题名，据作者说："《电》的主人公有几个……，的确象几股电光接连的在空中闪耀。"又说（李佩珠）是最明亮的一个，是一个近乎健全的性。以"电"来象征他（她）们勇敢坚定、乐观昂扬的性格。有上海良友图书印书公司1935年初版本。

An

【 安陆集 】

词集。又名《张子野词》。北宋张先撰。先字子野，乌程（今浙江湖州市）人，官至都官郎中。太宗淳化元年（990）生，神宗元丰元年（1078）卒。《四库全书总目》言其："先本工诗，而当时但传其乐府。后乐府亦不传，但传'张三影'为佳话耳。今从其多者归之词。"按：张先，得意其词中有"云破月来花弄影"，"娇柔懒起，帘压卷花影"，"柳径无人，堕飞絮无影"三句，乃自称"张三影"。氏尤致力于慢词，《天仙子》"水调数声持酒听"为最佳，是宋初四大词人之一。题名《安陆集》，近人夏承焘在《唐宋词人年谱》中说："名《安陆集》，不得其义，子野有《木兰花·和孙公素别安陆》词，殆尝宦游其地耶？"有1984年江苏广陵出版社出版线装本。

Ao

【 傲轩吟稿 】

别集　元胡天游撰。天游名乘，以字行，号松竹主人，又号傲轩。岳州平江人。以元末之乱，隐居不仕。生年不详，约惠宗至正末（1637）卒。轩，高貌，又指小室。傲轩，轩昂的屋宇，喻自视高矜。天游有诗《曰傲轩因题八首》其一："风尘澒洞（漫弥无边）灵光在，煨尽萧条鲁殿成。事有至难今两得，傲轩犹我我犹轩。"《元史类编·胡天游传》："有俊才，七岁短吟，具作者风力。名籍一时，然负高气，孤立峻视，不肯一起取斗禄。扼腕当时，俯仰太古，鸣之歌有沉湘蹈海之概。其诗名《傲轩吟稿》。"书收入《四库全书》。

B

Ba

【 八旗通志 】

又名《八旗通志初集》 民族史书。清鄂尔泰(1677—1745)奉敕撰。鄂尔泰,满州镶蓝旗人。康熙举人,官至云贵总督。乾隆四年(1739)成书。通志,此处意为通史性质的史书。八旗,明万历年间,满族首领努尔哈赤创建的社会组织形式。初期兼有军事、行政、生产三方面的职能,后来成为兵籍编制。以旗色为标志分黄、白、红、蓝、镶黄、镶白、镶红、镶蓝八旗。此书分志、表、列传,以兵制为基础,并及一切典章、爵秩、人物、艺文等。后乾隆五十一年,铁保又奉敕撰《钦定八旗通志》,一名《八旗通志二集》。有1985年东北师范大学出版社点校本。

【 八月的乡村 】

长篇小说。萧军(1907—1986)撰。作者是现代小说家,原名刘鸿霖,辽宁义县人,曾入伍从军。1931年九一八事变后开始其文学生涯。1934年逃往上海后,接受鲁迅的帮助。与鲁迅通信时,落款题作"萧军"。意义是与其爱人萧红(张乃莹)的名字联合起来是:"小(萧)小(萧)红军"之意。本书为其代表作,写战斗在东北的一支中共领导的抗日游击队,在八月农村中的一次活动。是在文学中较早表现抗日战争主题的。出版时得到鲁迅很大的帮助,专门为之作序推荐,但初版后即被公开查禁。该书1935年由上海荣光书局出版,曾被列入《奴隶丛书》。

【 八指头陀诗文集 】

清释敬安(1851—1912)撰。敬安湘潭黄氏子,以家贫入寺为僧,戒行清苦,好学不倦。历主灵隐、慈净、天童等巨蓝,为中华佛教总会第一任会长。头陀,梵语称僧人为头陀。八指,见其《自笑》诗自注:"曾于阿育王寺烧残二指,并剜臂肉燃灯供佛。"故号八指头陀。以诗名于海内,本集收其诗一千九百多首,文若干篇,集以法号名之。1984年岳麓书社出版。

【 巴金文集 】

巴金自编,1958—1962年由北京人民出版社出版。收入作者新中国成立前全部作品。巴金,1904年生于四川成都。原名李尧棠、李甘芾。曾旅居法、日等国。1927年在巴黎写作《灭亡》一书,始用笔名"巴金"。作者在《谈〈灭亡〉》一文中言及"巴"字,为纪念在法国的一位北方同学——巴恩波。"金"字是作者幼年读过无政府主义者克鲁泡特金的书,后来又译过克鲁泡特金的《伦理学》,乃取克氏译名最后一字"金"而合成。巴金著作丰富,现为中国文联副主席、中国作家协会第一副主席。请参见《爱情三部曲》《激流三部曲》等书。

【 巴西文集 】

元邓文元撰。文原,宋理宗至元泰定帝时(1258—1382)在世。祖籍四川绵州(西魏曾置巴西郡,今绵阳市),以名其集,示不忘本。《元史类编·邓文元传》:"文元字匪石,四川绵州人,后徙钱塘。至治初召为集贤直学士兼国子祭酒,以疾,致仕归。"《书史会要》:"文原尝自题其居曰'素履',人遂称素履先生。为文精深曲雅,诗简古而严正,行草书……,大德延祐间,渔阳、吴兴、巴西翰墨擅一代。"有《四库全书》本。

Bai

【 白虎通义 】

经学著作。汉班固(32—92)等撰。班固生平见著录之《汉书》中。本书原名《白虎通德论》,乃汉章帝在白虎观,召诸儒论五经异同时的记录。后经班固再次整理,以所论是天经地义,通久不变的真理,故名《白虎通义》,简称《白虎通》。该书以今文经学为基础,大部分复述董仲舒《春秋繁露》的学说，而更趋完整和系统化。又附会谶纬，以神权强化君权，合经学、神学为一。宣传“天人合一”，但用以解释封建秩序源于自然现象。正式提出：“君为臣纲、父为子纲、夫为妻纲。”的“三纲”之说。此书中孔子学说被改造，并附以谶纬迷信。孔子成为学者与教主的双重身份，影响后世巨大。有《四部丛刊》本。

【 白莲集 】

别集　唐释齐己撰。己本胡氏子，益阳（今属湖南）人。僖宗中和年（881）前后在世。好吟咏，常与郑谷等酬唱，集以成编，曰《白莲集》。案：莲，古印度原产，以白莲花为代表。佛家又以莲之所居，喻为西方净土、极乐世界。晋高僧慧远住庐山东林寺，有白莲池。与慧永等十八贤人，结白莲社，创净土宗，又称白莲宗。宋陈舜俞《庐山记》卷二：“东林神运殿后有白莲池，昔谢灵运恃才傲物，少所推重，一见远公（慧远），肃然心服，乃即寺翻涅槃经，因凿池为台，植莲池中……。远公与慧远……十八人同修净土宗，因号白莲社。”齐己曾住东林寺，有赞诗曰：“大师生兜率，空池满白莲。”因名诗集，以记盛事。有《四部丛刊初编》本。

【 白茅堂集 】

诗集　清顾景星撰。景星，明末清初（1623—1678），湖北蕲州人。性颖悟，六岁能赋，八九岁遍读经史，时称圣童。记诵淹博，诗文雄瞻。友施闰章雠校其诗。《清史列传·顾景星传》：“颜其堂曰‘白茅’，取《易》无咎之义也。”白茅，草名，古代常用以包裹充祭祀的礼物。《易·大过》：“初六，籍用白茅，无咎。象曰：‘籍用白茅’，柔在下也。”《系辞下》：“籍之用茅，何咎之有？慎之至也。夫茅之物为薄，而用可重也。慎斯术也以往，其无可失矣。”本此，又以堂名名集。有康熙原刻本。

【 白石诗词集 】

宋姜夔撰。夔字尧章，江西鄱阳人。生于高宗绍兴二十五年（1155），卒于宁宗嘉定十四年（1221），终身不仕。三十五岁时，筑室吴兴弁山白石洞天之旁。夏承焘《姜白石辑传》：“（萧德藻）携之同寓湖州（今浙江湖州市）永嘉潘柽字之曰‘白石道人’，以所居邻苕溪之白石洞天也。”夔精深于词，又娴于音律，自制曲词之多，为宋词家中特出者。其咏梅词二首《暗香》《疏影》为传世之作。发婉约词派之精神，又有创新。自叙诗云：“自喜新词韵最娇，小红低唱我吹箫。”小红是诗人范大所赠之妾。诗集附《琴曲》，注以指法，词与谱并存，是珍贵的音乐、文学文献。有1959年人民文学出版社铅印本。

【 白氏长庆集 】

诗文集。唐白居易撰。居易，字乐天。原籍太原，后迁下邽（今陕西渭南。曾官翰林学士，左拾遗，杭、苏二州刺史，刑部尚书等。工诗，所作平易近人，老妪能解。长庆穆宗李恒的年号（821—824）。元稹《白氏长庆集序》：“长庆四年，乐天自杭州刺史以右庶子诏还。予时刺会稽，因得尽征其文，手自排缵，成五十卷，凡二千一百九十一首……因号曰《白氏长庆集》。”有《四部丛刊》本。

【 白兔记 】

又名《刘知远》，全名《刘知（一作智）远白兔记》。南戏剧本，元人作，作者始末不详。现流行为明人改本，收入《六十种曲》。取材民间传说，写五代后汉高祖刘知远事。刘知远因家贫，外出投军。其妻李三娘，在娘家受尽折磨。生下儿子，兄嫂要将婴儿溺死，被老仆送往刘知远处抚养。十余年后，其子射猎追逐白兔，而得以母子相会，一家团圆。原剧有迷信神怪成分，但写出了封建时代农村妇女的苦痛。金人有《刘知远诸宫调》，故事与之相同。有《六十种曲》本。

【 白先勇文集 】

台湾作家白先勇（1937—　　）著。白先勇生于广西桂林，父白崇禧为国民党高级将领。在香港上小学，台湾上中学。1957年入台大外文系。1958年期开始发表小说。1963年到美爱荷华大学作家工作室从事创作研究，获硕士学位，现任教于加州州立大学。作者认为：“中国文学的特色，就是作家对时代兴败的感伤，那种凄凉感，是最高的境界。”他的作品深浸着，历史的沧桑感和人生如梦的无常观。作者精于白描手法，又善于结构，淡化情节，而突出人物，以生活片段反映命运的巨变。本文集是广东花城出版社

2000年出版。五卷分别题名为:《寂寞的十七岁》《台北人》《孽子》《第六只手指》《游园惊梦》。台湾作家欧阳子(1939—　　)专著《王谢堂前的燕子》全面评价白先勇的作品。兹将文集中曾有单行本的作品题解如下:

一、《台北人》,短篇小说集,1971年台北晨钟出版社出版。作者所谓的"台北人"不是土生土长的台北人,而是指那些来自中国大陆不同省市,地位悬殊,职业各异的流亡者。偏偏称作"台北人",而实际上到台湾久久仍成不了台北人。他们都有一段光荣的过去,无法忘怀大陆,但过去的天堂一去不返。他们在时间和空间的矛盾中煎熬。其中包括:《永远的尹雪艳》《金大班的最后一夜》《思旧赋》《花桥荣记》等名篇。

二、《游园惊梦》,短篇小说集,1968年曾由台北仙人掌出版社单独出版。《游园惊梦》是集中最杰出的一篇。写已故前将军的遗孀蓝田玉,参加过去舞台姐妹窦夫人的晚宴,应邀演唱拿手戏曲《游园惊梦》。但她因触景生情,堕入梦境,在现实与梦幻,欢乐与悔恨,嫉妒与苦痛交织重合之中,心血潮涌,倒了嗓子,终于《惊梦》没有唱成……。此篇充满了伤悼悲欢忧患,悲悯兴亡无常的情思,是白氏最精彩的代表作。

【 白香山诗集 】

唐白居易撰,清王立方辑。白氏生于代宗大历七年(772),卒于武宗会昌六年(846)。晚年居洛阳,在龙门山之东香山建楼,与僧如满结香火社,称香山九老。《旧唐书·白居易传》:"以刑部尚书致仕,与香山僧如满结香火社,每肩舆往来,白衣鸠杖,自称香山居士。"《新唐书·白居易传》:"东都所居履道里,疏治种树,构石楼香山。……暮节惑浮屠道尤甚,至经月不食荤,称香山居士。"立名引宋祁言谓居易长于诗,而他文未能称是,因别刊其诗,以成是集。参见《白氏长庆集》。有《四库全书》本。

【 白屋说诗 】

刘大白(1880—1932)著。大白,现代诗人原名金庆棪,后改姓刘,名靖裔,字大白。浙江绍兴人。五四运动中登上诗坛。主要著作有:新诗集《酒梦》《邮吻》。旧诗集《白屋遗诗》及诗话《白屋说诗》等。作品多面向人生,侧重于下层人民苦难生活的反映,表现改造不合理社会的强烈愿望。取歌谣形式,浅显通俗,语言明快。如《卖布谣》《收成好》《田主来》等。白屋,古代指不施采色露出木材的房屋,为平民寒士所居,乃有"白屋寒儒"之说,《汉书·王莽传》:"开门延士,下及白屋。"明何景明诗:"不及朱门贵,能怜白屋贫。"名白屋于书,乃作者自况也。有1983年北京中国书店刊本。

【 白云稿 】

文集　明朱右撰。右字伯贤,元末明初(1314—1376),浙江临海人。洪武三年召修《元史》《洪武正韵》诸书,后除翰林院编修等。书有明刘仁本《白云稿序》:"出示所著《白云稿》累十数卷,且曰:'吾于金鳌、白云不能一日忘也,虽远游四方,而亲舍之望,宁或嫌于狄公乎?故当操觚命牍时,白云之幽思遐情,固已勃于胸臆,发于颖端矣。因之以名编可与?'"金鳌、白云皆山名,在临海附近。题名示怀乡之思。《四库全书总目》言其:"右为文不矫语秦汉,惟以唐宋为宗。曾选韩、柳、欧阳、曾、王、三苏为《八先生文集》,八家之目,实权舆于此。"

【 白云集 】

一、诗文别集。元许谦撰。谦字益之,其先京兆人,后徙婺州金华(今浙江金华市)世祖至惠宗朝(1270—1337)在世。受业于金履祥,于书无不穷探精微。不出闾里四十年,从游者千余人。晚自号白云山人。白云,古代常寓指上天、仙乡。《庄子·天地》:"千岁厌世,去而上仙。乘披白云,至于帝乡。"又金华市丽水县北有白云山。有《四库全书》本。

二、诗集。元释英撰。英字存,钱塘人,唐诗人厉元之后。生年无考,约宋末元初在,自号白云上人。元牟巘《白雲集·原序》;"夫万物未有不本于天者,《诗》云:'英英白云,露彼菅茅。'(《小雅·白华》)此乃山川之神气,天地之和气,氤氲轮困,霏润四布,下为草木之根牙,华实皆其精英之所发现,而则溥万物而无心焉。上人既以此名,人以名其诗曰'白云'。"元赵孟頫《白云集原序》:"《白云诗集》,实存英上人所为诗也。……其诗超然有去世外之趣。夫诗不离禅,禅不离诗,二者廓通而无阕，则其所得弃于世俗宜也。”又上人，佛教中称有德智善行之人，后为僧人的敬称。《世说新语》文学注引《裴氏语林》：“且已所不解，上人未必能通。”有《四库全书》本。

【 白云樵唱 】

诗集。明王恭撰。恭字安中，闽县（今福州闽侯）人。约太祖洪武中（1383）前后在世。曾待诏翰林，与修《大典》。善诗，吐言清拔，有中唐遗韵。为闽中十才子之一。清钱谦益《列朝诗集小传》：“（恭）少游江海间，中年葛衣草履隐于七岩之山，凡二十年。自称皆山樵者，……著诗数十卷，号曰《白云樵唱》。”有《四库全书》本。

【 百川学海 】

丛书。南宋左圭辑。圭字禹锡，号古鄮山人，生平无考。书编成于度宗咸淳九年（1227）。名取汉扬雄《法言·学行》：“百川学海而至于海。”原意是江河似海流动不止，终能汇成大海。左氏以喻不同学派，日进不息，共同探寻博大精深的学识渊薮。是书为宋人汇刻书仅存至今者，也是我国第一部刻印丛书。左氏有序云：“余旧裒杂说数十种，日积月累，殆逾百家。虽编纂各殊，醇疵相半，大要足以识言行，裨见闻，其不悖于圣贤之指归则一。扬子云有言：‘百川学海而至于海’。又曰‘川虽曲而通诸海’，则由诸夫川，惟其流而不息，故能合众水而朝宗。使其或至或停，或有所限而不通，则潢潦沟浍而已矣！人能由众说之流派，溯学海之渊源，则是书之成，夫岂无小补？因寿诸梓，以溥其传，而名之曰《百川学海》云。”全编十集，一百种，一百七十七卷。所收多唐宋野史、杂说，间有晋及六朝书。其多种宋人诗话，为研究古代诗歌的重要资料。后世仿其例而为者明吴永《续百川学海》，王文禄《百陵学山》等。有民国十六（1927）年武进陶氏涉园影印宋咸淳刊本。

【 百家姓 】

童蒙读物。相传北宋时编，作者佚名。通行本共四百七十二家，其中单姓四百零八，复姓三十。四字一句，隔句押韵，虽无文理，方便诵读。宋王明清《玉照新志》三：“如市井间所印《百家姓》，明清尝详考之，似是两浙钱氏有国时小民所著。何则？其首云‘赵钱孙李’。盖钱氏奉正朔，赵乃国朝本性，所以钱次之；孙乃忠懿王（钱俶）之正妃：又其次，则江南李氏（南唐）。次句云‘周吴郑王’，皆武肃（钱镠）而下后妃。”以字数百，故言《百家姓》。明朝编《皇明百家姓》，改以“朱”为首。清康熙有《御制百家姓》改“孔”为首，然流行者仍为前书。

【 百宋一廛书录 】

私藏书目　清黄丕烈撰。丕烈（1763—1825）字绍武，号尧甫，江苏吴县人。乾隆举人，喜藏书。嘉庆七年，购得宋刻本书，约一百种，辟专室贮之，名室“百宋一廛”。按：廛，指古代平民，一家在城邑中所占房地，后泛指民居、市宅。本书详记书之版本及刻印年代。有民国二年（1913）乌程张氏《丛适园丛书》本。

【 百喻经 】

佛教经籍　全名《百句譬喻经》，也称《百譬经》。古印度僧伽斯那著，南朝齐天竺法师求那毗译。二卷（或作四卷），以寓言譬喻形式，讲述一百个（实为九十八个）佛家传教、布施、持戒的故事，说明佛教教义，宣传善恶轮回因果报应思想。文笔朴素简练，富于文学特色。有 1955 年文学古籍刊行社刊本。

【 百越先贤志 】

传记　明欧大任（1516—1595）撰。大任，广东顺德人，字桢伯。嘉靖时以贡生历官国子博士，终南京工部侍郎。本书据《国语》《越绝书》《吴越春秋》《交广录》等八十余种史书，摘抄人物史迹而成。自西周至东汉，记欧冶子、畴无余、讴阳、文种、计倪、范蠡等一百三十四人，分别立传。嘉靖三十三年（1554）成书。按：百越《史记·李斯传》中有“南定百越”句。古南方之国，以越为大。自勾践六世孙无疆为楚所败，诸子散居海上。其著者有东越、闽越、瓯越、西越、骆越等，统称百越。有清末《岭南遗书》本。

Ban

【 板桥杂记 】

余怀撰。余怀，字澹心，又字无怀。号曼翁，又号曼持老人。福建莆田人，侨居江宁（今南京）。生于明神宗万历年中（1617），卒年不详。才情艳逸，工诗。诗词为王士祯、吴伟业等赞赏。晚年隐居吴门，征歌选曲，有如少年。年八十余，犹撰《板桥杂记》三卷，记狭邪事，哀感顽艳。上卷《雅游》，中卷《丽品》，下卷《轶事》。写娼寮歌场人物甚详，乃唐孙棨《北里志》之类。以妓家聚居之旧院有长板桥，而书名称之。所记反映明末政治腐败，士大夫生活空虚荒唐。提供了当时社会风气和民间生活习俗之资料。有2000年上海古籍出版社刊本。

Bao

【包公案】

短篇系列公案小说。本书原型是宋代政治家包拯（949—1062）。拯字希仁，庐州合肥（今属安徽）人。天圣年进士。仁宗时以龙图阁直学士权知开封府，人称“包龙图”，卒谥孝肃。为官刚正廉洁，执法严峻，当时有“关节不到有阎罗包老”之说，是一传奇人物、家喻户晓的清官典型。南宋及金时，已有以包拯为主题的故事、小说、戏曲。元剧中有大量包公戏。明时出现无名氏撰的《增象包龙图百家公案》，后演变为《龙图公案》，又名《龙图神断公案》《包公七十二无头公案》。清代刻本再分繁、简两本，繁本收百则故事，简本收六十二则。简本删除过分荒诞、丑怪之篇，基本保持《百家公案》精华。故事更曲折生动，包公形象更鲜明突出，通常简称《包公案》。此书是中国，也是世界上最早的推理小说。包公审定疑难案件时，根据逻辑推理，深入调查研究。重证据而非轻信口供。该书直接影响了清代《龙图耳录》《三侠五义》等公案小说的创作，也对戏剧产生了很大影响。

【宝晋英光集】

别集　北宋米芾撰。芾字元章，襄阳人。仁宗至徽宗时在世（1051—1107）。官至礼部员外郎。书画家，翰墨、山水、人物自成一家。精鉴赏，嗜奇石。性癖狷，人称“米颠”。芾有室曰“宝晋”，以藏晋人法帖三种。英光乃芾堂名。《四库全书总目》云：“考宝晋乃芾斋名，英光乃芾堂名，合二名以名一书，古无是例。得无初名《宝晋集》后人以英光堂帖补之，故立此名欤？”宋陈振孙《直斋书目解题》录其为《宝晋集》。有《丛书集成初编》本。

【抱犊山房集】

别集　清嵇永仁撰。永仁，康熙时人。为福建总督范承谟之幕，耿精忠反，与承谟同死难。传其为晋侍中绍之后，字留山，号抱犊山人。诗文作于其系狱时，闽人重其人品，录而传之。集中有其诗《憔悴吟》云：“余本抱犊人，东皋有荒田。”句，是以名集。案：山东枣庄东北有抱犊崮，山顶宽而有水。昔有隐士，抱犊垦殖其上。河北、河南等地亦有名抱犊山者，皆为乱世，民避难之地。有《四库全书》本。

【抱经堂丛书】

清卢文弨辑。凡十七种，二百七十卷。文弨，浙江仁和人，字召弓，号抱经。历官侍读学士、湖南学政等。抱经，典见《后汉书·卓茂传》：“刘宣字子高，知王莽当篡，乃变姓名，抱经书，隐避林薮。”卢氏以此名室，寓对经籍研读不辍，终生厮守。段玉裁《翰林侍读学士卢公墓志铭》：“公好读书，终生未尝废，在中书十年及尚书房，与归田后主讲四方学院凡二十余年，虽耄，孳孳无怠。早昧爽而起，翻阅点勘，朱墨并作，几间缤纷无置茗碗处。日且冥，甫出户散步庭中，俄而篝灯如故，至夜半而后即安。祁寒暑不稍间。官俸脯修所入，不治生产，仅以购书。闻旧本，必借抄之，间有善说，必谨录之。一策之间，分别移写诸本之乖异，字细而必工。今抱经堂之藏书数万卷，皆是也。”所收以汉、唐前著述为主，乃其一生校勘之精华荟萃。有民国十二年（1923）北京直隶书局影印本。

【抱扑子】

杂家著作。晋葛洪撰。洪字稚川，但阳句容（今属江苏）人。东晋（约284—364）在世。稍以儒学知名，任司徒掾。因求丹为句漏令。好神仙导引之术。晚年辞官于罗浮山炼丹。主张以儒家思想整理道家教，使之系统化、理论化。本书有内、外篇。《内篇》言神仙方药，为道家言。《外篇》论时政得失，臧否世事属儒家。书中涉及中国古代化学、药物学，有参考价值。抱朴谓持朴守真。《抱朴子·自序》:“葛洪为人木讷,其守于常,不随时变。言则率实,杜绝嘲戏;不得其人,终日默然。故邦人咸之为‘抱朴之士’,是以著书因以自号焉。”案,朴,通樸,质朴,原意为大木材。《老子》:“朴散则为器。”又《老子·十九》:“见素抱朴,少私寡欲。”有1958年北京中华书局重印《诸子集成》本。

【 鲍参军集 】

别集 南朝宋鲍照撰。照字明元,宋武帝至明帝(421—466)时在世。原籍东海(今山东郯城北)。曾任临海王刘子顼前军参军,死于乱军。长于诗,尤工乐府,为六朝一流诗人。唐杜甫曾有“俊逸鲍参军”之评语。参军,即参谋军务。《事物纪原·参军》:“杜佑云:‘后汉末置,参诸军府事。灵帝以幽州刺史陶谦,参司室张温军事,此其始也。本公府官,晋置其官于州郡。唐诸曹皆称之。’”有单称的,有冠以职务名的,如咨议、记室、录事及诸曹参军等。沿至隋唐兼为郡官。有1957年据《四部丛刊》校正出版本。

Bei

【 碑传集 】

传记汇编。清钱仪吉撰。仪吉,字蔼人,号衎石,浙江嘉兴人。乾隆至道光年(1783—1852)在世。曾任会典馆总纂。积二十八年之功力,辑集五百六十家碑版状记、地志别传等,以成是书。按时序,据官爵。载清天命至嘉庆,六朝二百余年,二千二百余人。皆录原元,注出处,可补史传之不足。为研究清史的重要工具书。但碑传文,常有隐恶扬善之弊,使用宜慎。后人缪荃孙续辑道光至光绪四朝,一千一百零七人的《续碑传集》。闵尔昌又撰《碑传集补》,收清初至民国共七百八十六人传记。有光绪间江苏书局本。

【 北窗炙輠录 】

杂记。宋施德操撰。德操,字彦执,海昌(今浙江海宁)人。约高宗绍兴朝(1131)前后在世。力行好学,病废不仕,志乘不载,生平无考。本书所记多前辈盛德,可为士大夫观法者。炙,本意是烤肉,后转意指车上用以润滑车轴的油膏。輠为油膏盛器。“炙輠“典出自《史记·孟荀列传》:“談天衍,雕龍奭,炙轂過髡。”过即“輠“之假借字。裴骃《史记集解》:“言淳于髡智不尽如炙輠也。”邹衍、邹奭、淳于髡皆当时善辩者流。借炙虽尽,犹有余津,比喻三人善于议论,滔滔不绝,如輠中流油不尽。《晋书·儒林传赞》:有“炙輠流誉”句。作者取“炙輠”之喻,赞前辈盛德,泽被后人无穷无尽之意。有《四库全书》本。

【 北郭集 】

一、别集。元许恕撰。恕字如心,生年不详,卒于明太祖洪武年(1374)。因居江阴城北,故自号“北郭”。清顾嗣立《元诗选》:“许山长恕,江阴人。性沉静,博学能文。至正中,使者荐授澄江书院院长,不乐,即弃去。会天下多故,因之海上……。洪武甲寅卒,年五十二。家北郭,故号北过生。”恕诗意沉郁,而音节高朗,多愁苦词,亦间有修然清远者。案,城之北郊,古为墓葬地,历来系悲凉之思。有《四库全书》本。

二、别集。明徐賁撰。徐氏,生年不详,卒于太祖洪武年(1379)。荐于京师,官至河南布政史。客吴时,常居城北齐门,号北郭先生。结有北郭十友,人称十才子。善书画。工诗,具谨严温丽之格。有《四库全书》本。

【 北海集 】

别集 宋綦崇礼撰。崇礼,字叔厚。高密(在今山东潍坊地区)人,后徙潍之北海。曾任淄县主簿,以绍兴知府致仕。北海,古青州,唐曰北海郡。宋称青州北海郡,约今潍坊地区。集以籍贯名之。有《四库全书》本。

【 北江诗话 】

诗评 清洪亮吉撰。亮吉,阳湖(今江苏常州)人。字稚存,号北江居士。乾、嘉时(1746—1809)在世。及进士,授编修,督学贵州,以文名,称阳湖派。《水经注·江水》:“其一过毗陵北,为北江。”《禹贡锥指》:“江水经流东迳毗陵至江都入海,毗陵、江都最北,谓之北江。”毗陵,今常州,旧又称阳湖,故亮吉号北江。本书论诗涉及诗之特征、创作、作用及诗人修养,又广及文史掌故等。有人民文学出版社点校本。

【 北里志 】

笔记小说　唐孙棨撰。棨字文威，自号无为子。信都武强（今属河北）人。生卒年不详，约唐昭宗龙纪年（889）前后在世。历官翰林学士、中书舍人。北里，即长安城北之平康里，为歌伎聚居之地。《唐才子传·张怙》："或乘兴北里，每题诗倡肆。"书成于中和四年（884），一卷。记载当时文士狎客与妓女往来之事。对研究晚唐诗歌及城市生活的某些侧面，间可参考。有1955年古典文学出版社标点本。

【 北梦琐言 】

笔记小说。宋孙光宪砖。光宪，字孟文，自号葆光子。陵州贵平（今四川仁寿县境）人。生于后唐，卒于宋初太祖乾德年（900？—968）。曾在江陵为从事。居荆州江北。因《禹贡》《左传》有："云土梦作乂（yi 治理）""畋（tian 耕种）于江南之梦"等语，而名书。后以黄州刺史以终。该书所载皆唐及五代事，凡皇室、宰辅、酷吏、藩镇、科考、门阀、风习、僧道及文人逸事，多可信征，可参证补史。有1981年上海古籍出版社点校本。

【 北山集 】

又名《腹笑编》　别集　宋郑刚中撰。刚中，字亨仲，婺州金华人。哲宗至高宗朝（1088—1154）在世。官至四川宣抚副史。北山，在浙江金华城北，乃金华、赤松等山的合称，为道教第三十六洞天。按，腹笑，即暗笑。清黄宗羲《迁祠记》："夫非其位而据之，祝版呼名，旁观腹笑。"有《金华丛书本》等。

【 北山小集 】

别集　宋程俱传。俱，字致道，衢州开化人。神宗至高宗朝（1078—1144）在世。官至中书舍人。为文典雅闳奥。按：衢州，唐武德年置，辖衢县、开化等四县。现为衢州是，属金华地区。金华有北山，程俱以之名集。俱另著《麟台故事》已著录，请参见。有《四库全书》本。

【 北堂书钞 】

类书。唐虞世南传。世男，字伯施，越州余姚（今属浙江）人。五代陈武帝时生，卒于唐太宗贞观年（558—638），谥文懿。入唐为秘书监。人称其德行、忠直、博学、文词、书翰为五绝。宋晁公武《郡窄读书后志》："《北堂书钞》……世南仕隋为秘书郎时，抄经史百家之事以备用。分八十部八百一类。北堂者，省之后堂，世南抄书之所也。"本书所录皆典故语汇、诗词文句，按分类排比，供撰文赋诗之用。引书广博，原帙多亡佚。现存本一百六十卷。以年代久远，后人增删改窜已非原貌，清人多家校注，是现存最早的类书。至清光绪十四年（1888）始有南海孔广陶据传写本校注刊行。

【 北溪大全集 】

诗文别集　宋陈淳撰。淳字安卿，闽漳州龙溪人。高宗至宁宗朝（1153—1217）在世。朱熹守漳州，淳从游郡斋。朱熹称他"无书不读，无物不格"，又言"南来吾道得一陈淳"。以恩授迪功郎，除泉洲安溪主簿，未至，卒。案，漳州现为市，属福建龙溪地区。市东南有龙海县，系原龙溪、海澄二县合并而成。县内有九龙江分二派，北曰九鹏溪，出龙岩县西北梨子岭，又称北溪。书以故籍水脉名之。有《四库全书》本。

【 北游录 】

游记　谈迁（1594—1657）撰。系作者为订补所著《国榷》，于顺治十年至十三年（1653—1656），赴北京期间所作。书分五篇：《纪程》，为实地调查记录。《纪邮》，为在京日记。《纪闻》，为见闻杂记。《纪咏》，为诗作。《纪文》，收文章，多深沉真切之思。作者《自序》："余于北游而重有感也。记壮岁癸亥，客檇李，梦北游。……自后终坎壈，求作鱼蠹而无望。阳城张藐山先生，一见白下，曰：'子大类北人。'夫生于南而性于北，在他人当受伧荒之愠，余独幸先生真知我者，与癸亥之梦吻合。游何择焉？蓝关微于昌黎，马耳阙于元珍，到海验于平叔，藤荫感于少游。悬契在前，合符在后。英哲上流，往往如此。"参见《国榷》条。有中华书局1960年刊本。

Ben

【 本草纲目 】

中医药书。明李时珍撰。时珍，字东璧，蕲州

（今鄂东蕲春）人。正德至万历年（1518—1593）在世。官楚王府奉祠正。好医书，穷搜博采，历三十年，阅书八百家，成《本草纲目》。明王世贞《本草纲目序》："蕲阳李君东璧，谓余曰：'古有《本草》一书，自炎黄及汉、唐、梁、宋下迨国朝注解群氏旧矣。第其中舛谬差讹遗漏，不可枚数。乃敢奋编摩之志，僭纂之权。岁历三十稔，书考八百余家，稿凡三易。复者芟之，缺者缉之，讹者绳之。旧本一千五百一十八种，今增药三百七十四种，分为十六部，著成五十二卷，虽非集成，亦粗大备。予开卷细玩，每药标正名为纲，附释名为目，正始也。次以集解、辨疑、正误，详其土产形状也；次以气味、主治附方，著其体用也。上自坟典，下及传奇，凡有相关靡不备载。"全书一百九十多万字，附图千幅，方万首。纲目分明，方药结合。总结我国十六世纪以前药学理论。是举世闻名的科学巨著，有多种文字译本。现代有1977年人民出版社刘衡如校勘本。

【本事诗】

唐孟棨撰。棨字初中，仅据其书知其曾官梧州书成于僖宗光启二年（886）。其爵里、生卒均无考。其书以诗系事，当时为一创体。作者有序称："诗者，情动于中而形于言。……其间触事兴咏，尤所钟情，不有发挥，孰明厥义？因采为《本事诗》。"内分七题：情感、事感、高逸、怨情、征异、征咎、嘲戏。将诗作与诗人的境遇、经历、故实等背景相联系，以探讨其含义。例如王维为讽喻宁王强占卖饼者妻而作《息夫人》诗；张九龄受李林甫排挤而作《海燕》诗，不明本事，难知用意。因此，有关唐诗逸事，颇赖以存。又笔类传奇文采，后世广为流传焉。1957年古典文学出版社与清人叶申芗《本事词》合订出版。

Bi

【皕宋楼藏书志】

私人藏书目　清陆心源（1834—1894）撰。心源字刚甫，号存斋，晚号潜园老人。浙江归安（今湖州）人，咸丰举人，官至福建盐运史。著有《潜园总集》。富藏书，为清末四大藏书家之一。十五万卷，分藏"皕宋楼""十万卷楼""守先阁"三处。以号称有宋、元刊本及名人抄、校本等二百部，撰辑《书志》，取名皕宋。以压倒黄丕烈"百宋"。本书介绍书名、作者、卷数、版本、内容及收藏来源等。殁后，其子以十万金，售予日本岩崎氏静嘉堂文库，国人扼腕。有光绪八年（1882）家刻本。

【碧海青天夜夜心】

长篇小说　台湾姜贵（1908—1980）撰。1964年男台湾高雄长城出版社出版。姜氏，山东诸城人，1929年起发表作品。本书写抗战时，一个不成功的婚姻。书名取自唐李商隐诗《嫦娥》："云母屏风烛影深，长河渐落晓星沉。嫦娥应悔偷灵药，碧海青天夜夜心。"

【碧鸡漫志】

笔记。宋王灼撰。灼，字晦叔，号颐堂。四川遂宁人。约高宗朝（1162）前后在世。绍兴中为幕官寄居成都碧鸡坊妙胜院，饮宴听歌之余，信笔为记，题为《碧鸡漫志》载上古至唐歌曲之演变，乐曲得名缘起及与宋词之关系并介绍一些民间艺人史迹，有可存之见。按《益州记》载成都有百三十坊，其西南第四坊曰"碧鸡"。唐诗伎薛涛曾居之。杜甫有诗《西郊》："时出碧鸡坊，西郊向草堂。"碧鸡，神名。《汉书郊祀志》："宣帝即位，或言有金马碧鸡之神，可醮祭而致。于是遣王褒持节而求之。"注，师古曰："金形似马，碧形似鸡。"《西南夷传》："禺同山有碧鸡金马，光景时时出现。"收入1959年中国戏剧出版社《中国古典戏曲论著集成》中。

【碧血剑】

长篇武侠小说　金庸（1945—　）撰。最初发表于1955年。叙明末东北边陲大将袁崇焕，抗击满族部落南侵，屡建奇功，却被武断而多疑的崇祯皇帝杀害。袁崇焕之子袁承志长大立志为父报仇，掌握了金蛇郎君的蛇剑之术。他先支持李自成的农民起义军，又与入侵的清兵苦战，终难挽狂澜于既倒，只得与金蛇郎君之女温青青双双远赴海外。碧血，典自《庄子·外物》："故伍员流于江，苌弘死于蜀，藏其血，三年化为碧。"后常喻以忠臣志士为正义而流血。《元诗选·郑元佑·汝阳张御史死节歌》："孤忠既足明丹心，三年犹须化为碧。"参见

《金庸全集》。

【碧梧玩芳集】

别集　宋马廷鸾撰。鸾字仲翔，饶州乐平人(1222—1289)官至右丞相兼枢密史。集为其子马端临(《文献通考》编者)所刊。其曰“碧梧玩芳”者，廷鸾家有碧梧精舍，晚年又号玩芳病叟，因以为名。有《四库全书》本。

【敝帚稿略】

别集　宋包恢撰。恢字宏天。建昌人。孝宗至度宗朝(1182—1268)在世。封南城县侯，以资政殿学士致仕，谥文肃。集为恢自编。敝帚：三国曹丕《典论》：“夫人善于自见，而文非一体，鲜能备善，是以各以所长，相轻所短。里语曰：‘家有敝帚，享之千金。’斯不自见之患也。”以之名书，有自谦意。有《四库全书》本。

【薜荔园集】

诗集　明余翔撰。翔字宗汉，号凤台。福建莆田人。明神宗万历初(1573)前后在世。曾官全椒知县。其诗近七子，但有清致，不全为七子之肤廓。王世贞有诗赠云：“十八娘红产荔枝，蛎螃舌嫩比西施。更教何物夸三绝，为有余郎七字诗。”薜荔，常绿乔木，蔓生，又称木莲，凉粉树。果制凉粉，全枝皆可入药。《楚辞》:《离骚》:“揽禾根以结茝兮，贯薜荔之落蕊。”《九歌・山鬼》:“若有人兮山之阿，披薜荔兮带女萝。”王逸注：“薜荔，香草也，缘木而生。蕊，实也。”有《四库全书》本。

Bian

【编珠】

类书。旧题隋杜公瞻撰，清高士奇补遗并续。原四卷，存二卷。补、续各二卷。公瞻，隋时官著作佐郎，兼散骑常侍。士奇，康熙时官礼部侍郎。书采辑隋唐事，类分十四部，标题下引古书。编珠，编列明珠，喻胪列精华。唐徐坚《初学记》引《尚书・中候》:“日月若悬璧，五星若编珠。”隋大业七年(611)奉敕编。杜公瞻《〈编珠〉序》:“皇帝(杨广)在江都日，好为杂咏及新体诗。偶缘属思，顾谓侍读学士曰：‘今经籍浩汗，子史恢博，朕每繁阅览，欲其故实简者易为比风。’爰命微臣编录，得窥书囿，故目之曰《编珠》。”《四库全书总目》:“疑其有伪，但以其近古而留备考云。”有《四库全书》本。

【弁山小隐吟录】

诗集。元黄玠撰。玠字伯成。慈溪人。生卒年不详，约元仁宗延祐年(1317)前后在世。清苦力学，无所不通。好周游，乐吴兴山水，因卜居弁山，并以名号、名集。《自序》云：“雪水之阳，弁山之下，有丘岑尉。思构数楹，以寄朝夕。浮游江海间不能自还，……苟寓矣，又何营之有？‘秦望东南远欲无，依稀禹穴向姚虞，几时把酒瑾江上，却对乡山望此图。’是余所题江山归兴图也，尝求之则隐之意可见者。昔文中子志不愿仕，唯愿上之人正身修德，便时和岁丰，已受其赐。余虽不及古人，苟获所志，泉石林壑之娱，风云月露之赏不必弁山也。夫归必有资，既不能自资，资于人而归，又余之所不能。情发于中而形于言，目之曰《弁山小隐吟录》，录以畀吾儿，私藏之，于以记吾游之寓，而乡土亲戚之思亦可见也。”按：弁山，又名卞山。在浙江湖州市西北，临太湖，以其形如冠弁故名。宋叶石林尝居此，范成大有游弁山石林先生故居之诗。有《四库全书》本。

Biao

【标准与尺度】

杂文集　朱自清(1898—1948)撰。上海文光书局 1949 年刊单行本。本书收入评论、杂记、书评、书序等，大部分是谈文学与语言的。关于书名，作者《自序》中说：“因为书里有一篇《文学的标准与尺度》，而别的文章，不管论文、论事、论人、论书也都关涉标准与尺度。但这里只是讨论一些旧标准与新的尺度而已，决非自命在立标准，立尺度。”参见《朱自清文集》。

Bie

【别录】

书目。西汉刘向撰。向，本名更生，字子政。

昭帝至哀帝时（前77—前6）在世。治经学，善辞赋。《汉书·艺文志》载："成帝时诏光录大夫刘向校经史、诸子、诗赋。"刘向整理宫廷藏书，每种书上写"叙录"一篇：条其篇目，撮其旨意，录而奏之。向子刘歆，将"叙录"汇炒成书，即为《别录》，是为中国目录学之祖。原书已逸，但大部分内容，为班固保存在《汉书·艺文志》中。清代人也有辑本。参见刘向别著《说苑》等书。

【 别下斋丛书 】

蒋光煦（1813—1860）编。凡二十七种，收唐宋以来（包括同时人）著述，多有关"词"的撰述。光煦，海宁人，好学，喜藏书，积四五万卷。别下，编者斋名。典自《论语·季氏》："生而知之者，上也；学而知之者，次也；困而学之，又其次也；困而不学，民斯为下矣。"宋王应麟《困学纪闻》于卷首题识"困而学之，庶自别于下民"句。意为："感到困惑而学习，可以超越庸劣之辈了"，斋名直源于此。清李富孙《〈别下斋丛书〉记》："其储藏正未可量，而出其所读以与人共者，亦未可量。使非好之笃与能读亦安得聚，且藏之富如是耶。斋曰别下者，孔子言困学为学，知之次。君能读其书已无愧于学，知而犹以别下为名，其亦自抑而自励者欤。"有道光间海昌蒋氏校刊本。

【 别雅 】

训诂书　清吴玉搢（1699—1774）撰。玉搢，字山夫。山阳（今江苏淮安）人，康熙时官凤阳训导，精于六书假借之学。是书专释通借词，多为复音者。有助于了解古汉语音义关系，读通古书。书原名《别字》，以其补《五雅》之不全，改今名。有乾隆间督经堂原刻本。

Bing

【 冰槎集 】

文集　明张煌言（1620—1664）撰。煌言字玄著，号苍水。浙江鄞县（今宁波）人。明末奉鲁王于浙闽抗清，随郑成功攻至皖省。后兵败隐居，被清军所获，不屈死。槎，竹、木之筏。作者《冰槎集·自序》："此余槎上作也。昔之乘槎者，或为客星而犯斗牛，或入女宿而得支机。故至今羡为胜事。余独不然，浮踪浪迹，当凄霰严霜，不得已而栖托灵槎，笔墨所及率成冰声，则是槎非贯月，亦非挂星也。而兹集所存，又皆余晚节所作，于是以冰槎名。"收入1959年，中华书局《张苍水集》。

【 冰心全集 】

冰心（1900—1999）撰。1994年海峡文艺出版社刊。全八卷。冰心原名谢婉莹。生于福州。1913年到北京，毕业于燕京大学文科。1919年起以"冰心"为笔名发表小说。作者在《我的文学生活》中说："用冰心作笔名，一来是冰心两字，笔画简单好写，而且是莹字的含义。二来是我太胆小。怕人家笑话批评；冰心这两个字是新的，人家看到的时候，不会想到这两个字和谢婉莹有什么关系。"1926年在美国获硕士学位。回国后在燕京等校任教。1949年任东京大学第一位女教授。1955年回国仍勤力于创作。并担任人大代表、政协委员、作协理事、文联委员等职。作者部分作品题解如下：

一、《斯人独憔悴》。短篇小说。1919年发表。通过被禁锢在封建家庭中的青年学生颖铭兄弟吟诵的诗句——"出门搔白首，若负平生志。冠盖满京华，斯人独憔悴。"反映青年一代反帝反封建的迫切愿望。原诗为唐杜甫《梦李白》第二首中句。作者以诗句题为书名。

二、《繁星》。诗集。1921年商务印书馆出版。收一百六十四题格言式小诗。作者说："因为是零碎的思想，就选了其中的一段，以'繁星'两字起头的，……名之为《繁星集》。"

三、《春水》。诗集。《繁星》的姐妹篇。1925年发表，收小诗一百八十二首。书名取自第一首开头："春水，又是一年了……，"最后一首写道："别了，春水，感谢你一春潺潺的细流。……。"仍然是歌唱爱和大自然。

四、《寄小读者》。散文集。1926年起在《晨报》"儿童世界"栏连载上海北新书局结集出版。以通讯的形式写去美留学途中和到美国后的生活见闻。作者言及此书时说："假如文学的创作，是由于不可遏止的灵感，则我的作品之中，只有这一本是最自由,最不思索的了。”是书文情并满,宛若天成。

五、《拾穗小札》。散文集。作家出版社 1944 年出版,收十七篇。关于题名,作者在《自序》中说:“我曾看见孩子们在秋收的田野上,随时俯拾,也还能拾到成筐的麦穗,送到成堆的麦山上去,使他成为丰收的一部分,这给我很大的启发,因作《拾穗小札》,札是札记的意思。我将看到就记,想起就记。我将把我心上眼前的饱满金黄的麦穗,一根一根地拣起,攒到满筐,送进丰收的麦堆里,作为我自己微薄的奉献,是为序。”

六、《关于女人》。散文集　冰心(1900—1999)撰。署名“男士”。开明书店 1945 年初版。收有写女人的文章,其中有谈母亲、教师、弟媳、奶娘、同班同学、朋友之太太、学生、房东、张嫂、朋友的母亲,几乎包括了所有的女性。作者是女人,又署名“男士”,这种换位式的思维,使本书更有可看性。作者在《后记》中说:“写了 14 个女人的事,连带也呈露了我的一生,我这一生只是一片淡薄的云,烘托着一天晶莹的月！……我对女人的看法,自己相信是很平淡,很稳静,很健全。她既不是诗人笔下的天仙,也不是失恋人心中的魔鬼,她只是和我们一样的,有感情有理性的动物。不过她感觉得更敏锐,反应得更迅速,表现得也更活跃。因此,她们比男人多些颜色,也多些声音。在各种性格上,她也容易走向极端。她比我们更温柔,也更勇敢;更活拨,也更深沉;更细腻,更尖刻……世界若没有女人,真不知这世界要变成怎样子！我所能想象得到的是:世界若没有女人,这世界至少要失去十分之五的‘真’、十分之六的‘善’、十分之七的‘美’。”参见《冰心全集》。

Bo

【博史】

赌博史　杜亚泉(1873—1933)撰。开明书店 1933 年初版。杜氏,浙江绍兴人,原名炜孙,后改名亚泉。亚,来自化学惰性元素氩;泉,来自几何上線(线)字的省笔。杜氏云:“生在世上没有用途,就像惰性化学元素氩,没有面和体就像几何上的線。”有自谦意。杜氏于 1900 年在上海办过《亚泉杂志》。1904 年任商务印书馆理化部主任,主编过《动物学大词典》《植物学大词典》等。1932 年“一二·八”后,举家返故里,1933 年在故乡去世。此书杜氏是当作科学史来写的,特别指出与数学有关,也可作为娱乐史。案:博,中国古代原指局戏,即弈棋一类的游戏。清刘宝楠说:“博,局戏也。弈,围棋也。弈但行棋。博以掷采而后行棋。”(参阅《论语正义》)。后来发展到用财物来比胜负。白居易《与刘十九同宿诗》:“唯共嵩阳刘处士,围棋赌酒到天明。”此书共 14 章,分别为:绪言、博戏及博塞、小博与琼、骰子与双六、宝应象戏与日本将棋、晚宋象棋、西洋象棋、樗蒲与骰子格、宝和牌碰和牌花和牌及大和牌、叶子戏与马吊牌、西洋纸牌、默和牌与麻将牌、博戏流传系统表、余论等。附录《乐客戏谱》,介绍一种类似西洋桥牌的游戏。书中插有图谱和表格等直观形象。结构严谨,一看便知是自然科学者所为。

【博物志】

晋张华撰。华字茂先。范阳方城(今河北涿州)人。汉明帝至晋惠帝(232—300)时人。华少孤贫,自牧羊,好学。图纬方技之书,莫不详览,有博物洽闻之称。前秦王嘉《拾遗记》:“(张华)捃取天下遗逸,自书契之始,考验神怪及世间闾里传说,造《博物志》四百卷。奏于武帝。”帝令其芟截浮疑,分为十卷。原书散佚,现为缀辑之本。内容广杂。涵山川地理、历史传说、奇异草木虫兽、怪诞神仙方技,等等。保存不少古代神话传说。作者于书前曰:“博物之士,一览而鉴焉。”博物:博识众物。志:记载于书也。1980 年中华书局出版《博物志校正》。

【泊宅编】

笔记　宋方勺(1066—?)撰。勺字仁声,婺州金华(今浙江桐庐)人。哲宗元符末前后在世,曾入太学,后管勾(管理勾稽之吏)江西常平。元佑中应试不举,乃超然遐举与名士交游。曾寓居乌程泊宅村,相传其为唐张志和泊舟之地,勺于此筑屋,自号泊宅翁。《泊宅编》卷二:“乌程之东数十里,有泊宅村,余买田村下,因阅金石遗文,昔张志和浮家泛宅，往来苕、霅间，此乃志和泊舟之所也。余喜卜筑之初，闻同里之高风，遂得友其人于千载，因作诗识之，王侍郎汉之一见，号予泊宅少翁。”所载皆元佑（哲宗）迄政和（徽宗）间朝野旧事，中述方腊起义经过，采摭其他遗闻亦多。有十卷、三卷两本，内容有异，1983 年中华书局点校本兼收之。

【 伯牙琴 】

诗文别集　宋邓牧撰。牧字牧心，钱塘（今杭州）人。宋末元初（1247—1306）在世。宋亡不仕，居余杭大涤山中。自号三教外人，世称文行先生。伯牙，春秋时人，善鼓琴。《吕氏春秋·本味》：“伯牙鼓琴，钟子期听之。方鼓琴志在太山，钟子期曰：‘善哉乎鼓琴，巍巍乎若太山。’少选之间，而志在流水，钟子期又曰：‘善哉乎鼓琴，汤汤乎若流水。’钟子期死，伯牙破琴绝弦，终身不复鼓琴，以为世无足复为鼓琴者。”邓牧《伯牙琴·自序》：“余诗文若干名《伯牙琴》。伯牙虽善鼓琴者，钟子期死，终身不复鼓，知琴难也。今世无知音，余独鼓不已，亦愚哉！然伯牙破琴绝弦，以子期死耳，余未尝遇子期，恶知其死不死也，故复存此。”牧以之写亡国之音，自伤知音难遇也。又，大涤山，在浙江余杭县西南十八里，与临安县分界。《咸淳志》：“此山清幽，大可洗涤尘心，故名。”1959 年中华书局出版标点本。

【 博依集 】

诗集　清方以智（1611—1671）撰。博依，典出《礼记·学记》：“不学博依，不能安诗。”郑玄注：“博依，广譬喻也。”孔颖达疏：“依，谓依附譬喻。若欲学诗，先依倚广博譬喻。若不学广博譬喻，则不能安善其诗，以诗譬喻故也。”此譬喻，即诗歌之比兴手法。“不学博依，不能安诗”是说不学会广泛地使用比兴手法，就不能把诗作好，是学诗作诗的初级必经阶段。此诗集多作者少年之作，故此题名。书仅有抄本，藏于北京图书馆及北京大学图书馆。作者生平参见浮山文集。

Bu

【 不是集 】

文集　清浦起龙（1068—?）撰。浦氏无锡人，雍正进士。官苏州府教授，著有《史通通释》《读杜心解》等。题名乃作者谦称：不算文集。张舜徽《清人文集别录》卷五：“集中以书札最多，墓志铭次之。序、记、启、赞、引、跋之属又次之。书札中每篇有少至数语或数十字者，乃当日之便笺，亦收入集中，无乃太滥。名曰《不是集》，虽以见其抆谦，然亦名与实相副。”昔有燕京大学图书馆铅印本。

【 不系舟渔集 】

别集　元陈高撰。高字子上。温州平阳人。仁宗（1314）年生，惠宗（1366）年卒。曾官庆元路录事。平阳陷，弃家往来闽浙间，自号“不系舟渔者”。“不系舟”喻漂泊不定典出《庄子·列御寇》：“饱食而敖游，泛若不系之舟，虚而敖游者也。”唐李白诗《寄崔侍御》：“宛溪霜应听猿愁，去国长如不系舟。”陈高《与张仲举祭酒书》：“高……遭时多故，众醉独醒，弃官归田。今年五十矣。或徜徉乎山谷间，或浮游乎江湖之上，任情自适，无所系留。故当道者虽欲牵挽，而不能羁絷，因自号不系舟渔者。初非敢为，高也揣己之无能，处俗之不偶，故以是而托其名焉耳。”高诗文雅，颇为时流推重。有《四库全书》本。

C

Cai

【 才调集 】

唐诗选集　五代后蜀韦縠编选。縠曾为后蜀监察御史，生卒年等不详。此书为今存唐人选唐诗中，选诗最多最广者。縠生五代文敝之际，欲救当时粗俗之习，乃多取晚唐，尤崇温（庭筠）、李（商隐）派秾丽秀发者，故多恋情闺怨之作。其《才调集叙》：“暇日阅李杜集、元白诗，其间天海混茫，风流挺特。遂采摭奥妙,并诸贤达章句,不可备录,各有编次。或闲窗展卷,或月榭行吟,韵高而桂魄争光,词丽而春色斗美,但贵自乐所好,岂敢垂诸后昆。今纂诸家歌诗,总一千首。每一百首成卷,分之为十目,曰《才调集》。"有 1958 年中华书局上海编辑所出版《唐人选唐诗》(十种)本。

【 采菊东篱下 】

散文集　台湾作家赵淑敏著。1980 年台北道声出版社初版。收有《采菊东篱下》《夜驻梨山》《点点旧时情》《忙之乐》《爱在心坎里》《落日的歌》《惜福》等三十四篇。作者在后记中说:"对世人世事都热情热心,全无绝尘隐遁的念头,然也欣赏陶渊明式的安恬日子。多年与青山小溪为伴之后,不但不羡慕为嚣市大厦主人的豪丽,更惧怕那式的辉煌繁华。在笔触上亦充分显现这样的心态,因之新出一个散文集名叫《采菊东篱下》是十分切题。"典自陶潜原诗《饮旧第四》:"结庐在人境,而无车马喧。问君何能迩,心远地自偏。采菊东篱下,悠然见南山。山色日夕佳,飞鸟相与还。此中有真意,欲辩已忘言。"

【 彩色的音符 】

散文集　台湾女作家胡品清(1921—　)撰。作者浙江杭州人。抗战中就学于迁徙后方的浙大外文系,继任职于重庆的文化教育事业。留法研究现代文学。1962 年回台任教并从事创作。文笔优美,富于哲理。本书共收五十一篇。分抒情小品、沉思之书、生活组曲、专栏、庄敬篇五个分辑。《彩色的音符》是其中的一篇。作者在自序中说:"《彩色的音符》这个题目具有双重意义。首先,我除了喜爱文学之外,音乐是我的第二兴趣,次之,彩色是一种象征。象征生活是多面以及这本散文主题之多元。"1979 年台湾九歌出版社出版。

【 菜根谭 】

语录体书明洪应明撰。应明字自诚,号还初道人,著有《仙佛奇踪》等,里贯未详。其书本天理人情,尚德行,轻名利,多文雅风流之意,亦有世故之言。书成,作者持书亲求友人于孔兼为《菜根谭序》,言及题名:"谭(谈)以菜根名,故自清苦历练中来,亦自栽培灌溉里得。其颠顿风波,备尝险阻,可想矣。洪子曰:'天劳我以形,吾逸吾心以补之;天厄我以遇,吾高我道以通之。'其所以自警自力者又可思矣。"台湾版《中文大辞典》则言:"书因(宋儒)汪信民之'咬得菜根,百事可作'之语,名曰《菜根谭》。"又三山通理达天《菜根谭 · 序言》:"菜之为物日月所不可少,以其有味也。但味由根发,故凡种菜者必要厚培其根,其味乃厚。似此书所说'世味'及'出世味'皆为培根之论,可弗重欤?又古人云'性定菜根香。'夫菜根,弃物也,而其香,非性定者莫知。如此书人多忽之,而其旨唯静心沉玩者,方堪领会。"案,菜根粗食也。然菜蔬根茎为民间营养、疗饥、防病之必备,作者比喻虽平常但不可或缺之哲理耶。近年有三秦出版社、巴蜀书社浙江古籍出版社等版本。

【 蔡忠惠集 】

别集　宋蔡襄撰。襄字君谟,兴化仙游(今属福建)人。真宗至英宗朝(1012—1067)在世。善书,当时第一。诗文清遒粹美。天圣年进士,官知谏院,知开封、福州、杭州,闽人曾为之勒碑颂德。谥忠惠。忠,廉公方正。惠,爱民好与。参见已著录之《端明集》。有《四库全书》本。

【 蔡中郎集 】

别集　汉蔡邕撰。邕字伯喈。陈留圉人。顺帝阳嘉二年(132)生,献帝初平三年(192)卒。少博学,灵帝时拜郎中,得祸亡命。董卓专权,迫之出。三日间周历三台,复拜左中郎将,世称蔡中郎。中郎将:官名。秦置中郎,为皇帝进侍之臣。至汉,中郎分五官、左、右三署,各设中郎将领之,统率皇帝侍卫,位次于将军。《旧唐书》录有《蔡邕集》。有《四库全书》本。

Can

【 参寥子集 】

诗集　宋释道潜撰。道潜俗姓何氏。于潜(今杭州境内)人。始末不详,曰神宗熙宁末(1077)前后在世。原名曼潜,苏轼为之改道潜。于是与轼、秦观唱和相契。参寥,庄子虚拟之人名。《庄子 · 大宗师》:"玄冥闻之参寥,参寥闻之疑始。”释文引李颐：“参高也，高邈寥旷不可名也。”唐李白曾为逸士为《参寥子诗》。

【 参同契 】

道家著作。全称《周易参同契》。东汉魏伯阳撰。伯阳，后人称云牙子。会稽上虞（今属浙江）人。葛洪《神仙传》中记其入山炼丹事。本书用《周易》解释道家修养炼丹之术。是道家丹经中最古者。唐末永康道士彭晓曾作注曰《周易参同契真义》。宋朱熹以《参同契》词韵皆古雅难通，读者钱闻辄妄更改，比他书尤多舛误，乃合诸本更相校正，撰《参同契考异》并云：“五代彭晓《解义·序》：‘魏伯阳，会稽上虞人，修真潜默，养志虚无，博瞻文词，乃约《周易》撰《参同契》三篇。……参，杂也。同，通也。契，合也。谓与《周易》理通而义合也，……。”炼丹之术，虽无正果，但书中在世界上最早记载了硫、汞等化合反应现象，在科学史上有一定地位。有《丛书集成初编》本。

【 沧浪集 】

诗文集　宋苏舜钦（1008—1048）撰。舜钦有《苏学士集》，已著录可参考。舜钦在朝，因其岳父支持范仲淹的改革，他也遭反对派倾陷免官，寄寓苏州，筑沧浪亭，自号沧浪翁，以诗文寄托愤懑，并以名集。案：沧浪，青苍色也。《文选·陆机·塘上行》：“发藻玉台下，垂影沧浪泉。”李善注：“孟子曰：‘沧浪之水青’，沧浪，水色也。”又《楚辞·渔父》：“渔父莞尔而笑，鼓枻而去，歌曰：‘沧浪之水清兮，可以濯吾缨！沧浪之水浊兮，可以濯吾足！’遂去，不复与言。”云。舜钦于庆历五年（1045）于原五代吴越广陵王钱元璙的花园中建沧浪亭，现为苏州名园之一。见于1961年中华书局出版《苏舜钦集》。

【 沧浪诗话 】

文艺理论著作　宋严羽撰。羽字仪卿，福建邵武人。生卒年不详，约宁宗庆元末（1200）前后在世。严氏提出：学诗以识为主，论诗以妙悟为上，识是前提条件，悟是手段方法。强调“别才”“别趣”。以禅喻诗，认为“禅道唯在妙悟，诗道亦在妙悟。”明徐𤊹《沧浪诗集序》：“先生高隐樵郡之言溪，群众九人俱能诗，时称九严。其地曰严坊，沧浪之水出焉。因号沧浪逋客。”沧，同苍，青色。《孟子·离娄》：“沧浪之水青兮，可以濯吾缨；沧浪之水浊兮，可以濯毋足。”皮锡瑞考证：“苍浪，盖以青苍得名。逋客，隐居避世之人。《文选》南齐孔稚圭《北山移文》：“请回俗士驾，为君谢逋客。”1962年人民文学出版社出版校订本。

【 沧冥集 】

别集　明李攀龙撰。龙字子麟，号沧冥。历城（今山东济南）人。武宗正德（1514）至穆宗显庆（1570）年在世。嘉靖进士，官至河南按察史。沧冥，此指大海。南朝简文帝《昭明太子集序》：“若夫嵩霍之峻。无以方其高；沧冥之深，不能比其大。”王世贞《李于麟先生传》：“其家近东海，因自号沧冥。”是集凡诗十四卷，文十六卷。诗多模古人，与王世贞同为后七子首领。殷士儋作攀龙《墓志》云：“文自西汉以来，诗自天宝以下，若为者毫素污者，辄不忍为。故所作一字一句，摹拟古人。骤然读之，斑驳陆离，如见秦汉间人，高华伟丽，如见天宝间人也。”后七子主张文学复古，强调文必秦汉，诗必盛唐。攀龙最为严重，但倒退不是出路，至清初复古模拟诗风，已式微矣。有《四库全书》本。

【 沧州尘缶编 】

别集　宋程公许撰。公许叙州宣化（今四川宜宾）人，约宋嘉定末（1224）前后在世。集为公许为秘书少监时自编，用陆士衡：“惧蒙尘于叩缶，顾取笑于鸣玉”之句名其编曰《尘缶》。至《永乐大典》载公许诗文为《沧州尘缶编》。书前有王迈序称其为“沧州程公”，抑其祖籍郡望欤？有《四库全书》本。

【 藏书 】

纪传史评　明李贽（1527—1602）撰。贽号卓吾。别号温陵居士。泉州晋江（今属福建）人。官至云南姚安知府。弃官，专力著书讲学。因所述多少与封建势力相抵触，被诬为“有伤风化，惑乱人心”，遭劾系狱，自刎死。书成于万历十至十八年（1582—1590）。李氏在《世纪列传总论前论》中言：“此书但可自怡，故名曰《藏书》也。”乃效司马迁《史记·自序》中语：“藏之名山……俟后世圣人君子。”者。后因人多借读，乃于万历二十七年，刊于南京。书中论述自战国至元亡历史人物八百余位。史实多取正史。李氏则以总论、评语等表述自己的政治观点。评价中大胆反对旧统权威，提出“咸以孔子之是非为是非，则未尝有是非。”提倡封建功利主义。抨击儒学，批判韩愈、朱熹等人的道统论。倡男女平等。是以当道者诬其书“倡乱道”“别立褒贬”列为禁书。明梅国桢《藏书序》称：“余友李秃翁先生（李贽时已剃发，故有是称）豪杰之士也。取汉以来至金元君臣名士，撮其行事，分类定品。一切断以己意，不必合于儒者相沿之是非。知其与世人不相入，而曰：‘吾始书之而姑藏之，以俟千百世之下有知我者而已。’其书藏而传也，藏而不传也，抑以不藏而传也？皆不可知。惟其不得已而笔之于书，又不得已而藏之，秃翁之苦心，则余所深知也。故为之序而并藏之，以俟千百世之下之知秃翁者。”1959 年北京中华书局出版点校本。

【 藏书纪事诗 】

清叶昌炽（1848—1917）撰。昌炽字鞠常，长州（今苏州）人。光绪进士，官侍讲、督甘肃学政。学问渊博，长于金石、版本之学，著名藏书家。本书记录上起五代，下迄清末，藏书家 1175 人传记。每纪前冠诗咏，后为人事。并包括刻书、校书、读书及版本、目录、校勘、印刷等史料掌故。成书于光绪十六年（1890），今有古典文学出版社 1958 年版本。

Cao

【 曹祠部集 】

别集　唐曹邺撰。邺字邺之。桂林人。始末不详，曰宣宗大中末（859）前后在世。曾官祠部郎中，时以名集，此外尚有《曹邺诗集》。现代有 2003 年兰州大学出版社《中国西南文献丛书》本。

【 曹禺全集 】

曹禺（1910—1996），剧作家。原名万家宝，祖籍湖北潜江，生于天津。1930 年入清华大学西洋文学系研究戏剧。1934 年毕业并发表话剧《雷雨》剧本，是中国话剧成熟的标志。署名曹禺，取其姓繁体“萬”字，拆开上为“艹”（草），下为禺。但百家姓无草字，乃按谐音为曹，故名曹禺。1937 年发表《日出》，1937 年发表《原野》。1941 年发表《北京人》《蜕变》。1942 年改编巴金小说《家》为话剧。1947 年完成电影剧本《艳阳天》次年拍竣上映。新中国成立后，当选人民代表、人大常委委员。1954 年话剧《明朗的天》公演。1956 年加入中共。1963 年发表《胆剑篇》。1978 年发表《王昭君》。全集 1996 年由河北石家庄花山文艺出版社出版。主编田本相等。曹禺剧作，择要解题如下：

一、《日出》。展现三十年代半封建半殖民地的都市，社会上层、下层，“鬼”与人的不同生活。作者在《跋》中说：“描摹的只是日出以前的事。……我要的是日，……剧中合唱的‘轴歌’：‘日出东来……’，也是这番意蕴的象征。”

二、《原野》。写农民仇虎的复仇。剧中多处展现农村的自然环境——黑的原野。运用较多的直觉、幻象、隐喻及象征手法。

三、《蜕变》。写某一伤兵医院在战争期间的变化。作者在《关于蜕变二字》中言：“戏的关键还是在我们民族在抗战中‘蜕’旧‘变’新的气象”，这题目就是本戏的主旨。

四、《北京人》。通过写当时腐朽、自私、灰暗的北京人，反映封建家庭的衰落和崩溃。又以一个汽车工人身份出现的“北京人”，表现憧憬明朗、健康原始的北京人充满丰富生命和人类日后无穷的希望。

五、《胆剑篇》。以越王勾践卧薪尝胆的故事为题材，写灭吴兴越，雪会稽之耻，必须有“剑”，而更须有“胆”。

参见《雷雨》条。

【 曹子建集 】

别集　魏曹植（192—232）撰。植字子建，曹操子，曹丕弟，极富文才。《诗品》称之为“建安三杰”之一。汉末至隋诗人均受其影响。植曾迁封多次，最后封于陈郡，谥思。后人称陈王或陈思王。《旧唐书》著录《魏陈思王集》。《宋史 · 艺文志》著录《曹植集》。陈，春秋时陈国。秦置县，治所在今河南淮阳。秦末陈胜起义建都于此，汉置陈郡。有 1993 年上海古籍出版社《四部精要》本。

【草木子】

笔记　元末明初叶子奇撰。子奇字世杰，号静斋。浙江龙泉人，曾官巴陵县主簿。书内容包括历史、自然、社会、理学等各个方面。书甫起草，即以事株连系狱，出狱后编成。题《草木子》乃自况为以草计时，以木计岁之人。《自序》云："幽忧于狱，恐一旦身先朝露，与草木同腐，实切悲之。因思虞卿以穷愁而著书，……及事得释，归而续成之，因号《草木子》。"有中华书局1959年版本。

【草堂雅集】

诗集　元顾瑛等撰。瑛字仲瑛，江苏昆山人。元末明初(1310—1369)在世。终身不仕，以诗画闻名。开玉山草堂，延四方文士唱和，类次为编，又各附小传，成此书。元末诗家，此七十人括其大凡。一代精华，略备于是。雅，《诗经》六义之一，此代指诗歌。玉山草堂，在江苏昆山县西界溪上，《苏州府志》："元顾瑛筑，亦曰'玉山佳处'，园池亭榭，诗酒觞咏，时称第一。杨维桢为之记。"有《四库全书》缩印本。

【草泽狂歌】

诗集　明王恭撰。恭，闽候人。洪武年中在世，曾官翰林。此集及《白云樵唱》(已著录)皆未仕前作。任翰林后作《风台清啸》已佚。其诗大致与《白云樵唱》近，而中年之作，情思较深。草泽，原指荒野。《战国策·秦策》："首身分离，暴骨草泽，"左思《咏史》："何世无奇才，遗之在草泽。"引申谓在野未仕之人。《资治通鉴·后周广顺三年》："唐草泽邵业上言……。"注："布衣未有朝命者，谓之草泽。"有《四库全书》本。

Ce

【册府元龟】

类书。一千卷。宋真宗景德至祥符年间(1005—1013)诏王钦若(962—1025，官枢密史同平章事)、杨亿(974—1020)，翰林学士，有《武夷新录》已著录)等编纂。分三十一部，一千一百另四门。采摭浩繁，唯取六经子史，不录小说，去取颇为严谨。书列上古至古代历朝故事，以年代为序。凡君臣善迹，奸佞劣行，礼乐沿革，法令宽猛，官师议论，学士名行，无不具备。书成初名《历代君臣事迹》。明李嗣京《〈册府元龟〉考据》："帝(真宗赵恒)曰：'朕编此书，盖取历代君臣德美之事，为将来取法，至于开掘览古亦颇资于学者。'"诏改题《册府元龟》。册府，即书库。元龟，即龟鉴之意。引文多整篇整章，但未注明出处。1960年中华书局出版影印本十二大册。

【测圆海镜】

数学书　元李治(1192—1279)撰。治，字仁卿，河北真定(今栾县)人。曾官钧州知州，金灭，隐居。与元好问、张德辉称"龙山三友"。后任元翰林学士，与修辽、金史。本书讨论已知三角形各线段，而求内切、旁切圆的直径问题，故名《测圆海镜》。海镜，即大镜之意。此书是我国古代数学研究的重要成就——天元术，一种数学高次方程解法的，最早阐述著作，当时居世界前列。李氏有《自序》云："余自幼喜算术，恒病夫考圆之术，例出牵强。……老大以来得洞渊九容之说，日夕玩绎。而向之病我者，使爆然落去，而无遗余。山中多暇，客有从余求其说者，于是乎又为演之，遂累一百七十问，既成编，客复目之《测圆海镜》，盖取夫'天临海镜'之意也。""天临海镜"，语出南朝宋颜延之《应诏宴曲水作诗》八章之一，原诗："祚融世哲，业光列圣。太上正位，天临海镜。"有《四库全书》本。

Cha

【茶话集】

散文集　谢六逸(1898—1945)撰。六逸，贵州贵阳人，日本早稻田大学毕业。回国后致力于写作，曾任商务印书馆编辑。1921年参加文学研究会，主编《文学周报》。1929年任复旦大学新闻系主任。主编《国民周刊》《文学旬刊》。抗战爆发后到贵阳，任教于贵阳大学、贵阳师院，创办文通书局。此书由新中国书局于1931年初版。作者在本书《题记》中说："所谓小品与随笔，原是'随笔写成'，不拘于形式与内容。过去的笔记与随录之类的文字，往往是从'闲空'里产生出来的。不过我自己所写的小品与随笔，恰恰与他们相反，几乎全是‘迫切’时候的叹息。现在收拾起来付印，也是这个原故。我看见别人开会时，秩序单上常有‘茶话’、‘余兴’的节目。临到这两个节目时，已是在‘雄辩’、‘叫喊’、‘筋疲力尽’之后了。所以我的书名便采用‘茶话’这两个字，也希望阅者用同样的心情去看他。”

【 茶经 】

茶科学专著。唐陆羽撰。羽又名疾，字鸿渐。号竟陵子、桑苎翁。竟陵（今湖北天门县）人。生年不详，约卒于德宗贞元末（733？—804）。相传不知身所自，婴时僧得之水滨。及长以《易》自筮，先得“蹇”，传云：“难也，险在前也。”又筮得“渐”。《易》曰：“鸿渐于陆，其羽可以为仪。”句意为：鸿上至云路，展翅高飞可为人效法。乃以陆为姓，名、字亦取之。此书为我国与世界第一部茶叶专著。共分十目：一、源，生产与特性。二、具，采制用具。三、造，加工焙制。四、器煎饮用具。五、煮，烹煮之法。六、饮，品尝性味。七、事，古书论茶之文。八、出，产地。九、略。十、图。有《百川学海》《说郛》《茶书全集》等收入。国外有日本刻本。

【 茶山集 】

别集　宋曾几撰。几字吉甫。赣县人，徙居河南。曾官江西浙西提刑，以忤秦桧去位。侨居上饶茶山寺，自号“茶山居士”。有《四库全书》本。

【 茶香室丛抄 】

笔记　清俞樾（1821—1906）撰。茶香室，俞樾夫人姚文玉居室。此书作者有《序》言：“茶香室者，内子姚夫人所居室名也。余既葬夫人于石台山，自营生圹于其左，又于中筑右台仙馆，即署此三石于卧室中。……因思夫人曩时每浏览书籍，遇有罕见罕闻之事，必以小纸录取之，……余自夫人之亡，……老怀索寞，宿疴时作，精力益衰，不能复事著述，而块然独处又不能不以书籍自娱。偶踵夫人故智，遇罕见罕闻之事，必以小纸录出之。积岁余得千有余事，不忍焚弃，编辑成书。嗟乎，余腹中之笥无以远过于夫人，安知吾所谓罕见罕闻者，博雅之士不习见之而习闻之乎？书成名之曰《茶香室丛抄》。谓吾之书可也，谓是夫人之遗书亦可也。”又言：“从抄者，从诸家说部中抄撮而成。”内容广泛，关于戏曲小说的考证尤有参考价值。后又有《续抄》《三抄》《四抄》。收于江苏广陵古籍刊印社1984年重版《笔记小说大观》本。参阅作者《春在堂全书》。

【 茶余客话 】

笔记。清阮葵生撰。葵生，字宝诚。江苏山阳人。雍正、乾隆时（1727—1789）在世。官至刑部侍郎。三十卷。内记：清初典制，满族入关前后的建制，东北西北边疆地理沿革和遗闻逸事。葵生子阮钟琦在《跋》中言：“先司寇……僦居长安，藏书最富，手不停披，殚心著述，与一时贤士大夫游，宾客过从，煮茗剧谈，靡间寒暑。凡所得于载籍，以逮闻见所及，辄志之，积二十年成《茶余客话》三十卷。所记自经史及国朝典故，淮阴事迹，下及书画禽鱼之类，靡不讲贯精核，独出己见，论断而折衷之。”书因录于茶余饭后，主客闲谈故名之。收入1983年江苏广陵古籍刻印社影印《笔记小说大观》。

Chan

【 谗书 】

文集　唐罗隐撰。隐（833—909），已著录《罗照谏集》，可参见其生平。本书突出作者散文成就，以嬉笑怒骂表示对现实的强烈不满。鲁迅在《小品文的危机中》谈是集：“几乎全部是抗争和愤激之谈。”谗，谗言。原意是说别人的坏话。《荀子·修身》：“伤良曰谗。”《谗言·自序》：“有可以谗者则谗之，亦多言之一派也。而今而后，有诮予以谗自矜者，则对曰：‘不能学扬子云寂寞以诳人。’”有《丛书集成》本。

【 禅月集 】

别集　五代前蜀释贯休撰。贯休，本姜姓，婺州兰溪（今属浙江）人。唐文宗至梁太祖时在世。性耿介，曾抗吴越王钱缪改诗之命，后云游。王建于蜀称帝，贯休入见，受礼遇，赐号禅月大师。禅，禅机。禅宗僧人说法，以言语或事物来暗示教义，常寓机锋。月，指月，佛家以之示教义之诀。《楞严经》二:“如人以手指月示人,彼人因指应看月。若夫观指,以为月体,此人岂非失月轮,亦亡其指。”赐号谓贯休善于用譬喻启发人们的禅机悟性。门徒昙域编其集并作序:“旋闻大蜀开其基业,奄有坤维。叹曰:‘不有君子,宁能国乎!’遂到大国,进上先皇帝诗曰:‘一瓶一钵垂垂老,万水千山得得来。’高祖礼待,膝之前席。过秦主道安之礼,逾赵王迎图登之仪。特修禅宇,恳请住持。寻赐号‘禅月大师’。”集因以名。有《四库全书》本。

Chang

【 昌谷集 】

一、别集(又名《李长吉诗歌集》《李长吉文集》)。唐李贺撰。贺字长吉。家福昌县之昌谷(今河南宜阳县西)。生于德宗贞元七年(790),卒于宪宗元和十二年(816),享年二十七岁。七岁能词章,韩愈、皇甫湜未信,过其家,使贺赋诗。援笔立成二人大惊,自是有名。贺为诗家别派,冥心孤诣,举词奇诡。宪宗朝为协律郎。传说其昼见绯衣人持版,书云:“上帝成白玉楼,召君作记。”遂卒。昌谷地近洛阳,山秀水美,兼有隋宫名胜,作者常吟咏称颂。如:《始为奉礼郎忆昌谷山居》《昌谷读书示巴童》《昌谷北园新笋》《春归昌谷》和《昌谷诗》。名集以示纪念。人民文学出版社 1959 年出版《李贺诗集》。

二、别集。宋曹彦约撰。彦约,字简甫。都昌人。高宗绍兴至理宗绍定(1157—1228)年在世。淳熙进士,累迁湖南转运判官,谥文简。集中有《与后溪刘左史书》:“某,江左昨进世为南昌外邑都昌县村落人。丁乙待班乡井,始益数椽于城下昌谷巷。”集以其居地名。

【 昌黎先生集 】

诗文别集 唐韩愈撰。愈,字退之。河南河阳(今孟县)人。生于代宗大历三年(768),卒于穆宗长庆四年(824)其先世为北魏贵族后裔,祖籍昌黎。昌黎,北魏时置郡,约今辽宁凌源、义县一带。唐时又在今北京东置昌黎县。昌黎韩氏为唐朝望族,因此韩愈自谓郡望昌黎,常自称“昌黎韩愈”,后人亦称“韩昌黎”。韩氏一生领导古文运动,主张文以载道,后人称他“文起八代之衰”,为唐宋八大家之首。各种体裁文章均有卓越成就。纵横捭阖,巧譬善喻,艺术特色独具。诗重写实,境界独辟。强调新奇,然或流于险怪,对宋诗影响较大。此集为其门人李汉编。现存古本以南宋魏怀忠编《五百家音辨昌黎先生文集》最善。廖莹中编《昌黎先生集》,明东雅堂翻刻后最为通行。

【 昌言 】

政论 汉仲长统撰。长统字公理,号仲长子。山阳高平(今山东邹县西南)人,灵帝至献帝时(180—220)在世。官尚书郎,后参与曹操军事。博学善文辞,敢直言,时人目为“狂生”。每论说古今及世俗行事,常发愤叹息。著论名曰《昌言》。昌言:善言、正言、直言无隐。《三国志·魏高柔传》:“知卿忠允,乃心王室,辄克昌言。”是书原十余万言,宋以后仅存十之一二,今有清人辑佚本。内容主要批判当时流行的神秘主义天道观,提出:“人事为本,天道为末”的观点,并大胆揭露统治者昏庸腐败和社会的黑暗现实。收入严可君《全后汉文》中。

【 长白山夜话 】

散文集 台湾作家梅济民(1937—)著。1980 年台北星光出版社出版。梅氏,黑龙江省绥化人,毕业于台湾大学中文系,曾任日本东京大学、南洋大学等校教授。1962 年起发表作品,主要有散文集《北大荒》。长篇小说《北大荒风云》《哈尔滨之夜》等。本书名以“夜话”充满了神秘色彩,使长白山这个熟悉而陌生的地方,引人好奇与向往。共收散文二十篇。多叙白山黑水之间的风土人情。案,长白山为我国辽宁、吉林、黑龙江东部和中朝边境东北部山地的总称。东北西南走向,包括完达山等几个山岭,海拔 200—2000 米。富森林矿藏。历来与黑龙江(简称黑水),同为广袤的东北地区的代称。书中反映台湾人民,对大陆故土的深切怀念。

【 长春竟辰稿 】

别集 明朱让栩撰。让栩,正德(1506—1522)中,袭封蜀王。喜儒雅,不迩声伎。孝宗弘治曾赐书以“河间礼乐、江夏忠勤”为比，卒谥成。是书有杨慎《序》云：“王于简编，日阅有程。观经史凡几卷、子集凡几卷，临摹书法凡几纸，属对凡几联。比之青衿儒生，锦带居士，勤渠倍之，故曰《竟辰》。”今言之：与时间赛跑之意。

【 长江集 】

别集　一名《贾浪仙长江集》，唐贾岛撰。岛字阆仙，一字浪仙。范阳（今河北涿县）约德宗贞元至懿宗咸通年（793—605）在世。曾为僧，名无本。还俗后，屡试不第。坐诽谤，贬遂州长江主簿。岛诗幽僻，人称贾长江。长江县：东晋置巴兴县，西魏改长江县，以界内大水为名。故治在今四川蓬溪县西六十里。书以《四部丛刊》本流行。

【 长生殿 】

传奇戏曲本。清洪昇撰。昇字昉思。号稗畦。康熙朝（1645—1704）在世。钱塘（今杭州）人。国子监生，游学京师。擅作戏曲，亦工诗词。康熙二十八年（1689），因所作《长生殿》传奇，在佟皇后丧期演于查楼，被斥革。晚年游江南，再吴兴醉后落水死。诗文有《稗畦集》。《长生殿》是以安史之乱为背景的，唐明皇、杨贵妃的爱情故事。作者参照陈鸿《长恨歌传》、白朴《梧桐雨》等，精心创作而成。初名《沉香亭》，复名《舞霓裳》，终取白居易《长恨歌》：“七月七日长生殿，夜半无人私语时。在天愿为比翼鸟，在地愿为连理枝。”此意定名。凡五十出。情节曲折，场面壮丽，曲词清新，富于诗意。1958 年人民文学出版社有校注本。

【 长松茹退 】

笔记杂著　明释真可（1543—1604）撰。真可俗姓沈，字达观，自称憨憨子。万历二十一二年间（1593—1594），作者经浔阳城长松馆，有江州（今江西九江）邢氏兄弟向他问道，因采笔记体，兼记语录草成。间及物理，不尽为释家言，亦引老庄之说。自谦以为无当，题曰《茹退》。茹退，《楞严经》注，以牛粪为茹退。《四库全书总目提要》云：“李日华《六研斋笔记》称佛经以牛粪为茹退。其名甚新，其自谦之词欤？然谦亦不应至此，或别有取义也。”然，茹退一作食罢解，即可释作饭后之谈。有《四库全书》本。

【 长物志 】

杂记类　明文震亨撰。震亨字启美，长州（今苏州）人。文徵明曾孙。崇祯中以恩贡官武英殿中书舍人，以善琴供奉，书画亦有家风。明亡，殉节死，清廷谥其节愍。曰长物者，取《世说》语（见注）。凡闲适玩好之事，纤悉毕具，所谓清供是也。然震亨家世儒雅，其鉴赏具有渊源。收藏诸法亦具条理，故非俗士所能拟也。注：长物，剩余之物。《世说新语·德行》：“王恭从会稽还，王大（忱）看之。见其坐六尺簟，因话恭：‘以一领送我。’恭无言。大去后，即举所坐者送之。既无余席，便坐荐上。后大闻之，甚惊。曰：‘吾本谓卿多，故求耳。’对曰：‘大人不悉恭，恭作人无长物。’”有《四库全书》本。

【 长兴集 】

文集　宋沈括撰。括字存中，钱塘（今杭州）人。仁宗天圣（1031）至哲宗绍圣（1095）年间在世。嘉祐进士，曾官馆阁校勘、提举司天监、翰林学士。使契丹，知延州（今延安）。以受封“长兴县（今属浙江湖州）开国男”名集。晚年居润州（今镇江）东郊梦溪园。括有《自志》云：“翁（自称）年三十许时，尝梦至一处，登小山，花木如复锦。山之下有水，澄澈极目，而乔木翳其上。梦中乐之，将谋居焉。……后数十年，翁谪宣城，有道人无外，谓京口山川之胜，邑之人有圃求售者，及翁以三十万得之，然未知圃之何在？……元佑元年，道京口，登道人所置之园，恍然乃梦中所游之地。翁叹曰：‘吾缘在是矣。’于是，弃浔阳之居，筑室京口之胜。巨木蓊然，水出峡中，停萦杳缭，环地之一遍者，目之‘梦溪’。”即《梦溪笔谈》题名出处。见该条。有《四库全书》本。

【 尝试集 】

新诗集　胡适（1891—1962）撰。胡适，安徽绩溪人，现代诗人、文史学家。“五四”文学革命倡导者。此书是我国新文学初期第一部白话诗集。收入新诗共两编五十三首。附有以文言诗词编辑的《去国集》，意在作为一种“死文学”与两编“活文学”作鲜明对照。作者在《尝试集·自序》中说：“诗还不曾作得几首，诗集的名字已定下了。那时我想起陆游一句诗:‘尝试成功自古无。’我觉得这个意思和我的实验主义反对,故用‘尝试’两字作我的白话诗集的名字,要看‘尝试’究竟是否可以成功。……要把这本集子所代表的‘实验的精神’贡献给全国的文人,请他们都来尝试尝试。”作者在本书《尝试篇》中提出“自古成功在尝试”,表明是实践作者的实验主义。有1920年上海亚东图书馆刊本。

Chao

【 朝野佥载 】

笔记小说 唐张鷟撰。鷟,字文成,自号浮休子。深州陆泽(今河北深县)人。高宗至玄宗朝(660—741)在世。调露年进士们,有文誉。论著诋诮芜猥,然大行时。新罗、日本使至,必购其文。官至司门员外郎。佥:皆、都意也。是编凡朝廷大政、世俗神异并载之。虽不脱小说家之琐杂,然可据者多,尤详载武则天时事。司马光作《通鉴》,亦引用之。1979年中华书局出版点校本。

Chen

【 陈伯玉集载 】

诗文集 唐陈子昂(661—702)撰。《四部丛刊》本。清俞樾《茶香室四抄》卷三:“明徐𤊹《笔精》云:‘陈子昂字伯玉,见卢藏用序并《唐书》,独《云溪友议》载陈拾遗名冕子昂,当必有据。’愚按《周礼·弁师》疏:‘冕则俛也,以低为号也。’然则名冕字子昂,犹名俛字子仰,正取相反之义。而冕必饰以玉,则名冕字伯玉,义亦有取。疑陈拾遗初名冕字子昂,一字伯玉,其后废名不用,乃名子昂而字伯玉耳。”1960年中华书局排印本为陈集最完备本。参见后《陈拾遗集》。

【 陈检讨四六 】

文集 陈维崧撰。维崧字其年,江苏宜兴人。明末清初(1625—1682)在世,曾官翰林院检讨。天资颖异,与王士禄、王士祯唱和,称“江左三凤”《四库全书简目》:“维崧四六之文,根底六朝,才力富健,足以笼罩诸家。”案,检讨,官名。宋有史馆检讨,明时始属翰林院。位次于编修,与修撰、编修同谓之史官。以职掌修国史,故俗称太史。”参见上篇“四六”条。有《四库全书》本。

【 陈拾遗集 】

别集 唐陈子昂撰。子昂,梓州射洪人。高宗龙朔元年至武后长安二年在世。文明年进士,武后奇其才,擢右拾遗。《四库全书简目》:“字昂始变文格,其诗为唐初冠其文自骈偶诸篇外,散体皆疏朴近古。故韩愈、柳宗元皆称之。”韩愈有诗:“国朝盛文章,子昂始高蹈。”拾遗:武则天时置左右拾遗,分属门下、中书两省,掌规谏皇帝,并举荐人员。梓州:隋置,唐因之。今四川北绵阳地区有梓潼、射洪诸县,皆涪江流域。参见《陈伯玉集》。

【 陈司业文集 】

清陈祖范撰 祖范,字亦韩,号见复。江苏常熟人。康熙至乾隆朝(1676—1754)在世。雍正年举人,后闭门读书。会诏天下设书院,答理争延为讲师。乾隆十五年,荐举经学居首列,以年老不仕,赐国子司业:古代系主管音乐的官。《礼·文王世子》:乐正司业。业,复乐器的板。相传乐官兼教国子。隋始置国子监司业,助祭酒教授生徒,清末废。有雍正年刊本。

【 陈天华集 】

陈天华(1875—1905)撰。天华,字星台,号思黄。近代作家、革命家。湖南新化人。光绪二十九年留日,曾参与组织华兴会、同盟会,创办《民报》。光绪三十一年,为反对日本政府压迫留学生,蹈海而死,以激励同志奋斗。此集最初由民智书局出版。近代有1958年湖南人民出版社刊本。集中所收重要书籍题解如下:

一、《警世钟》。写于1903年末,是带有说唱性质的白话文。书名来自该书篇头诗前四句:“长夜千年何日醒,睡乡谁遣警钟鸣?腥风血雨难为我,好个江山忍送人!”号召国人警醒反帝反清救国。

二、《猛回头》。1903年末撰。作者称之为“文明戏”,实则为说唱相间的模仿鼓词。书中“引子”有诗:“大地沉沦几百秋,烽烟滚滚血横流。伤心细数当年事，同种何人雪耻仇！”此书在清末新式学堂、新军及下层社会中广泛流行。清廷视为“禁书”，严加禁毁。对推动资产阶级民主革命影响很大。

三、《狮子吼》。章回小说，现有八回。1905年发表于《民报》，写狄必攘、孙念祖等人组织革命党，进行反清救国革命。书中楔子以“混沌国”喻中国。以“蚕食国”“鲸吞国”“狐媚国”喻帝国主义列强。呼吁同胞当如睡狮醒吼，穷迫虎狼。

【 郴江百咏 】

诗集　宋阮阅撰。阅字闳休。安徽舒城人。生卒年不详，约北宋末（1126）前后在世。善吟咏，人称“阮绝句”。集为阮阅知郴州时作。郴州，在湖南南端，为通岭南要地。汉时置郴县，隋于其地置州，境内郴江贯穿南北，向东北入耒水。宋秦观，曾徙郴州作《踏莎行·郴州旅舍》词：“郴江幸自绕郴山，为谁流下潇湘去。”有《四库全书》本。

Cheng

【 诚意伯文集 】

别集　明刘基撰。基字伯温，青田（今属浙江）人。元武宗至大四年（1311）生，明太祖洪武八年（1375）卒。元末进士，太祖聘至金陵，佐太祖成帝业。累迁至御史中承，叙功封诚意伯，正德中追谥文成。基博通经史，诗文自成一家。杨守陈序曰：“树开国之勋业，而兼传世之文章，可谓千古人豪。”有《四库全书》本。

【 诚斋集 】

诗文别集　宋杨万里撰。万里字廷秀。吉州吉水（今属江西）人。高宗宣和至宁宗开僖（1124—1206）年间在世。绍兴进士，曾任永州等地方官，至宝谟阁学士。性刚直，因以罢官。景慕力主抗金的张浚《宋史·杨万里传》：……时张浚谪永，杜门谢客，万里三往不得见，以书力请始见之。浚勉之以正心诚意之学，万里服其教终身，乃名读书之室曰“诚斋”。光宗尝为书“诚斋”二字，学者称诚斋先生。以诗擅名，多描写自然景物。主张诗法自然，不模拟古人，成“杨诚斋体”。南宋诗人之作传至今者，惟万里及陆游最富。杨、陆又与范成大、尤袤称四大家。又撰有《诚斋诗话》。有《四库全书》本。

Chi

【 池北偶谈 】

笔记　清王士祯（1636—1711）撰。所记有：典章制度、嘉言懿行、诗文经史，杂有神怪之事。其曰池北，因其家中有池北书库。乃取自唐白居易《池上篇并序》：“虽有子弟，无书不能训也，乃作池北书库。”而名王氏本书有《自序》：“予所居先人之敝庐，西为小圃，有小池焉。老屋数椽在其北。余宦游三十余年无长物，惟书数十卷庋藏其中，辄取乐天‘池北书库’之名名之。池上有亭，形类画舫，曰石帆者。予暇日与客坐其中，竹树飒然，可见毛发，游鱼浮沉往来寒鉴之中，故而乐之，则相与论文章流别，析经史疑义。至于国家之典故，历代之沿革，名臣大儒之嘉言懿行，时亦及焉。或酒阑月堕，间举神仙鬼怪之事，以资嘔噱，旁及游艺之末，亦可不遗。儿辈从旁记录，日月既多，遂成卷轴。”士祯有《带经堂集》已著录，请参见。有《四库全书》本。

【 赤嵌集 】

诗集　清孙元衡撰。元衡，安徽桐城人，康熙时官至东昌府知府。诗为其任台湾府同知时所作，亦记有海外风土物产，颇逞才气，王士祯极称之。赤嵌，亦名台湾城，诗以此名集。案：赤嵌城，明崇祯三年（1650）荷兰人建。赤嵌，源于在台湾的福建人，福建语把水边的高地叫“嵌”，此城正好建在背山临海的高地，有楼，下层赤色，故名之。1611年郑成功攻克台湾，于此楼接受荷兰人降书。同治元年（1862），原楼毁于地震。后在原地建文昌阁和海神庙，今属台湾台南市安平港，是台湾一级文物古迹。有《四库全书》本。

【 赤水玄珠 】

中医书　明孙一奎撰。一奎，嘉靖至万历（1538—1600）年在世。休宁（今属安徽）人。字文恒，号生生子。以医术游公卿间。三十年精学勤访，著《赤水玄珠》，辨古今并，极为明晰。书未成有名，会有方士夹仙术游里中，一奎请名。有仙称纯阳者，名之曰《赤水玄珠》，遂定名。《庄子·天地》："黄帝游乎赤水之地，登乎昆仑之丘，而南望还归，遗其玄珠……，仍使象网，象网得之。"《经典释文》："玄珠，道真也。"成玄英疏："象网，无心之谓。"由此，"象网得"之说，乃除心机，于静默潜心之处得道。本书与《孙文恒医案》《医旨绪余》等，合称《赤水玄珠全集》，又名《孙氏医书三种》。有1914年上海著易堂书局铅印本。

【 摛文堂集 】

别集　北宋慕容彦逢撰。彦逢字淑遇，宜兴（今属江苏）人。英宗至徽宗时（1067—1117）在世，元祐进士，官至刑部尚书。为侍从十五年，典册多出其手。文章雅丽，制词典重，温厚得体。有室名摛文堂，以此名集。摛，舒也，布也。《后汉书·班固传·西都赋》："若摛锦布绣，烛耀乎西陂。"《文选·班固·答宾戏》："摛藻如春华。"有《四库全书》本。

【 摛藻堂四库全书荟要 】

丛书　清于敏中、王际华等奉敕编。收书四百六十八种，即《四库全书》简编本。乾隆三十八年纂辑《四库全书》之际，乾隆已六十有三，恐不获观成，乃命撷其菁华，录为《荟要》，贮于宫中摛藻堂。摛藻：铺张词藻。取班固《答宾戏》："驰辩如涛波，摛藻如春华。"施廷镛《故宫图书记》："堂在御花园堆秀山之东，前有池，……乾隆三十八年（1773）敕录《四库全书荟要》，排贮于此。……上悬乾隆御笔额曰'摛藻抒华'。"有乾隆三十八年（1773）抄本。

Chong

【 重编琼台会稿 】

别集　明邱濬（1420—1495）撰。濬字仲深，琼山（今属海南）人。景泰进士，后官至文渊阁大学士参与机务。此集为其门人及裔孙等，从其遗稿中遴选增合而成，故云"重编""会稿"。琼台，乃纪其家乡。案琼山，唐置县，以其县内有山土石皆白得名。建有琼台，宋时为琼管安抚使府。濬亦号琼台先生。有《四库全书》本。

【 冲积期化石 】

长篇小说。张资平（1893—1947）撰。张氏，文学团体创造社发起人之一。本书于1922年二月，在上海由泰东书局出版。是中国现代文学史上第一部白话长篇小说，对推动长篇小说的发展有历史作用。作者通过广东一个山村里两个青年（韦鹤鸣、谢伟）的生活、友谊和遭遇，广泛地揭露社会生活的丑恶。实际是作者的体验和自传。冲积期原是地质学古地质第四纪时代名词，其化石是当时古生物遗体、遗物和活动痕迹。取之作小说题名，是意在给那些现实生活中"历史文物"式的人物留下痕迹，并贡献于未来。

【 崇陵传信录 】

杂史　恽毓鼎撰。恽氏在光绪年间，于宫廷任史职十九年，此据所见闻成书。多记清宫倾轧内幕，尤详于帝党与后党之争。如：慈禧专政、戊戌政变、废光绪帝、义和团镇压和利用之争，等等。崇陵，清光绪帝爱新觉罗载湉之墓。传信，谓将自己所确信的传告与人。宣统三年（1911）成书，民国三年（1914）天津《庸言》报馆刊行。

【 崇文总目 】

北宋国家藏书目录。六十六卷（各家所记卷数不一）。宋初有昭文、史馆、集贤三馆。后建秘阁于乾元殿东，名崇文院，收朝廷藏书。景祐元年以所藏谬滥不全，命翰林学士王尧臣（1001—1056），史馆检讨王珠、馆阁校勘欧阳修等校整理，类次编目，收录图书三万另六百六十九卷。庆历元年（1041）成书上奏，仁宗钦赐名《崇文总目》。因神宗时改崇文院为秘书省故又名《秘书总目》。然南宋以来，诸书援引，仍谓之《崇文总目》，以从其朔。此书元初已无完本，清初修《四库全书》，据天一阁传抄残本，又辑《永乐大典》引文校补而成十二卷。钱东垣等又补编《辑释》，然存乃不足十之二三。但考证宋以前文化，仍具有重要参考价值。有《四库全书》本。

Chou

【 畴人传 】

传记　清阮元（1764—1849）主编。元字伯元，号芸臺。江苏仪征人。官湖广等地总督，至体仁阁大学士。畴人，语出《史记·历书》。裴骃《史记集解》引如淳曰："家业世世相传为畴，"韦昭语："畴，类也。"古代学问多出于世代家传。而以天文、历法之难，尤非祖孙传授不可。由此古代科技艺匠多世代承袭，乃称"畴人"。本书嘉庆四年(1799)成，为我国第一部用传记体裁系统记载，上古至清末天文、数学人才，生平事迹及其科技成就之书。凡二百八十人。清谈泰《畴人解》："愚则谓畴为耕治之田，古者农不去畴，农之子恒为农，本有世世相传之意……。星翁历生，群分类聚，故谓之畴。而象纬推测，往往世官而习其业，……畴之意本于农，而凡世世相传之业，皆可当畴人目矣。"后阮氏门人罗士琳作《续畴人传》。褚可宝有《畴人传三编》黄钟骏有《畴人传四编》。有《国学基本丛书》本。

Chu

【初寮集】

别集　宋王安中撰。安中字履道，中山曲阳人。神宗至高宗朝(1075？—1133)在世。少时尝师事苏轼于定武，未卒业而轼去。晁说之为无极令，复往执弟子礼，说之勉励之曰：为学当慎初之旨。故筑室曰"初寮"。后登进士，累官尚书左承，出知燕山府。人称初寮先生，并以名集。有《四库全书》本。

【初学记】

类书　唐徐坚等奉敕撰。坚，湖州长城(今浙江长兴)人。高宗至玄宗时(659—729)在世，封东海郡公。博览群书，熟悉典制。唐刘肃《大唐新语》卷九："玄宗谓张说曰：'儿子等欲学缀文，须检事及看文体。《御览》之辈，部帙既大，寻讨稍难。卿与诸学士集要事并要文，以类相从，务取省便，进儿子等易见成就也。'说与徐坚、韦述等编此进上，以《初学记》为名。"是为玄宗教诸王子作文时查检事类用者。宋刘本《〈初学记〉序》："……是以近世有摘六经，诸子百家纸烟而记之，凡三十卷。开卷而上下千数百年之事皆在其目前，可以用以骈四偶六，协律谐吕为今人之文，以载古人之道，真学者之初基也。"书去取较严，精重于博。宋以来，多以为"非止初学，可为终身记。"是古代一部百科全书。有1962年中华书局点校本。

【樗隐集】

别集　元胡行简撰。行简字居敬，新喻人。生卒年不详，约惠宗至正中(1354)前后在世。自号樗隐先生。中进士，曾官江西廉访史经历，世乱乞归，教经学于乡里。洪武中，征至京师，以老疾辞。文章以冲和淡雅为宗。樗，典出《庄子·逍遥游》："吾有大树，人谓之樗。其大本拥肿而不中绳墨，其小枝卷曲而不中规矩。立之途，匠人不顾……不夭斤斧。物无害者，无所可用。"樗，俗名臭椿，质地疏松，非良才。喻不才者而全其身。元王袆《樗隐记》："清江胡居敬先生，世家渝水之南天柱峰下……即其故址作屋以居，而名之樗隐。一日与其友王袆相遇庐龙山下，具以其意告之曰：'樗隐者，吾之托以自志也。樗，不才木也，无所可用，是以能终其天年也。吾闻之庄周氏云。'袆闻而疑之曰：'才之所贵者，用也。而樗独以无用全，樗奚足道也。先生之起家也，为名进士，而历官为名御史。谓之不才而无用，非余所敢知也。……盖徒夫世之人，因才以为累，不若不才之为愈，故为是有激之言。'"明贝琼《樗隐先生传》："视今之所谓豪杰显于世者，或智或力，或艺或果，数年之间，倏起忽仆，银黄之重而刀锯随之，奚异众木为人之所才者乎？吾以龌龊独存……。"有《四库全书》本。

【刍荛集】

诗文别集　明周是修撰。是修名德，以字行。江西泰和(今吉安地区属县)人。元末明初(1355—1407)时人。宏伟末举明经。建文辟为衡府纪善，留京师，予翰墨撰修，革除时遇难。刍，割草。又指割草的人。荛，柴草。也指打柴草的人。《诗·大雅·板》："先民有言，询于刍荛。"刍荛之言：草野人的言论，多用为谦辞。陆游《送七兄赴扬州帅幕》诗："诸公谁听刍荛策？我辈空怀畎亩忧。"有《四库全书》本。

【楚辞补注】

楚辞注本　南宋洪兴祖撰。兴祖，丹阳(今属江苏)人。哲宗至高宗朝(1090—1155)在世。官至驾部郎官,以忤秦桧,贬昭州(在今广西)卒。此书为补王逸《楚辞章句》而作,于王注疏通证明,多所阐发,故名。《直斋书录解题》:“兴祖得东坡手校《楚辞》十卷,凡注本异同,皆两出之。后得洪玉父而下本十四五家参校,遂为定本,始补王逸章句之未备者。”在楚辞诸多注本中,历来受到重视,朱熹《楚辞集注》多采其说。有中华书局1958年刊本。

【 楚辞集注 】

楚辞注本　宋朱熹(1130—1200)撰。此书以后汉王逸《楚辞章句》为基础,集诸家注释而成。《四库全书总目提要》:“(熹)以后汉王逸《章句》及洪兴祖《补注》二书,详于训诂,未得意旨。乃檃括旧篇,定为此本。以屈原所著二十五篇为《离骚》,宋玉以下十六篇为《续离骚》。随文诠释,每章各系以兴、比、赋字,如《毛诗》传例。其订正旧注之谬误者,别为《辨证》二卷附焉,自为之序。又刊定晁补之《续楚辞》《变离骚》二书。录荀卿至吕大临凡五十二篇,为《楚辞后语》亦自为之序。”书成于绍熙六年(1195),熹子刻印,但此本已佚。理宗端平乙未(1235)熹之孙朱鉴重编刊刻,是今存最早最全的刊本,也是楚辞最古最完整的刻本。有人民文学出版社1953年影印本。

【 楚辞章句 】

楚辞注本　东汉王逸撰。逸字叔师,汉和帝至桓帝朝(约公元87—158)在世。南郡(今在湖北)人,安帝时为校书郎,顺帝时官侍中。王氏在西汉刘向所辑《楚辞》十六篇基础上,增入自作《九思》,为之厘定章句,并作注释。王逸《九思·自叙》:“逸南阳人,博雅多览。读楚辞而伤愍屈原,故为之作解。”此书收入商务印书馆《国学基本丛书》《丛书集成》中。

Chuan

【 传是楼书目 】

清徐乾学(1631—1694)撰。乾学,江苏昆山人。康熙进士,授编修,官至刑部尚书。康熙时,钦定官书,几乎皆由其监修总裁。家有传是楼,藏书数万卷,多宋元刻本。楼名“传是”,谓传子孙者唯是矣。为明末清初藏书大家,其书后归怡亲王允祥。有清抄本。

【 船山诗草 】

诗集　清张问陶撰。问陶,乾隆至嘉庆(1764—1814)时人进士出身,曾官吏部郎中、山东莱州知府。辞官遨游大江南北。工诗文、书画。祖籍四川父游宦山东馆陶令时出生,遂命名“问陶”。船山为其号。缘于祖籍四川遂宁(今涪江界)家乡山名。作者有《北道怀船山诗》:“我本山中人,说山不离口。昏然来北道,兀兀只饮酒。车如破簏马如狗,偶遇青山必回首。中原地大天无边,觅山不得愁可怜。强从黑夜窥高村,堂密丛残杂烟雾,仿佛船山山下住。”自注:“遂宁西山,一名舟山。”有中华书局1986年刊本。

【 船山遗书 】

别集　明王夫之(1619—1692)撰。夫之,明末清初思想家、学者文学家。字而农,号姜斋。义取姜愈老愈辣之意。衡阳(今属湖南)人。崇祯年举乡试。明亡,参与抗清。后以国事不可为,隐居著述。晚年隐居衡阳船山,人称船山先生。名著有:《读通鉴论》《诗广传》《周易外传》《楚辞通释》《姜斋诗话》《读四书大全说》《老子衍》《张子〈正蒙〉注》等。道光年其裔孙始集刻《船山遗书》未成。同治年曾国荃重刻始成。是集船山先生大成之书,以称号名之。王夫之有《石船山记》:“船山,山之岑有石如船,顽石也。其岗童,其溪竭,其靳有之木不给于荣,其草癯靡纷披而恒若凋,其田纵横交错而陇首不立,其沼凝浊以停而屡竭其濒,其前交蔽以紘送远之目,其右迤于平芜而不足以幽,其良禽过而不栖,其内趾之狞者与人摩肩而不忌,……染而予之历溪山者十百,其足以栖神怡虑者,往往不乏,顾于此阅寒暑者十有七,而将毕命焉,因曰此吾山也。……赏心有侣,咏志有知,望道而有与谋,怀贞而有与辅,相遥感者,必其可以步影沿流长歌互答者也。而茕茕者如斯矣,营营者如彼矣。春之晨,秋之夕,以户牖为泥丸而自封也,则虽欲远之而又奚以为。夫如是,船山者即吾山也,奚为而不可也。”有民国二十二年(1933)上海太平洋书店刊本。

Chui

【 吹剑录 】

笔记　南宋俞文豹撰。文豹,字文蔚。括苍(今浙江丽水)人。始末未详,约孝宗至理宗朝(1240)前后在世。曾为人作幕。本书有《初录》,《四库全书》列为存目。其《续录》仅存于《说郛》中若干。《三续》佚。《四续》又名《吹剑录外集》。主要为:杂记南宋宫廷、官场及民间之遗闻逸事。《四库全书总目提要》云其晚年学问渐深意见渐平,论辩乃归于淳正,可补史阙。作者《吹剑录·自序》云:“余以文字之缘,漫浪江湖者四十年,乃今倦游,索居京国……掩关守泊,条理故书,以昔见闻与今所得,信笔录之。庄子云:‘吹剑者,吷而已。吷,许劣反,谓无韵也。’”吹剑,典见《庄子·则阳》:“夫吹管者,犹有嗃(竹管声);吹剑首,吷而已矣。”陆德明《经典释文》引司马彪曰:“剑首,谓剑环头小孔也。吷,吷然如风过。”吷,形声词,谓声小而急。作者自谦其文,少韵味情趣也。有《笔记小说大观》本。

Chun

【 春风桃李 】

长篇小说　台湾作家吴崇兰撰。1963 年台北立志出版社出版。小说以一个教师的口吻,叙述其教书生涯之所见所闻。如:同事的遭遇,学生的命运等。表现台湾教育的一时风貌。春风,古代常以喻恩泽。魏曹植《上责躬应诏诗表》:“伏惟陛下,德象天地,恩隆父母,施畅春风,泽如时雨。”后来用以形容师德教化,如春风时雨渐泽浃洽。《儿女英雄传》第三十七回:“骥儿承老夫子春风化雨遂令小子成名。”桃李,喻其培养的学生。唐白居易《奉和令公绿野堂种花》:“令公桃李满天下,何用堂前更种花。”参见已著录之老舍等著话剧本《桃李春风》。

【 春明梦余录 】

杂记类　清孙承泽撰。承泽,字耳北。顺天大兴(今属北京)人。明万历至清康熙朝(1592—1676)在世。崇祯进士,入清官至都察院右都御史。是书叙明代北京典故颇详。计分:建制、形胜、城池、畿甸、城坊、宫阙、坛庙、官署、名迹、寺庙、石刻、岩麓、川渠、陵园十四门。其中官署一门占全书过半。于明代典章源流,中央机构职掌和北京人文地理,均具史料价值。作者又撰《天府广记》专重北京史地和宫阙。按,春明为唐代首都长安东面三门之居中者,后遂以春明为首都的代称。有康乾间内府刊本等。

【 春明退朝录 】

杂史类　宋宋敏求撰。敏求,字次道。赵州平棘人。真宗至神宗朝(1019—1079)在世。官至龙图阁直学士。家富藏书,士大夫喜读书者多僦居其侧,宅值至为之昂。本书多叙唐宋典故,而杂说旧事。作者《自述》:“熙宁三年,予以谏议大夫奉朝请。每退食,观唐人洎本朝名辈撰著以补史遗者,因纂所闻见继之。先庐在春明里,题为《春明退朝录》云。”有 1980 年中华书局点校本。

【 春卿遗稿 】

别集　宋蒋堂撰。堂字希鲁,江苏宜兴人。太宗至仁宗朝(980—1054)在世。以礼部仕郎致仕。题春卿者,乃举其致仕之官。按,周代以春夏秋冬四季名设官。宗伯为春官,掌邦礼。故后世称礼部长官为春卿。原书已佚,此乃明代裔孙蒋璜辑,故曰遗稿。有《四库全书》本。

【 春秋 】

我国最早的编年体史书。《春秋》原为先秦史书的通称。传说孔子将鲁国史书整理后,定名《春秋》。乃成专名。实际此书是鲁国世袭史官相承集体编撰,为孔子及其门徒研习必修。汉以后列为儒家经典。因编年纪事,故以“春秋”时间代称。晋杜预《春秋左传集解序》:“盖以史之所记必表年以首事,年有四时,则错举以为所记之名。”《春秋》记事起于鲁隐公元年(前 722),终于鲁哀公十四年(前 481)共十二公二百四十二年事。叙事极简,几如目录标题。笔法严谨,讲求用字以示褒贬倾向。

史实可靠，文笔生动，为中国史学、文学名著。因简略过甚，先秦为之作传者有：鲁国太史左丘明及战国公羊高、谷梁赤三家最著。左氏书称《左传》，其详于事实。《公羊传》《谷梁传》多释义理。古经文、传文分列。自杜予作《春秋左传集解》，始将经传合编。现代有杨伯峻《春秋左传注》。请参见上编类书名《春秋》条和下篇《左传》条。

【 春秋繁露 】

儒家著作　汉董仲舒撰。仲舒，广川（今河北枣强境）人。约文帝初至武帝时（公元前179—前104）在世。景帝时为博士，后辞官专事讲学著书。曾建议“罢黜百家，独尊儒术”，为武帝所采纳。本书以儒家尊王攘夷，春秋大一统之旨贯彻始终。提出“天人感应”“君权神授”，确立“三纲”“五常”。中心思想是为汉武帝建立中央集权制度服务。书名“繁露”含义，据侯外庐《中国思想通史》二卷三章中言：“繁露之义，颇耐人寻味。按此，古有三说：一、以繁多露润之《周礼·大司乐》书为说；二、以假古冕之旒露垂象取名为说；三、依《逸周书·王会解》：‘天子南面立，冕无繁露。’孔注：‘繁露，冕之所垂也。’言通贯《春秋》属辞比事的精神为说。后者近似，取义之神秘，不言而喻。”有1975年中华书局排印本。

【 春在堂全书 】

全集　清俞樾（1821—1906）撰。一百二十三种，四百九十卷。樾字荫甫，号曲园。浙江德清人。官翰林院编修。春在堂是著者书斋名。题名由，见其《春在堂随笔》卷一：“道光三十年，余中进士。保和殿复试，获在第一，人皆疑焉。后知其由湘乡相公（曾国藩）。湘乡得余卷……必欲置之第一。……时诗题为《淡烟疏雨落花天》，余首句云：‘花落春仍在’。湘乡深赏之，曰：‘此与‘将飞更作回风舞，已落犹成半面妆’相似，他日所至未可量也。’……同治四年，余在金陵，寓书于公，述及前句，且曰：‘由今思之，蓬山乍到，风引乃回，尚待落花之谶矣。然比来，杜门撰述，已及八十卷。虽名山坛坫，万不敢望，而穷愁笔墨，倘有一字流传，或亦可言春在乎！此则无赖之语，聊以解嘲，因颜所居曰‘春在堂’。他日家见吾师当请为书此三字也。”俞氏治经、子、小学，能诗词，重视小说戏曲。撰有《群经平议》《诸子平议》《古书疑义举例》《曲园杂纂》，等等。所作笔记，搜罗宏富，为学术史，文学史提供许多参考资料。有光绪二十九年（1899）刊本。

【 纯白斋类稿 】

别集　元胡助撰。助字履信。生卒年不详，约文宗至顺中（1131）前后在世。婺州东阳（今浙江金华属县）人。举茂才，后以承信郎、太常博士致仕。《庄子·天地》：“机心存于胸中则纯白不备。”纯白，纯粹洁白，如玉无瑕，喻思想纯真。文依类编次，集故以名之。胡助《纯白道人赞》：“纯白道人者，胡履信父（fu上声：老人）之别号也。其平居好读老庄书，因取‘庄子汉阴丈人抱瓮灌园语’以为号焉。且自赞之曰：‘若有人兮古之愚，纯白备兮机事无。气冰清兮湛双胪，养其内兮忌外趋。吟风月兮薄万古，视天地兮同蘧芦。’”古愚亦其字号。有《四库全书》本。

Ci

【 祠部集 】

别集　宋孙至撰。至字几圣。杭州钱塘人。约仁宗嘉祐年（1060）前后在世。庆历进士，官至祠部郎中。祠部，官署名。曹魏时始置祠部曹。官员有尚书、郎。唐以后，掌祠祀、享祭、漏刻、庙忌、卜巫、医药、僧尼等。宋代增辖道士。唐初主官称祠部郎中，宋沿之。有《四库全书》本。

【 慈湖遗书 】

诗文别集　宋杨简撰。简字敬仲。浙江慈溪（今属宁波）人。高宗至理宗朝（1140—1225）在世。官知乐平、温州等地，以宝谟阁学士大中大夫致仕。学师陆九渊，人称慈湖先生。按，慈湖，今宁波市西北慈溪县境内。唐开元中县令房琯开凿以灌田，因县名慈湖。慈溪，唐时置县，以县内慈水而名。慈溪上游姚江，至鄞县入于甬江。相传汉孝子董黯母好饮此水，黯乃筑室溪旁，汲以奉母，故以慈名。

【 词律 】

词谱　清万树撰。树字红友、花农，号山翁。江苏宜兴人。生卒年不详，康熙中（1692）在世。

曾为两广总督吴兴祚幕宾。词曲家、剧作家。深通词之格律。此书收唐、宋、元词六百六十调、一千一百八十余体。校订平仄音韵、句法异同。确定规格,使久已失传的倚声度曲的章法得以恢复,功不可没。有1958年中华书局刊本。

【 词苑丛谈 】

词评　清徐釚(1636—1708)撰。釚字电发,号虹亭,江苏吴江人。辑唐宋至明清词家故实,分体制、音韵、品藻、纪事、辨正、谐谑、外编七门。采摭较富,援据详明。作者有《自序》言:"徐子之为《词苑丛谈》也,从无聊羁旅中提取乐章,可佐尊前酒边之所吐属者。拾残纸秃笔,随时随地书之。床头置一竹笼,捻纸条纳于其内。……是书之辑,始于癸丑(1673),迄于戊午(1678),凡六年。所抄撮群书,不下数百余种。"为清代词学重要著作之一。有1958年上海古籍出版社校注本。

【 词源 】

词论　南宋张炎撰。炎字叔夏,号玉田。宋末元初(1248—1230?)人,祖籍西秦(今陕西),家居临安(今杭州)。宋亡不仕,落拓浪游。工为长短句,善于写景咏物,格调凄清,情思婉转。《四库全书总目》称其词:"苍凉激楚,即景抒情,备写其身世盛衰之感,非徒以剪红刻翠为工。至其研究声律,尤得神解。以之接武姜夔,居然后劲。"作者论词强调谐音合律。此书大半讨论词乐及作词本旨,故名《词源》。其词名《山中白云词》,又名《玉田词》。有《词话丛编》本。

【 词综 】

词总集　清朱彝尊(1629—1709)辑。选录唐、五代、金、元词六百五十九家,二千二百五十二首。去取严谨,鉴别考核精当。所选诸家,凡可考者,均立小传,可资词学研究者参考。近有中华书局1957年影印本。参见已著录作者之《曝书亭集》。有1975年中华书局影印康熙年内府刊本。

【 辞海 】

继1915年商务印书馆出版《辞源》之后,中华书局于1937年推出此书。规模大于《辞源》,词语收录增加一般和晚出者;引书开始注篇名、出处;观点较新,鉴借西方百科全书的优点;编排缜密。其最初的《编辑大纲》云:"现代学艺之进展,人事之迁移,新陈代谢,瞬息万变。因之语言之孳乳、递演,亦绝尘而驰,一日千里。苟非推陈出新,顺时以应,则辞书之用有时而穷,此《辞海》之所以编辑者也。"1958年开始修订,至1977年未定稿分为二十二本小百科式分册。1977年再修订,至1979年完成。当时收录字14872个,词目91706条。包括成语、典故、人物、著作、历史事件、古今地名、团体组织以及各学科的名词术语等。按部首编排,以字带词,而词又以字数笔画为序。为兼有字典和百科全书的综合性辞书。

【 辞通 】

古汉语辞书　朱起凤(1876—1948)撰。朱氏,浙江海宁人。清末廪生,曾任硖石图书馆馆长,擅长训诂。作者以青年读错古书而误事,乃发奋致力搜集古籍中的双音词,并整理研究。积三十年之功,于1922年成书。初名《读书通》,辗转求刊,至1930年始由开明书店改名《辞通》出版。书中将古代同音词,音近而作通假,与义同通用及形近而讹的词语按音韵排列,博举例证,明其用法。共四万条,约三百万字。引证详密,考订精审。书前有章炳麟、胡适、钱玄同、刘大白、林语堂等人之序,语堂之《序》云:"所谓通者,通其异文之谓。古人用字每多假借,假借即别字也。因古今异写或方俗不同,一字常有异文……纷纭错杂,漫无统纪,于是学者苦矣,即便通经宿学亦难免碰壁。……此书在今日实为我国文字学之宝藏。"1982年,上海古籍出版社重印出版。

【 辞源 】

原为我国第一部用现代方法编写的大型百科性词典。在《辞海》出版前,是我国唯一的大型词典。其题名原编者之一王云五有言:"源之意义为水泉本。盖从所引诸辞予以直接释义,一如单字者然。藉以明了辞之本意,有如穷水源之本也。"(见台湾1978年增订版序)。但旧版有的条目过时,且引书不注出处。新中国成立前即进行过修订。1958年大陆版本再修订时,确定与《辞海》《现代汉语词典》分工,专收古汉语词汇、成语及文史方面百科性条目。词目有十万余,为专供研究古籍的大型词典。有1984年商务印书馆修订本。

【 此山集 】

诗集　元周权撰。权字衡之。处州括苍（今浙江丽水）人。始末不详，约成宗元贞初（1295）在世。尝游京师，未仕而诗名日盛。因赵孟頫赠亲书之二字“此山”为号，并以名集。《此山诗集》卷四：“子昂学士为余作‘此山’二字，并作诗见畀。其诗云：‘青青云外山，炯炯松下石。顾此山中人，风神照松色。’集为陈旅选定，并作《原序》云：“此山周先生自括苍来京师，访余是灵椿寓舍，与语竟日。知能为诗，因索其所作视之，何其言之蔼如也……。此诗盖山林之硍垒，而余所未见者乎？故阅之不能去手，因而选其最佳者得若干首，题曰《此山先生集》。”有《四库全书》本。

【 此事难知 】

中医书。元王好古撰。好古，赵州人，官本州教授。本其师名医李杲之理论，专论伤寒。多独特见解。其《自序》称：“天其勤恤，俾我立公明之（立果字）授事及所不传之妙。旬储月积，浸就编帙。一语一言，美无可状，是而终之，终而始之，即无端之怀璧也。或有人焉，厌闻而恶见者，岂公徒使之然哉？彼未尝闻，未尝见，耻夫后于人之过也，因目之曰《此事难知》。”现代有 1985 年江苏科学技术出版社刊本。

【 次山集 】

诗文别集　唐元结撰。结字次山。鲁山（今属河南）人。玄宗至代宗朝（719—772）在世。天宝年进士，以讨史思明有功，授监察御史。后官道州刺史，民立碑颂其政绩德教。诗质朴、犀利，注重反映政治现实和人民疾苦，又为唐古文运动之先驱。集以其表字名之。元氏字与其名对应。古语：“天地之气，融则为川，结则为山。”乃以次山应结。本书又名《元子文编》，其释云：“结，元子名也。次山，结字也。……少居商余山，著《元子》十篇，故以元子为称。”有《四库全书》本。

Cu

【 徂徕集 】

诗文别集　宋石介撰。介字守道。兖州奉符（今泰安东南）。真宗至仁宗时在世。曾官郓州南京推官，国子监直讲。《宋元学案·卷二·泰山学案》：“（介）笃学有志，乐善疾恶，喜声名，遇事奋然敢为。……丁父母艰，垢面跣足，躬耕徂徕山下……。”宋欧阳修《徂徕先生墓志铭》：“先生非隐者也，其仕尝位于朝矣。鲁人之不称其官而称其德，以为徂徕鲁之望，先生鲁之所尊、故因其所居之山以配其有德之称，曰徂徕先生。”徂徕山一名尤崃山，在泰安县东南主峰高 955 米。《诗·鲁颂·閟宫》：“徂徕之松，新甫之柏。”唐李白《鲁郡懂石门送杜二甫》：“秋波落泗水，海色明徂徕。”有《四库全书》本。

Cui

【 翠屏集 】

别集　明张以宁撰。以宁字志道。元末明初（1310—1370）人。清钱谦益《列朝诗集小传》：“（以宁）先世固始人，宋南渡，徙闽之古田。家翠屏山下，因号翠屏山人。明史文苑传称其：有俊才，博闻强记。曾官翰林侍读学士。徐泰称以宁诗，高雅俊逸，超绝畦畛。”按，翠屏山，在今古田县北，一名环屏山。宋李堪诗《翠屏朝雨》：“翠屏山下雨霏霏，云掩冈峦草树微。”有《四库全书》本。

【 翠寒集 】

诗集　元宋无（1260—1340）撰。宋无生平，见已著录之《鲸背吟集》。宋隐居吴之翠寒山，扁其斋曰翠寒，又号翠寒道人。本书为其晚年自定，乃以名集。有《自序》云：“至元丙子秋，吴病叟宋无子虚，志于翠寒山隐居。”又元邓光荐《翠寒集序》：“少陵云‘清诗句句尽堪传’奚在予序？子虚之诗，足以重予言也。故序之。子虚名无，翠寒其斋扁云。”《四库全书》收其书，评其：五言长律最擅长。有《四库全书》本。

【 翠微南征录 】

别集　南宋华岳（？—1209）撰。岳字子西，号翠微。贵池（今属安徽）人，为武学生，轻财好侠。《四库全书简目》言：“翠微者，岳之别号。南征者，岳以劾韩侂胄、苏师旦，流窜建宁（今属福建),集皆是时作也。”侂胄败,放还,为殿前司官。又谋去奸相史弥远,事觉下狱死。是集卷首有王士祯题语,谓其开禧元年(1205)上皇帝书,请诛韩侂胄等,语最抗直。余诗十卷,率粗豪使气,不可以工拙论之。本书清末又收入刘世珩编《秋浦双忠录》,请参见之。有《四库全书》本。

Cun

【 存家诗稿 】

明杨巍撰。巍字伯谦,海丰人,正德至万历(1514—1610)年间在世。官至吏部尚书。工诗。其书《自跋》:“余疏散人也。况习禅寂,不好苦思,此物徒资后人谈笑耳。笔迹犹新,未敢遽弃,乃书诸后,存于家,以示吾子孙焉。”有《四库全书》本。

【 寸草心 】

一、散文集。女作家陈学昭(1906—)撰。学昭,浙江海宁人。原名陈淑章,因喜读《昭明文选》,乃改名学昭。1927年,在上海开始文学活动,曾任天津《大公报》驻欧记者。新中国成立后在浙江参与文化、教育界领导工作。本书1927年由上海新月书店出版。共收入《寸草心》《我的母亲》《琐碎的回忆》等三十二篇。书名取自唐人孟郊诗《游子吟》:“慈母手中线,游子身上衣。临行密密缝,意恐迟迟归。谁言寸草心,报得三春晖。”

二、散文集。美籍华人陈香梅(1925—)撰。香港新生出版社1952年出版。

三、散文集。台湾女作家尹雷曼撰。1979年台北华欣出版社出版。又题名《寸草春晖》。

各书题名都是摘自孟郊诗句而成。

D

Da

【 大金吊伐录 】

史料文书汇编 金佚名者撰。今本为清四库馆臣辑自《永乐大典》。是书按年编录金太祖天辅至太宗天会朝(1123—1127),有关破宋、灭辽、立伪楚等之文件。所载出于原始案卷典籍,为世所重。吊伐,是“吊民伐罪”的缩语,意为抚慰人民,讨伐有罪的统治者。历来以周武王伐商为典型。语见《孟子·梁惠王下》:“诛其君,而吊其民。”作者视金灭宋为“吊伐”,故以名书。本书收入《丛书集成初编》。

【 大唐西域记 】

史地书 简称《西域记》。唐玄奘(602—664)撰。释辩机录。玄奘,俗名陳禕,洛州緱氏(今河南偃师緱氏镇)人,通称“三藏法师”。玄奘曾丛长安西行到五天竺(印度、孟加拉等地)求取佛经。实历一百一十国,得传闻二十八国之山川、城邑、物产习俗等,于贞观二十年(646)成此书,内容多《唐书》所未载。是研究印度、尼伯尔、巴基斯坦、孟加拉、斯里兰卡及中亚等地古代历史地理的重要文献,有1977年上海人民出版社点校本。日、英、法等文亦有译本。

【 大学 】

儒家经典 相传春秋曾参(前505—前436)撰。原为《礼记》中的一篇。《四库全书总目提要》:“惟《大学》自唐以前,无别行之本。然《书录解题》载司马光有《大学广义》一卷。……特其论说之详,自二程始。定著‘四书’之名,则自朱子始耳。”朱熹效法二程,也重排章节,与《论语》《孟子》和《礼记》中的《中庸》合称为“四书”。并分别作了注释,后人称之为《四书章句集注》。关于题名,朱熹注“大学”曰:“大学者,大人之学也。”又曰:“古者大学教人之法,圣经贤传之指。”案大人者,统治阶级成员也。此为对其进行政治教育和道德教育之课本,故名《大学》。近代收入中华书局《新编诸子集成》中。参见《四书》条。

【 大雅集 】

元末诗总集 元赖良编。赖良字善卿,天台人。其选元诗隐而不传者二千余首,经杨维祯删订,仅留三百首。杨并为之作《大雅集序》云:“昔山谷老人在戎州叹曰:安得一奇士有力者,尽刻杜公东西川及夔州诗,使大雅之音复盈三巴之耳。有杨生素者,任之刻石作堂,因以大雅名之。……余因以山谷语名之曰《大雅集》。盖良以待我,而我以待诸公,庶入是集者皆可以续杜之后,而或有慊焉者,不入也。”是书多元末诗人无集行世者,清顾嗣立亦无收,颇可互补焉。案:大雅,是诗经中的一体,是反映王政大事之作,例视为诗之正声。李白《古风》:“大雅久不作,吾衰竟谁陈?”后来“大雅”即泛指反映封建王朝重大事件题材的诗歌。有《四库全书》本。

【 大隐集 】

诗文别集　宋李正民撰。正民字方叔,扬州人。约高宗绍兴初(1131)前后在世。曾官中书舍人、给事中。在外知吉、筠等府。大隐:《文选》晋王康琚《反招隐诗》:“小隐隐陵薮,大隐隐朝市。”有《四库全书》本。

【 大藏经 】

佛教经籍丛书　佛教典籍于南北朝时称“一切经”。梁武帝集释氏经典五千四百卷,为佛经称“藏”之始。隋以后有“大藏”之称。唐杜荀鹤诗有:“大藏经门一夜吟”之句。宋代雕版印行,如南宋之《碛砂版大藏经》。自此后便成为汉语佛教丛书之总称。内分:经,为佛教教义。戒,是僧侣戒律。论,乃解释和研究教理的论著。通称三藏。现在《大藏经》则泛指一切文种的佛教典籍。我国现有1984年开始出版任继愈主编的《中华大藏经》。是以《赵金城藏》(1933年在山西赵城发现的金代刻印经藏)为底本。收录经籍四千二百余种,二万三千余卷。为现存汉文最完整的经书。

Dai

【 代马输卒手记 】

散文集　台湾作家张拓芜(1928—　)撰。1976年台北尔雅出版社出版。作者为安徽泾县人。散文家,笔名有沈甸、左残等。1944年参加抗日军队,1947年到台,1950年开始写作。本书内容是写一个以人为“代马”,运输七五山炮的兵丁小“卒”的点点滴滴。侧重于叙述小兵离乡背井的酸辛。作者于1978年又撰《代马输卒续记》《代马输卒余记》,1979年撰《代马输卒补记》,1981年撰《代马输卒外记》等书。书中篇名有:《老兵新传》《老兵话旧》《驾驶兵的三十年风水》《八宝饭和冲锋号》《我的英雄崇拜》《班长的老班长》《壮丁》《两将军》等。亮轩先生作序言:“那个每天跟着号角作息的小兵,跟一个平凡的连地图都找不到的故事,所以能写了又写,是因为写的人把所有的情感与心智投注其中。

【 岱南阁丛书 】

清孙星衍(1753—1818)编。星衍另有《平津馆丛书》已著录,可参见其生平。所收除自著诗文,余多据善本订补校勘之作。岱南阁为其官鲁时,舍居岱宗(泰山)之南,乃以名其书斋。斯编又辑于此,又以名编。民国十三年(1924)上海博古斋据孙氏刊本影印。

【 带经堂集 】

诗文总集　清王士祯撰。士祯,山东新城人。明末清初(1634—1711)在世。字贻上,自号渔洋山人。官至刑部尚书。诗与朱彝尊齐名,称“朱、王”。有室名带经堂。典自《汉书·儿宽传》:“儿宽,千乘人也。治《尚书》……受业孔安国。贫无资用,时行赁作,带经而锄,休息辄读诵,其精如此。”康熙曾书“带经堂”扁额赐王士祯,集名取此。是为门人征集,士祯自审定,凡九十二卷。有康熙五十年(1711)刻本。

【 待制集 】

诗文别集　元柳贯撰。贯字道传,号乌蜀山人。浦江(今浙江金华属境)人,世宗至惠宗朝(1270—1342)在世。曾官翰林院待制。通经史,能诗文。待制:官名,唐太宗时置。永徽中,令弘文馆学士一人待制(等候诏令)于武德殿西门。永泰后定制命文官六品以上更直待制,以备顾问。宋各殿阁皆设待制之官,以典守文物。金于翰林院设待制,位在直学士以下,元、明因之。有《四库全书》本。

Dan

【 丹铅录 】

考证著作　明杨慎(1488—1559)撰。此集包括《丹铅录》《总录》《要录》《摘录》《闰录》《余录》《序录》《别录》《杂录》《赘录》十种。考其书名,《四库全书总目提要》云:“其考证诸书异同者,皆以丹铅为名。明顾其志《揽茝微言》:‘古之罪人以丹书其籍。《魏志》缘坐配没为工乐杂户者,用赤纸为籍。其卷以铅为轴。升庵名在尺籍,故寄意于此也。’”杨慎曾因直忤世宗被削籍,名列赤籍,故取名如此。然明胡应麟《少室山房笔丛》云:“杨子用修(慎)拮据坟典,摘抉隐微。白首丹铅,厥功伟矣。”中国古代向以丹砂(辰砂、朱砂)和铅粉点校书籍,丹铅成为考订的代称。韩愈《秋怀诗》有:“不如覷文字,丹铅事点勘。”杨慎自己在《丹铅续录·序》中言:“丹铅之研,点勘之余,既录之,又续之,蕲(祈)以解俗悬而逃疑网。”或以作者借考订之名,书双关之意,以掩其深怀欤?慎有《升庵集》,已著录,请参见。有《四库全书》本。

【 丹邱生集 】

诗集　元柯九思撰。九思,号丹邱生。世祖至惠宗朝(1290—1343)在世。《元史类编》:“柯九思,字敬仲,号丹邱生。天台人,官奎章阁鉴书博士。能诗文,善楷书并画竹木,笔势生动。论者谓文与可后一人,每得意辄题诗其上,一时珍贵,称三绝。”案:丹邱,又作丹丘。传说中仙人所居,昼夜长明之国。《楚辞·远游》:“仍羽人于丹丘兮,留不死之旧乡。”隋初又传说有仙人丹丘生,唐李白于《将进酒》诗中咏之。九思以此为号,表现其仰慕成仙飞升的理想。有《台州丛书》本。

Dao

【 道园类稿 】

诗文别集　元虞集撰。本集编次按文体分类故曰“类稿”,所收篇章多于《道园学古录》。作者《道园天藻诗稿序》言:“道园者,昔从吴兴赵文敏公于集贤,赵公临池之际,顾为仆曰:‘人皆求予书,子独不求吾书,何也?对曰:‘不敢请耳,固亦欲之。’因曰:‘养亲东南,无躬耕之土。及来京师,僦隙宇以自容。尝读《黄庭经》有曰:‘寸田尺宅可治生。’是则我固有之,其可为也。又曰:‘恬然无欲道之园’遂可居,有哉!’赵公为书道园两古篆,自是有道园之名。”此集与《学古录》,各有所长,可相辅并存。有《四库全书》本。

【 道园学古录 】

诗文别集　元虞集撰。集字伯生,号道园。祖籍四川,徙临州(今江西临川)生人。世祖至惠宗朝(1272—1348)在世。累迁至奎章阁侍书学士。当时大典册多为集所草,是元以来之大家。其集名道园,来自道家《黄庭经》:“恬然无欲道之园。”赵孟頫以古篆书“道园”二字赠之。且因其志躬身效践古人之道德言行。作者于《自赞画像》中云:“读古人之书,颂古人之诗,思夫古之人,不知老之将至也。”故以是名。有《四库全书》本。

Deng

【 登楼赋 】

散文集　台湾黎芹撰。台北水芙蓉出版社,1976年出版。收有《森林》《长夜》《曲径·幽情》等51篇。作者以易感而敏锐的心思,淡雅且清新的笔触,描述人物与景观,抒发情怀与感慨。案:《登楼赋》汉末王粲撰。粲,建安七子之一,少有捷才,年十七即除黄门侍郎。以西京扰乱,不就。至荆州依刘表,表以粲貌寝而体弱通脱,不甚重之。《登楼赋》为其登当阳城楼而作,有云:“登兹楼以日望兮,聊假日以销忧。”“情眷眷而怀旧兮,孰忧思之可任。”作者认同王粲怀才不遇,忧愍伤怀之情思,故以之名书。

Di

【 迪功集 】

诗集　明徐祯卿撰。祯卿字昌谷,吴县人,宪宗至武宗朝(1479—1511)在世。弘治进士,官国子监博士、大理左寺副。少与唐寅、文徵明、祝枝山号“吴中四子”，后与李梦阳等并称“前七子”。此集为作者自定其诗三百首，诗风格清朗。论诗附有《谈艺录》，主情致说，与王士祯神韵说相通。案：迪功郎，宋初置官，明因之。正八品阶者授之，祯卿职阶类之，以名集。有《四库全书》本。

【 棣怀堂随笔 】

清李象鵾撰。鵾，长沙人，字云皋，号双圃。嘉庆进士，累官贵州布政史，所至皆有政绩，余无考。本书实为文集，六卷。棣，古通“弟”。题名典见《诗·小雅·常棣·序》：“常棣，燕兄弟也。”鵾为怀念其兄题名于堂，又以名集。张舜徽《清人文集别录·卷十五》：“象鵾兄象鹄，嘉庆四年进士，官翰林院编修。兄弟齐名，友爱甚笃。兄殁，象鵾追慕，因筑怀棣堂见志。”有同治十三年（1874）刊本。

Dian

【 典故纪闻 】

杂史类　明余继登撰。继登字世用。交河（今属河北）人。约神宗万历朝（1590）前后在世。本书是作者于供职翰林院时，依明代实录、起居注，杂以见闻撰成。记洪武至隆庆二百余年事。冯琦《典故纪闻·序》：“余与世用偕官史局，别僦舍而共处，稍谢造，请取古人已事差次之。而世用曰：‘取法于远，不如近也。’即又取当代事为一编，而世用曰：‘吾与其繁也宁简，事可循，言可纪，不必见自己出也，……余以为与其取诸名臣奏牍，不如徽列圣之典谟也。’于是世用视诸政府纪所见闻。久而成帙，属余更定，摘為十八卷。凡关国家大政大本则书，非大事而于世为急则书，非大非急，而为异闻见则书，非异而事所从起则书。”余继登有别集名《淡然轩集》，乃以其居室明知，收录于《四库全书》。

【 典论 】

论文集　三国魏文帝曹丕（187—255）撰。《三国志·魏志·文帝纪注》：“帝以所著《典论》及诗赋饷孙权，又以纸写一通与张昭。”《六臣注文选》录唐吕向：“文帝《典论》二十篇，兼论古者经典文事。”此书为作者写于建安后期的一部论集。包括哲学、政治、社会、文化等多方面论文。典，义为“常”“法”。典论即对各种事物的法则，进行论述和论证之意。曾刻于石。《隋书·经籍志》曾录于子部儒家类。唐代石本亡。宋时写本亦佚。今传本是后人所辑，收于《丛书集成》。常见者仅裴松之注《帝自叙》及《文选》中所录《论文》一卷。《论文》是我国较早的文学批评名著。

Diao

【 貂珰史鉴 】

专史　明张世则撰。世则，诸城（今属山东）人。万历进士，官至四川安绵兵备副史。此书于万历二十年（1592）进呈，以提醒国君，重用宦官为国之大患。案：貂珰，原是汉代中常侍冠上的装饰，貂是貂尾，珰为金制。光武后中常侍以宦官充之，故“貂珰”成为宦官的代称。此书指陈历代宦官乱政误国之事为鉴。列六条：一、主君。记明太祖诏内臣不得干预外事，并叙历代宠幸宦官之弊。二、弼臣。论列历朝宰辅与宦官的关系。三、妍范。载宦官之贤者。四、媸戒。载宦官之恶者。五、国祚。记秦汉以来宦官之显著祸国乱政者。六、沿革。系宦臣职官志。《四库全书》以其有谬误，而列入存目。近代视为研究宦官制度、沿革的重要专门史籍。有明末刻本。

【 雕菰楼文集 】

清焦循撰　循字里堂。江苏甘泉（今扬州）人。乾隆至嘉庆朝（1763—1820）在世。中举人，礼部试不第，即奉母家居于湖边筑楼曰“雕菰”。读书著述，乃以名集。循私淑戴震，博通经史，好音韵训诂之学。著《论语通释》戏曲资料集《剧说》等。菰，多年生草本，生池沼中果实叫菰米或雕菰米。《晋书·张翰传》：“翰见秋风起，乃思吴中菰米、莼羹、鲈鱼脍。”杜甫《秋兴八首》：“波深菰米沉云黑，露湿莲房坠粉红。”

Die

【 叠山集 】

诗文别集　宋谢枋得撰。枋得，字君直，号叠山，江西弋阳人，宋末元初（1226—1289）在世。宝佑年进士，以江东提刑知信州。临安城破，变姓名入闽卖卜为生。元兵执入大都，不食死。诗文光明磊落。曾读书于江西上饶，横峰北之重山下，胜景重峦叠翠又称叠山，因自号之，辑所著亦名之。有康熙中弋阳知县谭瑄重订刊本。

Ding

【 丁鹤年集 】

字亦鹤年，用孟浩然字亦浩然之例。元宪宗至明成祖时（1335—1424）人。色目族。父官武昌，遂以为籍。元亡，辗转逃匿。晚学浮屠，结庐居父墓旁。好学洽闻，精诗律。明杨士奇《鹤年集跋》：“鹤年其先西域人。西域人多名丁，既入中国，因以为姓，……。”元戴良《鹤年诗集序》：“鹤年兄弟俱业儒，伯士之登进士弟者三人，鹤年仍泊然无意于仕，遭时兵乱，逃匿海上邈不与世接。凡幽忧愤闷、悲哀痛苦之情，一于诗焉发之。观其古体歌行诸作，要皆清丽可喜。而注意之深，用工之至尤在于五七言律……。读之使人感愤激烈，不知涕泗之横流也。”此集又名《海巢集》，或《丁孝子集》。有《四库全书》本。

【 丁玲文集 】

丁玲（1904—1986）撰。共六卷，湖南人民出版社 1984 年出齐。丁玲，原名蒋伟，字冰之。湖南临澧人。自幼受反封建思想影响，1922 年到上海读书。1928 年发表成名作品《莎菲女士的日记》。1931 年主编左联机关刊物《北斗》。后被国民党囚禁，营救出狱后，于 1936 年到陕北投身抗日，并创作大量作品。1948 年发表《太阳照在桑干河上》。新中国成立后参加全国文艺界领导工作。1955 年起屡遭批判监禁。十一届三中全会后平反仍坚持写作。是中国现代文学上创作活动时间长，影响大的女作家之一。其几部重要作品题解如下：

一、《在黑暗中》。短篇小说集。1928 年由开明书店出版。作者曾说题名的含义是“给这个社会一个分析”因为“看不到应有的出路”。所以题名《在黑暗中》。

二、《韦护》。长篇小说。1930 年上海大江书局初版。小说取材于瞿秋白和王剑虹的爱情故事。因瞿秋白曾用过屈（瞿）韦陀作笔名。1980 年丁玲在纪念瞿秋白的《韦护精神》一文中说：“韦护是封建社会里韦陀菩萨的名字……。韦陀菩萨嫉恶如仇，一发现尘世里的罪恶，就要抱打不平，就要拔剑相助，就要伸手管事……。”作者以此象征革命者的正义勇敢精神。

三、《水》。中篇小说。上海新中国书局 1933 年出版。小说写 1931 年年中国十六省的水灾。受灾的农民与洪水斗，与饥饿斗，与欺骗他们的官绅斗。书名指出作品的生活素材，并暗示阶级的剥削和压迫是比洪水更大的祸害。作品结尾有如此的描写：“……饥饿的奴隶，男人走在前面，女人也跟着跑，咆哮着。比水还凶猛的，朝镇上扑过去……。”

四、《母亲》。中篇小说。上海良友复兴图书印刷公司 1933 年出版。写湖南一个小城市，从清末、辛亥革命、1927 年大革命到三十年代的农村土地骚动。一位母亲是贯穿其间的人物。作者说：“那过去的精神和现在属于大众的向往，都是不可卑视的，所以叫《母亲》。来纪念这个做母亲的。”

五、《太阳照在桑干河上》。长篇小说。1948 年东北光华书店出版。书中写，从 1946 年中共中央“五四指示”到 1947 年 9 月全国土地会议以前，中国农村巨大的社会变革。桑干河，是永定河上游之一。源出山西管涔山，泾流七百余里，入河北西部的官厅水库。因每年桑椹成熟之季，此河干涸，因得名。1947 年夏秋之间，这一带进行了翻天覆地的土地改革。书名中的“太阳”，是因为当时流行的歌曲《东方红》里有“共产党，象太阳”的歌词。暗喻中国共产党，给广大农民指出了光明大道。此书一度更名《桑干河上》。1979 年重印时，两个书名并用。本书 1951 年获得斯大林文学二等奖，先后被译成多种外国文字。

【 丁卯集 】

诗文别集　唐许浑撰。浑字用晦，润州丹阳（今江苏镇江属县）人。武宗会昌（791—858）年在世。有别墅在润州丁卯桥。许浑《乌丝阑诗自序》："大中三年，抱病不任朝谒，坚乞东归。明年少闲，端居多暇，因编就新旧五百篇，置于几案间，聊以自适，非求知也。"以所居地名之，集中有《夜归丁卯桥村舍》诗是也。其诗格调豪丽，句法圆整工稳。《咸阳城东（一作西）楼晚眺》诗句"山雨欲来风满楼"已成名句。有《四库全书》本。

【 定思小记 】

杂史　明末刘尚友撰。尚友字企生，嘉定（今属上海）人。尚友于崇祯十六年（1643）冬至北京，翌年李自成攻入北京。作者就其见闻，撰为此书。谢国桢《增订晚明史籍考·定思小记》："著者目睹李自成揭竿起义，进据北京，市民安堵如故。及清兵入关，北京沦陷，其纪律散漫，到处骚扰掳掠，北京乃现抢攘之情状，而首都缙绅无耻者纷纷降清，稍有气节者仓皇南逃，至罹兵劫，蜩螗鼎沸之况，如在目前，痛定思痛，故曰《定思小记》。"案：痛定思痛，意为事后追思悲痛之旧事，倍增苦楚。唐韩愈《与李翔书》："仆在京城八九年，无所取资，日求于人，以度时日。当时行之不觉也，今而思之如痛定之人，思当痛之时，不知何能自处也。"1985 年浙江古籍出版社出版点校本。

Dong

【 东都事略 】

纪传体史　北宋王称撰。称，眉州（今四川眉山）人，曾官知龙州，特授直秘阁，为蜀中五大史家之一。此书述北宋九朝事迹，自太祖建隆至钦宗建康。言简事详，史识卓见，长于议论，为考宋史者所宝贵。案，北宋建都开封，史称东都，故名。有《四库全书》本。

【 东方大中集 】

文集　汉东方朔撰。朔字曼倩，平原厌次（今山东惠民）人。文帝至武帝朝（前 154—前 93）在世。武帝初，征天下举方正、贤良、文学材力之士。他上书自荐"高自称誉"，武帝以为奇，超次擢用，官至大中大夫，人称东方大中。其人滑稽多智，喜谈谐，善辞赋。帝视为俳优，但能"直言切谏"有正义感。《汉书·艺文志》录其作二十篇，多已佚。名篇如《答客难》《非有先生论》《七谏》等，在后人书中保留下来。朔文风谐趣，后人竞相效仿。此集为明人张溥所辑。案：大夫，古职官名。周代有卿、大夫、士三等。各等又分上、中、下三级。秦汉时，大夫多为中央要职及顾问之属。汉置大中大夫，掌论议之事。是书收入《汉魏六朝百三家集》。

【 东皋草堂文集 】

别集　清韩海撰。海字伟五。广东番禺人。康熙至乾隆（1677—1736）在世。生而敏慧，及长尤肆力诗古文词。年五十中进士，官封川教谕。东皋草堂，海之室名。有清刻本。

【 东皋录 】

别集　明释妙声撰。妙声字九皋，俗姓不详。约公元 1338 年前后在世。曾居常熟、平江诸寺。洪武三年见召，莅天下释教。与袁桷等名流友善。所作感事抒怀，激昂可诵。杂文清整，四六俪语亦有南宋遗风。东皋：东边的，田野或高地的泛称。《文选》三国魏阮嗣宗《奏记》："方将耕于东皋之阳。"陶潜《归去来辞》："登东皋以舒啸。"有《四库全书》本。

【 东皋子集 】

别集　唐王绩撰。绩字无功，自号东皋子。绛州龙门（今山西河津）人。生年不详，卒于贞观年（644）隋大业中举，授秘书省正字，出为六合丞。因嗜酒被去职。唐初以前待诏门下省，又任太岳丞，未几弃官去，隐居北山东皋村。其诗风清新朴素。《四库全书总目》说他"意境高古""气格遒健""皆涤初唐排偶板滞之习"。名作《野望》是早期出现成熟的五言律诗："东皋薄暮望，徒倚欲何依。树树皆秋色，山山惟落晖。牧人驱犊返，猎马带禽归。相顾无相识，长歌怀采薇。"有 1981 年上海古籍出版社刊本。

【 东观汉记 】

纪传体断代别史。官修东汉国史。由东汉班固、刘珍等五人编撰。记明帝至魏文帝（公元 62—

225)年史。所载材料丰富,后有范晔以之为底本成《后汉书》。但原书至明朝已全轶,现存为辑本。此书未定稿时称《汉记》,后因修于东观,乃此称。《四库全书总目》曰:"其称东观者,《后汉书》注引洛阳宫殿名云:南宫有东观。范书《窦章传》云:永初中,学者称东观为老氏藏室,道家蓬莱山。盖东汉初著述在兰台。至章、和以后,图籍盛于东观,修史者皆在焉。"有《四库全书》本。

【 东观集 】

别集　宋魏野撰。野字仲先。陕州陕县(今河南洛阳属县)人。太宗至真宗朝(960—1069)在世。《四库全书简明目录》云:野号隐士,而此集题曰东观者,野追赠秘书省著作郎,其子以志荣宠也。"东观:汉洛阳南宫。明帝令班固于此修史,书成名《东观汉记》。章和二帝后为聚藏图书之处。《后汉书·安帝纪》中,诏令谒者刘珍及五经博士校书。后泛指宫中藏书和著书之处。宋薛田《东观集序》:"《汉书》班固引著作局为东观,因取诸赠典,故命之曰《钜鹿东观集》。有《四库全书》本。

【 东华录 】

编年体史料长编　清蒋良骐(1723—1789)撰。良骐,乾隆进士。乾隆三十年(1765)供职国史馆时,辑成此书。因国史馆设在清宫东华门内而得名。记清前五帝六朝史事,上溯清之先世,下迄雍正十三年。取材以实录、题本为主,保存原始资料颇多。1980年中华书局刊有点校本。又光绪十年(1884),长沙人,同治进士王先谦(1842—1917),采蒋氏《东华录》及潘福颐《咸丰东华录》加详增益。附编朱寿朋《光绪朝东华录》,遂成贯穿有清一代的编年体史书,称《十一朝东华录》,是书系陆续刊出尚无全刊本。此外,尚有乾隆以下各朝《东华录》单本传世。

【 东江家藏集 】

别集　明顾清撰。清字士廉。松江华亭(今属上海松江县)人。生年不详,卒于嘉靖六年(1527)。官至礼部尚书致仕,谥文僖。东江,古代江苏吴江县东南的太湖支流,经松江地区入海,后湮废。有《四库全书》本。

【 东京梦华录 】

史地笔记。宋孟元老撰。元老字、里及生平,均不可考,仅知为北宋末(1126)前后人。崇宁二年(1103),作者卜居京师汴梁已二十三年。靖康事变后南渡,乃追忆汴京之盛而作。其《自序》云:"仆从先人,宦游南北,崇宁癸未到京师,卜居州西金梁桥西夹道之南。渐次长立,正当辇毂之下。太平日久,人物繁阜。垂髫之童,但习鼓舞,班白之老,不识干戈。时节相次,各有观赏。灯宵月夕,雪际花时,乞巧登高,教池游苑。举目则青楼画阁,绣户珠帘。雕车竞驻于天街,宝马争驰于御路……。一旦兵火,靖康丙午之明年,出京南来,避地江左,情绪牢落,渐入桑榆。暗想当年,节物风流,人情和美,但成怅恨。近与亲戚会面,谈及曩者,后生往往妄生不然。仆恐侵久,论其风俗者,失于事实,诚为可惜。谨省记遍次成集,庶几开卷得睹当时之盛。古人有梦游华胥之国,其乐无涯者。仆今追念,回首怅然,岂非华胥之梦哉,目之曰《梦华录》。"书中记都城、坊市、节序、风俗、典礼、仪卫、商肆等。保存许多当时政经、文艺资料。案,"华胥梦觉"见于《列子·黄帝篇》:"(黄帝)昼寝而梦,游于华胥氏之国……。其民无师长,自然而已。其民无嗜欲,自然而已。不知乐生,不知恶死,故无夭殇;不知亲己,不知疏物,故无爱憎;不知背逆,不知向顺,故无利害;都无所爱惜,都无所畏忌。"书名梦华,即取此义。1956年古典文学出版社刊有标点本。

【 东莱集 】

别集一名《东莱吕太史文集》。宋吕祖谦撰。祖谦,字伯恭,自号东莱子。婺州(今浙江金华)人。高宗至孝宗(1137—1181)朝在世。吕本中之孙。龙兴进士,累迁至著作郎,兼国史院编修。祖谦祖籍东莱。今山东烟台地区掖县,宋时为莱州东莱郡。吕氏,《吕氏世系表》:共工从孙伯夷佐尧掌四岳,佐禹治水,封吕侯,为吕氏之始。望出河东、东平。东平今山东泰安附近。有《四库全书》本。

【 东莱诗集 】

南宋吕本中撰。本中字居仁。寿州(今安徽寿县)人。约徽宗宣和初(1119)前后在世。累迁至中书舍人、直学院学士,赐谥文清。本中祖籍东莱。父吕好问,曾封东莱郡公。时人称东莱先生。另著有《紫薇诗话》《童蒙训》等。东莱古郡名,汉置,宋因之。乃山东旧登、莱二府之地,以莱在齐之东,故名东莱。现山东掖县地。有阳湖吕氏刻本,道光刊本。

【 东篱乐府 】

散曲集　元马致远撰。致远,号东篱,一说字千里。其名典字《淮南子》:"非宁静无以致远。"东篱号,则取自陶渊明《饮酒诗第五》:"采菊东篱下,悠然见南山。"句。生卒年不详,约元宪宗初(1251)前后在世。年少热衷进取,然仕途不显,只任浙江行省官吏。晚年退隐山林,以诗酒自娱。曾加入书会,与书会才人合编过杂剧。自著杂剧十五种,今存《汉宫秋》等六种。马氏散曲极佳,明代贾仲明称他为"曲状元"。小令《天净沙·秋思》:"枯藤、老树、昏鸦,……"被称为元人第一,《太和正音谱》评他的曲"如朝阳鸣凤"。本书为今人任纳辑于《散曲丛刊》中,以马氏之号名之。

【 东牟集 】

宋王洋撰。洋字元渤。山阳(今山东金乡县)人。约高宗绍兴(1138)前后在世。历典三郡,晚守鄱阳。好诗,常与曾几唱和。东牟、山阳皆王氏望郡,前王羲之等在焉。有《四库全书》本。

【 东坡全集 】

别集　宋苏轼撰。轼字子瞻。仁宗至徽宗年(1036—1101)在世,东坡,在湖北黄冈东,元丰年轼谪居此,自号东坡居士。《四库全书简明目录》:"轼诗文衣被天下,刻本丛杂……。大抵以《东坡七集》最古,以大全集分类排纂为易于检寻。此本即从大全集校刊。"宋周必大《二老堂诗话·东坡立名》:"白乐天为忠州刺史,有《东坡种花》二首,又有《步东坡》诗云:"早上东坡步,夕上东坡步,东坡何所爱?爱此新成树。"本朝苏文忠公不轻许可,独敬爱乐天……。谪居黄州,始号东坡,其原必起于乐天忠州之作也。"宋苏辙《东坡居士墓志铭》:"……以黄州团练副使安置。公幅巾芒屩,与田父野老,相从溪谷之间,筑室东坡,自号东坡居士。"《东坡七集》包括《前集》《后集》《续集》《奏议集》《外制集》《内制集》《应诏集》七种。有《四库备要》本。轼谥文忠,另有《苏文忠公全集》。

【 东山词 】

词集　又名《东山寓声乐府》《贺方回词》,北宋贺铸(1063—1220)撰。贺铸有《庆湖遗老集》已著录,可参见其生平。贺铸字方回,晚年退隐苏州。此集乃用晋谢安隐居东山(今浙江上虞),后以东山代指隐居之典,故名《东山词》。寓声,则因贺铸好以旧谱填新词,而改易其调名,谓之寓声。有上海古籍出版社1989年刊本。

【 东山存稿 】

别集　元赵汸撰。汸字子常,安徽休宁人。元仁宗至明太祖(1319—1369)时在世。隐居著述,筑东山精舍以奉母。詹矩《东山赵先生汸行状》:"赵郡苏公伯修,虞公之徒也,为浙省参政,与先生友善。比入守邦畿,要同住。以母老辞归,名其居曰'东山精舍',虞公尝为之记……。自精舍成,四方学者尊之为'东山先生'云。"有《四库全书》本。

【 东溪集 】

别集　宋高登撰。登字彦先,号东溪。福建漳浦人。约高宗绍兴年代(1152)前后在世。曾官富川(在广西)主簿。受秦桧迫害,当时视为烈士。编管容州(属广西)授徒以终,人称东溪先生。漳浦,今属福建龙溪地区。其西北平和县大峰山有东溪源,南流诏安入海。集名纪念故乡。有《四库全书》本。

【 东西均 】

哲学著作　清方以智(1611—1671)撰。东西指物,均指旋转的陶钧。侯外庐《东西均·序言》:"均本身就包含着正(东)反(西)两面。均古与钧、韵等通为一字是指旋转的陶钧,也是指调节乐器的器具均钟木,所以'均'有统一两端而运转的意思。……表示此书的主旨在论述物质内在的矛盾及由矛盾统一而产生的运动。"方氏有《浮山文集》已著录,可参见其生平。有中华书局1962年刊本。

【 东维子集 】

元杨维桢撰。维桢字廉夫,号铁崖,又号东维子。会稽人,元末明初(1296—1370)在世。官至江西等地儒学提举,入明不仕。东维:《庄子·大宗师》:“傅说得之,以相武丁,奄有天下。乘东维,骑箕尾,而比列于星。”成玄英疏:“傅说一星,在箕尾上,然箕尾则是二十八宿之数维持东方。”箕、尾都是东方苍龙七宿之属,故称东维之星。取名之意是慕傅说以齐天之功,在东方与群星并列。清朱彝尊《杨维真传》:“……继忤丞相达实特穆尔,乃徙松江,周游山水。获断剑,炼为笛。冠铁叶冠,衣兔褐,吹之作回波引,遂号铁笛老人,或自呼老铁,亦曰抱遗老人,又曰东维子。”注:殷商王武丁,得傅说,举以为相,国中兴大治。傅说死后,升天于箕、尾之间,为傅说星。有《四库全书》本。

【 东斋记事 】

笔记宋范镇撰。镇字景人。华阳(今四川成都)人。真宗至哲宗朝(1007—1087)在世。官至翰林学士。少时赋《长啸却胡骑》,使辽时,辽人目为长啸公,卒谥忠文。书中杂记前朝故事传闻,以蜀事为多。东斋,作者书斋。《东斋记事·自序》:“予既谢事,日于所居东斋燕坐多暇,追忆馆阁中及在侍从时交游语言,与夫里俗传说,因纂及之,目为《东斋记事》。其蜀之人士与其风物为最详者,亦耳目之熟也。至若鬼神梦卜率收录而不遗之者,盖取其有戒于人耳。”有《四库全书》本。

【 东州初稿 】

别集 明夏良胜撰。良胜字于中,南城(今山东费县境,曾子故乡)人。约武宗正德(1521)年前后在世,累迁至吏部考功员外郎,因谏南巡遭廷杖归。嘉靖初起后,又为仇家所讦下狱,谪戍辽东卒。集为门人罗江等编。东州:辽置,在奉天境。有《四库全书》本。

【 冬心先生集 】

诗集 清金农撰。金农字寿门,号冬心。浙江仁和(今杭州)人,康熙至乾隆朝(1687—1764)在世。性好游历,绝意仕进,善诗文书画。因久客扬州,为“扬州八怪”之一。其诗自出机杼,格调奇逸。作者于康熙五十五年(1716)时,自集其诗。《自序》云:“余丙申病痁江上,寒宵怀人,不寐申旦,遂取崔国辅‘寂寥抱冬心’之语以自号。今以氏其集云。”金农病中冬夜思念故人,类于唐崔国辅《子夜冬歌》中“寂寥抱冬心,裁罗又褎褎”诗中寒冬孤寂思旧之心情,乃自号冬心,并以名集。有1979年上海古籍出版社据雍正间刻本影印本。

【 董解元西厢记 】

又名《西厢记诸宫调》。金董解元,名、里、生卒均无考。仅据元钟嗣成《录鬼簿》载,约金章宗朝(1190—1268)前后在世。解元,原为科举乡试第一名称呼。宋元以后,通称读书应举者,也以此敬称一般读书人。此作是今存宋金诸宫调最完整者。以元稹《莺莺传》传奇为基础,结合李绅《莺莺歌》,宋赵令畤鼓子词等材料写成。结构、布局、人物性格均有重大发展。以团圆作结,更得世人喜爱传诵。直接影响王实甫《西厢记》杂剧的产生,为区别二者,故以作者姓氏名书,简称《董西厢》。按,诸宫调,是宋金元时流行的说唱文学。取同一宫调的若干曲牌联成短套,首尾同韵。再用不同宫调许多短套联成长篇,以说唱较长的故事,已渐近后代杂剧的形成。现通行校注本为1962年人民文学出版社出版。

【 洞麓堂集 】

别集 明尹台撰。台字从基,号旧山。永新(今江西吉安属县)人。生卒年不详,约世宗嘉靖中(1551)前后在世。进士,授编修。拒严嵩媾婚,出为南京祭酒。官礼部尚书。明邹元标《洞麓堂集序》:“……去公家里许有奇洞焉。峰峦卓诡,公容与其间,图书掩映,烟霞流照,甚适也。遂以名堂,且名其稿。”有《四库全书》本。

【 洞冥记 】

志怪小说。旧题汉郭宪撰。汝南宋人。成帝至汉武朝(前26—后5)在世。官至元禄勋,时称刚正直言之士,然《后汉书》列其传于方术传中。此书多荒诞,难与郭宪事迹契合。词句缛丽,亦炯异汉文。鲁迅考证,此书称郭宪作始于刘煦《唐书》,大约六朝人伪托。其曰“洞冥”者,据《洞冥记序》:“汉武明隽特异之主,东方朔因滑稽浮诞以匡谏,洞心于道教。使冥迹之奥昭然显著。今籍之所不载者,聊以闻见,撰《洞冥记》四卷,成一家之书。”又见此书卷三“洞冥草”之记:此草“夜如金灯,折枝为炬,照见鬼物之形……仙人宁封常服此草,于夜暝时,转见腹光通外。……帝令锉此草为泥，以涂云明之馆。夜坐此馆，不加灯烛。”可知“洞冥”本为“照彻幽明”之意。此书后代文人以字句妍华足供采摭，乃久而不废耳。有《顾氏文房小说》《百子全书》诸本。

【 洞天福地岳渎名山记 】

道教书　前蜀杜光庭（850—933）撰。光庭，括苍（今浙江丽水）人。好辞章，唐懿宗时选士，不中，入天台山为道士。僖宗幸蜀，始召充麟德殿文章应制。王建建国，为金紫光禄大夫，赐号广成先生，进户部侍郎。后归老青城山，自号东瀛子。此书所记均为神仙所居之地。洞天福地，道家称全国名山胜地。洞天，洞中别有天地之意。《云芨七签・十大洞天》：“十大洞天者，处大地名山之间，是上天遣群仙统治之所。”有王屋山等处。福地，亦指神仙居地。《乐府诗集・陈张正见・神仙篇》：“神岳吹笙遥谢手，当知福地有仙才。”道家称有泰山等七十二福地，合称洞天福地。岳，指高大的山。渎，泛指河川。有《四库全书》本。

Dou

【 斗南老人集 】

诗集　明胡奎撰。奎字虚白，海宁人。元文宗时（1331）声，卒年不详。自号斗南老人。集前有宁王权序云：“晚年尝泊舟鄱阳望湖亭，见石刻东坡‘黑云堆墨未遮山’诗，次韵和之。俄见一叟来，谓其诗曰：‘子非斗南老人耶？’因以自号。”案，斗南，北斗之南，意即中国、天下、海内。《新唐书・狄仁杰传》：“狄公之贤，北斗以南一人而已。”义取卓然不凡也。有《四库全书》本。

Du

【 都官集 】

别集　宋陈舜俞撰。舜俞字令举，湖州乌程人。生年不详，卒于神宗熙宁年（1074）。曾官刑部员外郎。此集为其曾孙编。按：都官，汉司隶校尉有都官从事，掌中都官不法事。三国魏尚书都官郎佐督军事。晋都官尚书主军事刑狱。隋改都官为刑部尚书。故都官为刑部的别称。有《四库全书》本。

【 独断 】

典制考证书　东汉蔡邕（132—192）撰。蔡邕之《蔡中郎集》已著录，可参见其生平。此书考论前古及汉代以来典章制度、品式称谓，凡数百条。于阐述周代礼制时，如经文不尽相同，辄作选择。《四库全书总目》谓其：多信《礼记》，不及《周官》，然其字字可为典据也。独断，意即以已意作决断。语见《管子・明法解》：“明主者兼听独断。”书名之由来，即以其考证取舍之别具法眼。有《四库全书》本。

【 读律佩觿 】

法律书　清王明德（生卒不详）撰。明德，康熙朝曾任刑部陕西清吏司郎中。觿，是古代骨制随身携带的锥形解绳用具。书名即意为，此书带在身边，读律时随时可解疑难。卷首冠以“读律八法”，然后是“八字广义”，即历代律书常用的以、准、皆、各、其、及、即、若等字的含义和用法。以后各卷对各种律典术语作了详细解释，共八卷。该书是当时流传甚广的律典学习入门书。有《四库全书》本。

【 读史方舆纪要 】

地理书　清顾祖禹（1631—1692）撰，祖禹字瑞五，号景范。入清改名隐，字石耕。江苏无锡人，明亡不仕，顺治十六年决意著此书，积二十年之功力，临终始成。全书一百三十卷，考订我国上古至明代郡县疆域变迁，尤重山川险易，攻守形势。体例严谨，考证精详。本书以史为主，以志证之。参考二十一史和百余种地方志，故曰“读史”。方舆，即古称大地，方舆之学即地理学。书成清魏禧誉为：“数千百年来绝无仅有之书也。”为历史地理研究必备之书，有 1955 年中华书局重印本。

【 读书敏求记 】

解题书目　清钱曾（1629—1701）撰。曾字遵王，号贯花道人。江苏常州人，藏书家。其曾祖钱谦益绛云楼焚余之书，皆归遵王。初有书室，谦益为之命名“述古堂”。晚年藏书曰“也是园”，乃辑有《述古堂书目》《也是园书目》。又以所藏宋元精本，仿宋欧阳修《集古录》之意，著《读书敏求记》，多论缮写刊刻之精拙，于考证不甚留意，但仍为我国现存第一部详记与研究版本之目录。1935 年商务印书馆收于《丛书集成初编》中。

【 杜工部集 】

诗文别集　唐杜甫撰。甫字子美，自称少陵野老、杜陵布衣，缘其曾居长安城南少陵。河南巩县人。生于睿宗先天元年(712)，卒于代宗大历五年(770)。曾官左拾遗。安史乱起，流落剑南。剑南节度使严武，荐其为检校工部员外郎。检校，是诏除而非正式的加官。工部员外郎为工部属司的副长官。世称杜工部，故以名集。杜甫世称“诗圣”，其诗被誉为“诗史”。又与李白合称为“李、杜”。杜诗唐人传抄无定集。至宋王洙所编为最早的定本。历代注者甚多：宋有《分门集注杜诗》。元有《集千家杜工部诗集》。清仇兆鳌有《杜诗详注》(又名《杜少陵集详注》)，杨伦有《杜诗镜诠》。因杜甫在蜀曾居成都浣花溪草堂，南宋编有《杜工部草堂诗笺》等，都是名本。1957 年中华书局以《四部备要》纸型重印。

【 杜审言集 】

又作《杜必简集》　诗集　唐杜审言(645？—708)《新唐书·杜审言传》：“杜审言，字必简，襄州襄阳(今属湖北)人。晋征南将军预远裔。”后迁河南巩县，杜甫之祖父，咸亨进士，官至修文馆直学士，卒于中宗神龙年后。诗以五言著称，诗风雄浑，注意五律、七律的形式创造，对律诗定型颇有影响。本诗集为明人所辑，其名与字意义相辅相成：审慎立言，文辞必简。集各以名、字题之。有《唐五十家诗集》《唐百家诗》诸本。

【 杜阳杂编 】

笔记小说集　唐苏鹗撰。鹗生卒年不详，约昭宗大顺初(890)前后在世，余无考。杜阳：作者居地。以杂记唐代时事，故名。宋晁公武《郡斋读书志》卷十三：“唐苏鹗字德祥光启(僖宗年号)中进士，家武功(今属陕西)杜阳川。杂录广德(代宗年号)至咸通(懿宗年号)时事。”所记凡十朝，尤多海外奇技宝物事。或言其夸饰不经，单以文采盛，至今沿用。有上海古典文学出版社1958 年排印本。

【 蠹斋铅刀编 】

别集　宋周孚撰。孚生年不详，卒于孝宗淳熙(1174)年。乾道进士，官真州教授，常与辛弃疾诗作赠答。《四库全书总目提要》言其：词旨清拔，文章不事雕绘，近于自然。蠹斋，周孚之号。蠹指蠹书，状其好学。韩愈《杂诗》：“岂殊蠹书虫，生死文字间。”铅刀，以铅为刀，喻其才力微薄。贾谊《吊屈原文》：“莫邪为钝兮，铅刀为銛(锋利)。”题名自喻自谦。有《四库全书》本。

Duan

【 端明集 】

别集　宋蔡襄(1062—1067)撰。襄曾官端明殿学士。按：端明殿学士，乃唐明宗时，以西京正衙殿为端明殿。置端明殿学士，位在翰林学士之上。宋初改文明殿学士，南渡后仍复旧名。参见已著录之《蔡忠惠集》。有《摛藻堂四库全书荟要》本。

【 短长书 】

一、我国古代战国时期史书《战国策》的别名。汉成帝河平三年(公元前 26 年)诏光禄大夫刘向校书，“每一书已，向辄录其篇目，撮其旨意，录而奏之。”刘向在《战国策》序中说：“中书本号，或曰《国策》，或曰《国事》，或曰《短长》，或曰《事语》，或曰《长书》，或曰《修书》。臣向以为战国时游士辅所用之国，为之谋策，宜为《战国策》。”高诱注：“六国纵横之说，一曰短长，一曰国本。”参见《战国策》条。

二、现代作家唐弢(1913—1992)的杂文集亦名《短长书》。唐弢，原名唐瑞毅，因与明末降清官员龚鼎孳的谥号相同，龚之人品可讥，乃请僧人起名唐弢。“弢，弓衣也。”见《说文》，即装箭的囊，望其不露锋芒，不露杀机。此书内容有论战、鲁迅事迹及对执政的控诉和嘲讽等。1947 年上海南国出版社初版。关于题名作者有《序》云：“是因为作品长长短短，而且大部分写于战时，就趁便沿用了这个《战国策》的别名。”事实上那是托词这些作品有明显的战斗风格才是寓意的所在。上海南国出版社1947年出版。

【断肠词】

词集　宋朱淑真撰。淑真自号幽栖居士。海江(今浙江嘉兴属县)人,家钱塘(今杭州)。生卒年不详,约高宗绍兴初(1131)前后在世。前有纪略,称其匹偶非伦,弗遂素志,赋《断肠集》十卷以自解。断肠:形容悲伤至极。汉蔡琰《胡笳十八拍》:"空断肠兮思愔愔。"又作肠断:南朝宋刘义庆《世说新语·黜免》:"桓公入蜀,至三峡中,部伍中有得猿子者,其母缘岸哀号,行百余里,遂跳上船,至便即绝。破视其腹中,肠皆寸寸断。"有《四库全书》本。

E

E

【鹅湖集】

诗文集　明龚敩撰。敩字不详,铅山(今属江西)人。生卒年不详,元末明初,约(1354)前后在世。洪武中以明经分教广信,辑朱子学说。官至祭酒,为穷经笃学之士。案,铅山县东南,有鹅湖山、鹅湖书院,为朱熹讲学之所。南宋淳熙二年,吕东莱邀朱熹与陆九渊讨论哲学问题,史称"鹅湖之会"。敩以故乡名胜名集。有《四库全书》本。

【鄂州小集】

别集　宋罗愿撰。愿字端良,号存斋。安徽歙县人。高宗至孝宗朝(1136—1184)在世。博学好古,法秦汉为辞章,高雅精练,朱熹重之。举乾道进士,知鄂州,有政绩,因以名其集。鄂州:隋置,治所江夏(今武昌)。辖今武汉长江南黄石、咸宁等地。今存鄂城市。有《四库全书》本。

【噩梦】

政论　清王夫之(1619—1692)撰。夫之有《船山遗书》已著录,可参见其生平。此书为其在康熙二十一年(1681)对清初田制、赋役、吏治、科举等方面的状况,提出了改革的意见。自序云:"因时之极敝而补之",自知其主张难以被采纳,故名书以《噩梦》。噩梦,见《周礼·春官·占梦》,郑玄注:"谓惊愕而梦。"有1956年北京古籍出版社《噩梦》《黄书》合刊本。

Er

【儿女英雄传】

小说　初名《金玉缘》,又有《侠女奇缘》《日下新书》《儿女英雄传评话》等名。清费莫文康撰。文康,生卒年不详,约道光、同治年间在世。字铁仙,自称燕北闲人。满族镶红旗人。本贵族世家。晚年诸子不肖,家道中落。见《红楼梦》《水浒传》流传影响甚大,预感盛世不再,立意反其道而行之。写一五伦全备的家庭故事,以挽颓世狂澜。通过安骥与侠女十三妹——何玉凤,行忠孝节义,而与妻妾享荣华富贵的传奇。书欲使英雄儿女之概,备于一身。《儿女英雄传·缘起首回》:"侠烈英雄本色,温柔儿女家风;两般若是不相同,除是痴人说梦。小女无非天性,英雄不外人情,是怜儿女最英雄,才是人中龙凤。"思想本不足取,但满纸京白,有生活气息。人物形象也鲜明,故亦流传。人民文学出版社1984年出版校注本。

【儿笘录】

文字学著作　清俞樾(1821—1907)撰。俞樾精研《说文》多年,于此书中发表其对《说文》舛错的订正,并对文字本义也多有发明。作者《自序》云:"自秦汉以来,篆隶递变,而古圣人创造文字之精微,其存十一于千百者,实赖有汉许叔重氏《说文解字》一书。……然许君生东汉时,去圣久远,于古人造字本义,未必尽得而传。至于今则错乱遗夺,亦所不免。……余于是书信而好之,盖有年矣。然意所未安,则亦不敢苟同,妄有订正,积累遂多,……因写为四卷,名曰《儿笘录》。"参见已著录之俞氏《春在堂全书》,有光绪二十九年刊本。

【尔雅】

训诂书　我国最早的词典,解释字义并考证古代名物的专著。传说是周公所作,近人考证是战国末至西汉初训诂学者陆续缀辑而成。因秦焚书后,汉崇经学训诂勃兴而著。所列字义,全部来自儒家经典,为训释五经之必需,唐文宗太和年间列为经书之一。书名来源,据刘熙《释名·书契十九》云:"尔雅:尔,昵也;昵,近也。雅,义也、正也。五方之言不同,皆以近正为主也。"尔字通迩,迩即近。意为以近于雅正,合乎规范的当代语言,解释经典古语和方言俗语。由于内容庞杂,编辑又不精密查找困难。研究者称为"雅学"。注家以晋郭璞注、宋邢昺疏最流行。后世仿其体例编撰的训诂词书很多。如明《五雅全书》及《骈雅》《通雅》《比雅》《别雅》《叠雅》等。现通行的有1983年中华书局《十三经注疏》(影印)本。

【耳食录】

笔记小说　清乐钧撰。乐钧,临川(今属江西)人。嘉庆举人,翁方纲弟子,以才情遨游。此书所载,皆之奇闻异事。宣传生死轮回,因果报应。意在劝善惩恶,匡正世道。耳食,喻不加思考,轻信传闻。司马迁《史记·六国年表序》:"学者牵于所闻,见秦在帝位日浅,不察其始终。因举而笑之,不敢道此,与以耳食无异。"司马贞《索隐》:"言俗学浅识,举而笑秦此犹耳食不能知味也。"作者以"耳食"题名其书,在自谦其学俗识浅,书中皆为道听途说之事,皮相虚妄之言。《笔记小说大观提要》:"作者奋笔为之,借蛇神牛鬼之谈,达惩恶之意。婆心佛口,众生忏悔。孽缘乐旨,潘辞片语,发挥妙理。具此才笔,直可前无古人后无来者,耳食云乎哉!"有1984年,江苏广陵古籍刊印社影印《笔记小说大观》本。

【耳邮】

笔记清俞樾(1821—1906)撰。邮,古代谓传递文书的驿站。马传曰置,步传曰邮。《孟子·公孙丑上》:"德之流行,速于置邮传命。"此书中多记其所听到的奇闻逸事,作者有《耳邮序》云:"盖志怪搜神,从古有之矣。然窃以为惊心动魄之事,即在男女饮食之间,非必侈谈灵怪,然后耳目一新也。余吴下杜门日长无事,遇有以近事告者,辄笔之于书。大率人事居多,其涉及鬼怪者,十之一二而已。其用意措辞意思,亦似有善恶报应之说。实在聊以遣日,非敢云意在劝惩也。因耳闻者多,目见者少,故是曰'耳邮'犹曰传闻也。"曾收入《申报馆丛书》。参阅作者《春在堂全书》。

【迩言】

迩,近。《诗·周南·汝坟》:"虽则如燬,父母孔迩。"注:迩,近也。迩言,浅近的话。又左右亲近之语。有二本:

一、杂论。宋刘炎撰。论述历史人物事件。炎,括苍人,理学家,南宋理宗(1201)朝前后在世。书收入《四库全书·儒家类》《总目》言:"其言纯正笃实而切近事理,无迂僻不情之论。"题《迩言》谦词也。有《四库全书》本。

二、语言学书。清钱大昭撰。此书从经史子集中,搜集成语俗谚,追溯其源始演变,并加考订,故名之。清葛元煦《迩言·识语》:"语称,大禹迩言必察。(案《礼记·中庸》:'舜好问,而好察迩言。'言禹者,误也。)迩言者,浅近之言也。浅近之言在当时则觉鄙俚,而后人沿袭历数十百年之久,往往遂成典故。古之口头语,沿为今之典故;今之口头语,亦尽有沿自古人者。此钱君可庐《迩言》一书所由昉也。"商务印书馆1959年刊《迩言等五种》本。

【二林居集】

文集　清彭昭升撰。昭升,江苏长州(今苏州境)人。乾隆至嘉庆年(1740—1796)在世。以进士选任知县,不就。读先儒书,且礼佛。工古文词,熟于掌故。论学之文,纪律森严。二林者,指庐山东林寺与无锡东林书院。南朝刘遗民曾从庐山东林寺僧彗远读书。明高攀龙,曾讲学东林书院,死谥忠宪。张顺徽《清人文集别录》卷八:"(绍升)于儒书初好陆、王,读古史传负志节。慕梁溪高忠宪公之为人,已而无所试,复慕庐山刘遗民之为人。两先生往来修学地,同名东林,因自题其居曰'二林'。"是以二林居名集。有光绪七年(1881)彭祖贤重刻本。

【 二拍 】

即《初刻拍案惊奇》《二刻拍案惊奇》二书。拟话本小说集。明凌蒙初撰。蒙初,字玄房,号初成。别号即空观主人、迪知子。乌程(今浙江湖州)人。神宗万历至思宗崇祯年(1580—1664)在世。曾官上海县丞,徐州通判。农民起义军围徐州,死于城中。凌氏多才,最大贡献是自编通俗小说《二拍》。初刊刻于崇祯元年(1628)。凌氏有序言:“独龙子犹氏(指冯梦龙)所辑《喻世》等诸言,颇存雅道,时著良规,一破今时陋习……。因取古来杂碎事可新听睹,佐谈谐者演而畅之……。”崇祯六年(1632),再刊《二刻拍案惊奇》乃将前者称“初刻”,合称“二刻”凌氏《二刻拍案惊奇·小引》:“偶取古今一二奇局可纪者,演而成说聊舒胸中磊块。……同侪过从者索阅一篇竟,必拍案曰‘奇哉,所闻乎!’”此即名“拍案惊奇”之由。书中《转运汉巧遇洞庭红》一篇,反映商业活跃,一新当时耳目。《宣徽院仕女秋千会》歌颂坚贞爱情,都是佳作。后人仿凌氏之作的有:明陆云龙拟话本《型世奇观》,又名《幻影》,亦名《三刻拍案惊奇》。《初刻》有1957年古典文学出版社本,《二刻》有1957年上海古籍出版社校注本。《幻影》请参阅其专条。

【 二曲集 】

别集 清李颙撰。颙字中孚,陕西盩厔(今周至县)人。明天启至清康熙年(1627—1705)在世,以至孝名海内。自学通经史百家,主讲关中书院。明亡,隐居土室,自号“二曲土室病夫”,学者称之为二曲先生。康熙十七年(1678)被荐博学鸿儒,以死拒之得免。二曲,盩厔别名。《广韵》:“水曲为盩,山曲为厔。”地以山水曲折得名。颙用以取为号,并以名集。有湘阴蒋氏小琅嬛山馆重校刊本。

【 二十年目睹之怪现状 】

长篇章回小说。清吴趼人(1866—1910)撰。趼人,原名沃尧,字小允,号茧人。后改“茧”为“趼”。祖籍广东南海(今广州)佛山镇(今为市),故又自称“我佛山人”曾在上海主笔《字林沪报》,主编《月月小说》,著作很多。以小说最知名。此书为其代表作。全书以主人公“九死一生”,二十年间耳闻目睹的无数怪事揭露清末社会的黑暗混浊。表现改良主义的愿望。作者在第一回“楔子”中云:“只因我出来应世的二十年中,回头想来,所遇见的只有三样东西:第一种是蛇虫鼠蚁:第二种是豺狼虎豹:第三种是魑魅魍魉。”乃以“怪现状”名书。为清末四大谴责小说之一。有1959年人民文学出版社刊本。

【 二十四诗品 】

又简称《诗品》。诗歌评论。唐司空图撰。图,河中虞乡(今山西永济)人。唐末文宗至梁太祖时(834—908)在世。官至中书舍人,后退隐中条山。字取表圣因《易》有“河出图,洛出书”语,为圣世祥瑞表识故也。工诗。此书专论诗歌的艺术特点和风格。提倡诗有“味外之旨”“韵外之致”。将诗分为雄浑、冲淡、纤秾、沉着、高古、典雅、洗练、劲健、绮丽、自然、含蓄、豪放、精神、缜密、疏野、清奇、委曲、实境、悲慨、形容、超诣、飘逸、旷达、流动二十四品类。每类各以四言十二句韵诗,写其意境描摹风格特点。于诗歌理论中树立特殊的评论体例。在文学批评史上影响很大。模仿之作有清袁枚《续诗品》、许奉恩《文品》、郭麐的《词品》等。司空图另有《司空表圣文集》,是以字名书。1963年人民文学出版社与郭绍虞《诗品集解》等书合册刊行。

【 二十四史 】

纪传体史书。官修正史。清乾隆时以《明史》定稿,诏刊二十二史。后又增列《旧唐书》《旧五代史》成二十四史。清代有武英殿本。三十年代有商务印书馆百衲本。解放后有中华书局点校本。书名及撰者如下:1.《史记》西汉司马迁撰。2.《汉书》东汉班固撰。3.《后汉书》南朝宋范晔撰。4.《三国志》晋陈寿撰。(以上称前四史另有著录)5.《晋书》唐房玄龄等撰。6.《宋书》南朝梁沈约撰。7.《南齐书》梁萧子显撰。8.《梁书》唐姚思廉撰。9.《陈书》唐姚思廉撰。10.《魏书》北齐魏收撰。11.《北齐书》唐李百药撰。12.《周书》唐令狐德棻撰。13.《隋书》唐魏徵撰。14.《南史》唐李延寿撰。15.《北史》唐李延寿撰。16.《旧唐书》后晋刘昫等撰。17.《新唐书》北宋欧阳修、宋祁等撰。18.《旧五代史》北宋薛居正等撰。19.《新五代史》北宋欧阳修撰。20.《宋史》元脱脱等撰。21.《辽史》元脱脱等撰。22.《金史》元脱脱等撰。23.《元史》明宋濂等撰。24.《明史》清张廷玉等撰。

【 二十五史 】

正史丛书。有两种辑本：

一、上海开明书店1936年，在原二十四史的基础上，加上近人柯劭忞（1848—1933）所撰《新元史》组成。案：1921年徐世昌以北洋军阀政府大总统的名义，下令把柯劭忞的新元史》列入正史，而开明书店据此以《二十五史》的题名首次出版。

二、上海古籍出版社与上海书店合作影印本《二十五史》，是在原二十四史的基础上，加入近人赵尔巽（1844—1927）主编的《清史稿》（因为未定稿故名），成为《二十五史》。1986年12月第一版。

【 二希堂文集 】

文集　清蔡世远撰。世远，字闻之。福建漳浦（今龙溪属县）康熙至雍正朝在世。康熙四十八年进士，官至礼部侍郎。世居漳浦之梁山，学者称梁山先生。二希者：宋范仲淹，字希文；真德秀，字希元。其集有门人宁化雷鋐附《跋》称："其堂所以名二希者，世远尝自作记，言学问不敢望朱文公，庶几其真希元乎。其务以古贤自期，见于世矣。"案，梁山：在福建漳浦县南。《方舆胜览》："梁岳，闽中之望也。秀丽而崇园，又名园山。大峰十有二，中曰莲峰石，相传为齐武帝所赏。"集标目示仰慕前贤之志。有雍正八年（1730）刻本。

【 二须堂集 】

文集清丁咏淇撰。咏淇，字瞻武，钱塘人。生平不详，约雍正中（1729）前后在世。工文，颇以扶持名教为主。二须，咏淇室名。典自三国诸葛亮《诫子书》："夫学须静也，才须学也。非学无以广才，非志无以成学。"名其堂，又以名自编之集。

【 二酉堂丛书 】

一名《张氏丛书》　清张澍辑。澍，甘肃武威人。乾隆四十六年（1781）生，卒年不详。嘉庆进士，曾官知县、通判等职。为政修明，喜远游。晚年家秦，锐心文献。二酉，指大酉、二酉两山，在今湖南沅陵县西北。《太平御览》卷四十九引盛弘之《荆州记》："小酉山上石穴中有书千卷，相传秦人于此而学，因留之。"后遂以藏书多者称"二酉"，澍亦以二酉名其书室。丛书辑收唐以前陕西、甘肃人的著作，并辑佚陕西、甘肃地理书。西北地方文献重要资料略见于此。有道光元年（1821）武威张氏二酉堂刊本。

F

Fa

【 伐檀集 】

诗文别集　宋黄庶撰。庶字亚夫，分宁（今江西修水）人。约仁宗至和中（1055）前后在世。庆历进士，佐一府三州皆为从事。乃黄庭坚之父，诗开江西派之先。伐檀，《诗经·魏风》之一篇。《诗序》说："《伐檀》刺贪也。在位食鄙，无功而受禄，君子不得进仕耳。"此书《自序》："……从事逾十年。郡之政巨细无不与，大止于簿书讼狱而已。其心之所存。可以效于君，可以补于国，可以资于民者。曾未有一事可以自见。然月廪于官，粟麦常两斛，而钱常七千。问其所为，乃一常人皆不勉而能，兹素餐昭昭矣。"有《四库全书》本。

【 法言 】

政论　汉扬雄（前53—18）撰。扬雄生平，参见已著录之《扬侍郎集》。本书为仿《论语》之作。《汉书·扬雄传》："雄见诸子名以其知舛驰，大氐诋訾圣人，即为怪迂，析辩诡辞，以挠世事。虽小辩终破大道而惑众，……故时人时有问雄者，常用法应之，撰以为十三卷，象《论语》，号曰《法言》。"法言，儒家谓合乎礼法的言论。语见《孝经·卿大夫》："非先王之法服不敢服，非先王之法言不敢言。"全书共十三篇，尊圣人，谈王道，宣传儒家传统思想。扬雄著述多仿作，除《方言》一书外，少创见。宋苏轼论其:“以艰深之词,文浅易之说。”《四库全书》言其:“摹仿《论语》,徒为貌似。”有1958中华书局重印《诸子集成》本。

【 法苑珠林 】

佛学类书　唐释道世著。百二十卷。道世,俗姓韩,字玄晖,避太宗讳以字行。久居长安,参与玄奘译场。博通敏记,尤善辞章。与释道宣同传律宗。本书共六百四十多条。博引经、律、论原典。所引典籍除佛经外,尚有一百四十多种,皆注出处。纂集佛学故实,分类编排。法:梵文音译“达摩”,意译为法,即佛法。法苑,佛学之域。珠林,谓荟萃精华。书成于高宗总章元年(686),对研究、考察唐以前佛教史及社会风俗、掌故,有较大参考价值。有《四库全书》本。

Fan

【 樊川文集 】

别集　唐杜牧撰。牧字牧之。京兆万年(今陕西西安)人。生于德宗十九年(803),卒于宣宗大中六年(853)。太和年进士,曾官监察御史,知黄、池、睦、湖州至中书舍人。于晚唐与李商隐合称“李杜”,又比之杜甫称小杜。集前有编者牧之外甥裴延翰《樊川文集序》云:“长安南下杜樊乡,郦道元注《水经》,实樊川也。延翰外曾祖司徒岐公(杜佑)之别墅在焉。上五年(当指大中五年)冬,仲舅(杜牧)自吴兴守拜考郎中,知制诰。尽吴兴俸钱,创治其墅出中直书,亟召昵密,往游其地。一旦谈啁酒酣,顾延翰曰:‘司马迁云,自古富贵其名磨灭者,不可胜纪。我适稚走于此,得官受俸,再治完具,俄及老为樊上翁。既不自期富贵,要有数百首文章。异日尔为我序,号《樊川集》。如此顾樊川一禽鱼、一草木无恨矣,遮千百年未随此磨灭耶!’”……得诗、赋、传、录、论、辩、碑、志、序、记、书、启、表、制、离为二十篇,合为四百五十首,题曰《樊川文集》。有上海古籍出版社1978年刊本。

【 樊榭山房全集 】

别集　清厉鹗撰。鹗字太鸿,号樊榭。浙江钱塘人。康乾时(1692—1752)在世。康熙时举人,屡仕未就而罢归。精研南宋逸事。《四库全书》录其《辽史拾遗》,诗亦吐词雅秀。作者先世居慈溪县,县内四明山之大兰山中有“樊榭”。相传古有道士刘樊在此成仙。唐诗人皮日休有《樊榭》诗:“主人成列仙,故榭独依然。石洞哄人笑,松声惊鹿眠。井香为大药,鹤语是灵篇。欲买重栖隐,云峰不售钱。”作者纪念祖籍,亦寓退隐之意,遂以名集。有《四部备要》本通行。

【 反正前后 】

传记文学　郭沫若(1892—1978)撰。为郭沫若自传文学的第二部,出版过程颇为曲折。第一部自传《我的童年》出版,先后换过几次书名,最初叫《我的幼年》查禁了;改为《幼年时代》,查禁如故;再改作《童年时代》还是查禁。“罪名”都是“普罗文艺”。继《我的童年》写成的第二部自传是《反正前后》,于1929年8月由现代书局出版,很受欢迎,但不久即以“诋毁本党”的“罪名”被禁。到了1931年现代书局又刊出了一本《划时代的转变》,并在扉页上加上一段说明:“本书原名《反正前后》,为郭沫若先生自叙传中的最重要的一本。他抓住了中国社会由封建制度向资本主义制度转换期中的主要现象,以他自己的思想的转变上完全表现了出来。自1929年出版,即轰动一时,后因某种误会,停版将近二年,现因读者纷纷要求再版,乃将内容修正一过,改易今名。并经呈部审定,以内容并无过激,核准发行。尚希读者注意及之!”由此看来,《划时代的转变》该是《反正前后》的删节本,终于出版了。

【 范德机诗 】

诗集　元范梈撰。梈字亨父,一字德机。临江清江(今属江西)世祖至文宗朝(1272—1330)在世。官至翰林院编修官。其诗冲淡闲远,风格多样。揭傒斯《范先生诗序》言其诗:“如秋云行空,晴雷卷雨,纵横变化,出入无联。又如空山道者,避谷学仙,疲骨崚嶒,神气自若。有如豪鹰掠野独鹤叫群,四顾无人,一碧万里,差可仿佛耳。”按,梈(Peng)《集韵》:“梈,木弩。”《释名·释兵》:“弩,其柄曰臂,勾弦曰守,牙外曰郭,下曰悬刀。命名之曰机,言如门户,枢机开合有节也。”其名字本此,以之标集。有《四部丛刊》。

【 范太史集 】

别集 宋范祖禹撰。祖禹字淳甫，一字梦得。成都华阳人。仁宗至哲宗朝（1041—1098）在世。嘉祐年进士。从司马光修《资治通鉴》历时十五年。官翰林学士、国史院修撰，乃得太史之称，并以名集。太史：三国时为史官与历官之长。秦称太史令。古代史官与历官不分。魏晋时修史撰文归著作郎，太史专掌天文历法。隋置太史监。唐初设太史局。后以史馆职事者称太史。有《四库全书》本。

【 范文正集 】

别集 宋范仲淹撰。仲淹字希文。苏州吴县人。太宗端拱二年（989）生仁宗皇祐四年（1052）年卒。真宗朝进士，曾以龙图阁直学士为陕西经略副使，与羌人善，羌人呼其为“龙图老子”。西夏相戒不犯境，称其曰：“小范老子，胸中自有数万甲兵。”又历知邠、邓、杭、青诸州，卒谥文正。《谥法》云：“道德博闻曰文，内外宾服曰正。有文《岳阳楼记》写“先天下之忧而忧，后天下之乐而乐”的理想和抱负。亦长辞赋，《渔家傲》：“塞下秋来……”《苏幕遮》：“碧云天，黄叶地……”或苍凉开阔、或丽语柔情，皆为绝唱。《四库全书》本作《文正集》。

【 范忠宣文集 】

别集 宋范纯仁撰。纯仁字尧夫，范仲淹次子。苏州吴县人。仁宗至徽宗朝（1027—1101）在世。皇祐年进士。曾知谏院，言无避忌。谥忠宣。《谥法》：“廉公方正曰忠，诚意见外曰宣。”以谥号名集。有《四库全书》本。

【 贩书偶记 】

书目孙殿起（1894—1958）撰。殿起，字耀卿，河北冀县人。作者在北京经营通学斋书店数十年，将目睹手经的古书逐一叙录，成此书，故名。是《四库全书总目》以后私家所编较详之目录。所收绝大部分是《四库全书》未收的清人著作，兼及辛亥革命至抗战前（1935 止）的书册，亦有《四库》失收的少数明人著作，凡九千余条。仍按经史子集四部分类法编排。于 1936 年初版，当时视为《四库总目》之续编（台湾世界书局影印时，即改名为《四库全书续编》），又为《四库》版本之补充。1959 年中华书局重印此书。1980 年上海古籍出版社出版其续编（雷梦水整理）。正续编收书共一万七千余种。

Fang

【 方壶存稿 】

别集 宋汪莘撰。莘字叔耕。安徽休宁（今徽州属县）人。约仁宗庆元年（1200）前后在世。嘉定间以布衣上封事，不用。退而筑室柳溪上，圃以方渠，自号方壶居士，与朱熹等友善。方壶：古代传说中的仙山。《列子·汤问》：“渤海之东……其中有五山焉：一曰岱舆，二曰员峤，三曰方壶，四曰瀛州，五曰蓬莱。”有《四库全书》本。

【 方是闲居士小稿 】

宋刘学箕撰。学箕字习之。福建崇安人光宗绍熙中（1192）前后在世。曾祖刘韐靖康死难，谥忠显。祖刘子翚讲学武夷山，人称屏山先生。学箕闲居不仕，自号种春子。家饶池馆，有堂曰“方是闲”故又号方是闲居士。刘淮《方是闲居士小稿序》：“有隐君子刘习之，年未五十，忽移家筑室于南山之下，疏林剔薮，引泉植竹，莳鱼种秫，造亭立馆其最宏敞者乃方是闲堂也。”学箕词近弃疾，文则高爽闲雅，得其家传。有《四库全书》本。

【 方言 】

语言训诂书 （全称《輶轩使者绝代语释别国方言》）汉扬雄（前 53—前 18）撰。汉语方言第一部辞典。輶，义释为轻。輶轩，轻车。汉应劭《风俗通序》：“周秦常以岁八月，遣輶轩之使，求异代方言。”是统治者作为“观风俗、知得失”的参考。“别国方言”即各地域的语言资料，均为輶轩使者所采集，故名，简称《方言》。晋郭璞为第一作注者。注本还有清戴震《方言疏证》。当代周祖谟《方言校笺》更精善，有 1956 年科学出版社刊本。方言研究尚有杭世骏《续方言》，近人章炳麟《新方言》等。参见《扬侍郎集》。

【 方舆胜览 】

地理总志 宋祝穆撰。穆字和甫，建阳（今属福建）人。从学朱熹。曾任迪功郎，涵江书院山长。书成于理宗嘉熙三年(1239)。古称大地为方舆,地理学即方舆之学。本书汇南宋十七路行政区划,分记所辖府、州(军)。标为建置、沿革、疆域、道里、田赋、户口、关塞、险要等十二门。于名胜古迹一门,备悉古今诗赋、记序及俪语,记风物之盛,颇具特色。由于博采众籍富近类书,有相当参考价值。有《四库全书》本。

【 芳草天涯 】

散文集 台湾作家洪素丽(1947—)撰。1987年,香港三联书店出版。洪氏,台湾新生代作家,现居美国。书中第一辑《港都夜雨》,多写故乡的山水人情。第二辑《涉水渡河》,叙旅美及游览母土时所思、所闻、所感。台静农言:"素丽的笔下,有不可抑制的乡土感情。"案,芳草,我国古代作怀人之典故。《楚辞》汉《淮南小山·招隐士》:"王孙游兮不归,春草生兮萋萋!"本书题名寓意作者远在天涯游子的怀乡的情怀。

【 芳兰轩集 】

别集 宋徐照撰。照字灵晖。永嘉人。生年不详,卒于宁宗嘉定(1211)年。有室名芳兰轩,乃以名集。照与赵师秀、翁卷、徐玑等称"永嘉四灵",以照为首。永嘉,属浙江。晋置永嘉郡。宋曰温州永嘉郡。今为温州属县。晋王羲之、谢灵运都曾为永嘉太守。有《四库全书》本。

【 放翁诗选 】

宋陆游(1125—1210)撰。放翁为其号。缘淳熙二年(1175),范成大镇蜀为四川节度使,邀陆在其幕中为参议官。陆与范素为文字交,不甚拘守官场礼数,又时以豪情伸张被压抑的抱负心志。乃为人指责:"不拘礼法,恃酒颓放。"陆氏索性自号"放翁",并以诗解嘲曰:"名姓已干簧纸外,光阴全付绿樽中。门前剥啄谁相觅,贺我今年号放翁。"陆诗不仅多产,而且在反映时代的深度和广度上,不愧为宋代诗人最杰出者。尤其是他炽烈的爱国热情,终身不变。近代梁启超在《读陆放翁集》诗中说:"诗界靡靡千年风,兵魂销尽国魂空。诗中十九从军乐,亘古男儿一放翁。(中国诗家无不言从军苦者,惟放翁则慕为国殇,至老不衰)。"陆游有《剑南诗稿》,已著录,可参见其生平。有《四库全书》本。

Fei

【 飞花艳想 】

文言小说 又名《梦花影》《鸳鸯影》。雍正年刊本。书前题有"松云山人编次"。考作者刘樟(1667—?),康熙时举人,雍正时,任深泽令,好著书。本书有《序》云:"四书五经,如人间家常茶饭,可用,不可缺:稗官野史,如世上山海珍馐,爽口,亦不可少。……能通乎此,则拈花可生[冰]之清,雪之洁,柳之秀,雅莲之馨香。可谓无花不飞矣。湖上之逢、舟中之句;啸雪亭寻花问柳,探花郎跨凤乘龙,可谓无想不艳矣。……无花不飞,无想不艳,亦无花不艳,无想不飞,方足以开人心花,益人心想,以为文士案头之一助。"有北京文史出版社2003年刊本。

【 斐然集 】

诗文集 宋胡寅撰。寅,南宋建宁崇安(今属福建)人。神宗至高宗朝(1098—1616)在世,养父为高宗《春秋》侍讲名儒胡安国。寅少时因桀黠难制禁闭阁中,年余竟将阁中数千卷书,悉读成颂。宣和年中进士,官起居郎、中书舍人。高宗称其上疏:"词旨剀切,深得献纳论思之体。"寅承安国家学,学者尊为致堂先生,卒谥文忠。斐,原意是五色杂错、华丽鲜明。《诗·小雅·巷伯》:"萋兮斐兮,成是贝锦。"斐然:有文采之貌。典见《论语·公冶长》:"吾党之小子狂简,斐然成章,不知所以裁之。"寅取以名集。现代本书收入北京华夏出版社之《明清言情小说大观》。

【 费隐与知录 】

科学著作 清郑复光(1780—?)撰。郑氏有《镜镜詅痴》已著录,可参见。本书刊于道光二十二年将自然界与生活中,历来视作怪异祥瑞的现象,分类归纳,包括天地、日月、星辰、风云、雷雨、霜雪、寒暑、潮汐、冰炭、器皿、鸟兽、鱼虫等方面。试用光学、热学、物性之原理予以说明。费隐、与知,典见《礼记·中庸》:"君子之道,费而隐。夫妇之愚,可以与知焉。"朱熹注:"费,用之广也;隐,体之微也。……天地之所以不能尽,其大无外,其小无内,可谓费矣。然其理之所以然,则隐而莫之见也。”郑氏取“费隐”,指那些广泛的自然界与生活中的现象与其隐秘的原理。题“与知录”,则言其述录是人人都可以懂得明了的,大约类似现代的科普读物。

Fen

【 分甘余话 】

笔记清王士祯撰。士祯,本名士禛,因避讳改名士正。字贻上,号阮亭,自号渔洋山人。明思宗至清康熙朝(1634—1711)在世。山东新城(今桓台)人。顺治进士,曾官国史副总裁、刑部尚书,卒谥文简。诗为一代宗匠与朱彝尊并称“朱王”著述甚丰。本书大多为随笔记录琐语,间有考辨。著时年已垂暮,取王羲之《与谢万书》中分甘之典:“修植桑果,令盛敷荣。率诸子,抱弱孙,游观其间。有一味之甘,割而分之,以娱目前。”(见《晋书·王羲之传》)《四库全书》称其老无余事,姑以著书遣日而已,然终有耆旧典型也。有《四库全书》本。

【 分类字锦 】

类书　清何焯(1661—1722)陈鹏年(1663—1722)奉敕撰,成书于康熙六十年(1661)。此书采掇古书辞藻,裁为骈偶。分类排列。以二、三、四字为次,各详引原书,注于条下,专为文人修饰诗文辞章之用。康熙帝亲为之《序》称:“司马相如云:‘合纂组以成文,列锦绣而为质。’盖言辞赋虽雕虫末技,亦必掞藻敷华,饰琢其章句,然后文质相宣也。……爰命何焯、陈鹏年等荟萃经史子集,下至说部诸书,采择其字之丽雅者,厘为四十门,六百一十八类。每类又分成对,备用,共六十四卷,名曰《分类字锦》。”锦,古代指有彩色花纹的丝织品。汉《急就篇注》:“织采为文也。”锦为美物,乃以之喻华美的辞藻。何焯,参见《义门读书记》。有《四库全书》本。

【 焚书 】

又名《李氏焚书》。明李贽(1527—1620)撰。贽,思想家、文学家。本书约成于万历四年至三十年(1576—1602)。主要分书答、杂述、读史和诗四个部分。自序称:“曰《焚书》,则答知己书问。所言颇切近世学者膏肓,既中其痼疾,则必欲杀我矣,故欲焚之。言当焚而弃之,不可留也。”全书六卷。批判儒家经典和假道学。提出“穿衣吃饭都是人伦物理”认为天理人欲并无区别。书出,遭封建统治者查禁焚毁,然愈禁而传之愈广。又作者《续焚书》诗文集,五卷,为《焚书》之续编。有中华书局1975二书合刊本。

Feng

【 丰乳肥臀 】

长篇小说　现代作家莫言(1956—　)撰。本书写一个中国母亲与瑞典传教士所生的混血儿——上官金童有一种恋乳癖,只有贴近丰乳,才能产生神奇的力量。改革开放,金童的家乡由镇升市,引进外资引进外资。金童担任了“独角兽乳罩公司”的董事长。小说通过金童的堕落反映社会的腐败现象。关于书名曾引起社会的议论,作者曾著文解释说“丰乳”象征母亲;而“肥臀”象征大地。小说表现母亲与大地这一沉重的主题。但从实际效果考虑,以丰乳象征母亲虽欠庄重,尚似贴近,而以丰臀象征大地,实属牵强。相反“丰乳肥臀”习惯上只是形容性感女性的低俗用语。作者也说过书名是“反流俗”,是“以毒攻毒”但书籍一经推向社会,给人的第一印象就是书名的原始本能形象。其导向往往不是严肃的阅读欲望。因此轻浮的题名削弱并矮化了本来郑重的主题思想,反而渲染了全书的财色气氛。如此题名显然受到社会追逐感官的潮流影响。本书有中国工人出版社2003年刊本。

【 风俗通义 】

又名《风俗通》　杂记　汉应劭撰。劭字仲远。汝南南顿(今河南项城境)人。献帝时为泰山太守。原书三十二卷,散佚,北宋整理为十卷,乃为今本。其书旨在以儒家仪理辨正风俗、风尚,使之通达于大义。内有十目:皇霸、正失、愆礼、过誉、十反、声音、穷通、祀典、神经、山泽等,共一百三十七条。应劭有序曰:“今王室大坏九州幅裂,乱靡有定，生民无几。私惧后进益以迷昧，聊以不才，举尔所知，方以类聚，凡三十一卷，谓之《风俗通义》。言通于流俗之过谬，而事该之于义理也。……《孝经》曰：'移风易俗，莫善于乐。'传曰：'百里不同风，千里不同俗。户异政，人殊服。'由此言之，为政之要，辨风正俗最其上也。"1981 年中华书局出版王利器《风俗通义校注》。

【 风萧萧 】

一、长篇小说。徐訏（1908—1980）撰。徐氏，浙江慈溪人，北大哲学系毕业，留法博士。1938 回国，开始创作。1950 到香港定居，写作不辍，并任教于南洋、香港诸大学。本书写青年哲学家与中国特工舞女白萍、美国特工一起与日本间谍斗争，白萍壮烈牺牲的故事。"风萧萧"语出《战国策·燕策三》：燕太子派荆轲入秦刺杀始皇，别于易水之上。"太子及宾客知其事者，皆白衣冠以送之。至易水上，既祖取道。高渐离击筑，荆轲和而歌，为变征之声，士皆垂泪涕泣。又前为歌曰：'风萧萧兮易水寒，壮士一去兮不复还。'复为慷慨羽声，士皆瞋目，发尽上指，于是荆轲遂就车而去，终已不顾。"1944 年成都东方书店出版。

二、长篇历史小说《冲天记》之一。写唐末王仙芝、黄巢起义的发生过程和历史风貌。作者蒋和森，上海人民出版社 1980 年出版。取典同上。

【 风雪夜归人 】

五幕剧本　吴祖光（1917—2003）江苏武进人，生于北京。肄业于中法大学文学系。任职南京戏剧专科学校。1940 年以历史剧《正气歌》获奖。1942 年完成代表作《风雪夜归人》。新中国成立后编导电影《红旗歌》等。1957 错划为右派，文革中被迫停笔。中共十一届三中全会以后，发表大型话剧剧本《闯江湖》。《风》剧，写名伶魏莲生和豪门媵妾相恋。他们在贫富对立的社会中，追求"人应当把自己当人"的理想陨灭的悲剧。本书题名来自唐刘长卿诗《逢雪宿芙蓉山主人》："日暮苍山远，天寒白屋贫。柴门闻犬吠，风雪夜归人。"有北京人民文学出版社 2000 年刊本。

【 风月梦 】

长篇小说　又名《名妓争风全传》，清邗上蒙人撰。作者生平不详，仅可考为扬州人。风月，此喻男女情事。本书叙袁猷等五人结为兄弟，与妓女双林等的悲欢离合事。其卷首有题句："胡为风月梦，尽是荒唐话。或可醒痴愚，任他笑与骂。"又有道光戊申（1848）作者《自序》云："夫《风月梦》一书胡为而作也？盖缘余幼年失恃，长违严训，懒读诗书，性耽游荡。及至成立之时，常恋烟花场中，几陷迷魂阵里。三十余年所遇之丽色者、丑态者、多情者、薄幸者，指难屈计。荡费若干白镪、青蚨，博得许多虚情假爱。回思风月如梦，因而戏撰成书，名曰《风月梦》。"又书中第三十二回，以绝句做结云："卅年日月步平康，阅遍烟花梦幻场。编叙书名风月梦，说荒唐又不荒唐。"可见作者创作旨意。1990 北京大学出版社刊有点校本。参见上篇"风月"条。

【 封神演义 】

长篇神魔小说　又名《封神榜》《封神传》《商周列国全传》，批评本别题《武王伐纣外史封神演义》。一百回。其作者，现存最早明舒载阳刻本题"钟山逸叟许仲琳编辑"，许氏生平未详。另据孙楷第考证作者是明道士，兴化人陆长庚。清梁章钜《浪迹续谈》："《封神传》一书，是前明一名宿所撰，……因偶读《尚书·武成篇》'唯尔有神，尚克相予'语，衍成此传。其封神事则隐据《六韬》《旧唐书·礼仪志》《阴谋》（《太平御览》引）、《史记·封禅书》《新唐书·礼仪志》各书，铺张俶诡，非尽无本也。"鲁迅《中国小说史略》："《史记·封禅书》云：''八神将，太公以来作之。'《六韬》《金匮》中亦间记太公神术；妲己为狐精，则见于唐李翰《蒙求》注，是商周神异之谈，由来旧矣。然'封神'亦明代巷语，见《真武传》，不必定本于《尚书》。""实不过假商周之争，自写幻想。"是书以元代《武王伐纣平话》为基础，参照有关古籍及民间传说，演绎而成。以周商战争为中心，辅以截、阐二教斗法，将史实、神魔熔于一炉。最后以纣王自焚，武王即天子位，分封诸侯，姜子牙祭坛封神结束，故名《封神演义》。内容以文王正义爱民，纣王残暴虐民相对照，宣传贤君，鞭鞑暴政，但又有宿命、神秘色彩，夹杂封建迷信说教。发挥了神话夸张的特长，想象奇特。故事有曲折，亦有重复雷同，情节发展欠严谨之处。现代有人民文学出版社标点通行本。

【凤池吟稿】

诗文别集　明汪广洋撰。广洋字朝宗，高邮（今江苏属县）人。生年不详，卒于洪武十二年（1379）。官至右丞相，与胡惟庸同为左右丞相。巧宦自容，坐胡惟庸事，贬广南，死于途。风池，凤凰池。原指禁中池沼。魏晋以来，设中书省于禁苑，掌管机要。以其地在枢近，多承宠任，是以人目其位曰：凤凰池，权重于尚书。故《晋书》载荀勖传云：勖由中书监守尚书令，人有贺之者，勖曰："夺我凤凰池，诸君贺我耶？"唐制宰相同中书门下平章事，故诗文中多以"凤凰池"指宰相。刘禹锡《湖南观察使故相国袁公挽歌》："五驱龙虎节，一入凤凰池。"有《四库全书》本。

Fo

【佛国记】

古旅行记　晋法显撰。法显俗姓龚，约公元337—422年在世。平阳（今山西临汾）人。十二岁出家，有大辩才。常慨经律舛缺，乃自长安西游天竺。经历三十余国，十四年后归来。考察记录佛乡见闻、历史、人情、风俗、山川、气候、寺庙古迹及佛教发展情况等，于义熙十二年（416）写成此书。包括了现在印度、尼泊尔、斯里兰卡等国的古代珍贵资料。对研究东方学，特别是南亚次大陆有重要参考价值。本书又名《法显传》或《历游天竺记传》《佛游天竺记》等。有1955年文学古籍刊行社影印本。

Fu

【芙蓉镇】

长篇小说　古华（1942—　）撰。古华，湖南嘉禾人，曾作过小教、农技师等。五十年代开始创作，1981年发表《芙蓉镇》于《当代》杂志，1982年，获首届茅盾文学奖。小说写湖南山区小镇妇女胡玉音，与四清中被打成富农，后又被带上铁杆右派帽子的秦书田的坎坷悲欢的命运。作者说，他是想"寓政治风云于风俗民情图画，借人物命运演乡镇生活变迁。"初稿原名《遥远的山镇》，不十分确切。接着又拟出许多书名如《山镇风情》《雾荡山镇》《山镇女邻》《芙蓉女》《南国山镇》《芙蓉玉树》和《芙蓉镇》等。最后选定《芙蓉镇》。因为首先"芙蓉国"是湖南的别称。出自唐代诗人谭用之《秋宿湘江遇雨》诗"秋风万里芙蓉国"毛泽东的《七律·答友人》也有"芙蓉国里尽朝晖"诗句。芙蓉又是莲（荷）的别名，用来比喻女子的美貌，唐代元稹《刘阮妻》诗有"芙蓉脂肉缘云鬟，罨画楼台青黛山"之句。书名用芙蓉，既标出了地名，又点明了美的含义，题名是精美而成功的。有北京人民文学出版社1981年刊本。

【浮山集】

诗文别集　宋仲并撰。仲并字弥性。江都（今江苏扬州）人。约南宋高宗绍兴中（1147）前后在世。曾佐淮西路诸郡，知蕲州（今湖北蕲春）。集为其外孙孟猷所编。仲并曾号浮山。按，江苏扬州城西北隅有浮山，诗人咏之。仲并曾佐淮西，今安徽嘉山、五河之间，淮水边尚有浮山镇。南朝梁天监中，曾于此拒北魏军，皆为纪念之地。书收入《四库全书》。

【浮山文集】

清方以智撰。以智字密之，号鹿起。安徽桐城人。明崇祯至清顺治（1611—1671）在世。明末进士，曾官检讨，明季四公子之一。入清为僧，人称药地和尚。博极群书。著有《通雅》《东西均》《物理小识》《药地炮庄》等。以智有号："浮庐""浮度愚者""浮山之孤此书以号名集。按，桐城东九十里有浮山，上有三十六岩，七十二峰。大江环绕，望之若浮，又名浮渡山。其祖父方大镇曾卜居于此，其母葬浮山。其年轻时读书浮山，有《游漱青三叠》诗："隔岭浮山在，依稀是故乡。"有清刻本。

【浮生六记】

自传体散文　清沈复撰。复字三白，江苏吴县（今苏州）人约嘉庆中（1763—？）在世。一生游幕。嘉庆十三年（1808），曾随册封琉球国王大臣出使，归后成此书。原书六卷,今仅存《闺房记乐》《闲情记趣》《坎坷记愁》《浪游记趣》,其他二记遗失。后人在苏州冷摊发现此手稿。道光年(1849)王韬曾为之跋曰:“笔墨之间缠绵哀愁一往情深。”光绪三年(1877)上海申报馆排印刊行,距成书以七十年。浮生见《庄子·刻意》:“其生若浮,其死若休。”老庄目人生在世,虚浮无定。后人则称人生为浮生。唐李白《春夜宴从弟桃李园序》:“夫天地者,万物之逆旅;光阴者,百代之过客。而浮生若梦,为欢几何? 古人秉烛夜游,良有以也。”1980 年人民文学出版社刊俞平伯点校本。

【 浮湘集 】

诗集　明顾璘撰。璘字华玉,号东桥。明成化至嘉靖(1476—1545)年在世。官至南京刑部尚书,晚年罢归。构息园,宾客常满。明金大车《浮湘稿后序》:“吾师东桥顾公,以直道忤权奸,谪刺全州。感时触兴,一寓于诗。题曰浮湘稿,纪其地也。”全州,今属广西。位于湘江上游。《四库全书》收录此集,并列有顾氏其他诸集:《山中集》乃移病家居时作。《凭几集》官湖广巡抚时作。《缓恸集》为哭其亡女。暨《息园存稿》等。

【 甫田集 】

别集　明文徵明(1470—1559)撰。徵明,常州(今江苏吴县)人,初名璧,以字行,号衡山居士。正德末,任翰林院待诏,三年即归故里,悠闲田园。善书画。与祝允明、唐寅、徐桢卿同称吴中四才子。甫田,即大田。典自《诗经·小雅·甫田》:“倬彼甫田,岁取十千。”诗意是:田地广阔,庄稼茂盛。题名表示作者与大自然融合无间之乐。有明刻本,清康熙间文氏重刻本。

【 拊掌录 】

一、杂记。旧本题元无名氏撰。拊掌,拍手。《后汉书·左慈传》:“……以竹竿钓于盘中,须臾引一鲈鱼出,(曹)拊掌大笑。”该书所记皆一时可笑之事,听者不禁拍手大笑,故名之。收入《丛书集成初编》及今本《历代笑话集》。

二、翻译短篇小说。原著美国华盛顿·欧文(Washinton Irving,1783—1859),今译为《见闻杂记》(*The Sketch Book*)林纾执笔魏易口译其中十篇。以欧文的幽默、风趣和含蓄的讽刺文风,而译题名《拊掌录》。光绪三十三年(1907)商务印书馆出版。

有《四库全书》本。

【 滏水集 】

诗文别集　金赵秉文撰。秉文字周臣。自号闲闲道人。滏阳(今磁州)人。金海陵王至哀宗朝(1159—1232)在世,大定年进士,仕五朝,官六卿。元好问称其自幼至老未尝一日废书。滏阳,古县名,治所在今河北邯郸地区磁县。滏水即今河北西南,子牙海河上游,献县至衡水一段。隋杨素《赠薛播州》诗:“漳滏尔连沼,泾渭余别流。”有《四库全书》本。

【 腐蚀 】

日记体长篇小说　茅盾(沈雁冰,1896—1981)撰。作者通过女青年赵惠明的被诱骗作特务到觉醒自新的过程,翻译抗战后期雾重庆的豺狼当道,特务作者的罪行。题名《腐蚀》,一是指投降派对抗战事业的腐蚀,二是指反动派对青年的腐蚀。作者在《致〈涅瓦〉杂志的读者》中说:“《腐蚀》写于 1941 年。那时侯还是中国革命的艰难时期。……美、蒋反动集团在他们的统治地区……建立庞大的特务机构……训练大量的特务人员,专门对中国共产党的公开和不公开的组织进行破坏,对进步的民主人士采取监视及至暗杀的手段,对广大青年(特别是学生)则采取欺骗利诱和暴力双管齐下的手段。”有 1941 年上海华夏书店刊本。参见《茅盾全集》诸条。

【 负曝闲谈 】

长篇谴责小说　又名《负曝闲田评考》。清蘧园(1883—1605)撰,徐一士评考。蘧园,姓欧阳,名淦,字巨元,苏州人,其余不详。本书较广泛地揭露晚清腐败的社会风气和黑暗政治。负曝,典出于《列子·阳朱》:“宋国有田夫,常衣缊黂(麻絮衣),仅以过冬。暨春东作,自曝于日,不知天下有广厦隩室、绵纩狐貉。顾谓其妻曰:‘负日之暄,人莫知者,以献吾君,将有重赏。’”负曝闲谈,意思是冬日晒太阳时的闲谈。用列子典故于书名,以影射晚清官僚和维新志士的种种丑态。有 1957 年上海文化出版社重印本。

【 傅与砺诗文集 】

别集　元傅若金撰。若金字汝砺，后改与砺，集以字名。江西新喻人。成宗至惠宗朝（1304—1343）在世。家贫，后有所激，始读书。元揭傒斯《傅与砺诗集序》："若与砺者，他日足为学诗者之依归也。傅君初字汝砺。余以天下同者姓字者众矣，而易之曰与砺，且以'与'与'汝'声相近而便于改称也。"《荀子·劝学篇》："金就砺则利。"意为金属经过磨砺，可制锋利的刀剑。元虞集《傅与砺诗集序》："德机之里人傅君与砺，始以布衣至京师，数日之间，词章传诵。名胜之士，无不倒屣而迎之，以为上客。台省馆阁以文名者，称之无异辞。"有《四库全书》本。

【 覆瓿集 】

别集

一、宋赵必（王象）撰。（王象）字玉渊，号秋晓。东莞人。理宗淳祐至元世祖至元年（1245—1294）在世。太宗十世孙，文天祥开府任惠州军事判官。入元，隐居温塘村。工诗。有《四库全书》本。

二、明刘基撰。元武宗至明太祖（1311—1375）在世。有明宣德五年（1430）刘貊刻本。余见《诚意伯文集》。

三、明朱同撰。同字大同。自号紫阳山樵，又号朱陈村民，休宁人。元末明初（1398）前后在世。有文武才，工图绘，时称三绝。有《四库全书》本。案：瓿（Bu）古器名。青铜或陶制，圆口，深腹。以贮酒、水，盛于商代。《汉书·扬雄传》："钜鹿侯芭常从雄居，受其《太玄》《法言》焉。刘歆亦常观之，谓雄曰：'空自苦。今学者有利禄，然尚不能明《易》，又如《玄》何？吾恐后人用覆酱瓿也。'"集名覆瓿，自谦著作。宋陆游《偶得长句》："覆瓿书成空自苦，击辕歌罢遣谁听？"

G

Ga

【 陔余丛考 】

学术考证　清赵翼撰。翼字云松，号瓯北。江苏阳湖（今武进境）人。雍正至嘉庆朝（1727—1814）在世。乾隆进士，曾官内阁中书，入值军机处等。阳湖故以文名，称阳湖派。翼兼辞章，诗与袁枚、蒋士诠齐名，称"江左三家"。此书为其官黔西，以亲老乞归养时著述，故名。按：《诗经·小雅·南陔序》："《南陔》，孝子相戒以养……。有其义而亡其辞。"晋束皙《补亡诗》："循彼南陔，言采其兰。眷恋庭闱，心不遑安。"后来以"南陔""循陔"为奉养双亲时的典故。《陔余丛考·小引》："余自黔西乞养归，问视之暇，仍理故业。有所得辄札记别纸，积久遂得四十余卷。以其为循陔时所辑，故名《陔余丛考》。"该书以经证经，以史论史，考订论证，极有参考价值。赵氏另有《瓯北诗集》。又有《二十二史札记》，实论及二十四史，可作入门之书。有1957年上海商务印书馆重印本。

Gan

【 干禄字书 】

文字学书　唐颜元孙（？—714）撰。元孙，玄宗朝人，进士出身，历官太子舍人、刺史等官。此书专为官场撰写章奏、书启、判状之用。汉字发展至唐，已经隶、楷、草体等的变化。字形的原来为常人所不知。颜氏旨在辨正字形，收字按四声、偏旁排列，每字再列"通""俗""正"三体，详加考辨，其有助于当时识字及书写的规范化。干禄，即求禄位者，要之必读也。书中注音，有助于考究中唐语音。《干禄字书·总论》："夫筮仕观光，唯人所急，循名责实，有国恒规。既考文辞，兼详翰墨。升沉是系，安可忽诸？用舍之间，尤须折衷，目以干禄，意在兹乎？"书收于《丛书集成》。

【 甘泽谣 】

传奇小说　唐袁郊撰。郊字子乾。蔡州（今

河南汝南县）人。生卒年不详，约宣宗大中年（853）前后在世。曾官祠部郎中、虢州刺史，与温庭筠等交往。此为其咸通中久雨卧疾时所著。甘泽，纪时雨润泽。宋陈振孙《直斋书录解题》卷十一称作者《咸通戊子自序》："以其春雨泽应，故有甘泽成谣之语，遂以名其书。"书载谲异事九。虽小说家流，然琐事轶闻，往往而在，足资考证。其中《红线》诸篇，文笔华美，设想超奇，为唐人小说之上乘者。原书已佚，此本辑自《太平广记》。

【 乾(月巽)子 】

文言小说集　唐温庭筠（812？—870？）撰。温庭筠有《温飞卿诗集笺注》已著录，可参见其生平。乾(月巽)：干制的肉食。(月巽)字，《广韵》释为："切熟肉再煮也"意为精制美食。题书名比喻作品耐人寻味，宋陈振孙《直斋书录解题》卷十二："序言'不爵不觥，非炰（炮）非炙，能悦诸心，聊甘众口，庶乎乾(月巽)之意。"后《文选》中以"馔"代(月巽)。此书收入《丛书集成》。

Gao

【 高常侍集 】

别集　唐高适撰。高适字达夫。沧州渤海（今河北沧州地区）人。生年不详，卒于代宗永泰元年（910）。少落拓，年过五十始留意于诗。入陇右，为哥舒翰掌书记。曾官散骑常侍，封渤海县侯。其诗气质高壮，为边塞诗代表人物。《旧唐书·高适传》云："有唐以来，诗人之达者，唯适而已。"《新唐书》中其集《题渤海集》，又《高适文集》。常侍：秦置散骑，又置中常侍散骑，随侍皇帝。汉沿之，因近帝后，权力甚大。魏以后，散骑与中常侍合称散骑常侍，始用文人任此职，掌规谏，不典事。唐置左、右散骑常侍，分属门下、中书两省。为清显之职，多用将相大臣兼职。有《四部丛刊》本。

【 高处不胜寒 】

散文集　中国台湾女作家赵淑敏撰。赵淑敏是海外女作家赵淑侠胞妹。毕业于台湾大学历史系任职于台湾教育界和广播公司。1956 开始发表作品。本书 1974 由台北黎明文化公司初版。作者自序，是作为短篇小说编集的，但抒情重于情节，称作散文集更好些。共收十四篇。计有：《出轨》《茫茫路》《高处不胜寒》《相亲》《小楼》等篇。多写生活中的无奈：事业的、感情的等。偏重女子的感情困扰。《高处不胜寒》写逾龄未嫁的自伤自怜，足以代表全书气氛格调。文字简洁有力而老练。书名取自宋苏轼《水调歌头》词中："我欲乘风归去，又恐琼楼玉宇，高处不胜寒。"参阅《采菊东篱下》条。

【 高冠长剑 】

散文集　新马作家伍良之（1942—　）撰。作者原名梁冠中，祖籍广东梅县，生于马来西亚，现为大马作协理事。本书是 1985 年铁山泥出版有限公司刊印。作者把所见所闻，有可采撷者，形诸笔墨。敢于直抒已见，立意近似鲁迅先生的精神及风格。在《后记》中，曾自勉要以屈原的高大形象为榜样，秉承先辈开拓的光明磊落的途路向前走。高冠，见《楚辞·离骚》："高余冠之岌岌兮，长余佩之陆离。"长剑：李白《赠崔侍郎》诗："长剑一杯酒，男儿方寸心。"

【 高士传 】

传记，皇甫谧撰。谧字士安。安定朝那（今甘肃平凉地区泾川县境）人。汉献帝至晋武帝时（215—282）时在世。家贫带经而农。博通典籍百家之言。屡召不至，以著述为务，其门人挚虞等，皆晋之名臣。此书录自古至晋高隐之士为之作传《高士传·自序》："谧采古今八代之士，身不屈于王公，名不耗于终始。自尧至魏凡九十余人。"原本佚。今本系后人杂抄附益而成。收于《四库全书》。

【 高阳全集 】

高阳（1922—1992）撰。台北联经出版公司出版。高阳历史小说家，浙江杭州人，本名许晏骈，字雁冰，另笔名有郡望、史鱼等。家为钱塘豪门望族，曾有出三位翰林，四位举人的辉煌纪录。本人因战乱大学未能卒业，后考入空军，随军去台。1960 年转入新闻界，长年任《中华日报》主笔等。1951 年开始写作，1964 年在台北《联合报》连续发表长篇历史小说《李娃传》一鸣惊人，此是高阳创作历史小说的滥觞。1969 年起陆续发表《缇萦》《慈禧全传》（包括《慈禧前传》《玉座珠帘》《清宫外史》《母子君臣》《胭脂井》《瀛台落日》六种）、胡雪岩三部曲:《胡雪岩》《红顶商人》《灯火楼台》,及《大将曹彬》《金缕鞋》《铁面御史》《小白菜》《汉宫春晓》《同光大老》《小凤仙》《八大胡同》《曹雪芹别传》《明末四公子》等。一生著作约90余部,105册,读者遍及全球华人。高阳曾言:"历史是我写作的主要题材,也是我的兴趣。搞历史的目的之一,就是唤起同胞对历史的温情。""了解历史,了解民族的创造多么艰难,民族才会有向心力,才会团结起来。"案:高阳,本城邑名,上古颛顼高阳氏佐少昊有功,封于此。汉刘邦兵过高阳,郦食其入谒,自称"高阳酒徒"即此。故址在今河南杞县西。高阳嗜酒,每自称"钱塘高阳",又自刻闲章"酒子书妻车奴肴妾"。逝后友人撰联挽之:"文章憎命达,诗酒风流李太白;才学著书多,古今殷鉴罗贯中。"

Ge

【 革除逸史 】

编年体史书　又名《逊国记》,明朱睦桔(木挈)撰。睦桔,约神宗万历(1573)前后在世,周定王六世孙,封镇国中尉,精于经学。革:改变、除去。《国语·周下》:"历始革典,十四王矣。"革除,明成祖既夺建文帝位,诏去建文年号,复称洪武,臣下乃称建文年间为革除之年。当初限于文禁,记载罕传。仁、宣宗后,公论表彰忠义,撰述日众,真伪相伴。睦桔以为颇多失实,乃于万历二年(1574)撰此书,专记建文一朝事迹。有明刊本及抄本传世,并入《四库全书》。

【 革命军 】

政论集　清末邹容(1885—1905)撰。邹容,四川巴县(今重庆)人。十三岁时反对经书八股,接受新学。1902赴日留学。因参加内反清革命,1903被迫回国,在上海签名加入拒俄义勇队,并撰写此书。书由上海大同书局印行。署名"革命军中马前卒"请章炳麟作序。凡七章,标题有"革命之原因""革命之教育"等。颂扬革命是"天演之公例","世界之公理"。阐述:"我中国今日人欲脱满州人之羁缚,不可不革命;我中国欲独立,不可不革命;我中国欲与世界列强并雄,不可不革命。"号召推翻满清。首次提出建立"中华共和国"的口号。出版后,影响巨大。清政府勾结上海租界当局制造《苏报》案,将章炳鳞和邹容,投入狱中。邹容1905年,死于狱中。辛亥革命后,1912年被南京政府追赠为大将军。本书在香港出版名《革命先锋》。在新加坡翻印名《图存篇》。在日本则与章太炎的《驳康有为论革命书》合刊。书为宣传革命,且作者身体力行,题名颇富于煽动性。

【 格萨尔王全传 】

民族史诗　即我国藏族长篇叙事诗。其散文部分不计,史诗部分有一百万至一百五十万行,是世界最长的史诗。长诗以民间说唱形式,歌颂以格萨尔王为首的英雄群体,同人民一起,勇敢机智地向邪恶势力进行斗争。语言生动朴素,深得广大人民喜爱。在蒙古族和土族地区也有流传,又是一部藏族文化的百科全书。新中国成立后陆续出版了部分汉文章节,1987年北京宝文堂书店出版了全书。国外亦有俄、德、英、法等文的节译本。

【 格致镜原 】

类书　清陈元龙(1562—1763)编。元龙字广陵,浙江海宁人。康熙年进士,官至文渊阁大学士兼礼部尚书。此书一百卷。辑录古今经史、杂记、俗说、野史、字书等文献中,各种器具、名物的内容、源流等资料,故题"格致"。语出《礼记·大学》:"致知在格物",意谓穷究事物原理而得知识。又谓每物必溯其起源,故称"镜原"。作者有《序》称:"……康熙甲申岁陈情归养,有旨就家中编纂《历代赋汇》一书。自天文、地理、人事之繁赜,小迄草木昆虫之细琐,按部就班,犁然心目。因就古人所赋之拘,惟暨古人所未赋之拘,一形一质,覈其出处,晰其名類,积为百卷,题曰《格致镜原》。"书分乾象、坤舆、身体、冠服、宫室、饮食等三十类。类下细目八百八十六子目。校刊精赅,足资考证。有扬州广陵刻印社影印本。

Gong

【 公孙龙子 】

古逻辑学　旧题周公孙龙撰。公孙龙字子秉。

约前 325—前 250 年在世,是战国时名家代表。《汉书·艺文志》注云:“赵人。”又注“毛公”下有:“与公孙龙等,并游平原君赵胜家”句。《四库全书总目提要》云:“其书《汉志》著录十四篇,至宋八篇已亡。今仅存《迹府》《白马》《指物》《通变》《坚白》《名实》凡六篇。……其书大旨疾名实乖实,仍假指物以混是非。借白马而齐物我,冀时君有悟而正名实。故诸史皆列名家。……盖其论雄瞻,实足以耸动天下。故当时庄、列、荀卿并著其言,为学术之一。”公孙龙在“名实论”中,要求名实相符,强调概念的明确性与固定性,涉及逻辑学的同一律和矛盾律。对古代逻辑学发展有一定贡献。有 1957 年北京科学出版社排印本。

【 公振集 】

诗集　元马林麐撰。麐(麟),江苏昆山人,元惠宗至正中(约 1354)前后在世。麐,字公振,一字国瑞。名与字皆典自《诗经·周南》:“麟之趾,振振公子,于嗟麟兮!”趾,谓麟的蹄。意译是颂扬麟的蹄,从来不踏生物,好公子,多诚实,麟多值得赞美! 原诗是借赋麟这种至高至美的仁兽,赞扬文王的子孙。后转意以“麟”代表有仁德、才智的贤人。宋朱熹于此注曰:“修德于身,而子孙宗族皆化于善。”麐于当时避兵于松江,日诵经史,以诗言志。元顾瑛《草堂雅集》:“马麐,字公振。昆山东沧人。幼酷志读书,多为缙绅所知。好文尚雅,以华其家声。马余有姻娅,今之所录,皆杨铁崖所称好者。”有长沙顾氏秀野草堂清康熙五十九年(1720)刻本。

【 攻媿集 】

诗文别集　宋楼钥撰。钥字大防。明州鄞县(今宁波地区属县)人。高宗至宁宗朝(1137—1213)在世。龙兴年进士,曾官起居郎、中书舍人。檄奏无所回避,帝亦惮之。钥学问赅博,文章淹雅。在南宋词臣之内,可谓佩实衔华。以攻媿(=愧)名斋,自称攻媿主人。其《攻媿斋诗序》云:“余以攻媿名斋,俞致翁惠书曰:‘若无媿可攻者。’读之悚然不敢当。”攻,除也。若除病痛、治疗。媿通愧,惭愧、有愧于……。有《四库全书》本。

【 龚自珍全集 】

诗文别集　清龚自珍(1792—1841)撰。自珍字尔玉字璱人。晚年更名巩作,号定(盦)庵。浙江仁和(今杭州)人。成长于世代官宦学者之家。道光进士官至礼部祠祭司行走、主客司主事,都是卑微下僚。四十八岁(1839)南归,任丹阳云阳书院讲习,猝死。龚氏为清末开风气的改革派思想家、文学家。诗文饱含时政内容,议论纵横,词采瑰丽,影响很大。其著名诗集《己亥杂诗》,共有七绝诗三百五十首。内容是杂写旅途见闻、生平经历、思想感情发展的自叙诗,为中国诗史上罕见的大型组诗。脱稿于道光十九年(1839)时为己亥年,故名。龚氏文集最初有道光年自刻的《定庵文集》。《全集》是 1959 年中华书局出版,今人王佩铮辑校本。

【 (巩/石 gong)溪诗话 】

诗歌评论　宋黄彻撰。彻字常明,莆田(今属福建)人。约高宗绍兴中(1140)前后在世。宣和年进士,任县令。以忤权贵,弃官终老于家。诗话作于其隐居地(砻)溪村,故题名之。论诗宗杜甫,强调作品思想内容,关心民生疾苦。反对嘲烟云、媚风月。但忽视诗歌的艺术特点,近道学气。有《四库全书》本。

Gou

【 句曲外史集 】

别集　元张雨撰。雨字伯雨、天雨。世祖至惠宗(1277—1348)朝在世。二十岁弃家为道士,居句(Gou)曲山黄筏楼,自号贞居子。人称句曲外史,并以名集。按,句曲山即茅山。句古通勾,言山形如句字之曲故名。汉茅盈兄弟修道处,故称茅山。《句曲外史集原序》:“陶弘景在齐梁时,挂冠居句曲山,自号华阳隐居。性雅淡,爱山水。每经涧谷,必吟咏盘桓,尤喜著书赋诗,旁通阴阳医药之术。朝廷屡征不起,世以高尚称之。后七百余年,当元盛时,贞居以儒者抽簪入道,自钱塘来句曲。负逸才英气,以诗著名,格调清丽,句余新奇,可谓诗家之杰出者。”明刘基《句曲外史张伯雨墓志铭》:“雨性狷介,常眇视流俗,悒悒思古道……每以陶弘景期之。雨自号句曲外史。”外史:周礼春官之属，掌布京畿以外之政令，文人常以之作别号。有《四库全书》本。

Gu

【 姑溪居士集 】

诗文别集　宋李之仪撰。之仪字端叔。山东无棣人，（一说乐寿人）。约神宗熙宁中（1073）前后在世。曾从苏轼于定州幕府、编管太平，徙唐州。南渡后居姑溪，自号姑溪居士。工诗，隽美清丽风格独特。名作有《卜算子》："我住长江头……"，《忆秦娥》："清溪咽……"等。毛晋《姑溪词跋》："中多次韵、小令，更长于淡语、景语、情语。"按：姑溪，在安徽当涂县南，古名姑执，有姑溪镇。临江有天门山、采石矶之险，为兵家要冲，南京门户。有《四库全书》本。

【 觚不觚录 】

杂记　明王世贞（1526—1590）撰。世贞始末，参见著录之《弇州山人四部稿》。此书成于作者晚年。书皆叙明代朝廷制度、缙绅仪注之沿革，兼及逸闻琐事。虽多细故，亦可资考据。作者自序谓觚之不复旧觚，感一代风气之升降，叹今不如昔之慨。觚，古代酒器，长身广口，上下呈喇叭状。（也有说是木简或有棱的器物）《论语·雍也》："子曰：'觚不觚，觚哉！觚哉！'"何晏集解："以喻为政不得其道则不成。"朱熹集注："觚，棱也。或曰酒器，或曰木简，皆器之有棱者也。不觚者，言不得为觚也。程子曰：'觚而失其形制，则非觚也。举一器而天下之物莫不尽然，'"有《四库全书》本。

【 觚剩 】

笔记　清钮琇撰。琇字玉樵，江苏吴江（今县属），约康熙（1681）前后在世。贡生，曾任河南、陕西、广东等地县令。博雅工诗文，薄书之间，不废笔墨。此书为其宰粤高明县之时所撰。目题为吴觚、燕觚、豫觚、粤觚、言觚、人觚、事觚、物觚等，记闻见之明末清初间人物杂事。文笔幽艳凄恻，有唐人传奇遗风，开后世《聊斋志异》之先声。觚，之另一义是古代书写用的木简。汉《急就篇一》注："觚者，学者之牍。或以记事，削木为之，盖简之属。……觚者，棱也。以有棱角，故谓之觚。"晋陆机《文赋》："或操觚以率尔，或含毫而邈然。"当时以散文为正统，以笔记小说为小道故题名《觚剩》，并示自谦。收入《笔记小说大观》。

【 古城夜话 】

散文集　中国台湾作家沙铮（1922—　）著。沙铮祖籍北京，北京大学经济系毕业，后供职于空军、复兴剧校等处。1939 年起发表作品，有散文、剧本等。本书为 1985 年台北振文印刷公司出版。共收散文五十七篇。有：《胡同深深是儿家》《半生只会撇京腔》《磨房研磨伏地面》《遥望故都忆重阳》《褡裢梢马子》《华灯初上忆开锣》《菊坛忆往趣事多》《百听不厌的红鬃烈马》《一袭青衣万缕情》等篇。作家魏子云在序文中说："斯集内容包括北平、台南两古都之风华俗尚、乡情轶闻、往事掌故、名胜古迹、生活情趣等。此外亦记述剧艺杂什、菊坛往事、述往散章。贵在精巧，而言之有据，而文之有情，若是也，则《古都夜话》得之矣。"

【 古夫于亭杂录 】

杂记　清王士祯（1634—1711）撰。内容是考辨历代人物、史事等。作者《自序》云：其书无凡例，无次序，乃题《杂录》。康熙四十五年四月，作者罢刑部尚书回到家乡山东新城，往鱼子山别业。息住于夫于草堂。鱼子山有古夫于亭，因以题名于书。参见已著录之王氏《带经堂集》。有《四库全书》本。

【 古欢堂集 】

别集　清田雯（1635—1740）撰。雯字子纶，德州人。康熙进士，官至户部尚书。诗文组织繁富欲以奇丽亢王世祯，别成一家。"古欢堂"雯之书斋名典取《古诗十九首》第十六："良人惟古欢，枉驾惠前绥。"原意是旧时的欢爱。借用古诗以名堂、集，是取与古人为伍之意。有《四库全书》本。

【 古今说海 】

小说丛书　明陆楫撰。楫字思豫，上海人。书成刊于明世宗嘉靖二十三年（1544）。集唐到明朝各类小说一百三十五种，以唐宋为多。分说选、说渊、说略、说纂等四部，及小录、偏记、别传、杂汇、逸事、散录、杂蒙等七家。内容包括历史掌故、奇闻异事、异域物产、典章制度等。是我国最早的一部小说丛书。每篇或有增删，但故事大体完整。虽不及南宋曾巩《类说》之罕见，明陶宗仪《说郛》之繁多，但比二书详赡。明唐锦《古今说海引》："凡古今野史外记、从说脞语、艺书怪录、虞初稗官之流……靡不品陟抉择，区别汇分，勒成一书，列为四部，总而名之曰《古今说海》。"海，极言所集之多。参见上篇书名类型词语"海"字条。有1988年巴蜀书社铅印本。

【 古今谭概 】

又名《古今笑》　杂记　明冯梦龙（1574？—1646）编。是书分迂腐、怪诞、痴绝、专愚等三十六门。记载前人琐闻逸事及寓言笑话等。清人李渔是文人兼出版家，重印此书时，将其改题《古今笑》，而使其销路大增。李氏有云："是书之编，出自冯子犹梦龙。其初名《谭概》。后人谓其网罗之事，尽数诙谐，为求正色而谈者，百不得一。名为《谭概》，而实则笑府，亦何浑朴其貌，而艳冶其中乎！遂以《古今笑》命名，此时好也。……同一书名始名《谭概》而问者寥寥，易名《古今笑》而雅俗并嗜，购之惟恨不早，是人畏谈而喜笑明矣。不投以所喜，悬之国名，奚裨乎？"参见《古今小说》条。有文学古籍刊行社影印本。

【 古今图书集成 】

类书　原名《古今图书汇编》。清陈梦雷（1651—1741）等原编，蒋庭锡（1669—1723）等重编。凡一万卷，一亿六千万字。为现存类书最大者。书分历象、方舆、明伦、博物、理学、经济六篇。其下分乾象、岁功、历法至戎政、祥刑、考工等三十二典共六千一百零九部。清雍正帝《〈古今图书集成〉序》云："（圣祖康熙）命广罗群籍，分门别类，统为一书。成册府之钜观极图书之大备。"时为1706年。后命蒋庭锡等人："重加编校，穷朝夕之力，阅三载之勤，凡厘定三千余卷，增删数十万言，图绘精审，考订详悉。……是书亦海涵地负，集经史诸子百家之大成。前乎此者，有所未备；后有作者，又何以加焉。"重编成书于1726年。此部书为海内外学者所重视，誉为中国古代大百科。有1988年中华书局重印铜活字版影印本。

【 古今小说 】

（别名《喻世明言》）话本小说集。明冯梦龙编。梦龙字犹龙，别署龙子犹、顾曲散人、墨憨斋主人、词奴等。长州（今江苏吴县）人。生年不详，卒约清顺治三年（1646）。崇祯贡生曾官浙江寿宁知县。清兵渡江，冯氏奔走抗清，明亡以殉。工文学、戏曲，才情跌宕，诗文藻丽。诗书收有《沈小霞相会出师表》《金玉奴棒打薄情郎》等四十篇。缘冯氏藏书甚多，书商求出有补世道人心者刻印。此本约刻于泰昌天启年（1621），书前有"天祥斋"广告："本斋购得古今名人演义一百二十种，先以三分之一为初刻云。"目录行首又有："古今小说一刻总目"八字，故名《古今小说》。但在重印时又改名《喻世名言》，乃有人认为《古今小说》是原拟刊刻三集之总书名。《喻世名言》前有《识语》云："题曰《喻世名言》取其明言显易，可以开导人心，相劝于善，未必非世道之一助也。"后来冯氏又编辑《警世通言》《醒世恒言》，合称之曰《三言》。见该专条。有1958年人民文学出版社校注本。

【 古今注 】

晋崔豹撰　豹字正能，始末不详，仅知为惠帝时（291—306）官太傅。书对古今名物予以诠释、考证和释疑。有舆服、都邑、音乐、鸟兽、鱼虫、草木、杂注、问答释义等八门。《四库全书总目提要》言崔书为伪托，录后附以五代马缟撰《中华古今注》，指与崔书多同乃抄袭者。又清人辑佚汉伏无忌撰之《伏侯古今注》，内容是东汉时帝号、天文、郡国等故事。有《四库全书》本。

【 古兰经 】

又名《可兰经》《宝命真经》，伊斯兰教的主要经典。公元609—632年间形成。原本为伊教创始人穆罕默德口述，后经其继承人汇辑整理，共一百四十一章。内容包括基本教义及有关宗教、政治、经济、社会、军事等制度的一系列的规定。是阿拉伯第一部伟大的文字典籍。伊教自唐代传入我国，此经典至清同治元年（1862），杜文秀刊刻，首次行世。

【 古列女传 】

传记　又名《列女传》。汉刘向（公元前77—

前6)。本名更生,字子政。沛(今属江苏)人。宣帝至成帝时历任郎中、给事黄门、散骑谏议大夫。武帝诏入秘书中校书,著《别录》(已著录请参见)。向有感于成帝时后宫"乖内仪",乃撰此书以劝戒天子,讽喻宫中。列:众、诸之谓。书为一百零五位女子立传,故名。分类目七:《母仪》《贤明》《仁智》《贞顺》《节义》《辨通》《孽嬖》。前六类为褒扬,最后类是贬斥。保留许多古代妇女,相夫教子、襄助政事、机智聪慧、奇节异识等懿行嘉言。不仅可与史传相参,亦有益于家教世风焉。有《四部备要》校注本。

【 古灵集 】

别集　宋陈襄撰。襄,真宗至神宗朝(1017—1086)在世。居福州侯官古灵村,因之为集名。宋李纲《古灵集序》:"公讳襄,字述古。至枢密直学士尚书左司郎中,赠少师,国史有传。"按:古灵山,在福建闽侯县西七里,有石室、甘泉、瀑布、碧玉潭。建有古灵书院,宋儒陈襄曾在此读书。有《四库全书》本。

【 古文辞类纂 】

总集　清姚鼐编。七十五卷。鼐字姬传,安徽桐城人,雍正至嘉庆朝(1731—1815)在世。曾官刑部郎中、四库馆纂修等职。乞归,历主江南、紫阳等书院。论文与方苞、刘大櫆主张同,世因目为"桐城派"。本书文指散文,辞是韵文,常与赋并称辞赋。姚氏以桐城派观点为准绳,选录战国、两汉、唐、宋、明归有光、清方苞、刘大櫆等古文辞赋七百余篇。按文体分为论辨、序跋、奏议、书说、赠序、诏令、传状、碑志、杂志、箴铭、颂赞、辞赋、哀祭等十三类,按类编纂,故题《类纂》。成书于乾隆四十四年(1779)。书中有评点,便于初学,流布甚广。后王先谦、黎庶昌皆编有《续古文辞类纂》,各有增补。民国十二年(1923),上海广益书局刊有《评点笺注古文辞类纂》。

【 古逸丛书 】

清黎庶昌(1837—1897)辑,二十七种。庶昌,字莼斋,贵州遵义人。历任驻英法德日四国参赞,光绪七年(1881)任驻日公使。在日搜得我国内久已绝迹的古逸书残本如,集唐本《老子》,宋本《尔雅》《谷梁传》《荀子》《庄子》,元本《楚辞集注》等,皆孤本精刻。为使其能长久保存并传布国内,由杨守敬译校,精工影刻。黎氏有《序》云:"刻随所获,概还其真。经始于壬午,告成于甲申。以其多古本逸编,遂命曰《古逸丛书》。"初刊于光绪十一年(1884)日本东京。1922—1957年张元济等辑有《续古逸丛书》,计二十七种,商务印书馆出版。1983年起中华书局辑印《古逸丛书三编》,已出至三十余种。

【 谷城山馆诗集 】

明于慎行撰　慎行字可远,更字无垢。东阿(今山东聊城属县)人。嘉靖至万历朝(1545—1607)在世。进士出身,官至太子少保兼东阁大学士。其诗典雅和平,自饶清韵。按:谷城,后汉置县,沿春秋谷邑。今平阳县境谷城山南麓东阿镇为治所。唐时并入东阿县。谷城山又名黄石山,有黄山台,即黄石公与张良相会处。其时公与张良于下邳上曰:"读此书,可为王者师。后十三年,见济北谷城山下黄石,即我也。"有《四库全书》本。

【 谷音 】

诗歌总集　元杜本撰。本字伯原,江西清江(今宜春地区属县)人,世祖至惠宗朝(1276—1350)在世。能书能文,留心经世,屡征不就。此集汇编王浍、曾澈等三十家宋遗民诗,各载小传,鉴别极精。集后有蜀郡张渠《跋》称:"乃宋亡之初,节士悲愤,幽人清咏之词。京兆先生早游江湖,得于见闻,悉能成诵,因录为一编,题曰《谷音》。若山谷之音,野史之类也。"《四库全书总目提要》:"是集所录,乃皆古直悲凉,风格遒上,无宋末江湖龌龊之习。其人又皆仗义守节之士,足为诗重。王士祯《论诗绝句》曰:'谁嗣箧(策)中冰雪句,《谷音》一卷独铮铮。'品题当矣。"谷音,空谷中的足音,喻难得得人物或言论。《庄子·徐无鬼》:"夫逃虚空者……闻人足音,跫然而喜矣。"有《四库全书》本。

【 鼓掌绝尘 】

中篇拟话本小说合集　明金木散人撰。散人原姓吴,余无考。书又分风、花、雪、月四集,每集十回演一故事。风集,是叙巴陵书生杜萼与相府歌伎韩蕙姿的爱情故事；花集，记汴京太守之子娄祝与其友俞祈，领兵征鞑靼事；月集，为姑苏书生文荆卿与立刺史之女李若兰婚姻事；雪集，叙金陵人张秀荡尽家产，报恩遭难的曲折传奇。书名鼓掌，言拍手表示赞赏；绝尘，意为超尘绝俗，皆作者自负之语。临海逸叟为之作《序》云："兹吴君纂其篇，开帙则满幅香浮，掩卷则余香勾引，入手不能释者什九，遂名之曰《鼓掌绝尘》云。"案：风花雪月原指四季景色，宋邵雍有诗："况当水竹云山地，忍负风花雪月期。"又喻男女风情，金人王喆《西江月·四景词》："堪叹风花雪月，世间爱恋偏酬。"作者题诸于书表示其认为爱情、友情、恩情是超乎一切之上的永久主题。有北京大众文艺出版社 2002 年刊本。

【滑耀篇】

寓言　明贾三近编。三近，峄县（今山东枣庄市峄城区）人，穆宗朝（1568）前后在世。隆庆二年进士，官至兵部侍郎。是书皆采录寓言如《送穷》《乞巧》《责龟》《册虎》之类。其曰"滑耀"者，取《庄子·齐物论》："是故滑疑之耀，圣人之所图也。"名书。释文：滑（gu）疑，乱也。谓能言善辩，可乱是非。耀，炫耀。图，革除。庄子意谓炫耀动听的，但足以乱世的言论，是圣人一定要除掉的。三近用以名书，谦言其书所收，皆圣人之欲弃者。《四库全书》以其亵渎圣贤，佻薄甚矣，不收，只列存目。

【顾曲杂言】

戏曲著作　明沈德符撰。德符，字虎臣，浙江秀水人，万历至崇祯朝（1578—1642）在世，万历举人。本书为其后人由其所撰杂著《野获编》中辑出，皆为考证杂剧南北曲，论其盛衰，兼及古剧角色乐器等。颇见详赅。顾曲，语本《三国志·吴·周瑜传》："瑜少精于音乐，虽三爵之后，其有阙误，瑜必知之。知之必顾，故时人谣曰'曲有误，周郎顾。'"后乃言欣赏音乐戏曲，特别是行家品评为"顾曲"。沈氏言论颇为现代戏剧研究者所重视，1959 年，中国戏曲研究院编辑《中国古典戏曲论著集成》，收入此书，由中国戏剧出版社出版。

【顾曲麈谈】

戏曲理论　吴梅（1884—1939）撰。梅字瞿安，号霜崖，江苏长州（今苏州）人。历任北京、南京等地大学教授，曲律和文词专家，并作有杂剧、传奇等。麈，古以驼鹿尾为拂尘，因称拂尘为麈尾，或省作麈。魏晋名士清谈常持麈尾，后称客座清谈为麈谈。《世说新语·容止》："王夷甫（衍）容貌整丽，妙于谈玄。恒捉白玉麈尾，与手都无分别。"宋林景熙《霁山集·访僧邻庵次韵》诗："寂寥午夜松风响，疑是神仙接麈谈。"1916 年商务印书馆出版。

【顾亭林诗文集】

别集　清顾炎武撰。炎武别号亭林。1613—1682 年在世，为清初大学者，朴学开山之祖。顾氏居地，有亭林湖之胜。车守谦《顾亭林年谱》："顾亭林湖在华亭东南三十五里。湖南有顾亭林镇，陈顾野王居此，因以为名。宋绍熙间，为宝云寺，寺南高基，野王曾于此修《舆地志》，世传以为野王墩，有沼深黑，云是野王墨池。"顾野王（519—581），南朝梁、陈时大文人，撰有字书《玉篇》等。家居亭林湖，人称其地曰"顾亭林"。盛百二《柚堂笔谈》："明华亭顾正谊芳官中书舍人。晚于濯锦江筑小园，林木清幽，自号曰亭林。以南朝顾野王所居曰亭林，仲芳以自号。而顾宁人亦以名其集。"顾学成在考据，其诗苍凉沉郁，富于爱国热情，文亦朴素自然。有 1959 年中华书局刊本。请参考《蒋山佣诗集》《日知录》等书。

Gua

【瓜庐诗】

别集　宋薛师石撰。师石字景石，永嘉人。生卒年不详，约宁宗嘉泰（1203）前后在世。隐居不仕，筑屋会昌湖西，题曰"瓜庐"。常与"四灵"唱和，诗格亦近似。赵师秀诗："野水多于地，春山半是云。"即为瓜庐之作。薛氏书法亦深造其极。有《四库全书》本。参见《芳兰轩集》。

Guai

【乖崖集】

别集　宋张咏撰。咏，字复之。后晋开帝至宋真宗朝(946—1015)在世。鄄城(今属山东)人,太宗时进士官至礼部尚书。他刚愎自用,为官理事尚严猛。《宋史·张咏传》:"自号乖崖,以为'乖'则违众,'崖'不利物也。"案:乖,背离,不和谐。《左传·昭三十年》:"楚执政众而乖。"陶潜《饮酒》:"壶浆远见候,疑我与时乖。"崖,原指山之高边。于人状性行兀傲,曰崖岸;进趋不安,曰崖然。《庄子·天道》:"老子曰'而容崖然,而目冲然。'疏:汝庄饰容貌,夸骇于人。自为岸崖,不能舒适。"取号自况其不合时宜。《四库全书总目》云:"咏为政恩威并用,吏民畏服。平日刚方尚气,有岩岩不可不可犯之节。其文乃疏通平易,不为崭绝之语。其诗名列西昆体中。"集以其自警之号名之。有《四库全书》本。

Guan

【 官场现形记 】

长篇章回小说 六十回。清李伯元(1867—1906)撰。伯元又名宝嘉,有号南亭亭长。祖籍江苏武进(今常州)。长期随在山东居官的伯父处受教,多才艺。后到上海办《世界繁华报》等,并应商务印书馆之聘,主编《绣像小说》半月刊。《官场现形记》为其代表作,是晚清四大谴责小说之一。作者《自序》云:"……亦尝见官矣,送迎之外无治绩,供张之外无才能。……上下蒙蔽,一如故旧。尤其甚者,假手宵小,授意私人,因苞苴而通融,缘贿赂而解释,是欲除弊而转滋之弊也。……南亭亭长有东方之诙谑,与淳于之滑稽,及熟知夫官龌龊之要凡,昏聩糊涂之大旨,……以含蓄蕴其忠厚,以酣畅淋漓阐其隐微,……穷年累月殚精竭诚,成书一帙,名曰《官场现形记》。"现通行者为人民文学出版社校注本。

【 观堂集林 】

别集,王国维(1877—1927)撰。国维,字静安,号观堂。浙江宁海人,清秀才。曾留学日本,归国后任教于南通、苏州。1925 年任清华大学研究教授。1927 年自沉于颐和园。是书为作者后期历史考古学术论文汇编。因所收多为单篇文字,分编为"艺林",多经学之说。"史林",收历史考据文。缀林,皆王氏杂文、诗词赋作等。所考古代文字、礼乐、世系、制度、地理等均极有价值,为其一生治学精华。集以三林,附其号,故题此。有 1940 年商务印书馆石印本,1959 年中华书局据以影印。

【 关尹子 】

又称《关令子》《文始真经》,道家著作。旧题周尹喜撰。关尹,古时守关之吏,又称关令。相传尹喜曾为函谷关之关尹,故号关尹子或关令子。后道教又尊喜为文始真人。《汉书·艺文志》著录《关尹子》九篇,但《隋书·经籍志》《旧唐书·经籍志》皆不载,示原书佚久。至南宋时忽现此书。案:旧题汉刘向撰《列仙传》载:"关令尹喜者,周大夫也。善内学星宿,服精华,隐德行仁,时人莫知。老子西游,喜先见其气,知真人当过,候物色而迹之。果得老子。老子亦知其奇,为著书。与老子俱之流沙之西,服巨胜食,莫之其所终。亦著书九篇,名《关尹子》。"此书内容驳杂,多以儒家语,言释氏及神仙方技,不类周时老聃之语。《四库全书总目》以其为唐五代间方士所依托。然以观其论辩证无常颇当,理致文采亦可取,非低能者所为,云其不可废也。有 1984 年浙江人民出版社《百子全书》本。

【 管子 】

先秦政论,旧题管仲撰。管仲(公元前?—前645),名夷吾,字仲。颍上(颍水之上)人。春秋初齐国政治家,辅佐齐桓公富国强兵。攘夷狄,尊周室,九会诸侯,一霸天下。《四库全书总目》列于子部法家类并云:"(宋)刘恕《通鉴外纪》引《傅子》(晋傅玄)曰:'管仲之书,过半便是后世好事者所加,乃说管仲死后事。'叶适《水心集》亦曰:'《管子》非一人之笔,亦非一时之书。……当是春秋末年。'晁公武《读书志》曰:'刘向所校本八十六篇,今亡十篇,……则唐初亦非完本矣。"西汉刘向《管子序录》:"凡《管子》书,务富国安民,道约言要,所以晓合经义。"原书简编错乱,文字夺误,号称难读。近代郭沫若、闻一多、许维遹撰《管子集校》,凡校正文句,编采唐尹知章至当代诸家各说。校文后加按语,是为善本。有《诸子集成》本。

【 管锥编 】

文史学术著作。钱钟书（1910—1998）撰。钱氏字默存，号槐聚，曾用笔名中书君。江苏无锡人。1929 年考入清华大学外国语文系。1935 留学英国牛津。1937 留学法国巴黎。1938 回国后在西南联合大学、清华大学等校任教。1953 任文学研究所研究员。1882 年起任中国社会科学院副院长。本书对《诗经》《易经》《老子》《左传》《史记》《楚辞》《太平广记》《全上古三代秦汉三国六朝文》等，作了新的考释，而且披沙拣金，钩玄提要，辨析毫芒，刊谬钩沉，熔古铸今。有许多富余创建性的赓扬；并将中西文化和文学独特的比较和研究。书名《管锥编》的意义有几层：一、作者自谦。《韩诗外传》有："譬如以管窥天，以锥刺地；所窥者大，所见者小；所刺者巨，所中者少。"此典又见于《庄子·秋水》等篇。作者本人认可的英译书名是："有限的观察，关于观念与文学的札记。"二、是钱钟书之意。钱氏曾有笔名："中书君"，唐代韩愈曾以""中书君"代指笔。"管"字，韩愈在《毛颖传》中又称笔为"管城子"。"锥"字，《新五代史·史弘肇传》里称笔为"毛锥子"。这些都是毛笔的别称，所以书名可解作"笔会""钱钟书集"等。三、寓作者自况成一家言，独得其乐。《庄子·秋水》中说：井蛙不知井外之大，却独居一井自得其乐。作者反用这个典故，表示自谦中的自负、自嘲。钱氏号槐聚，原本出自元好问诗："枯槐聚蚁无多地，秋水鸣蛙自一天。"可印证此说。四、或有人曰：古称开锁的钥匙为管，解绳结的工具为锥。《管锥篇》意在打开艺术殿堂之门，解开文学艺术上的奥秘等。"管""锥"是具体，"天""地"是共相书名示"以具体显现共相"。有 1979 年中华书局刊本。

【 丱兮笔记 】

札记　清管庭芬撰。庭芬，始末未详。丱兮，语见《诗经·齐风·甫田》："婉兮娈兮，总角丱兮。"总，原意是聚合，引申为聚发。丱，状古代男女未成年前，束发为两结，形状如角之貌。作者《自序》称："题曰《丱兮笔记》，志幼学也。"书中包括不少抄自群书的逸事、趣闻、典故等。

【 灌园集 】

别集　宋吕南公撰。南公字次儒。建昌南城（今山东费县）人。生年不详，卒于哲宗元祐初（1086）。以不能逐时好，一试礼闱不遇乃筑室灌园，著书。灌园：《史记·商君传》："赵良见商君曰：'君之危若朝露，尚欲延年益寿乎？何不归十五都，灌园于鄙。'潘岳《闲居赋序》："灌园鬻蔬，以供朝夕之膳。"有《四库全书》本。

Guang

【 广成集 】

道教典籍　五代前蜀道士杜光庭（850—933）撰。广成子，传说中的古代仙人，居崆峒山，黄帝曾向其问求治国修身之道。光庭行状见《全唐诗·卷八五四》："杜光庭，字圣贤括苍人。……僖宗召见，赐以紫服，克麟德殿文章应制。后隐青城山白云溪，自称东瀛子。蜀主王建赐号广成先生。"书以赐号题名。此书原本已散佚，今存者不及十分之一，只有表和道教祀神斋醮文——青词，是一种写给天神稍具文学色彩，骈体形式的奏章式的文章。有关唐末五代时期的道教史料，赖以载存。收入于《道藏》。

【 广川画跋 】

中国画著录　宋董逌撰。逌，宋东平（今河北枣强县东）人，靖康末官司业，书画品藏家。古画多故事物象，逌所跋皆为考证之文。明何良俊《四友斋丛说》："不甚评画之高下，俱论古今之章程仪式，可谓极备。"案，东平，东平原郡汉曾置广川县，城中有长河为流，故名。董仲舒为广川人，后董氏皆以广川为郡望。南朝为广川郡，北齐曾改东平原郡。董逌以郡望名其书。有《四库全书》本。

【 广弘明集 】

佛教文献汇编　唐释道宣撰。道宣俗姓钱氏润州丹徒（今江苏属县）人。隋末唐初（596—667）在世。创中国佛教律宗之南山宗，世称南山律师。集中汇南北朝至唐僧俗一百三十四人有关佛教著作。记历代佛教兴废、义理。此书题名意为梁僧佑《弘明集》之续，僧佑之书旨在斥道抑儒。但唐初诏孔颖达等修五经疏义，儒学又兴，道宣乃不攻儒而攻道。体例与僧佑有所不同且采摭浩博，卷帙倍于僧佑，故不称续而名《广弘明集》。许多佚传资料，颇赖保存。如中国文献目录学之重要资料阮孝绪的《七录》及其门目，儒家久已失传，隋志仅存其说，而此书第三卷乃载其大纲，为幸存可贵者也。参见《弘明集》条。有《四库全书》本。

【 广陵集 】

诗文别集　宋王令撰。令字钦美、逢元。广令（今扬州）人。仁宗朝（1032—1059）在世。宋刘发《广陵先生传》："王氏旧望太原，自先生之七世祖居魏之元城，不知其何时迁也。叔祖乙居广陵，先生初育于乙，故遂为广陵人。"少不检，既而折节读书，王安石妻以夫人吴氏之妹。令才思奇轶（逸），文古朴，亦自成一家。案：广陵，秦置县。治所在今扬州，宋并入江都，然广陵仍作扬州别称。唐权德舆《广陵诗》：'广陵实佳丽，隋季此为京。八方称辐辏，五达如砥平。"有《四库全书》本。

【 广雅 】

训诂书　三国魏张揖撰。揖字稚让，清河（今属河北）人。魏明帝太和（227—232）中官博士。此书体例编目同《尔雅》，博采汉儒笺注。凡周秦两汉经传、子史、诗赋、医书、字书，如：《三苍》《说文》及扬雄《方言》尽皆备入。大大增广《尔雅》的规模与内容，故名。隋曹宪为之音释，因避炀帝讳，曾更名《博雅》。为研究古代词汇和训诂的重要资料。有《四库全书》本。

【 广阳杂记 】

笔记　清刘献廷撰。献廷，大兴（今属北京）人，别号广阳子。于学凡经世者，无不穷究，尤精舆地音韵等。以布衣游名公间，万斯通最心折之，引参明史馆事。是书记明清杂事、历代典制，旁及地理、水利、象纬、律历、财赋、医药、音乐、诗论以及释道家言等，内容庞杂，故曰杂记。案：广阳，汉有广阳国，后汉为广阳郡，在今北京大兴区。古代河北中北部称"刘"，帝尧陶唐氏之后，封于定州唐县（今属河北），廷献以郡望名城名书。有1957年中华书局刊本。

【 广韵 】

音韵学著作　宋陈彭年等奉诏撰。彭年字永年，南城（今属江西）人。太祖至真宗朝（961—1017）在世。官至兵部尚书。此书成于真宗大中祥符四年（1011），为增广隋代《切韵》而作，故名《广韵》，在原书的基础上除增字加注外，部目也有所增订。上采三代、两汉、六朝语音。研究中古音韵者，大都以之为据。上古及近代语音也可资参考。考据家取其赅博，是我国流传下来最早最全的韵书，汉语音韵学的重要著作。《广韵校录》的编者之一黄侃先生言："韵书虽始于曹魏，而古籍至今皆亡其存于今者，以宋修《广韵》魏最旧，清世诸儒咸重视此书。自今观之，《广韵》殆与《说文》并峙。"有1982年北京中国书店影印本。

【 广志绎 】

笔记　明王士性（1546—1598）撰。士性，字恒叔，号太冲，又号元白道人。浙江临海人，万历进士，官礼部给事中、鸿胪卿。氏曾著《五岳游草》《广志游》等书。此书继之以记叙所游山川名胜、关塞险要、物产民俗、赋役漕运、农民起义、少数民族情况等。万历二十五年（1597）成书。记记事。绎，陈述。作者《自序》云："余已遍海内五岳与其所辖之名山大川而游，得文与诗若干篇记之矣。所不尽于记者，则为《广游志》二卷，以附于说者家流。兹病而倦游，追忆行踪，复有不尽于《志》者，则又为广志而绎之矣。"今有中华书局1981年铅印本。

Gui

【 归藏 】

《周易》前的古《易》书，相传为黄帝作。《周易・春官》载太卜掌三《易》之法："一曰《连山》，二曰《归藏》，三曰《周易》。"郑玄注："归藏者，万物莫不归而藏于其中。"原书久佚。清马国翰辑《玉函山房辑佚书》辑有《归藏》一卷虽难确信，但晋代郭璞著述已引用，说明其成书时代较早，亦可参考。

【 归田类稿 】

别集　元张养浩（1269—1329）撰。养浩生平，参见已著录之《云庄乐府》。此集为其隐居时，手自编次。元吴师道《归田类稿原序》："暨解参议中书。归卧华不住鹊山之阳，殆将十年，屡召不起。翛然云庄之居，悠然山泉之乐。沉潜乎经史百氏，益肆于词。和平冲淡之中，错以奇崛藻丽。”养浩有《自序》云：“历年既久，所述寖多。倾退休家野，出而录之。凡得诗，若赋，若文，若乐府九百余首，歧为四十卷。名为《归田类稿》，柜而藏之用示张氏子孙。”年久，原本已残，乃据《永乐大典》校补之，收于《四库全书》。是集又名《云庄类稿》。

【 归愚词 】

词集　宋葛立方（？—1164）撰。立方撰有《韵语阳秋》，已著录，请参考。归愚，缘立方曾自题草庐：“归愚识夷涂，游宦泯捷径。”取自韩愈《秋怀诗》之五：“归愚识夷涂，汲古得修绠。”归愚，为反朴、守拙意。夷涂：平坦的路。立方与其父俱以词名，词风平实铺叙，少清新婉转之思。《卜算子·席间再作》为集中最杰出者。词曰：“袅袅水芝红，脉脉蒹葭浦。淅淅西风淡淡烟，几点疏疏雨。草草展杯觞，对此盈盈女。叶叶红衣当酒船，细细流霞举。”前人评曰：“用十八叠字妙手无痕。”有毛晋汲古阁《宋六十家词》本。

【 圭峰集 】

别集　元卢琦撰。琦，惠安人。生卒年不详，约元惠宗至正年（1354）前后在世。董应举《圭峰集原序》：“惠安卢希韩先生……名琦，号立斋，希韩其字。圭峰则其所居之山，取为集名者也。”吴鉴《故前村居士卢公墓志铭》：“先世光州固始人，唐末避乱从王绪入闽，居泉之惠安。宋乾道间有曰瞻者，隐登高山下，以八行举，邑人名其山曰登科山。其后迁邑东之圭峰下，乃吾高祖之父也。铭曰：“闽海之儒，圭峰所蟠。有美隐君，康盘其间，野艺泽予，于以自老，孝善世继。”有《四库全书》本。

【 圭塘欸乃集 】

诗集。元许有壬、子，桢、弟，有孚等撰。有壬字可用，汤阴（今河南安阳属县）人。至正到至元年（1287—1364）在世。延祐进士官至中书左丞兼太子左喻德。许氏归田后居相城（今安阳境）西，得园有池，池如桓圭（古代贵族礼器如形）。欸乃，原为摇橹象声词。唐元结于舟行之中，作《欸乃曲》，后成为乐府、词曲调名，又喻唱和吟咏之雅作。元周伯琦《圭塘欸乃集·原序》：“圭塘欸乃者，御史中臣安阳许公与其季氏都司君可行，其客马君明初及公之家嗣国子上舍生桢，闲居唱和之什也。公谢事归相城，于其地之西二里，得康氏废园……凿池其中，茅广以步计者千余。深八尺，形如桓圭……既爱之，时杖屐，携弟若子，会宾友。觞咏其间，以池之占胜居多，故以圭塘名。而此唱彼和，宫商递宣，少长同欢，主宾相望，以草一木，品题不遗，故名其篇曰‘欸乃’”。有《四库全书》本。

【 龟巢集 】

诗文别集　元谢应芳撰。应芳字子兰。江苏武进（今常州）人士。元末明初（1296？—1392？）在世。笃志好学。至正初，阻兵于吴，筑室松江之旁，小如龟巢，号龟巢老人。授徒讲学，德望重于江南，以居室名集。其《龟巢记》云：“至正丙申春，余避地滆上，依旧识里翁刘氏，家筑室一区，栖妇子，差可容膝，既而以‘龟巢’颜之。客或过余曰：‘龟亦何尝有巢哉？’子曰：‘子不闻乎！千岁之龟，巢于莲叶，盖其以叶为巢，初不费经营之力也。’故予此室实类之。僦地里翁，地不论值；假力邻伍，力不受佣；鸠工材则有乡邑诸友人相之，故其室不劳而成。今也避门缩首，帖然如藏穴之龟，蛰乎其间，此龟巢之所以名也。”有《四库全书》本。

【 龟山集 】

诗文别集　宋杨时撰。时字中立。福建将乐（今县治）人。仁宗至高宗朝（1044—1130）在世。熙宁进士，官至龙图阁直学士。学于二程，东南推为“程学正宗”。创闽中道学，朱熹、张栻皆出其门下没。影响南宋百四十年士议朝论，学者称“龟山先生”。龟山，在福建将乐县东北，封山的支峰。宋杨时晚年居此山。有《四库全书》本。

【 癸辛杂识 】

杂记类　宋周密（1232—1298）撰。本书与其所撰《齐东野语》相近，多录琐事杂言，遗文逸事，可资考证者实多。是书作于流寓杭州癸辛街之时，因以名集。作者事迹，参见《武林旧事》条。有《四库全书》本。

【 鬼谷子 】

哲学、权数著作　旧题周鬼谷子撰。鬼谷，传为战国时人，生平无考。以隐居颍川阳城（今河南登封县东南）之鬼谷而号鬼谷子，或鬼谷先生。历来认其为纵横家之祖，张仪、苏秦之师。是书内容有《捭阖》至《符言》等十二篇。《史记·苏秦传》："东师事于齐，而习之于鬼谷。"索隐曰："乐壹注鬼谷書云：'秦欲神秘其道，故假言鬼谷。'"汉刘向、班固之录无此书。《隋书·经籍志》列为纵横家。《唐志》则直谓苏秦撰。《四库全书总目提要》断谓："魏晋以来书，固无疑耳。……其文之奇变诡伟，要非后世所能为也。"有《四库全书》本。

【 贵耳集 】

宋张端义撰。端义字正夫，自号荃翁。郑州人，居于苏州。应诏上书，然以妄言，安置韶州。此书即在韶州时作。所记朝廷轶事、诗话、考证，皆可圈可取。贵耳即尊闻之意，特变换其文，乃示重视听闻。取名之由见作者一集《自序》："余从江湖游，接诸老绪余，半生钻研，仅得《长短录》一帙。得罪后，为妇所火。因追忆旧事记之，《贵耳集》。以耳为人至贵，言由音入，事由言听。古人有入耳者心之训，且有贵耳贱目之说。怅前录之已灰，喜斯集之脱稿。得妇在千里外，虽闻有此录，束緼之怒不及矣。"有《四库全书》本。

【 桧亭集 】

诗集　元丁复撰。复字仲容，天台人。生卒年不详，约仁宗皇庆初（1312）前后在世。曾被荐而不就，浪迹江淮，以所居有双桧，复日哦诗其下，因以名集。元李桓《桧亭集原序》："天台丁君仲容之诗曰《桧亭稿》，因其所居而目之也。君三徙居寓金陵之城北，地既深僻，有原亭之胜，古桧列植左右，苍茂若云。客至欸坐亭上，日翛然以为乐。饶氏介之，方集君诗，得若干首为一编，故题其稿'桧亭'云。"有《四库全书》本。有《四库全书》本。

Guo

【 國榷 】

编年体史书　明末清初谈迁（1593—1567）撰。迁，明季诸生。原名以训，字孺木。明亡后改今名，隐居不仕。浙江海宁人，爱国史家。书共一百另四卷记元天立元年至明弘光元年（1328—1645）。榷，指国家对某种物品的专卖权。《汉书·武帝纪》："初榷酒酤"颜师古注引韦昭："以木渡水曰榷。谓禁民酤酿，独官开置，如道路设木为榷，独取利也。"国家专卖，货真价实。迁以明史诸家实录多失实，乃著此书，故名《国榷》。迁《国榷·义例》："横木水上曰榷。汉帝主榷商税，今以榷史，义无所长短也。事辞道法，句权而字衡之。大抵宁洁毋勿靡，宁塞毋猥，宁裁毋赘。若亥豕之讹，雌黄之口，尤其慎旃，不敢恣臆于千百祀之下。"俞应益《国榷序》："盐官谈孺木（迁之表字），乃集海盐、武进、丰城、太仓、临朐诸家之书，凡百余种。苟有足述，靡不兼收一勒为一编，名曰《国榷》。……夫以木横水曰榷，若孺木之采辑，钜纤皆备，久近并综，诚哉榷而取之诸家无遗言矣。"而吴晗之《谈迁和国榷》一书中言谈迁："汏十五朝之实录，正其是非；访崇祯十五年之邸报，补其阙文。"而释其"榷"曰商榷之榷。书成于顺治年（1656），终清无刊本，故未遭改窜。1958 年中华书局据抄本重编刊印。

【 国秀集 】

诗集　唐芮廷章编选。廷章，太学生，余无考。"披林撷秀"精选，唐开国至天宝年间，作者认为诗家优秀之篇，故题《国秀》。《国秀集·自序》："自开元以来，惟天宝三载，谴谪芜秽，登纳精英，可被管弦者，都为一集。……见在凡九十人（实只八十五人），诗二百二十首，为之小集，成一家言。"天宝三年（744）成书。选诗强调形式美与可歌性，故多为音韵谐婉，属对工整之作。不选岑参、李白等人，入选者亦非其代表作。可校勘各诗人流传诗集。1958 年中华书局上海编辑所刊《唐人选唐诗》（十种）收此集。

【 国语 】

国别史　相传为春秋时左丘明撰。"语"字，古代的指义是"与人谈话"。《说文》释为"论也"，即谈论之意。《释名·释典艺》："《国语》记诸君臣相与语言，谋议之得失也。"全书以分国记述人物的言论为特征，对当时的政治、外交、军事亦有所载。时间起自周穆王十二年（前 900）终于周贞定王十六年。比《左传》记述的早二百四十六年。创分国记事的体例。史料价值以周语、楚语较高晋语(最详)、郑语、鲁语次之。齐语、吴语、越语可补史传。因可与《左传》相参证,故又称之为《春秋外传》。缺点是取材零散,颇多挂漏。有1978年上海古籍出版社标点本。

【 过庭录 】

笔记　宋范公偁(称)撰。公偁乃范仲淹之玄孙,其事迹等皆不详,约高宗绍兴中(1147)前后在世。案:《论语·季氏》:"(孔子)尝独立,鲤(孔子之子)趋而过庭,曰:'学诗乎?'对曰:'未也。''不学诗无以言。'鲤退而学诗。"后以父教为过庭之训。《四库全书总目提要》:"……其书多述祖德。皆绍兴丁卯戊辰间,闻之其父,故名曰'过庭'。语不溢美,犹有淳实遗风。"有1980年中华书局刊本。

H

Hai

【 孩儿塔 】

诗集　殷夫(1900—1931)撰。殷夫,现代诗人。原名徐柏庭,生于浙江象山。笔名有殷夫、白莽等。小学读书时即开始写诗。1926年加入中共,1930年参加左联,积极写作和革命活动。1931年被捕,2月7日被国民党秘密杀害于龙华,为"左联五烈士"之一。其早期诗作大都歌咏爱情和故土,后来主要创作政治鼓动诗。诗作音色粗犷、节奏高昂,正面讴歌工人阶级的斗争事业,有鲜明的政治倾向和强烈的时代感。1930年作者手编诗集,但未得出版。牺牲后鲁迅保存手稿并为之作《白莽作〈孩儿塔〉序》称他的诗"是属于另一世界的",是"对于前驱者的爱的大纛,也是对于摧残者的憎的丰碑"。题名《孩儿塔》,意味作者对过去某种感情的埋葬。殷夫在《"孩儿塔"上剥蚀的题记》中说:"这里所收的,都是阴面的果实""现代时代需要我更向前,更健全,于是,我把这些病弱的骸骨送进'孩儿塔'去。因为'孩儿塔'是我故乡义冢地中专给人抛投死儿的所在。我不想说方向转换,我早知道光明的去路了,所以我只是埋葬病骨,只有这末,或许更加勇气。"诗集新中国成立前一直未能出版。1958年人民出版社刊本仅收三十五首。1983年其余三十首未刊诗稿,在中国《现代文学研究》上公开发表。有1958年人民文学出版社刊本。

【 海岱会集 】

诗集　明石存礼等撰。存礼字敬夫。山东益都(今潍坊属县)孝宗弘治年(1488—1504)前后在世。进士及第,官至知府。归田后与蓝田等乡人,结北郭诗社唱和。八人不以诗名,除吟咏外别无余事,互相推敲,自少疵类。真朴闲雅,斐然可诵。海岱:舜时十二州之一,指东海与泰山之地,又称青州,今山东省地。《禹贡》:"海岱惟青州。"注:东北据海,西南距岱。杜甫《登兖州城楼》诗:"浮云连海岱,平野入青徐。"有《四库全书》本。

【 海公案 】

话本小说集　全称《海刚峰先生(或题海忠介公)居官公案传》。明李春芳编次。春芳,兴化(今属江苏)人,隆庆初任宰相。此书是一部短篇小说总集,全七十一回,每回一公案故事,内容系小说家杜撰,非海瑞实事。海公,即海瑞。《明史·海瑞传》:"瑞生平为学,以刚为主,因自号刚峰,天下称刚峰先生。"海瑞,字汝贤,海南琼山人,回族。嘉靖举人,曾官户部主事、应天巡抚、右佥都御史。为官清正廉洁,民间传颂。本书写海瑞任淳安知县、江南巡抚时,对七十一个,不相联属的人命案件的审断。塑造了海瑞这个明察秋毫,为民除害的清官形象。现存最早刊本是明万历丙午年(1606)所刻。

【 海陵集 】

诗文别集　宋周麟之撰。麟之字茂振。海陵人。生卒年不详,约高宗绍兴中(1160)前后在世。官至同知枢密院事。海陵:古县名,西汉置。以其地傍海而高故名。治所即今江苏泰州市，现仍称泰州别名为海陵。有《四库全书》本。

【 海内存知己 】

散文集　中国台湾女作家赵淑侠(1931—　)著。作者原籍黑龙江满洲里，生于北京。1940 年，随父到台。曾任电台编辑，又至欧洲学美术。1972 返台，从事创作。本书收有《倦游归来》《天涯游子心》《海内存知己》《旧梦难寻》《客从故乡来》等篇。大多叙述长期旅居异国的感怀和返台的印象。取材于海外华人生活，反映台湾去欧美知识分子的生活遭遇和心态变化。书名取自初唐诗人王勃诗《杜少府之任蜀州》："城阙辅三秦，风烟望五津。与君别离意，同是宦游人。海内存知己，天涯若比邻。无为在歧路，儿女共沾巾。"原书是 1981 年台北九歌出版社出版。

【 海内十洲记 】

古小说，旧题汉东方朔撰。朔(公元前 154—前 93)，武帝时大中大夫。汉刘向朔书目中未录此书，初见于《隋书・经籍志》，实为六朝人依托之作。书中首列十洲方位，并云："汉武帝既闻王母说，八方巨海之中，有祖洲、瀛洲、玄洲、炎洲、长洲、元洲、流洲、生洲、凤麟洲、聚窟洲。有此十洲，乃人迹所稀绝处。又始知东方朔非世常人，是以延之曲室，而亲问十洲之所在，所有之物名，故书记之。"是皆神仙恍惚之作，然以词条丰蔚，有助文章，唐人词赋引用尤多，是以录异者所不能废也。书或题《十洲记》，乃省称。参见《东方大中集》条。有《百子全书》本。

【 海上尘天影 】

长篇小说　一名《断肠碑》，清末邹弢撰。邹弢，字翰飞，号潇湘馆侍者。江苏金匮人，生卒年不详，约清德宗光绪十年(1884)前后在世。早年作客，历馆姑苏，居沪亦甚久。小说叙一生眷恋上海诗妓苏韵兰，欲为脱籍，而苦无资。后挟资以归，而韵兰已杳。海上，即上海。尘天影，喻男女主人公的两情姻缘，无非是天上人间分隔的梦影而已。有北京民族出版社 1995 年刊本。

【 海上繁华梦 】

长篇小说　又作《上海繁华梦》，清末孙家振(1862—1939)撰。书题"古沪警梦痴仙戏墨"，有初集、二集、后集共百回。家振，字玉声，上海人，警梦痴仙为其号。家富有，好冶游。廿九岁步入文坛，以文学编辑和小说写作为业。是清末民初多产作家之一。《海上繁华梦》是其最风行的小说。内容以上海妓院为中心，苏州名士谢幼安、杜少牧为线索，描写形形色色的人物和奇奇怪怪的现象。书名喻其在繁华的上海城的生活，痴如梦幻。作者《自序》云："海上繁华甲于天下，则人之游海上者，其人无一非梦中人，其境则无一非梦中境。是故灯红酒绿，一梦幻也；车水马龙，一一梦游也。……仆自花丛选梦以来，十数年于兹矣，见夫入迷涂而不知返者，岁不知其凡几，未尝不心焉伤之。因作是书，如释氏之现身说法，冀当世阅者或有所悟，勿负作者一片婆心。"有"情天党梦人"者于此书初集作《题词》云："三十回书结构新，一回细读一惊人，写来海上花间事，证道情天梦里身。……我亦繁花梦里人，十年买笑沪江滨。"此书利用妓院这个"社会缩影"，广泛描写各种人物和各种社会现象，反映晚清社会的腐败现象，补充了《官场现形记》仅暴露官场黑暗之不足，很有特色。有 1989 年江西人民出版社《中国近代小说大系》本。

【 海上花列传 】

长篇小说，又题《绘图青楼宝鉴》《绘图海上青楼奇缘》《海上春花记》《最新海上繁华梦》等名。六十四回，笔名题"云间花也怜侬"，即韩邦庆(1856—1894)，字子云，别号太仙、或署大一山人。江苏华亭(今属上海松江县)人士。光绪京试，未中举。归沪，为《申报》写稿。是书有光绪二十年(1894)石印本。书名海上，即上海。花指妓女，海上花即上海妓女。原指纪传体史书中一般人物的传记。书中叙赵朴斋、赵二宝兄妹，先后由乡下流入上海。赵朴斋因狎妓而困顿，沦落拉洋车谋生，二宝则堕为娼妓。赵氏兄妹的遭遇有一定的典型性。书内也旁及官场和商界，反映日益殖民地化的上海城市部分社会面貌。全书穿插了许多妓女的生活事迹，故题名列传。描写妓女个个不同，没有将她们理想化，较近于写实。《海上花列传》是中国第一部方言小说，对话全用苏州白话。1982 年，人民文学出版社根据石印本整理新排本出版。

【海叟集】

诗文别集　明袁凯撰。凯字景文。华亭（今属上海松江县）元末明初人士。生卒年不详。元末为府吏，洪武间授御史。因触太祖之恶，遂伪作疯痴，得免归。凯少时以《白燕诗》得名，人称“袁白燕”，杨维桢惊赏之。凯自号海叟，并以名集。近人马叙伦《读书续记》云：“宋人自名叟老，可谓创一代风气。”以叟命名、命字、命号乃相沿宋风。文人利用自古以来优礼老人得心理，而自栩成熟者也。有《四库全书》本。

Han

【寒柳堂集】

文集　陈寅恪（1890—1969）撰。寅恪，古典文学暨史学专家。江西修水人，祖父陈宝箴主张变法维新，父陈三立，晚清名诗人。寅恪曾留学日、德、瑞士、法、美等国。后任教于清华、燕京、中山诸大学，并兼职于中央研究院。新中国成立后任职于政协、中国科学院、中央文史馆等。作者晚年失明，尚著有《柳如是别传》，推崇柳之品德才华。其中阐述明、清之际的政治背景，是其主张以“诗文证史”的名著。作者曾有诗云：“著书惟剩颂红妆”，寒柳堂，是作者室名。来自柳如是一首调为《金明池·咏寒柳》的一首词。陈氏以名其室，并题其集。有上海古籍出版社1980年刊本。

【寒山子诗集】

别集　（附《丰干拾得集》）唐寒山子撰。寒山子，约唐开元二十八年（公元740）前后在世。相传为天台广兴县僧。居于寒岩（山藏深邃，当暑有雪，故名），因自号寒山子。往来国清寺，与释拾得游。台州刺史闾邱允，令人寻寒山平日于竹木石壁上，及人家厅壁所得诗三百首。又取拾得土地堂壁上所书偈言及其仅存诗二首，纂集成卷。允亲自为序，宋人又作《三隐集》。其诗多述山林幽隐之兴，或讥讽时态，而机趣横溢，足资警励流俗。有《四库全书》本。

【寒松阁集】

别集　宋詹初撰。初字以元。安徽休宁人。生卒年不详约理宗绍定中（1231）前后在世。始为县尉以荐入太学为学录。忤韩侂胄罢官，入庐山。有诗文《流塘集》，以所居流塘里而名。《流塘集》毁于火，后人搜集残余，再刊刻。汪以湘《寒松阁集后序》：“先生构读书阁于万松之间，以寒松名阁，今名其集曰寒松。”收入《四库全书》。

【寒夜】

长篇小说　巴金（李尧棠，1904—　）著。描写1944年冬至1945年冬，一个善良的知识分子的家庭悲剧。主人公汪文瑄，抗战爆发后，到重庆艰难谋生。终于在庆祝胜利的鞭炮声中死去。妻子被迫作老板的“花瓶”，回来后见人去楼空，她在“寒夜”中茫然不知所向……题名“寒夜”，表明这部小说的开笔时间。作者《后记》中言：“在一个寒冷的冬夜，开始写长篇小说《寒夜》……。”又象征当时的社会环境的冷酷、黑暗，人们被不合理的制度拖死。1947年上海晨光出版公司出版。参阅《巴金文集》条。

【韩非子】

（又作《韩子》，见于《四库全书》）哲学著作。战国韩非（约公元前280—前233）撰。韩非，韩国贵族，与李斯同事荀卿。《史记·老子韩非列传》：“韩非者，韩之诸公子也。喜刑名法术之学。而其本归于黄老。……作《孤愤》《五蠹》《内外储》《说林》《说难》十余万言。”曾建议韩王安变法图强，不见用，而其说得秦王政之重视。秦出兵攻韩，他被迫出使秦国。不久为李斯、姚贾所害。韩文本各自成篇，非殁之后，其徒收拾篇次，以成一帙。以姓名题为书名，子，古代男子尊称也。有1974年上海人民出版社刊陈奇猷《韩非子集释》。

【韩君平集】

诗集　唐韩翃撰。翃，字君平。南阳（今河南邓县）人，大历十才子之一。生卒年均不详，约唐代宗大历初766）前后在世。天宝进士，以诗受知德宗，官驾部郎中，知制诰，擢中书舍人。其诗技巧圆熟，受人喜爱。名作《寒食》：“春城无处不飞花，寒食东风御柳斜。日暮汉宫传蜡烛，轻烟散入五侯家。”德宗选近臣，时有两韩翃，宰相请孰与？帝批曰：“‘春城无处不飞花’云云，与此韩翃。”诗虽多酬赠之作，然无俗气。原本已佚，此集本，由明人辑成。有《唐五十家诗集》本。

【 韩内翰别集 】

唐韩偓撰。偓字敬尧，号玉樵山人。京兆万年人。约昭宗天复年(910)前后在世。王溥荐为翰林学士。工诗，多写艳情，辞藻华丽，有香奁体之称。故本书又名《玉樵山人集香奁集附》。内翰：翰林之别称。《新唐书·陆贽传》："贽入翰林，虽外有宰相主议，而贽居中参裁可否，时号内相。则是其称自陆贽始也。由此今亦呼翰林学士为内相，亦曰内翰。"有《四库全书》本。

【 韩诗外传 】

文史著作　汉韩婴撰。生卒年不详，约文、景帝间(公元567)前后在世。燕(今河北)人。曾为博士、常山王太傅。汉时传释《诗经》有齐、鲁、毛、韩四家。《史记·儒林砖》："韩生推《诗》之意而为《内、外传》数万言，其语颇与齐、鲁间殊，然其归一也。"《汉书·艺文志》则认为韩婴作《诗传》，"或取《春秋》，采杂说，咸非其本义"。韩《内传》亡佚于宋，现仅存《外传》。本书说《诗》，主要不是在训诂上释诗义，而是推衍诗人本意。断章取义，触类引申。引《诗》以证事，而非述事以明《诗》，借以发挥韩婴本人的政治思想，与《诗经》本意相径庭，故称《外传》。其文简约而美保存许多寓言、故事，是研究《诗经》与汉代文史的重要著作。有1980年中华书局集释本。

【 翰苑集 】

别集　唐陆贽撰。贽字敬舆。苏州嘉兴人。玄宗天宝(754)至顺宗贞元(805)年在世。贽于德宗时为翰林学士，故名其集。翰林学士：唐玄宗于内廷供奉之翰林院外，别置学士院，选文学朝臣充任。专掌制诰、诏令，预闻朝政，为皇帝最近的顾问。《旧唐书·陆贽传》："贽初入翰林，特承德宗异顾，歌诗戏狎，朝夕陪游。及出居艰难之中，虽有宰相，而谋猷参决，多出于贽，故当时目为'内相'。"贽卒谥宣，故本书又名《陆宣公奏议》。翰苑，即翰林院。有《四库全书》本。

【 汉宫秋 】

杂剧　全名《破幽梦孤雁汉宫秋》，元马致远(1251前后)撰。马致远为元曲四大家之一，其生平参见已著录之《东篱乐府》。此剧为其仅存的杂剧六种之中影响最大者。剧本根据葛洪《西京杂记》昭君出塞故事改写，叙西汉元帝受匈奴威胁，被迫送美人昭君王嫱出塞和亲，途中昭君投黑水而死。本剧着重刻画将相的怯懦自私，对元帝则给予同情，描写他同昭君分离的痛苦。剧末以元帝思念昭君入梦，醒后听见孤雁哀鸣作结。因主要写汉元帝中秋夜思念昭君，故名《汉宫秋》。全剧艺术成就较高，结构紧凑，抒情色彩浓烈，曲辞苍凉幽眇，尤其描写汉元帝悲哀苦闷心境的词曲，历来为人所称颂。收入中华书局1958年刊《元曲选》中。另有英、日文译本。

【 汉书 】

断代史　汉班固撰。固字孟坚。扶风安陵(今陕西咸阳东)光武建武八年(32)生，和帝永元四年(92)卒。少慧，及长博贯载籍。父彪，继《史记》作《后传》，未终而卒。固补撰，被告私改国史，入狱。弟班超上书明之，明帝乃诏为兰台令，诏其续著。后因事死于狱中，其妹班昭与马续续成，称为《汉书》。为我国第一部纪传体断代史。书，原意为记、记载。古代史书以《书》为名。全书一百篇，计十二纪、八表、十志、七十列传组成，后析为一百二十卷。所记上起高祖元年(公元前206)下至刘玄更始二年(24)共西汉二百三十年史事。其中与《史记》重叠部分，有增益。而对西汉的政法、地理、边域等记载比《史记》更详备。本书特载《艺文志》，记载先秦至汉的书籍流传，是最早的目录学专著，于中国学术史贡献巨大。用纪传体并创断代史的法式，影响了后世史书的编撰。因文句古奥，唐以前已有二十三家注。唐颜师古集大成之《汉书注》，为现在最早最流行注本。清王先谦有《汉书补注》，近人杨树达有《汉书窥管》，陈直有《汉书新证》，等等。

【 汉书艺文志 】

史志书目，简称《汉志》。汉班固(公元32—92)撰。为我国第一部史志书目，也是现存最早的较完整的图书目录，最早的目录学文献。全一卷，从《汉书》卷三十裁篇另行编出。是班固在西汉刘向、刘歆父子的《别录》《七略》的基础上写成。删《七略》中的《辑略》,但保存原来的六略:即六艺、诸子、诗赋、兵书、术数、方技六略和三十八种分类体系。前有总序,每略有分序。各家之后有小序,简述编辑由来及各略、各家学术思想的源流。班固又增列刘向、扬雄、杜村等三家,共五百九十六家,一万三千二百六十九卷。凡合移增删均自注说明,以示变动。故《七略》虽佚,于此仍可见其梗概,知西汉文化典籍之盛。开创官修目录,编制正史艺文志之先例。后世的《隋书》《旧唐书》《新唐书》《宋史》《明史》及《清史稿》都编有《艺文志》或《经籍志》。对我国图书文献及目录学影响很大。文史家将《艺文志》及唐颜师古等人之"注"另行单编。宋王应麟、清姚振宗及近代学者关于《汉志》的专著多多。

【 汉园集 】

为何其芳(1912—1977)、李广田(1906—1968)、卞之琳(1910—2000)三人的诗歌合集。包括何其芳《燕泥集》17 首。李广田《行云集》17 首。卞之琳《数行集》34 首。1936 由上海商务印书馆出版。作者当时都是北京大学学生,读书之地均在"汉花园"。人称他们为"汉园三诗人",故名《汉园集》。按:进北京东城区五四大街有"红楼",原为新中国成立前北京大学旧校址,其地清乾隆时称"汉花园"。得名之由:一说清朝附近有一花园称"汉花园"。又说,北大红楼原址为松公府,或指为松府花园而称。1958 年该处辟为五四大街。1965 年曾改为汉花园大街,文革中又改为五四大街。(见《北京市东城区地名志》)。

Hao

【 蒿庵集 】

文集　清张尔岐撰。尔岐号蒿庵。山东济阳(今德州属县)人。明末清初(1612—1677)在世。入清不仕,孝于母。《清史稿·张尔岐传》:"所居败屋不修,艺蔬果养母。集其弟四人,讲说三代古文于母前,愉愉如也。妻朱婉娩执妇道,劝尔岐勿出。取《蓼莪》诗意,题其曰'蒿庵',遂教授乡里终其身。"按:《诗经·小雅·蓼莪》:"蓼蓼者莪,匪莪伊蒿,哀哀父母,生我劬劳。"《集传》:"莪,美采也。(俗名抱娘蒿)。蒿,贱草也。"马瑞辰《毛诗传笺通释》:"莪蒿即茵陈蒿之类,常抱宿根而生,有子依母之象,故诗人借以起兴。"原诗意,诗人自恨不如抱娘蒿(莪),而只是无用的蒿。尔岐名集,表至孝之义。有乾隆三十八年(1773)刻本。

【 好逑传 】

长篇小说　又名《侠义风月传》。原题"名教中人编次","游方外客批评"撰者,批者事迹皆不详。是书叙秀才铁中玉"既美且才,美而又侠",他邂逅一"临事作为,却又有才有胆,赛过须眉男子"的才女水冰心。彼此相敬相爱,经过种种曲折终成婚配的故事。逑,匹配、配偶。好逑,即好的配偶。典自《诗经·周南·关雎》:"窈窕淑女,君子好逑。"此书在明清之际诸多的才子佳人小说中,较为突出,企图将男女交往,与纲常名教调和起来。书中以皇帝之口誉二人"真好逑中出类拔萃者"。最后在第十八回题回目又点出"验明完璧始成名教终好逑",故书名题此。小说语言流畅,结构紧凑,人物生动,艺术成就较高。十八世纪传入欧洲,得德国作家歌德好评。有 1956 年上海文化出版社校注本。另有十五种以上的外文译本。

He

【 何典 】

滑稽方言小说,又名《十一才子字书鬼话连篇录》。原署"缠夹二先生评,过路人编定"。经考订,作者为张南庄。张生平不详,是乾嘉时上海才子。书名调侃读书人讲究语出有典,而此书几乎全为吴语的方言成语、俚语,熟练使用其借义、转义。随手拈缀信口开河,读之不禁疑问:出自何典?即以题名。笔墨恣肆。滑稽突涕。鲁迅曾,《题记》云:"谈鬼物正象人间,用新典一如古典。"又在另文中云:"书中引用诸人,有曰活鬼者,有曰穷鬼者,……阅之已堪喷饭。况阅其所记无一非三家村俗语,无中生有忙里偷闲。其言,则鬼话也;其人则鬼名也;其事,则开鬼心,扮鬼脸,钓鬼火,做鬼戏,搭鬼棚也。语曰，‘出于何典?’而今而后，有人以俗语为文者，曰‘出于《何典》而已矣。”书于嬉笑怒骂之间，现愤世嫉俗之深，是方言文学中别致之作。有1981年人民文学出版社校注本。

【 何其芳文集 】

何其芳(1912—1977)撰。其芳，原名何永芳。现代散文家、诗人、文学评论家。四川万县人。1935年北京大学哲学系毕业。1936与北大同学卞之琳、李广田三人诗歌合集《汉园集》出版。(参见前条)1937何氏散文集《画梦录》(著录见后)，获《大公报》文艺奖金。后任职于教育界。抗战爆发后，到四川，上延安。执教于鲁迅文学院及马列学院(高级党校)。新中国成立后，长期担任文学界领导工作。主持筹建文学研究所。创作和评论著述丰富。《何其芳文集》1984年，由人民文学出版社出齐，共六卷。收录了何氏大部分创作和论著。现将其部分著作解题如下：

一、《刻意集》，为故事、戏剧、散文、诗、诗意随笔合集，共二十二篇。书名命义在本书《序》中有解：“我的写作是很艰苦很迟缓的，犹如一个拙劣的雕琢师，不敢轻率地挥动他的斧斤，往往夜以继日地思索着，工作着，而且当每一个石像脱手而站立在他面前，虽然尚不十分乖违他的原意，又往往悲哀地发现了一些拙劣的斧斤痕迹。……直到现在我还是不能断言这到底是我的好处吗还是弱点，这写作的时候的过分矜持。”1938年由文化生活出版社初版。

二、《夜歌》诗集。收二十六首。作者在《初版后记》中写道：“这个集子的全名应该是《夜歌和白天的歌》，这除了表示有些是晚上写的，有些是白天写的而外，还可以说明其中有一个旧我与一个新我在矛盾着，争吵着，排挤着。”此书于1945年由诗文社初版。1952人民文学出版社出版《夜歌》增删本，更名为《夜歌和白天的歌》。

【 何水部集 】

别集　南朝梁何逊撰。逊字仲言。东海郯(今山东郯城)人。生年不详，卒于梁武帝天监年(527)。曾任建安王萧伟的记室，又任安成王萧秀的幕僚兼尚书水部郎，后人称何记室或何水部。其诗清新自然，杜甫有诗赞曰：“阴(铿)何(逊)尚清省。”又自言作诗：“颇学阴何苦用心。”水部郎，官名，魏始置。掌有关水道之政令，其后或置或缺。《隋书·经籍志》录有《梁仁威记室何逊集》记室，东汉置。掌章表、书记及文檄。有1980年中华书局刊本题为《何逊集》。

【 河东集 】

别集　宋柳开撰。开字仲图。大名(今河北属县)人。北汉至宋真宗朝(947—1000)在世。少募韩、柳之文，自名肩愈，字绍先。既长改名开，字仲涂。以“能开圣道之涂也。”曾官殿中侍御史，历知数州。《柳公行状》云：公“勋至上柱国，爵至河东县伯，食邑至九百户。”开论文章，反对晚唐五代排丽浅弱的华靡文风，以为文当传古圣贤之道，是宋初文坛革新的先驱。河东：战国秦汉指今山西西南部。唐以后泛指今山西在黄河以东的地区。宋置河东路。河东又是柳氏的望郡。有《四部丛刊》本。

【 河南集 】

别集　宋尹洙撰。洙字师鲁河南人。真宗、仁宗朝(1001—1047)在世。博学有识，尤深于《春秋》。五代以来，文格卑弱，继柳开之后，洙倡为古文。有宋古文欧阳修为巨擘，而洙实开其先。其文古峭劲洁，简而有法。又以儒学知名，世称河南先生。河南，传说东夷古帝之子殷封于尹城，即今河南新安县地，故尹氏为其郡望，并以名集。有《四库全书》本。

【 河岳英灵集 】

唐诗选集　唐殷璠选编。璠，生卒不详，只书首题有唐丹阳(今属江苏)进士殷璠集。书中集录盛唐时期二十四位诗人诗作二百三十四首。包括：李白、王维、孟浩然、岑参、李颀、崔颢、崔国辅、祖咏、储光羲等。基本上反映唐代诗歌概况是唐诗较佳选本。且对每一诗人各有品评，多有精到之处，体例上亦为创举。英灵，源自王维《送别》诗：“圣代无隐者，英灵尽来归。”作者本书《序》言：“开元十五年后，声律风骨始备矣。实由主上恶华好朴，去伪从真，使海内词场翕然尊古。南风周雅，称阐今日。璠不揆，窃尝好事，愿删略群才，赞圣朝之美。爰因退迹，得遂宿心。粤若王维、昌龄、储光羲等二十四人，皆河岳英灵也。此集便以《河岳英灵》为号。”意为总汇山川大地杰出人才之作也。有1978年上海古籍出版社刊《唐人选唐诗》（十种）本。

【鹤林集】

文别集　宋吴泳撰。永字叔永。潼川（今四川三台县）人约仁宗嘉定年间（1224）前后在世。嘉定进士，官至宝章阁学士，知泉州。泳章疏表奏，切中窍要。诗文散佚之余，亦可见其著作丰富。鹤林：《大般涅槃经》云：佛于婆罗双树间入灭时，树树花开，林色变白，如鹤只之群栖，因以鹤林为佛入灭之处。南朝齐王融《法门颂启》：“鹿苑金轮，弘汲引以济俗；鹤林双树，显究竟以开珉。”后遂以“鹤树”“鹤林”指佛或佛寺。唐元稹《大云寺二十韵》：“鹤林萦古道，雁塔没归云。”今镇江有鹤林寺。有《四库全书》本。

【鹤林玉露】

笔记　宋罗大经撰。大经字景纶。庐陵（今江西吉安）人。尝登第为容州法曹掾，余无考。生卒年亦不详，约宁宗嘉定年（1224）前后在世。其书体例在诗话、语录、小说之间。因事议论，略有考证，亦有精义。鹤林，佛家语。相传释迦牟尼入灭处，林色变白，如白鹤之群栖。后亦指僧寺林木为鹤林。玉露，即晶莹露水。南朝徐陵《为护军长史王质移文》：“比金风已劲，玉露方圆，宜及穷秋，幸逾高塞。”作者名书意谓鹤林之下与客交谈，所得如玉露之繁。其自序云：“余闲居无营，日与客清谈于鹤林之下。或欣然会心，或慨然兴怀，辄令童子笔之，久而成篇，因曰《鹤林玉露》。盖‘清谈玉露藩’，杜少陵之句耳。”按，杜甫《赠虞十五司马》：“爽气金天豁，清谈玉露藩。”有《四库全书》本。

【鹤山全集】

诗文别集　宋魏了翁撰。了翁字华父。邛州蒲江（今四川西部属县）人孝宗至理宗朝（1178—1237）在世。曾知嘉定府，丁忧解官，筑室白鹤山下，闭门授徒。后为兵部郎中，受诬劾，于靖州（今湖南靖县）建鹤山书院，人称鹤山先生。白鹤山，在川西邛来县西，上有鹤山书台，乃魏了翁读书处。陆游《翠屏阁》诗：“把酒孤亭半日留，西岩独擅鹤山秋。”有《四库全书》本。

Hen

【恨海】

中篇小说　清吴趼人（1866—1910）撰。吴氏之《二十年目睹之怪现状》已著录，可参考其生平。本书写于光绪三十一年（1905）。故事言光绪年间，广东人陈、王、张三家同居一院，儿女长大成人，陈家两个儿子，向王张两家求亲。正值庚子事变和义和团活动，结果三家分散，有情人不成眷属，有钱的两手空空。书中以大儿子的未婚妻张棣华为主人公。他历经颠沛流离，而始终贞烈多情，最后削发为尼，情节悲惨动人。书后有一首词《西江月》，点名书名题意：“精卫不填恨海，女娲未补情天。好姻缘是恶姻缘，说甚牵来一线。”小说被改编成戏曲、电影影响甚大。有1989年江西人民出版社《中国近代小说大系》本。

Heng

【珩璜新论】

笔记　又名《孔氏杂说》，宋孔平仲撰。平仲，字毅父。临江新喻（今江西新余县）人。宋神宗元丰年（1082）前后在世，与兄文仲、武仲皆以文名，称“清江三孔”。平仲治平年进士，官至兖州景灵宫主管。其长于史学，此书考证旧闻，亦论古事。其珩璜之名，据《四库总目》言：“考《大戴·礼》载曾子曰‘君子之言，可贯而佩。’珩璜皆贯而佩者。岂平仲本名《杂说》，后人推重其书，取贯佩之义，易以此名欤？”案：古人以玉比德，贵族以佩玉为饰。珩璜皆佩玉之名，上曰珩，下曰璜。有《四库全书》本。参见已著录之《佩玉斋类稿》。

【横浦集】

诗文别集　宋张九成撰。九成字子少，浙江钱塘人。哲宗至高宗朝（1092—1159）在世。累官至宗正少卿，权礼部侍郎。因与秦桧不和，谪居安南，自号横浦居士。横浦，古水名，即今广东北江东源浈水，又名楼船水。源出江西大庾岭南，入粤北与北江合。《史记·南越传》："（西汉）元鼎五年，立爵都尉杨仆为楼船将军，出豫章，下横浦。"张九成有《辛未闰四月即事》诗："横浦亦何好？人烟渺荒墟。"有《四库全书》本。

【 横塘集 】

别集　宋许景衡撰。衡字少尹。温州瑞安人。神宗熙宁年生，高宗建炎年卒（1072—1128）。元佑进士，累官至尚书右丞，卒谥忠简。衡亢直正论，诗言清拔。家居横塘，尝垂钓于此。有《横塘诗》："好在横塘水，人今去几年。秋光空到地，霁色自连天。伐石围高岸，诛茅驾短椽。归欤此心在，何苦名利牵。"故名其集。横塘：三国时吴沿秦淮河南，筑堤至长江口，称横塘。左思《吴都赋》："横塘、查下，邑屋隆夸。"有《四库全书》本。

【 衡庐精舍藏稿 】

别集　明胡直撰。直字正甫，号庐山。生于武宗至神宗朝（1517—1585）。官至福建按察史。直家泰和，东距衡山，北距庐山，皆不千里。故取二山之名，名其居室，精舍为其集徒讲习之所。有《四库全书》本。

Hong

【 哄堂集 】

词集　宋卢炳撰。炳，字叔阳，号丑斋。余无考。哄堂，指众人同时大笑。宋曾慥引唐赵璘《因话录·御史三院》载：唐御史台，以年资最高的一人主杂事，称杂端。平时公堂会食，杂端坐南榻，主簿坐北榻，不苟言笑。遇杂端有失笑时，在座其他人跟着笑，叫作哄堂。如《红楼梦》四十一回："众人听了，哄堂大笑起来。"卢炳题名，自谦表示此书无甚价值，仅博众人哄堂大笑而已。有天津古籍出版社1986年刊本题名作《烘堂集》。

【 弘明集 】

佛教文献汇编。南朝梁僧佑（445—513）编。佑俗姓俞。祖籍彭城下邳（今江苏邳县东）。武帝时住建康（今南京）钟山定林寺，通佛教史学。是书辑录东汉至梁有关佛教论著。大旨斥道抑儒，也收有反佛教之文如范缜《神灭论》等。梁以前名流论著无专集者，幸赖以存。其《序》称："道以人弘，教以文明。"取"弘道明教"之义，阐扬佛理，光大佛教，故名之。有《四库全书》本。

【 红尘心事 】

散文集　台湾女作家袁琼琼（1950—　）撰。作者原籍四川眉山，生于台湾新竹。曾任杂志编辑，后专业从事创作。以短篇小说集，获《联合报》奖。本书与981由台北尔雅出版社出版。收散文二十九篇。有：《红尘》《心事》《花之声》《酒之思》等篇。红尘，即尘埃，又形容热闹繁华之地。汉班固《西都赋》中有"红尘四合"之句，佛道等教称俗世为红尘。作者以现代人的敏感，在平淡琐碎中，发现生活的悲喜。如《心事》中作者说："我的心事就是想知道树到底在想什么，突然，感觉到树向我笑了……"文笔灵活俏皮，新鲜有味。抒写处在人世和自然间，人的心灵微妙情趣。

【 红楼梦 】

（原名《石头记》）长篇章回小说。清曹雪芹（1715—1763）撰。原八十回，后高鹗续成一百二十回。自程伟元刻本通行，改名《红楼梦》。其名取自书中，第五回"贾宝玉神游太虚境，警幻仙曲演红楼梦"。言宝玉梦迁警幻仙姑，听仙曲《红楼梦》十二支。其中预示全书故事结局和主要人物的命运归宿，归于"所历不过红楼一梦"的旨义。此书别有数名，光绪年《红楼梦》被官方禁止，另以《金玉缘》作书名。又书中第一回言："空空道人……改《石头记》为《情僧录》。东鲁孔梅溪则题曰《风月宝鉴》。""风月"指男女情；宝鉴，宝镜，引申为借鉴。意是"戒妄动风月之情"又曾名《金陵十二钗》。金陵，在今南京，作者借为书中故事演绎之处。钗，金钗，借指妇女。书中第五回有"金陵十二钗正册"以所载黛玉、宝钗、元春、迎春、探春、惜春、湘云、熙凤、李纨、可卿、妙玉十二女子之事而得名。参见《石头记》。有1961年人民文学出版社刊本。

【 红泉逸草 】

诗集　明汤显祖（1550—1617）撰。汤氏生平见已著录之《玉茗堂集》。红泉，在今江西南城县西南麻源,泉自沙中流出,其色红。南朝宋谢灵运《入华子岗里麻源第三谷》诗:"铜陵映碧涧,石磴泻红泉。"汤氏曾于此山建馆,并以红泉名馆。氏有《送谭尚书行边序》:"诸公莫不祖帐青门之外,小子独自卧病红泉之间。"逸,安闲。草,稿也,谦指诗作。本集收作者的十二岁至二十五岁之间的诗作。有中华书局1960年刊本。

【 红杏出墙记 】

长篇小说　刘云若(1903—1950)撰。刘云若,原名兆熊,现代作家。天津人,曾在报社任编辑、主编。常在天津各报上发表小说。所写多现天津地方色彩,人称其为"天津张恨水"。本书叙男主人公林某,发现新婚妻子与其好友有染,他主动退让,并企图成全他们。后其妻醒悟,他却仍然要撮合他们。评者认为,作品以嗜奇志怪,凌驾于感情逻辑之上,显然在迎合市民趣味。小说曾被改编成电影上映。案,红杏出墙,见宋叶绍翁诗:"春色满园关不住,一枝红杏出墙头。"原意是赞颂春天万物涌动的勃勃生机,近代则常用以暗喻已婚女性的婚外恋情。有1987年天津百花文艺出版社刊本。

【 红岩 】

长篇小说　罗广斌(1924—1967)、杨益言(1925—　)撰。罗、杨二人都曾因参加革命活动,被囚于渣滓洞、白公馆。二人以他们的亲身经历和满怀激情,反映了先烈们,在黎明前的黑暗中,与反动势力进行的惊心动魄的斗争。书稿完成,最初取名《地下长城》,比喻狱中的党组织,是坚强的战斗堡垒,犹如地下长城;后取名《万山红遍》,指胜利的红旗将插遍祖国所有的山峰;再取名《激流》,指狱中的党员是激流勇进的战士;又取名《嘉陵怒涛》,因为斗争是在嘉陵江畔的集中营进行的,且其革命斗争的潮流汹涌澎湃,形似怒涛。上述书名均与主题挂钩不紧,不算精切。书稿送到出版社编辑手中,书名被改为《禁锢的世界》,意指斗争是在与世隔绝的监狱中进行的。虽符合内容,但有消沉之感。最后考虑到共产党人的斗争,是受中共驻重庆代表团的直接领导的,代表团驻地在红岩村。狱中党员的心,也向着红岩村。从提炼主题着手,书名改为《红岩》,它象征着党,象征着革命,确切、精彩、意境崇高,含义深蕴。1961年中国青年出版社出版后,果然风行天下。

【 红与黑 】

副题《1830年历史纪实》　长篇翻译小说。原著法国斯汤达(1783—1842)。叙述小资产阶级青年于连与命运艰苦斗争的短暂一生。中文译本有上海译文出版社2001年刊本,译者郝运。关于书名的含义有许多说法:有人认为"红"象征法国大革命和拿破仑英雄时代,"黑"是对卑鄙可耻的复辟时代的蔑视。也有的认为"红"代表军装,"黑"代表教士的黑袍。后者显然不能成立,因为拿破仑的部属,很少穿红军装,而于连羡慕的是高薪的红衣主教。原作者斯汤达在考虑另一部作品题名《红与白》时写道:"《红与白》或者《蓝与白》为了使人联想起《红与黑》。……'红'共和党吕西安,'白'保守少女沙斯特莱。"因此译者郝运指出:"斯汤达关于'红'与'白'的解释,与服装无涉,而是指两位主人公政治思想的对立。……我们可以说《红与黑》的'红'指以其特出方式反抗复辟制度的小资产阶级叛逆者于连,'黑'指反动教会、贵族阶级和资产阶级在内的黑暗势力。"

【 洪龟父集 】

诗集　宋洪朋撰。朋字龟父(甫,fu)。南昌人。约仁宗至徽宗朝在世。黄庭坚之甥。两举进士不第,年三十八而卒。为江西诗派图中之人物。本书以字名集。《易・损卦》:"或益之以十朋之龟,弗克违,元吉。"十朋指价值十朋的宝龟,贝币两枚为一朋。父则为古代男子的美称,多附在名字后面。王粲《登楼赋》:"昔尼父之在陈兮,有'归与'之叹音。"尼父,即孔丘。有《四库全书》本。

【 洪武正韵 】

明乐韶凤等奉敕撰。太祖以去古以远,绍命重修官定韵书。但此书掺杂南方语音,反映曲韵南派观点,不尽合乎中原雅音。因其不南不北,不古不今,书成后,并不流行。但可观音韵之正变源流。书成于洪武年,故名《洪武正韵》。有《四库全书》本。

【 鸿庆居士集 】

别集宋孙觌撰。觌字仲益,晋陵(今江苏武

进）人，神宗至孝宗朝（1181—1169）在世。历官翰林学士，吏、户二部尚书。文工四六，曾以罪斥提举鸿庆宫，故以名集。宋朝仕途之特例：朝廷以道教宫观为名，给以一定待遇，以示优礼。其高级者称宫观使，专以位置罢退之大臣。次级为提举某处某宫观，最低者为监岳庙，皆无职事。如果不是自己陈请所得，则亦有贬降意，与唐代奉分司官之投置闲散处置略同。有《四库全书》本。

【 鸿雪因缘图记 】

插图传记　清麟庆（？—1843）撰。麟庆，完颜氏，字伯余。满州镶黄旗人，嘉庆进士，曾官知徽州，贵州布政史，湖北巡抚，江南河道总督等职，有政绩。作者将自己游宦的经历，请人绘图，而自为记，共二百四十幅、篇。实为一附图年谱。鸿雪，语出苏轼《和子由渑池怀旧》诗："人生到处知何似？应似飞鸿踏雪泥。泥上偶然留指爪，鸿飞那复计东西。"因缘，佛教用语，指产生结果的直接原因及促成结果的条件。清阮元《鸿雪因缘图记序》："凡事莫不有因缘，而久之亦成鸿雪。……余知作者因缘尔。作者虑高视达，观者或嫌其琐也，滞也。而以鸿雪论之，似乎不涉于琐，不泥于流矣。"作者以飞鸿、雪泥、因缘象征概括自己的一生，也反映了道光年间广阔的社会生活。有1984年北京古籍出版社影印本。

Hou

【 侯鲭录 】

文史杂记　宋赵令畤撰。令畤字德麟，涿郡（今河北涿县）人，宋宗室，约徽宗大观年末（1110）前后在世。袭封安定郡王。与苏轼游，往还酬唱皆一代胜流，故目染耳濡，典型终在。所记前朝遗事诗话文评，皆裴然可观。鲭（Zheng），指鱼、肉同烧的美食。晋葛洪《西京杂记》："五侯不相能，宾客不香往来，娄护丰辩，传食五侯间，各得其欢心，竞致奇膳，世称五侯鲭。"汉成帝母后王谭、王根、王立、王商、王逢同时封侯，号称'五侯'。明顿锐《〈侯鲭录〉序》："汉娄护字君卿，精辩议论，听者皆竦，有娄君卿唇舌之号，为王氏五侯上客。会五侯竟致奇膳，护乃合以为鲭，世谓之'五侯鲭'，盖天下之至味矣！夫聊复翁赵德麟名令畤，为前宋宗室安定郡王，以才美见喜于苏文忠公，尝取古先儒佳诗、绪论、逸事与夫书传中及人们所尝谈隐语奇字，世所共闻见而知未出处者，冥搜远证，著之为书曰《侯鲭录》。……夫天下有有味之味，有无味之味。有味之味能味乎一时，而不能味于时时与天下后世；无味之味，细咀而始知，愈嚼而愈美。远可调商家之鼎，穷可乐颜巷之瓢，其天下之至味乎！德麟之鲭，厥味之能然与否？知味者固能辩之。"收入《笔记小说大观》。

【 后汉书 】

纪传体断代史书，二十五史之一。南朝宋范晔（398—445）撰。晔字蔚宗。顺阳（今河南内乡）人。曾官尚书吏部郎、太子詹事等。晔前，东汉史书有二十八种之多。晔以诸书多未善，乃以《东观汉记》为底本，自撰《后汉书》。后因获罪死，书中"志"未写成。至北宋真宗时，始将司马彪、刘昭、李贤等人的志、注等，合刻成完本。书载东汉光武至献帝，公元25—220年，一百九十五年史。史实丰富文笔精练流畅，而有独创。清人惠栋《后汉书补注》，王先谦《后汉书集解》皆有关名著。有1956年中华书局标点本。

【 后乐集 】

别集　宋卫泾撰。泾字清叔。华亭（今属上海）人。约仁宗年（1198）前后在世。官至礼部尚书。号拙斋居士，改西园居士。后筑堂成，取范仲淹《岳阳楼记》中语："先天下之忧而忧，后天下之乐而乐"，题之曰"后乐堂"，遂以自号，并名其集。有《四库全书》本。

Hu

【 呼啸山庄 】

长篇翻译小说　原著英国女作家爱米莉·勃朗特（EmilyBronte，1818—1848）。小说叙述一个被老庄主收养的弃儿希斯里可夫，在老庄主死后，受到新主人的歧视和虐待。只有老庄主的女儿凯瑟林与他相爱。他出走后，成为富翁归来，但凯瑟林已死去。他以各种手段复仇后，慢性自戕，死后葬在凯瑟林墓旁。作品反映十九世纪英国社会的种种不公平和虚伪，充满阴沉和恐怖的气氛，带有浪漫主义色彩。中文有译林出版社 1990 年刊杨苡译本。关于书名翻译，译者杨苡有说明：“……我看到了梁实秋先生译的《咆哮山庄》，我总觉得一个房主人不会把自己的山庄形容成‘咆哮’。当然我也不会采用三十年代美国二十世纪福克斯公司改编的电影（劳伦斯·奥立佛与梅儿·奥伯朗合演的）《魂归离恨天》（当时我国译名）为书名。这个愿望一直埋藏在心底。……有一夜，窗外风雨交加，一阵阵疾风呼啸而过，雨点洒落在玻璃窗上，宛如凯瑟琳在窗外哭泣着叫我开窗。我所住的房子外边本来就是一片荒凉的花园，这时我几乎感到我也是在当年约克郡旷野附近那所古老房子里。我嘴里不知不觉地叨念着 Wuthering Heights……，苦苦地想着该怎样译出它的意义，又能基本上接近它的字音……忽然灵感自天而降，我兴奋地写下了《呼啸山庄》四个字！”

【 滹南遗老集 】

别集　金王若虚撰。若虚字从之，自号慵夫。藁城（今屬河北）人。永安年进士，官至翰林直学士。金亡，微服归里，自称滹南遗老。博闻强记金元之间学识最高。滹沱河，源于山西恒山下，经定襄入河北。过正定、藁城等地于献县入子牙河。有《四库全书》本。

【 胡风全集 】

胡风（1902—1985）撰。1991 年，湖北人民出版社出版。胡风，现代文艺理论批评家，诗人、翻译家。原名张光人，出生于湖北蕲春。曾留学日本，参加普罗文学运动。发表文艺批评文章，试图用马克思主义，解答中国革命文艺运动中提出的问题，起到积极作用。回国后参加左联领导。他的理论和口号，也曾引起多次论争。1950 年，向中共中央写了《关于几年来文艺实践情况的报告》（即“三十万言书”），被夸大成政治问题，把他作为敌对分子，被捕入狱。1980 年获平反。他的部分作品单行本题解如下：

一、《在混乱里面》。文艺论文集　重庆作家书屋 1945 年出版，是 1942—1943 年的文艺短论。在《序》中表示作者不满当时文艺理论界的混乱：“战斗的东西被市侩的东西所淹没，人民的要求被敌方的影响所淹没，我把那叫‘混乱’。”在混乱里面，写下这些文章，故此题名。

二、《逆流的日子》。文艺论文集　希望出版社 1946 年出版，收作者 1944—1946 年在重庆之作。在《自序》中作者说封建买办阶级、日本帝国主义、美帝国主义：“把中华民族重新陷进了殖民地的地位。在这样的日子里面，文艺本应是为人民代言，向着逆流的胴体刺击的武器，然而由于沉重的压力和焦躁不安，再加上几年以来一直发展着的文艺思想本身底混乱，这时候就在窒息似的苦恼里呈现着无力。……文艺在自己的阵营里面，也经验着一种逆流的袭击，这袭击正是和那大的逆流紧紧地互相呼应的。”书名反映了当时中国的政治形势和国统区的文艺界形势。

三、《人环二记》。日记体散文集　1950 年上海泥土出版社出版，收 1946—1949 年杂文两则。作者在《小引》中说：“无论是历史行程或个人经历，每一个阶段都是一个环节，通过了它才由过去走向未来的。所谓‘环’就是这个‘环节’的意思。”

【 胡适文存 】

文集　胡适（1891—1962）撰。胡适，中国著名文史学家。祖籍安徽，生于上海。1904 年就读于上海中国公学。1910 年留美，在美获文学硕士、哲学博士学位。1917 年回国，任教于北京大学，发表《文学改良刍议》一文。出版新诗《尝试集》（已著录），发表新文学第一部戏剧《终身大事》。出版《中国章回小说考证》，创立了《红楼梦》研究的“新红学派”。以后胡氏脱离了新文化运动。抗日战争期间任中国驻美大使。抗战胜利后任北京大学校长。1949 年去美。1958 年任台湾中央研究院院长。1962 年病逝于台湾。《胡适文存》于 1921 年由亚东图书馆初版，包括四卷。作者在书前的《序例》中言：“这四卷是我这十几年来作的文章，因为有好几篇不曾收入，故名文存。”书中第一卷是论文学的文，包括《文学改良刍议》等文。作者言：“可以代表一种运动的一个时代，也许有一点历史的趣味，故大部分都被保存了。”卷二、卷三是讲学的文章包括《红楼梦考证》等文。卷四为杂文。《胡适文存》于 1924 年出版第二集。1930 年出版第三集，都是亚东图书馆出版。第四集又名《胡适论学近著》，是 1935 年商务印书馆出版的。

【 胡也频小说选集 】

长篇小说集　胡也频（1903—1931）撰。人民文学出版社 1954 年刊。也频福建福州人，1924 年开始文学创作，宣传革命文学。1930 年参加“左联”，任执行委员，并加入中共。1931 年 2 月 7 日，被国民党反动派杀害于上海龙华。本书包括长篇小说两篇，题解如下：

一、《到莫斯科去》，单行本为上海光华书局 1930 年六月初版。书中写富家女素裳，嫁给留日博士国民党官僚徐大齐。素裳受共产党员施洵白影响，有了革命要求。施被捕，素裳企图求徐营救，但发现是徐大齐下令逮捕并处死施的。于是毅然离开北京，独自设法到莫斯科去。书名表示她决心投身革命的理想。

二、《光明在我们面前》，单行本是上海春秋书局 1930 年 10 月初版。小说写刘希坚是北大教师、共产党员。向华是北大学生，无政府主义者。他们互相爱恋，又经常争论。五卅时，向华要求无政府主义者采取行动，无人响应。最后她终于觉悟，并加入中国共产党，与刘的爱情也更加牢固。小说最后写道：“一个伟大的无边无际的光明展开在他们的面前。”

【 壶山四六 】

文集　南宋方大综撰。大综号壶山，字德润。福建莆田人。孝宗至理宗朝（1183—1247）在世。曾官福建转运史，集贤殿修撰等。壶山，莆田县南有壶公山。《九域志》云：昔有人隐于此，遇一仙人引至绝顶曰：“此壶中日月也。”因之名集。四六，即骈文。因以四六字为对偶，故又称四六文。有《四库全书》本。

【 湖海集 】

诗文集　清孔尚任撰。尚任字季重、聘之，号东塘、岸塘，自称云亭山人。籍贯山东曲阜，孔子后裔。顺治、康熙朝（1648—1718）在世。初授国子监博士，官至户部员外郎，后因作《桃花扇》落职，亦以之名垂于世。1686—1689 年曾奉命赴淮扬参与疏浚黄河海口工程，行止期间，结交名流学士，目睹民间疾苦。是集即其时诗文，质朴深厚，言之有物。名篇有《淮上有感》《驿亭乞》等。孔氏自称：“湖海一集，乃呻吟疾痛之声。”湖海，古以扬州为“五湖之区，东海之表”故称。参见《桃花扇》条。有 1957 年古典文学出版社排印本。

【 湖畔 】

新诗集　汪静之、冯雪峰、潘漠华、应修人的诗歌合集。1922 年杭州湖畔诗社初版，是中国现代文学最早的一本情诗集，多为吟咏爱情或抒写刹那间感受的小诗。湖畔诗社 1922 年 3 月在杭州成立，起初有汪、冯、潘、应四人，后又有魏金枝等人加入。他们的作品表现了新文学运动初期，刚刚挣脱封建礼教束缚的天真烂漫的青少年，对美好自然的向往和对幸福爱情的憧憬，独具一种单纯、清新、质朴的美。朱自清在《〈中国新文学大系〉诗集导言》中说：“真正专心致志作情诗的，是‘湖畔’的四个年轻人。他们那时侯差不多可以说生活在诗里。潘漠华氏最凄苦，不胜掩抑之致；冯雪峰氏明快多了，笑中也可有泪；汪静之氏一味天真的稚气；应修人氏却嫌味儿淡些。”

【 湖山集 】

别集　宋吴芾撰。芾字明可。台州仙居人。与秦桧故旧，及桧专政，芾退然如未尝识，后以刚直见忌引去。官至礼部侍郎，以龙图阁学士致仕。卒谥康俗，自号湖山居士。有《四库全书》本。

【 湖山类稿 】

诗集　宋汪元量撰。元量字大有，号水云。钱塘（今杭州）人。宋末约（1279）前后在世。度宗时以善琴供奉掖庭。宋亡，随三宫入燕，后托迹黄冠南归，往来匡庐彭蠡之间。诗多慷慨悲歌，有故宫离黍之感。故李鹤田跋曰：“记亡国之戚，去国之苦。闲关悲叹之状，备见于诗。微而显，隐而彰，哀而不怨。开元天宝之事，记于草堂，后人以诗史目之。水云之诗，亦宋亡之诗史。”有《四库全书》本。

【 湖水·秋灯 】

散文集　台湾女作家张秀亚（1919—　）著。

1979年台北九歌出版社出版。本书收文三十五篇。第一辑名《湖水·秋灯》,有《水之湄》等篇,写景物触发的生活杂感;第二辑《历史大手笔》,诸文写文艺点滴、人物素描、社会问题;第三辑《北窗下读书记》,各篇主要写读书心得与写作杂感。作者在《前记》中言:"湖水、秋灯代表的是美与光明……仅以它作为本文集的名字,希望可感的读者也分享到、感染到一份光明与美。"参见作者已著录之散文集《石竹花的沉思》。

【 蝴蝶梦 】

杂剧

一、全称《包待制三勘蝴蝶梦》。元关汉卿撰。汉卿元戏曲作家,约金末元初(1265?—1307?)在世。生平事迹各书所载不同,一般认为其出生及主要活动在大都(今北京市)。所作杂剧今知有六十余种及散曲套曲、小令等。在当时享名极盛,与马致远、白朴、郑光祖并称为"元曲四大家"。此剧写王老汉三个儿子,为报父仇打死皇亲葛彪。包拯判案,三子争相抵罪,其母愿将幼子定罪。包拯疑其有私,夜梦三蝶落网,一大蝶救二蝶出,置小蝶不顾。醒后,审明其母:长次子皆前妻生,幼子是亲生。包拯感其德,设计释放三子,全家赐赏。今有《关汉卿戏曲集.》本。

二、全名《老庄周一枕蝴蝶梦》。写太白金星带风、花、雪、月四仙女度化庄周成仙的故事,一般以为是元人史九静撰。案:其取典自《庄子·齐物论》:"昔者庄周梦为胡蝶,栩栩然胡蝶也,……俄然觉,则蘧蘧然周也。不知周之梦为胡蝶与?胡蝶之梦为周与?"戏曲将哲学思想通俗化。有明抄本。

【 虎符 】

五幕历史剧 郭沫若(1892—1978)撰。重庆群益出版社1942年10月初版。作品写信陵君窃符救赵故事。作者赋予信陵君不仅礼贤下士,而更具有热爱国家,团结民众,目光远大,见义勇为的高大形象。女主人公如姬,则是位有见识,重义气,贤淑而又刚强的女性。她反对国王的专横暴戾,主张联合抗秦,拥护信陵君的政治主张。她的窃符与自杀,形成了一幕悲壮的历史悲剧。但全剧情调并非凄凉绝望,作者的目的是号召人民起来作斗争,给现实人生以温暖和希望。案:虎符,古代调兵遣将的信物。铜铸,虎形,背有铭文。分两半,右半留中,左半授予统兵将帅或地方长官。调兵时由使臣持符验合方能生效。《史记·七七·信陵君传》:"公子诚一开口请如姬,如姬必许诺,则得虎符夺晋鄙军。"

Hua

【 花部农谭 】

戏曲论著 清焦循(1763—1820)撰。焦循有《雕菰楼文集》已著录,可参考其生平。焦氏为哲学家、数学家、戏曲理论家,然反对俗见,重视当时除昆腔以外的地方戏曲。"花部",清李斗《扬州画舫录·新城北录下》云:"两淮盐务,例蓄花、雅两部,以备大戏。雅部,郡昆山腔;花部为京腔、弋阳腔、梆子腔、罗罗腔、二黄调,统谓之'乱弹'。"《花部农谭·前记》:"花部者……其曲文俚质,共称为'乱弹'者也。乃余独好之,……每携老妇幼孙,乘驾小舟,沿湖观阅。天既炎暑,田事余闲,群坐柳荫豆棚之下,侈谈故事,多不出花部所演。余闲略为解说,莫不鼓掌解颐。有村夫子笔之于册,用以示余,余曰:'此农谭耳,不足以辱大雅之目。'"是书就清代中叶扬州流行的花部著名剧目,叙其本事,并予以考证评论。题名"农谭(谭通谈)",即自谦为村农野夫的鄙俗之谈。1959年中国戏剧出版社《中国古代戏曲论著集成》收此书。

【 花草粹编 】

词集 明陈耀文编。耀文,字晦伯,确山(在河南)。嘉靖进士,官至按察司副使,余不可考。花,指五代后蜀赵崇祚编之《花间集》。草,指南宋人编之《类编草堂诗余》。本书《自序》:"是刻也,由《花间》《草堂》而起,故以花草命编。"各取两书首字名之。有《四库全书》本。

【 花晨集 】

短篇小说集 台湾女作家罗兰(1919—)著。罗兰,原名靳佩芬。河北宁河人,天津女子师范毕业,作过音乐教员,广播节目制作,编辑等。赴台,1962年起发表作品后,多次获奖。本书收有《春晓》《夜阑人静》《陌生的爱情》《在夕阳里》《盼》《变》《恋爱的结果》《没有根的人》《冬暖》《叶湮》等十二篇,作品梦幻色彩浓厚。作者有序云:“真正给我灵感的是一片绿色的小园和属于绿色小园的宁静。在那些晴晴雨雨的清晨,我谛视园中彩色缤纷的带露的花朵,我写下这些属于‘花晨’的故事。”有1966年台北皇冠出版社初版。

【 花镜 】

植物书　清陈淏子撰。淏子,又名扶摇,号西湖花隐翁。自称于种树之方,颇有独得之秘。于康熙廿七年(1688),古稀之纪,总毕生经验成此书。一卷为“花历新栽”,记种花月令。二卷、“课花十八法”,总论栽植技巧,为全书精华。卷三、“花木类考”,卷四、“藤蔓类”,卷五为“花草类考”。三卷至五卷讲栽培技艺,颇切实用。最后附记常见观赏的禽兽鳞虫。清丁彭为之《序》焉:“今得是书,而神明其法。身其境者,而林麓翛然,鱼鸟亲人,会心政复不远。一时瘠者腴,病者安,实者早且多。其硕茂,其蕃息,必倍于昔时矣。不事意匠经营,而坐享其成,是书真园圃之明鉴哉!”是题《花镜》。该书不仅实用,且有考核研究价值。有北京农业出版社1979年刊本。

【 花间集 】

词集　五代后蜀赵崇祚编。崇祚字宏基,事孟昶为卫尉少卿,余不详。此书为我国现存最早的词集。共收录温庭筠、韦庄等晚唐十八位词人的五百首词。当年其词,多写于花笺,供歌伎在宴会、花间歌唱,故名。五代欧阳炯《花间集序》:“杨柳大堤之句,乐府相传;芙蓉曲渚之篇,豪家自制,莫不争高门下。三千玳瑁之簪,竟富尊前;数十珊瑚之树,则有绮筵公子,锈幌佳人,递叶叶之花笺,文抽锦绣;举纤纤之玉指,拍按香檀。不无清绝之辞,用作娇娆之态。”由于多浓艳、冶游之作,后词称花间派者,盖源于此。有1955年文学古籍出版社影印本。

【 花溪集 】

别集　元沈梦麟撰。梦麟字原昭,元末明初人(1308—1400)。曾官武康令,避乱解官归隐花溪,以诗酒自娱。晚年自编其诗文为《花溪集》。明彭韶《花溪集序》:“吴兴梦麟先生,精易学,举后至元乙卯乡荐,授婺源州学正,迁武康令。至正多故,解官归归安花溪故里。时诚意伯刘公游宦闽浙,与世龃龉,每相依溪上。尝寄赠曰:‘杜陵老去诗千首,陶令归来酒一樽。’其评品许与至矣. 。”李恩仁《花溪集跋》:“吴兴沈梦麟先生……,文宗西汉,诗法盛唐,渢渢于大雅之音,卓然成一家言语,其良金美玉,有目者皆知其为宝也。”

【 花信风 】

长篇小说台湾作家南宫博(1924—1983)著。作者原名马彬,长于历史小说。原籍浙江余姚,长期从事报纸、出版等事业。本书1966年初版于台北,1980年在大陆广西出版。书中写几为人间男女,着重于男主角吴光青与四位女子游戏人间式的爱情。书名《花信风》比喻男主角的浪漫生活。书内一位人物董伯说吴光青:“你是一阵风,你惯于这样子去吹女孩子。”他叫这阵风是“花信风”。故事以吴的爱情幻梦破灭为结局。按我国古代认为:应某种花开之期而来的风,叫“花信风”。由小寒至谷雨,共八个节气。每五日一候,共一百二十四日,计二十四候,故又称“二十四番花信风”每一候应一花信,如小寒后依次为梅花、山茶、水仙……直到谷雨节为牡丹、酴醾、楝花为止。见宋程大昌《演繁露——花信风》。

【 花之寺 】

短篇小说集　凌淑华(1900—1990)撰。凌淑华,广东番禺人,1922入燕京大学外语系,并开始创作。1925以小说《酒后》成名,是三十年代京派作家。1947年定居英国,后任教于新加坡、加拿大诸大学。《花之寺》是作者的第一篇小说,写北京近郊,一个以花著名的佛寺中,所发生的故事。后作者将1925—1927年所写的小说辑成此集,共收有《酒后》《绣枕》《花之寺》等十二篇,以《花之寺》名集。书前徐志摩为之《序》,称其:“是一部成品有格的小说。”作品笔致细腻清爽,富于诗意。1928年由新月书店初版。

【 华泉集 】

诗文别集　明边贡撰。贡字庭实,号华泉。山东历城(今县治)人。成化至嘉靖年(1476—1532)

在世。官至吏部尚书。贡与李梦阳等号称“弘治十才子”,又参与文学复古运动为“前七子”之一。其诗风格飘逸,颇为后人折崇。家居华不注山下,山有华泉,因之为号,并以名集。按:华不注山,在山东历城县东北。《春秋·成公二年》:“战于鞍,齐师败绩,逐之,三周华不注。”《伏琛·齐记》又云:“逢丑父使公下,如华泉取饮。”又记:“不,读如跗,谓花蒂。言此山孤秀,如花之跗著于水边也。”有《四库全书》本。

【 华亭百咏 】

诗集 宋许尚撰。尚号和光老人,原籍江苏华亭(今上海松江县),余始末无考。约宁宗庆元初前后在世。淳熙中,尚取华亭古迹,每一事为一绝句。措辞修洁,不失雅音,亦足备志乘之参考。按,华亭,在今上海松江县西平原村,古名华亭谷。《三国志·吴志·陆逊传》:“拜抚边将军,封华亭侯。”陆逊,陆抗宅在焉。又晋陆机参与成都王司马颖讨伐长沙王司马乂(yi)兵败,被杀。终前叹曰:“华亭鹤唳,岂可复闻乎!”有《四库全书》本。

【 华阳国志 】

地方志 东晋常琚撰。琚字道持,蜀郡江原(今四川荣庆)人,生卒年无考。初仕成汉李氏,官至散骑常侍。李氏降后,随桓温至建康。华阳,古国名,当今秦岭南四川、云、贵一带,其北界即华山的南面(华山之阳)而名国。本书记远古至东晋永和三年(347)巴蜀史事。巴蜀在晋代为梁、益、宁三州地,属《书·禹贡》梁州之域,乃取《禹贡》“华阳黑水惟梁州”句,以华阳为书名。书中记述以益州为中心的西南地区历史、地理,以风土人情为主,兼及交通物产诸方面,有重要的史料价值。为我国现存最早的,较完整的地方志。文辞典雅,具有史才。1957 年四川出版刘琳校注本。

【 华阳集 】

别集,皆见于《四库全书》。

一、唐顾况撰。况字甫翁,苏州人,玄宗开元至宪宗元和(725—814)年间在世。官至著作郎,归里后隐于江苏句容茅山,自号华阳真隐。况长于歌诗,工书画,此以号名集。案:茅山,汉咸阳人茅盈兄弟三人居此,乃名之曰茅峰。上有华阳洞,即三茅君得道处,南朝梁陶宏景曾隐于此。《梁书·陶宏景传》:“于是止于句容之句曲山。恒曰:‘此山是天下第八洞宫,名金坛华阳之天。周围一百五十里。昔汉有咸阳三茅君,得道来掌此山,故谓之茅山。’乃中山立馆,自号华阳真隐。”况意在效法,并以名集。

二、宋王圭撰。圭(1019—1085),成都华阳人。以籍贯名集。华阳,县治,唐置。属成都府,今已并入双流县。

三、宋张纲撰。纲字彦正,江苏金坛人。神宗(1083)至孝宗(1166)时在世。累迁以资政殿学士知婺州(今金华市)致仕。纲自号华阳居士。案:江苏茅山,地跨句容、延陵、金坛三地,山有华阳洞。纲以号名集。

【 画墁集 】

诗文别集 宋张舜民撰。舜民字云叟,号碇斋、浮休居士。豳州(今陕西咸阳地区彬县)人。仁宗至哲宗朝(1034—1100)在世。登进士第,官至吏部侍郎、集贤殿修撰。为文豪迈有理致,又长于诗。周紫芝谓:政和七八年间,京师鬻书者忽印是集,售者至填塞衢巷,见其著作当日极为世重。画墁:谓在新粉饰的墙上乱画,今俗称“涂鸦”,喻劳而无功。《孟子·滕文公下》:“有人于此,毁瓦画墁,其志将以求食乎?则子食之乎?”朱熹集注:“墁,墙壁之饰也。毁瓦画墁,言无功而有害也。”王安石《答虞醇翁诗》:“万事等画墁,虽勤亦何收?”用作书名有自谦意。作者另有笔记亦名《画墁录》,均收于《四库全书》。

【 画梦录 】

何其芳(1912—1977)撰。其芳,四川万县人。是三十年代新进作家代表,先以“汉园三诗人”之一享誉文坛,其后以散文集《画梦录》于 1937 年获得《大公报》文艺奖中唯一的散文奖。《大公报》在对得奖作者的评语中说:“《画梦录》的出版,雄辩地说明散文本身,怎样是一种独立的艺术制作,有它超达深渊的情趣。”该集收作者 1932—1935 年散文作品十六篇。《画梦录》是其中的一篇。全书主要书写孤独者灵魂的独语、内心的波动和空灵的幻想。表现一个囿于书摘、脱离现实的知识青年,忧郁、迷惘的情结和孤独、寂寞的心境。作者于飘忽的幽思，朦胧的幻觉和富于色彩与乐感的语言中，完成一种美文的建构。李建吾有评语云："气质上确是更其纯粹，更是诗的……读他的散文，往往沉入多情的梦想。"有北京中国文联出版公司1998年刊本。

【 画筌 】

中国画论　清笪重光（1623—1692）撰。重光，字在莘，号江上外史，自称郁冈扫叶道人。江苏句容人，顺治进士。官御史，巡按江南。善书画，工诗文。此书四千余言，如骈体歌诀，多论山水画法。凡山之高下，水之流曲，以及桥、亭、屋、船、树、木、草、石的置布。与笔之皴、擦、点、染诸法皆有精到论述。筌，又作荃，即捕鱼工具鱼笱。《庄子·外物》："荃者所以在鱼，得鱼而忘荃。"此书以喻绘画技巧，故题。杨复吉《画筌跋》："侍郎真迹不数见，而其言乃抉精入微若是。笔惊风雨，纸生云烟，金针尽度，得鱼者可以忘筌矣。"收入人民美术出版社1957年刊《中国画论类编》中。

【 画史 】

又名《米海岳画史》《襄阳画学》　中国画评论　宋米芾（1051—1107）撰。海岳，米芾一号海岳外史。缘其中岁爱润州（今江苏镇江）江山之胜，筑海岳庵于城东，遂以为号。《宝真斋法书赞》："蔡肇（天启）铭公之墓曰：'过润，爱其江山，遂定居焉。北固既火，作庵城东，号海岳。日哦其间，为吾州佳绝之景。'又襄阳，其籍也，世称其米襄阳，故题《画学》。"是书举其平生所见六朝至唐宋间名画，记其作者、风格乃至裱褙，收藏史，轶闻逸事，兼之品题真伪，均以鉴赏笔调录述成篇，颇具资料价值。有《丛书集成初编》《美术丛书》等本。参阅已著录之《宝晋英光集》。

Huai

【 怀录堂集 】

别集　明李东阳撰。东阳字宾之，号西涯，湖广茶陵（今属湖南）人。英宗至武宗朝（1447—1516）在世，官至吏部尚书、华盖殿大学士。诗文为明代一家，茶陵派之首席，主张诗必秦汉、文必宋唐。麓指长沙岳麓山。洪武年，茶陵属湖南长沙府治。东阳长期在南京为官，怀麓示思念家乡。有《四库全书》本。作者另有诗论《怀麓堂诗话》。

【 淮海集 】

别集　宋秦观自编订。观，字少游，扬州高邮人，北宋仁宗至徽宗朝（1049—1101）在世。苏轼赏其文辞，荐于安石。官至国史院编修，宣德郎。为苏门四学士之一。工诗词，词属婉约派，情韵兼胜，在苏（轼）黄（庭坚）之上。善写男女情爱，亦有感伤身世之作。淮海，即淮水于东海之间。《书·禹贡》："淮海惟扬州。"高邮，属扬州郡。观别号"淮海居士"，因以名集。有《四部丛刊》本。

【 淮南子 】

又名《淮南鸿烈》杂家哲学著作　西汉刘安（前179—前122）主编。安，沛郡丰（今江苏丰县）人。汉高祖之孙，武帝之叔。文帝时袭父封为淮南王。《汉书·刘安传》："安为人好书，鼓琴，不喜弋猎狗马驰骋。亦欲以阴德拊循百姓，流名誉。招致宾客方术之士数千人，作为《内书》二十一篇，《外书》甚众……。"《汉书·刘德传》："是时淮南王亦好书，所招致率多浮辩。"此"浮辩"指诸子百家之书。《汉书·艺文志》著录：内二十篇，外三十三篇。内篇论道，外篇杂说。今仅存内篇，外篇亡佚。安，学以统宗百家自居，景帝时与门客苏飞、李尚等，及儒生大山、小山之徒。杂采先秦诸子之说，编撰此书。书中以道家和阴阳五行思想为主，杂糅儒、法、刑、名，颇为庞杂。但经过加工改造，可反映作者的宇宙观历史观和政治理念。也保留了先秦神话和自然史资料。书以刘安封号题名。《鸿烈》之解，见汉高诱《淮南子注序》："鸿，大也；烈，明也。以为大明道之言也。"有《丛书集成初编》本最精善，近人刘文典《淮南鸿烈集解》最为可读。

【 淮阳集 】

诗词集　元张弘范撰。弘范，字仲畴。易州定兴人（1238—1380）。蒙古汉军都元帅，入闽、广，灭宋于崖山。还，赠太师淮阳王。谥宪武，宪者：博闻多能；武者：辟土拓境。周铖《淮阳集后序》："诗集首题淮阳张宪武王，元人盖侈其爵之尔。”有《四库全书》本。

Huan

【 还山遗稿 】

别集元杨奂撰。奂，字涣然，又名知章。乾州奉天（今陕西咸阳地区乾县）。金世宗至元宪宗朝（1186—1255）在世，官至河南廉访使。还山：回归山中。奂曾弃官还终南山，讲学于柳塘。有《还山集》已佚，此乃后人辑其残稿，故曰遗稿。宋廷佐《还山集遗稿考岁略》：“（奂）被召参议京兆宣抚司事，累上书请闲，遂还乡筑堂曰‘归来’。至大初……知直道不容，浩然有归志。即日出国门而西，教授乡里。”《鄠县志》：“柳塘在鄠县终南山下，金紫阳杨先生奂隐居讲学于此，门人百人，植柳千株，号曰‘柳塘’。”有《四库全书》本。

【 洹词 】

别集　明崔铣撰。铣字仲凫，安阳人，宪宗至世宗年（1487—1541）在世。弘治进士，授编修。见刘瑾不拜，出为南吏部主事。瑾败，召还。官至南京礼部右侍。铣故里安阳境内有洹水，故以名集。洹水，今名安阳河。源出山西，经安阳，至内黄入卫河。战国时苏秦说六国合纵抗秦，盟于洹水之上。有《四库全书》本。

【 浣川集 】

别集　宋戴栩撰。栩，字文子（或作立子）。永嘉（今属温州地区）人。生卒年不详，约宁宗嘉定末（1124）左右在世。官至湖南安抚司参议官。为叶适弟子。诗近四灵。栩有绝句云：“近来万境心如洗，笑改斜川作浣川。”盖其罢官后所自号，因以名集。案：浙江绍兴地区诸暨城南有浣江，近苎萝山下有西施浣纱古迹。有《四库全书》本。

【 浣花集 】

别集　唐韦庄撰。庄字端己，京兆（今陕西西安市东华县境内）杜陵人。约昭宗光化末前后（836？—910）在世。少孤家贫，力学工诗。以《秦妇吟》而名世。曾仕后蜀王建。居成都，于杜甫草堂旧址，建屋居。韦蔼《浣花集序》：“余家之兄庄……辛酉应聘为蜀奏记。明年浣花溪寻得杜工部旧址，虽荒没已久，而柱砥犹存，因命。盖欲思其人而成其处，非敢广其基构尔。蔼便因闲日录兄之稿草中，或默记于吟咏者……目之曰《浣花集》，亦杜陵所居之义也。”有1958年人民文学出版社影印《四部丛刊》明刻本。

【 幻影 】

拟话本小说　又名《型世奇观》《型世言》《三刻拍案惊奇》等。明陆人龙撰，龙，字雨侯，号孤愤生，浙江钱塘人。作者创作目的在于，要世人认识当时世风日下和社会的黑暗，认清“真、幻”二字。其有《序》云：“君臣、父子、夫妇、兄弟、朋友之理道，宜认得真；贵贱、穷达、酒色、财气之情景，须看得幻。”由此书，可了解晚明社会政治、经济的真实情况，但书中多封建伦理、因果报应之说教。有北京大学出版社1987年刊本。

Huang

【 黄帝内经素问 】

医学文献　是我国现存最早的中医理论著作，相传是帝与岐伯、雷公等六臣讨论医学的记录。实非出自一时一人之手，约成书于春秋战国。《汉书·艺文志》方技类医经家中著录有《黄帝内经》十八卷。后汉张机撰《伤寒论》引之，始称“素问”，乃见加之于汉晋间。是《隋书·经籍志》子部医方类著录有《黄帝素问》。宋高宝衡、林亿《黄帝内经素问校正》云：“所以名‘素问’之义，全元起有说云：素者，本也。问者，黄帝问歧伯也。方陈性情之源五行之本，故曰‘素问’。……按《乾凿度》云：‘夫有形者生于无形，故有太易，有太初，有太始，有太素，质之始也。气形质具而痾瘵由是萌生，故黄帝问此太素，质之始也。‘素问’之名义或由此。”此书汉魏之后，传本多有，篇目不一。唐王冰于宝应元年（762）整理补订，重新编次成今本，始定八十一篇，厘为二十四卷。书中阐述人与自然的关系以及生理、解剖、病理、诊断和养生、防病、治病方面的原则问题。是中医理论体系的基石，学中医者必读之经典医籍。人民卫生出版社1956年据明翻宋刻本影印出版。

【 皇甫持正集 】

别集 唐皇甫湜撰。湜字持正，睦州新安（今浙江淳安、建德境）人。生卒年不详，约宪宗元和中（813）前后在世。进士及第，仕至工部郎中。文与李翱、张籍齐名。东都留守裴度请为文，湜索一字三缣之高价，度称其为'不羁之才'，从之。案，名湜（Shi），原意是水清貌。《诗·谷风》："泾以渭浊，湜湜其沚。宴尔新昏，不我屑以。"郑玄笺："泾水以有渭，故见渭浊。湜湜持正貌。喻君子新昏（婚），故谓己恶也。己之持正守初，如沚然不动摇。"此湜为保持清正的意思。皇甫湜名与字，源取于此。有《四库全书》本。

【 皇甫司勋集 】

诗文集 明皇甫汸撰。汸字子循，长州（今江苏苏州境）人。弘治至万历年间在世。兄弟四人，冲、涍、汸、濂，号皇甫四杰。汸嘉靖年进士，曾官南京稽勋郎中。司勋，官名。《周礼》夏官之属，主管功赏事物。后周仿置。隋置司勋侍郎，属吏部。唐宋称郎中，为吏部署司之一。明更曰稽勋司。有《四库全书》本。

【 黄花集 】

散文及译诗集 韦素园（1902—1932）撰。素园，原名韦崇文，安徽霍邱人。曾留苏，1927年回国任《民报》刊编辑。参加鲁迅发起的文学团体"未名社"，接编《未名丛书》，1932年八月逝世。鲁迅与他关系十分密切，1932年写有《韦素园墓记》："呜呼，宏才远志，厄于短年。文苑失英，明者永悼。"本书名《黄花集》，是由书中所收俄国作家梭罗古勃的诗而来，诗云："我的草原，我的大地，假若我是青春，我便开放一朵嫩黄的小花，我便燃起一粒嫩黄的、美丽的、纯金的小火！"作者是在病床上编此书的，心境正如那青春的小花和纯金的小火。有1932年开明书店刊本。

【 黄给谏遗集 】

别集 明黄钺撰。钺字叔扬，常熟人。建文进士，官刑科给事中。国变后，自殉死。给谏，给事中的别称。秦汉时为列侯、将军、谒者的加官。常在皇帝左右备用顾问，因执事在殿中故名。晋以后为正官。隋于吏部中设给侍郎。唐属门下省。元废门下省，而存给事中。明给事中分吏、户、礼、兵、刑、工六科，掌侍从规谏，稽查六部之弊误。有驳正制敕违失，章奏封还之权。

【 皇览 】

类书 三国魏劭等奉敕撰。劭字孔才，广平邯郸（今属河北）人。官至散骑常侍，爵关西侯，著有《人物志》。同修此书者有王象、桓范、韦诞等人。据《魏志》：延康元年（220）魏王曹丕"使诸儒撰集经传，随类相从，凡千余篇，号曰《皇览》"。黄初三年（222）成书。司马贞《史记索隐·五帝本纪》注："皇览，书名也……，宜皇王之省览。"原书千余篇（卷），南朝梁时尚存六百八十卷。隋时存一百二十卷，现仅存一卷。有清人辑本。

【 黄梨洲文集 】

别集清 黄宗羲（1610—1695）撰。宗羲别号梨洲，家居浙江四明山北。曾撰《四明山志》，中载："梨洲山，晋孙兴公与兄承公同游于此，得梨数枚。人迹杳然，疑为仙真所遗，故名其地曰梨洲。"其后，唐时游旅四明山之高士文人渐多，如施肩吾、谢遗尘、陆龟蒙等。清顺治三年（1646）宗羲曾在附近之杖锡寺结寨自固以抗清。失败后，避乱于此，并自号梨洲。有1959年中华书局排印本。

【 黄庭经 】

道经名 有《上清黄庭外景经》和《上清黄庭内景经》晋葛洪《抱朴子》中已提及，《外景经》称大道玉君作，传魏夫人，三十六章。《内景经》著录于《唐书·艺文志》传为老子所作。后世习以《黄庭》呼《外景经》，书以七言歌诀述养生修炼之道。黄庭，道家指脑中、心中、脾中。《黄庭经·明堂章》注："脾为黄庭，黄老君居之。"《云笈七签》："黄者中央之色也。庭者四方之中也。指脑中、心中、脾中。故曰'黄庭'。"传说法帖，晋王羲之书《黄庭经》换白鹅。但羲之卒于穆帝升平五年（357），至哀帝兴宁二年（365），《黄庭经》始现于世，故断法帖，为兴宁后南朝宋齐人所书，传说不确。有《道藏》本。

【 黄御史集 】

别集 唐黄滔撰。滔字文江，福建莆田人。昭宗成化年（900）前后在世，官监察御史。御史，春秋战国各国都有御史职，掌文书及记事。秦设御史大夫，并以御史监郡，遂有弹劾纠察之权。汉以后御史权、名累有变化。唐有侍御史、殿中侍御史、监察御史等。有《四库全书》本。

【 篁墩集 】

别集　明桂敏政撰。敏政字克勤，徽州休宁（今属安徽）人。英宗朝（1445—1500）在世官至礼部右侍郎。休宁地处新安江上游，隋代新安郡治所，郡内有篁墩镇。《四库全书总目提要》："其集名篁墩者，考新安有黄墩为晋新安太守黄积所居，子孙世宅于此，故以黄为名。自罗愿《新安志》《朱子文集》所载皆同。敏政乃称黄本篁字，因黄巢而改，遂称篁墩，为之作记，且以自号。其说杜撰无稽，然名从主人，……今亦仍其旧称焉。有《四库全书》本。

Hui

【 灰阑记 】

杂剧剧本　全名《包待制智勘灰阑记》。元李行道撰。行道，名潜夫。绛州（今山西侯马）人，戏曲作家。生卒年不详，所作杂剧今知有《灰阑记》一种，现存。梗概是：马均卿妻与赵令史通奸，将马毒死，反诬马妾张海棠谋害丈夫。为谋夺家产，又强称海棠子寿郎为其所生。包拯审问此案，用石灰画一阑圈，置海棠子于其中。命马妻与海棠两方用力拉拽，言明拉出者可得此子。海棠恐拉伤其子，不肯用力，寿郎为马妻拉出。包拯乃断定子属海棠，并审出马妻与赵令史罪行，严加惩办。1958 年中华书局刊《元曲选》收此本。

【 挥麈录 】

笔记　宋王明清（1127—1124）撰。明清有《投辖录》《玉照新志》已著录，可参考。本书记两宋之际政事、军事、典制、社会情况，兼及诗文碑铭，多出于切身闻见。《四库全书总目》言其：为中原旧族，多识旧闻，要其所载，终有依据。有较高的史料价值。麈，即驼鹿，俗称四不象。传说鹿群之首，以摇动尾巴指挥群鹿。魏晋名士常挥麈尾以助清谈。书有明清《自序》云："乾道之初，窃丛祠之禄，偏奉山阴。亲朋相过，抵掌剧谈。偶及昔闻，间有可记，随即考而笔之，曰《挥麈录》。"1961 年中华书局有点校本。参见《麈史》《麈谈》诸条。

【 悔少集 】

诗集　清厉鹗撰。集收游仙诗三百首。鹗有《樊榭山房集》已著录，可参见其生平。题名《悔少》，《续修四库全书提要》言："其曰《悔少集》者，盖取杨修'悔其少作'之语，……曰游仙者，则游思呓语，杂以感慨。"典见三国杨修《答临淄侯（曹植）笺》："修家子云（扬雄字）老不晓事，强著一书，悔其少作。"案：扬雄《法言·吾子》："或问：'吾子少而好赋？'曰：'然，童子雕虫篆刻。'俄而曰：'壮夫不为也。'"关于"悔少"，鲁迅之《集外集·序言》有云："听说中国的好作家，大抵是悔其少作的，……我想这大约和现在的老成的少年，看见他婴儿时代的出屁股，衔手指的照相一样，自愧其幼稚，因而觉得有损于他现在的尊严，……我惭愧我的少年之作，却并不后悔，甚至于还有些爱，这真好象是'乳犊不怕虎'，乱攻一通，虽然无谋，但自有天真存在。"有乾隆年鲍烇博刊本。

【 晦庵集 】

诗文别集　宋朱熹撰。熹字元晦，后改仲晦，号晦庵。祖籍江西婺源，其父任福建龙溪县尉时生熹，时为高宗建炎四年（1130）。绍兴进士。熹历高宗、孝宗、光宗、宁宗四朝，曾官泉州固安县主簿、秘阁修撰、宝文阁待制等。宁宗庆元六年（1200）卒。元晦，为其就学于二程三传弟子李侗所取。典自"木晦于根，春荣华敷；人晦于身，神明内腴。"晦意为隐，暗与其名熹（意为明亮）相表里。朱熹曾主持白鹿洞书院、岳麓书院，教授五十余年。其学称"程朱学派"或"闽学"。"晦庵"为其侨居建阳时，于芦峰云谷筑草堂，题名"晦庵"，并以名此集。朱熹晚年被视为伪学，遭排斥，但逐步为统治者所尊崇。宁宗时追谥为"文"，因此文集又称《朱文公集》。七百年来程朱礼学，为影响极大的哲学流派。有《四库全书》本。

【 会昌一品集 】

别集　唐立德裕撰编。德裕字文晓，赵郡（今河北赵县）人。德宗至宣宗朝（787—849）在世。

会昌是武宗李元公元 841—845 年时年号，其间德裕由淮南节度入相。当国六年，封卫国公。宣宗立，为忌者所构而罢官。此书为罢相后收集会昌一朝所作之编。并请桂管观察史郑亚作序。时李商隐在正亚幕府任判官，代郑写了《太尉卫公会昌一品集序》：“……故合诏诰奏议碑赞等凡一帙一十五卷，辄署曰《会昌一品集》云。纪年，追胜德也；书位，旌官业也。”古代官分九品，一品最高，宰相即为一品，因以名集。

【 荟蕞编 】

总集　俞樾（1821—1906）撰。俞氏有《春在堂全集》已著录，可参见其生平。此书有《自序》云：“昔唐郑虔采集异闻成书，名曰《荟蕞》，言多小碎之事，如草之小而多也。辄袭其名，题之简端。作者从历代诸家文集中摘录所有忠孝节义等事之可歌可泣者，荟萃成书。”（何镛桂《弁言》）故名。有《清代笔记丛刊》及《笔记小说大观》本。

【 蕙风词话 】

词学书　清末况周颐（1859—1926）撰。周颐，原名周仪，因避溥仪讳改。字夔生，号蕙风。广西临桂（今桂林）人。光绪举人，曾官内阁中书。晚年寓居上海。平生心力，全用在词，作风类白石。其论词，细入毫芒，能发前人所未发。是书泛论历代词人，兼考据记轶。又对用意、造句、守律诸方面均有论述，为清末常州词派重要词论著作。蕙风，夹带花草芳香之风。晋左思《魏都赋》：“珍树猗猗，奇卉萋萋。蕙风如熏，甘露如醴。”本书有 1960 年人民出版社，与王国维《人间词话》合刊本。

Huo

【 活地狱 】

长篇小说　清末李伯元（1867—1906）等撰。全书四十三回，未完。书面署南亭亭长著。作者写至四十二回，其后由吴趼人等续写。地狱：佛教所说恶人死后灵魂受折磨的地方，后比喻苦难煎熬之处。由十五个故事连缀而成。着重揭露清末州县衙门的暗无天日，书吏胥役的卑鄙无耻，监狱牢房种种酷刑的残无人道，故题书名曰《活地狱》。书中《楔子》云：“上有天堂，下有地狱。阴曹的地狱，虽没有人看见，若论阳世的地狱，只怕没一处没有呢？”“官是阎罗，官以下皆判官鬼卒，有活阎罗，活鬼判，焉得不有活地狱。”原来小说连载于光绪二十九至三十二年（1903—1906）的《绣像小说》半月刊。1956 年，由上海文化出版社始刊印单行本。参见已著录李氏的《官场现形记》。

J

Ji

【 鸡肋 】

类书　宋赵崇绚撰。崇绚宋宗室，字元素，自题汴人。本书取典故之相似，而事实不同者，以类编之，卷首自记：“余嗜书如简中之蠹鱼，读书如瀛莫之漫画，性根弗灵，无强记能。置一编于几砚间，随笔录之。久而成卷，以类抄，聚其可去者十一，亦有可观者焉。别为一卷，名曰《鸡肋》云。”然似为随手札记，未成完帙，乃取“食之无味，弃之可惜”之典意名编。但类书以骈体为之，此为始也。

【 鸡肋集 】

诗文别集

一、宋晁补之撰。补之字无咎，山东钜野（今巨野县）人。仁宗至徽宗朝（1053—1110）在世。少为苏轼推重，称苏门四学士之一，官终知泗州（安徽泗县）。才气飘逸，嗜学不倦，文章温润奇卓。家葺归来园，自号归来子。鸡肋，喻虽乏味但不忍割舍之物。《三国志・魏志・武帝纪》：“曹操攻汉中，不胜欲还。出令曰‘鸡肋’，官属不知所谓。主簿杨修便自严装，人惊问修：‘何以知之？’修曰：‘夫鸡肋，弃之如可惜，食之无所得，以比汉中，知王欲还也。’”补之《自序》：“食之无所得，弃之则可惜，其鸡肋乎！故衰而藏之，谓之《鸡肋集》。”有《四库全书》本。

二、明王佐撰。佐字彦举。先为河东人，随父占籍海南。约洪武初（1368）前后在世。官至给事中，后告归。裒集十一卷。有《海南丛书》本。

【 击壤集 】

又名《伊川击壤集》 诗集 宋邵雍撰。雍字尧夫，其先河北范阳，后随父迁共城（今河南辉县），再寓居洛阳。真宗至神宗朝（1011—1077）在世。读书苏门山，自耕以供衣食。累召不仕，隐居终生，名其居曰“安乐窝”。洛阳为伊河流经，故洛阳亦称伊川，雍乃自号伊川丈人。击壤：晋皇甫谧《帝王世纪》载：尧时有老人击壤而歌曰：“日出而作，日入而息；凿井而饮，耕田而食。帝何力于我哉！后以之为太平盛世之典。南朝谢灵运《初去郡诗》：“即是羲唐化，获我击壤声。”邵雍自幸生于太平之世，故名其集曰《击壤集》。有《四库全书》本。

【 屐痕处处 】

游记散文集 郁达夫（1896—1945）撰，收十一篇。屐，木屐。木底有齿之鞋。相传为晋宋时，浙江山水诗人谢灵运所创制。《南史》传中说他好游，从者数百。常着木屐，上山去其前齿，下山则去其后齿。唐诗人李白《梦游天姥吟留别》中有：“脚著谢公屐，身登青云梯。”句。《屐痕处处·自序》：“将稿子收集好了以后，就想造出一个好听一点的书名来，以骗读者；叫作《达夫游记》哩，似乎太僭，叫作《山水游踪》哩，又似乎太雅；考虑了几天，更换了几次最后我才决定了一个既不僭，又不雅，但也不俗的名字，叫作《屐痕处处》。”参阅已著录的《郁达夫文集》诸条。有1934年现代书局刊本。

【 稽古录 】

编年体史书 宋司马光（1019—1086）撰。司马光生平，参见已著录之《司马文正公传家集》。《四库全书简目》言此书：“上起伏羲，下至英宗治平之末，……治乱兴衰之故，剖析最明。”《总目》言其：“洵有国有家之炯鉴，有稗于治道者甚深。”且较《资治通鉴》等书，简便易读，故颇流传。稽古，语见《尚书》中《尧典》《舜典》诸篇，皆以“曰若稽古”开端，传训“稽”为考，言稽考古道。本书名即为记述考校古事之意。收入《四部丛刊》。

【 畿辅丛书 】

清王灏辑。灏字文泉，直隶定州（今河北定县）人。灏有资财，官京曹时，广收畿辅先哲遗著而成此书，以配合纂修《畿辅通志》。畿，古称天子所领之地，后指京城管辖的地区。《诗·商颂·玄鸟》：“邦畿千里，维民所止。”辅，京畿称辅。《晋书·地理志》：“武帝改河上、渭南、中地，为京兆、冯翊、扶风，是为三辅也。”畿辅，后泛指京城地区。《南齐书·王融传》上疏：“汉家轨仪，重临畿辅……。”清设直隶省，辖今河北一带，别称直隶省为畿辅。此书荟萃河北乡邦文献，自周、秦至明、清，汇为一编。皆校雠精审，流传较少之书，凡一百七十种。书未成，而灏殁，后陶湘为之重订。有光绪五年（1879）定州王氏谦德堂刊本。

【 急就篇 】

一名《急就章》。字书 西汉史游撰。据《四库全书总目云：“《汉书·艺文志》注，称游为元帝时黄门令，盖宦官也，其始末则不可考矣。……王愔云（见其《文字志》）：‘汉元帝时，史游作《急就章》，解散隶体，汉俗简惰，渐以行之是也。’”旧时童蒙识字课本，共二千一百四十四字，无一重复。题名之由，以其书首句：急就奇觚与众异，罗列诸物名姓字。之句首“急就”二字而名。又一说：“急就者，谓字之难知者，缓急可就而求焉。”（《郡斋读书志》）故名。有《四库全书》本。

【 激流三部曲 】

长篇小说集巴金（李尧棠，1904—2005）撰。由作者1931—1940年写成的三部连篇性的长篇小说《家》《春》《秋》组成。本书通过在五四革命潮流冲击下，封建大家庭高家衰亡崩溃的历史，控诉封建家庭的专制，暴露封建礼教的罪恶。“激流”象征着那些反抗封建，追求自由，积极上进的青年一代。作者又在《〈激流〉总序》中说：“我无论在什么地方总看见那一股生活的激流在动荡，在创造它自己的道路，穿过乱山碎水中间。”“这激流永远动荡着，并不曾有一个时候停止过，而且它也不能够停止；没有什么可以阻止它。”兹分述如下：

一、《家》的题名，表面上指“高家”的兴衰变化，更深层的是揭示整个封建制度不可避免灭亡的命运。1931 年发表。有 1933 年上海开明书店刊本。

二、《春》。1936 年发表。写两个年轻女子“惠”和“淑英”不同的命运。《春》的题名象征青年人青春的活力。书中借抗婚成功的高淑英说出：“春天是我们的！”1936 年上海开明书店初版。

三、《秋》的题名，一是指“高家”的木黄叶落，下一步就是死亡。又借书中女青年琴的口说出“秋天过了，春天会来！”预示青年人美好的未来。1940 年上海开明书店初版。

【 集异记 】

一名《古异记》 传奇小说 唐薛用弱撰。用弱，字中胜。唐宪宗元和年(820)前后在世。河东(今山《西永济》)人，曾官光州刺史，又出守弋阳。书内多唐逸闻，亦涉隋唐间谲诡灵异之事。内容新颖，文辞雅洁，搜奇述异，多为后世取资。如王维登第，王之涣旗亭赌唱，徐佐卿化鹤，狄仁杰，蔡少霞等人事，后演为小说、戏剧故事。有 1980 年中华书局刊点校本。

极玄集(清人作《极元集》)唐诗选集。唐姚合选辑。合字不详，陕西峡石(今河南陕县南)人。约唐文宗太和中(831)前后在世。宰相姚崇之曾孙，官至秘书少监。工诗。此集选唐二十一诗人，诗百首。除王维、祖咏外，均为中唐时期作品。且大多作者附小传乃自此书始。玄，精绝、神妙。《老子》：“玄之又玄，众妙之门。”极玄，意为最精妙者。姚合自序：“此皆诗家射雕手也，合于众集中，更选其极玄者，庶免后来之非。”元蒋易《极玄集序》：“唐诗数百千家，浩如渊海，姚合以唐人选唐诗，其识见精矣。然所选仅如此，何也？然当是时以诗名者，人有其集，制作虽多，鲜可全美。譬之握珠怀璧，岂得悉无瑕纇者哉！武功去取之法严，故其选精，选之精，故所取仅若此。”《四库简明目录》：“所录乃多高作，自命为诗家射雕手，殆非溢量。”有《四库全书》本。

【 集韵 】

韵书 宋丁度(990—1053)等奉敕撰。度字公雅，祥符(今开封)人，官至端明殿学士。缘真宗时(1011)《广韵》修成后，有谓其多用唐代旧文，繁略失当。仁宗时(1038)命丁等重修。三十一年后(1060)，由司马光修成奏上。本书收字之多远远超过《切韵》《广韵》，除正体外兼收古、或、俗诸体，又据当时语言兼顾反映古音、方音。题名《集韵》意为当时音韵群书之集成。有 1983 年，北京中国书店影印本。

【 脊背与奶子 】

短篇小说 张天翼(1906—1985)著。张天翼，现代小说家，中学时即开始创作，1926 年在北京《晨报副刊》上发表作品，始用笔名“张天翼”。取自《庄子・逍遥游》：“鹏之背，不知其几千里也，怒而飞，其翼若垂天之云。”后发表小说多种，并在儿童文学创作上卓有成就。本书于 1933 年 2 月由上海良友图书印刷公司单独出版，收入赵家璧主编的《一角丛书》中(因每册篇幅不大，60 页左右，售价均为大洋一角而名)。书中写一村中族长老爷，觊觎一少妇。以不许其自由恋爱为借口，鞭打她的脊背，又借机抚摩她的奶子，终于被仗义人痛打。书中刻画了族长假道学的伪善面孔，色厉内荏的淫威和色情变态的肮脏心理。书名直露白描作《脊背与奶子》，揭露了统治的虚伪与丑恶。表现了反对封建压迫，主张妇女解放的主题。显示作者独特细致的观察角度，与其所擅长的辛辣讽刺和无情鞭笞的写作技巧。

【 几何原本 】

数学著作 希腊欧几里得原著。明万历年，天主教耶苏会教士意大利人利马窦与徐光启合译。欧氏为古希腊数学家，著有《几何原本》十三卷，是世界上最早的公理化数学著作。总结了公元前七世纪至三世纪，希腊丰富的几何资料。徐光启，万历举人、进士，官至文渊阁大学士。徐氏与利马窦合译其中重要的六卷。后清咸丰七年(1857)，教士佛列亚力等译了后九卷，始成全璧。徐氏与利马窦译原文“Geometria”取“Geo”音译为“几何”，以其有“衡量大小之意”。此书自十九世纪以来，全世界以各种文字，刊印达一千版以上。本书为中国最早的译本，收录于《四库全书》。

【 济南集 】

文集 宋李廌撰。廌字方叔，华州(今山东费县)人。约神宗元丰中(1082)左右在世。年少以文为苏轼赏识,后为苏门六君子之一。中年绝意进取,定居长社(今许昌境)常议论为文上献。济南,春秋时齐地。汉初曾立济南国,宋为济南府治。唐杜甫《陪李北海宴历下亭》:“海右此亭古,济南名士多。”廌之名集,以记其祖籍欤?

【 纪文达公文集 】

清纪昀撰　昀字晓岚,一字春帆,自号云石。直隶献县(今属河北)人。生于雍正二年(1724),卒于嘉庆十年(1805)。乾隆十二年(1747)中举人第一。由翰林官至礼部尚书、协办大学士,加太子太保。卒谥文达公。《谥法》:文,道德博闻;达,质直好义。本书以谥号名集。乾隆中昀任《四库全书》总纂官。一生心力,尽瘁于斯。能诗及骈文,又著笔记小说《阅微草堂笔记》(已著录)。别集除诗文外,以书序最有价值。期考竟,辨章学术,多与《四库提要》相发明。另,其所著《四库全书总目》《四库全书简明目录》《历代职官表》已著录,请参考。今北京宣武区广安大街(原骡马市大街)有纪文达故宅遗迹,为文物保护处所。有嘉庆十七年其孙树馨刻本。

【 纪效新书 】

兵书　明戚继光(1528—1587)撰。继光,山东登州人,将门出身,世袭军职。嘉靖中(1555),在浙江抗倭寇,以戚家军名闻天下。龙庆年以都督同知总理蓟州、昌平、保定三镇练兵事。此书即记录练兵的效验,由于注重实践,总结经验教训,故名《纪效》。有《自序》云:“夫曰纪效,明非口耳空言;曰新书,所以明其出于法,而不泥于法,合时措之宜也。”收入《四库全书》。

【 骑省集 】

别集　宋徐铉撰。铉字鼎臣,广陵(今江苏扬州)人。生于五代梁末帝时(917),宋太宗淳化(992)年卒。先仕南唐,后随李煜归宋,官至散骑常侍。铉精于小学,所校《说文解字》,世称大徐本。弟徐锴著《说文系传》,称小徐本。兄弟世称二徐。骑,指徐铉曾任散骑常侍,官名。三国魏时将秦汉置的散骑(皇帝的骑从)与中常侍(皇帝的近侍),合为散骑常侍一职。位在帝左右掌规谏、顾问,常预闻朝政。晋至隋唐皆有置,为尊贵之官。宋沿之,但不常设。省,官署名。汉制,总群臣而听政为省,治公务之处所为寺。尚书、中书、门下各官署皆设于禁中,因亦称省。沿用久,遂以为官署名称。散骑常侍,属中书、门下二省,故曰骑省。有《四库全书》本。

【 嵇中散集 】

别集　晋嵇康撰。康,谯国銍(今安徽宿县)人。公元224—263年在世。曾任中散大夫,世称嵇中散,竹林七贤之一。本书原有十五卷,至宋仅余十卷。精善者有近代鲁迅辑校本十卷,题《嵇康集》。中散大夫,王莽时置,东汉因之,属光禄勋。魏晋时,为闲散职,或参与议论政事。有《四库全书》本。

Jia

【 家藏集 】

别集　明吴宽(1435—1504)撰。宽字原博,号匏庵。长洲(今苏州境)人。成化年进士,授修撰,侍讲东宫。官至礼部尚书。博览群书,工书法,文行有声,诗文皆和平恬雅。谥文定,《谥法》:文,道德博闻。定,纯行不二。集为宽所自定,谓只可家藏,不可外传之意。明王鏊《家藏集序》:“云家藏者,公之谦也。”收于《四库全书》。

【 嘉禾百咏 】

诗集　宋张尧同撰。尧同,秀水(今浙江嘉兴)人。约度宗咸淳(1270)前后在世,余皆不详。本集以七言绝句咏嘉兴山川古迹。自吴越以来嘉兴典故,可得其梗概。言百者,宋世歌咏土风,往往以夸多斗靡为工。嘉禾,原解为大禾《汉书·公孙弘传》:“甘露降,风雨时,嘉禾兴。”用于地名在浙江,本名长水。秦改由拳县。三国时,吴孙权黄龙四年以地出嘉禾,改称禾兴。后讳孙皓父名和,又改称嘉兴。宋政和七年赐名嘉禾郡。庆元初升为嘉兴府。今为嘉兴市。有《四库全书》本。

【 夹漈遗稿 】

诗文别集　宋郑樵撰。樵字奥仲,兴化军莆田(今在福建)人。徽宗崇宁至高宗绍兴(1104—

1162)年间在世。十六岁结庐夹漈山,苦读三十年。自号溪西遗民,人称夹漈先生。著《通志》二百卷。后官至枢密院编修。案,漈,闽方言指瀑布。夹漈山又名东山,在福建莆田地区莆田县西北。旁有西岩,为南宋史学家郑樵读书处。参见已著录之《通志》条。有《四库全书》本。

【 嘉祐集 】

诗文别集　宋苏洵撰。洵字明允,号老泉。四川眉山(今县治)人。真宗至英宗朝(1009—1066)在世。民间《三字经》云:"苏老泉,二十七,始发奋,读书籍。"嘉祐元年(1056)与二子轼、辙同至京师。欧阳修上其所著《权书》《衡论》等二十二篇,士大夫争传之。宰相韩琦奏除秘书省校书郎,洵为著名古文学家,与其子轼、辙合称三苏,均被列入唐宋八大家。其文简劲质朴,擅长策论。名篇有《六国论》等。集以仁宗年号嘉祐名之。有《四库全书》《四部备要》本。

【 甲申三百年祭 】

史学著作　郭沫若(1892—1978)撰。书名中的"甲申",是指中国古代以天干和地支的纪年,这里甲申是指1644年,是年李自成攻陷北京。关于此书《毛泽东选集》第三卷《学习与时局》一文的注释言:"一九四四年郭沫若著作《甲申三百年祭》一文,纪念明朝末年李自成领导的农民起义胜利的三百周年。文中说明一六四四年李自成的农民起义军进入北京以后,因为若干首领们生活腐化,发生了宗派斗争,以致在一六四五年陷于失败。这篇文章先在重庆《新华日报》发表,后来在延安和各解放区印成单行本。"毛泽东在一九四四年四月十二日《学习与时局》一文中提道:"近日我们印了郭沫若论李自成的文章,也是叫同志们引为借鉴,不要重犯胜利时骄傲的错误。"毛泽东在一九四四年十一月二十一日给郭沫若的信中写道:"你的《甲申三百年祭》,我们把它当作整风文件看待。"可见此书的重要意义。有北京人民出版社2004年刊本。

【 甲乙经 】

中医针灸著作　全称《黄帝三部针灸甲乙经》。西晋皇甫谧(215—282)撰。甫谧字士安,自号玄晏先生。安定朝那(今甘肃平凉县朝那镇)人,家境贫寒,善文史,精于医。此书根据《针经》(《灵枢》)、《素问》《明堂孔穴针灸治要》三书,并参考《难经》纂辑而成。阐述人的生理、病理,运用针灸诊治疾病。因原书十卷,以天干为卷帙次第,故称《甲乙经》日本丹波元胤语:"此书命以甲乙,未有详解。……然则玄晏原书以十干列,故以甲乙命名。《隋志·黄帝甲乙经》十卷,可以证焉。……《魏都赋》:'次舍甲乙,西南其户。'李善注:'甲乙,次舍之处,以甲乙纪之也。'《景福殿赋》:'辛壬癸甲,为之名秩。'吕延济注:'言以甲乙为名次也。'此其义一尔。"1956年人民卫生出版社有影印本。

【 稼村类稿 】

别集　元王义山撰。义山,江西丰城人,宋末元初(1214—1287)在世。景定年进士,知新喻县。入元官提举江西学事。退老东湖,扁读书之室曰"稼村",义取学业与稼田皆不可懈止,且名其集。《稼村自墓志铭》:"先君名余曰义山,字余曰元高……平生无它好,独于文字刻苦。扁一所曰'稼村',读书其间。"《学稼斋记》中自述:"余旧居富水之槎溪,扁其所曰'稼村',何居杜句也。揭来东湖,丞相杭爱山宠以'稼村'二大字,余扁于所居之室,不忘旧也。或曰:'莲可也,稼可乎?昔村今湖,子非故我。'余曰:'余之稼不在田也。记礼者,论人情之田曰修礼以耕之,陈义以种之,讲学以耨之,本仁以聚之,播乐以安之,厥田上上也。余稼于此久矣,不为水旱不耕也。且谓惟肖曰:汝父本农家子,将教汝耕,且扁汝读书之室曰学稼。况余之稼乃稼于书,非稼于田也'。"子惟肖编其所作以类分,故曰类稿。有《四库全书》本。

【 稼轩词 】

词集　宋辛弃疾撰。弃疾名系慕汉霍去病而摹取。原字坦夫,后慕汉管宁字幼安亦取字幼安。生于高宗绍兴十年(1140),卒于宁宗开禧三年(1207)。齐州历城(今济南)人。出生时济南已归金,后弃疾从耿京聚兵山东,说之归宋,授承务郎。历官滁州、江西、潭州、两浙、福建、绍兴、镇江等地。一生以恢复失地为志,立功业自许。所作无诗文集,为南宋唯一专门词家。风格悲壮激烈,是豪放派杰出代表。与苏轼并称"苏辛",而题材更加广阔。弃疾长期落职闲勤，于带湖筑新居。尝谓："人生在勤，当以力田为先。"故以稼名轩。然其词《鹧鸪天》有："却把万字平戎策，换得东家种树书。"之语，愤慨时局耳。近人邓广铭著《稼轩词编年笺注》，采辑详尽，附有年谱。

Jian

【坚瓠集】

笔记清褚人获撰。人获字稼轩，一字学农，江苏长州（今吴县境）人。生年不详，约卒于康熙二十年（1681），余无考。书记历代但主要是明代的逸闻。坚瓠，坚硬的实心葫芦，不能剖之盛物，喻无用。典自《韩非子·外储说上》："齐有居士田仲者，宋人屈谷见之曰：'闻先生之义，不恃仰人而食。今谷有树瓠之道，坚如石，厚而无窍，献之。'仲曰：'夫瓠所贵者，谓其可以盛也，今厚而无窍，则不可以剖而盛物，吾无以瓠为也。'曰：'然，谷将弃之。'今田仲不恃仰人而食，亦无益人之国，亦坚瓠之类也。"作者在《坚瓠甲集引》："甘瓠可食，康瓠可宝，五石之瓠可容，惟坚瓠无可用，故取以名篇。虽不足比鸡肋鼠璞而无其所适用则一也。"但坚瓠可作腰舟，能济人渡河，喻知识乃人生之腰舟，是作者隐而自负者。李炳《坚瓠甲集序》："语云：'中瓠失舟，一瓠千金。'夫瓠，腰舟也。佩服之，以济川涉险，保无颠复没溺之患……。褚先生多钩索古今说部不下千百家，心识笔耕，积岁书集，名以《坚瓠》，旨深哉！"褚氏著有《隋唐演义》，参见《说唐》条。有1987年中华书局刊本。

【兼济堂文集】

诗文别集　清魏裔介撰。裔介字贞庵号昆林，直隶柏乡（今河北邢台地区属县）人。明万历至清康熙年（1616—1686）在世。顺治年进士，曾官吏部尚书、宝和殿大学士、太子太保等。兼济，《庄子·列御寇》："兼济道物。"《孟子·尽心篇》："穷则独善其身，达则兼善天下。"汉《风俗通·十反》："孟轲亦以为达则兼济天下，穷则独善其身。"则通称兼济焉。有《四库全书》本。

【剪灯新话】

传奇小说集　明瞿佑（1341—1427）撰。佑字宗玄，钱塘（今杭州）人，洪武中曾任周王府长吏。本书四卷二十篇，附录一篇。作者曾编辑古今传奇之事，题为《传灯录》。后"好事者每以近事相闻，远不出百年，近只在数载襞积于中，日新月生，习气所滋，欲罢不能"（见作者《自序》）。因名为《剪灯新话》。其书内容虽较贫弱，但上接唐宋传奇余绪，下开《聊斋志异》之先河。为中国文言小说发展史中，有一定地位者。明清以来拟话本及戏曲中，常撷取其素材。有1957年上海古典文学出版社刊校注本。

【简斋集】

别集　南宋陈与义（1090—1138）撰。与义字去非，号简斋，洛阳人。政和进士，累迁兵部员外郎、参知政事。长于诗，是江西诗派后期代表作家，南渡诗人显达者。诗多感愤沉郁，亦有抒发爱国情怀篇章，具诗史性质。词集《无住词》（以居处无住庵名），写离恨忆旧。清新奇丽，近乎东坡。别集以号名，有《丛书集成初编》本。

【剑南诗稿】

诗集　宋陆游撰。游字务观，乃其慕秦少游，对调其名、字。秦名观，字少游，陆则名游，字务观，号放翁。越州山阴（今浙江绍兴）人。生于宋徽宗宣和七年（1125），卒于宁宗嘉定七年（1210）。少侍于礼部，被秦桧排挤。桧死，赐进士出身，长期供职蜀中。本集共八十五卷，诗九千三百多首。集末有嘉定十三年，游子子虚跋称："游西溯僰道，乐其风土，有终焉之志，宿留殆十载。戊戌春正月，孝宗念其久外，趣召东下。然心未尝一日忘蜀也，是以题其生平所为诗卷曰《剑南诗稿》。盖不独为蜀道所赋诗也。游诗感激豪宕且沉郁深婉，晓畅平易又精练自然，成独立诗坛之一大家。"剑南，唐置道治，以其在剑阁之南而得名。有1981年上海古籍出版社铅印本。

【剑鞘】

散文集　俞平伯（1900—1990）与叶绍钧（1894—1988）合撰。1924年，北平霜风社初版。关于题名，俞氏有《序》云："鞘以韬锋，徒具其形，不有其利，故遂以‘剑鞘’署此书，非另有深意。”是谓其中文章，皆属不露锋芒之作。共收二十一篇作品，名篇如俞平伯与朱自清同一题目各自完成的《桨声灯影里的秦淮河》，风味效明人小品，知识与情味各半。参阅已著录之《叶圣陶集》与《俞平伯全集》。

【 间书 】

情报学史料　清朱逢甲撰。逢甲字莲生，华亭（今上海松江县）人。屡试不第，弃文习武。为向清廷献策。从古籍中搜集间谍史料，于咸丰五年（1855）成书。间，有中间、嫌隙、刺探、间谍诸义，特指“间谍”。曹操注《孙子·用间篇》：“战者必用间谍，以知敌之情实也。”此书开头即言，用间始于夏之少康，使女艾间浇。见《左传·哀元年》：“少康使女艾谍浇，……遂灭过戈。”商伊尹、孔门高弟子贡、汉俪食其、三国吴人俞赞、唐代唐俭、明土官岑璋等历史人物都是间谍。春秋已有“间谍”一词。兵书《孙子》《李卫公兵法》论间之道最详。本书实为我国古代间谍史话，对研究古代间谍情报工作有一定参考价值。有 1979 年北京群众出版社刊本。

【 剑侠传 】

笔记小说集　明王世贞（1526—1590）撰。王氏有《弇州山人四部稿》已著录，可参阅其生平。此书为作者之父被严嵩父子所害后，所写的泄愤之作。从《太平广记·豪侠》、宋代志怪集《江湖异人传》《夷坚志》、笔记《青琐高议》《春渚纪闻》《鹤林玉露》《灯下杂谈》等书中选出“荟撮成卷”，多为唐宋时著名的剑侠故事，故名。此书收入《丛书集成初编》，为近代武侠小说之滥觞。有《丛书集成初编》本。

【 建炎以来系年要录 】

编年体史书　又名《高宗系年要录》南宋李心传（1166—1243）撰。心传，字微之，隆州井研（今四川县属）人。官至工部侍郎，著名史学家。建炎，高宗登位时第一个年号。本书与李焘《续资治通鉴》相续，专记高宗一朝共三十二年（1127—1162）史事，故题“建炎以来”。系年，以年为序，联属记事。缘自晋杜预《春秋左氏序》：“记事者以事系日，以日系月，以月系时，以时系年，所以记远近，别异同也。为有关南宋初历史最详之书，以据事直书，史料价值极高。收入《四库全书》。参见上编“编年”“录”词条。

【 鉴止水斋集 】

文集　清许宗彦撰。宗彦字周生，浙江德清人。乾隆至嘉庆朝（1768—1818）在世。嘉庆进士，官兵部主事。有藏书室名“鉴止水斋”。《庄子·德充符》：“人莫鉴于流水而鉴于止水。”《清史列传·许宗彦传》：“宗彦尝训诸子曰：‘读书人须使此心光明正大，澄清如止水，无丝毫苟且私曲不可对人处。’”故名所居曰“鉴止水斋”，且以名集。有乾隆八年重刊本。

Jiang

【 江文通集 】

诗文别集　南朝梁江淹撰。淹，字文通。淹字释博大精深，博大精深则通，名、字相辅相成。祖籍洛阳考城（今河南兰考）。生于宋文帝元嘉二十一年（444），卒于梁武帝天鉴四年（505）。历仕宋、齐、梁三代，官止金紫光录大夫，封澧陵侯。以诗赋著称，名篇有《恨赋》《别赋》等。作品以宋末齐初时最多，梁时渐少，故有“江郎才尽”之语。有《四库全书》本。

【 江风松月集 】

诗集元钱惟善撰。惟善字思复，号心白道人。钱塘人，生年不详，卒于明洪武初（1369）。至正年省试，题为《罗刹江赋》，应试三千人，惟善据枚乘《七发》，辨罗刹江即钱塘江，又名曲江，由是得名，且号曲江居士。官至儒学副提举，张士诚据吴时，退隐。书中诗有“江风”“松月”句，因以名集。例如《夜坐志喜》：“千里鸿飞半江月，四邻谁知满天霜。”《次孟伯贞韵寄罕玉庭》：“一榻松风时入定，半廉梅雨昼烧香。”《梅花落》：“笛里梅花落何处，最多愁纷飞江月。”《王松友索赋》：“愿言山水好，松花酿春酒。抱琴弦松风，宁有听者乎？”有《四库全书》本。

【 将军吟 】

长篇小说　莫应丰（1938—　）撰。莫应丰，湖南益阳人，六十年代在广州空军文工团从事创作，1970 年到湖南，1978 年当选作协湖南分会副主席。本书写空军某兵团副司令彭其农，在十年浩劫中遭受迫害的经历。真实地反映了文革中极其复杂尖锐的矛盾斗争。故事动人，语言清新，富余生活气息，浸透了作者的悲愤之情。书名初题《将军梦》，后又取名《将军行》《将军怨》。作家韦君宜认为《将军在沉思》比较确切，但最后题名《将军吟》。沉吟即沉思，而且更简洁，意味深长。书有 1979 年，人民文学出版社刊本。

【 蒋光慈文集 】

蒋光慈（1901—1931）撰。1988 年上海文艺出版社出版，四卷。又名蒋光赤。光，意取光大；赤，象征革命。安徽霍县人。1921 年留学苏联，并在苏加入中共。1924 年回国后在大学任教又发表作品，提倡革命文学，组织文学社团太阳社。左联成立，参与领导。1931 年病逝于上海。作者一些单独出版的书名题解如下：

一、《新梦》，诗集。收二十一首，为作者 1921—1924 年在苏留学时的诗作。是我国新诗史中，第一部歌颂十月革命的诗集，表示一种新的愿望和梦想。

二、《短裤党》，中篇小说。1927 年上海泰东书局出版。内中描写上海工人在中共领导下，举行的三次武装起义。作者在《写在本书前面》一文中指出：借法国大革命时期一群最穷的革命党人，即“短裤党”之名，来描写上海穷革命党人的生活，并“刻下”中国革命史上的一个证据。

三、《冲出云围的月亮》，长篇小说。1931 年上海北新书局初版。此次改以“华维素”为笔名。描写第一次国内革命战争失败后知识分子的分化。主人公王曼英在革命退潮时的苦闷、动摇和幻灭，以及重新振作的新追求。书名暗喻作者的思想感情变化，并暗示书中主人公，从堕入深渊到冲出乌云包围的过程。

四、《纪念碑》，通信集。为蒋光慈与其爱人宋若瑜在 1900—1926 年的通信，宋于 1926 年病逝，作者于周年忌辰编辑出版以作纪念。作者书前有《序》称：“在这一生中，我统共只与她同居了一个月，短短的一个月！唉！这是她的不幸呢，还是我的不幸呢？我陷入无底的恨海里，我将永远填不平这个无底的恨海。在比填不平的恨海中，让这一本书信的集子作永远不减的纪念碑罢！……”1927 亚东图书馆出版。1932 年上海新文艺书店重版时，更名为《最后的血泪及其他》。

【 蒋山佣残稿 】

书札集　清顾炎武撰。炎武字亭林，自号蒋山佣。江苏昆山人，明万历至清康熙（1613—1682）在世。见明季多故，弃举业，讲求经世之学。明亡，母不食而卒，遗命不事二姓，遂投身反清复明。后定居华阴，诏举博学鸿词科时，荐官不赴，以布衣终。蒋山，即今南京钟山。传说汉末秣陵尉蒋子文，逐盗死事山中。孙权都建业，为之立庙钟山。权父名钟，乃避讳改称蒋山。钟山有明太祖陵墓，炎武曾侨居钟山，自命名意为“明朝之臣仆”。清江藩《汉学师承记 · 顾炎武》：“庚寅有怨家欲陷之，伪作商贾，由嘉禾蹿京口，遂之金陵，变姓名为蒋山佣。”有 1959 年中华书局刊《顾亭林诗文集》本。参阅《顾亭林诗文集》条。

Jiao

【 椒邱文集 】

诗文别集明何乔新撰。乔新字廷秀，广昌（今赣南县治）人。宣宗至孝宗朝（1427—1502）在世。官至刑部尚书，谥文肃。椒邱，古地名，在今南昌市属县治。汉末名士华歆拜豫章（今南昌）太守，曾在此筑城，御孙策。策至，歆奉迎相敬而会。有《四库全书》本。

【 校雠通义 】

校雠学论著　清章学诚（1738—1801）撰。章氏有《文史通义》已著录，可参阅。本书系统地论述了校雠原理和方法，成书于乾隆四十四年（1779）。校雠，谓核对书籍，纠其错误。一人独对为校，二人对校为雠。《太平御览》引刘向《别录》：“校雠者，一人持本，一人读析。若冤家相对，曰雠也。”通义，指一般的原则。本书集古代校雠学之大成，为目录学史之要籍。有 1956 年古籍出版社标点本。参见上篇校勘、通义诸条。

【 教坊记 】

乐史杂记　唐崔令钦撰。令钦，博陵（今河北定县）人。曾官著作郎、国子司业。生卒年不详，约玄宗天宝年（749）前后在世。教坊，唐时掌管女乐人之官署。高宗曾于宫内设内教坊，教习音乐。玄宗时更置内教坊于蓬莱宫侧。京都置左右教坊，以教俗乐。作者曾为宫中掌管仪仗器械的官吏，乃为书记述开元时有关教坊设置，乐工舞伎的教习、排练、演出制度并录教坊曲名、戏曲源出本事等资料。故名《教坊记》。其《自序》云："开元中，余为左金吾仓曹，武官十二、三是坊中人。每请俸禄，每加访问，尽为予说之。今中原有事，漂寓江表，追思旧游，不可复得。粗有所识，即复疏之，作《教坊记》。"此书为研究唐代音乐、戏曲的重要参考资料。1956年中华书局出版任半塘《教坊记笺订》。

Jie

【 鲒埼亭集 】

文集　清全祖望撰。祖望字绍衣、谢山。浙江鄞县人。康熙至乾隆（1705—1755）在世。曾官知县，后归乡，不复出。祖望学识渊博，于书靡不贯穿。文集八十八卷，内多明清史实、掌故人物等。鲒埼亭，地名，今在奉化县南，原属鄞县。《汉书·地理志上·会稽郡》："鄞，有鲒埼亭。"颜师古注："鲒，音结，蚌也。长一寸，广二分，有水蟹在其腹中。埼，曲岸也，其中多鲒，故以名亭。"全祖望家近鲒埼亭，因自号鲒埼亭长，又以名集。有《国学基本丛书》本。

Jin

【 金鳌退食记笔记 】

清高士其（1645—1704）撰。士其字澹人，号江村，钱塘人，官至礼部侍郎，迁内阁学士。《四库全书》介绍其："是编乃其康熙甲子官侍讲学士，入侍内廷时所作。前有自序称：'自丁巳赐居太夜池（今北京北海）之西，朝夕策马过金鳌玉栋桥。望苑中景物，七阅寒暑。退食之顷，偶访曩时旧制，约略得之传闻者，而又仿佛寻其故址。离宫别馆废者多矣，脱复十数年，老监已尽，遗址渐湮。无以昭我皇上卑宫室，约园囿之俭德，因率笔记之。详于西而略于东，以所居在苑西故也。……'"该书主要记载太液池以西，至西什库，凡四十二处。各考其制度、景物，并纪其兴废，而系以时事。为仿《三辅黄图》《东京梦华录》之作。金鳌玉栋桥，即今北京北海大桥，桥在北海与中南海之间。其上原有两牌坊，西曰金鳌，东曰玉栋。已于五十年代拆除。徐乾学《金鳌玉栋笔记序》："澹人赐第在禁苑西北隅，密迩秘苑，金鳌蜿蜒，其入直必经之路。辄以余闲，讨论旧迹，笔之于书。退食云者，取于《羔羊》之诗，委蛇自公之意，澹人志也。"案：退食者，云退朝食于家也。《诗·昭南·羔羊》："退食自公，委蛇委蛇。"朱熹注："退食，退朝食于家也。"意谓公余饭后著此书也。书收于《丛书集成》。

【 金册 】

即《蒙古秘史》见该条。

【 津逮秘书 】

丛书　明毛晋（1599—1659）辑。晋字子晋，号潜在，江苏常熟人。家富图籍，建汲古阁储之。喜刻古书，流布天下，津逮，见《水经注·河水二》："河北有层山……悬岩之中，多石室焉。室中若有积卷矣，而世士罕有津逮者，因谓之积书岩。"毛晋以此比喻为学的门径，有《序》言："枣梨易就，手眼难穷。先行数种，以供同嗜。客过而卒业，曰：'积书岩，罕有津逮者，子其逮之耶。'予曰：'聊以此篇而津之耳'遂以名篇。"胡震亨《津逮秘书题辞》："余向所与亡友沈汝纳氏刻诸杂书未竟而残于火者，近亦归之君。因并合之，名《津逮秘书》，以行俪氏之经云：'积石之石室有积卷焉，世士罕津逮者'。"是辑多宋元著作，偏重掌故琐记，且全帙较多。有明崇祯毛氏汲古阁刊本，民国十一年上海博古斋影印汲古阁本。

【 金陵百咏 】

诗集宋曾极撰。极字景建，江西临川（今为市）人。生卒年不详，约南宋宁宗庆元末（1200）前后在世。虽为布衣，晚年却以《江湖集》得罪史弥远，谪道州卒。此集凡百首七言绝句，咏建康故迹。金陵是南京的又一别称。战国时，楚筑金陵城于南京清凉山上。南朝谢朓《入朝诗》有："江南佳丽地，金陵帝王州。"之句。曾极诗大抵皆因南渡君臣，画江自守无志中原而作。虽感怀抒情，但此旨悲壮。如：《天门山》："高屋建瓴无计取，二梁刚把当殽函。"《新亭》："江右如今成乐土，新亭对泣亦无人。"有《四库全书》本。

【 金陵春梦 】

现代长篇章回历史小说　香港作家唐人（1919—1981）撰。唐人，原名严庆树，笔名还有阮朗、高山客等。原籍苏州太湖。抗战军兴，中学未毕业即参加战地服务。1946 入上海《大公报》。1947 年被派往台湾，后到香港工作。1950 年《新晚报》创刊，任该报编辑。并在几十年中创作大量的小说、散文、剧本等共五十余部。本书为其代表作，是以小说、野史的形式写中国现代史上，著名人物蒋介石的其人其事。书分八集：一、郑三发子。二、十年内战。三、八年抗战。四、血肉长城。五、和谈前后。六、台湾风云。七、三大战役。八、大江东去。金陵，现称南京。在旧中华民国，国民党政权首脑蒋介石生平活动的高峰时期，做了中华民国总统的所在地。是中国现存最古的都市之一。战国楚威王置金陵邑。秦曰秣陵。三国吴建都时称建业。晋改为建康。南朝宋、齐、梁、陈皆都于此。五代南唐都此，称江宁府。明洪武于此建都，始称南京。唐李白《金陵歌送别范宣》："金陵昔时何壮哉！席卷英雄天下来。"即指此地。春梦，唐刘禹锡《春日书怀》："眼前名利如春梦，醉里风情敌少年。"宋苏轼《出郊寻春》："人似秋鸿未有信，事如春梦了无痕。"以春日之梦喻世事无常。蒋介石从称王称霸到灰飞烟灭，其兴也暴，其亡也速。主要都是在金陵即南京上演的，故小说名曰《金陵春梦》。原作五十年代在香港《新晚报》上连载，传播影响很大，几十年海内外风行不衰。中国大陆自 1958 年至 1983 年，由上海文化出版社和北京出版社按作者遗愿，分别出齐八集。

【 金楼子 】

杂家著作　南朝梁元帝萧绎（508—554）撰。萧绎，梁武帝第七子，平侯景叛乱后即位。嗜书，藏书十四万卷。所作诗赋，轻靡奇艳，多著作。承圣三年（554），西魏军破江陵，帝焚其书，被俘杀。帝号金楼子，缘自道书《大霄琅书琼文帝章诀》："铸金为简，刻玉结篇，金楼玉宇，以明宝明文于九天之上。"此道家言上帝藏书之所，以金为饰，故名金楼。帝以此为号，昭其好道好书之志。原书已佚，今存辑本。其书综括古今事迹，兼资劝诫之意，所征引者多为周秦古书。有《丛书集成》《诸子汇函》诸本。

【 今古奇观 】

话本集　编者署名姑苏抱瓮老人，其真实姓名及生平无考。书前题："《墨憨斋》（冯梦龙）手定。"清初以来，《三言》《二拍》等话本，曾湮没不彰。且原卷帙浩繁，观览难周。本书序中有笑花主人言："拟从中选出一百篇，加以刊印。……而抱瓮老人先得我心，选刻四十卷，名为《今古奇观》。"可知编者或是冯梦龙之友。近人孙楷第在《三言二拍源流考》中说："比书编选标准大致有四：一曰著果报，二曰明劝惩，三曰情节新奇，四曰故事琐闻，可资谈助。"由于选录颇精，故流传亦广，是部较好的明人话本选集。有 1957 年人民出版社刊校注本。

【 金瓶梅 】

长篇世情小说　书题兰陵笑笑生撰。兰陵，山东峄县之古称。笑笑生，笔名，至今未确定其人之真实情况。小说借《水浒传》中潘金莲、西门庆之线索，敷衍西门庆娶潘金莲及勾结官府，蹂躏妇女。由发迹而纵欲亡身，家业破败之故事。金、瓶、梅代表书中三位女主角。明袁中道《游居柿录》："近有一小说《金瓶梅》……，乃从《水浒传》潘金莲演出一支。所云金者，即金莲也；瓶者，李瓶儿也；梅者，春梅婢也。"小说主要暴露社会黑暗。叙事描摹技巧很高，语言生动。在中国小说史上有独特的地位。因以自然主义的手法写男女性事，故历来视为禁书。明万历年本，附有诗词名《金瓶梅词话》，是我国现存最早的刻本章回词话小说。康熙年刊有张竹坡评《皋鹤堂批评第一奇书金瓶梅》。现代有删去猥亵部分的"洁本"《金瓶梅》。有 1957 年文学古籍刊行社影印明万历三十八年(1610)刻本。1985年人民文学出版社又以之为底本分上、中、下三册出版。

【 金圣叹全集 】

诗文集清金喟撰。喟,一名人瑞,号圣叹,本姓张,名采。吴县(今苏州)人,生年不详。明末诸生,入清绝意仕进,以著述为务。狂傲有才气,好批书。尝言天下才子之书有六,乃作《水浒传》《西厢记》诸书批评,其有独到之处,已形成较系统的小说、戏曲理论,成为有影响的文学评论家。但言行为当时统治者所侧目。顺治十八年以抗粮哭庙案被诛。或问圣叹改字之意,则曰:"《论语》有两喟然叹曰,在颜渊为叹圣,在曾点为圣叹,予其为点之流亚欤!"(见清徐珂《清稗类抄》)。1985年9月江苏古籍出版社出版《金圣叹全集》。

【 金薯传习录 】

农书　清陈世元撰。士元,字捷先,福建晋安(今福州)人。其先人于万历年间,从吕宋引种甘薯到福建。正值闽中旱饥,陈氏家族,将种薯法献给巡抚金学曾,通过行政推广于全省,得以救荒,作物乃被称为"金薯"。后来陈氏家族,又将种薯法推广于内地。本书即是宣传推广甘薯种植的文献汇编,故名《金薯传习录》。初刻于乾隆三十三年(1786)现有孤本藏于福建省立图书馆。

【 金台集 】

诗集元廼贤(清人译名作郭罗洛纳新)撰。廼贤,字易之。惠宗朝初(1309—?)在世,其先世随军入居中原,后移居浙江鄞县(今宁波)。初辟浙东东湖书院山长,后以荐授翰林院编修官。工诗。元欧阳玄《金台集·序》:"易之,卓然继前修之后,以能文称,而又长于诗。其诗清新俊逸而有温润缜粟之容,七言杰者,拟盛唐焉。近年,来京师,因哀其题曰《金台集》。"元虞集《金台集题诗》:"百尺高台易水东,千金曾此彀英雄。君来却是承平日,光荣诗坛第一名。"金台,古地名,故址在金河北易县东南,北易水南。相传燕昭王欲图强报国仇,从郭隗之议,筑台置千金于下,延请天下士,于是乐毅等人相继而至。后世慕名,在今北京和徐水、满城、定兴皆有以金台为名者。廼贤有《南城咏古》诗,咏北京城南金台。以此名集,表以有郭隗之才志,愿为国效力之意。有《四库全书》本。

【 金陀粹编 】

又名《鄂国金陀粹编》　杂史　南宋岳珂(1183—1234)撰。珂有《玉楮集》,已著录。珂乃岳飞之孙,通经史,谙掌故。书系为其祖父岳飞伸冤辩诬之作。秦桧当国之时,有关岳飞抗金保国之记载,多被删削或歪曲。珂乃辑有关其祖父之资料如诗文、表奏、战报、御札、朝廷命令、公牍、札子以及有关事迹、逸闻等。岳飞功绩及其冤狱昭雪情况,皆详于是编。对研究南宋和战之争,亦颇可取。书正编成于理宗绍定元年(1228)。此前孝宗至理宗朝(1178—1225),朝廷已多次为岳飞平反。金陀者,珂在嘉兴城内金陀坊有别业,于其地编纂此书,故以所居名此书。有《四库全书》本。

【 金文最 】

总集　清张金吾(1787—1829)编。金吾,字慎旃,江苏常熟人。一生潜心于文献的收藏、整理及著述。此书费十三年之功,辑集金代骈散文共四十二类。金人之作元代中叶流传已少,金吾精心搜集,成此宏构,清人黄廷鉴评赞此书"创所未有"。书名为"最",典自《公羊传·隐元年》:"曷为或言会……会,最也。"何休注:"最,聚也。"有光绪八年粤雅堂刊本。

【 今昔蒲剑 】

散文合集　郭沫若(1892—1978)撰。1947年上海海燕书店出版。关于题名《今昔集·自序》:"名之曰《今昔集》,因为这儿所论的有近在眼前的今天,有远在三千年前的古代。但我并无所谓'今昔之感',这是无须乎声明,也似乎须得声明的。"原书东方书社1943年出版。《蒲剑集》的题名,缘于书中一篇记念五月五日诗人节的散文的题目《蒲剑·龙船·鲤帜》。原文有言:"以蒲为剑,以艾为犬(古时曾以艾为人或虎),岂不是象征着民族每个人都成为驱魔的猎人,伏虎的斗士?这诗意真真是十分葱茏,值得我们把它阐扬,保存,……"案:蒲剑,菖蒲叶以形似剑,故名。旧俗以农历五月初五悬蒲剑于门上,谓可以治邪。又艾人,是以艾草束的人形。南朝《荆楚岁时记》"五月五日……

采艾以为人，悬门户上，以禳毒气。”或以艾作虎，戴以辟邪。《蒲剑集》原书为1942年出版。

【 金庸全集 】

武侠小说个人总集。1994年北京三联书店出版。著者金庸(1925—)浙江海宁人。原名查良镛，拆“镛”字为二作笔名。金氏1944年曾就读于重庆中央政治学校。1947年赴港参与《大公报》港版复刊。自1955年起发表武侠小说，到1972年共著有长、中、短篇武侠小说十五部。五十年代金氏创办并主持香港大报《明报》，并发展成“明报集团”。1986年被香港大学授予名誉博士学位。1992年被英国牛津大学聘为校董。1994年被北京大学聘为名誉教授。金氏为二十世纪，在香港兴起的新武侠小说流派的代表人物。将通俗的武侠小说赋以爱国主义、民族精神。并超越其上创造更辽阔的背景空间和深邃的历史审判观念。又在融会贯通中国传统文化的基础上，将武侠小说提升到雅俗共赏的高度，被誉为“成年人的童话”，拥有广泛的读者。评注、研究者蜂起，被称为“金学”。金氏曾将其小说书名的第一字连成对联为“飞雪连天射白鹿，笑书神侠倚碧鸳。”联中各自代表的书册及其发表年代如下：1. 书、《书剑恩仇记》，长篇，1955年。2. 碧、《碧血剑》，长篇，1955年。3. 雪、《雪山飞狐》，长篇，1957年。4. 射、《射雕英雄传》，长篇，1958年。5. 神，《神雕侠侣》，长篇，1959年。6. 飞，《飞狐外传》，长篇，1959年。7. 白，《白马啸西风》，中篇，1961年。8. 鸳，《鸳鸯刀》，中篇，1961年。9. 倚，《倚天屠龙记》，长篇，1961年。10. 连，《连城诀》(原名《素心剑》)，长篇，1963年。11. 天。《天龙八部》，长篇，1967年。12. 侠，《侠客行》，长篇，1967年。13. 笑，《笑傲江湖》，长篇，1969年。14. 鹿，《鹿鼎记》，长篇，1972年。另一短篇《越女剑》，是1971年发表的。参见《射雕英雄传》《倚天屠龙记》《天龙八部》《笑傲江湖》《鹿鼎记》等专条。

【 金渊集 】

诗集　元仇远撰。远字仁近，钱塘人，宋末元初(1247—1236)在世。因居余杭溪上之仇山自号山村民，又号金渊。此集为其于元朝至元年，官江苏溧阳教授时诗作。溧阳有溧水，又名濑水，中流有渚名“投金濑”，相传为伍子胥投金处。典载《吴越春秋·闾内传》大意：子胥父兄为楚王杀害，避难自楚适吴。过溧阳濑水，乞食于浣绵妇女，为密其行踪，妇自投水死。后助吴灭楚，果报父兄之仇。子胥还于濑水，将报以百金，而不知其家，遂投金水中而去。宋李纲《投金濑有感》：诗“……溧水之阳迂真识，壶浆箪食欣相迎。却来访旧欲报德，叹息玉质随流萍。投金浅濑亦何有？聊以寓意通精诚。”有《四库全书》本。

【 锦绣万花谷 】

类书　宋，未著撰人。书成于南宋淳熙(孝宗赵昚1173—1184年号)。凡一百五十卷。分前集、后集，有天道、天时、人伦、娼妓等共四百六十八类，为淳熙人编，但被明人增窜。续集香茶、姓氏等计四十七类有疑。别集一百九十六类，为明书肆所增。所录容碎琐细，分类错杂。但引古籍多，宋代逸事遗诗，搜罗尤多，久佚之书，赖存一二。附录诗文多逸章，可资考证。书名取典见《新唐书·杨贵妃传》：“每十月帝幸清华宫，五宅车骑皆从，家别为队，队一色。俄五家队合，灿若万花谷，川谷成锦绣。”《〈锦绣万花谷〉序》称：“古今之事物，天下之可闻可见者，粲乎其有条矣。夫穷达无异趣，文章无异体，将以经纶乎国家，规恢乎功名，雕绘万物，而吟咏性情。若取之怀袖中，彼得焉失焉有命，此则不可一日缺也。先是乌江萧恭父河南胡恪闻其大概，为余命名曰《锦绣万花谷》，今从其名。”有《四库全书》本。

【 禁扁 】

宫廷杂史　元王士点撰。士点字继志，东平(今山东泰安地区属县)人，余无考。此书详考历代帝王宫殿、门观、池馆、苑囿等。题名典自《文选·景福殿赋》：“爰有禁楄，勒分翼张。”注：《说文》云：“扁，从户册，署门户也。楄与扁同。”扁，今又作匾。《说文》：“户册者，署门户之文也。”禁扁即禁门等处门上之题额。此处代表禁苑中帝王居停之所，故名。有《四库全书》本。

【 近光集 】

诗集　元周伯琦(1298—1369)撰。伯琦字伯温，饶州(今江西上饶地区波阳县境)人。学问博洽，顺帝时以文章知遇，出入禁廷，累官参知政事。近光者，近天子之光，受宠而感恩也。周氏有《自序》云："故自入侍至今，凡拜恩、宠陪、典礼、奉制、敕承、顾问、侍游、从则有记述歌咏……躬侍九重，挹清光，其可以芜鄙自少而使朝廷之盛美有缺，先臣之遗业无传乎？于是次其岁月，汇为一编，题曰《近光集》。置诸箧中，时而观之，身虽江湖，举头见日，天子之光咫尺也。抑著出入之迹，而犬马之情思有以效云。"收于《四库全书》并附《扈从诗》一卷，为其至正十二年，扈从(随从)天子巡上京，哀录所作。有《四库全书》本。

【 近思录 】

哲学著作　宋朱熹(1130—1200)、吕祖谦(1137—1181)合撰。朱熹有《晦庵集》，吕祖谦有《东莱集》皆已著录，请参见。本书缘于淳熙二年(1157)婺州(金华)吕东莱至崇安访朱熹于寒泉精舍，共论周敦颐、程颐、程颢、张载等人之书。叹其博奥若无际涯，而惜初学者不知可入。因共掇取体要而切于日用者，以为此篇，为阐述儒家道学性理之概论。书名取《论语·子张》："博学笃志，切问而近思，仁在其中矣。"近思，言就习知易见者而深思之。有《四库全书》《丛书集成》本。

【 近事会元 】

类书、杂记　北宋李上交撰。上交赞皇(今河北属县)人，始末不详。书成于嘉祐元年(1056)，陈振孙《书录解题》著录其曰："自唐武德至(后)周显德，杂事细务皆纪之。钱曾《读书敏求记》曰："上交退寓金陵，寻近史及小说杂记之类，凡五百事，厘为五卷，目曰《近事会元》。唐史所失记者，此多载焉。"书括唐五代时宫殿、舆服、职官、军事、科举、乐曲、州郡沿革等。汇，聚也。元，有首、要、原来诸意。此书掇录其近事之大要、原始，故名。收《于四库全书》。参见上编"会元"条。有《四库全书》本。

【 缙云文集 】

诗文别集宋冯时行撰。时行字当可。恭州壁山(今重庆壁山县)人。在世约当高宗绍兴初(1131)前后。曾为丹棱令，罢归后出守蓬黎州，终于提点成都刑狱公事。尝居县北缙云山设帐授徒，因以为号并名集。精易学，以忤秦桧坐贬，诗文往往含忠愤之气。案，缙云山，在四川巴县西接壁山县处，又名巴山或凤凰山。《寰宇记》云：其山高耸，林木郁茂，下有泉水东西分流。传说黄帝于此三合神丹。缙，原意是赤色的帛。黄帝时以云纪官，夏官有缙云氏。有《四库全书》本。

Jing

【 鲸背吟集 】

诗集旧题元朱晞颜撰。颜晞(1260—1340)，原名宋无。《新元史·宋无传》："宋无子子虚，一字颜晞。宋末兵起，自晋陵迁平江，冒朱姓。抢攘之际，不废学业。父国珍领征东万户案牍，适病瘘，无丐以身代入海。抵竹岛，风涛大作，无吟咏自如……《鲸背吟》一卷，乃从事征东幕府时作七言断句，议论讽刺，有裨时政焉。"作者《自序》："乘桴浮海，观千艘之漕饷，势若龙骧，受半载之奔波，名如蜗角。碧汉迢遥，一似浮槎于天上，银铸涛涌，几番战栗于船中。今将所历海洋、山岛与夫风物所闻，舟航所见，各成诗一首，诗尾联以古句，盖滑稽也。"又《跋》云："予弟录予海中诗成此帙，因命曰《鲸背吟》，姑记一时风波之兴。"诗共三十余首，其末章云："早知鲸背推敲险，悔不来时只跨牛。"宋无另有文集《翠寒集》已著录，请参见。有《四库全书》本。

【 京本通俗小说 】

话本小说集无编者姓氏。原书卷树无考，现有仅存七卷及三残篇，约成于明代中叶，大多为宋元作品。其中《碾玉观音》《西山一窟鬼》被改写收入冯梦龙《警世通言》《醒世恒言》中。《错斩崔宁》初被改编为《十五贯戏言成巧祸》。明朱确改编成传奇《双熊梦》又名《十五贯》，至今为昆曲保留曲目。当时书商为招徕购书者，特地强调版本。胡士莹《话本小说概论》："此书标'京本'字样实为书贾伪托，以示版本之可靠。犹之宋人说话人以'京都老郎'为号召一样。这是当时福建省建安一带书贾的惯技。"有1956年上海古典文学出版社排印本。

【 荆钗记 】

南戏剧本　元柯丹丘撰。写贫士王十朋,以荆钗为聘,娶钱玉莲为妻。婚后,王进京考中状元。万俟丞相欲招为婿,十朋不应,被万俟改派贫困之地潮阳。富豪孙汝权谋娶玉莲,将王的家书,伪造成休妻之书。玉莲被迫投江自尽,为福建安抚钱载和所救,收为义女。十朋以为玉莲已死,后十朋任吉安太守,在道观设醮追荐亡妻,适玉莲也至道观拈香,二人相逢,以荆钗为凭,夫妻团圆。现流传多为明人改编本,见于《六十种曲》本中。撰者柯丹丘,生卒年不详。清初张大复《寒山堂曲谱》在《王十朋荆钗记》条下著为:"吴门学究敬先书会柯丹丘著。"有《六十种曲》本。

【 荆川稗编 】

类书明唐顺之编。顺之字应儒、义修。武进(今常州)人正德至嘉靖(1507—1560)年在世。以郎中视师浙江破倭寇,官至左佥都御史,巡抚凤阳。顺之学问渊博,留心经济。文章于明中叶屹然为一大家,号"唐宋派",学者称荆川先生。本书按六经、诸子、六官等类区分。赅括荟粹,搜罗宏富。其《自序》云:"……然诸子百家之异说,农圃、工贾、医卜、堪舆、占气、星历、方技之小道,与夫六艺之节脉碎理,皆儒者之所宜……以为语理而不仅语六经,语治而不尽于六官也,故名之曰《稗编》。"顺之另有《荆川集》收于《四库全书》。荆川,江苏南部常州府境内有荆溪,以近荆南山得名。上承永阳江,下注太湖。有《四库全书》本。

【 经典释文 】

字词书三十卷。唐陆德明撰。德明字元郎,以字行。五代陈至唐(550—630)在世。苏州吴人。贞观中官国子博士。经典此指经书。《汉书·孙宝传》:"周公上圣,召公大贤,犹有不相说著于经典,两不相损。"因经书中的文字读音变化最多。陆氏为考证字音,兼辨字义,乃集汉魏六朝二百三十余家之说为音韵、训诂之要籍。释《易》《诗》《书》《三礼》《三传》《孝经》《论语》《尔雅》各经。且沿魏、晋、六朝学风,列《老子》《庄子》为经典,而不列《孟子》。本书体例虽不同于普通字书,但具备字典的效用,至今为学者所重。有1980年上海古籍出版社影印本。

【 精华录 】

诗集　清王士祯(1634—1711)撰。《四库全书总目》云:"相传是祯所手定。其子启汧跋语称:'门人曹禾、盛符升仿任渊《山谷精华录》之例抄为此录者。'盖托词也。"收诗千余首,几乎全部囊括其主要作品,故名《精华录》。其论、诗主"神韵"之说,所作亦体现其主张。参见王氏已著录之《带经堂集》《渔阳诗话》等。有《四库全书》本。

【 经济文集 】

别集元李士瞻撰。士瞻字彦闻,先世新野人,徙荆门。仁宗至惠宗妥(1313—1367)在世。官翰林学士,封楚国公。经济,古代指经世济民。《晋书·殷浩传》:"简文(司马星)答书:'足下沈识淹长,思综通练,起而明之,足以经济。"《四库全书简目》:"……是集筹画时事之书札,几居全集之半。凡朝政之姑息,兵略之乖方,藩臣之跋扈,无不蒿目疚心,谋所以匡救弥缝之术。老臣忧国至今仿佛简直。其曾孙申,编录此集,以经济为名,殆取于此。"

【 经籍纂诂 】

训诂书清阮元主编。阮元字伯元。江苏仪征(今属扬州专区)人。乾隆至道光年间(1764—1849)在世。曾官湖广等地总督、体仁阁大学士,谥文达。阮氏于浙江督学任上,总汇名流四十五人,分书类辑,历两年成书。纂诂,即将唐代以前,经籍正文和注解中的文字训诂,按韵排列。专训字义,不解字形,不注字音。一韵一卷,共一百另六卷。本书综合古代训诂成果,许多资料为其他字书、辞书所未备。对文字本义、通转、假借分析详细。"展一韵而众字皆备,检一字而诸字皆存,寻一训而原书可识。"使用十分方便,是阅读、研究古籍的必要的工具书。有1982年中华书局据嘉庆阮氏原刻本影印本。

【 经历 】

散文集　邹韬奋(1895—1944)撰。生活书店1934年初版。邹韬奋,新闻记者、政论家和出版家。江西余江人,生于福建长乐。1921年上海圣约翰大学毕业。1926年在上海主编《生活周刊》。

1932年创办生活书店。参加中国共产党领导的抗日救亡活动。1936年11月与沈钧儒等六人,因进行抗日救亡活动,被国民党政府逮捕。抗日战争爆发后获释。皖南事变后,流亡香港。后到达解放区病逝。全书分两大部分:第一部分是《二十年的经历》;第二部分是《在香港的经历》;附录是《我的母亲》。作者在书中《开头的话》中说:“我个人在几个月的羁押中所得的只是这一点点微小的收获。”……“关于这本《经历》,还有几句话想附带提及的,就是这本书并非什么自传,我也够不上有什么自传,只不过就我二十年来的生活过程中抽出一些善于就学就业的经历片段,和关心我的好友们谈谈,其中或者不无一些可供青年朋友们的参考,如此而已。这本书的写成,也许还靠我的被捕,因为在外面也许有更重要的文字要写,没有时间来写这样的书;而且在羁押中写别的著作,参考资料不易带,只有写这样回想的东西,比较地便当些,所以无意中居然把它写完了。”

【 荆驼逸史 】

丛书 清陈湖逸士编。陈湖,生平无考。丛书五十八种,所辑如《两朝剥复录》《甲申纪变》《北使纪略》《扬州十日记》等,皆明代故国遗闻。尤于明代历朝兵变,记述尤详。荆指荆棘,《汉书·冯异传》:“异朝京师,引见。帝谓公卿曰:‘是我起兵时主簿也。为吾披荆棘,定关中。’”注:“荆棘、榛梗之谓,以喻纷乱。”铜驼,铜铸的骆驼。晋陆机《洛阳记》:“汉铸铜驼二枚,在宫之南四会道,夹路相对。俗语曰:‘金马门外聚群贤,铜驼陌上集少年。’言人物之盛也。”荆驼,形容变乱之后的残破景象。典又见《晋书·索靖传》:“靖有先识远量,知天下将乱,指洛阳宫门铜驼叹曰:‘会见汝在荆棘中耳!’陆游《剑南诗稿·醉题》:“只愁又踏关河路,荆棘铜驼使我悲!”有清道光木活字本,宣统三年中国图书馆石印本。

【 经义述闻 】

训诂书 清王引之(1766—1834)撰。引之,字伯申,江苏高邮人。王念孙之子,嘉庆进士,官至工部尚书,承继家学,精于音韵训诂。本书乃作者日常从其父与闻的,关于经义的训释,加以旁征曲喻,阐证其说而成。摘取《易》《书》《诗》《周官》《仪礼》《大戴礼》《礼记》《春秋》三传、《国语》《尔雅》诸经条文,列训诂之异同取舍。嘉庆本《经义述闻序》云:“述闻者,述所闻于父也。”道光本又有《序》:“引之过庭之日,仅录所闻于大人者,以为圭臬,日积月累,遂成卷帙。既又由大人之说触类推之,而见古人之训诂有后人所未能发明者,亦必有当补正者。其字之假借有必当改读者。不揆愚陋,辄取一隅之见,附于卷中,命曰《经义述闻》以志义方之训。”可观王氏父子之学。有1985年江苏古籍出版社影印道光本。

【 经传释词 】

训诂书 清王引之(1766—1834)撰。本书释词选自周、秦、西汉古书,以儒家经传为主,兼及诸子,故言“经传”。词,指作者《序》中所谓“语词”,即古书中之单音虚字,共一百六十个。每字先说明其用法,后引例证,追溯原始,明其演变。由于例证很多,可信程度颇高。作者有《序》云:“自汉以来,说经者宗尚雅驯,凡实义所在,既明著之矣,而语词之例,则略而不究。或即以实义释之,遂使其扞格,而意亦不明。……取《尚书》二十八卷细绎之,而见其词之发句、助句者,昔人以实义释之,往往诘屈为病。”作者乃将“助语之文,遍为搜讨,分字编次,以为《经传释词》十卷”。此书对后来的语法学研究,亦有启发。今存嘉庆二十四年(1819)刻本。后清孙经世有《经传释词补》和《再补》。吴昌莹亦有《经词衍释》。中华书局1956年将上述诸书合刊出版。

【 经咫 】

儒家经典讲解 清陈祖范撰。祖范,江苏常熟人。康熙至乾隆朝(1676—1754)在世。雍正年举人,以病未能殿试,乃闭门读书,后以讲经闻名。年老,赐国子监司业衔。本书涉及《易》《书》《诗》《春秋》《礼》《论语》《中庸》《孟子》等共七十条,附《礼义》杂文八篇。祖氏学问笃实,所诠释皆通达之论。咫,古周制八尺为咫。书名取《国语·晋语》中晋文公语:“吾不能行也,咫闻则多矣。”义为作者谦词对经书的研究见解是浅近之说耳。有《四库全书》本。

【 经子法语 】

语录　宋洪迈(1123—1202)撰。法,有法则、楷模、效从诸意。法语,谓合乎礼法的语言。《论语·子罕》:“法语之言,能无从乎?”宋邢炳昺疏:“以礼法正道之言告语之。”此处引申为名句,精辟之言。宋陈叔方《颍川语小》卷上:“洪文敏公聚经子诸史句,目曰法语、清语者。”收于《择是居丛书》初集。参见已著录之洪氏《容斋随笔》。有《择是居丛书》初集本。

【 井观琐言 】

笔记　明郑瑗撰。瑗,莆田(今福建县属)人。字仲璧,成化进士。嗜学,经史百家靡不涉猎,善诗文,官至礼部郎中。井观,典见唐韩愈《原道》:“坐井而观天,曰天小者,非天小也。”比喻眼界狭小。郑氏《井观琐言题记》:“郑子读书,间有丝发之见,辄索笔录而藏之:自志其陋,因不复加纂次。取韩子《原道》之语,题曰《井观琐言》。将就有道而取裁焉。夫坐井而观天,谓非全天可也,谓非天不可也。然则余言虽浅,亦焉敢背道而妄肆其喙哉?”题名系作者自谦其著作是浅陋、细碎的言论。有《丛书集成》初编本。

【 警世通言 】

话本小说集明冯梦龙(1574—1646)撰。本书为其所辑《三言》之第二部。其中宋元话本与明人拟话本各半,共四十卷。明金陵雅善堂刻本有《识语》:“兹刻,出自平平阁主人手授,非警世劝俗之语不敢滥入。”明无碍居士《警世通言序》:“泷西君,海内畸士,与余相遇于栖霞山房,顷盖莫逆各叙旅况。因出其新刻数尾佐酒,且曰:‘尚未成书,字盍先为我命名?’大抵如僧家因果说法度世之语,譬如村醪市脯,所济者众,遂名之曰《警世通言》。”本集中《杜十娘怒沉百宝箱》《白娘子永镇雷峰塔》诸篇之妇女形象突出,历来脍炙人口。参见《古今小说》《三言》各条。有作家出版社1956年刊本。

【 景文集 】

别集　北宋宋祁撰。祁字子京,安陆(今属湖北)人,后迁开封雍丘(今在河南)。真宗至仁宗时(998—1063)在世。与兄同举进士,官至翰林学士承旨。博学,善议论,北宋著名古文家、诗人。文风古朴,诗词:“博奥典雅,近唐人格律,无奇怪难句。”(见《四库全书简目》)。名句有《玉楼春》“红杏枝头春意闹”,工丽绝妙,历来为人称道。祁谥景文,《谥法》:“布义行刚曰景,敏而好古曰文。”书以谥号题名,或作《宋景文集》收于《四库全书》。

【 景迂生集 】

诗文别集　宋晁说之撰。说之字以道,清丰(今河南安阳地区属县)人。仁宗至高宗朝(1059—1129)在世。元丰进士,官终徽猷阁待制。博极群书,尤长经术,工诗。慕司马光之为人,因光号迂叟,故说之自号景迂生。此集系掇拾于兵燹之余,尚多博奥,又见其不止以文艺见长。有《明皇打球诗》云:“宫殿千门白昼开,三郎沉醉打毬回。九龄已老韩休死,明朝应无谏疏来。”颇寓讽谏。本书以号名集。另有别本题名《嵩山集》,实一书也。按,中国古代文人常袭用前贤的名字以示景仰。如汉司马相如慕蔺相如之为人,取名相如。宋蒋瑹慕苏东坡而自题居室曰“景坡堂”。有《四库全书》本。

【 镜花缘 】

长篇章回小说。清李汝珍撰。汝珍字松石,号松石道人,人称北平子。直隶大兴(今属北京)人,约乾隆至道光(1763—1830)在世。曾任县承,终生不得志。博学多才,百般杂役无所不通。小说一百回,前半部叙中国商人海外奇遇。后半部写武则天开科,考录才女,颂女子聪慧才干不让须眉。写《君子国》《女儿国》寄托未来理想。写《两面国》《无肠国》,讽刺挖苦厚黑当道。作者于书末逐一点出镜、花、缘三字寓意:“嗟乎,小说家言,何关轻重!消磨了三十多年层层心血,算不得大千世界小小文章。自家作来作去,原觉得口吻生花;他人看了又看,也必定拈花微笑;是亦缘也。正是:镜光能照真才子,花样全翻旧稗官。若要晓得这镜中全影,且待后缘。”李氏原拟续写百回,不果而终。有1979年人民文学出版社校注本。

【 镜镜詅痴 】

光学书　清郑复光(1780—?)撰。复光字元甫、浣香。安徽歙县人。监生,通晓数学、物理学和机械制造,曾自制我国第一个望远镜,是中国十九世纪初的几何光学专家。本书分明原、类镜、释圆述作四部共三十二篇。比较系统地阐述几何光学原理,透镜和光学仪器的原理和制造。书名前一个“镜”字是动词,意味考究、借鉴。后一个“镜”字是名词,指光学仪器的主要部件透镜及其原理。“詅痴”是作者谦言献丑。典取北齐颜之推《颜氏家训·文章》中:“吾见世人,至无才思,自谓清华,流布丑拙,亦以众矣”,江南号为“詅痴符”。借此谦称本书不过借鉴前人学说,绍介有关透镜的光学知识,难免在读者面前献丑。有《丛书集成初集》本。

【 敬业堂诗集 】

清查慎行撰。慎行字悔余,号初白。海宁人。顺治、雍正朝(1651—1728)在世。官至武英殿校勘官。敬业,其堂名。《礼记·学记》:“一年视离经辨志,三年视敬业乐群。”《集解》引朱熹云:“敬业者,专心致志,以事其业也。”慎行曾扈驾古北口,康熙帝御书“敬业堂”匾额赐之,故以名集。有《四库全书》。

【 敬斋古今黈 】

笔记　元李冶(1192—1279)撰。冶有《测图海镜》已著录,可参见其生平。书内容为订讹考证。《四库全书总目》云:“其书皆订正旧文,以考证佐其议论。词锋骏利,博辩不穷。……有元一代之说部,固未有过之者也。”按经史子集类分,各二卷。书名黈者,案:黈原意是黄色,此处为黈纩之略语。黈纩,黄绵。古帝王戴冕,以黄绵为丸,悬于冕之两旁,示不听无益之言。《汉书六十五·东方朔传·答客难》:“水至清则无鱼,人至察则无徒。冕而前旒,所以蔽明;黈纩充耳,所以塞聪。”注:“黈,黄色也。纩,绵也。以黄绵为丸,用组悬之于冕。垂两耳旁,示不外听。”总目又云:“冶殆以专精覃思,穿穴古今,以成是书,故有取于‘不外听’之义欤?”书收于《四库全书》杂家类。

Jiu

【 九华集 】

别集宋员兴宋撰。兴宋字显道,仁寿(今四川乐山地区属县)人。约孝宗淳熙初(1177)前后在世。官至国史馆编修,实录院检讨。以未第时读书九华山,号九华,乃以名集。九华山,在安徽青阳县,上有九峰,旧名九子峰,李白为之改名九华。明王守仁曾于此读书悟道。有《四库全书》本。

【 九华诗集 】

宋陈岩撰。岩字清隐,青阳人。生年不详,卒于成宗大德三年(1299)。咸淳末屡试不第。入元不仕,筑室于所居高阳河日啸歌其内。出则偏游九华之胜,每至一处即作诗纪之。九华山自得名于唐李白后,诗家多有题咏,而遍加品目,实莫备于是篇,名之曰《九华诗集》。青阳县,唐置,以在青山之阳而名,九华山即在其境。有《四库全书》本。

【 九灵山集房 】

别集　元戴良撰。良,浦江(今浙江金华地区属县)人。元仁宗至明太祖时(1317—1383)在世,曾任淮南北等处行中书省儒学提举。元亡,隐居四明山。太祖时征入京欲授官,疾辞。留之不释,卒于京。集以自号为名。元揭汯《九灵山房集原序》:“《九灵山房集》者,浦江戴九灵先生所作诗文也……先生名良,字叔能。浦江有九灵山,戴氏世居其下,故以名其集。”《四库总目》称其:“诗风骨高秀,迥出一时,眷怀宗国,慷慨激烈。发为吟咏多磊落抑塞之音。”今观其诗文内容多颂扬与留恋元朝统治,反对农民起义者。书收入《四库全书》。

【 九命奇冤 】

长篇公案小说　清吴研人(1806—1910)撰。三十六回。作者有长篇小说《二十年目睹之怪现状》已著录。本书与1904—05初刊于《新小说》杂志。1905年广智书局出版单行本。小说根据雍正年间广东发生的实事案件编写。叙梁朝大、凌宗客两家地主,迷信风水、星卜而造成的九命奇冤的故事。和以前的侠义公案小说不同,意在谴责社会,揭露官场黑暗和人情险诈,发表时标为社会小说。《九命奇冤》第二十五回中有道:“广州城里没清官,上要金银下要钱。有钱可就没王法,海底沉埋九命冤,”点出书名。此书艺术上继承我国章回小说的传统,又吸收西方文学中某些创作手法,使故事更加曲折动人。有1957年上海文化出版社刊本。

【 九尾龟 】

长篇小说　清张春帆(？—1935)撰。春帆名炎,毗陵(今江苏常州)人。长期寓居上海,经常为各报撰写小说。九尾龟是传说中一种神龟,此处以之比作当时达官贵人之恶劣品行。书中第一回“谈楔子演说九尾龟,访名花调查青阳地。”云:“龟有三足,亦有九尾。《尔雅》注云:‘南方之龟有九尾,见之者得富贵。’……降至如今,世风不古,竟把乌龟做了极卑鄙龌龊的混名。妇女或有外遇,群称其夫为‘乌龟’。……唐时官妓多隶教坊,设教坊司以管理女乐。那教坊中的人役,皆头裹绿巾,取其形象,不似乌龟?……还有取义的一说,是龟不能交。那雌龟善与蛇交,雄不能禁。因此大凡妇女不端,其夫便有‘乌龟’之号。在下这部小说,名叫《九尾龟》,是近来一个富贵达官的小影。这贵官帷薄不修,闹出许多笑话,倒便宜在下编成了这一部《九尾龟》。”书中人物康已生,家有十五位姨太太。两位姑太太,两位少奶奶,都是风流放荡,行为不检的女人。康某因此得了“九尾龟”的绰号,是为点题,并以之名书。但此人是书中短暂出现的人物,全书仍是暴露妓院为主的狭邪小说,可见作者的写作初衷与最终成书是有变化的。鲁迅先生在《中国小说的历史变迁》一文中说道:“作者对妓家的写法,凡三变,先是溢美,中是近真,临末又溢恶。”《九尾龟》属溢恶一类。有昆仑出版社 2001 年刊本。

【 九水山房文存 】

文集　清毕亨撰。亨,山东文登人,嘉庆十二年举人。精训诂之学,尤长于《书经》。其潜心学术,实事求是无佞汉之习。此书示后生治经之式,尤为切要。九水,青岛市崂山县水名。源于巨峰之阴天乙泉,经流崂山脚下,凡九折。人行河畔路,亦须九涉,故名九水。其流域为风景名胜,毕氏热爱此地,名其居,亦名其集。有咸丰二年海源阁精刻本。

【 酒徒 】

长篇小说　香港作家刘以鬯(1918—　)著。以鬯,原名刘同绎,字昌平。祖籍浙江镇海,生于上海。上海圣约翰大学哲学系毕业。曾在香港、新、马等地任报纸、杂志的编辑、主编。1951 年起长居香港,后任《香港文学》社长兼主编、香港作家联谊会会长、香港文学研究会会长。此书于 1963 年在香港发表,由海滨图书公司出版。书中写一个原来艺术素养很高,并有强烈进取心的作家。在——社会理想和现实矛盾不能调和时,以一醉方休,寻找短暂的解脱。终于堕落到以黄色文学赚钱,成为不可救药的“多余者”。作者将笔墨的焦点对准酒徒的心灵,以他的意识流动,特别是酒醉时的潜意识,来结构小说,是以题名《酒徒》。发表后反应强烈,被誉为中国第一部意识流长篇小说,为香港文学代表作之一。在大陆有中国文联出版社、解放军出版社等的刊本。

【 九龠集 】

诗文集　明宋懋登撰。懋登,华亭(今在上海松江县境)人,字幼清。万历年间举乡试,嗜书,与王圻、施大经、俞汝楫并为华亭四大藏书家。诗多奇幻似神仙界。宋氏以道家语名其集。龠,通钥。《书・金滕》:“启龠见书。”疏:“龠,开藏之管也。”九龠。原指道家藏经卷的容器。龠,竹管可以藏书。《九龠集・自记》:“鲍参军《升天行》云:‘五图发金记,九龠引丹经。’余好养生家言,故以九龠名篇。”《文选・升天行注》:“齐鲁之间,名门户及藏器之管曰‘龠’以藏经,而丹有九转,故曰九龠也。”又唐刘良注:“仙经有九转金液丹法,龠可以藏书,故曰隐丹经。”又道家称天门曰龠,宋吴聿《观林诗话》:“天门有九,故曰九龠。”涪翁云:“九龠,天阙守夜叉是也。”皆通。有中国社会科学出版社 1984 年点校本。

【 九章算术 】

古算学书作者不详。为周秦至汉代,多人修订补益而成。魏晋时刘徽始作注,唐时列入太学课程。至明原书亡佚,幸曾分载于《永乐大典》中,清初乃裒录成今本,而收录于《四库全书》。该书是我国现存最早得数学专著。内容共分九章,计:方田、粟米、衰分、少广、商功、均输、盈不足、方程、勾股等,共二百四十六个应用题之解。刘徽《九章算术注序》:“昔庖牺氏始画八卦,以通神明之德,以类万物之情,作九九之术以合六爻之变。……按周公制礼而有九数，九数之流，则九章是矣。"书中之负数、分数的计算，连立一次方程解法均为当时世界级得数学成就。比印度早八百年，比欧洲早千余年。现已译成英、日、俄等外国文字。有《四库全书》本。

【 救风尘 】

杂剧剧本　全名《赵盼儿风月救风尘》元关汉卿(1265—1307)撰。写恶棍周舍骗娶妓女宋引章，婚后加以虐待。宋的结义姐妹赵盼儿，凭机智将宋救出，并使与安秀才结为夫妇。剧本歌颂赵盼儿的见义勇为和患难相助，性格刻画颇为生动。风尘，一义为代喻娼妓。宋刘克庄《后村集·诗话》："汴妓蔡奴，元丰中，命待诏崔白图其貌入禁中。绍兴中，潘子贱题其传神云：'嘉祐风尘中人亦如此盛哉。'"《聊斋志异·彭海秋》："君勿以风尘可弃，遂舍念此苦海人。"风月，原指男女情事，妓院中其事多多。所以常称妓院为"风月场"，此处喻赵盼儿和宋引章的所处的环境。参见关汉卿《蝴蝶梦》条。有1958年中华书局出版《元曲选》本。

【 救荒本草 】

农书明周定王朱𣞁橚撰。橚，明太祖第五子，就藩开封，封周王谥定。明史本传称其好学，能辞赋。本书载草之可食用者，以备饥谨。取自旧《本草》者一百三十八种，新增二百七十六种，共四百十四种。包括草、木、米谷、果、菜五大类。虽名本草，意在救荒，明卞同《救荒本草序》："……敬惟国王殿下，体仁遵义，孳孳为善，凡可以济人利物之事，无不留意。尝读《孟子》书，至于"五谷不熟，不如荑稗"，因念林林总总之民，不幸罹于旱涝，五谷不熟，则可以疗饥者，恐不止荑稗而已也。苟能知悉而载诸方册，俾不得已而求食者，不感甘苦于荼，取昌阳弃乌喙茅，因得以裨五谷之缺，则岂不为救荒之助哉！于是购田夫野老得甲拆勾萌者四百余种，植于一圃，躬自阅视。俟其滋长成熟，乃召画工绘之为图。仍疏其花、实、根、干、皮叶之可食者，汇次为一帙。名曰《救荒本草》，命臣同为之序"。本书收于《四库全书》。1959年，中华书局据明嘉靖四年刻本影印出版。

Ju

【 居易录 】

笔记　清王士祯(1634—1711)撰。内容大多为考辨典籍，评论诗文和史事，亦记时事与逸闻。本书书名初取唐顾况语意。案：宋尤袤《全唐诗话》卷二："白居易未冠，以文谒顾况，况睹姓名，熟视曰：'长安米贵，居大不易。'……《四库全书总目》云："前有自序称取顾况'长安米贵，居大不易。'之意。末又以'居易俟命'为说，其意两歧，莫之何取也。"又案：居易，谓处于平易不危之地，是一种安分守己的消极处世态度。见于《论语·中庸》："君子居易以俟命，小人行险以徼幸。"《总目》言其书内容错杂，所见亦有浅狭。殆王氏未能严谨其著欤？有《四库全书》本。

【 居竹轩集 】

诗集元成廷圭撰。廷圭字原常，又字元章。扬州人。生卒年不详，约惠宗至元年(1338)前后在世。好学不求仕，惟以吟咏自娱。奉母居市廛，植竹庭院间，颇有山林意趣，因扁其居曰"居竹轩"，并以名集。有诗《居竹轩》曰："定居人种竹，居定竹依人。新笋甜于肉，长竿健似身。"元部肃，居竹轩诗集序："余向在广陵，识成君原常，虽居于市尘，而植竹庭院间，绰有山林意趋。扁其燕息之所曰'居竹'。日与高人硕士游，行咏举觞，悠然自得。"有《四库全书》本。

【 具茨集 】

诗文别集　明王立道撰。立道字懋中，江苏无锡人。正德至嘉靖年间(1510—1547)在世。嘉靖乙未进士，官翰林院编修。其诗冲溶淡宕，不为奇险之语。文则纵横自喜，颇于眉山为近。具茨，山名。《庄子·徐无鬼》："黄帝将见大隗(神名或曰圣人)乎具茨之山。"司马彪云："在荥阳密县东，今名泰隗山。"即今河南新郑西南，接禹县、密县之界。马叙伦《水经》："溴水出河南密县大騩山。"注："大騩，即具茨山。黄帝登具茨之山，升于洪堤之上，受神芝图于华盖童子，即是山也。"杜甫《夔府书怀四十韵》:“不必陪玄圃,超然待具茨。”或曰:黄帝请问为天下(治理之术),童子告之。……有《四库全书》本。

【 矩山集 】

诗文别集宋徐经孙撰。经孙字仲立,丰城(今属江西)人。光宗至度宗朝(1192—1273)在世。官拜翰林学士,以忤贾似道罢归。卒赠金紫光禄大夫,谥文惠。其文率直抒胸臆,可谓独得雄直气,发为古文章。《四库全书总目提要》:“(经孙)家在洪、抚之间,有山方正,因号以矩山,并以名集。”洪为洪州,即今南昌。抚,即今抚州市。丰城在二地之中。有《四库全书》本。

【 剧谈录 】

笔记小说唐康骈撰。骈字驾言,池州秋浦(今安徽贵池)人。约僖宗光启年(886)前后在世。乾符进士,曾官崇文馆校书郎、中书舍人。剧谈:原谓流畅的谈吐,后作畅谈解。《汉书八七上·扬雄传》:“口吃不能剧谈,默而作深湛之思。”本书记天宝以来杂事,间有议论。其中又以神怪武侠传奇较精彩,后代小说家常于其中取用素材。有《四库全书》本。

【 聚珍版丛书 】

又名《武英殿聚珍版书》《武英殿聚珍版丛书》等。清高宗弘历于乾隆三十八年(1773)敕儒臣编。收一百三十八种,两千四百十一卷。多系从《永乐大典》中辑出。武英殿在今北京故宫太和殿西,置修书处,凡官修书皆在此校刊装潢。乾隆三十九年(1774),武英殿仿宋人活字版式。镌木单字二十五万余枚。高宗认为“活字”名称不雅驯,改称“聚珍版”,有光绪年间广雅书局刊本。

Juan

【 卷葹 】

短篇小说集　淦女士(冯沅君,1900—1974)著。是创造社唯一的女作家。上海北新书局1926年初版。书中包括几个带有连续性的短篇:《隔绝》《旅行》《隔绝之后》。写一个女青年的爱情经历及在家庭阻挠下,不能与自己的恋人结合的悲剧。卷葹,草名。《尔雅·释草》:“卷葹草,拔心不死。”《玉篇》作卷葹。书名暗喻爱情的坚贞和要求婚姻自由的意志。鲁迅说:“《卷葹》的女主人公,实在是五四运动之后将毅然和传统战斗,而又怕毅然和传统战斗,遂不得不复活其‘缠绵悱恻之情’的青年们真实的写照。”

Jue

【 绝妙好词笺 】

词集　宋周密(1232—1298)编。清查为仁、厉鹗笺。收南宋张孝祥至仇远,凡百二十三家词作近四百篇。书名“绝妙”之典出于《后汉书》及《世说新语》。《后汉书·列女传·孝女曹娥》注引《会稽典录》:“上虞长度尚弟子邯郸淳字子礼甫弱冠有异才。先使魏朗作曹娥碑文成未出,会郎见尚。尚与之饮宴,而子礼方至督酒。尚问朗:‘碑文成未?’朗辞不才,因试使子礼为之。操笔而成,无所点定。朗嗟叹不暇,遂毁其草。其后蔡邕又题八字:‘黄绢幼妇,外孙齑臼’。《世说新语·捷语》:魏武(曹操)尝过娥碑,杨修从,碑背见题作‘黄绢幼妇,外孙齑臼’八字,武帝谓修曰:‘解否?’……修曰:‘黄绢,丝色也,于字为绝。幼妇,少女也,于字为妙。外孙,女子也,于字为好。齑臼,受辛也,于字为辞。所谓‘绝妙好辞’也。’”周密事迹参见《武林旧事》条。有1983年上海古籍出版社影印本。

【 潏水集 】

诗文别集宋李复撰。复字履中,先世家开封,以其父官关右,遂徙长安。约哲宗元佑年(1093)前后在世。元丰年进士,曾官集贤殿修撰,后于知秦州(今天水)时,殁于金寇。博记能文,为宋儒中有体有用者。学者称潏水先生。潏水,发源于秦岭,为关中八川之一,一作泬水。古潏水在汉长安城西南分支,或北流入渭,或入城经未央宫东出。司马相如《上林赋》中曾述之,今陕西长安东南潏河尚存焉。有《四库全书》本。

Jun

【 郡斋读书志 】

全名《绍德先生郡斋读书志》　私人年藏书目录。宋晁公武撰。公武字子止，钜野（今山东巨野县）人。约高宗绍兴十四年（1144）前后在世。官至敷文阁值学士。此书为其任地方官，居荣州时所编。井度为四川转运使，家多藏书，悉赠公武。乃躬自雠校，疏其大略为此。有《自序》称："书凡五十箧，合吾家私藏，除其重复，得两万四千五百卷有奇。今三容僻左少事，日夕躬以朱黄校雠舛错，终篇撮其大旨论之。"目分经、史、子、集四类，各有总论。又分小类四十五。各类提要述其学术源流。每书各有侧重，实以考订为主。是我国首部附有提要的私家藏书目录。载记之书多亡，赖此得窥一斑，素为学者所重。郡斋，为郡守府第居室，故以名书。有 1990 年上海古籍出版社校证本。

K

Kang

【 康熙字典 】

清张玉书（1642—1711）、陈廷敬（？—1712）等奉敕编纂。本书依梅膺祚《字汇》、张自烈《正字通》，加以增补修订，于康熙五十五年（1716）完成。收字四万七千另三十五，为当时空前。按部首列二百一十四部。音注反切，兼注直音。释义先列前代，次述本书。例证均引自历代典籍。清代规定，凡读书人应举科考，书写字体必须以此书为准。康熙帝玄烨《康熙字典序》："诸书引证未备者，则自经史百子以及汉晋唐宋元明以来诗人文士所述，莫不旁罗博证使有依据。然后古今形体之辨，方言声气之殊，部分班列，开卷了然。无一义之不详，一音之不备矣。凡五阅岁而书成，命曰《康熙字典》。"我国有"字典"之名，乃由此始。有 1962 年中华书局影印本。

Kao

【 考功集 】

诗文别集明薛蕙撰。蕙字君采。亳州（今安徽阜阳地区属县）人。孝宗至世宗朝（1489—1541）在世。曾官吏部考功司郎中，以官名集。考功，官名。古官制吏部下设考功司，掌官吏考课黜陟之事。三国魏有考功郎。晋设考功郎中。隋有考功员外郎。考功之事历代因之，清末始废。有《四库全书》本。

【 考信录 】

考证著作　清崔述（1740—1816）撰。述字承武，号东壁，河北大名人。乾隆举人，历任福建罗源、上杭知县等。清朝考据学家，其学主以尊经卫道，但主张怀疑辨伪，于史实参互比较以求真，研究历史的方针是考而后信。著述三十余种，《考信录》是其平生精力所注，内容精审，认真系统的考订了唐虞三代、春秋战国史事及孔孟事迹等，对上古史研究贡献极大。有《补上古考信录》《唐虞考信录》《夏考信录》《商考信录》《丰镐考信录》《洙泗考信录》（见后专条）、《孟子事实录》等卷。曰考信，意为通过检验，得被确认。取司马迁："载籍极博，犹考信于六艺。"（《史记·伯夷列传》）之意名其书。内容精审，1983 年上海古籍出版社刊《崔东壁遗书》中收入此书。参见上编类书名"考信"条。

【 栲栳山人诗集 】

元岑安卿撰。安卿，世祖至惠宗朝（1286—1355）在世。邑人为其编集，以所居处名之。《元史类编·岑安卿传》："岑安卿字静能，余姚（今属浙江）人。所居近栲栳峰，号栲栳山人……其昆季多以科名显，而静能独沦落不偶。然兵火之余，虽显达多不传，而栲栳山人集遗诗尚有脍炙人口者。"《四库全书总目提要》:"元岑安卿……志行高洁,穷厄以终。其诗有云:'老成愧苟得,童稚羞无官。'又云:'人观所为主,结交慎攀缘。'足见其坚苦自立之意。"有《四库全书》本。

Ke

【科学的社会主义之梗概】

马列经典著作 列宁原著,1929年2月,冯雪峰以"画室"作笔名,从日译本重译了列宁的《〈卡尔·马克思〉马克思底略传及马克思主义的梗概》,并将书名改为《科学的社会主义之梗概》。在《译者小序》中说:"这本小册子,是从日译本重译过来的,原译者是社会思想社。书名照原来的样子也应写作:卡尔·马克思(马克思底传略及马克思主义的梗概)。现在的名字为《科学的社会主义之梗概》,也还够包括内容的。"冯氏译名既简洁又说理透彻。真正地做到了翻译要求"信、达、雅"之达。此书今译作《卡尔·马克思》,原为列宁在1914为俄国《格拉纳特兄弟百科辞典》所写,载于该辞典中。除了上述译本,新中国成立前还有1947东安解放社刊博古译本等。新中国成立后收入《列宁选集》第二卷中。

【珂雪词】

词集 清曹贞吉撰。贞吉字升六,山东安丘(今潍坊地区属县)人。约康熙中(1678)前后在世。甲辰进士,官至礼部员外郎。词寄托遥深。珂雪为其书斋名,谓玉与雪,比喻高洁。《广弘明集·二十七上·梁元帝萧绎与萧谘议等书》:"化为金案,奇丽水之珍;变同珂雪,高玄采之霜。"有《四库全书》本。

【可传集】

诗集 明袁华撰。华字子英。昆山人,元末明初(1316—?)在世。曾任苏州府学训导,工诗。集为杨维祯删订,并题名。华,维祯弟子也。前有维祯序云:"老杜曰'新诗句句尽可传。'(杜甫《解闷》诗之六),作诗不可传,曾不愈辕下曲,虽千章可什,徒殄废人楮笔尔……黄山谷甥四人皆善诗,龟父最为最。龟父诗所积凡二千余首,黄着为集其诗斤斤不百首,因喜之,以为句句可传者在此。吾铁门能诗者,南北凡百余人,求如张宪及吴下袁华辈者不能十人。华自二十岁后三十年所积亦无虑千有余首,而选之得如千首,盖也信于龟父也矣。故命其集曰《可传》。"推奖之甚至也。有《四库全书》本。

【可闲老人集】

别集元张昱撰。昱字光弼,自号一笑居士。庐陵人。约元文宗至顺初(1330)前后在世。明杨士其《可闲老人集·原序》:"庐陵张光弼先生,名昱。仕元,累升至行枢密判常,赞忠谟于戎幕。元末政坏,遂弃官不仕。张士诚据有浙西,礼致之不屈,而与周伯温、杨廉夫交游相得,号'一笑居士'。我太祖皇帝混一天下,访求前元故臣之贤者,昱被征至京深见温接,已而悯其老,曰:'可闲矣!'厚赐遣归,遂采天语,更号'可闲老人'。徜徉浙西湖山之间,诗酒自适,春秋八十有三而终,噫,观其诗而考其处出,可以知其为人焉。"以赐号名集。有《四库全书》本。

Kong

【空同集】

诗文别集明李梦阳撰。梦阳字天赐、献吉。甘肃庆阳(今县治)人,成化至嘉靖年(1472—1529)在世。曾官户部郎中,江西提学副使。因事夺职家居,自号"空同子"。文学主张复古,为前七子之一。空同,山名,即崆峒。在甘肃平凉市西。《史记·五帝纪》:"(黄帝)西至空桐,登鸡头。"即此。梦阳因长期游猎于空同山中,故自号"空同子"。《明史·李梦阳传》:"梦阳既家居……治园池,招宾客。日从侠少,射猎繁台晋邱间,自号'空同子',名震海内。"有《四库全书》本。

【孔北海集】

别集 汉孔融撰。融字文举,鲁国(今山东曲阜)人。孔子裔孙,建安七子之一。生于桓帝永兴元年(153)卒于献帝建安十三年(208)。献帝初平元年,因忤董卓出至青州北海郡为相(位类太守,掌民事)。及曹操专权征融官为少府。因对曹操不满，乃为所忌，枉罪弃世。北海，郡国。汉景帝分置，治所在曹陵（今山东乐昌东南），辖区相当今山东潍坊市及昌乐、寿光、昌邑等县。本书又名《孔少府集》。少府，官名，始于战国。秦汉沿之，掌税以奉天子，为天子私府。东汉时又掌宫中服御、宝物、珍膳。列九卿之一。书又别名《孔文举集》，以字名。《尔雅·释诂》：“融，长也。”举，擎之使高，名与字互为表里。有《四库全书》本。

【孔从子】

儒家杂著　旧题秦末儒生孔鲋撰。三卷，二十一篇。后人以汉孔臧之著赋与书附缀于末，因别名《连丛子》。鲋字子鱼，孔子八世孙，曾为陈涉博士。臧，汉武帝时为太常官。本书前有李爀《孔丛子·序》：“是书乃搜辑仲尼而下，子思伋，子上帛，子高穿，子顺慎之言行……曰《孔丛子》，盖言有善而丛聚之也。”《汉书·艺文志》未见著录此书。三国时王肃始引用于其《圣证论》中，而其说又与王肃依托之《伪孔传》《孔子家语》同，后人多疑为也是王肃等之伪托。但由缀合孔氏遗文，相沿莫之废。书中《小尔雅》，多补《尔雅》所未备，常未研究中国文字训诂所引用。《诸子汇函》中收有归有光辑注本，颇便览。

【孔子家语】

儒学杂著　今本文为三国魏王肃（195—256）伪撰。肃字子庸，东海（今山东郯城境）人。官至中领军加散骑常侍。曾遍注群经，惟反对郑玄之学。案，原《汉书·艺文志》曾著录《孔子家语》二十七卷，书佚。肃本十卷，乃杂取《论语》《左传》《国语》《荀子》《大戴礼记》《礼记》《论苑》诸书所载孔子遗文逸事，缀辑成篇。以借孔子名义，攻驳郑学。王肃《序》称：“孔子二十二世孙有孔猛者，家有其先人之书。昔相从学，倾还家，方取以来，与余所论，有若重规迭矩……而予从猛得斯论，以明相与孔氏无违也。”此书只初见于王肃撰《圣证论》之引证，标榜“王学”与“郑学”相对立，明显为辑佚性质。唐孔颖达即载马昭之说。谓《家语》，王肃所加。但因保留一些古书，乃知伪而未废也。有《四部备要》本。

Kuai

【快活林】

杂文评论集台湾作家张系国（1944—　）撰。1976年台北远景出版社刊。张氏，原籍江西南昌，生于重庆，童年随父入台，毕业于台湾大学。留美学电脑，获博士学位。兼事创作，提倡文学反映现实，关心人生，表现理想。本书包括《刘姥姥的智慧》《谁怕电视广告，谁爱电视广告》等篇。快活林的题名，取自小说《水浒传》中武松在孟州醉打蒋门神之地，原书将武松仗义行侠的性格，写得淋漓尽致。台湾评论界介绍此书说：“张系国一如那打虎行者武松，捡紧要的话直说来。他把一个知识分子的心声轻轻点触成对国家、社会的深切关爱。”

Kuang

【匡谬正俗】

训诂书　唐颜师古撰。师古名籀，京兆万年（今西安）人。隋文帝至唐太宗时（581—645）在世。颜之推之孙，少博览，精故训，善属文。太宗时官中书舍人，尝受诏于秘书省考订五经文字，多所厘正，大显于时。其经史注疏，为后世学者经常引证，为唐代经学家。师古言其书：“世俗之言多谬误，质诸经史，匡而正之，谓之《匡谬正俗》。”所记多属辩证诸经音义和纠正俗语之误者。收入《四库全书》小学类。

Kui

【睽车志】

志怪小说宋郭象撰。象字伯象。安徽和州（今和县）人。约孝宗乾道初（1165）前后在世。由进士历官知兴国军。是书皆记鬼怪神异之事。张端义贵耳集云：“宪圣在南内，爱神鬼幻谈等书，郭书始出，洪景庐《夷坚志》继之……。”书名取自《周易·睽卦》：“上九，见豕负涂，载鬼一车。”其意是：看见猪身上都是泥巴（涂：泥巴），鬼（魂）装满一车。孔颖达《周易正义》:"鬼本无形,见载之一车,言其以无为有,妄之极也。"解为形容对猜疑生妄所作的形象描绘。书涉荒诞,意取此耳。有《四库全书》《笔记小说大观》本。

【 愧郯录 】

笔记宋岳珂(1173—1234)撰。珂,岳飞之孙,有《玉楮集》已著录。本书记载典章文物制度,尤详于宋代。署名愧郯表示通博不如古人郯子。典故来自春秋郯国之君郯子朝鲁时,孔子师事之事。见于《春秋左传·昭公十七年》:"秋,郯子来朝,公与之宴。昭公问焉,曰:'少皞氏鸟官名,何故也?'郯子曰:'吾祖也,吾知之。昔者黄帝氏以云纪,故为云师而云名……大皞氏以龙纪,故以龙师而龙名。我高祖少皞挚之立也,凤鸟适至,故纪于鸟,为鸟师而鸟名。'仲尼闻之,见于郯子而学之,既而告人曰:'吾闻之:天子失官,官学在四夷。犹信。'"书成于南宋嘉定七年(1214)。有《笔记小说大观》《丛书集成初编》诸本。参见岳珂《玉楮集》等书。

Kun

【 困学纪闻 】

笔记宋王应麟(1223—1296)撰。王氏博学洽闻,于宋代罕其伦比。是书多为札记之作,有说经、天道、历数、地理、诸子、考史、评诗文、杂识等。考据评述,时有创见。清有阎若璩等人笺注之《七笺本》。困学,意为遇困而更学之。《论语·季氏》:"生而知之者,上也;学而知之者,次也;困而学之,又其次也;困而不学,民斯为下矣。"何晏集解引孔安国曰:"困谓有所不通。"后指受激励而苦学。参见王氏《玉海》诸书。有《四库全书》本。

Kuo

【 括地志 】

地理总志　又名《魏王泰坤元录》《贞观地记》《魏王地记》等。唐魏王李泰主编,泰字惠褒,太宗第四子,贞观时官著作郎、弘文馆学士,曾封魏王。括地,即囊括四域之意。此书包括了唐时全国地理总志,序略述历代沿革和唐初都督府区划,后依唐时制度分叙各州及山川古迹等。成于贞观十六年(642),为唐宋著作多所称引。又说:相传禹得古地理书《括地象图》,此则仿之命名。坤元,与"乾元"对称,指地之德。《水经注四·河水》引《开山图》云:"有巨灵胡者,遍得坤元之道,能造山川出江河。"《坤元录》书名本此。近有1980年中华书局刊贺次君《括地志辑校》本。

L

Lai

【 来鹤亭记 】

别集　元吕诚撰。诚字敬夫,昆山人。生卒年不详,约元惠宗至正年(1154)前后在世。工吟咏,格清丽。郑文康《来鹤亭记后记》:"……县志载:(吕)公为娄东钜族,少力学,淹贯经史,于世利淡然,无所好。所居有园圃,若山林之胜。尝蓄一鹤,复有鹤自来为伍,因筑来鹤亭。邑宰屡聘为训,不就,卒老于乡。"明杨维祯《来鹤亭集原序》:"昆山多才子,魁出往往称吕、袁。袁曰子英,吕曰敬夫也。两人为诗,风流俊采,皆一时之选,予固未能优劣之。……敬夫在野,而蔚然之言足以钟鼎一时。"有《四库全书》本。

【 来时路 】

散文集　台湾作家萧萧(1947—　)著。原名萧永顺,台湾师范大学毕业。创作有散文、诗歌。作品平实质朴,不愠不火,娓娓道来,流露乡情与亲情。评论家向阳在《乡音已老,情爱常青》一文中说:"萧萧笔下的农村面貌、生活形态及其童年回忆,也就辐射了三十多年来,所有农村子弟隐藏在心里的悲喜。”《来时路》的题名反映作者对人生空间与时间经历的思念。全书二十八篇。有《纪念祖母》《石头公》《萝卜与萝卜干》等。按，宋人秦观有词曰《点绛唇》：“醉漾轻舟，信流引到花深处。尘缘相误，无计花间住。烟水茫茫，千里斜阳暮，山无数。乱红如雨，不记来时路。”古今词人与作者之感，参差交错如是。原书1983年台北尔雅出版社出版。

Lan

【兰皋集】

诗集　宋吴锡畴撰。锡畴字元伦，休宁（今属安徽徽州地区）人。生卒年不详，约度宗咸淳中（1270）前后在世。四岁而孤刻志于学……。南康守叶阊聘主白鹿洞书院，辞不肯赴。盖笃实潜修之士，不欲以聚徒讲学，嚣竞浮名也。工诗，性喜艺兰，自号兰皋子，并以名集。殆以寓无人自芳之意。有《四库全书》本。

【栏杆拍遍】

散文集　台湾女作家俞丽清（1945—　）著。作者浙江杭州人。台北医学院毕业，留美后曾在美博物馆工作。创作多散文、短篇小说。评论界论其文笔清丽如其名。本书共收散文三十六篇。有：《书名闲话》《我家的诗与幽默》《瑷叇黄云相思海》《山居手记》《时间的去向》《中年危机及其它》等篇。内容是作者家居所思所想、旅美生活的点点滴滴等。《栏杆拍遍》是一篇写母亲逝世的文章，透露“子欲养而亲不在”的辛酸无奈。原句见宋辛弃疾词《水龙吟·登建康赏心亭》：“楚天千里清秋，水随天去秋无际。遥岑远目，献愁供恨，玉簪螺髻。落日楼头，断鸿声里，江南游子。把吴钩看了，栏杆拍遍，无人会，登临意。”（下阕略）辛弃疾慨叹当时国事不可为，与作者的去国怀乡，亲人的生离死别，同样无奈，故借此题书名。原书1980年台北尔雅出版社出版。

【蓝山集（附蓝涧集）】

皆为诗集《蓝山集》为蓝仁撰，蓝仁字静之。《蓝涧集》为其弟蓝智撰，蓝智字明之。两兄弟为福建崇安县（今属建阳地区）人。约元末明初（1355）前后在世。元时清江杜本隐武夷，崇尚古学。两兄弟俱往师事之。授以四明任士林诗法，遂谢科举一意为诗。后蓝仁辟为武夷书院山长，蓝智被荐广西按察司佥事，两兄弟之诗为闽中诗派及后之十子，开风气之先者。兄弟名字取自《论语·雍也》：“子曰‘知（通智）者乐水，仁者乐山。智者动，仁者静；智者乐仁者寿。”兄弟名字互相关联。又山，《说文》：“有石而高。”涧，《说文》：“山夹水也。”集名亦互相关联。有《四库全书》本。

Lang

【朗潜纪闻】

笔记清陈康祺撰。康祺，浙江鄞人。入赀为刑曹同治间中进士，仍官刑部郎中。博学多识，尤熟清代掌故。郎潜，寓为官久不迁升，《文选·张衡〈思玄赋〉》：“尉尉龙眉而郎潜兮，逮三叶而遘武。”李善注引《汉武故事》：“颜驷不知何许人也，汉文帝时为郎。至武帝辇过郎署上问曰：‘叟何时为郎，何其老也？’答曰：‘文帝好文，臣好武；至景帝好美，而臣貌丑；陛下好少，而臣已老。是以三世不遇，故老于郎署。’上感其言，擢拜会稽都尉。”康祺曾为郎官十年，乃用其典名书。《朗潜纪闻序》：“余官西曹时纪述掌故之书也。多采陈篇，或询耆耇，非有援据，敢干率登。”为清代掌故重要著作。收于《清代笔记丛刊》《笔记小说大观》之中。又本书别名《燕下乡脞录》或《壬藏札记》。

【阆风集】

诗文别集宋舒岳祥撰。岳祥字舜候，宁海（今属浙江宁波地区）人。宣佑年进士，官奉化县尉，终承直郎。宋亡不仕，教授乡里以终。阆风，即阆风巅，神话山名。《海内十州记·昆仑》：“山三角，其一角正北，干辰之辉，名曰阆风巅；其一角正西，名曰玄圃堂；其一角正东，名曰昆仑宫。”《楚辞·离骚》：“朝吾将济于白水兮，登阆风而绁焉。”张并林《答铁铮书》：“观其以阆风、玄圃为神仙群帝所居，是即以昆仑拟之天上。”有《四库全书》本。

【琅嬛文集】

诗文别集明张岱（1597—1676）撰。生平请参阅其已著录之《陶庵梦忆》。琅嬛，福地也。先见于旧题元伊士珍撰之《琅嬛记》。其言晋张华为建安从事，遇仙人，因共至一处。大石忽有门，引张华入。数步则别有天地。宫殿嵯峨，入一室，陈书满架。有历代史、万国志等秘籍。华历视其书，皆议以前事，多所未闻者。华问地名，曰："琅嬛福地也。"清王雨谦《琅嬛文集序》："甲申以后，屏弃浮云，盖肆力于文章，自其策论辞赋传记笺赞之类，旁及题额、柱铭，出其大力，为能登之重渊，而名诸日月，题曰《琅嬛文集》。"作者不合于世，乃意在著书立说，藏之名山，待以后世，故名之。琅，又作瑯，瑯嬛：天帝藏书处也。有1985年岳麓书社点校本。

Lao

【 老残游记 】

中篇小说清刘鹗（1857—1909）撰。原署洪都百炼生。本书二十回，附《二集》，九回。《外编》残稿一卷。鹗，原名孟鹏，后改名鹗，字铁云，以洪都百炼生为笔名。其原籍江苏丹徒。自幼无心科举，兴趣广博。曾为吴大澂等幕僚，后弃官行医、经商。此书乃其晚年所作，老残实为作者化身。鹗生经咸丰、同治、光绪年代，国运日蹙。以老残为名暗喻局势，且寓家国之感慨。作者《自叙》："棋局已残，吾人将老，欲不哭泣也得乎？吾知海内千芳，人间万艳，必有与吾同哭同悲者焉！"是作者企图"补残"于末世也。书中揭露名为"清官"者，实为酷吏。但作者反对资产阶级民主革命及义和团。本书语言生动，描写逼真，尤擅长于自然景色及人物心理之描叙，艺术成就较高。列为清末四大谴责小说之一。现通行本为1957年人民文学出版社校注本。

【 老老恒言 】

中医养生专著　清曹庭栋撰。庭栋字楷人，号六圃，又号慈山居士。灵枢（今浙江嘉善县）人。乾隆时人，绝意进取，杜门著书。作者从医药书及经史子集中，选辑有关养生言论，编成此书。老老，即敬爱老人之意。典见《孟子·梁惠王上》："老吾老，以及人之老。"赵岐注："老，犹敬也。"恒言：常用语。《老老恒言》即"老年养生常识"之意。作者自序言："孟子言：老我老，以及人之老。庭栋久失怙恃，既无吾老之可老。今吾年七十有五，又忽忽不觉老之及吾，宜有望于老吾者之使吾克遂其老也。嗣孙应谷，年甫弱龄，未能老吾之老，并不知吾之老，吾惟自知其老，自老其老而已。老之法非有他也。宋张耒曰：'大抵养生求安乐，亦无深远难知之事。不过起居寝食之间尔。'昨岁壬辰，自秋而冬，以迄今春，薄病缠绵，动多拂意，此正老态毕现。欲得所以老之法，能荟萃其类者，卒罕成书也。爰于卧室呻吟之余，随事随物留心体察，闲披往籍，凡有涉养生者，摘取以参得失。亦只就起居寝食，琐屑求之。随笔所录，聚之以类，题曰《老老恒言》。遂付梓以公诸世，是即所谓及人之老。可各竭其力，各老其老。俾老者起居寝食，咸获康宁之福，竟若不自知其老，优游盛世，以享余年。吾之老与人之老，得同为太平安乐之寿民。"收于《檇李遗书》。

【 老圃集 】

别集宋洪刍撰。刍字驹父，南昌人。徽宗崇宁年（1106）前后在世。绍圣进士，初不求闻答，放荡江湖。后官至谏议大夫，谪沙门岛而终。兄弟四人皆具才名。老圃，见《论语·子张》："（范迟）请学为圃。（孔子）曰：'吾不如老圃。'"苏轼《杭州牡丹开时诗》："从此年年定相见，欲师老圃问范迟。"书名老圃，乃刍自号自居。有《四库全书》本。

【 老舍文集 】

老舍撰。1980年人民文学出版社出版，收作者1925—1966年四十年中的文学著述。老舍，原名舒庆春，字舍予。满族正红旗人。1899年出生于北京城市贫民家庭。1918年毕业于北京师范学校，曾任小学校长、中学教员。1924年到伦敦大学任华语教员，并开始创作生涯。1929年回国在大学任教。1938年到重庆从事抗日文化工作。胜利后1948到美国讲学。1949年回国。1951年北京市人民政府授以"人民艺术家"光荣称号。一生创作丰富，是中国现代著名的小说家、剧作家之一。作者名著《骆驼祥子》《四世同堂》已著录，请参考。现将作者部分著作题名分述如下：

一、《老张的哲学》。长篇小说。1926年发表。

背景是“五四”以后的北京，塑造了老张这一市民知识分子的反面形象。他的人生哲学是“钱本位三位一体”，“哲学”含讽喻之意。

二、《赵子曰》。长篇小说。1926 年发表。写当时某些大学生的灰色生活。取名《赵子曰》，因赵为《百家姓》之首，“子曰”是《论语》篇章起首二字，有广泛的代表性和历史的继承性。

三、《离婚》。长篇小说。1933 年发表。反映当年城市里一群公务员的庸碌生活。主人公老李起意离婚，但原籍妻儿来寻，在于现实的碰撞中，打消了离婚的念头。

四、《牛天赐传》。长篇小说。写牛老汉收养一个孤儿。起名“天赐”，来自市井语“天官赐福”。小名叫“福官”，讽喻市民心态。

五、《赶集》。短篇小说集。作者自《序》说：“这里的‘赶集’不是逢一四七或二五八到集上去买两只鸡或买二斗米的意思，不是；这是说这本集子里的十几篇的东西都是赶出来的。”

六、《樱海集》。短篇小说集。作者自序中言：当正思索好的书名时候“开门一看，正看见邻家院里的一树樱桃。再一探头由两所房中间的隙空看见一小块绿海。这是五月的青岛，红樱绿海都在新从南方来的小风里。……‘樱海’岂不美哉！”乃欣然命题。

七、《蛤藻集》。短篇小说集。1936 年发表。作者自序：“作品在青岛写成，如海边沙滩上的蛤壳与断藻，或予品评而有趣。”

八、《火车集》。短篇小说集。以集中首篇小说《火车》而题名。一失火的列车，死伤了人，竟不了了之。

九、《贫血集》。短篇小说集。有小序说明：三年来得了贫血病“以贫血名集，有向读者致歉之意，其作品亦难健旺也。”

十、《龙须沟》。剧本。龙须沟，是北京南城天桥东边有名的臭沟，周围聚居着劳动人民。人民政府将其改建为下水道，上面修成板平的马路。居民程疯子（其实他是被旧社会迫害的）打快板唱道：“好政府，爱人民，教咱们干干净净大翻身。”作者由此被授予“人民艺术家”称号。

十一、《西望长安》。剧本。以当时被揭露的政治骗子李万铭，在重要机关行骗三年的案件为素材而创作，讽刺官僚主义。“西望长安”语见于唐李白诗：“一为迁客去长沙，西望长安不见家。”“家”与“佳”同音，也可读成“西望长安不见佳”。李万铭的案子是在西安破获的。西安古称长安，所以用《西望长安》作剧名，暗示他到了西安就不佳了。也可以这样解释：若有人问我：你的新剧本好不好？我答以‘西望长安’，表示不佳，亦讽刺自己之意。”

十二、《茶馆》。剧本　1957 年发表。以北京一座茶馆作为舞台，利用“一个大茶馆就是一个小社会”的特点，展开了清末戊戌维新失败以后，民国初北洋军阀盘踞时期，及国民党政府崩溃前夕，三个不同时代的生活场景和历史动向。时间跨度半个世纪。《茶馆》是中国话剧舞台上最优秀的剧目之一。在西欧一些国家演出时，被誉为“东方舞台上的奇迹”。

【 老学庵笔记 】

宋陆游（1125—1209）撰。此为作者晚年以师旷：老而学犹秉烛夜行。之语名其所居，书亦因此得名。《太平御览・六零七学部・叙学》引《说苑》：“晋平公问师旷曰：‘吾年七十欲学恐已暮矣。’对曰；‘暮何不秉烛乎？吾闻少而学者，如日初之阳。壮而学者，如日中之光。老而学者，如秉烛之明。秉烛之明，孰与夜行？’公曰：‘善哉！’”师旷，春秋乐师。此典乃讽喻平公好五音不务政事者，陆游取其好学不倦之旨。本书多记时事逸闻、典章制度，兼及诗文考订与民间传说，且于当时军民抗金活动颇有记述。参见已著录陆游撰之《剑南诗稿》《渭南文集》等。有 1979 年中华书局点校本。

【 老子 】

道家经典　相传春秋末老聃撰，聃，楚国苦县（今河南鹿邑境）人曾任东周史官。一说名李耳。又有说为太史儋、老莱子者。世道家学派的创始人、思想家、哲学家。书共八十一章，前三十七章为《道经》，后四十四章称《德经》，故又名《道德经》《道德真经》。注本以魏王弼者最古。《史记・老子韩非列传》:“老子修道德,其学以自隐无名为务,居周久之,见周之衰,乃遂去。至关,关令尹喜曰:‘子将隐矣,强为我著书。’于是老子乃著书上、下篇,言道德之意五千余言而去。”故又名《老子五千文》。其说以“道”为客观德自然规律,也是永恒绝对的宇宙本体。在观察自然演化和社会变动时,有朴素的辩证思想。在物质上强调“知足”“寡欲”,甚至于憎恶工艺进步。幻想“绝圣弃智”“无为而治”,回复到小国寡民的原始状态。并抨击了当权者搜刮人民。老子学说对中国哲学的发展有很大影响。有1993年上海古籍出版社《四部精要》本。

【 老子想尔注 】

老子注本之一　东汉张道陵(一名张陵,34—156)或张鲁撰。陵,东汉沛国丰(今江苏丰县)人。入太学,通五经。明帝时任巴郡江州令。永和六年(141)作道书》,自称“太清玄元”,创立道派。后道教徒尊为“天师”。唐玄宗《道德真经书·外传》:“《道德笺注》有《想尔》二卷,三天法师张道陵所注。”或言张鲁注,张鲁,张道陵之孙,世为天师道教主。道教《传授经戒仪注诀》:“系师(张鲁)得道,化道西蜀,蜀风浅末,未晓深言。托遘想尔,以训初回。”想,《说文》:“想,冀思也,从心相声。”谓希冀而思之也。尔,语助词。又一说;“想尔,盖仙人名。”(见《云笈七签》卷三十三注)。此书注文,阐发了老子思想,多与《太平经》合。“道教”一词最早出现于此书。唐后亡佚,清末敦煌石窟发现六朝抄本残卷,为研究早期道教的重要资料,今藏于英伦敦博物院。参阅已著录之《太平经》条。

Le

【 乐郊私语 】

杂史　元姚同寿撰。同寿字乐年,睦州(今浙江建德)人。顺帝至元中曾为余干教授,解官归里,自号桐江钓叟。此书多记逸闻琐事,可与史传相参。乐郊,语出《诗经·魏风·硕鼠》:“硕鼠硕鼠,无食我苗!三岁贯汝,莫我肯劳。逝将去汝,适彼乐郊,乐郊乐郊,谁之永号。”释为安乐之地。作者题此庆幸之语,实为丧乱之词。《四库全书总目提要》:“至正中流寓海盐,时江南扰乱,唯海盐未被兵火,尚得以闭户安居从容论述,故以《乐郊私语》为名。私语,一家之言也,有自谦意。收于《四库全书》。

【 乐全集 】

诗文别集宋张方千撰。方千字安道,宋城(今河南商丘境)人。真宗景德至哲宗元祐(1007—1091)年在世。历官参政知事等。自号乐全居士,并以名集。盖取自庄子“乐全之谓得志”语。见于《庄子·缮性》:“乐全谓得志。古之以为得志者,非轩冕之谓也。谓其无以益其乐而已。”方平天资绝世,记诵淹博,其文疏畅明快。其题《乐全堂诗》云:“乐全得意自庄书,静阅流光乐有余。”明其志也。有《四库全书》本。

Lei

【 雷雨 】

剧本　曹禺(万家宝,1910—1996)1934年发表,是曹禺代表作,也标志中国话剧的成熟。剧本通过周、鲁的矛盾纠葛,反映“五四”前后半封建半殖民地的中国社会某些侧面。揭露畸形的有浓厚封建色彩的,资产阶级的腐朽罪恶。题名《雷雨》,一是悲剧的结局是在一个雷风暴雨的夜晚;二是象征高压的、郁热的氛围。“一切都走向极端,要如电如雷地轰地烧一场。”“那个时代,那个社会,必须打碎。”三是象征有一种神秘的力量,希腊戏剧家称之为“命运”的主宰。见曹禺《雷雨序》。曹禺生平参见《曹禺全集》条。

Li

【 梨岳集 】

诗文别集唐李频撰。频字德新,寿昌(今在杭州境内)人。曾为建州(今福建建瓯)刺史,卒于官,州民思其德,为之立庙梨山。《新唐书李频传》:“表丐建州刺史,以礼法下,更布教。时朝政乱,盗兴,相椎夺,而建(州)赖频以安。卒官下,丧归，父老相与扶柩，葬永乐州，为立庙梨山。”傅增湘明本《梨岳集跋》：“建州东南十五里有山如复釜，名曰梨山。频刺州有异政，郡人建祠山中，且尊山为岳，因以岳名其集。”频为姚合之婿，然其诗别为一格。王士祯《居易录》称：“诗人为神未有频之显著者。然频诗自佳耳，其为神则政事之故，非文章之故也。”有《四库全书》本。

【 礼部集 】

诗文别集元吴师道撰。师道字正传，浙江兰溪人。世祖至惠宗朝（1283—1344）在世。至治年进士，授国子博士，致仕授礼部郎中。以官衔名集。礼部，官署名。后汉尚书吏曹兼管斋祀。魏置祠部。北魏称仪曹。北周始以礼部名。隋唐为六部之一，掌礼乐、祭祀、封建、宴乐及学校、贡举之政令。清末称典礼院。有《四库全书》本。

【 礼记 】

儒家经典　三礼之一。传论，为孔门七十子及秦汉后学，在传习《仪礼》时，累积的资料汇集，乃名之“记”。礼，《释名》：“体也，得其事体也。”《礼记·仲尼燕居》：“礼也者，理也。”疏：“使万事合于道理也。”在实践上起于事神，谓敬礼致福。后来引申到社会生活，指由于风俗习惯而形成的行为准则、道德规范和各种礼节。至西汉梁（今河南商丘）人戴德辑本八十五篇称《大戴礼记》，其侄戴圣辑本四十九篇称《小戴礼记》。东汉郑玄为《小戴礼记》作了注，乃成为定本流行。《小戴礼》简称礼记，与《仪礼》《周礼》统称三礼，成为儒家经典。唐孔颖达撰《礼记正义》，列为九经之一。通行本为《十三经注疏》郑注孔疏本。

【 李北海集 】

别集唐李邕撰。邕字泰和，扬州江都人。高宗至玄宗（678—747）年间在世。玄宗时曾官汲郡、北海太守，师承李北还。邕能文，又长碑颂，以鬻文获财。负谤死，杜南作《八哀诗》伤之。汲郡，隋置，唐沿之，今豫北汲县等地。北海，古青州。唐为北海郡，今山东东部。有《四库全书》本。

【 李季文集 】

李季（1922—1980）撰。有上海文艺出版社1982年刊本。李季，原名李振鹏。现代诗人，河南唐河县人。1938年到延安，并加入中共。后任职于八路军中及西北三边地区，当过小教、秘书、编辑等。业余写作，1946年发表叙事长诗《王贵与李香香》。新中国成立后在中南地区文学、出版界工作。后来写过许多关于石油工人的诗歌，被称为“石油诗人”。1958年出版长篇叙事诗《杨高传》。1962年起担任《人民文学》副主编、《诗刊》主编、作协副主席等职。兹将其主要作品题介如下：

一、《王贵与李香香》是延安文艺座谈会以后，涌现的优秀作品之一。长诗采用陕北民歌“信天游”的形式，歌颂人民争取解放的斗争，塑造了王贵与李香香一代觉醒了的农民形象。出版以后，郭沫若为之作《序》称之是“人民翻身”到“文艺翻身”的“响亮信号”。陆定一认为是新民主主义文艺运动的胜利。长诗最初在陕北《三边报》连载题名为《太阳会从西边出来吗?》没有诗味，也不确切。同年秋延安《解放日报》转载时，改名《王贵与李香香》，以两位主人公命名，遂轰动一时。

二、《杨高传》全诗包括三部分：《五月端阳》《当红军的哥哥回来了》《玉门儿女出征记》。叙事时代包括刘志丹三边闹革命，红军长征到陕北，太行山抗日烽火，新中国成立初玉门油矿建设和柴达木油田的开发等。主人公是在如此广阔、漫长的背景下刻画出来的传奇式英雄。少年的杨高是一个骨瘦如柴的孤儿，他“不知名不知姓没有家乡”一个“天不收地不留”的小“羊羔”。在红军宣传员的指引下，他参加了红军，取名“杨高”长诗题名即由此而来。北京作家出版社由1956年到1960年将三部书全部出齐。

【 李劼人选集 】

劼人（1891—1962），现代小说家、翻译家。四川成都人。曾参加四川保路同志会运动，1912开始写作，曾任报社编辑、总编辑。后到法国勤工俭学，回国抱着实业救国的愿望兴办工厂。1935年起主要从事文学创作，陆续写成三部各自成篇而又有连续性的长篇历史小说《死水微澜》《暴风雨前》和《大波》。郭沫若称之为“小说的近代史”（见《中国左拉之待望》）。抗日战争期间，参加抗战文艺运动并担任领导。解放后也担任了政府职务和文艺界领导工作。数十年来又翻译了法国长短篇小说和剧本20余种。《李劼人选集》,四川人民出版社1980年出版。兹将其主要作品题介如下:

一、《死水微澜》。长篇小说。1936年中华书局出版。写甲午战争到辛丑条约这段时期,成都附近的一个小乡镇。一样死水似的黑暗和欧美物质文明输入后,"教民"和"袍哥"两股势力的互相消长激荡,是在"死水"上激起的"微澜"。作品塑造了罗歪嘴、顾天成、蔡大嫂等典型人物。

二、《暴风雨前》。长篇小说。与《死水微澜》连接。通过写郝又三半官半绅的家庭变化和几个知识分子的生活经历,反映1902年到1907年四川的社会生活历史和当时人的精神面貌。作品人物还有留日的苏星煌、龙铁民及伍大嫂等。

三、《大波》。写辛亥革命的"大波"对四川造成的影响及四川的保路运动。主要情节有:保路同志会的成立,清廷总督赵尔丰的武装镇压,各地同志军的武装斗争,成都假独立,立宪派的无能,赵尔丰阴谋复辟,严品衡自任总督等。

【 李太白集 】

诗文别集唐李白撰。白,字太白。《新唐书·文艺传中·李白》:"……白之生,母梦长庚星,因以名之。"长庚,即太白星、金星。白生于武后大足元年(701),卒于肃宗宝应元年(762)。号青莲居士。自称祖籍陇西,汉将军李广之后,流寓西域生于碎叶(今吉尔吉斯境)。少随父迁绵州彰明(今四川江油)青莲乡。天宝初,召入京任供奉翰林,被排挤出京。入永王璘幕。璘败于兵,白流夜郎,遇赦还。晚年困苦漂泊。后世称"诗仙",诗为民族瑰宝。此集为宋宋敏求编,曾巩考订,共三十卷,成为定本。清王琦辑注,增至三十六卷,为李白诗最完善的注本。今有中华书局1977年刊本。

【 李文公集 】

别集唐李翱撰。翱字习之。陇西成纪(今甘肃秦安)人,凉武昭王暠之裔。贞元进士,官至山南东节度使,谥文。《新唐书·李翱传》:"翱始从昌黎韩愈为文章,辞致浑厚,见推当时,故有司亦谥文。"世称李文公,以之名集。有《四库全书》本。

【 李义山文集 】

(附《樊南文集》)唐李商隐(813—858)撰。商隐字义山。商隐意慕商山四皓,《史记·留侯世家》云:汉高祖欲废太子,吕后用张良计,请商山四隐者辅太子,太子终不废。义山为集义者之山,名与字相关联。集以字名之,乃后人所辑。商隐原有自编文集曰《樊南文集》。名因其曾居陕西长安县樊川之南,自号樊南生。作者《樊南甲集序》云:"樊南生十六,能著《才论》《圣论》,以古文出诸公间。……十年京师寒且饿,人或目曰:韩文杜诗,彭阳章檄,樊南穷冻,人或知之。"原书久佚,今本为清人所辑。商隐除长于诗,四六亦工。《四库提要》言其:骈偶之文,婉约雅饬。李商隐为晚唐著名诗人,有《玉溪生诗集》已著录,请参见。有《四部丛刊》影印本。

【 李元宾文编 】

别集　唐李观撰。观字元宾,其先为陇西人,后家江东。代宗至德宗朝(766—794)在世。贞元八年与韩愈同登第,官至太子校书郎。为文不袭前人,时谓之与韩相上下,惜早逝耳。观,见。元宾,犹大宾、贵宾。《论语·颜渊》:"仲弓问仁。子曰:'出门如见大宾,使民如承大祭。'"其名、字取自"见大宾",并以名集。有《四库全书》本。

【 里乘 】

笔记小说集又名《兰苕馆外史》,清许叔平撰。叔平字奉恩,余无考。里,乡里。乘,史志的别称。史志目的在于借鉴以往,殷戒将来,此书也在于以稗官野史、里巷传闻,而劝善惩恶。作者有《说例》云:"劝惩之书,不啻汗牛充栋,阅者嫌其老生常谈,往往览不终卷,辄即欠伸欲睡,是书意在劝惩,名之曰《里乘》。"作者别号"兰苕馆主人"此书又记故事传说、遗闻逸事之类,故又名《兰苕馆外史》。收于《扫叶山房丛书》。近有江苏广陵古籍刻印社1984年重刊《笔记小说大观》本。参见上篇"乘""外史"等条。

【 立雪稿 】

诗集　元刘清叟撰。清叟号立雪,以号名集。《宋诗纪事》有其小传:"鉴字清叟,号立雪,江西人。少年才气卓荦,连蹇不第。中更世故,蹙頞悲吟，鳏居隐处，年逾七十而终，有《立雪稿》。”元邓光荐为之《序》云：“大率成就精切二字而已。今皮毛落尽，孤然兀立。雷霹之琴，火成之啮，潮湍激鑢之山皆自然成趣。有不假绳削而合，盖于是门外雪三尺矣。得其髓者，非其腰子不能。”书名典见北宋释道原《景德传灯录·三·菩提达摩》载：中土禅宗二祖慧可，初参达摩，夜降大雨雪，坚立不动，迟明积雪过膝。并取利刀自断左臂，置于师前。师知是法器，因传衣钵。又《宋史·杨时传》：“（游酢、杨时）见程颐于洛，时盖年四十矣。一日见颐，颐偶瞑坐。时与游酢侍立不去。颐既觉，则门外雪深一尺矣。”清顾嗣立《元诗选》著录清叟之诗十九首。

【 历代诗话 】

一、清吴景旭撰。为诗歌评论。景旭字旦生，号仁山，归安（今浙江吴兴）人，生卒年及事迹未详。此书分论《诗经》《楚辞》、赋、古乐府及汉魏六朝以迄元、明历代诗人的诗作。重在字句诠释，名物考订。有中华书局上海编辑所1958年排印本。

二、清何文焕辑，丛书。文洹字也夫余不详。是书汇刻了自南朝锺嵘《诗品》至宋、元、明、清诗话共二十七种。多为历代有代表性的著作，较为精当，然有重要遗漏，校勘亦有粗疏。何氏有《自序》云：“诗话于何昉乎？赓歌纪于《虞书》，六艺评于古序，孔孟论言，别申远旨，《春秋》赋答，都属断章。三代尚已，汉魏而降，作者渐夥，遂成一家言。洵是骚人之利器，艺苑之轮扁也。爰勒前贤之书为一编。”中华书局1980年刊有排印本。

【 历代职官表 】

史表　有两种版本：

一、《钦定历代职官表》。七十二卷。清纪昀（1724—1805）等奉敕撰。乾隆四十五年，清廷以官制之得失，可知朝政之盛衰，宜备溯源流，明其利弊，庶前规可鉴，昭益法戒。乃命四库全书馆总纂官纪昀等，考证排次，辑缀而成。是书以清代官职为纲，将历代职官名称、员额、官阶等排列，与清代官职对照。说明了历代官制的因袭沿革，为查检我国古代职官制度之重要工具书。此书虽较详备，但过于烦琐，又无索引，查检不便。且其体制，以历代职官名目与清代类似职官作牵强之比附，殊失原意，亦有考核未精确与舛误之处。全书收入《四库全书》史部职官类。

二、清黄本骥辑本。道光年间，黄氏以官修之书，藏于内府民间不得见，且有上述繁复之弊。乃删去释文，仅留各官职表及简略之清代官职说明，存为六卷，题名《历代职官表》，较便于使用。但改编粗疏，原书之错多未纠正，甚至有误解原文而改错者。1965年中华书局上海编辑所重编此书，详加校勘，订正错误，改进官名排法，加新式标点，成为我国目前研究古代官职制度最全面而有用之工具书。

【 丽则遗音 】

赋集　元杨维桢撰。维桢，详见《东维子集》。丽则，出自扬雄《法言·吾子》：“诗人之赋丽以则，词人之赋丽以淫。”则，准则、法度。谓诗人之赋，文辞华丽而不失于正。淫，指过分、无节制。《丽则遗音》示即按古人遗留的文辞法式作赋。其自序：“皇朝设科，取赋以古为名。故求今科，文于古者盖无出于赋矣。然赋之古者，岂易言者。扬子云：‘诗人之赋丽以则，词人之赋丽以淫。’子云知古赋矣……赋之比义古诗而不易则者。”明毛晋《丽则遗音跋》：“廉夫拟赋三十有二篇，标其首曰《丽则遗音》，古赋程式。其同年进士黄子肃评焉：真能祖骚而宗汉，奚止除完颜之粗犷，洗宋末萎弱之气而已耶？扬雄云：‘诗人之赋丽以则。’真无愧矣。”有《四库全书》本。

【 笠泽丛书 】

诗文集　唐陆龟蒙撰。龟蒙，僖宗朝时（？—881？）在世。曾任苏、湖二郡从事。后隐居松江甫里（今苏州东南角直镇）。松江一名笠澤，且以书为丛脞细碎故名丛书。其《自序》云：“丛书者，丛脞之书也。丛脞，犹细碎也。细而不遗，大可知其所容矣。自乾符六年春，卧病于笠泽之滨，败屋数间，盖蠹石十余篋。……体中不堪羸耗，时亦隐几强坐，壹郁而外扬为声音，歌诗颂赋铭记传序，从从杂发，不伦不次，混而载之，得称为丛书。”笠泽原指境内之太湖。宋苏顺钦《望太湖》诗：“笠泽鲈肥入脍玉，洞庭橘熟客分金。”参见陆氏《甫里集》。有《四库全书》本。

Lian

【 莲峰集 】

诗文别集　宋史尧弼撰。尧弼字唐英。四川眉州（今眉山县）人。徽宗至高宗朝（1118—1157?）在世。少慧，十四岁即乡试解奎第二，后为宰相张浚客。绍兴二十七年进士，未授官而卒。其诗纵横排宕，摆脱恒蹊。策论则博辨澜翻，滔滔清绝。莲峰，陕西华山西峰，名莲花峰。传生千叶莲花，服之羽化。按唐时人榜后诗多用莲峰。清俞正燮《癸已存稿》云：唐举进士者留居长安，不能由京兆解。多赴华州（今华县）求举，由华州官主解。华山神亦司及第事。集为后人掇拾裒辑，题莲峰者亦为伤其早逝，怀才赍志以没欤！有《四库全书》本。

【 莲洋诗抄 】

诗集　清吴雯撰。雯字天章，原籍奉天辽阳，寄居山西蒲州。顺治至康熙朝（1644—1704）在世。以不遇，历游四方。诗才超妙、雄俊。王士祯称之有其乡人元好问之诗风。《清史列传·吴雯传》："（雯）著有《莲洋集》二十卷。莲华洋在普陀山下，雯据《名山记》华岳山下有莲洋村，因取以名集。"有《四库全书》本。

【 廉石居藏书记 】

清孙星衍（1753—1818）撰。孙氏有《平津馆丛书》已著录，可参见。此为其私藏善本书目。廉石居，孙氏之居室名。《新唐书·陆龟蒙传》及《闻见偶录》载：廉石，本名郁林石。三国吴陆绩任郁林太守，归乡舟轻，因于岸上取巨石压舱。后相传石在苏州之篓门，即陆龟蒙居林顿里时，其门前巨石。孙氏慕陆绩之廉洁，以其名居。叶昌炽《藏书纪事诗·孙星衍》："沅湘为我谢彭城，廉石归装稳布帆。一榭五松相对峙，名山占尽积书岩。"清陈宗彝为之《序》云："丙申二月访阳湖孙公子竹案于五松园。假归《廉石居藏书记》一卷，为其先渊如先生遗书也。……此题廉石居五松园额也。"书收入《丛书集成》。

【 楝亭集 】

诗词集　清曹寅撰。寅，字子清、楝亭，号荔轩。汉军正白旗人，顺治至康熙朝（1658—1712）在世。曾官江宁织造，兼巡两淮盐政。工诗，出入白居易、苏轼之间，校刊古书甚精。好骑射。是曹雪芹的祖父。寅父曹玺任江宁织造时，曾在署院中植一株楝树（俗名金铃子，落叶乔木）。寅继其父任江宁织造，怀念其父，乃造一亭名"楝亭"既名己字，又以名集。清人吴之騄为诗："我闻楝亭下，嘉树影婆娑。书卷擁百城，尚友自吟哦。"1987 年上海古籍出版社《清人别集丛刊》本。

Liang

【 梁溪集 】

梁溪，今在江苏无锡市西，源出惠山，入于太湖。名由，一说东汉梁鸿居此；或曰南朝梁时曾修浚之。并因此无锡亦别称梁溪。以梁溪名集者有：

一、宋李纲撰，诗文别集。纲，字伯纪，邵武（今福建建阳地区属县）人，其先移居无锡。纲于北南宋神宗至高宗朝（1083—1140）在世。政和年进士，曾官尚书右仆射兼中书侍郎。力主抗金，屡被罢官。著述甚丰，多爱国篇章。纲家居溪畔有诗《梁溪八咏》。有《四库全书》本。

二、宋尤袤撰。尤字延之，无锡人，少称奇童。绍兴进士，累官给事中。钦宗至光宗朝（1127—1194）在世。诗与范成大、杨万里、陆游齐名，并称南宋四大家。宋陈振孙《书录解题》载其《梁溪集》五十卷，久佚。清尤侗，自以为其后人，裒辑成集，改题《梁溪遗稿》，收入《四库全书》。

【 梁羽生小说全集 】

梁羽生（1926—　）撰。梁羽生，本名陈文统。广西蒙山人，生于书香世家，养成对中国古典文学的爱好。中学时转向新文艺，向报社投稿。1945 年考入岭南大学经济系，毕业后去香港《大公报》任职，并在大学任教。1952 年，武林太极派吴公仪和白鹤派陈克夫，在澳门设擂台相约比武，成为港澳大众热门话题，触发梁羽生撰写武侠小说的兴趣。同年完成处女作《龙虎斗京华》，在香港《新晚报》连载。此"梁羽生"的笔名，是仰慕三十年代北方武侠小说名家宫白羽以私淑自居，故名之。小说背景放在清末义和团事件时，以现代小说技巧加以创新。注重人物的刻画和心理描写；注重交代历史背景和点染地理环境，与旧式武侠小说有很大的不同，开辟了"新派武侠小说"的先河，从此一发不可收拾又先后写成《草莽龙蛇传》《白发魔女传》《塞外奇侠传》《七剑下天山》《江湖三女侠》《还剑奇情录》《萍踪侠隐录》《散花女侠》《联剑风云录》《冰魄寒光剑》《云海玉弓缘》《冰川天女传》《侠骨丹心》《风雷震九州》《冰河洗剑录》《女帝奇英传》《大唐游侠传》《龙凤宝钗缘》《慧剑心魔》《飞凤潜龙》《狂侠·天骄·魔女》《鸣镝风云录》《广陵剑》《风云雷电》《瀚海雄风》《游剑江湖》《牧野流星》《弹指惊雷》《绝塞传烽录》《剑罔尘丝》《幻剑灵旗》《武林三绝》《武林天骄》《武当一剑》《弹铗录》等约四十部。有些曾被改编成电影或电视上映。他不会武功，因此书中多写英雄儿女的侠骨柔肠，笔下缠绵哀怨多于刀锋剑影。他认为："武是一种手段，侠是一个目的。所以侠是主要的，武是次要的。一个人可以没有武功，但是不可以没有侠。侠代表正义。这种正义感古人有，现代人亦有。"他的书采取中国传统的章回小说的形式，并穿插了诗词，因而有很浓的中国式名士气味。他把过去不登大雅之堂的武侠小说，送入了文学殿堂。使阅读通俗小说的广大群众，提高了阅读趣味，增长了文史知识，丰富了精神世界，影响很大。案：宫白羽（1910—1966），是民国初年的武侠小说家，本名宫竹心，原籍河北，供职于北平《国民晚报》《世界日报》。抗战时在天津《庸报》上发表长篇武侠小说《十二金钱镖》，首次使用"白羽"作笔名。他的特点是：以文绘武（功），语言平实冷隽，并注重人物的塑造，在当时是独树一帜的。《梁羽生小说全集》，是2000年广东旅游出版社和花城出版社出版。

【 梁园寓稿 】

诗集　明王翰撰。翰字时举，禹州（今河南许昌地区属县）人。生卒年不详，约1368年前后在世。元末隐居中条山，明初为周王朱橚长史。见王有异志，屡谏不纳，乃断指佯狂去。后起为翰林编修。谪廉州，羌乱，死国难。立身有本末，文章具刚气。梁园，西汉梁孝王刘武，在开封东南所建。"东西猎，拟于天子"，招延四方豪杰。当时名士如：司马相如、枚乘、邹阳皆座上客。唐李白《梁园吟》："平台为客忧思多，对酒遂作梁园歌。"寓，有寄寓、寄托之意。有《四库全书》本。

【 两当轩集 】

诗文集　清黄景仁撰。景仁字汉镛、仲则，晚号鹿非子。乾隆年（1749—1783）在世。江苏武进（今常州）人。曾在安徽为幕，以赀入都，待选县承。债家逼，再游陕西，道中病卒。景仁有狂名，工诗而奇肆新警，多抒穷愁不遇，凄怆之感，亦不乏愤世疾俗之作。两当，以两当一之缩语，以之名书斋，名集，乃谦词。唐刘知几《史通·叙事》："盖作者言虽简略，理皆要害，故能疏而不遗简而无缺。譬如用奇兵者，持一当百，能全克敌之功也。若才乏俊颖，思多昏滞，费事既甚，叙事才周，亦犹售铁钱者，以两当一，方成贸迁之价也。"有1983年上海古籍出版社刊本。

【 两地 】

散文集　中国台湾女作家林海音（1918—2001）撰。海音，祖籍台湾苗栗县，生于日本。五岁返国，后毕业于北平世界新闻学校。作过记者、编辑。1948赴台，又从事散文、小说之创作。小说《城南旧事》，已在大陆拍成电影。《两地》散文集中，收有记叙北平、台湾两地的随笔如：《换取灯儿的》《看华表》《蓝布褂儿》《天桥上当记》《骑小驴儿上西山》《家住书坊边——琉璃厂、厂甸、海王村公园》《台北温泉漫写》《台湾的香花》《台湾民俗杂辑》《雾社英魂祭》等篇。作者在《自序》中言："北平是我住了四分之一世纪的地方，读书、做事、结婚都在那儿。度过金色的年代，可以和故宫的琉璃瓦相比，因此我的文章自然离不开北平。有人说我'比北平人还北平'我觉得颂扬得体，听了十分舒服。"作者又说："台湾是我的故乡，北平是我成长的的地方，希望有一天，喷射机把两个地方连接起来，象台北到台中那样朝发而午至，那时侯就不会有心悬两地之苦了。"《两地》一书系1966年台北三民书局出版。

【 两同书 】

杂家书　唐罗隐（833—909）撰，隐之书，已著录《罗昭谏集》等，请参见。本书上篇五卷为道家言，下篇五卷为儒家言。《崇文总目》谓以老子修身之说为内，孔子治世之说为外，其旨同出一源，所以谓“两同”。又《四库全书总目》云：“然则两同之名，盖取晋人‘将无同’之意。”见《晋书·阮瞻传》：“（王）戎问曰：‘圣人贵名教，老、庄明自然，其旨同异？’瞻曰：‘将无同。’”将无同，莫不同也。题名缘此。有《四库全书》本。

Liao

【 聊斋志异 】

简称《聊斋》　文言短篇小说集。清蒲松龄撰。松龄字留仙、剑臣，号柳泉居士，又号聊斋。明末至康熙（1640—1715）在世。幼有异才，曾为幕宾、塾师，终而不达。乃搜逸闻逸事，廿余年成五百篇，言妖魅神仙事。色彩浪漫，跻中国文言小说顶峰。书名取义见蒲氏“醉后作于‘聊斋’西窗之下”——《琴瑟乐》：“叹人生容易老，总不如盖好‘聊斋’书室为乐巢。上挂匾额是‘耕读渔樵’。闲来时节把琴敲，闷来船河把鱼钓。吃一杯，乐陶陶，二三杯才能把那愁山推倒。这光景就是那（王）渔洋先生也办不到。”有1963年中华书局“三会本”。

Lie

【 列朝诗集小传 】

诗评　清钱谦益撰。谦益，字受之，号牧斋。其名取自《尚书·大禹谟》：“满招损，谦受益。”明末清初散文家、诗人。常熟（今属江苏）人。万历进士，明官至礼部侍郎。降清，仍官礼部侍郎。文才负盛名，诗尤胜，与吴伟业、龚鼎孳并称江左三大家。钱氏曾编选明代二百余年，约两千诗人代表作，为《列朝诗集》。每位诗人都附有简要小传，诗作亦有简评，并提出诗歌理论见解。《列朝诗集》共七十七卷。钱氏书籍清代列为“禁书”，其孙钱陆灿汇集《诗集》中的小传，编成此书一卷，另行刊印。有1957年古典文学出版社刊本。

【 列子 】

道家哲学　旧题周列御（又作圄）寇撰。列子，郑人。《汉书·艺文志》著录于道家类中。今本为晋张湛作注，称其于永嘉乱后，集录各种版本而成。唐代崇老、庄，天宝元年尊此书为《冲虚真经》。宋代又加称《冲虚至德真经》唐柳宗元疑其伪。《四库全书总目提要》称列子实有其人，《汉志》著录之书，亦非刘向伪造，书为门人记录而成。书中贯穿“贵虚”思想，近似老庄，但又有两晋佛教思想及神话等，内容芜杂。难定为班固所录原书，大抵是后人荟萃者也。有1984年《百子全书》本。

Lin

【 林登州集 】

别集　明林弼撰。弼字元凯，龙溪（今福建漳州市）人。生卒年不详，元末明初（1360前后）在世。元至正年进士，入明授吏部主事。曾使安南却赆（jin，临别赠送的财物）金，为太祖所重，后官至登州知府。登州春秋时牟子国，汉为东莱国。唐置登州，明为登州府，即今山东蓬莱。有《四库全书》本。

【 林海雪原 】

长篇小说　曲波（1923—2002）著。作者山东蓬莱人，16岁参加八路军，后加入中共。做过剧团，文教，指导员等工作。45年入胶东抗日军政大学，后调到牡丹江军区二团任副政委。曾率一小分队深入林海雪原剿匪。小说即描写这三十六人的小分队，在人迹罕至的深山老林和大草原上，与数十倍于自己的国民党残匪周旋作战，并干净、彻底地消灭了他们。本书最初题名《林海雪原荡匪记》，类似通俗读物。后经再三斟酌只题名《林海雪原》但却增加了三层意思：一、书名含义这场斗争不仅是军事斗争，还包括了政治、思想和争取群众的斗争；其二、使书的意境更高，读者可以想象高山密林中土匪的猖獗，周围群众的苦难和解放军的英勇气概及军民团结消灭土匪的动人事迹，展示了更空阔、广大的舞台；第三、文笔更简练而精彩。北国风光，富于诗意，助人遐思，艺术效果更佳。有

1957年北京作家出版社刊本。

【林和靖集】

诗集　宋林逋撰。逋字君复，钱塘（今杭州）人。太祖至仁宗朝（967—1028）在世。少孤力学，布衣终身，隐居西湖孤山。不娶无子，所居植梅畜鹤，谓之梅妻鹤子。真宗赐粟帛，诏长吏岁时劳问。逋喜为诗，其词澄浃峭特，多奇句。善写西湖山水景色，表现隐居情趣。咏梅诗《山园小梅》有："疏影横斜水清浅，暗香浮动月黄昏。"之传世名句。殁后，仁宗谥"和靖先生"。《谥法》"不刚不柔曰和""宽厚令终曰靖"。以谥号名集。有《四库全书》本。

【林泉高致集】

中国画论　宋郭熙（1023—约1085）撰。熙字淳夫，河阳温县（今属河南）人。曾于御画院学艺，擅长山水寒林。此书有其子郭私之助，成于政和七年（1117）。题名林泉，指山石泉林。高致，为高尚的品格和情趣。语见《三国志·吴·周瑜传》注引《江表传》："（蒋）干还，称瑜雅量高致。"是集包括《山水训》《画意》《画诀》《画格拾遗》《画题》《画记》六篇。其中以《山水训》影响较大，提出一系列山水画的观察和创作方法。主张画山水者，须对山川胜景，饱游饫看，方能"胸贮五岳"使所画"磊磊落落"。又认为画山水的"本意"在于"舒发林泉之志，高蹈远引，以快心意。"提出了艺术意境与效果、情趣的关系：如"春山艳冶如笑""使人欣欣"，"夏山苍翠如滴""让人坦坦"，"秋山明净如妆""令人肃肃"，"冬山惨淡如睡""叫人寂寂"。充分表明了我国古代绘画艺术从理论到实践都达到一定高度。书收入《四库全书》。

【林文忠公政书】

政书　清林则徐（1775—1850）撰。则徐字元抚，一字少穆，晚号竢村老人。侯官（今福建福州）人，嘉庆进士。文忠，则徐谥号。此书为其从政时期奏稿，有关禁烟、抗英斗争问题，分别载于湖南、使粤、两广奏稿中，是研究鸦片战争及林氏思想的重要资料。原刊于光绪二年（1876），近代中华书局于1965年出版的《林则徐集·奏稿》收五百八十余篇，是迄今较全之本。

【林译小说】

林纾字琴南，别署冷红生，号畏庐。其号乃林氏依祖母"畏天而循分"的教诲，手书"畏天"二字于室者。后编有《畏庐文集》。福建闽侯人。清咸丰二年（1852）生，民国十三年（1924）卒。光绪年举人，后专治古文，以桐城派自居。入京任教于京师大学堂。业余与人共译书，得人欢迎。对清末民初文坛，以致"五四"新文化运动，都有很大影响。林氏共译书一百六十种，包括英、美、法、比、俄、西班牙、挪威、希腊、瑞士、日本等国著名文艺小说。部分题名列解如下：

一、《巴黎茶花女遗事》法，小仲马原著。今译为《茶花女》。当年严复曾为此书题句曰："可怜一卷茶花女，断尽支那荡子肠。"该书为王寿昌口译光绪二十五年（1899）在福州以为庐藏版本印行自署冷红生。近有人民日报出版社2004年刘书风译本。

二、《黑奴吁天录》。原为美国斯托夫人1852年著。直译原书名是《汤姆叔叔的小屋》。我国剧作家欧阳予倩改编的话剧名《黑奴恨》。光绪二十七年（1901）以武林魏氏刻本印行。

三、《鲁滨逊漂流记》。英，笛福原著。英文原名为《约克郡水手鲁滨逊·克鲁格的生活和可惊的冒险》。该书为曾宗巩口译，林纾执笔，1904年出版。现有北京十月文艺出版社2005年刊本。

四、《撒克逊劫后英雄略》。英，斯各特原著。魏易口译光绪三十一年（1905）商务印书馆出版。本书是反映十二世纪狮心王理查在位时，多方复杂矛盾的历史小说。今译为《艾凡赫》。艾凡赫是书中主人公英雄骑士的名字。有南京译林出版社2004年王天明译本。

五、《海外轩渠录》。轩渠，乐悦貌。英，斯威夫特原著。1905年出版。今译为《格列佛游记》。书中部分内容今译为《大人国游记》《小人国游记》等。轩渠，古代释为悦乐貌。（见于《后汉书·方术传·蓟子训》中）。有上海商务印书馆1933年《万有文库》本。

六、《大食故宫余载》。美，华盛顿·欧文原著。光绪三十三年（1907）商务印书馆出版。大食，为中国古代对阿拉伯地方的称呼。本书原名《Alhambra》，阿拉伯文原意是“红宫”指十三世纪摩尔人，在西班牙安达露西亚地区的宫殿城堡。书中包括：游记、随笔和传说故事。今译名《阿尔罕布拉》是地名译音。

七、《滑稽外史》。英，狄更斯原著。今译名为《尼古拉斯·尼克贝尔》，是书中主人公一位教员的名字，本书揭露当时英国教育界的黑幕。光绪三十三年（1907）商务印书馆出版。近有上海译文出版社刊本。

八、《孝女耐儿传》。英，狄更斯原著。今译为《老古玩店》。写一个老古玩店主和他的小孙女的悲惨命运。光绪三十三年（1907）商务印书馆出版。近有延边人民出版社2001年刊本。

九、《块肉余生述》。英，狄更斯原著。今译为《大卫·考伯菲尔》，是狄更斯自传体小说。光绪三十四年（1908）商务印书馆出版。近有陕西人民出版社2004年刊英汉对照本，

十、《贼史》。英，狄更斯原著。今译名为《奥立佛·退斯特》。写孤儿奥立佛逃亡到伦敦，陷入贼窟，被好心人救出的故事。光绪三十四年（1908）年商务印书馆出版。近有1998年上海译文出版社刊本题名《奥立佛·退斯特》。济南明天出版社2005年刊本题名《雾都孤儿》。

十一、《新天方夜谭》。英国作家R. L. 斯蒂文森原著的阿拉伯神话、传说、故事集。参见已著录之《天方夜谭》条。光绪三十四年（1908）年商务印书馆出版。

十二、《玉楼花劫》。法，大仲马原著，今译为《红屋骑士》。光绪三十四年（1908）年商务印书馆出版。今有中国戏剧出版社2002年刊本。

十三、《冰雪因缘》。英，狄更斯原著。今译为《董贝父子》。本书主人公开设一家父子公司，他认为利润高于一切。人与人之间，除了现金交易，不承认还有其他关系，妻子儿女也不例外。今有上海译文出版社刊本。

十四、《离恨天》。法，圣皮埃尔原著。1913年商务印书馆出版。叙述一对青年男女的爱情悲剧，今译为《保尔和微吉尼》。有南宁漓江出版社1981年刊本。

十五、《哀吹录》。收法国作家巴尔扎克，短篇小说四篇：《猎者裴里朴》，今译为《再会》。《耶稣显灵》，今译为《基督在法兰德斯》。《红楼冤狱》，今译为《红色旅馆》。《上将夫人》，今译为《征发兵》。1915年商务印书馆出版单行本。

十六、《鱼海泪波》。法，彼尔·洛蒂原著。1915年商务印书馆出版。以法国布列塔尼地区渔民的生活为背景，写一对恋人的悲剧。今译为《冰岛鱼夫》。有广东人民出版社1981年刊本。

十七、《鱼雁抉微》。法，孟德斯鸠原著，书信体小说。1915—1917年发表于《东方杂志》。书中假托两个波斯游历法国时所写的书信，嘲讽、揭露法国社会种种荒唐腐败现象。今译为《波斯人信札》。有北京人民出版社2000年刊本。

十八、《亨利第六遗事》。英，莎士比亚原著。1916年商务印书馆出版。原为剧本，今译为《亨利六世》。亨利六世（Henry Ⅵ 1421—1471）在位时，因贵族不和，于英法战争中战败，并导致平民起义和红白玫瑰内战。参见《莎士比亚全集》。

十九、《恺撒遗事》。英，莎士比亚原著。1916年发表于《小说月报》。原为剧本，今译为《裘利斯·凯撒》。凯撒（Julius Cacsar，纪元前100？—纪元前44），罗马将军政治家。本书反映反对权利集中的斗争。参见《莎士比亚全集》。

二十、《人鬼关头》。俄，列夫·托尔斯泰原著。1917年发表于《小说月报》。今译为《伊万·伊里奇之死》。此书通过一个官吏之死，揭露俄国的官僚界。他一生官运亨通，但患了绝症以后，才悟到了人生的真正价值。有1947年上海文化出版社刊本。

二十一、《现身说法》。俄，列夫·托尔斯泰原著。1918年商务印书馆出版是托尔斯泰自传体三部曲，今译为《幼年·少年·青年》。有上海文艺出版社2004年刊本。

二十二、《恨缕情思》。俄，列夫·托尔斯泰原著。商务印书馆1919年出版单行本。收小说两篇：《波子西佛杀妻》写一男子因忌妒而杀妻。今译为《克罗采奏鸣曲》，缘于小说提到的德国作曲

家贝多芬的一首乐曲。另篇《马莎自述生平》，写一个少女自述她的恋爱和婚姻。今译为《家庭的幸福》，反映作者幻想家庭是一个“幸福的天地”。

二十三、《球房纪事》。俄，列夫·托尔斯泰原著。发表于1920年的《小说月报》。今译为《一个台球房记分员的笔记》。叙述弹子房记分员的所见所闻：一个没落贵族的沉沦和自我毁灭。收入上海译文出版社1985年出版，草婴译《一个地主的早晨》一书中。

二十四、《双雄义死录》。法，雨果原著。1921年商务印书馆出版。是以法国大革命为背景的历史小说。双雄，指各在革命阵营和反革命阵营的两位英雄，各为自己的信念而牺牲的故事。本书今译为《九三年》。近有1957年北京人民文学出版社刊本。

二十五、《梅孽》。1921年商务印书馆出版。原为挪威剧作家易卜生，写社会问题的剧本。林译题名意为：父辈寻花问柳，遗传给儿子恶疾梅毒，是自作其孽。今此剧译为《群鬼》，义取书中角色所言：旧时代的陈腐思想、古老信仰，像一大“群鬼”，死缠着人们。收入1978年人民文学出版社刊《易卜生戏剧四种》中。

二十六、《魔侠传》。西班牙塞万提斯原著。1922年商务印书馆出版。原文题名是《奇情异想的绅士堂吉诃德·台·拉·曼却》。此书今译为为《堂吉诃德》，有多种版本。

二十七、《亨利第五纪》。英，莎士比亚原著。原为剧本，今译为《亨利五世》。亨利五世（Henry1382—1422）在位时，于英法战争中，打败法国。

原发表于1925年的《小说世界》周刊，署“林琴南遗稿”。参见《莎士比亚全集》。

二十八、《亨利第六遗事》。英，莎士比亚原著。原为剧本，今译为《亨利六世》。亨利六世（Henry Ⅵ 1421—1471）在位时，因贵族不和，于英法战争中战败，并导致平民起义和红白玫瑰内战。

【 临川四梦 】

又名《玉茗堂四梦》 传奇剧本集 明汤显祖（1550—1616）撰此为其四部传奇：《紫钗记》《还魂记》《南柯记》《邯郸记》之合称。因皆说及梦境，故名集如此。清代戏曲音乐家叶堂曾为四剧制谱，称为《四梦全谱》，收入《纳书楹曲谱》中。近有扬州广陵古籍刊印社1997年刊本。“玉茗堂”乃汤氏所居。

一、《紫钗记》。本自唐蒋防传奇《霍小玉传》：写唐李益于长安街市，拾得霍小玉遗落的紫金钗而借此求婚。婚后李赴洛阳应试，中状元，出征立功。卢太尉欲招李为婿。时小玉因贫而售紫金钗，巧为卢太尉所得。卢示李并伪称小玉已改嫁。玉被弃，梦黄衫英雄抱生来而会合，后果有黄衫豪士闻之，载李至小玉处，夫妻团圆。汤氏变更原小说李益负心的人间悲剧，改成大团圆的喜剧，以歌颂爱情坚贞并抨击权贵恶行。

二、《还魂记》。又名《牡丹亭》，见该专条。

三、《南柯记》。据唐李公佐传奇《南柯太守传》改编。写淳于棼梦入槐安国，与金枝公主成婚。官南柯太守，继拜左丞相。复因骄奢淫逸被放，旋梦醒，乃脱尘入佛坐化。旨于揭露吏治黑暗和享乐腐化思想，亦有出世之念。

四、《邯郸记》。取材于唐沈既济传奇小说《枕中记》。写吕洞宾以瓷枕使卢生入梦赴试，行贿得中而位极人臣。即因官场倾轧而遭贬，旋复官，又享荣华富贵而高龄以终。却为人哭声惊醒，始知身仍在邯郸店中，大悟，乃从洞宾学仙而去。参见汤氏《玉茗堂集》。

【 临川文集 】

别集 宋王安石撰。安石字介甫，号半山。江西临川人，生于真宗天禧五年（1021），卒于哲宗元佑元年（1021）。晚年退居金陵，谥文。此以籍贯名集。有《四库全书》本。参见《王荆公诗注》。

【 麟角集 】

诗文别集 唐王棨撰。棨字辅之，福清（今福建莆田地区属縣）人。生卒年不详，约懿宗咸通年（873）前后在世。本集为棨八世孙王苹收其先应试进士之作。唐代惟进士科最为人重视，苹以其先登进士第，如麟角之珍稀，故名其集。典见于三国蒋济《蒋子·万机论》。清余锡嘉《四库提要辨证》：“《困学纪闻》卷十三曰：‘学如牛毛，成如麟角’，出《蒋子·万机论》。”翁元圻注云：“唐王棨自名其集曰《麟角集》，亦取《蒋子》……《太平御览》卷六百另七叙学门引《蒋子·万机论》曰：'谚曰：学如牛毛，成如麟角。言其少也。'言学者之多而成名者少。故王氏用以名其祖之诗赋，明其学成登第，谓难能可贵……。《（四库）提要》独举（颜氏）《家训》为出处，是未考之《困学纪闻》矣。"有《四库全书》本。

【 麟台故事 】

典制文献 宋程俱（1078—1144）撰。俱之生平，见已著录之《北山小集》。麟台即秘书省，唐武则天垂拱元年，改秘书省为麟台，是掌管国家图籍之官署。白居易有《酬卢秘书二十韵诗》："世家标甲地，官职滞麟台。"此书为程俱绍兴元年任秘书省少卿时，利用官府文书编辑而成。分官联、选任、书籍、校雠、修纂、国史、沿革、省舍、储藏、职掌、思荣、禄廪十二门。可略见宋代之典章制度及北宋词林典故旧闻。原书明代已佚，清代由《永乐大典》中辑出。收入《四库全书》史部职官类。

Ling

【 灵枢经 】

中医书 又名《灵枢黄帝内经》《灵枢经》《针经》《九灵》等，与《素问》合称《黄帝内经》。旧称唐王冰注，宋史崧校正音释。王冰，唐人自号启玄子，相传曾任太仆令，后人亦称王太仆，积十二年注释《黄帝内经素问》（已著录请参考）此书约书于战国时期，非一时一人之作，但汉、唐志皆不载。唐时有《九灵》等传本，宋以后原本及传本多散佚，南宋时史崧忽出其家传编校本，即此。《四库全书》认为是王冰伪托，又言："其书虽伪，其法则古所传也。"予以收录，亦素为医家所重。此书论述经络、腧穴的分布及针刺手法的运用，乃古有《针经》之名。或谓灵，释为灵魂、灵府（心脏）。枢，释为枢机。则"灵枢"含有救人的机枢之意。此书与《素问》互为补充，各有阐发，是祖国医学的重要文献，有《四库全书》本。

【 詅痴符 】

传奇剧本集明陈与郊作。与郊，戏曲作家。字广野，号有玉阳仙史、高漫卿、任诞行等。浙江宁海人，曾任太常寺少卿。嘉靖至万历朝（1544—1611）在世。本集包括四个传奇，总目题为："勘破一生《樱桃梦》，姻缘两世《鹦鹉州》，为国忘家《麒麟罽（ji，一种毛织品）》，仗义全贞《灵宝刀》。""詅痴符"是无实学而妄写作之意。语出北齐颜之推《颜氏家训》："吾见世人，至无才思，自谓清华，流布丑拙，亦以众矣。"江南号为"詅痴符"。"詅"（ling）：炫耀、叫卖。周密《齐东野语·二十·莫氏别子》："其夫以鬻粉羹为业，子稍长詅羹于市。""詅痴符"指本无才学，又好夸耀于人，适成为献丑的标志。集取作题名是作者谦意。

【 陵川集 】

别集 元郝经撰。金宣宗至元世祖时（1223—1275）在世，官至翰林侍读学士。祖籍山西陵川（今属晋东南地区）人，以籍贯名集。明陈凤梧《陵川集序》："若陵川郝公之文，其元文中杰然者乎。公生于冀，而仕于元。……其学博，其才瞻，故发而为文也，汪洋滂沛，如大河东注，一泻千里。抑扬起伏，如太行诸峰，层见叠出。盖积之深而发之盛，公名经，字伯常，谥文忠。世家泽之陵川。有《四库全书》本。

Liu

【 刘宾客集 】

别集唐刘禹锡撰。禹锡字梦得，系出中山（今河北定县），其先匈奴人，随魏孝文帝迁洛阳，始改汉籍代宗大历至武宗会昌年（772—842）在世。贞元进士参与王叔文改革，失败，贬朗州司马。继任播州、和州、苏州刺史。迁太子宾客，以此名集。其文博辩，其诗精锐清新。《竹枝词》《陋室铭》皆传世佳作。太子宾客，唐始置。太子属官，掌调护、侍从、规谏等。有《四库全书》本。参见《刘梦得集》。

【 刘蕺山集 】

别集明刘宗周撰。宗周字起东，号念台。浙江山阴人，明末清初（1578—1645）在世。万历年进士，曾官顺天府尹。尝筑证人书院于蕺山讲学，又称蕺山先生。清兵陷杭州，绝食死。门人私谥正义，清廷追谥忠介。蕺山，在浙江绍兴县卧龙山东北三里，山产蕺草，越王勾践曾采食之。晋王羲之宅于此山。有《四库全书》本。

【 刘给事集 】

别集　宋刘安上撰。安上字元礼，浙江永嘉人。神宗熙宁(1069)至高宗建炎(1128)在世。与从兄刘安节，时称“二刘”。曾官殿中侍御史。给事，给事中的简称。给事中，秦汉为列侯、将军、谒者的加官。常在皇帝左右侍从，备顾问应对诸事。因执事在殿中，故名。有《四库全书》本。

【 刘梦得文集 】

唐刘禹锡撰。禹锡字梦得，祖籍洛阳。安史乱后，父举家东迁，禹锡生于嘉兴。其名禹锡，“锡”字一义是赐予。典故来自《尚书·禹贡》：“东渐于海，西被流沙，朔南暨声教，讫于四海。禹赐玄圭，告厥成功。”孔安国传：“玄，天色。禹功尽加于四海，故尧赐玄圭以彰显之，言天功成。”其字梦得，则言禹之成功，乃得自天神启示。汉范晔《吴越春秋·越王无余外传》：“禹乃登山仰天而啸，因梦见赤绣衣男子，自称元夷仓水使者，闻帝使文命于斯，故来候之。……东顾谓禹曰：‘欲得我山神书者，斋于黄帝岩岳之下三月。庚子登山发石，金简之书存矣。’禹退，又斋三月。庚子登宛委山，发金简之书，案金简玉字，得通水之理。”禹锡字梦得本此。此集以字名书。旧有《四部丛刊初编》本。

【 刘随州集 】

别集　唐刘长卿撰。长卿字文房，河间(今在河北)人。约玄宗天宝(749)年前后在世。开元进士，除监察御史，官终随州刺史。工诗，人称“五言长城”随州，西魏置，唐仍称随州，今湖北随县。刺史，秦时始置。刺：检举不法。史：皇帝所使。汉刺史，督察郡国，位低于郡守。隋以后，刺史为一州的行政长官。亦作太守的别称，相当于后世的知府。有《四库全书》本。

【 刘左史集 】

别集　宋刘安节撰。安节字元承，浙江永嘉人。约徽宗大观(1107)年前后在世。少与从弟同师程颐，以学行为时推重，人称“二刘”。曾除御史，决大狱多所平反。左史：官名。周代史官，分左史和右史。左史记行动，右史记语言。有《四库全书》本。

【 柳河东集 】

别集　唐柳宗元撰。韩愈《柳州罗池庙碑》：“柳侯，河东人，讳宗元，字子厚。”生于代宗大历八年(773)，卒于宪宗元和四年(819)。故里在今山西运城地区。与韩愈同倡古文运动，列唐宋八大家之一。其文集，最先曾由刘禹锡，在元和十四年编次，名《柳宗元集》。此本为宋韩醇音释编辑。河东，秦汉时置郡。指山西境内黄河以东地区。唐时置河东道。参阅《柳柳州集》。有中华书局1974年刊本。

【 柳柳州集 】

诗集　唐柳宗元撰。柳州，唐置，今柳州地区。宗元在朝与刘禹锡等参加王叔文等主张革新的集团，任礼部员外郎。失败后，贬永州司马。《新唐书·柳宗元传》：“元和十年，贬永州刺史……世号‘柳柳州’。十四年卒，年四十七岁。“在柳州时，有善政，民为祠奉之。文名播天下，乃以“柳柳州”名集。有民国元年(1912)湖北鄂官书处刊本。

【 柳亚子诗词选 】

柳亚子(1887—1958)撰。亚子，近代诗人。原名慰高，字安如。取义是高而能安之意。后改名人权，字亚卢。是读了法国卢梭的《民约论》以后起的，意为“亚洲的卢梭”。后同盟会员高天梅言：卢，可作大讲，“亚卢”成了“亚大”，不伦不类，不如叫“亚子”好。子者，男子之美称也。乃从之。亚子清末即参加资产阶级民主革命，为革命派文化宣传的活跃分子。1909年发起成立“南社”是主要的活动家。抗日战争时移居香港。1948年参加中国国民党革命委员会，新中国成立后参与国家领导工作。他的诗词洋溢着强烈的爱国主义民主主义激情具有鲜明的战斗性。茅盾对他的诗词给过很高的评价，他说：“柳亚子是前清末年到解放后这一长时期在旧体诗词方面最卓越的革命诗人。”他的诗反映了“从旧民主主义革命到社会主义革命的历史，如果称它为史诗，我以为是名副其实的。”毛泽东在《给柳亚子的信》中称赞说：“慨当以慷，卑视陆游、陈亮，读之使人感发兴起。”书由人民文学出版社出版，其女柳无非、柳无垢选编。

【 六朝文絜 】

骈文总集　清许梿选编。梿，浙江海宁人，字叔夏，号珊林。道光进士，官江苏粮储道，吏事精微，精研《说文》。此集所选晋、宋、齐、梁、陈、隋三十六位作家，仅七十余篇。梿以六朝骈文，失在繁冗。凡为萧子显《南齐书·文学传赞》所指陈：华旷、巧绮、迂回、雕藻淫艳……者，悉摒不选。题名乃据刘勰"析词尚絜"（案《文心雕龙·物色》有云："物色虽繁，而析词尚简"今本无"析词尚絜"句）和"蹊要所司，职在熔裁"之说，以构思精练和和修辞简洁为选文标准。（"絜"同"洁"）。有中华书局1962年排印本。

【 六如居士全集 】

别集　明唐寅（1470—1523）撰。寅，文学家、画家。字伯虎，一字子畏。自号六如居士、桃花庵主、鲁国唐生、逃禅仙吏、江南第一风流才子等。吴县（今江苏苏州）人。因科场失意，返里，治园舍北桃花坞，鬻文卖画度日，并归心佛门。其诗揭露世态炎凉，感叹怀才不遇，表现一种疏狂玩世，狷介自处的态度，然有深意寄托感慨。纪游题画的诗，自写胸次，有天然之趣。以俚语俗语入诗，但语浅而意隽。寅之散文亦有佳作，如《与文徵明书》，词采华美，感情充沛。六如为其自号，缘自佛典偈语，《金刚经·应化非真》："一切有为法，如梦、幻、泡、影，如露亦如电，应作如是观。"表示唐氏从佛教的色空观念寻找寄托，并以之名集。有清嘉庆六年（1801）长沙唐仲冕辑刊本。

【 六十种曲 】

戏曲总集　又名《汲古阁六十种曲》明毛晋（1599—1636）编。晋有《津逮秘书》已著录，请参阅。是书先后分六次编刻，每次一套十种，故名。除《西厢记》为元杂剧外，其余皆为明代传奇，基本囊括一代优秀作品。与臧懋循所编《元曲选》，历来被视为两个较好的戏曲选本。汲古阁，毛晋藏书阁名，所刻古籍，通称"汲古阁本"，此集现通行的是1955年古籍刊行社刊本。

【 六韬 】

兵书　旧题周吕望撰。望，姓姜，吕氏，字尚，又字子牙。助周灭商，曾官太师，俗称姜太公。多谋善断，长于用兵。此书为战国时人，托其名而辑者。韬，此指用兵的谋略。唐李德裕《寒食三殿侍宴奉进诗》："不劳孙子法，自得太公韬。"全书分文、武、龙、虎、豹、犬六韬。内容涉及军队的编制、管理、训练、行军、布阵、攻守、战具、兵器及其军事理论等，是一部普及型的古军事专著。《四库全书总目提要》以为汉以后伪作，后人有驳正者，近人吕思勉言："（此书）多存古制，必非后人所能伪为。"要之虽题伪托太公，其主要仍为先秦人所辑，流传之中，亦有后人时语掺入。故《四库》言其："由来已久，兵家恒恒相称述。"故《四库》及《武经七书》均予收入。

【 六一词 】

别集　宋欧阳修（1007—1072）撰。修为词，多小令。风流婉丽，语浅情深。《踏莎行·候馆梅残》，写行人感遇："平芜尽处是青山，行人更在青山外。"清冯煦于《宋六十一家选·例言》中评："疏隽开子瞻，深婉开少游。"本书又名《醉翁琴曲（词之别名）外编》，或《近体乐府》（区别于旧体乐府）。书名取自称号，欧阳修《六一居士传》："吾家藏书一万卷，集录三代以来金石遗文一千卷，有琴一张，有棋一局，而常置酒一壶。……以吾一翁，老于此五物之间，是岂不为'六一'乎？"有《四部备要》本。欧阳修生平参见已著录之《文忠集》。

【 六一诗话 】

诗评　宋欧阳修撰。论宋初诗作兼及唐代。主张诗作不仅炼词，且在炼意，力矫西昆体之趋于形式主义。《四库全书简名目录》："诗话莫盛于宋，其传于世者，以修此编最古。其书以论文为主，而兼记本事。诸家诗话之体例，亦创于是编。"原名《诗话》，特称为后人所加，取其自称号。有人民文学出版社1982年刊《六一诗话·白石诗说·滹南诗话》合订铅印本。

Long

【 龙虫并雕斋琐语 】

散文集　王力撰。王力，中国语言学家及诗

人，字了一。其字是取自我国传统的注音法反切："力，了一切"而得。广西博白人。1926 年考入清华大学，1927 年留法，1932 年回国在大学任教，1954 年起任教于北大。王力命名自己的书斋为"龙虫并雕斋"。雕龙，初见于《史记》裴骃注引刘向《别录》："驺奭修衍之文，饰若雕镂龙文，故曰'雕龙'。"引申为经过精雕细琢，文辞优美的文章。雕虫，见于汉扬雄《法言·吾子》："或问：'吾子少而好赋？'曰：'然，童子雕虫篆刻。'俄而曰：'壮夫不为也。'"虫，指虫书。刻，为刻符。各为一字体，后喻为微不足道的小技艺，常指写作诗文辞赋。王力此语之意是：无论关乎学术的大文章，即雕龙；还是一般的小文笔，所谓雕虫小技。根据社会需要，都作。书有 1948 年上海观察社初版本。

【 龙龛手鉴 】

又名《龙龛手镜》 文字学著作 辽僧行均撰。行均字广济，北地于氏子。博学多闻，淹贯经籍。能诗文，尤精文字音韵，士大夫多就学之。此书刊刻于辽统和十三年，即宋太宗至道三年(997)。乃为研读佛经而著。共收两万六千四百三十余字，注释十六万余字。于《说文》《玉篇》之外，多所搜辑。每字之下，详列正体、俗体、古体、今体以及或体，并作简单的音义注释。对研究汉字流变有参考价值。按本书原名《龙龛手镜》，宋重刻时，因赵匡胤祖父名赵敬，避讳改"镜"为"鉴"。龙龛，原指嵌佛像的神龛，此处代指佛经。本书原有辽释智光《龙龛手镜序》："以新音遍于龙龛，犹手执鸾镜，形容斯鉴，妍丑是分，故目之曰《龙龛手镜》。"言用此书查找佛经中文字音义，如以手执镜照物一样明白方便。有 1985 年中华书局影印高丽本。

【 龙门子凝道记 】

寓言体散文集 明宋濂撰。濂字景濂，浙江浦江(今县属)人。元武宗至明太祖朝(1310—1381)在世。元至中荐授翰林院，未就。明初，累官至翰林院承旨知制诰。谥文宪，为明开国第一大儒。龙门子，濂别号。缘濂于至正年曾在小龙门隐居著书，遂以为号。小龙门山，在浦江城北仙华山中，有南北两山对峙，飞瀑悬空而下得名。凝道，典自《礼记·中庸》："苟不至德，至道不凝焉。"凝者，成也。道指圣贤之道。凝道，即修德养性，以成至道。濂有《白牛生传》言："圣贤之道欲凝之而未成也。"作者在本书《题辞》中云："濂学道三十年，世不我知，不能见其一割之用；颠毛种种，而老将至矣。于是入小龙门山著书……号之曰《凝道记》。"收入《金华丛书》《丛书集成初编》。

【 龙沙纪略 】

地理笔记 清方式济撰。式济，康熙进士，工诗，官中书舍人。父以朋友获罪，牵连戍边。式济前往省亲，并游览山川、古迹，记所见闻，成此书。龙沙，见《后汉书·班超传赞》："定远慷慨，专功西遐，坦步葱、雪，咫尺龙沙。"唐李贤注："谓葱岭、雪山、白龙堆沙漠也。"李白有诗："将军分虎竹，战士卧龙沙。"之句，后泛指边塞地区。本书专记黑龙江事，故沿用旧文。有方隅、山川、经制、时令、风俗、饮食、贡赋、物产、屋宇等九门。书收入《四库全书》史部地理类。

【 龙乘 】

史书 明胡世安(？—1663)撰。世安字处静，号菊潭，四川井研人。明崇祯进士，曾官詹事府少詹事，至清官至秘书院大学士。此书为剑马史，王重民《中国善本书提要》："《礼记·少仪》云：'观君子之衣服，服剑，乘马，弗贾。'是其所取义。世安称剑为匣龙，马为厩龙，乘者史也。是书即剑马史也。杂取群书，述而不作，颇为赅备。"有崇祯年刊本。

【 龙学文集 】

宋祖无择撰。无择，字择之，河南上蔡人。真宗至神宗朝(1006—1085)在世。登进士，历官龙图阁学士。原书附"龙学始末"言：至平二年进龙图阁学士。故题名简称如此。有《四库全书》本。

【 龙云集 】

诗文别集 宋刘弇撰。弇，吉州安福(今属江西)人。仁宗至徽宗朝(1048—1102)在世。元丰进士，官至著作佐郎、实录检讨官。《宋史》本传称其：文，剷削迟顙，卓诡不凡。诗亦峭拔不俗。宋周必大《龙云集序》："龙云刘公也，公讳弇，字伟明，居安福县之龙云乡。"集以籍贯名之。有《四库全书》本。

【 龙文鞭影 】

传统童蒙课本。明萧良友编。书名取义于："龙文,良马也,见鞭影而驰驱,不俟驱策。"比喻能使受教育者,迅速掌握知识。此书原名《蒙养故事》,记有人物、事件、典故及自然知识。起自太古,至于明末。据经史而旁及他书,博撷选粹,以类相从。经杨臣诤增订,又改为四句韵语,以便记诵。复取今名。后李晖吉等续编《龙文鞭影二集》。1986 年中国展望出版社出版《龙文鞭影新释》。

Lou

【 楼居杂著 】

别集　明朱存理撰。存理字性甫,长州(今苏州境)人。生于英宗朝(1444),卒于武宗时(1513)。博雅工文。闻有异书,即尽力访求,必得为志。淡于仕进,以布衣终。楼居,谓以楼为居处也。《史记·孝武纪》:"公孙卿曰:'仙人可见,仙人好楼居。'于是上令长安则作蜚廉,甘泉则作益寿观。使卿持节设具而候仙人。"此集题"楼居"喻隐逸之乐。有《四库全书》本。

Lu

【 鲁迅全集 】

最早的版本是鲁迅先生纪念委员会编。收入创作、译文和辑录的古籍共二十卷,上海复社 1938 年 6 月初版。新中国成立后 1956—1958 北京人民文学出版社刊版,收创作、评论和文学史著作,共十卷。鲁迅(1881—1936),原名周树人,字豫才。浙江绍兴人,文学家、思想家、革命家。作者于 1918 年 5 月,发表第一篇白话小说《狂人日记》,首次使用笔名"鲁迅"。其由来见许寿裳《鲁迅的生活》中引鲁迅的话:"理由:是(一)母亲姓鲁,(二)周鲁是同姓之国,(三)取愚鲁而迅速之意。

【 鲁迅手册 】

资料集　曹聚仁(1900—1972)名记者、作家。字挺岫,浙江浦江人。二十年代初即为上海多种报刊、杂志撰稿。抗战爆发后被聘为中央社前线记者。胜利后在复旦大学等校任新闻学教授。1950 年以后在香港《星岛日报》、新加坡《南洋商报》工作。1959 年起主持香港《循环日报》。此书为博览书局 1946 年 10 月初版。内容有:自序传略、叙记、关于鲁迅、创作经过、社会观、文艺观、作品评论、印象记、哀思录等。书皮有"曹聚仁编校"字样。扉页却题"邓珂云(曹之夫人——编者)编"曹只是校。书前有《劫后重版前记》云:"民国二十六年(1937 年——编者)夏天,我着手写鲁迅先生评传,珂云替我整理史料……鲁迅先生的史料,给她一整理,就很有头绪。恰巧书店要这部稿子,我们就商定了《鲁迅手册》这一个名词。"书出版不久就遭敌人搜抄烧毁的命运,后来敌人倒下才又获重版,故云此记。

【 鲁迅著作单行本题名 】

一、《坟》,杂文集。作者《坟·题记》:"虽然明知道过去已经过去,神魂是无法追摄的,但总不能那么决绝,还想将糟粕收敛起来,造成一座小小的新坟,一面是埋葬,一面也是留恋。"集中为 1907—1925 年所作。

二、《热风》,杂文集。作者《热风·题记》:"……无情的冷嘲和有情的讽刺相去本不及一张纸,对于周围的感受和反应,又大概是所谓'如鱼饮水冷暖自知'的;我却觉得周围的空气太寒冽了,我自说我的话,所以反而称之曰《热风》",文皆 1918—1924 年所作。

三、《野草》,散文诗集。1924—1936 诗在北京时作。作者《命名记》云:"有了小感触,就写些散文,夸大点就是散文诗。"书中《题辞》篇:"野草,根本不深,花叶不美,然而吸取露,吸取水,吸取陈死人的血和肉,各各夺取她的生存。"

四、《朝花夕拾》,散文集。是作者"从记忆中抄出来的。"《小引》:"这回便轮到陆续载在《莽原》上的《旧事重提》,我还替他改了个名称:《朝花夕拾》。"

五、《故事新编》,历史小说集。鲁迅先生自谓是:"神话、传说及史实的演义。"题"新编"意是"发思古之幽情,往往是为了现在。"

六、《华盖集》及续集,杂文集。《华盖集·题记》："人是有时要交华盖运的……这运，在和尚是好运，自然是成佛作祖之兆。但俗人可不行，华盖在上就要给罩住了，只好碰钉子……故名曰《华盖集》。"

七、《而已集》，杂文集。前有《题辞》："这半年我又看到了许多血和泪，然而我只有杂感而已。泪揩了，血消了；屠伯们逍遥复逍遥，用钢刀的，用软刀的。然而我只是在'杂感'而已。连'杂感'也被放进了应该去的地方时，我于是只有'而已'而已。"

八、《三闲集》，杂文集。名字源于成仿吾指鲁迅三个"有闲"题名刺讥影射之。

九、《二心集》，杂文集。先是有报载《文坛贰臣传》，鲁迅列其首。本书序言："倘有人怀一点不同的意见，有一点携贰的心思，是一定要大吃其苦的。……仿《三闲集》之例而变其义，拾来作了这一本书的名目。"

十、《南腔北调集》，杂文集。先前有人撰文说鲁迅"很喜欢演说"，并且是"南腔北调"。在《题记》中，鲁迅因之云："我不会绵软的苏白，不会打响亮的京腔，不入调，不入流，实在是南腔北调。"以示纪念。

十一、《伪自由书》，杂文集。是发表于《申报·自由谈》中的杂文。《前记》云："'自由'更当然不过是一句反话。"本书又名《不三不四集》。

十二、《准风月谈》，杂文集。由来是《申报·自由谈》1933 年 5 月 25 日的启事："这年头，说话难，摇笔杆尤难。吁请海内文豪，从兹多谈风月，少发牢骚，庶作者编者，两蒙其休。"鲁迅在此书《前记》中云："谈风云的人，风月也谈得，谈风月就风月罢。……想从一个题目限制作家，其实是不能够的。""准"又有"近于"的意思，隐含即使"谈风月""也不能正如尊意"，够不上"钦定"的标准。

十三、《花边文学》，杂文集。鲁迅在《序言》中说："名称是和我在同一营垒的青年战友，掉换姓名挂在暗箭上射给我的。"因为鲁迅的文章登载时，围以花边以示重要，战友看得头痛。花边又是银圆的别称，意思是为稿费的文章不足取。鲁迅以此名之，表示讥讽。

十四、《且介亭杂文集》。"且介"是拆"租界"二字各半，意思是"半租界"。鲁迅当时住在上海北四川路，属于当时租界当局，越出租界之外而筑路的区域。"且介亭"即半租界亭子间之意，显示时代、地方、人物的尴尬。此书后续有《二集》《末编》等。参见《鲁迅全集》《呐喊》《彷徨》诸条。

【录鬼簿】

戏曲资料　元钟嗣成（1291—1360?）撰。嗣成字继先，号丑斋。大梁（今开封）人。屡试不第，乃专事戏曲著述和研究。推崇杂剧作家，视为"不死之鬼"，皆"高才博识，俱有可录"乃为此书。书载戏曲、散曲、作家、作品，列一百五十二人小传，定名《录鬼簿》。作者《自序》称："独不知天地开辟，亘古及今，自有不死之鬼在，何则？圣贤之君臣，忠孝之士子，小善大功，著在方册者，日月炳焕，山川流峙，及乎千万劫无穷已，是则虽鬼而不鬼者也。余因暇日，缅怀故人：门第卑微，职务不振，高才博识，俱有可录。岁月弥久，湮没无闻，遂传其本末，吊以乐章。复以前乎此者，叙其姓名，述其所作。冀乎初学之士，刻意辞章，使冰寒于水，青胜于蓝，则幸矣！名之曰《录鬼簿》。"明人贾仲明有增补，又为《续编》载元、明间戏剧、散曲作家及作品目录等。近有 1959 年中国戏曲出版社《中国古典戏曲论著集成》本。

【陆士龙集】

诗文别集　晋陆云撰。云字士龙，江苏华亭（今上海市属县）人。生于吴永安年（262），卒于晋太安年（303）。陆云为晋太康、元康时期代表作家之一，与其兄陆机同称"二陆"。西晋末曾拜清河（今山东临清县境）内史，掌民间政务。陆云字，取《易·乾》文："云从龙，风从虎。"集以其字题名，又作《陆清河集》，以仕地名。清《一统志》引《吴地记》云："松江古名云间。晋陆云，松江华亭人，与荀隐未相识。会张华坐，华曰："今日相遇，可勿为常谈。"云抗手曰："云间陆士龙。"隐曰："日下荀鸣鹤。"士龙，云之字；鸣鹤，隐字也。"有《四库全书》本。

【鹿鼎记】

长篇武侠小说　香港作家金庸（1925—　）撰。本书题名："鹿"字，典取逐鹿之说。《史记·

九二·淮阴侯传》:"(蒯通)对曰:'秦失其鹿,天下共逐之,于是高才疾足者先得焉。'"《文选·班彪〈王命论〉》注,引《六韬》:"取天下若逐野鹿,得之,天下共分其肉。"后称国家分裂之时,竞争天下,为"逐鹿"。"鼎",是古代烹饪器。相传夏禹收九州之金,铸成九鼎,遂以鼎为传国之器。历史上有"问鼎"之说。言见《左传·宣三年》:"楚子伐陆浑之戎,逐至于雒。觀兵於周疆,定王孙满劳楚子。楚子问鼎之大小轻重焉。"三代以九鼎为传国之宝,楚子问鼎,有取而代之意。后来遂称图谋王位曰"问鼎"。作者以逐鹿、问鼎之典故题为书名,一是书中主人公韦小宝,因为皇室效力功勋卓著,而被封为"鹿鼎公";又是暗示书中主人公活动的时代背景是:明末清初,在群雄征战之后,满族入主中原,正在巩固其政权的时期。作者一反武侠小说的常规,把主人公韦小宝,写成一个文武不通的"反英雄""反武侠"。但却以圆熟甚至卑鄙的手段、伎俩而所向披靡。以黑色幽默反省中国文化及其历史。作家倪匡说:"'鹿'与'鼎'既是'问鼎中原'与'逐鹿中原'之意;又是'人为鼎镬,我为麋鹿'之意;既是一种国家与文化的象征;又是一种苦难与悲剧的象征。"参见《金庸全集》。

【 鹿皮子集 】

别集　元陈樵撰。樵字居采,婺州(今浙江金华)人。世祖至元(1278)至惠宗至正(1365)年在世。遭乱不仕。隐居圁谷,衣鹿皮,自号鹿皮子,因以名其集。元杨维桢《鹿皮子文集序》:"其诗曰李长吉之流也,又读其赋曰刘禹锡之流也,至读其所著书而后,知其可继李、虞以达乎欧、韩、王、董,以羽仪乎孔孟……文如鹿皮子而不传,吾不信也。"有《四库全书》本。

【 路史 】

杂史。南宋罗泌撰。泌字长源,号归愚。吉州庐陵(今安)人。自少力学,不事科举。以史极少言远古事者,江西吉乃博采各种典籍,以至道藏、纬书,于乾道六年(1170)著成《路史》。泌,自释书名之意:引《尔雅·训诂》训"路"为"大","路史"即大史、上古史之意。其中《前纪》叙三皇迄无怀氏事。《后纪》叙太昊迄夏桀事。《国名纪》述上古至两汉,诸国姓氏、地理《发挥》《余论》为史论。虽多不经之谈,但所引书,宋代以后多失传。史料价值秘奥,且词采伟丽、隽快。议论时有精锐之说,非后世纂古者所可企及。有《四库全书》本。又,明徐渭(1521—1593)亦撰笔记名《路史》。《四库全书》以其考证疏舛,多杜撰臆谈无谓,故列其入于子部杂家类存目中。

Lü

【 驴背集 】

别集　清胡思敬(1870—1922)撰。思敬,字漱堂,晚号退庐居士。江西南昌人,光绪年进士,历官吏部、辽沈道、广东道监察御史。反对维新、立宪。光绪二十六年(1900)八国联军进犯北京,慈禧、光绪西逃。思敬避居昌平,常微服骑驴入京,探听消息。有所闻见皆作诗录之,诗后皆有注文。作者《驴背集小序》:"……随扈不及,洁室避居昌平。尝孤身跨一驴,微服入都,探问兵间消息。返则笔而记之,既又系以小诗,皆实录也。……予此诗多于驴背上得之,……即题曰《驴背集》。"所记自光绪二十六年义和团运动起,迄次年《辛丑条约》签订,为当时历史记事诗。案:相传唐李贺:"恒从小奚奴,骑距驴,背一古破锦囊。遇有所得,即书投囊中。"题名或缘于此。诗中透露人民苦难,唯其思想守旧,对义和团诋毁甚多。1908年成书,现代收入《中国近代史资料丛刊·义和团》第二册。

【 吕氏春秋 】

又名《吕览》　杂家著作　旧题秦吕不韦撰。吕氏(?—前235),卫国濮阳(在今河南)人。原为富商,以助秦公子即位庄襄王,因为相。始皇亲政,罢相,迁蜀,途中忧惧自裁。《史记·吕不韦传》:"(吕)乃使其客人,人著其所闻,集论以为八览、六论、十二纪,二十余万言。以为备天地、万物、古今之事,号曰《吕氏春秋》。"又有说:其中十二纪,按十二月顺序编排,故名。或云其伦类与孔子所修《春秋》附近而名。书中包括儒、道、墨、兵、阴阳等家学说,保存先秦不少旧说及史料,是中国最早的理论散文总集。有1955年文学古籍刊行社排印本。

【 绿牡丹 】

一、戏曲。明吴炳(1595—1648)撰。写翰林沈重,为女儿婉娥择婿,设文社,以家中盛开的绿牡丹为题,让候选人题诗。经过曲折,择柳希潜为快婿,也成就了家馆老师谢英的良缘。绿牡丹成就了两门姻缘,故此题名。收入《古本戏剧丛刊》。

二、长篇小说。简称《绿牡丹》。又名《绿牡丹全传》《四望亭全传》《龙潭鲍骆奇书》等。清佚名撰。因书中所写女侠鲍金花、花碧莲、胡赛花在演武厅比武,难辨优劣。主考复命三人各作《绿牡丹》诗一首,才定名次,故题此名。又四望亭、龙潭镇皆书中重要人物活动地区,而鲍自安和骆宏勋又为书中主要人物,故又有《四望亭全传》《龙潭鲍骆奇书》之题称。有1986年上海古籍出版社铅印本。

【 绿野仙踪 】

长篇小说清李百川撰。刊本八十回。李氏,乾隆时人,生平不详。写明嘉靖年,儒生冷于冰,求功名而受严嵩排挤。乃看破红尘,求仙访道,捉妖除怪之事。虽有神怪情节,但人物皆取材于现实,效吴敬梓讽刺笔法。绿野,意为尘世,乃对历来言神仙,皆活动于白云乡而言。冷生仙迹皆在人间,故名。清侯定超为此书作《序》言:"夫圣贤神人,一喜一怒,必与民同准一人之性,使天下各随其性。……今观其赈灾黎、荡妖氛。借林岱文炜以平巨寇,假应龙林润以诛权奸,脱董炜沈襄于桎梏,摄金珠米粟于海舶。设幻境以醒同仁之梦,分丹药玉弟子之成,彼于家于国于天下何如也?故曰:天下之大冷人,即天下之大热人。"故事荒诞,而深讽当时世道。有上海书局石印本及1987年人民文学出版社铅印本。

Luan

【 栾城集 】

别集 宋苏辙撰。辙,字子由,意为后车履前车之迹,故字子由。仁宗至徽宗朝(1039—1112)在世。苏轼之弟,十九岁时与兄同登进士。辙曾官中奉大夫,护军栾城(今河北中部属县),因以题书名。又据《万姓统谱》载:苏轼家族之祖,系唐武则天时宰相苏味道。味道,栾城人,因此题名与祖籍有关。书收入《四库全书》。

【 滦京杂咏 】

诗集 元杨允孚撰。允孚,字和吉。吉水(今属江西)人,约惠宗至正中前后在世。曾为尝食供奉之官,余不详。滦京,元上都(治所为今内蒙古正蓝旗兆乃曼苏默)的别称。以滦河经上都城南,故称之。集中有记元一代避暑行幸之典,百景赅备。罗璟《滦京杂咏跋》:"《滦京杂咏百首》,元杨允孚撰。所赋读之,当时事宛然如见,亦可谓善赋者也。"郭钰《杨和吉滦京诗集》:"钰也不识滦京路,送君几向滦京去。滦京才俊纷往来,好景惟君独能赋。贞元朝士几人在?少年诗思十载名。西云台上何日到?为君舞剑歌滦京。"有《四库全书》本。

Lun

【 论衡 】

哲学著作汉王充撰。充字仲任,会稽上虞(今属浙江)人。汉光武至和帝朝(27—100)在世。少游洛阳,师班彪。家贫无书,于书肆阅售卖书。博闻强记,淹通百家。曾任郡功曹、治中等职。后归里,专心著述,历三十年始成。书中涉及政治、宗教、文化。反谶纬、反迷信,批判精神强烈。《问孔》《刺孟》等篇,反对将儒家经典教条化。为中国古典唯物思想家。书成埋没百年,被蔡邕发现,亦视为异端而藏之。后渐在民间流传。其立论在于权衡是非真伪,故名《论衡》。《论衡·对作篇》:"是故《论衡》之造也,起众书并失实,虚妄之言胜真美也。故虚之语不黜,则华文不见息:华文放流,则事实不见用。故《论衡》者,所以诠轻重之言,立真伪之平。非苟调文饰辞,为奇伟之观也。"原书八十五篇,现《招致篇》缺佚,存八十四篇。有1959年中华书局排印本。

【 论语 】

儒家经典之一。孔子弟子及再传门人,有关孔子的言行记录。孔子(前551—前479)字仲尼,鲁国陬邑(今山东曲阜)人。为我国古代伟大的思想家、政治家、教育家,创立儒家学派。论:议论、辩理。语:古代释自说为言,与人相答问辩曰语。汉班固《汉书·艺文志》:“《论语》者,孔子应答弟子、时人及弟子相与言,而接问于夫子之语也。当时弟子各有所记,夫子既卒,门人相与辑而论纂,故谓之《论语》。”共二十篇,或以篇首二字名篇。东汉列入七经。宋代列入四书,为功令必读。书约成于战国初期,内容广泛,涉及当时社会的道德、教育、文化、文艺等各个方面,对文学亦有深远影响。历来国内外注释多达三千余钟,为诸子之冠。著名的有三国魏何晏《集解》、梁皇侃《义疏》、宋邢昺《疏》、朱熹《集注》等。是中国最早的语录体著作。新注有杨树达《论语疏证》、杨伯峻《论语译注》等。

Luo

【 罗昭谏集 】

诗文别集 唐罗隐撰。隐字昭谏。余杭(今杭州市属镇)人。唐文宗至梁太祖(833—909)时在世。原名横,后改名隐。隐有隐语意,是用隐晦谜语般的语言,向皇帝进谏。如《史记·滑稽列传》中,淳于髡以隐语讽谏齐威王,而“昭谏”是以明白直接的语言向皇帝谏言。名与字相反相成,表示作者的素志。罗氏以诗名世,然恃才傲物,好讥讽,故为公卿所忌,十未中第,乃更名。后官至谏议大夫、给事中。民间传说罗隐秀才出语成谶,东南各地多留异迹焉。参见《谗书》条。有《四库全书》本。

【 洛阳伽蓝记 】

史地书北魏杨(一作羊)衒之撰。其生年不详,卒于北齐朝(555)。里贯无考,据书中所知尝官抚军司马耳。北魏孝文帝迁都洛阳,一时笃崇佛法,寺庙甲于天下。永熙中朱尔荣之乱(534),城郭邱墟。武定五年衒之重过洛阳,感念兴废,因捃拾旧闻,追叙故迹,以成是书。其文秾丽秀逸,烦而不厌。记事委曲详尽,足与史传参证。古迹艺文,外国土风道里,采摭丰富,可广异闻。伽蓝,梵语“僧伽蓝摩”的省译,即佛寺。有1963年科学出版社校释本。

【 骆承集 】

诗文集 唐骆宾王撰。宾王字,据《义乌县志》:“骆宾王,字观光。《易·观》:‘观国之光,利用宾于王。’”意为诸侯或其臣下朝见国王,看到国家政绩的光辉,作王的宾客,则有利。骆宾王名与字源于此。婺州(今浙江金华)义乌人。高宗永隆年间(640? —684?)在世。少善属文,尤精五言,与王勃、杨炯、卢照邻为初唐四杰。历官武功、长安主簿。武后时,以数上书言事,下除临海承,乃弃官去。徐敬业起兵反武则天,宾王撰《讨武曌檄》。兵败后,不知所终。武则天闻之,责曰:“宰相安得失此人!”遣使求其文。临海:三国时,吴置临海郡。唐置台州,后亦改临海郡。即今临海县,属浙江台州地区。丞:县丞,始于秦,佐助令、长,并负责司法裁判。历代因之,南朝刘宋以后,但称“丞”。有《四库全书》本。

【 骆驼祥子 】

长篇小说 老舍(舒庆春,1898—1966)著。小说叙述一个外号叫“骆驼”的人力车夫——祥子,希望以个人奋斗,改变自己卑贱地位的故事。1936年发表。作者在《我怎样写〈骆驼祥子〉》一文中提及本书题名缘由:“1936年春,……一位朋友跟我闲谈说:有一个车夫被军队抓了去,哪知道转祸为福,他乘军队移动之际,偷偷牵回三匹骆驼回来。”后来作者决定写一部“以车夫为主的”的小说。作者言:“我把骆驼与祥子结合一处,而骆驼只负引出祥子的责任。”实际上,骆驼也寓意象征祥子,原来具有的坚韧质朴、勤劳负重的性格。他的失败与毁灭,是意义深刻的社会悲剧。本书是老舍小说的主要代表作,是三十年代最优秀的作品之一,也是中国现代文学史上杰出之作。译成英文,也受到国外读者的喜爱。有1939年上海人间书屋初版本。参见《老舍文集》。

【 落日故人情 】

中、短篇小说选。新马作家爱薇撰。1984年爱屋书屋出版。小说都是写现代男女婚姻的各种状态和面貌。题名取自唐李白诗《送友人》:“青山横北郭,白水绕东城。浮云游子意,落日故人情。挥手自兹去,萧萧斑马鸣。”表现现代人情爱世界悲欢与惆怅。

M

Ma

【 马凡陀的山歌 】

政治讽刺诗集　袁水拍（1916—1982，原名袁光楣）撰。作者早年写抒情诗。结集《人民》《向日葵》等。抗战胜利后，在上海《新民报》和《大公报》工作时，写了很多的政治讽刺诗，以马凡陀为笔名，1946—1948 年结集出版了《马凡陀的山歌》和《马凡陀山歌续集》。题材和内容都很广泛，辛辣地讽刺和鞭挞了国统区的黑暗政治和畸形丑恶的社会现象。马凡陀是世界语“Movado”的音译，是“动”的意思。曾被瑞士钟表业用作商标，寓意钟表显示时间的运动。作者以此为笔名，表示要针砭时弊，促进社会像钟表那样不断地运动前进。有 1958 年北京人民文学出版社刊本。

【 马后炮 】

散文集　台湾作家夏元瑜（1913—1995）著。元瑜，浙江杭州人。早年毕业于北京师大，曾任公务员、大学教授。后专事写作，以杂文著称。作品有《老生闲谈》《谈笑风生》《生花笔》《马后炮》等。本书在 1980 年，初版于台北九歌出版社。收有散文《烦恼丝与烦恼》《望子成龙》《莫把甲鱼当金龟》《八十年前看洋人》等二十五篇。作者于书中《什么是马后炮（代序）》中写道：“大凡事情已过，再批评一番，等于马已跑了过去，再放一炮，这就叫做‘马后炮’。——对于已过去的事情虽毫无补益，不过我希望这一炮，也许对尚未发生的事情会有一定的劝阻的作用。在本书内有不少这类的文章，所以就用‘马后炮’三字作了书名。”

【 骂人的艺术 】

杂文集　秋郎撰。秋郎，梁实秋（1903—1987）笔名。梁实秋，原名梁治华，文学家、翻译家。书名“骂人”是指对现实生活中某些人、事，给以讽刺，并非口出秽言之意。梁氏在《雅舍散文 · 副刊与我》一文中说：“我每天要给《青光》（案《青光》是 1927 年《时事新报 · 副刊》的题名。时梁氏任主编）写一篇短文，给在千字以内，有时只有四五百字，算是‘专栏’，以讽刺现实生活为主。上海这个地方，光怪陆离，可讽刺的对象俯拾皆是。……而且材料不离现实，容易引起大家的注意。后来我把所写的这些文字一部分辑为一册，题为《骂人的艺术》。”1927 年初版于上海新月书店。

Man

【 蛮书 】

或称《蛮志》《云南志》《云南史记》　地方志。唐樊绰撰。作者于咸通中（862），充安南经略史从事，对云南境内少数民族有所考察，纂成此书。蛮，我国古代对南方少数民族的泛称。书中较系统地记载了云南的交通、山川、各族概况、城市、物产、风俗等，多珍贵史料。《四库全书总目提要》称：“实舆志中最古之本。近人向达有《蛮书校注》本。”

【 幔亭诗集 】

明徐熥撰。熥字惟知，福建闽县（今闽侯）人。约神宗至思宗朝（1580—1637）在世。万历举人，负才淹蹇，乃肆力诗歌，以词采著称。案，幔亭，为福建名山，是崇安武夷山诸峰之冠。顶平宽大，四下绝壁，相传为古武夷君宴会乡人之处。宋辛弃疾有诗《幔亭峰》：“山上风吹笙鹤声，山前人望翠云屏。蓬莱枉觅瑶池路，不道人间有幔亭。”有《四库全书》本。

Mao

【 毛诗草木鸟兽虫鱼疏 】

经书注疏　三国吴陆玑撰。玑字元恪，吴郡（今苏州）人。曾任吴太子中庶子、乌程令。此书专释《诗经》中动植物。虫鱼草木，今昔异名，年代久远，传疑弥甚。玑去古未远，所言犹不甚失真。原书久佚，此本不知何人从《诗正义》中录出，有光绪间上海石印本。

【 毛诗古音考 】

音韵学著作　明陈第撰。第字季立，号一斋。福建连江（今属福州市辖）人，嘉靖至万历朝（1541—1617）在世。万历诸生，官至蓟镇游击将军。《诗经》远古，以今音读之，多有不谐和之处。南北朝时提出“叶韵”说，以修改原文读音迁就。至宋人发挥成“古韵通转”等说，造成一字数读的混乱。陈第始在本书《序》中创意言之：“时有古今，地有南北，字有更革，音有转移”，破除古人“叶韵”说，首次断言古本音与今音不同。乃列《诗经》中，韵字四百余。以古代其他韵语为旁证，考订古音，开清代古音学之先路。明焦竑为本书作《序》曰：“甲辰岁，季立（第字）过余，曰：‘子言古诗无叶，诚千古笃论，如人之难信何？’及观《古音考》一书，取《诗》之同类者而胪列之为本证，已取《老》《易》《太玄》《骚》《赋》《参同》《急救》、古诗谣之类，胪列之为旁证。令读者不待其毕，将哑然失笑之不暇，而古音可明也。……寥寥千古，至季立始有一归之论，其功岂可胜道哉！”中华书局 1988 年有重印本。

【 毛诗注疏 】

《诗经》研究著作　汉毛亨传、郑玄笺、唐孔颖达疏。毛，毛亨。秦汉间人，一说西汉鲁（今曲阜）人。生卒年不详。相传其诗学自荀卿，西汉初开门教徒，作《诗故训传》。时人称毛亨为大毛公。后其学传至赵人毛苌，人称小毛公。二人所传《诗经》之学，称“毛传”是对《诗经》字义、经义之解，有书名《毛诗诂训传》。郑，郑玄（127—200），字康成，后汉高密（今属山东）人。经学家，曾自扶风马融学古文经，既归，授徒千数百人。其传《毛诗》尊重原注，将己注改称为“笺”。孔颖达，唐衡水（今属河北）人。隋末举明经，炀帝召入都，遭宿儒忌，阴谋刺之，匿杨玄感家得免。入唐官国子博士、司业、祭酒。尝受太宗命撰《五经正义》，是对毛传郑笺的疏解。传笺为注，正义为疏，合称《毛诗注疏》。清朝编入《十三经注疏》。《四库全书总目提要》称其：“融贯群言，包罗古义，终唐之世，人无异词。”至今仍为权威版本。《毛诗注疏》是 1941 年商务印书馆在长沙出版者。参见《五经正义》条，及上篇“书名类型词语”注、笺、疏、正义诸条。

【 茅盾全集 】

茅盾（沈雁冰，1896—1981）撰。中国现代著名作家，文艺理论家和翻译家。“茅盾”为其笔名，初始见于作者 1927 年 9 月，发表于《小说月报》上的中篇小说《幻灭》。新中国成立后，作者在《写在〈蚀〉的新版后面》中，说明笔名的由来：“《幻灭》写成后，那时候只有《小说月报》还愿意发表，叶圣陶先生代理着这个刊物的编辑。可是在那个时候，我还是被蒋介石政府通缉的一人，我的真名如果出现在《小说月报》，将给叶先生招来了麻烦……不得不用个笔名，当时我随手写了‘矛盾’二字。但在发表时却变为‘茅盾’了，这是因为叶先生认为‘矛盾’二字显然是个伪名，怕引起注意，依然会惹麻烦的，于是代我在‘矛’字上加上草字头，成为‘茅’字。《百家姓》中大概有此一姓，可以蒙混过去。……为什么我取‘矛盾’二字为笔名？五四以后，我接触的人和事一天一天多而复杂，同时也逐渐理解到那时渐成为流行语的‘矛盾’一词的实际，看到了更多的革命与反革命的矛盾，也看到了革命阵营内部的矛盾，尤其清楚地认识到小资产阶级分子在这大变动时代的矛盾。而且，自然也不会不看到我自己生活上、思想上也有很大矛盾。但是，那时候我又看到有不少人们思想上实在有矛盾，甚至言行上也有矛盾，却又总以为自己没有矛盾。……大概是带着讽刺别人也嘲笑自己的文人积习罢，于是我取了‘茅盾’二字作为笔名。”人民文学出版社自 1983 年起出版《茅盾全集》包括了他的全部文学著作。

【 鄮峰真隐全集 】

别集　宋史浩撰。浩字直翁，明州鄞县（今属浙江）人。徽宗至光宗朝（1106—1194）在世，以太保致仕，封魏国公。鄮山在鄞县东，以海人持货贸易而名。鄮峰真隐为史浩之号。有《四库全书》本。

Mei

【 枚叔集 】

别集　西汉枚乘(？—前140)撰。乘，字叔。淮阴(今属江苏)人。曾为吴王刘濞郎中、梁孝王客，著名辞赋家。《汉书·艺文志》载枚乘赋九篇，流传至今三篇。可靠者只有《七发》一篇。自《七发》后，世多仿效。傅玄《七谟序》："昔枚乘作《七发》，而属文之士若傅毅、刘广世、崔骃、李尤、桓麟、崔琦、刘梁、桓彬之徒，承其流而作之者纷焉。《七激》《七兴》《七依》《七款》《七说》《七蠲》《七举》《七设》之篇。于是通才大儒马季长、张平子，亦引其源而广之。"遂成"七体"类众多之作，《七发》为其祖。另有散文《谏吴王书》《重谏吴王书》亦为名篇。集有《汉魏六朝名家集初刻》一卷本。1957年中华书局出版《七发》单行本。参见上篇"七"字条。

【 梅村集 】

诗文别集　清吴伟业(1609—1617)撰。伟业，江苏太仓人，字骏公，晚号梅村。崇祯进士，官少参室。入清被迫出仕，任国子监祭酒。以诗名，与钱谦益、龚鼎孳并称江左三大家。《四库全书简明目录》言其："才华艳发，故少作多委婉风流。迨阅历兴亡，暮年萧瑟，乃苍凉激楚，兴象深微。"其诗题材多样，刻画淋漓。广度与深度，一时无与比，有"诗史"之称。讽吴三桂降清的七言歌行《圆圆曲》传为名篇，惜用典过多耳。故址在今太仓县东，原为明朝吏部侍郎王士琪(王士贞之子)的"贲园"别墅。吴氏购置后，整修扩野，偏植梅花，改称"梅村"，又以自号，并以名集。有《四库全书》本。

【 梅花字字香 】

诗集　元郭豫亨撰。豫亨，里籍未详，号梅岩野人，余无考。书收咏梅七律二百首，多集前人之句为之。据其自序，则至大辛亥(1311)年成集。书名取自宋晏几道词："唱得红梅字字香"句。《四库全书总目提要》云："《离骚》偏撷香草，独不及梅。六代及唐，渐有赋咏，而偶然寄意，视之亦与诸花等。自北宋林逋诸人，递相矜重暗香疏影、半树横枝之句，作者始别立品题。南宋以来，遂以咏梅为诗家一大公案。江湖诗人，无论爱梅与否，无不借梅以自重。……此唱彼和，杂沓不休。……豫亨在至大中，距南宋之末未远，故亦染山人之积习。……集句为之，又辟新境，且属对颇能工巧。……一花一石，时逢佳胜。"是为诗家精致小品。晏几道原词为《玉楼春》四十首中之第三十五："唱得红梅字字香，柳枝桃叶尽深藏。……"。有《四库全书》本。

【 梅溪集 】

诗文别集　宋王十朋撰。十朋字龟龄，浙江乐清(今温州地区)人。生于徽宗政和(1112)，卒于孝宗乾道(1171)年。绍兴廿七年，进士第一。历知饶、夔诸州，以龙图阁学士致仕。曾聚徒梅溪授业，从者以百数。梅溪，在浙江乐清县东北左原山。十朋有《左原诗》三十六首，其一为《梅溪》，其墓也在左原山中之梅岙。此书以之名集。案，十朋原意犹十类。《易经·损》："益以十朋之龟。"注为十种可以卜未来、决疑难的神龟。古人认为是宝中之宝。王氏字龟龄，名与字相关联。有《四库全书》本。

【 眉山集 】

诗文别集　宋唐庚撰。庚字子西，丹棱人。神宗至徽宗朝(1071—1121)在世。官至承议郎。其诗善学苏轼，有小东坡之称。刘克庄《后村诗话》以为："子西诗文皆高，不独诗也。"案：眉山。南朝梁置为青州，隋改为眉州。辖当乐山、眉山、丹棱等县。今四川乐山地区仍有眉山、丹棱等县。本书以籍贯题名。有《四库全书》本。

Men

【 扪虱新语 】

笔记　宋陈善撰。善字子兼，号秋塘。福州罗源(今福建宁德地区属县)人。生平事迹不详，约高宗绍兴中(1147)年前后在世。此书分门别类考论经史诗文，兼及杂事，其中对北宋政事记述颇多。扪虱，摸捉虱子。形容放达任性，毫无拘束。典见《初学记》五《前燕录》："王猛隐华山，桓温入关。猛被褐而诣之，一面说当代之事。扪虱而言，旁若无人。"题名作"新话"，表明持论不落窠臼。

Meng

【 蒙古秘史 】

史书　元佚名撰。原文用蒙古文写成，世传仅有汉字标音译本。明人误译称《元朝秘史》，另名《元秘史》《金册》等。成书年代约1228—1264年。载成吉思汗二十二代远祖，至太宗十二年共五百余年间蒙古族和初期蒙古汗国史事，多据口碑传说。是蒙古族皇家秘史，研究蒙古族起源和早期蒙古汗国社会历史的宝贵资料。《金册》为其尊称，典见《文选・张协七命》："生必跃华于玉牒，殁则勒洪伐于金册。"李周翰注："玉牒、金册，并国史也。"有内蒙古人民出版社1980年新译校注本。

【 孟东野诗集 】

唐孟郊撰。郊字东野（名与字相辅相成）。湖州武康（今浙江德清）人。玄宗天宝年（751）生，宪宗元和年（814）卒。贞元进士，曾官县尉、水陆转运从事，终以潦倒。郊诗长于五言，思深意远，造语新奇。多反映下层疾苦，写骨肉至情的《游子吟》："慈母手中线，游子身上衣。……"脍炙人口。其人品、诗格，颇为韩愈推崇。郊与贾岛同以苦吟著称，苏轼评："郊寒岛瘦"，得诗家首肯。元好问则目为"诗囚"然终不掩其特色也。有1959年人民文学出版社校订明刻本。

【 孟浩然集 】

诗集　唐孟浩然撰。孟氏字亦作浩然。襄州襄阳（今湖北襄樊）人。生于武后永昌元年（689），卒于玄宗廿八年（740）。名字取《孟子・公孙丑上》："我善养吾浩然之气。"早年隐居鹿门山，游长安，应进士举，不第。赋诗太学，名动京城，后放归。李白称他："红颜弃轩冕，白首卧松云。"孟诗与王维齐名，为田园山水派之创先。多五言短篇，冲淡中有壮逸之气，如："气蒸云梦泽，波撼岳阳城。"历来称为摹写洞庭湖之名句。有1954年文学古籍刊行社影印明刻本。

【 孟子 】

儒家经典　孟轲与徒万章等合撰。轲字子舆，战国邹（今山东邹县）人。曾受业子思，周游齐、宋、滕、鲁、梁终未用，晚年著书。后汉赵岐《孟子章句・孟子题辞》："孟，姓也。子者，男子通称也。此书孟子之所著也，故总谓之《孟子》。"岐注乃汉儒之最可宝贵，书七篇，原有《外书》四篇，岐以为伪，未注，乃亡。轲属孔孟嫡传之思孟学派，世称"亚圣"。其说并言仁义，倡法先王，主张民贵君轻，人性本善，存心养性；然又主张恢复井田制，过分夸大主观养气、养性则万物备我。《孟子》书唐代列为一经，宋朱熹列入《四书》。注解名本有：朱熹《孟子集注》，清焦循《孟子正义》，今人杨伯峻有《孟子译注》。

【 梦窗稿 】

又作《梦窗词》，词集　南宋吴文英撰。文英字君特，号梦窗。四明（今浙江宁波）人。毕生不仕，以布衣出入侯门理宗朝（约1200—1260）在世，集以号题名。其词多吟苏杭胜迹，师宗晏欧。善于修辞炼句，陶熔语言，温厚瑞丽。然或雕琢堆砌太过，沈义父在《乐府指迷》中说他："梦窗深得清真之妙，其失在用事下语太晦处人不可晓。"词集收入毛晋汲古阁《宋六十家词》中。

【 梦幻曲 】

长诗　台湾诗人薛林1972年6月自刊本。诗人原名龚建军，四川万县人。毕业于国民党中央陆军军官学校，从军队退役后，任台糖工厂秘书。本书载全诗共六部分：一、序曲；二、情人谷；三、与我同行；四、良辰美景；五、灵犀细语；六、梦醒。书名《梦幻曲》取自德国音乐家舒曼1838年所作的音乐套曲，其中最著名的一首叫作《梦幻曲》。乐曲充满了对未来的憧憬，如梦幻一般的情怀和宁静冥想的氛氲。诗人以借喻诗作的意境。

【 梦里花落知多少 】

散文集　台湾女作家三毛（1943—1991）撰，台北皇冠出版社1981年出版。三毛，本名陈懋平，原籍浙江定海，生于四川重庆。三岁时读张乐平《三毛流浪记》，印象极深，后遂以三毛为笔名。随同父母到台后，读中学时退学自修，入台湾文化大学。留学西班牙、西德、美国，在欧美时打工并游历，深入了非洲撒哈拉大1974年起开始发表充满传奇色彩和异国情调的自传体散文，风靡中国台、港、澳，新加坡及美国，又以西班牙语写作的小说，获西班牙塞万提斯文学后在台大学任教，因健康原因辞职。曾多次回祖国大陆探亲旅游。1991年初，在台北家中自缢辞世。本书收入《梦里梦外》《不飞的天使》《似曾相识燕归来》《梦里花落知多少》等十一篇。案：本书题名缘自古今诗作。唐孟浩然有诗："春眠不觉晓，处处闻啼鸟。夜来风雨声，花落知多少！"近代音乐家黄自（1904—1938）创作歌曲《本事》，卢冀野词："记得当时年纪小，我爱谈天你爱笑。有一回并肩坐在桃树下，风在林稍鸟在叫。我们不知怎样困觉了，梦里花儿落多少？"歌曲体现了五四时代的精神气质和风格。三毛书的题名也充满中国传统文化和现代思想的结合。2003年黑龙江哈尔滨出版社出版了《三毛全集》。

【 梦梁录 】

史地笔记　宋吴自牧撰。自牧，钱塘人，约度宗咸通年中（1270）前后在世，余无考。作者缅怀南宋都城临安（今杭州）往事，因取"黄粱梦"典故为书名。案：黄粱梦，见于唐沈既济《枕中记》，言卢生于道中遇道者吕翁，生自叹穷困，翁乃授之枕，使入梦。生梦中历尽荣华富贵，及醒，主人炊黄粱尚未熟，后因以喻欲望富贵，终归虚幻。作者《自序》云："昔人卧一炊倾，而平生事业扬历皆遍，及觉，依然故吾，始知其为梦也，因谓之《黄粱梦》。矧时异事殊，城池园宥之富，风俗人物之胜，焉保其常如畴昔哉？缅怀往事，殆如梦也，名曰《梦梁录》。"有上海古典文学出版社1956年本。

【 梦溪笔谈 】

笔记　宋沈括（1031—1095）撰。其生平，参见已著录之《长兴集》。梦溪，括在润州时的别业，今江苏镇江城区东南隅，尚有梦溪园。作者《梦溪笔谈·自序》："予退处林下，深居绝过从。思平日与客言者，时记一事于笔，则若有所晤言，萧然移日。所与谈者唯笔砚而已，谓之《笔谈》。"书中凡遗闻、旧典、军政、文章、技艺及小说家谈，无不赅载。内容包括：天文、地质、物理、化学、矿产、生物、医药、工程技术、乐律等自然科学条目，占全书三分之一。所载毕昇活版印刷，指南针装置，石油之应用等，皆世界级科技史料，堪称古代百科全书。有1982年中华书局刊胡道静本最便阅读。

【 梦泽集 】

诗文别集　明王廷栋撰。廷栋字稚钦，湖北黄岗人。约嘉靖中（1531）前后在世。廷栋少年高第，恃才傲物，故废放终身。梦泽，即云梦泽。白居易《题岳阳楼》诗："春岸绿时连梦泽，夕阳红处近长安。"又作云梦。古有多说。《周礼·夏官职方》："正南曰荆州，其泽薮曰云梦。"案，"云梦泽"古来说法不一：一说云、梦本二泽；一说实谓一泽，可单称"云"或"梦"。大约指今湖南益阳、湘阴以北，湖北江陵、安陆以南，武汉以西的地区。有《四库全书》本。

Mi

【 米海岳画史 】（见画史）

Mian

【 黾记 】

读书札记　明钱一本撰。一本，字国瑞，武进人。万历进士，除庐陵知县。征授御史，出按广西。上论以憨直建言，神宗衔之，罢归。乃潜心六经濂洛诸书，尤精于《易》，为东林讲席。黾，勤勉、努力。"黾勉从事"语出《诗经·小雅·十月之交》。《四库全书总目提要》："东林方盛之时，一本虽与顾宪成分主讲席，然潜心经学，罕谈朝政，不甚与天下争是非，亦不甚为天下所指目。是篇乃随手札记，取《诗》黾勉从事'之意，故题曰《黾记》。自万历甲午以迄癸丑，凡二十年，意有所得，辄笔之于书。其发明性道，排斥二氏，颇为深切，其中间有过当者。"收于《四库全书》。

Mie

【 蠛蠓集 】

诗文别集明卢柟（楠）撰。楠字少楩（Pian），浚县（今河南安阳地区属县）人，约世宗嘉靖中（1535）在世。楠博文强识，以事被逮论死，后得平反，偏游吴会，落魄以终。以骚赋为王士贞称许，诗豪放，不墨守七子格局。《四库全属总目提要》："……是集为楠所自编。前有自序，称蠛蠓(Mie meng)者，醯(Xi)鸡也。取其洁于自奉，介于自守，不如蚊蚋之侵秽强啖。又以事系狱，类蠛蠓之厄燕吭、罹蛛网，振其音而喑喑者，故以名集。"蠛蠓，又名蠓，醯鸡，俗称蠛蠓蚊。《列子·汤问》："春夏之月，有蠓蚋者，因雨而生，见阳而死。"扬雄《甘泉赋》："浮蠛蠓而撇天。"有《四库全书》本。

Ming

【 名理探 】

逻辑学著作　明末李之藻(1589—1630)等译。原书是葡萄牙高因盘利大学的逻辑学讲义，今译名《亚里斯多德辩证法概论》。本书序言称此书，为推论名理之作，故称《名理探》。全书主要内容为叙述希腊亚里士多德的概念、范畴学说。是第一部介绍到中国来的西方逻辑学著作。所采用的译名相当科学如：概念、判断、推理、演绎、归纳等，我国一直沿用至今。近代严复认为把"逻辑学"称为"探"，如《名理探》；或"辩"，如《辩学》《墨辩》，与逻辑学的深广不相符，欲求其近，乃译以《名学》，但仍深奥难懂。后人取"逻辑"的英文的译音，名为《逻辑学》，指其为关于思维形式及其规律的科学，现已得到公众的认同。参见《严译名著》条。

【 名原 】

文字学著作　清孙诒让(1848—1908)撰。诒让，清末浙江瑞安人。同治举人，曾任刑部主事，后归家务经著书凡四十年，屡荐不出，对经学文字学皆有研究，著有《周礼正义》《墨子间诂》及考释甲骨文著作等书数十种。名，文字。《仪礼·聘礼》："百名以上书于策，不及百名书于方。"郑玄注："名，书文也，今谓之字。"策，竹简。方，木板。皆古书写之物。孙氏此书是探求文字起源及其演变的，故题《名源》。《名源·自序》云："今略摭金文、龟甲文与说文古籀，互相勘校，楬其歧异，以寻古文大小篆沿革之大例，……后之治古文奇字者，执吾说以求之，其于造作书契之微旨，或得冥符于万一尔。"齐鲁书社1988年刊点校本。

【 名山藏 】

纪传体史书　明何乔远撰。乔远，晋江(今福建泉州)人。万历十四年(1586)进士，官至礼部仪制郎中，曾以上疏直言，被贬谪。此书内载明太祖迄穆宗(1368—1572)十三朝二百余年史事，多取材于野史旧闻，保存不少稀有的明史资料。清政府避讳此书所载，列入《禁书总目》，仅有明崇祯十三年(1640)刊本。案：汉司马迁《史记·自序》：(成一家之言)"藏之名山，俟后世圣人君子。"或刊者预感此书不容于新朝当权者欤？清朝列入禁书仅崇祯刻本传世。

【 名山藏副本 】

游记暨杂文集　清齐周华撰。周华字巨山，号独孤跛仙。雍正诸生，好游览，足迹遍天下。以保吕留良磔于市。其书是"清代文字狱受害者仅存天壤之文字"。书上卷为名山记游，下卷游记之外为杂文。题名取自司马迁语。《名山藏副本·自序》云："文章者，不朽之盛事。谓其可以行也，可以传世，而非寂寂以藏之物也。顾可行者，往往未必可传。至可传者，则无不可行焉。乃古人云：'藏之名山，传之其人'何耶？岂同时竟无知己耶？抑文章犯时忌耶？……名山之藏实有所不得不然也。有告余者曰：'善藏书者必多录副本以备亡。……倘有其人，则子之文必行且传矣；不几转笑名山之藏之赘疣乎？'予曰唯唯、否否，终无以解余之忧谗畏讥。何也？虽然，子妄言之，我妄听之，副本何足吝哉。遂自题卷首以授梓人。"有1987年上海古籍出版社本。

【 茗柯文编 】

文集　清张惠言撰。惠言字皋文，江苏武进(今常州)人。乾隆至嘉庆朝(1761—1802)在世，官至翰林院编修。擅散文，与恽敬同为阳湖派首领。曾国藩序此集称张氏："文辞温润，无考证辨驳之风，尽取古人之长。"又工词，为常州词派创始人。茗，茶木之枝干也。茗柯，见《世说新语·赏誉下》："简文云：'刘尹(刘惔)茗柯有实理。'注：'谓如茗之枝柯虽小，中有实理，非外博而中虚也。'"又据余锡嘉说,宋本《世说新语》注:柯一作杍,即茗芋,酩酊,犹言懞懂。谓刘惔外懞懂而中有实理。张氏以之为号,又题其居茗柯堂,并名其集。有嘉庆年刻本。

【 鸣凤记 】

传奇剧本　明王世贞(一说为其门人)撰。写杨继盛等八谏臣,连续同奸相严嵩进行斗争,均为所害,最后以严嵩父子受到制裁结束。以当时的政治斗争为题材,打破传奇以生旦悲欢离合为主的局面,明代即为流行。剧名"鸣凤"即"凤鸣"之倒言,原喻贤才遇时而起。典见《新唐书·胡瑗传》:"自瑗与遂良相继死,内外以言为讳。将近二十年帝造奉天宫,御史李善感始上书极言。世人喜之,谓为凤鸣朝阳。"有《古本戏剧丛刊》据汲古阁原刻本影印本。世贞有《弇州山人四部稿》已著录,请参见。

【 鸣沙石室佚书 】

丛书　近人罗振玉(1866—1940)撰。振玉字叔蕴,号雪堂。浙江上虞人,后迁江苏淮安。清末任学部参事,辛亥革命后逃亡日本。曾搜集和整理甲骨、铜器、简牍、明器、佚书等古代文史资料,著述甚丰。此编共二十三种,所收均为敦煌石窟发现的唐人手写古籍,如《春秋谷梁传解释》《晋纪》《诸道山河地名要略》等,有重要价值。原件多被法国伯希和劫去,国内以照片影印流传。鸣沙,山名。在甘肃敦煌县城南。《元和郡县志四十·沙洲》:"鸣沙山……积沙为之峰峦,危峭逾于山石。四面皆为沙垅,背有如刀刃,人登之则鸣。"著名石窟莫高窟即凿于鸣沙山东麓,其第十七洞(藏经洞)于光绪二十六年(1900),发现大量晋至宋代文物图书。此洞亦名"鸣沙石室"。丛书以之题名,罗氏有《序》言:"距晋太康初纪汲郡出竹书之年又千七百余载,为我先皇帝光绪之季岁,海内再现古遗室焉。……鸣沙之藏,则石室甫开,缥缃已散……。"有1913年罗氏影印本,1928年东方学会石印本。

【 明季北略 】

纪事本末体史书　明末清初计六奇(1622—1687?)撰。六奇字用宾,号天节子,别号九峰先生。江苏无锡人,以私塾馆教为生,又致力晚明史料的搜访与著述。书成于康熙十年(1671),上自万历二十三年(1595)奴尔哈赤初起,下迄崇祯十七年(1644)清兵入关占领北京,记录五十年间明北都及中国北部时事概略,故名《北略》,为研究晚明农民起义与民族斗争史的重要资料。现有杭州大学图书馆与江苏常熟曹大铁所藏手抄本,较通行本可订正补充讹误缺漏。案:季,释为末。《国语·晋一》:"今晋寡德而安俘女,又增其宠。虽当三季之末,亦不可乎。"注:"季,末也。三季王,桀、纣、幽王也。"乃指一个朝代之末。故"明季"即"明末"。又,六奇于《北略》书成之后,增补崇祯十七年(1644)明亡后至清康熙四年(1665)永历帝被杀,洪承畴死于福建,记录二十余年南明抗清史事之大略,题称《明季南略》。

【 明儒学案 】

学术史著　清黄宗羲(1610—1695)撰。康熙十五年(1676)成书。此书根据明代学者的文集、语录,各条析其师承,划分诸家学术思想宗旨与流派。共立十九个学案,记载二百另八人,故名之。全书首列《师说》,以下分述诸家。以时序为次,以学术流派为类。每案首列"小序",述其学术渊源与要旨。再立"小传",分载学者生平、经历、著作、师承。最后载其文集、语录等不一,以见其思想,间加案语,申明己见。明三百年学术流派的授受分合,以及各家的得失发展,均可考见。为中国第一部学术思想史专著,是史学界"学案"体裁的创始者。黄氏又有《宋元学案》,清全祖望续修,道光年刊行。评述宋元两代胡媛以下八十七人的学术思想及其师承源流。立学案九十一,涉及学者两千余人。体例同《明儒学案》而严密过之,亦为学术思想史之佳作。参见上篇"类型词语——学案"及本篇之《黄梨洲文集》。有1985年中华书局刊沈艺盈点校本。

【 明史·艺文志 】

史志目录

一、简称《明志》。清黄虞稷(1629—1691)原编,王鸿绪、张廷玉等删订。黄氏,福建泉州人,康熙时任明史馆纂修官时,始撰是编。王、张即根据黄氏稿,删去前朝著作改编而成,仅留明人著述四千六百三十三种。从此开创史志目录仅记一代著述之例，后《清史稿·艺文志》亦依此例。其书因遗漏甚多后人补者不少。1959年商务印书馆刊《明史艺文志·补编·附编》即收《明史经籍志》《续文献通考·经籍考》、清《钦定续文献通考》及《国史经籍志》《补》，等，以作补充。

二、清尤侗（1618—1704）撰。侗，江苏长州（今苏州）人康熙时授翰林院检讨，奉敕分修《明史》时，与人合撰《明史·艺文志》。以收明人著作为主，共七千一百四十一部，有《西堂余集》本。

【 明文在 】

总集　清薛熙编。熙字孝穆，江苏常熟人，布衣文士，著有《依归集》。其书仿萧统《文选》体例，各体之中，复以类从。选录明人诗文二千余篇，大体以唐宋派古文为标准。然选难精当，全非齐备，聊存明文大略也。在：存。《左氏·僖九》："在乱矣。"注："在，存也。"清钱大镛为之《序》，言其："采之而人物不备，选之而弃取未当。"《四库全书》列为存目："所录亦颇存鉴别，盖熙为汪琬门人，于古文有所授受也。然数多则简择难精，世近则是非未定，榛楛未翦，则也势使之然也。"有康熙三十一年（1692）刻本。

【 明夷待访录 】

哲学著述　清黄宗羲（1610—1695）撰。明夷，易卦名。《易·明夷》："明夷，利艰贞……六五，箕子之明夷。"明，《易传》称日为明。夷，灭也，没也。指日入于地中，喻贤人处于和暗时代。贞，正也。贤人处于明夷之时，利在遭遇艰难而能守正。宗羲当易代之际，自感不遇，又不欲出仕，因取明夷为名。《明夷待访录·自序》："吾虽老矣，如箕子之见访，或庶几焉。"意谓待明主有访。综观黄氏生平，其有望于汉族明主彰矣。箕子，商纣时贤人，以纣无道而佯狂被囚，后为周武王释归镐京。有1955年北京古籍出版社排印本。参见《南雷文定》等条。

【 洺水集 】

诗文别集　宋程珌撰。珌字怀古，安徽休宁（今徽州地区属县）人。孝宗至理宗朝（1164—1242）在世。绍熙进士，曾官礼部尚书，封安郡侯。长于经济，论疏剀切。裔孙至远书《洺水集序》："以推世系，本河北洺州，故自号洺水遗民。"洺州，宋置洺州广平郡，今河北西南尚有广平县。洺水，古名寝水，源出太行山。今邯郸专区洺河，在临洺关（今永年县）东折北入邢台大陆泽。唐孟郊《寄洺州李大夫》诗："步闲洺水曲，笑激太行云。"有《四库全书》本。

【 暝色入高楼 】

一、散文集。台湾作家叶庆炳（1927—1993）著。作者，浙江余姚人。台湾大学中文系毕业，留校从教之余，创作散文。本书为1983年，台北正中书局出版。收入《上一层楼》《隐恶扬善》《暝色入高楼》等十四篇。写高楼华灯、夕照余辉下城市人的生活心态。

二、长篇小说。香港作家白洛（1946—　）著。作者，又名白乐成，原籍广东南海，柬甫寨华侨。广东暨南大学中文系毕业，1970年到港，任报社编辑。本书写香港商界竞争与两代人的生活纠葛。主人公李志金在房地产业中失利后，产生了"暝色入高楼"的思想。作者从现实生活中提取鲜活的素材，画龙点睛的指出其社会意义。1983年香港山边出版社出版。案："暝色入高楼"句，见于传说为唐代大诗人李白所作《菩萨蛮》一词："平林漠漠烟如织，寒山一带伤心碧。暝色入高楼，有人楼上愁。玉阶空伫立，宿鸟归飞急。何处是归程？长亭连短亭。"词以气象情景胜，映衬怅惘无奈的心情，台港作家取作书名，亦参差似之。

Mo

【 摩罗诗力说 】

诗文评论　鲁迅（周树人，1881—1936）撰。题名译为现代汉语即《论恶魔派诗歌的力量》。文中"魔罗"是古印度梵语 Mara 的古汉语译音，简称为"魔"。魔字于古《史记》《汉书》中皆无此字，最早出现于后魏武定六年的石刻《造像颂》云："群魔稽首。"在古印度神话传说中是魔界之王，时率群魔破坏善事。鲁迅在本文中说："魔罗之言，假自天竺，此云天魔，欧人谓之撒旦。人本以目裴伦（G. Byron今通译作拜伦）。""魔罗派"即恶魔派

(The Statannical School)是十九世纪初消极浪漫派诗人骚赛(R. Southey)谩骂攻击拜伦、雪莱等人的用语,称其为诗歌中的"恶魔派",拜伦奋起反击。其实他们就是浪漫主义诗人。文中主要介绍了拜伦、雪莱、普希金、莱蒙托夫、密茨凯维支、斯洛伐斯基、克拉辛斯基、和裴多菲等八位浪漫派诗人的生平、思想与创作。鲁迅指出魔罗派诗人"立意在反抗,指归在动作",他们是"新声""力足振人,且语之较有深趣"。中国要反抗压迫者,走上革新与进步的道路,"必须别求新声于异邦",以魔罗诗人为榜样,创造自己的革命的民族主义和民主主义新文学,以期振奋我们这古老民族的伟大精神。本文收入《鲁迅全集》。现代有《鲁迅〈魔罗诗力说〉注释、今译、解说》。1982 年,天津人民出版社出版。

【 沫若文集 】

郭沫若(原名郭开贞,1892—1978)撰。中国现代杰出的文学家、历史学家、社会活动家。四川乐山人,曾留学日本。1921 年出版第一本诗集《女神》。1927 年参加北伐战争,并加入中国共产党。1928 年旅日,研究甲骨文和中国古代史,贡献很大。抗战开始,回国参加抗日战争。1949 年,当选中国文联主席。并曾任各党政要职,著作甚丰。沫若是作者 1919 年启用的笔名,其来由作者言:"我的名字其实是沫若(meiruo),是由于我故乡的两条河,沫水与若水合拢来的,司马相如的《喻巴蜀檄》里有'关沫若'的一句,便是那两条河并举的开始了。"案,沫水即今大渡河,若水是今雅砻江,为大渡河的支流。"关沫若"一语出自司马相如《难蜀父老》一文。"沫"字在《昭明文选》中注为:读妹(mei)。参见已著录之作者《女神》等书。

【 秣陵春 】

二种:

一、又名《双影记》。传奇剧本。清吴伟业(1909—1671)撰。伟业有《梅村集》已著录,可参考其生平。此剧写南唐亡后,学士徐铉之子徐适,与李后主宠妃黄保仪之女展娘,经过种种曲折,最终结为夫妇的故事。因展娘的祖籍为秣陵(今南京市)故题名《秣陵春》。又因二人在结合的过程中,展娘曾在玉杯中见徐适之影;徐适也曾在宝镜中见展娘之容,故剧本又名《双影记》。作者通过此一虚构之故事,流露对明代覆亡的哀痛,当时在舞台上流行颇广。剧本收入《古本戏曲丛刊二集》。

二、长篇小说。台湾作家高阳撰。为其曹雪芹别传——红楼梦断之一,原书四册各题名曰:《秣陵春》《茂陵秋》《五陵游》《延陵剑》。有海峡文艺出版社及三联书店两种版本。

【 蓦然回首 】

散文集 台湾女作家丘秀芷撰。1978 年台北大地出版社出版。作者原名丘淑女,台北市人。毕业于新闻专科学校,任职国中教员、杂志编委。1962 年开始创作,多才多艺,长于抒写故乡、旧友、山野、田园。本书收有《心田里的清流》《清淡滋味长》《蓦然回首》《故乡风味旧时情》《何必名藏大山》《洁趣》等。张秀亚为其作《序》言:"尽管喜欢写乡镇,写大自然的风光,她绝不是遁世的隐逸者。他关心着国旗的遭遇,人世间的哀乐。""蓦然回首"见于宋辛弃疾词《青玉案》:"东风夜放花千树,更吹落、星如雨。宝马雕车香满路。风箫声动,玉壶光转,一夜鱼龙舞。蛾儿雪柳黄金缕,笑语盈盈暗香去。众里寻他千百度。蓦然回首,那人却在,灯火阑珊处。"

【 墨海金壶 】

丛书 清张海鹏(1755—1816)辑。海鹏辑有《学津讨原》已著录,可参见其生平。此辑共一百一十五种,刊于嘉庆二十二年(1817),多收宋以后著作,其中最有价值者为说经、杂史、杂记等。丛书题名见石辒玉序引王子年《拾遗记》:"周时浮提之国献神通善书者二人,肘间出金壶,中有墨汁如漆,洒之著物,皆成篆隶蝌蚪之字。"辑者以此名书,以喻所刊秘本,如金壶之墨,洒遍世界,流传百世。传闻此书仅摹印百部,版即毁于火,故流传很少。有嘉庆中海虞张氏自刊本,后为上海博古斋于民国十年(1921)据以影印。

【 墨客挥犀 】

文言小说 宋彭乘撰。乘,筠州高安(今江西高安县)人。生平不详,约哲宗元祐初(1086)前后在世,官至中书检正。《四库总目》言其书:"于宋代遗闻轶事,以及诗话文评,征引详洽,存之亦颇资参考焉。"墨客,旧时对文人的别称。早见于汉扬雄《长杨赋序》:“聊因笔墨之成文章,故籍翰林以为主人,子墨为客卿以风。”赋中称客为“墨客”,后遂通称文人为墨客。挥犀,犹挥麈,清谈也,与挥麈同。宋邓润甫诗:“相期郡斋冷,清话看挥犀。”书收入《四库全书》子部小说家类。

【 墨香 】

散文集 台湾女作家桂文亚(1949—)撰。作者安徽贵池人,曾任台湾《联合报》记者。1965年开始发表作品。本书收十一篇名人访问记,有:《硕果——姚克先生访问记》《王谢堂前——白先勇答客问》《细雨、白云、绿杨——陈之藩访问记》《奇想记——张系国的科幻小说天地》《诗人如是说——余光中先生访问记》《星雨剑桥——金跃基先生访问记》《象牙塔外——从甦女士访问记》《抒情记——杨子先生访问记》《历史与小说——高阳先生访问记》《娴静、纯朴·欧阳子——记同她聊天的那个下午》《仙人掌花——潘垒先生访问记》等。作者用灵活的文字,敏锐的感觉,表达智慧人物的风采和内涵。了解成功作家更多的闪烁的层面,他们的辛勤奋发,使我们得到鼓舞与启示。作家三毛女士有《序》称其:“笔飞墨走精灵出。”墨,原指写字作画的黑色颜料,引申为文墨,泛指与写作文章有关的劳作。墨香,是称赞作家人品与作品,令人陶醉的魅力。宋朱熹《次韵雪后书事二首》云:“故人闻道歌围暖,妙语空传醉墨香。”元赵孟頫又有诗:“古墨轻磨满几香,砚池新浴照人光。“其意亦参差近之。原书1978年台北皇冠出版社出版。

【 墨子 】

墨家经典 春秋宋墨翟(约公元前486—前376)及其门人撰。翟,宋之大夫,后居鲁讲学,有弟子三百。学说多与儒家对立,而并称显学。倡兼爱、非攻、节用、节葬。要求尚贤、尚同。《四库全书总目提要》:“……特在彼法之中,能自吝其身,而时时利济于物。……故其教得列于九流,而其书至今不泯耳。”注本以清孙诒让(1848—1908)《墨子间诂》最佳。《墨子》书中的重要组成部分,被编为《墨经》(又称《墨辩》)。晋人曾为之作注,已佚。中有古代几何、力学、光学方面的知识,显示墨家学派重视实践应用的特点。近代梁启超撰有《墨经》校释。

【 默堂集 】

诗文别集 南宋陈渊撰。渊字知默,沙县(今属福建)人。生年不详,卒于高宗绍兴十五年(1145)。绍兴七年诏举直言敢谏之士,以胡安国荐为御史。尝榜室曰“默堂”,学者称默堂先生。案,默:不语。《易·系辞上》:“君子之道,或出、或处、或默、或语。”《书·说命》:“恭默思道。”有《四库全书》本。

Mu

【 牡丹亭 】

传奇剧本 明汤显祖(1550—1616)撰。本书全名《牡丹亭还魂记》,又简称《还魂记》,为《临川四梦》之一。源于话本《杜丽娘慕色还魂》。写南安太守杜宝之女杜丽娘,厌倦经书,游园散闷。以美景惹情思,梦与书生柳春卿在牡丹亭幽会。醒后相思,不寝不食而死。柳至南安,得丽娘自画像,深爱而朝夕呼唤。丽娘复生,而与柳结为夫妇。书名由来见该书第十出《惊梦》(即《游园惊梦》)。丽娘游园,见亭畔牡丹花开,唱道:“遍青山啼红了杜鹃,荼蘼外烟丝醉软。春香啊,牡丹虽好,他春归总占先。”词中幽怨青春年华易逝,枉误香闺。此剧曲词优美,人物心理刻画细腻。汤氏自谓:“一生四梦,得意处唯在牡丹。”后来许多剧作家摹拟此剧,而形成“四茗堂派”。近代昆曲演出的《春香闹学》《游园惊梦》《拾画叫画》皆出于此本。参见《临川四梦》《玉茗堂集》诸条。有1980年人民文学出版社刊本。

【 牟氏陵阳集 】

诗文别集 宋末元初牟巘撰。巘,湖州(今属浙江)人。宋理宗至元武宗朝(1227—1331)在世。父牟子才,理宗时官端明殿学士,礼部尚书,以刚直著名。巘亦登进士第,官大理少卿,入元不仕。《四库全书总目》言其:“本蜀之井研(今四川井研县)人,世居陵山之阳,至子才始著籍湖州。其以陵阳名集,盖不忘本。以韩驹诗先有之名,故此集冠以‘牟氏’用相别焉。”清王士祯称其诗有坡(苏东坡）、谷（黄山谷）门风。有《四库全书》本。

【 牧庵文集 】

别集元姚燧撰，门人翰林卫刘时中编。燧，河南人。太宗至仁宗朝（1239—1314）在世。元张养浩《牧庵集·原序》："公讳燧，字端甫。任翰林学士承旨、荣禄大夫、集贤大学士、太子宾客。牧庵其自号也。"《明文案》中，黄宗羲曾以之与韩愈、柳宗元、欧阳修、曾巩及元好问等大家并列。牧庵典自《易·谦》："象曰：'谦谦君子，卑以自牧。'王弼注："牧，养也。"孔颖达疏："君子之义，恒以谦卑自养其德也。"燧，义取此，并名集。有《四库全书》本。

【 穆参军集 】

别集　宋穆修撰。修字伯长，郓州（今山东荷泽地区郓城县）人。太宗至仁宗朝（979—1032）在世。与柳开同为宋代文体复古的先辈，欧阳修尤称之。当代文人皆称其初官，以修曾为颍州文学参军而称穆参军。参军，汉末置。曹操揽权，其僚属以参丞相军事居。南北朝诸王及将军开府者，皆置参军。或单称，或冠职名。唐代外州府亦然。宋之地方低职者，有司户参军等。有《四库全书》《四部备要》等本。

【 穆天子传 】

古代历史传奇小说　书约成于战国时期。西晋太康年发现于汲郡（今河南汲县）魏襄王墓中。荀勖等校理，东晋郭璞作注。穆天子即周穆王姬满，传说他曾周游天下。书中记有穆王三十三年（前997）开始西游，驾八骏会西王母事。录西方氏族，殊珍怪奇之属，文极瞻博。后一卷记穆王妃盛姬，卒于途中而返葬事。西王母、盛姬等故事，多为后世小说、戏曲、诗、画所采用，历来视为小说之滥觞。本书别名《周穆王游行记》《周穆王传》等。有四部丛刊四部备要诸本。

N

Na

【 呐喊 】

中短篇小说集　鲁迅（周树人 1881—1936）撰。收作者 1918—1922 年作小说十五篇。1923 年北京新潮社初版。《呐喊·自序》："凡是愚弱的国民……我们的第一要着，是在改变他们的精神，而善于改变精神的是，我那时以为当然要推文艺。……你大喊起来，惊醒了较为清醒的几个人……。在我自己，本以为现在是已经并非一个切迫而不能已于言的人了，但或者也还未能忘怀于当自己的寂寞的悲哀罢，所以有时候仍不免呐喊几声，聊以慰藉那在寂寞里奔驰的猛士，使他们不惮于前驱。"其中包括 1918 年写成的第一篇白话小说《狂人日记》及中篇小说《阿 Q 正传》。全书贯穿彻底的反封建精神。参阅《阿 Q 正传》《鲁迅全集》等条。

Nan

【 南村辍耕录 】

又名《辍耕录》　笔记　元陶宗仪（1316？—1396？）撰。宗仪，浙江黄岩（今属台州地区）人。深究古学，工诗文，有《南村诗集》。举进士，一不中即弃去，以躬耕教授自给，自号南村外史。贝阙《南村外史传》："南村外史者……尝习举子业，晚悉弃去。曰：'是不足成吾名，吾文当师古人，而世之所好非吾之所工，宜其不入绳墨也！吾又焉能习其所工，求合世之所好，与儿童较短长于一戠！故务其大者。'"元孙作《南村辍耕录序》云："天台陶君九成，避兵三吴间，有田一廛。家于淞南。作劳之暇，以笔自给，时时辍耕，有所得，辄摘叶书之贮之盎，十年积以数十盎，卒而录之，得三十卷，题曰《南村辍耕录》。"书于天文、文史、典章、宗教、风俗、文艺无所不载。书画、戏曲考证颇详。大部取自当代及前人著作,部分得自见闻,故原始可贵。记元末兵乱及黄道婆传播纺织等,可补史阙。共五百八十五条,二十余万字云。1957 年中华书局刊有点校本。

【 南方草木状 】

地方植物志　晋嵇含(262—306)撰。含字君道自号亳丘子,河南巩县亳丘人,曾任郎中等职。是书成于永兴元年(304)。上卷草类,中卷木类,下卷果、竹类,计八十种植物,是我国最早的植物学文献之一。南方,作者指岭南、两广及越南等地。状,为记述、描摹。书中记述草木的形态、习性、分类、用途及有关的民风民俗等,故名之。作者《自序》云:"南越交趾物物,有四裔最为奇,周秦以前称焉。自汉武开拓封疆,搜求珍异,取其尤者充贡。中州之人或昧其状,乃以所闻铨叙,有裨弟子云尔。"今传本已非原著,传抄中误入他书,对撰者亦有争议。有明《百川学海》本及《丛书集成》等本。

【 南冠草 】

剧本　郭沫若(1892—1978)撰。五幕历史剧。写十七岁的江南抗清人物夏完淳,被捕后英勇就义的悲壮事迹。《南冠草》原是夏完淳被捕后,所作诗集的名字。南冠即楚冠。《左传·成公六年》:"晋侯观于军府,见钟仪,问之曰:'南冠而絷者,谁也?'有司对曰:'郑人所献楚囚也。'使与之琴,操南音。公语范文子,范文子曰:'楚囚,君子也。言称先职,不背本也;乐操土风,不忘旧也。'"夏完淳名其诗集曰《南冠草》,也是不背本,不忘旧之意。郭沫若在《〈南冠草〉·附录·夏完淳》中言:"我的剧本所处理的是完淳被捕前后,以至于死的一段情形。正和他这最后一个集子的时期约略相当。诗中所含孕的情趣和事实,我在大体上是把他们形象化了。因此我把剧本命名为《南冠草》,觉得是很恰当的。"有上海新文艺出版社 1958 年刊本。参见《夏完淳集》等书。

【 南海先生遗著汇刊 】

台湾蒋贵麟编,共二十二集。"南海"即称康有为(1858—1927),原名祖诒,字广厦,号长素、更生。广东南海人,光绪三十一年进士,以"济人经世,不为无用之空谈高论"而改名"有为"。并联合在京会试举人一千三百余人"公车上书"请求变法。在京组织"强学会",编印《中外纪闻》。又在沪设"上海强学会",办《强学报》。1898 年受光绪帝召,促成"百日维新"。9 月戊戌政变,逃亡国外。其思想重要代表作有:

一、《新学伪经考》。康氏认为秦焚书而六经未亡,西汉官学六经博士之传本并无残缺。刘歆力争立之新古文经本,皆歆伪造,是"伪经",旨在佐王莽篡汉,是新莽朝之学,应称"新学"。是说虽多武断,但影响很大。在学术上打破泥古守旧,在政治上反对"恪守祖训",为维新变法作鼓吹。有 1956 年北京古籍出版社刊本。

二、《孔子改制考》。康氏继作此书,言:六经皆孔子所作,目的在于改制。为取得人们信任,乃托古代之圣贤。此说为其变法维新的理论基础。光绪二十四年(1898)上海大同译书局刊行。

三、《大同书》。此书康氏叙理想之国,但其生前未曾全部刊印。书中提出十部说,分:甲部"入世界观众苦",乙部"去国界合大地",丙部"去级界平民族"丁部"去种界同人类",戊部"去形界保独立",己部"去家界为天民",庚部"去产界公生产",辛部"去乱界治太平",壬部"去类界爱众生"癸部"去苦界至极乐"等十说。"大同"见于《礼记·礼运》:"大道之行也,天下为公。选贤与能,讲信修睦。故人不独亲其亲,不独子其子,……货恶其弃余地也,不必藏于己;力恶其不出于身也,不必为己;……是谓大同。"康氏以《春秋·公羊学》的三世说(据乱世、升平世、太平世)附会其说。以"大同"即为"太平"之世。乃糅合佛教极乐世界说,儒家大同思想和西方空想社会主义而成,极有远见。后又不断修改,由弟子整理,1935 年中华书局出版此书。

【 南湖集 】

一、别集。宋张镃撰。镃字功甫,号约斋。籍贯及生卒年不详,约宁宗庆元初(1195)年前后在世。官奉议郎,直秘阁。南宋周密《武林旧事》:"镃卜筑南湖,名其轩曰桂隐。园池、声伎、服玩之盛甲于天下;园中亭榭堂宇,名目数十。且排纂一中游适之目，为赏心乐事。”文集以之名。此南湖在杭州城南。有《四库全书》本。

二、别集。元贡性之撰。性之，字友初。宣城（今安徽宣城地区）人，约惠宗至明年初（1360）前后在世。清顾嗣立《元诗选·贡性之传》：“（性之）躬耕自给以终其身，门人私谥曰‘贞晦’。以世家宣城之南湖，号南湖先生。有《南湖集》藏于家。”以祖居地名集。有《四库全书》本。

【南涧甲乙集】

别集　宋韩元吉撰。元吉，字无咎。生于徽宗朝（1118），卒年不详。与朱熹善，尝举以自代。晋封颍川郡公。以诗文相和者，有叶梦得、曾几、章甫、陆游、陈亮等。诗文皆有苏、欧遗风，归老广信溪南，因自号南涧翁，并以名集。有《四库全书》本。

【南雷文定】

别集　清黄宗羲撰。宗羲，字太冲，号梨州。浙江余姚人，明神宗万历至清康熙（1610—1695）年在世。早年领导“复社”，反对宦官权贵。清兵南下，募兵随鲁王抗战。南明亡，奉母返里，毕力著述。南雷，浙江余姚县南有大小雷峰，以在县南故名“南雷”。黄氏故乡，即在南雷里。文定，意为文章的删订稿。氏于《南雷文定·凡例》云：“鄙作已刻者，有《南雷文案》《吾悔集》《撰丈集》《蜀山集》，皆门人分刻。一时脱稿，未经持择，会耄又及之。东岱不奢，钩除其不必存者三分之一。丁敬礼（汉丁廙）：‘文之佳恶，吾自得之，后世谁相知定吾文者？’陆士龙（晋陆云）谓其兄（陆机）曰：‘可因今清静，尽定昔日文，但当钩除，差易为功力。’窃取此义，名曰《文定》。”有清伍崇曜辑《粤雅堂丛书》本。氏尚有《明儒学案》《宋元学案》《明夷待访录》等，已著录，请参见。

【南阳集】

一、别集　宋赵湘撰。湘字叔灵。衢州西安（今浙江衢州市境）人，约真宗（1006）年前后在世。曾官庐江尉、追赠司徒。集为其孙资政殿大学是赵抃所编。以赵氏望出南阳为集名。有《四库全书》本。

二、别集　宋韩维撰。维字持国，颍昌（今河南许昌）人。真宗至哲宗朝（1017—1098）在世。以荫入仕，尝封南阳郡公，故以名集。有《四库全书》本。

Ni

【倪石陵书】

别集　宋倪朴撰。朴字文卿，浦江（今浙江金华地区属县）人。生卒年不详，约绍兴中前后在世。尝应进士举，绍兴末金人将南侵，为万言书拟上高宗，而不果。家居石陵村，因以为号，并名书。其名似子书，不曰“集”而曰“书”者，辑书人明毛凤韶《序》谓：以上高宗书为主，举所重云。有《四库全书》本。

【倪云林先生诗集】

元倪瓒撰。瓒字元镇，无锡人。元末明初（1301—1374）在世。人号“云林子”，家有云林堂，隐居不仕。《清閟阁集·外纪上·云林逸士》：“东海倪瓒，或曰懒瓒，变姓名曰奚玄朗。字曰元镇，或曰玄暎。别号五日荆蛮民、净名居士、朱杨馆主、萧闲卿、云林子。”“云林”多用以题诗画，故尤著。瓒有洁癖，工诗善画。画居逸品，诗文不屑苦吟而神思散朗，意格清高。瓒终身逃世。云林其隐居处，又为号，乃名集。有《四部丛刊》本。参见《清閟阁集》。

Nian

【念八翻】

传奇剧本　清万树撰。万树有《词律》已著录，请参考其生平。此为作者《拥双艳三种曲》之一。写书生虞柯与翰林女祝凤车和妓女阮霞边悲欢遇合之事。剧中有功罪、邪正、师弟、奴主、贞淫、老少、贫富、贵贱、僧俗、痴慧、生死、男女、慈忍、文武等十四事，每事都翻案，如功臣反得罪，罪人反立功，共有二十八重曲折变化，故题名《念八翻》。念即“廿”，是二十的俗写。顾炎武《金石文字记》卷三：“（开业寺碑）碑阴多宋人题名，有曰‘元佑辛未阳月念五日题。’以念为廿，始见于此。”有粲花别墅刊本。

Nie

【 孽海花 】

长篇章回小说　是书原署“爱自由者发起，东亚病夫编述”。“爱自由者”是金天翮，写头几回。后交曾朴，笔名署“东亚病夫”续写。曾朴，字孟朴，江苏常熟人，曾参加康梁维新运动。“孽海”“花”之含义，见于书中第一回：“一霎那狂潮陆沉奴乐岛，三十年影事托写自由花。”写一奴乐岛上之国民，自以为是，醉生梦死。天天富贵风流，抚自由琴，喝自由酒，赏自由花……。在一千九百零四年，天崩地塌，奴乐岛地面直沉向孽海中去！”作者以“孽海”寓指当时千疮百孔的中国，而“花”则寓指晚清的知识界，尤其是高级知识分子。书以状元金雯青（影射洪钧）与妓女傅采云（原名赛金花）的故事，做主要线索，描写清末上层社会生活。对当时黑暗政治与帝国主义罪行，有所揭露和批判，是清末四大谴责小说之一。有上海古籍出版社 1980 年刊本。

Ning

【 宁极斋稿 】

诗集　宋陈深撰。深字子徽。平江（今湖南县治）人，宋末元初（1259—1392）在世。宋亡时甫弱冠，乃闭门读书。元时阁臣荐之不出。所居宁极斋，并以名集。宁极，谓多事之时，安宁至极之道。语见《庄子·缮性》：“不当时命而大穷乎天下，则深根宁极而待，此存身之道也。”有《四库全书》本。

Niu

【 牛虻 】

翻译长篇小说　英女作家伏尼契（E. L. Voynich，1864—1960）著，李俍民译。1953 年中国青年出版社出版。伏尼契，生于爱尔兰。在伦敦结识俄国流亡革命者后，与波兰流亡者伏尼契结婚。创作《牛虻》。书中主人公亚瑟，别号“牛虻”。在十九世纪三十年代，为意大利人民反抗奥地利统治，争取意大利独立和国家统一，而英勇献身。他的一首遗诗是：“无论是我活着，或是我死掉；我都是一只，快乐的牛虻。”典故来自古希腊哲学家苏格拉底。他以“不敬神”“传播异教”“毒害青年”等罪名，被法庭判处死刑。临终前他说：“假如诸位提出条件说，只要我以后不再从事哲学研究，就可以释放我的话，那我就要回答说：‘只要我活着，我就坚决不放弃哲学研究。真正有意义的行动，是不应当考虑生命的危险的。我被神派遣到这个城市来，好比马身上的一只牛虻，职责就是刺激它赶快前进。’”

Nong

【 农村三部曲 】

话剧剧本　洪深（1894—1955）撰。洪深，现代剧作家、戏曲理论家、电影编导。江苏武进人，在清华学校（即清华大学前身）读书时，即参加戏剧的创作演出活动。后留美哈佛大学，专攻戏剧。回国后除任教外，主要从事戏剧运动和创作，为中国话剧运动奠基人之一。1930 中国左翼剧团联盟成立，参加主要领导。新中国成立后还担任文艺界和政府有关领导工作。30 年代初创作的《农村三部曲》：《五奎桥》《香稻米》《青龙潭》是洪深的代表作，也是较早的反映农村生活和农民反抗斗争的剧本，特别是《五奎桥》，情节集中，冲突尖锐，人物性格比较鲜明，以五奎桥拆毁问题上，反映广大农民和豪绅地主之间的矛盾，是左翼戏剧运动的重要收获。剧本收入黄河文艺出版社 1986 年出版的《洪深代表作》中。

【 农书 】

农学书

一、又名《陈旉農書》。宋陈旉撰。旉，两宋间隐士，约（1075—?）在世。曾躬耕田野，积累经验颇多。于绍兴十九年（1149）成此书。有三卷：农事、养牛、养蚕。为我国现存最早，南方地区性农书代表，是继《齐民要术》后，又一重要农书。有1956年农业出版社校注本。

二、又名《王祯农书》。元王祯撰。祯，字伯善。山东东平（今泰安地区属县）人，曾官县尹。王氏书前有《序》云："农，天下之大本也。'一夫不耕，或受之饥；一女不织，或受之寒。'（古语见《汉书·食货志》）古先圣哲敬民事也，首重农。其教民耕织、种植、畜养，至纤至悉。祯不揆愚陋，搜集旧闻，为集三十有七，为目二百有七十，呜呼备矣！"书成于皇庆二年（1131），分三部分：农桑通诀、农器图谱、谷谱。其中各种农具和机械图形，附文字说明，为全书精髓。此书是古代中国首次对南北农业作比较和总结之名著。有1963年农业出版社刊本。

【 农政全书 】

农业著作　明徐光启（1562—1633）撰，光启，明代科学家，字子先，上海徐家汇（今属上海市）人。万历年进士，官至文渊阁大学士。涉猎研究范围很广，所译《几何原本》已著录。徐氏精于农学及天文学。此书对前人农书和有关文献，系统地作了摘编，并增加自己的研究成果和评语，共六十卷。可谓当时中国古代农学研究之集大成。书中共分农本、田制、农事、水利、农器、树艺、蚕桑、蚕桑广类、种植、牧养、制造、荒政十二目。其中开垦、水利、荒政等事用力最勤，篇幅占全书过半。作者痛心于："国不设农官，官不庀农政，士不言农学，民不专农业"乃著此书。他书所载不过农事，而此书多及于政典，如：田制、荒政，故以"农政"为名。提倡在重视农业生产技术的同时，更应注意在政治上，如何保证农业生产的发展和防灾备荒，极具远见卓识。有1956年中华书局刊本。

Nü

【 女神 】

诗集　郭沫若（1892—1978）撰。收作者1919—1920年写成的诗五十七首。1927年上海泰东书局初版。《女神》的题名，用以表现作者，宣扬毁灭一切、创造一切的狂飙突进的反帝反封建思想及作者的泛神论倾向。作者跟据神话"女娲炼石补天"以诗剧形式写成。诗剧中的女神，是诗人理想的化身，但她已不愿象往日那样炼石修补那残破的天球，而决心创造个新鲜的太阳，要照彻天内的世界，天外的世界！这是诗剧的主旨和命名含义之所在。作品思想激进，而炼语不足，反映文学新旧变化交替的特点。参见《沫若全集》。

【 女仙外史 】

全称《新刻逸田叟女仙外史大奇书》　长篇小说　清吕熊撰。吕熊，号逸田叟，吴人。生卒年不详，约康熙十三年（1674）前后在世。文章经济，精奥卓拔，曾往来江淮为人客幕，余事不详。熊平生学问皆寄托于《女仙外史》一书。女仙，指唐赛儿。小说以唐赛儿为"月殿嫦娥降世之仙人"。外史，野史。书衍明成祖十八年（1420）山东唐赛儿白莲教起义，但牵合其反对燕王称帝，为惠帝建文争位的故事。书中有天上诸仙来人间助战，属于"神魔小说"之类。作者意在"扶植纲常，显扬忠烈"。清同治七年（1868），以其有"男女并观"的"淫亵语"，实因其正面歌颂农民起义而禁之。现代有1985年百花文艺出版社排印点校本。

O

Ou

【欧阳修撰集】

别集　宋欧阳澈撰。澈字明德，抚州荣仁（今浙江嵊县）人。哲宗至高宗朝在世。高宗时，澈伏阙上书请诛黄潜善、汪伯彦，与陈东同时被斩东市，时年三十一岁。后高宗悔悟，追赠其秘阁修撰。秘阁，秘书阁，禁中藏书之地。修撰，官名，掌修国史。本书以官名集。有《四库全书》本。

P

Pan

【潘黄门集】

别集　晋潘岳撰。潘岳字安仁，河南巩县人。生年不详，卒于晋永康元年（300）。少称奇童，又美姿容，出洛阳道上，妇人遇之，皆连手环绕，投之以果，满载而归。曾为河阳令县中遍植桃李，人以为美谈。官至黄门侍郎。辞藻绝伦，其文与陆机时称"潘陆"，同为太康文学主要代表人物。《文心雕龙·体性篇》评其："安仁清敏，故锋发而韵流。"《才略篇》又云："潘岳敏给，辞自和畅。"其清绮哀艳之风，别具一格，有《悼亡诗》及《西征赋》《闲居赋》等为世传诵。案，黄门，原意是黄色宫门，后为官署名。汉时设有黄门宫，给事于黄门之内。《汉书·元帝纪》注："黄门，近署也，故亲幸之物属焉。"晋建为门下省，黄门侍郎即给事黄门侍郎的省称。南朝梁江淹称潘岳为潘黄门。《隋书·经籍志》录有《晋黄门郎潘岳集》已佚，此集为明张溥辑，收《汉魏六朝名家集》中。

Pang

【彷徨】

短篇小说集　鲁迅（周树人，1881—1936）撰。1926年北平北新书局初版。收1924—1925年所作短篇小说十一篇。有：《祝福》《伤逝》《在酒楼上》等。关于以《彷徨》作书名，后来作者在《自选集·自序》中说："……《新青年》的团体散掉了，有的高升，有的退隐，有的前进。我又经验了一回同一战阵中的伙伴还会这么变化，并且落得一个"作家"的头衔，依然在沙漠中走来走去，……成了游勇，布不成阵了，所以技术上虽然比以前好了，思想也似乎较无拘束，而战斗的意志却冷得不少，新的战友在那里呢？我想这是很不好的，于是集印了这时期的十一篇作品，谓之《彷徨》。"作者又有《题〈彷徨〉》诗："寂寞新文苑，平安旧战场。两间余一卒，荷戟独彷徨。"参见《鲁迅全集》条。

【滂喜斋丛书】

清潘祖荫（1630—1890）编。祖荫，江苏吴县人，咸丰进士，官至军机大臣。有文名，好藏、书刻书。在苏州建藏书室滂喜斋，丛书以之名。所收除晚清经师著述外，多为其乡先辈及同时僚友诗文集。案：滂字，原意是大水涌流。《汉书·宣帝纪》诏："醴泉滂流，枯槁荣茂。"喜字通熹，《广韵》释：炽也，盛也。汉扬雄《训纂篇》终于"滂熹"二字。东汉贾鲂撰文取名《滂喜篇》。滂喜，即滂沱盛大意。丛书于同治光绪年潘氏刊出。

Pei

【佩韦斋集】

别集　宋俞德邻撰。德邻，字宗大，号大迂山人。永嘉（今属浙江温州）人。生卒年不详，约元世祖至元(1283)年前后在世。宋咸淳癸酉进士,宋亡不仕,遁迹以终。韦,皮绳,性柔韧,古代性情急燥的人,身上佩韦,以警戒自己。《韩非子·观行》:“西门豹之性急,故佩韦以自缓;董安于之性缓,故佩弦以自急。”有《四库全书》本。

【 佩文韵府 】

类书 清张玉书(1462—1711)等奉敕编。共五百六十卷。是书在元阴幼遇的《韵府群玉》,明凌稚隆《五车韵瑞》的基础上,进行增补。收一万二百五十七字,分韵一百零六。按词语最下一字归韵,注明出处,不作解释,供检查辞藻典故之用。所引以经、史、子、集为序,但未列篇名、题目,难于查对原书。佩文,康熙帝书斋名,义取汉王褒《四子讲德论》:“今圣主冠道德、履纯仁、被六艺、佩礼文。”以名斋,并以名此书。民国时,商务印书馆初次铅印本六册,收入其《万有文库》丛书。1982 年上海古籍出版社刊影印本,附索引。

【 佩玉斋类稿 】

元杨翮撰。翮,字文举,上元(今南京江宁县)人。生卒年不详,约惠宗至正年(1240)前后在世。官至太常博士,有室名“佩玉斋”。古说玉有“五德”。《诗·秦风·小戎·笺》疏引聘义:“君子比德于玉焉。温润而泽,仁也;缜密似栗,知也;廉而不刿,义也;垂之如坠,礼也;孚尹旁达,信也。”《礼记·玉藻》:“古之君子必佩玉,……行则鸣佩玉,是以非辟之心无自入也。……君子无故玉不去身,君子于玉比德焉。”义本于此,而名之。元丁复《送杨文举赴江浙省宣使》诗:“五风文章能并世,伯鱼诗礼久趋庭。云边宫阙时时到,马上河山处处经。政德犹如太史令,玉堂郁郁旧毡青。”有《四库全书》本。

【 佩觿 】

字书 三卷。宋郭忠恕(?—977)撰。忠恕字恕先。先仕汉、周,入宋为国子监主簿。此书上卷论文字形声变迁,下卷为正音、正形,着重辨正形体近似字。觿(Xi),古代解绳用的工具,形如锥,以骨制成,也作佩饰。《礼记·内则》:“左佩纷帨、砺、小觿、金燧。”《诗经·卫风·芄兰》:“芄兰之友,童子佩觿。”以之名书,意谓可视作解决文字疑难的工具。有《丛书集成初编》本。

Peng

【 彭城集 】

诗文别集 宋刘攽撰。攽字贡父,号公非。真宗乾兴元年(1022)生,哲宗元祐三年(1088)卒。临江新喻(今江西新余)人。与其兄敞,同登同庆六年进士。曾出知曹州(今山东曹县),官至中书舍人。攽,博闻强记,精于史学,政事侔古循吏。案,彭城古为大彭氏国,唐尧时彭祖封于大彭。秦置县,汉高祖刘邦起兵在此地区。唐以徐州为彭城郡,治所在今江苏铜山县。刘氏望郡之一为彭城,故攽以名集。攽另有《公非先生集》。

【 彭公案 】

长篇公案小说,又名《大清全传》。清光绪十八年(1892)刊,共一百回。作者题贪梦道人,其原名杨挹殿,福建人,能诗,生卒年不详。小说主人公彭朋,实名彭鹏,字奋斯。福建莆田人,《清史稿·卷二二七》有传。鹏,顺治年进士,历任三河县知县,官至广西巡抚。书中述彭朋出巡查案,因其为官清正,断案公平。在一群侠官保护协助下,与豪强恶盗斗争,为民称颂。故名《彭公案》。本书是在民间流传故事基础上,敷衍而成。情节俗套,结构松散,文字不佳。又写侠客效忠官府,侠义内容薄弱,标志公案小说日趋没落。书中黄三太打虎救驾,杨香武盗九龙杯等段落,尚为戏曲、曲艺所移植,流传较广。近有西安三秦出版社 2005 年刊本。

Pi

【 毗陵集 】

一、别集。唐独孤及撰。及字至之,河南洛阳人。玄宗天宝至德宗贞元年(744—796)在世。天宝末进士,历濠、舒二州刺史。以治课加封郎中,后徙常州卒,谥宪。为唐古文运动之先锋。有《四库全书》本。

二、别集。宋张守撰。守字全真,常州晋陵人。以籍名书。案:毗陵,晋置毗陵郡,后改名晋陵。治辖今江苏丹徒、武进一带。唐时将常州改为毗陵郡。有《四库全书》本。

【 琵琶记 】

南戏剧本。元高明撰。高明,字则成。约公元1354惠宗朝时在世。温州瑞安(今属浙江)人。至正年进士,仕途不达,然为官清廉,百姓称颂。辞官后,以词曲自娱。此本乃高明据民间长期流传戏曲《赵贞女》改编。叙蔡伯喈进京应试,妻赵五娘在家侍奉翁姑。蔡中状元,为牛相府招赘。原籍饥荒,蔡父母皆饿死。五娘身背琵琶,一路卖唱,乞讨进京。得牛女之助与蔡团圆。高明将原本中的蔡背妇弃亲,改为被迫,以迎合民心。将不忠不孝,改为全忠全孝。明太祖朱元璋将之与五经四书同列,称其"富贵之家不可无者",并召见高明。剧共四十二出,词句清新,文采斐然。被誉为词曲之祖,并视为轨范,对后世戏曲影响很大。案,蔡邕事迹见《后汉书·蔡邕列传》,史称其笃孝,三世而居,乡党高其义。然后代则流传蔡伯喈进京后,贪恋功名富贵,弃亲背妇,受雷殛死。高则反其意而为之,受朝野欢迎。南宋诗人陆游有诗云:"斜阳古柳赵家庄,负鼓盲翁正作场。死后是非谁管得,满村听说蔡中郎。"有1980年上海古籍出版社铅印本。

【 埤雅 】

训诂书　宋陆佃撰。佃字农师,山阴(今浙江绍兴)人。仁宗至徽宗朝(1042—1102)在世。熙宁年进士,曾官尚书右丞,知亳州,卒于官。书释鱼、兽、鸟、虫、马、木、草、天八门。因名物而求训诂,旁通经义。张存《重刊埤雅·序》:"昔周公著《尔雅》,其事详矣。而有未备也。至宋元丰间有尚书右丞陆佃,撰《埤雅》若干卷。埤,辅也。言为《尔雅》之辅也,则事越备而文愈详矣。"有《丛书集成初编》本。

Pian

【 片玉词 】

词集　宋周邦彦撰。邦彦字美成,其名典自《诗经·郑风·羔裘》:"彼其之子,邦之彦兮。"《毛传》:"彦,士之美称。"即指有才德的人。钱塘(今杭州)人。仁宗嘉祐至徽宗宣和年间(1056—1121)在世,元丰中曾提举大晟府(宫廷音乐机关)。邦彦于于南北宋间为词家大宗,娴音乐,能自度曲。所作皆精深华艳,歌楼妓馆莫不习诵其作。周氏自号"清真居士",宋代著录其有《清真词》,已佚。片玉之题,始见于元刻庐陵刘肃之《叙》:"犹获昆山之片珍。琢其质而彰其文,因命之曰《片玉集》。"题名《词》《集》二书内容相似,《词》收入毛晋汲古阁《宋六十名家词》中,《集》收入《四部备要》中。又本书另名《清真词》参见该条。有毛晋汲古阁《宋六十名家词》本。

【 骈雅 】

训诂工具书　明朱谋(土韋)撰。谋(土韋)字郁仪,明宗室。万历中管理石城王府事,暇时闭户读书。通朝廷典故,著书百余种。骈,原意是并列、对偶。本书专于古书文中词义典奥的双音词,依《尔雅》体例分章训释。《骈雅·自序》:"骈之为言,并马也。联也,谓字与说俱偶音者也。……篇仍从《尔雅》之旧者,明有所沿而不敢创也;文专骈联之义者,亦有所益而不欲袭也。"该书引证博详,颇具条理,然未注音切,不标出处,不利初学。清道光年龙岩魏茂林作《骈雅训纂》,增音切,注出处,便利读者。为阅读古籍,研究古汉语之工具书。有《丛书集成》本。

【 骈字类编 】

类书　清张廷玉(1672—1755)等奉敕编。廷玉,安徽桐城人。康熙进士,官至保和殿大学士、军机大臣。曾以翰林院检讨兼校勘官予修《佩文韵府》,后复命其领修此书,至雍正四年(1726)成。是书仅收二字合成的"雅驯"之词,骈字以为作韵文律诗时检查辞藻典故之用。书以单字为头,不列音训。词语以首字归下,按词头字义归类排比,故名。引用资料以经史子集为序,且注明出处,极便核查。分天地、时令、山水等十三门,凡一千六百四字。雍正《御制骈字类骈序》:"自古类书或以事而相从,或以韵而相次,目循故辙,讹伪相沿,乃命儒臣纂修《骈字类篇》一书。字从所统,若律吕之有元声;类以字分,如百川之归大海。提纲挈领,义例灿然,……比事属辞,盖骈之义也。《易》曰:'方以类聚'则类之始也。今字则从骈,义虽不同而不妨于并列;编则从类,事虽互见而不至于混淆。"今有北京中国书店1984年影印十二册本。

Piao

【飘】

长篇翻译小说　英文原名"GonewiththeWind",美国女作家M.米切尔(Mitchell 1900—1949)著。写女主人公郝思嘉,在美国南北战争中的遭遇,于1936年出版。中文1940年由傅东华翻译初版。原文书名是从十九世纪末,浪漫诗人道逊(E. Dowson,1867—1900)的诗中撷取的。中文译名《飘》的缘由,见于译作者《序》:"……原名'GonewiththeWind'取义见于本书第二十四章。原意是说本书主人公的故乡已经'随风而去'了。上海电影院起初译为'随风而去'与原名固然切合,但有些不象书名,后来改为'乱世佳人'那是只好让电影去专用的。现在改为《飘》,'飘'的本义为'回风',就是'暴风'。原名Wind本属广义,这里分明是指暴风而说的,'飘'有'飘扬'、'飘逝'之义,又把Gone的意味也包括在内了。所以我觉得又这一个字已经足够表达原名的含义。"案,我国《诗经·桧风·匪风》二章中有:"匪风飘兮"句,《毛传》注为:"回风为飘"。翻译家杨凯深评云:"……风行一时的'GonewiththeWind'一半由于根据原书改为电影的'乱世佳人',新中国成立前曾在我国各大城市放映,吸引了成千上万的观众;一半也是由于傅东华取名为《飘》的翻译,该书的中英文版均曾在国内风行一时,成为最畅销的书籍,直至两年前有书店重印傅译,还赚了一笔大钱。于是有人慨叹,为什么这样一部价值不大的作品能大量刊印,而有些文学史上的名作倒反而没有译本或虽有一译本而印数有限,销行不广。……这里提到了三种不同的译名,如欲评比高下,倒也不太容易。《飘》只用一个字,极简洁地表达随风飘扬之意,但不能真正传达原作者的伤逝之情。'乱世佳人'带有鸳鸯蝴蝶派的庸俗气息,但却能把女主人公在南北战争中的飘零身世暗示出来。至于'随风而逝'好在能紧扣原名,说明了女主人公飘荡的一生,也可以采纳。"1990年上海译文出版社出版陈良佐等译的米切尔的原著全译本,则仍题名《乱世佳人》。

【嫖经】

参见《青楼韵语》。有1935年中央书店《国学基本文库》本。

Pin

【品花宝鉴】

又名《燕京评花录》《怡情佚史》《群花宝鉴》　长篇白话小说。原未题撰人,经考证是陈森(约1797—1870)撰。森字少逸,号石函氏。毗陵(今常州)人。道光年刊印,书中有《序》介绍:作者秋试下第,排遣于歌楼舞榭。且以品题梨园,雌黄人物以自消。花,指书中的倡优名旦。叙其为君子高士挽救而终脱苦海。原书第一回有:"……以游戏之笔,摹写游戏之人,而游戏中最难得者:几个用情守礼之君子,与几个洁身自好的优伶,真合著《国风》好色不淫一句。……耳目所及,笔之于书,共成六十卷,名曰《品花宝鉴》,又曰《怡情逸史》。"书中写及清末狎优同性恋之风,但主角梅子玉与杜琴言之交,却闲雅自重,毫不轻浮,为用情之正者。且宣扬平等观念,虽书开狭邪小说之先河,亦有可取之处。有1987年文学古籍刊行社影印本。

Ping

【平江不肖生文集】

向恺然(1890—1957)撰。2000年北京华夏出版社出版。向恺然又名向逵,笔名不肖生。湖南平江人,曾留学日本。撰有《留东外史》,写民国初年在日本的留学生及浪子阔少,流亡革命者等众生之相,于1916年发行。其《自序》中提及其笔名的由来:"不肖生自明治四十年即来此地,……用着祖先造物,说不读书,也曾进学堂,也曾毕过业。说是实心求学,一月有二十五日在花天酒地中,近年来，祖遗将罄，游兴已阑，已渐渐有倦鸟归还故林之意。只是非鸦非凤的在日本住了几年，归得家去，一点成绩也没有，怎生对得住故乡父老呢？想了几日，就想出著这部书，作敷衍塞责的法子来。”又云：“天下皆谓我大，夫惟大，故不肖。”语出《老子》，可能还是羽毛自珍之辞。向氏因文罪人，后潦倒于上海卖文为生。1923 年撰《江湖奇侠传》，在《红》杂志上连载，是民国年间武侠小说开山之作。后由世界书局、中央书局出版单行本。1928 年上海明星公司，将其中 73—81 回改编拍成电影《火烧红莲寺》，连续拍了十八集，轰动一时。向氏后在湖南、安徽等处任公职。解放后曾任职于湖南文史馆，后出家为僧，隐居于长沙妙高峰下。

【 平津馆丛书 】

清孙星衍辑。星衍字伯渊，号渊如，江苏阳湖（今属武进）人。乾隆至嘉庆朝（1753—1818）在世。乾隆五十二年进士，历官山东督粮道权布政使。曾主持“诂经精舍”“钟山书院”。袁枚品其诗为“天下奇才”，尤精校勘。此丛书共收四十三种，二百五十四卷。有善本诸子、医学、历史等重要古籍及其自著《尚书今古文注疏》与《诗集》等。平津馆，星衍名其书斋。自著《平津馆记》云：“鬲津（古九河之一）至平原曰平津。经汉高城（今河北盐山）入海。公孙（汉公孙弘）丞相以此封焉。予参藩山左，驻节安德（今山东乐陵），地为平原故都。当燕齐孔道，通人过访无虚日，非有翘才之馆也。官贫兼负帑项，布被脱粟，非以为诈也。位业去古人甚远，谢策甲得，偶相似，又不足述也。所以名吾馆者，以识风土古迹。后之士大夫为国树人，或有慕夫开阁之风也。铭曰：“九河故道，鬲曰平津。有怀公孙，约己树人……”案：公孙弘，出身贫寒，通儒术，精吏治。武帝时擢为丞相，开东阁以延士，建议设五经博士。虽位三公而布（葛、麻类）被脱粟（糙米），生活节俭，厚俸皆用以养故人宾客，武帝贤之，封平津侯。有清嘉庆年兰陵孙氏刊本。

【 平山冷燕 】

中篇小说　原刻本未题撰者，后刊本题“荻岸山人”或“荑荻散人”编次等。沈季友《槜李诗系》记有：“张勻年十五作稗史，今所传《平山冷燕》是也。”张勻，嘉兴人，约康熙三十一年在世，余无考。书名是四个主人公姓名第一个字组成。写才女山黛、冷绛雪，才子平如衡、燕白颔皆才华出众相互爱慕，后会试得中，奉旨双双成亲的故事。小说主旨颂扬女子才情，情节未脱才子佳人窠臼，却为同类小说中上乘之作。其背景言“先朝隆盛之时”是指明朝，作者或有怀恋故明之志。今有中华书局2002 环生点校本。

【 平屋杂文 】

夏丏尊撰。氏浙江上虞人，原名铸，字勉旃。清末留日，回国后，任教于师范学堂及中学。1927年，任开明书店编辑所长。抗战时为上海《救亡日报》编委。胜利后为中华全国文艺家协会上分会理事。译有意大利爱米契斯小说《爱的教育》，很有影响。本书为其散文集，作者自言：“自从祖屋出卖以后，我就没有自己的屋住。白马湖几间小平屋的造成，在我要算一生值得纪念的大事。集中所收的文字，大多数并不是在平屋里写的，却差不多都是平屋造成以后的东西，最早在民国十年，正是平屋造成的那一年。就文字的性质看有评论，有小说，有随笔……近来有人新造一个杂文的名辞，把不三不四的东西叫做杂文，我觉得我的文字正配叫杂文，所以所以就定了这个书名。”夏氏行文舒缓，毫无火气，然而交代清楚，不离本旨，且处处含有教育意义，是始终不忘其本位使命者。近有北京中国书店 1983 年刊本。

【 屏山集 】

别集　宋刘子翚（hui）撰。翚字彦冲，福建崇安（今建阳地区属县）人。徽宗至高宗（1101—1147）年代在世。以父荫授承务郎，除通判兴化军。父刘韐使金，死国难。翚哀父辞归，筑室屏山讲学，学者称屏山先生。崇安，北宋时置县，在武夷山下。屏山，在崇安东五十里，有刘子翚居处。有《四库全书》本。

【 洴澼百金方 】

兵书　旧题袁（吴）宫桂，或曰惠麓酒民撰，皆不可考。本书举历史上的战例，论述国家战备防御之策。书名典见《庄子·逍遥游》中的寓言“不龟手之药”:“宋人有善为不龟手之药者,世世以洴澼絖(纩)为事。客闻之,请买其方百金,……客得之,以说吴王。越有难,吴王使之将,冬与越人水战,大败越人,裂地而封之。能不龟手一也,或以封,或不免于洴澼絖,则所用之异也。”龟(jun),与“皲”同,皲裂:皮肤因寒冷而开裂。洴澼,在水中漂洗织物。絖(纩),即丝绵。书名寓意:所辑之战例决策虽非惊人之举,但切于实际在战争中可以奇功制胜。书约成于乾隆元年(1736),现有乾隆五十三年刻本,道光时重刻更名《备御录》。

【 萍水相逢 】

散文集台湾作家蒋勋撰。蒋勋,诗人。原籍西安市,毕业于国立艺专。大学时代开始写作,1972年赴法学美术史。曾在台湾大学、东海大学任教,并主编《雄师美术》。本书为其散文集,收有《萍水相逢》《长啸激清歌》等篇。作者《自序》云:“散文常常是一种心情,灯下独白,不作任何掩饰,有点直见性命的意味。”本书 1985 年,由台北尔雅出版社出版。书名典自唐王勃《秋日登洪府滕王阁饯别序》中:“关山难越,谁悲失路之人;萍水相逢,尽是他乡之客。”或省作“萍水”。清孔尚任传奇《桃花扇·逢舟》:“悠悠萍水一番亲,旧恨新句论。”有1985 年台北尔雅出版社刊本。

Po

【 鄱阳集诗集 】

一、宋彭汝砺撰。汝砺字器资,饶州鄱阳人。仁宗至哲宗朝(1042—1005)在世。治平进士,历官权吏部尚书,知江州。有《四库全书》本。

二、宋洪皓撰。皓字光弼,鄱阳人。哲宗至高宗朝(1088—1155)在世。政和进士,以礼部尚书使金,不屈被扣留十五年。作词《临江仙》:“冷落天涯一纪”意切情真。后南归,忠义之声闻天下。谥忠宣忠:虑国忘家;宣:诚意见外。有《四库全书》本。案,鄱阳:江西北有鄱阳湖,即《禹贡》所称彭蠡。东岸秦置番阳县,汉改鄱阳县。宋属饶州鄱阳郡。今江西上饶地区有波阳县。

Pu

【 蒲室集 】

诗文集　元释大䜣撰。大䜣俗姓陈氏,字笑隐。南昌人,约成宗延祐(1317)年前后在世。大䜣协通经典,旁及儒、道之说。曾住持建康集宁寺,授大中大夫。蒲,草名又名香蒲,叶可为器物。《释名·释宫室》:“草圆屋曰蒲。蒲,敷也,总其上而敷其下也,又谓之庵。”草庵,释之所居也,即以名集。元张翥《奉答新仲铭禅师》:“诗我识新公老禅纳,一灯蒲室是真传。”元虞集《蒲室集·原序》:“南昌䜣公,……其说法之余,肆笔为文,莫之能御也。……危坐虚室,使善读者琅然读之,如洞庭之野,众乐并作。铿宏轩昂,蛟龙起跃,物怪屏走,沉冥兴发。至于名教节义,则感励愤激。老于文学者不能过也。”书收入《四库全书》。

【 甫里集 】

别集　唐陆龟蒙撰。龟蒙字鲁望,吴郡(今苏州)人。生年不详,约卒于僖宗朝(881?)。少举进士,一不中即弃去,退居松江甫里(今江苏吴县东南角直镇)。工诗文,多写水乡隐居生活,时称甫里先生,又号湖散人、天随子。曾拜左拾遗。案,山东新汶市南有龟、蒙二山。《诗经·鲁颂·閟宫》:“奄有龟蒙”陆氏郡望为平原(今山东德州地区)及吴郡。元倪瓒《同里》诗:“黄香宅里留三宿,甫里门前过几回。”有《四库全书》本。参见《笠泽丛书》条。

【 曝书亭集 】

别集　清朱彝尊撰。彝尊号竹垞,晚号长庐钓鱼师。浙江秀水人。明崇祯至清康熙年(1629—1709)在世。康熙十八年,应博学鸿儒科,以布衣入选修明史,翰林院检讨,值南书房。工古文,长于考证,诗与王士祯称南北两大宗。曝书亭,康熙三十五年,氏六十八岁,在故里王店镇(今嘉兴车站北一半)于所居园,荷池南假山,建攒尖之亭,曰“曝书亭”。案,“曝书”典故见王隐《晋书》载:曹操征辟司马懿,懿托病不起。操令人私察之,“时七月七日,高祖(司马懿)方曝书。"古代风俗,见崔寔《四民月令》:"七月七日曝经书及衣裳不蠹。"集为氏自编,因以名之。有《四库全书》本。朱氏另著有《词综》《明诗综》等。

Q

Qi

【七剑十三侠】

又名《七子十三生》　长篇武侠小说。清唐芸州撰。题"姑苏桃花馆主人唐芸州编次"。芸州,苏州人,约光绪中(1892)前后在世,余无考。书中以明武宗平定安化王朱置藩、宁王朱宸濠叛乱为背景,写宁王等人,结交死党,为非作歹,阴谋夺取江山。俞谦、王守仁等忠直有为之士与乱臣贼子作殊死斗争。在玄贞子、海鸥子等七位剑仙及凌云生、孙云生等十三位豪侠的帮助下大获全胜,诸剑侠被封官赐爵,故题名《七剑十三侠》,近有中国戏剧出版社1996年刊本。

【七录】

综合书目　南朝梁孝绪(479—536)撰。孝绪字宗,陈留尉氏(今属河南)人。隐居不仕,好集图书,精目录学。普通年间(520—527)仿刘歆《七略》而少改之,撰是书。著录图书六千二百八十八种,四万四千五百二十六卷。分内、外篇。内篇有:一、经典—六经、小学,二、记传—史传,三、子兵—子书、兵书,四、文集—诗文,五、术技—天文、历算、刑法、方技等。外篇有:六、佛法,七、仙道。原来每书皆有介绍提要,全书已佚,今仅见《序目》于《广弘明集》中,即《七录》所列之五十五部分类表目。其异于以前之处,在新立一"文集录"。记传,收史传书。其类分思想已接近于后世之经、史、子、集之分类法。故《隋志》取为依据,对我国古代图书分类法有很大影响。本书之名"录"者,见于《文心雕龙·书记》:"录者,领也。古史世本,编以简册,领其名数,故曰录也。"参见上编"录"字条。

【七录斋集】

诗文别集　明张溥撰。溥字天如,江苏太仓(今苏州地区县治)人。万历至崇祯(1602—1641)年在世。以文名都下,崇祯初,归。集郡中名士,以复兴古学为己任,名其文社曰"复社",自谓以嗣东林,遭执政恶之。七录斋,其书斋名,清万斯同《明史稿·张溥传》:"溥幼嗜学,所读书必手抄,抄已,朗诵一过即焚之,又抄。如是者六七,始已。或问:'何勤苦乃尔?'曰:'聊用强记,何留滞心目为!'用是,右手握管处,指掌咸成茧,数日辄割去。冬手日皲,日沃汤数次,其勤苦若是。后名读书之斋曰'七录',以此也。"有明崇祯刻本。

【七略】

分类目录　西汉刘歆(前53—23)撰。歆字子骏,沛(今江苏沛县)人。刘向子,曾随父校禁中书,官至郡守,王莽封以国师。精古文经学、天文、目录之学。刘向校书每书写"叙录",歆汇编为《别录》,又撮其旨要,分编为《七略别录》,即是书。计分六艺略、诸子略、诗赋略、兵书略、术数略、方技略、辑略,下列共三十八子目。著录六百零三家,一万三千二百一十九卷。类分并总结先秦至两汉学术成就,为我国分类目录之祖,影响深远。原书久佚,班固撰《汉书·艺文志》即以《七略》为蓝本。《七略》是我国第一个分类目录,惜原本失传,幸赖《汉书·艺文志》得以见其梗概。有清代洪颐煊等辑佚本。参见《汉书·艺文志》条。

【七言诗三昧举隅】

诗论　清翁方纲撰。方纲,字正三,隶大兴(今属北京)人,雍正至嘉庆朝(1733—1818)在世。乾隆进士,官至内阁学士,历督学政,充考官。精辞章等学,诗宗江西派,作诗注重学问、义理,创"肌理说"。此书本于王士祯撰《三昧集》之旨,复摘王士祯《古诗选》中七言诗,以证三昧之旨。类似选集,但于具体作品中阐述其诗论,可视作诗话之别体。案:三昧,原为佛教音译词之一,指止息杂虑,心专一境的修行方法,后指事物的奥妙、诀窍。唐李肇《国史补》:"长沙僧怀素好草书,自言得草圣

（张芝、张旭）三昧。”举隅，即举例、举一反三之意。书名就是通过作品举例，说明七言诗的创作规律、诀窍。本书收于《清诗话》中，有上海古籍出版社1999年刊本。

【齐东野语】

笔记　宋周密撰。密（1232—1298），家湖州（今浙江湖州市境），其先济南人。书中考证古义，皆极典详。记南宋旧事，兴亡治乱之大端，当时笔记可资考史者，首推此书。书名取自《孟子·万章上》：“此非君子之言，齐东野人之语也。”原指不足信之语，此则志其不忘中原之家教也。有1983年中华书局点校本。参见《武林旧事》条。

【齐民要术】

古农书　东魏贾思勰撰。思勰，始末不详，知其为山东益都（今潍坊地区属县）人，曾官高阳太守。本书成于偬元533—544年孝静帝时。以抄本传，初刻于北宋。齐，等、同之意。齐民即平民。《管子·君臣下》：“齐民食于力，则作本。”书名释意为：平民谋生的重要术法。书有贾氏《自序》云：“今采捃经传，爰及歌谣，询之老成，验之行事，起自耕农，终于醯醢。资生之业，靡不毕书。号曰《齐民要术》。”该书凡引先秦至晋古籍百余种，系统总结六世纪以前，黄河中下游地区农业经验，涉及耕作、农具、牧畜、兽医、蔬果、茶竹、食品加工诸方面。为我国最早之全科农书，也是世界最早的农学科技文献之一。有1956年中华书局排印本。

【齐乘】

元地方志元于钦（1284—1333）撰。钦，山东益都（潍坊属县）人，字思容。由助教累官至兵部侍郎。奉节山东，乃周览山川，察水经地纪，援经史，考见闻。以益都、般阳（今淄博境）济南三路为主，兼及附近古代曾为齐国邑属诸县。内容分沿革、分野、山川、郡邑、古迹、亭馆、风土、人物八门。作者齐人，服官齐地，是以所据较确，叙事亦简赅，不失为方志善本。古代地方性史书，先秦时尚无统一称谓，故《孟子·离娄下》云：“晋之乘，楚之梼杌，鲁之春秋，一也。”孙爽疏曰：“以其所载以田赋、乘马之事，故因以名‘乘’”是以“乘”为史书之谓。参见上篇“乘”字条目。有《四库全书》本。

【歧路灯】

长篇小说　清李观海（1707—1790）撰。观海字孔堂，号绿园。河南新安人，官贵州印江知县。书中写明嘉靖年间，祥符（今开封）少年谭绍闻，幼年丧父。由于母亲溺爱又被同辈浮浪子弟引诱，酗酒赌博，斗鸡走狗，狎尼宿娼，步入歧途，终至倾家荡产。但一次入梦重温了父亲的遗训：“用心读书，亲近正人。”使其回头向善，终获好的结果。父亲的教诲是其歧路知返的明灯，乃以题名。反映当时十分广阔的社会生活，文笔生动流畅。歧路，即岔道。见于《列子·说符》：“杨子曰：‘嘻亡一羊，何追之者众？’邻人曰：‘多歧路。’”有1980年河南中州书画社出版栾星校注本。

【琦君散文】

台湾女作家琦君（1916—2006）撰。琦君原名潘希真，浙江永嘉人。曾就读于浙江大学中文系。1946年赴台，在司法界工作，并任教于大学。1977年赴美国。作者是台湾著名散文大家，散文结集的有：1954年的《琴心》，1962年的《溪边琐语》《烟愁》，1969年的《红纱灯》，1975年的《三更有梦书作枕》，1976年的《桂花雨》，1977年的《细语灯花落》，1978年的《读书与生活》和《千里怀人月在峰》，1979年的《与我同车》，1980年的《留予他年说梦痕》，1983年的《灯影旧情怀》，1984年的《水是故乡甜》等。多由台北尔雅出版社、九歌出版社及洪范书店出版。散文内容有：忆旧怀人，感悟人生，描绘习俗，点染风光，……方方面面，多彩多姿。风格亦为淡雅素朴，温柔敦厚。文集题名颇有诗情画意，韵味超凡之特色。

【屺思堂集】

文集　清刘子壮撰。子壮，字克猷。湖北黄岗人，明万历至清顺治（1609—1652）年间在世。顺治进士，廷对第一，授国史馆修撰。后充会试同考官，寻告归。性至孝，博综群籍，精制举文，诗文以气胜。《清史列传·刘子壮传》：“（子壮）九岁失恃，每念母辄为孺子泣，遂以屺思名其堂。”是以室名名其集。案：屺思，典见《诗经·魏风·陟岵》：“陟彼岵兮，瞻望父兮。……陟彼屺兮，瞻望母兮。”岵，没有草木的山；屺，有草木的山。《诗·

序》谓行役思念父母之作。后以屺思为思母之意。是书为其孙永锡所刻,康熙年刊本。

【 启祯两朝剥复录 】

杂史　明吴应箕(1594—1645)撰。应箕,安徽贵池人,善今古文。崇祯元年与张溥等结“复社”,一时有“小东林”之名。南都中崇祯副榜。南明弘光元年,清军破南京应箕于池州起兵抗清,兵败被执,从容就义。乾隆四十一年追谥忠节。此书为编年体,记天启、崇祯两朝阉祸始末,最为翔实。按年月分列纲目排比史实,所记大都来自目击,史料价值较高。有《荆驼逸史》本(清陈湖逸士编,已著录)。案:剥复,指《易》剥、复两挂。剥挂,为剥落之象;复挂,为来复之象。(见唐李鼎祚《周易集解》)后用剥复比喻盛衰、消长的意思。《宋史·程元凤传》:“极论世运剥复之机。”参见已著录之《秋浦双忠录》。

【 憩园 】

中篇小说　巴金(李尧棠,1904—2005)撰。憩休息。《诗经·召南·甘棠》有:“蔽芾甘棠,勿剪勿败,召伯所憩。”《憩园》写作者在一个朋友新买的园子—憩园的经历,叙述杨、姚两个家庭衰败的不幸。作者在《后记》中说:“钱,不会给我增加什麽,使我能够活的更好的,还是理想。……象这本小说里所写的那样,高大房屋和漂亮花园的确常常更换主人。谁见过保持到百年的私人财产!保得住的倒是在某些人看来极渺茫,极空虚的东西——理想同信仰。”有1944年上海文化生活出版社刊本。参见《巴金文集》条。

Qian

【 千百年眼 】

笔记　明张燧撰。燧字和仲,湖南湘潭县人。万历举人,据《县志》载其:“多友朋,耽史书,……肄业国子监,……系以舟,命仆载纸笔自随,有省则识之。”是书对于古今书籍中之舛错谬误及千百年来之俗识庸论,一一批评。又点播诸似是而非,疑而不清之处。一反腐儒之迂阔,顿呈慧眼之卓识。目为《千百年眼》有:独具慧眼,明识千秋之意。作者《千百年眼小引》:“余得属意经史百家,旁及二氏,与夫稗官小说,家乘野语,不揣荒陋。谬以是意,提衡其间,瞥见可喜、可悦、可惊、可怪之语,俗儒所不敢道,与文人之所不能道。目注声倾,辄手录之。积久成帙,名曰《千百年眼》。上下几千年豪杰之恢张擘划,议论文章,一开卷而了然。向之所谓不容泯灭之精灵,销沉蠹耗于鱼腹者,若揭然一新。则庶几窃附于长康之遗意乎?亦一快也。”明邹元标《千百年眼序》:“世有千百年眼,其人乎非迷目阿睹,则泥首典典籍作蠹鱼耳。迷于利者无足论,即迷于典籍者,多从耳根入。凡经前人舌余,即为定论,……张君和仲拮据此书,可谓钩赜索隐,起古人相与论辩亦必心服。虽然遂谓为千百年眼,犹未也。……古有天眼、道眼、慧眼、法眼超于形体外,不以一切言语文字求。和仲乃穷无穷,极无极,有不及历数尽者,超天地而独存,拨云翳而长清,功诚伟哉。”收入《笔记小说大观》。

【 千古伤心文化人 】

散文集　台湾作家古铮剑(1932—　)撰。作者广东潮安人,原名廖铿然,报纸专栏作家。书中收录有:《我所知道的巴金》《老舍的一生》《我和萧君》《简说何其芳》《关于张恨水》等篇章和郭沫若、芦狄、卞之琳、冯至等人的资料。大多是大陆文化人的经历和遭遇。书名来自大陆作家田汉的一首诗《赠玛琍》:“爷有新诗不济贫,贵阳珠米桂为薪。杀人无力求人懒,千古伤心文化人。”诗作于1944年。注释说:玛琍,即作者田汉的女儿田野。1944年日军占领桂林、柳州,后方军民奔走贵阳。田汉于10月22日到贵阳,有感于形势而题此诗。参见中国戏剧出版社《田汉文集》第十二卷。古诤剑的散文集,是1978年,台北白云文化事业有限公司出版。

【 千江有水千江月 】

长篇小说　台湾女作家萧丽红(1950—　)著。萧氏台湾嘉义人。1980年,她以本书,获《联合报》优秀长篇小说奖,列当年十大畅销小说之一。1991年台北联合报社初版。本书以台湾嘉义的望族,萧姓大家庭中,主人公贞观和大信的感情生活为主线,写悲欢离合,生死婚嫁。生动的表现传统习俗和亲邻间的情感世界。作者擅长心理描写,语言平实洗练。书名以江水的意象象征人生,原句是佛家偈语,见宋雷庵正受《嘉泰普灯录》:“千江有水千江月,万里无云万里天。”首句意指江水不分大小,有水即有映月;人不分贵贱,是人便有佛性。后句天,是指佛心、本性。云,是物欲、烦恼、尘埃,时时拂拭,才能显见光明。作者引为书名,义取佛光普照大千,世俗之人情、人性、事事处处,莫不映而见之也。

【 千金要方 】

医书　一名《备急千金要方》,简称《千金方》唐孙思邈撰。思邈,世号孙真人。京兆华源(今陕西耀县)人,隋文帝开皇至唐高宗永淳(581—682)年间在世。博通经史百家,潜心研究医学,治验丰富。鉴于古代医方散乱浩繁,求检至难,乃删裁繁复,以求简易,于永徽三年(582)撰成此书。《四库全书总目提要》:“思邈常谓人命至要,贵于千金,一方济之,德逾于此,故所著方以‘千金’名。”此书广辑唐代以前各家方书及民间单方,实为集唐以前医学之大成。尤其重视妇、儿两科更为作者卓识。列证治二百三十二门,载方五千三百余首。后人有“妙尽古今方书之要”的评价。有1955年人民卫生出版社据江户医学本影印本。

【 千山外水长流 】

长篇小说。台湾女作家聂华苓(1925—　)著。本书叙在美国长大的女孩莲儿,回国投奔祖父母。由于时间和空间的阻隔,形成的代沟,造成了感情的冲突和波折。最后终于互相理解,建立了新的挚爱亲情。书名的寓意是:千山之外生命之水绵延不绝,万里之途隔不断,各国各族人民的友爱真情。本书由四川人民出版社于1980年出版。参见已著录作者之长篇小说《失去的金铃子》。

【 千字文 】

传统启蒙课本　南朝梁周兴嗣(?—521)编。兴嗣,字思纂,陈郡项(今河南沈丘)人。官至给事中,佐撰国史。本书为传统启蒙课本《三字经》《百家姓》之一。包括两千个单字。清人王筠言:读二千字可打下初步阅读基础。其内容编成自然、社会、历史、伦理、教育等方面的知识。四字一句,对偶押韵,便于记诵。据《太平广记》载:“梁武帝(萧衍)教诸王书,令殷铁石于大王(羲之)书中拓一千字不重者,每字片纸,杂碎无序。帝召兴嗣谓曰;‘卿有才思,为我韵之。’兴嗣一夕,编缀进上。鬓发皆白,赏赐甚厚。”坊间刻本甚多,1989年巴蜀书社刊有《千字文通释》。

【 潜夫论 】

政论　汉王符撰。王符,约生于章帝建初年(76),约卒于桓帝永寿末(157)。本书共十三卷,三十六篇。大多是讨论治国安民要术的政论文章。王符政治上继承先秦的“民本”思想;自然观上认为元气是宇宙的本体;对宗教迷信采取批判态度;尖锐抨击东汉王朝后期的腐败,有重要的史料价值。《后汉书·王符传》:“王符,字节信,安定临泾(今甘肃庆阳地区镇原县)人也。安定俗鄙庶孽,而符无外家,为乡人所贱。自和、安之后,世务游宦,当途者更相荐引,而符耿介不同于俗。以此不得升进,乃隐居著书三十余篇,以讥当时失得。不欲章显其名,故号曰《潜夫论》。”该书收入《四部丛刊》《诸子集成》。

【 潜丘札记 】

杂记　清阎若璩(1636—1704)撰。若璩,字百诗,号潜丘。太原人,康熙中,以廪膳生应博学鸿词科。尚书徐乾学延为上客,从修《一统志》。长于考据,于地理尤精审,所著《四书释地》(见著录),至于三续。此集为其考证经籍,随笔札记之文。援据精博,与顾炎武之《日知录》,方轨并骛。《四库全书总目提要》云:“曰潜丘者,若璩本太原人,寄居山阳(今江苏淮安),《尔雅》(释地)曰:‘晋有潜丘。’《元和郡县志》曰:‘潜邱,太原县南三里。’取以名书不忘本也。”隋初于潜丘上置大兴国观,宋修惠明寺浮屠,陶土作瓦,是丘遂湮。案,阎氏慕三国魏应璩(190—252),因名若璩,又应璩于魏齐王芳即位时,大将军曹爽专政,璩曾作《百一诗》(意寓“安知百虑有一失乎”),以讽谏,有名于时,阎氏故字百诗。有《四库全书》本。

【 潜山集 】

一、诗文别集。宋朱翌撰。翌字新仲,舒州(今安徽潜山县)人。哲宗至孝宗朝(1098—1167)

在世。自号潜山居士，政和年进士。官中书舍人，触秦桧怒，谪韶州十九年，遍游名山胜景。舒州，宋时曰舒州同安郡。城内有舒王台，为王安石读书处，安石曾封舒王。潜山，又名皖公山。在安徽潜山县西，最高处为天柱峰，突拔如柱。《汉书·武帝纪》："元丰五年，登潜天柱峰。"即此。古谓南岳。曰潜山者，以形远近山势皆潜伏也。曰皖山，古皖伯所封之国也。黄庭坚亦在此有读书处。有《四库全书》本。

二、诗集。宋释文珦(xiang)撰。珦俗姓不详，宋末元初(1211—1287)在世，出家杭州，游于浙苏之间。诗多山林闲适之作，或讽喻劝戒，率能中理。其遣兴诗中，自称七十七岁，号潜山翁。潜，於潜，(今杭州市属镇)《吴越春秋》："秦徙大越鸟语人于晉。"后汉代加水为"潜"，旧为县，新中国成立后，并入杭州市。有《四库全书》本。

【 潜书 】

哲学、政论著作　清唐甄撰。甄本名大陶，后以字行。四川达县人，明末清初(1630—1704)在世。顺治举人，曾官山西长子县知县，去官，僦居吴市。虽贫而陶陶然振笔著述。本书表达明末清初的民主思想，提出政治改革。仿汉王充《论衡》体，前五十篇论学术，后四十七篇论政治。主张人人平等，抨击君主专政制度。其婿王文远《西蜀唐圃亭先生行略》："著《衡书》九十七篇。曰'衡'者，志在权衡天下也。后以连蹇不遇，更名《潜书》。"唐甄在本书《潜存》篇中有云："是故譬吾之所言，如江海细流，固有然矣。不敢妄续圣人之言，又安敢自异于圣人之言哉！吾之言又譬诸一瓢之汲，可以饮食；一车之力，可以灌溉。窃有微用，不敢让焉。"有1955年中国古籍出版社刊本。

【 钱考功集 】

诗集　唐钱起撰。起字仲文，吴兴郡(今浙江湖州)人。始末不详，约代宗大历初(722—780)在世。乡试高第，官至考功郎中。职吏部考功司长官，掌管官吏考核、黜陟等事。诗长于五言近体，写景新奇，极得王维赏识。传说其《省试湘灵鼓瑟》之名句："曲终人不见，江上数峰青。"得自旅舍户外行吟声，谓有神助。《新唐书·卢纶传》："起，吴兴人。天宝中举进士，与郎士元齐名。时语曰：'前有沈、宋；后有钱、郎'，为大历十才子之一。对当时诗风之变，钱起影响很大。《有四部丛刊》本。

【 钱塘集 】

诗文别集　宋韦襄撰。襄字子俊，钱塘人。仁宗至徽宗朝(1033—1105)在世。皇祐进士，终以左朝议大夫提举杭州洞霄宫。其诗密咏恬吟，有自然之趣。杂文安雅有法，亦一时才杰之士。集收于《四库全书》。钱塘，秦时置钱唐县。唐时改为钱塘，1912年与仁和县合并为杭县，治所在今杭州。宋柳永词《望海潮》："东南形胜，江吴都会，钱塘自古繁华。烟柳画桥，风帘翠幕，参差十万人家。"又案"左"字解：宋代神宗以后，文阶官每四年一转，无出身的人逐资转，有出身的人超资转。因之宋人官衔中之××郎、××大夫，乃可以表示其资历等级。而科目出身者，加"左"字。无出身的人，加"右"字，是表明身份所不可无的。有《四库全书》本。

【 乾坤清气集 】

诗歌总集　明偶恒编辑。偶恒，江苏太仓人。字武孟，号海翁，因眇一目又自号瞎牛。洪武中官荆门州吏目。此集主要选元代之诗，起于金宋之末，下及明初。清朱彝尊称其在明人选诗中别开生面。案：乾坤，即天地。清气，早见于屈原《楚辞·九歌》："高飞兮安翔，乘清气兮御阴阳。"《文选·王僧达答颜延年诗》："崇情符远迹，清气溢素襟。"指天地间清虚馨香之气。此处变用王冕《墨荷》诗句："不要人夸好颜色，只留清气满乾坤。"集收入《四库全书》。

【 乾坤正气集 】

总集　清姚莹编纂，顾沅补。姚莹，安徽桐城人，乾隆至道光(1785—1852)朝在世。嘉庆进士，官至湖南按察使。博览群书，工诗古文辞。顾沅，长州(今苏州境)人，道光间官教谕。收藏旧籍及金石文字，甲于三吴。此集分文集和诗集两种，文集采录战国屈原至明代朱集璜等人文章；诗集采录商周伯夷、叔齐至明末的诗歌。共一百零一家，并载各人传略。《自序》云："古来忠臣节士，每纪诗歌见志，实出天籁，即所谓正气也。其诗之流传于天地间者,可以正人心易风俗。”案,乾坤:天地也。《易·说卦》:“乾,天也,故称呼父;坤,地也,故称呼母。”宋文天祥有《正气歌》:“天地有正气,杂然赋流形。下则成河岳,上则为日星。于人曰浩然,沛然塞苍冥。黄路当清夷,含和吐明庭。时穷节乃见,一一垂丹青。……是气所旁薄,凛冽万古存。”编者汇纂此书意图是使忠臣节士之作长乎流传天地之间,故名。有清刊本。

Qiang

【墙头马上】

杂剧　全名《裴少俊墙头马上》,元白朴(1226—1306?)撰。白朴有散曲集《天籁集》已著录,可参考其生平。白氏为元曲四大家之一。本剧根据唐白居易诗《井底引银瓶》演绎而成。白居易诗有:“井底引银瓶,银瓶欲上丝绳绝。”“妾弄青梅倚短墙,君骑白马傍垂。墙头马上遥相顾,一见知君即断肠。”等句。剧中写洛阳少女李千金,与裴尚书之子裴少俊相爱,而私自结合。到长安在裴家花园中,匿居了七年,终被裴父发现。尚书怒,以“聘则为妻,奔则为妾”为由,逐千金归母家。千金答以天赐姻缘。尚书即令千金把玉簪磨成细针,用游丝系银瓶到井内汲水,如瓶堕簪折,便归母家去。逼少俊写休书,而留其子女。后少俊赴试待官。裴父到李处赔礼,被千金拒绝。经子女哀求,一家始得团圆。该剧收入1958年《元曲选》中。

Qiao

【侨吴集】

别集　元郑元佑撰。元佑字明德,世祖惠元至惠宗至政年(1292—1364)在世。至正年授平江路(今苏州,曾名吴县)教授,流寓平江四十年。家本浙江遂昌,元佑父希远,徙家钱塘,人称石门高士。元苏大年《遂昌先生郑君墓志铭》:“石门君卒,偕其兄介甫先生,移居姑苏。以臂疾不愿仕,优游吴中者,三、四十年。富贵声利,一不动其心。”元佑曾撰《遂昌杂录》,集名“侨吴”皆不忘本之意。有《四库全书》本。

【樵云独唱】

诗集　元叶容(一作顒)撰。容字景南,金华人。元末明初(1300—1374)在世。登进士,官人行司副,免官家居,生徒甚盛。志行高洁,结庐城山东隅,名其地曰“云顶”,自号“云顶天民”。自书《原序》曰:“予诛茅结庐于城山东隅,林深而木翳,水秀而峰奇。披云啸月,钓水采山,无所休暇。久之,移家城山之西隅,……东西相望不数里。故吾得以幅巾便服,轻鞋瘦策,从樵夫刍叟,相往还其间。山回路转,川鸣谷应,伐木之丁丁,鸟声之嘤嘤,更唤互答,斯乐何极!斧斤之余,浊酒自适,觞咏谈笑,击壤赋诗。以唐律五、七言二百余首,杂诗若干首。虽不足以关世教之盛衰,亦足以叙幽情,写闲适之兴怀。名其帙曰《樵云独唱》。盖予知樵夫相与之娱,而不知世俗之好;樵夫、刍叟知从予之游,又不知予赋诗之趣。‘新桂老而云山高寒,音调古而岩谷绝响’得不谓之独唱乎?”有《四库全书》本。

Qie

【箧中集】

诗总集　唐元结编。元结有诗文《次山集》已著录,可参见其生平。此书录亲友沈千运、王季友、于逖、孟云卿、张彪、赵微明、元季川七人诗二十四首。《四库全书总目提要》:“前有《自序》:‘已长逝者遗文散失,方阻绝者不见近作,尽箧中所有,总编次之,名曰《箧中集》。’其诗皆淳古淡泊,绝去雕饰,非惟与当时作者门径迥殊,即七人所作见于他集者,亦不及此集之精善。盖汰取精华,百中存一,特不欲居刊薙之名,故记言箧中所有仅此云尔。”案:箧,箱也。大曰箱,小曰箧。《左传·昭十三年》:“卫人使屠伯馈叔向羹与一箧锦。”有《四库全书》本。

Qin

【秦牧文集】

秦牧(1919—1992,原名林觉夫)撰。1941年起林觉夫在桂林的《大公报》《野草》等报刊上连续发表文章，用秦牧为笔名，其含义是：要推翻苛秦式的专制统治，在它的废墟上建设起田园牧歌式的崭新生活。《秦牧文集》是沈阳春风文艺出版社1983年出版。兹将其部分单行本题解如下。

一、《花城》。作家出版社1961年出版，收散文三十三篇。作者在后记中云："至于书名《花城》，是没有多少道理好讲的，那不过是随意择取集子中一个篇目，拿来应用一下。它并不能概括全书内容，也并没有什么特别的含意。用它作书名只是因为我喜欢这两个字所具有的意境和情调罢了。"

二、《艺海拾贝》。上海文艺出版社1962年出版。收文艺随笔六十篇，内容多是对许多文艺问题的思考。作者在本书的《跋》中写道："我好象是来到艺术的大海边缘捡拾贝壳儿的弄潮儿似的，在茫茫的海滩上俯拾起一枚枚小的贝壳。它们也许是古老的鹦鹉螺和塔贝，也许是美丽的星宝贝和织锦贝，也许是丑陋的骨贝和冬茹贝。……在海滩上寻找它们，有时沉思，有时惊叹，可也是花费了一番心血的。在浪涛拍岸中，蓝天丽日之下，比较它们的形状，端详它们的色泽，自有一番情趣，就在这一个意义上，我采用了《艺海拾贝》四个字冠题全书。"

【 勤有堂随录 】

杂记　元陈栎撰。栎字寿翁，号定宇，晚称东阜老人。宋理宗至元惠宗时（1252—1334）在世。籍贯安徽休宁。宋亡后隐居未仕，著书教授乡里间。此书为札记之文，虽多义理，亦兼考证。栎文集曰《定宇集》，集末有《朱升记》一篇，述其曾孙凿之言曰："'辛勤三十载，始有此室庐'，韩公诗也。'诗书勤乃有'亦韩公诗也。观吾家堂名者，惑而弗辨，请为记以昭之云。"详其词意，主于栎夫妇，辛勤以有此堂。盖宋末建阳余氏书坊，亦名勤有堂，故有是辨。有《四库全书》本。

Qing

【 青村遗稿 】

诗集　元金涓撰。涓字德原，浙江义乌（今金华地区属市）人。约惠宗至正（1341）年前后在世。屡荐屡辟，教授乡里。顾嗣立《元诗选》言其："隐居教授青村，夷犹云山水石间以终。金氏有《山庄诗》："青村溪尽处，林密隐孤庄。石老莓苔路，门荒薜荔墙。人行秋叶滑，鹤立晚松凉。治亩农归后，蓑衣挂斜阳。"氏原有文集四十卷，明初兵燹不存。六世、七世孙掇拾成此一卷。有《四库全书》本。

【 青楼梦 】

长篇小说　清俞达（？—1884）撰。俞达，又名宋骏，字吟香。长州（今苏州）人，家住莫厘峰下，乃自号厘峰慕真山人。青楼，古代原指富贵人家闺阁。曹植《美女篇》："青楼临大路，高门结重关。"后来特称妓院，南朝梁刘邈《采桑行》："倡女不胜悲，结束下青楼。"本书六十四回，成于光绪四年（1878）。写风流才子金挹金，与三十六美人（妓女）缠绵缱绻。后功名成就，官至知府。最后弃官修道，全家仙去。是仿《红楼梦》之狭邪小说。作者乃借此叙怀才不遇，人生如梦之怨。书中第一回有云："公卿大夫，竟无一识我之人，反不若青楼女子，慧眼识英雄于未遇之时也。""于是假虚作实，以幻作真，将镜中所作，录成一书，名之曰《绮红外史》，又曰《青楼梦》。"认为青楼女子，有情有义，比势利官场更为理想。但该书并非写真，徒作向往，虽诗词盈篇，亦乏生气耳。有1990年北京大学出版社点校本。

【 青楼韵语 】

又名《嫖经》　明朱文亮辑注，张梦征汇选。书前有凡例，其三云："《嫖经》系旧人所作，即语多俚，而搜引变态，曲中人情，非但为青楼左券，因之用世，允称通人，故录以弁首。"其四云："汇语以嫖经为纲，……次注释，次经目，次诗，次词，次曲，而古今世代名次，其中又各为先后。"是书多有关青楼的诗、词、曲等，题名《嫖经》或为耸人听闻欤？有1935年中央书店《国学基本文库》本。

【 青泥莲花记 】

文言小说集　明梅鼎祚撰。鼎祚字禹金，安徽宣城人，嘉靖至万历朝（1553—1619）在世。弃举子业，以古学自任，诗文博雅，为王世贞所称。有人荐于朝，辞不赴。归隐，筑天逸阁，藏书著述其中，著作宏富。是书广泛搜集历代妓女的事迹与掌故，分“记禅”“记玄”“记忠”“记义”“记孝”“记节”等十二门，共一百二十余人。既有李夫人、梁夫人、苏小小、李娃、霍小玉等著名人物，也有许多普通的风尘女子。突出地塑造了众多具有节行操守的妓女形象，将她们比喻为“出淤泥而不染的莲花”，故题书名《青泥莲花记》。其典见于佛教《大藏经·佛开解梵志阿(风龙)经》：“凡人志心道人，心一如石在地，……譬如莲花出于污泥，根叶长泠，尘水不著。”宋儒周敦颐之《爱莲说》，亦有“出淤泥而不染”语。书有上海广益书局1915年刊本。

【青青子衿】

散文集　台湾作家陈晓林(1949—　)撰。陈晓林，陕西沔县人。台湾大学电机系毕业，美哈佛大学硕士，任《民生报》副主笔，台大哲学系副教授。作品曾获国家文艺奖。书名来自曹操《短歌行》诗中“青青子衿，悠悠我心。但为君故，沉吟至今。”并分别标题于《自序》和《后记》。书中收文十二篇，标题皆以唐诗词句为之，计有：一、闻道飞车十万程。二、苍茫古木连穷巷。三、一自美人和泪去。四、河山终古是天涯。五、高怀旷代尽知名。六、江河寥落尔安归？七、沧海横流更有谁！八、龙山极目烟尘满。九、长沟流月去无声。十、侠气峥嵘盖九州。十一、敢有歌吟动地哀。十二、不废江河万古流。书中主线是对中国命运的关心与焦灼，文章有思想，有见地，运用中国文字能力极高。书在1977年由台北时报文化公司初版。

【青山集】

诗文别集　宋郭祥正撰。祥正，字功父。安徽当涂人，约神宗元丰初(1087)左右在世。熙宁中进士，曾官汀州，晚年知端州(今广东肇州)，后归隐。其集中有《浪士歌》自序云：“郭子弃官合肥，归姑孰，自号醉吟先生。居醉吟庵，又号漳南浪士……。”青山，为其隐居当涂姑孰之地，又名青林山，在当涂东南。南齐谢朓曾筑室山南，唐天宝年改称谢公山。李白《酬殷明佐见赠五云裘歌诗晓》：“谢朓已没青山空，后来继之有殷松。”李白死后原葬县内龙山。唐元和十三年(817)宣歙观察使范传正，据李白生前“悦谢家之青山”的遗意，迁李白墓葬此山。有《四库全书》本。

【青溪寇轨】

杂史　宋方勺(1066—?)撰。方勺有《泊宅编》已著录，可参见其生平。青溪，在今浙江淳安县，是宋农民起义领袖方腊(?—1121)出生和被俘之地。是书详记北宋宣和二年方腊起义军攻陷睦州，及童贯率官军镇压之经过。寇，是对起义军的污蔑。轨，事迹，经过。故题名若此。原载于方勺《泊宅编》中，清曹溶将其辑入《学海类编》时，改题此名。所记多与宋史不合，为研究北宋末年阶级矛盾激化的重要史料。1923年中华书局出版点校本《泊宅编》将《青溪寇轨》收入。

【青阳集】

诗文别集　元余阙撰。阙字廷心，色目人(元时低于蒙古之第二等人，多西域籍)。阙，世居武威，后徙合肥。成宗至惠宗时(1303—1358)时在世。累官至参知政事，守安庆，死于陈友谅之难。元程之《青阳山房记》：“青阳山房，在今卢州东南六十里，巢湖之上，因山以为名，武威余公读书之处也。余公之未第也，躬耕山中，以养其亲。即田舍置经史百家之书，释耒即却坐而读之，以求古圣贤之学。是时未有青阳山房之名也，及其出而仕也，不忘其初，乃辟其屋而加茸焉。益储书其中，冀休官需次之暇，以予里中子弟、朋友讲学于此。于是是有‘青阳山房’之名。”集以书斋辟地之名而名之。有《四库全书》本。

【清閟阁集】

诗文别集　元倪瓒(1310—1374)撰。瓒，字元镇，号云林。工诗善画。家富，结交四方名士，但逃世隐居。曾筑清閟阁、云林堂。清閟阁尤胜，客非佳流，不得入。拙逸老人周南老《元处士云林先生墓铭》：“处士所居，有阁，名‘清閟’，幽迥绝尘。中有书書千卷，悉手所校定。经、史、诸子、释、老、岐、黄、记胜之书，尽日成诵。古鼎、彝、名琴陈列左右。松、桂、兰、竹、香菊之属，敷纡缭绕。而其外则乔木修篁，蔚然深秀。……”集因阁而名清閟，意为清静幽邃。《梁书·昭明太子传·王筠哀策文》：“即玄宫之冥漠，安神寝之清閟。”参见《倪云林先生诗集》条。有《四库全书》本。

【 清波杂志 】

笔记宋周辉(1126—1198?)撰。辉,生于钦宗靖康元年,卒年不详。曾试宏词奏名,又为使金随员。晚居杭州清波门。书有《自序》言:“煇,早侍先生长者,与聆前言往行,有可传者。岁晚遗忘十不二三。暇日因笔之……。”宋张贵溪《清波杂志序》:“余故人周昭礼,嗜学,工于文,当世名公卿多折节下之……。一日,示余以所撰《清波杂志》十有二卷,记前言往行及耳目所接。虽寻常细事,多有益风教及可补野史所阙疑者。盖昭礼家藏故事几万卷。平日父子自相师友。其学问源委盖不同如此。今寓中都清波门之南,故因以名其集云。”案,清波门,宋时杭州城西南之门,咸淳四年建,以引湖水入城。高翥《春日湖上》诗:“清波门外放船时,尽日清寒恋客衣。花下笑声人共语,柳边樯影燕初飞。……”今杭州市西南,西湖岸东,尚有地名存焉。有1983年江苏广陵古籍刻印社《笔记小说大观》本。

【 清平调 】

原为词调名。《乐府诗集·八十清平调题解》言:开元中,禁中牡丹盛开。玄宗因命李白作《清平调》辞三章。令梨园子弟抚丝竹以促歌,帝自调玉笛以倚曲。后用为词调名。文人乐道此事,有为杂剧剧本者二,见于《清人杂剧》书中:

一、明末清初尤侗(苏州人,1618—1704)撰。写唐玄宗将天下举人试卷,交杨贵妃评阅。李白以《清平调》三首被点定为状元……。作者有鉴于历代状元未必皆有真才实学,乃虚构李白中状元故事以抒发感慨。

二、清初张韬(浙江镇海人,生卒年不详)撰。写唐玄宗、杨贵妃在沉香亭畔赏花,召李白作新词。帝亲为调羹,贵妃为之捧砚,高力士为之脱靴,李白乃成《清平调》三章。故事情节和历史记载大致相符。作者生平坎坷,写此文人极得意之事,以自我慰藉。两剧本皆收入近代郑振铎所辑《清人杂剧》中。

【 清平山堂话本 】

话本集　明洪楩撰。楩,字子美,钱塘(今杭州)人,余无考。此书原名《六十家小说》,分为:雨窗、长灯、随航、欹枕、解闲、醒梦六集。每集十篇,共六十篇,故名。但原书已散佚,现残存二十七篇。大多为宋元作品,亦有名人之作。未加润色,保存话本特色。残篇无书名及刊刻年月,只版心有“清平山堂”字样。清平山堂为洪氏堂名。1929年北平古今小品书籍印行会影印本,曾题名《清平山堂话本十五种》。由于原刊本较早,是研究中国小说史的重要资料。1925年古典文学出版社出版谭正璧校正本。

【 清献集 】

别集　宋赵抃撰。抃,字阅道。浙江衢州人。真宗至神宗(1008—1080)年在世。累官至殿中侍御史,弹劾不避权贵,时称“铁面御史”。以谥号“清献”为书名。《谥法》:“远避不义曰清,聪明睿知曰献。”有《四库全书》本。

【 清真词 】

又名《清真集》《清真诗余》　北宋周邦彦(1056—1121)撰。以其号清真居士之名而题,为《片玉词(集)》的原名,有王鹏运四印斋刻本,参见《片玉词》条。

【 情史 】

笔记小说集　明冯梦龙(1574—1646)撰。原题“詹詹外史编”。选历代记载之爱情故事,略加整理,类分为:“情贞”“情缘”“情私”“情侠”等二十四类。冯氏《情史叙》言:“择取古今情事之美者,各著小传。使人知情之可久,于是乎无情化有,私情化公,庶乡国天下蔼然,于浇俗冀有更焉。”故名《情史》。因是书“各著小传”“分类著断”,乃又名《情史类略》;又因借以规劝世道人心,则又名《情天宝鉴》。此书保存不少古书散佚之作,戏曲、小说多有取材于此。有1986年春风文艺出版社点校本。

【 庆湖遗老集 】

诗集　宋贺铸撰。铸,字方回。卫州(今河南安阳地区)人,仁宗嘉祐至徽宗宣和(1063—1120)年在世。官泗州等地通判,后以宫祠禄,退居吴下。铸长于度曲,因其《青玉案》词中有“梅子黄时雨”之句,也称“贺梅子”。又自号“庆湖遗老”,并名集。案:铸为唐代谏议大夫贺知章后代,唐玄宗诏赐镜湖与贺知章。据谢承《会稽先贤传》:谓庆湖以王子庆忌得名，后讹为“镜湖”，故贺铸自号“庆湖遗老”。参见其《东山词》。有《四库全书》本。

Qiong

【 琼瑶全集 】

小说集　琼瑶撰。琼瑶本名陈喆，原籍湖南。1938 年抗战中生于成都，九岁开始写小说。1949 随家人去台湾，1963 年以发表第一篇小说《窗外》而成名，至今已发表小说五十余种。他的小说张扬爱情的高洁美质，情节宛转曲折，文辞清丽典雅。在现代的商业社会中，给大众，尤其是青少年以玫瑰色的幻梦。为畅销书作家。改编为影视后，传播更广。唯内容多巧合，欠深刻，此点也反映当代男权社会中，女性生活面狭窄的现实。琼瑶，古代指美玉。《诗・卫风・木瓜》：“投之以木瓜，报之以琼瑶。”又指美的景物。苏轼词《西江月》：“可惜一溪风月，莫教踏碎琼瑶。”部分作品题名释注如下：

一、《烟雨蒙蒙》。长篇小说，1964 年发表，台北皇冠出版社初版。写少女陆依萍报复了其父对母亲的屈侮。父亲死后，她却失落在怆恻之情中。书的结尾写她望着：“窗外蒙蒙的烟雨仍然无边无际的洒着。”案，唐刘禹锡《竹枝词》：“巫峡苍山烟雨时，清猿啼在最高枝。”宋辛弃疾《沁园春》：“新堤路，问偃湖何日，烟水蒙蒙。”题名之灵感或缘于此。

二、《菟丝花》。长篇小说，1964 年发表，台北皇冠社出版。女主角孟忆湄，去罗教授家。经历了生死情恋，最后才知道罗是她的生父！汉代《古诗十九首》中有：“与君为新婚，菟丝附女萝。”唐杜甫《新婚别》：“菟丝附蓬麻，引蔓故不长。”菟丝象征妇女柔弱、依附的命运。

三、《几度夕阳红》。长篇小说，1966 年发表，台北皇冠社出版。写一个三角恋爱中的青年们，发现他们的上一代也曾陷入三角情爱之中。于是回环错综，纠葛缠绵，幸而结局还算圆满。小说风格清丽，结构严谨，笔致细腻，所附诗词优美，恰如其分。题名《几度夕阳红》，来自明杨升庵《临江仙》—“廿一史弹词”：“滚滚长江东流水，浪花淘尽英雄。青山依旧在，几度夕阳红。……”原词因曾作为罗贯中《三国演义》的开篇词而流传颇广。

四、《寒烟翠》。长篇小说，1966 年发表，台北皇冠社出版。写女青年许咏薇与男友章凌风的曲折爱情经历。许女将其写成小说。他们回忆初次定情，在湖边吟诵的范仲淹词《苏幕遮》中：“碧云天，黄叶地，秋色连波，波上寒烟翠。”之句而题名《寒烟翠》。

五、《月满西楼》。中篇小说，1967 年发表，台北皇冠社出版。女主角余美蘅受雇于工程师石峰，石命她去拯救沉沦堕落的石磊。石磊终于振作起来。美蘅与石峰相恋，历尽曲折而团圆。书末写他们在楼上并肩同赏月明之夜。西楼，见南北朝庾肩吾诗：“天禽下北阁，织女入西楼。”宋李清照词《一剪梅》：“云中谁寄锦书来，雁字回时，月满西楼。”

六、《剪剪风》。中篇小说，1967 年发表，台北皇冠社出版。女孩蓝采、何飞飞都恋着男孩柯梦南。何溺亡于海，柯失魄出走。后来蓝采收到柯的一封信……。小说情调感伤、悲凉无奈。剪剪风：形容风的料峭，唐韩偓《寒食夜》诗：“测测清寒剪剪风，杏花飘雪小桃红。”

七、《采云飞》。长篇小说，1968 年发表，1978 年重新改写，台北皇冠社出版。写男主角孟云楼与杨涵妮相恋，因上代情仇无法结合。杨病逝，孟邂逅与涵妮极相似的唐小眉，苦求之。原来小眉是涵妮的孪生姐妹，有情人终成眷属。小说显示作者是编织故事的高手。采云飞，见于唐李白《宫女》诗：“只恐歌舞散，化作彩云飞”又五代冯延巳《虞美人》词：“只知长作碧窗期，谁信东风吹散彩云飞。”

八、《庭院深深》。长篇小说，1969 年发表，台北皇冠社出版。少妇章含烟化名归来，住进含烟山庄，那里绿树浓荫，给人以庭院深深之感。在此，她遇到十一年前的旧情人柏沛文，但他已双目失明。柏仍然爱着她，山庄就是为怀念她而修建的。终于，二人尽弃前嫌而团圆。“庭院深深”见于宋欧阳修词《蝶恋花》：“庭院深深深几许，杨柳堆烟，帘幕无重数。……”

九、《星河》。长篇小说，1969 年台北皇冠社初版。女主角梁心虹遇作家狄君璞，两人遥望星河。

心虹说："人与人之间的星河没有可渡……。"狄君写了一首小诗，心虹歌唱了这首诗，终于她说："我们之间永远不会隔着星河。"星河即银河。《南齐书·张融传·海赋》："湍转则日月似惊，浪动而星河如复。"杜甫《阁夜》诗："五更鼓角声悲壮，三峡星河影动摇。"

十、《心有千千结》。长篇小说，1973年发表，台北皇冠社出版。少女江雨薇，应聘看护一老人，为他找回出走的幼子耿若尘。雨薇与若尘堕入爱河，经过了考验，老人把遗产留给了他们。作者在书中写道："我们每个人的心都象双网，而有千千万万的结，如果能把这些结一个个的打开，人们就可以没有烦恼了。"宋人张先词《千秋岁》："天不老，情难绝，心似双珠网，中有千千结。"

十一、《一帘幽梦》。长篇小说，1973年发表，台北皇冠社出版。写一对姐妹花绿萍与紫菱，同时爱上一个男孩楚帘，而磨难多多。故事宛转曲折，但结果尚称合理。书名来自宋秦观词《八六子》："无端天与娉婷，夜月一帘幽梦，春风十里柔情。"书中也有紫菱吟唱自己的歌："我有一帘幽梦，不知与谁能共？多少秘密在其中，欲诉无人能懂。"

十二、《碧云天》。长篇小说，1975年发表，台北皇冠社出版。人物有：女教师萧依云、她的义妹俞碧云、她的丈夫高皓天。依云发现三个人的名字，各有一字，合起来正好是范仲淹词："碧云天，黄叶地，……"中的一句，共叹奇巧。萧不能为高家生育，她提出要借俞的腹，为高家传宗接代，但皓天反对，俞也不知所终。……

十三、《在水一方》。长篇小说，1975年发表，台北皇冠社出版。写一段三角恋爱。杜小双每天思念死去的丈夫，而另一个男人，则仍然痴心的等待再次博得她的青睐。书中有女主人爱唱的一首歌《在水一方》。歌曲改编自《诗经·秦风·蒹葭》："蒹葭苍苍，白露为霜。所谓伊人，在水一方。溯回从之，道阻且长。溯游从之，宛在水中央。……"

十四、《人在天涯》。长篇小说，1976年发表，台北皇冠社出版。兄弟俩在意大利，一个打工，一个学雕塑。哥哥累得生了病，弟弟的作品初获好评。幸而他们都找到了自己的爱情。书名来缘，宋石孝友词《清平乐》有："还是黄花时候，去年人在天涯。"元马致远小令《秋思》：有"夕阳西下，断肠人在天涯。"

十五、《我是一片云》。长篇小说，1976年发表，台北皇冠社出版。书名源自谚语"天有不测风云"。书中女主角段宛露，自称"一片云"她有个追求者自称"一阵风"，象征他们的性格与命运。段还有个男友顾友兰，于是卷入了恋情三角。她与顾结婚，却与孟未断情。后顾工伤致死，段也入了精神病院，只有孟伴着她，在等待着奇迹。

十六、《月朦胧、鸟朦胧》。长篇小说，1977年发表。幼稚园教师刘灵珊，改变了怪怪的小女孩楚楚，赢得了楚楚父亲的爱情。书的题名，来自朱自清为一幅画的题词的前半句。宋晏殊词《采桑子》亦有"淡月朦胧，好梦频惊"句。

十七、《一颗红豆》。长篇小说，1978年发表，台北皇冠社出版。一个少女要在两个男人中间作选择。其中一个送给她一首诗："是谁把心里相思，种成红豆？待我来碾豆成尘，看还有相思没有？"唐王维诗《相思子》："南国生红豆，春来发几枝。劝君多采撷，此物最相思。"

十八、《聚散两依依》。长篇小说，1981年发表，台北皇冠社出版。年轻孀妇贺盼云，遇男士高寒相恋，然矛盾接踵而至，不得已另嫁出国，但终非美满。某次归国又遇高寒，她不顾一切地奔向他。书中贺爱唱的歌中有："聚也依依，散也依依。魂也依依，梦也依依。见也依依，别也依依。"依依，状柔弱；又作留恋貌。《诗经·小雅·采薇》："昔我往矣，杨柳依依。"又《玉台新咏·古诗为焦仲卿作》："举手长劳劳，二情同依依。"

十九、《却上心头》。长篇小说，1981年发表，台北皇冠社出版。夏迎兰被一公司聘为女秘书，与公司小开一见钟情。随后却陷入萧家内外纠纷之中，爱情险遭毁灭，幸而终于云破月来……。题名来自宋李清照词《一剪梅》："此情无计可消除，才下眉头，却上心头。"

二十、《燃烧吧火鸟》。长篇小说，1981年发表，台北皇冠社出版。一对姐妹花，嫣然和失明的妹妹巧眉，同时钟情于凌康和安聘远，竟出现了尴尬的情敌关系，最后总算各有所归。现代诗人郭沫若《凤凰涅槃》诗中说："天方国古有神鸟……满五百岁后，集香木自焚，复以死灰中更生，不再死。"故事激励着巧眉姑娘的新生活。

二十一、《匆匆太匆匆》。长篇小说，1982 年发表。韩青的恋人袁嘉珮死于绝症。韩踯躅海边，看见海鸥飞翔鸣叫，好似说：匆匆，太匆匆！匆匆，太匆匆！"南唐后主李煜词《乌夜啼》："林花谢了春红，太匆匆！无奈朝来寒雨晚来风。胭脂泪，相留醉，几时重，自是人生长恨水长东！"朱自清一篇散文亦名《匆匆》，慨叹时光飞逝。书名与古代作家情感、文思重合呼应。

二十二、《失火的天堂》。长篇小说，1984 年发表，台北皇冠社出版。佛教认为天堂是西方的极乐世界，一般亦喻为幸福美好的生活环境。书中少女何洁舲，一再受继父的蹂躏与迫害，毁灭了她的幸福，终于被迫自尽。她在遗言中写道："天堂……是火一般的红，因为天堂失火了！"

二十三、《青青河畔草》。长篇小说，1992 年发表。少女青青被兄嫂逼嫁一老朽作妾，偕小妹小草逃亡，途中遇富家子何某……，结局总算是和平的。《古诗十九首之二》："青青河畔草，郁郁园中柳。盈盈楼上女，皎皎当窗牖。……"《琼瑶全集》1989 年广东花城出版社出版。

Qiu

【 艽野尘梦 】

纪实文学　陈渠珍著。作者 1909 年从军，奉赵尔丰命，随川军入藏。东归时误入大沙漠，断粮七月余，茹毛饮血，始得生还。艽，又名秦艽，草名。以出于陕、甘地者为良，《政和证类本草》言其主治风痹等病。艽野，见于《诗经·小雅·小明》："我征徂西，至于艽野。"尘梦，指人间的梦幻。作者以此喻他入藏出藏的经历，如梦幻样的离奇。其《序》云："追忆青海西藏经过事迹，费事两月，著为《艽野尘梦》一书，取诗人'我征徂西，至于艽野'之意。《说文》解'艽'为荒远。余按艽草名，……产于海拔三千米之高原，即康藏青海地方，古自秦中输出，故曰秦艽。小雅之'艽野'，解为青藏高原极合，无容解为荒远也，今人习呼康青藏为草地，何如呼为艽野之典雅贴切乎。"有 1982 年重庆出版社刊本。

【 秋胡戏妻 】

杂剧剧本　全名《鲁大夫秋胡戏妻》，元石君宝撰。君宝盖州（今辽宁盖县）人，一说山西平阳（今临汾）人，约元世祖中统前后在世。写春秋时秋胡外出十年，回家时与妻罗梅英已互不相识。在桑园中调戏其妻，遭其痛骂的故事。本剧取材于汉刘向《列女传》卷五《节义传·秋胡洁妇》，唐五代时有秋胡变文诸书，结局有悲有喜，借以惩劝世人，弃恶扬善。杂剧又增加了戏剧性，添出大户倚财逼娶罗梅英，未成而被问罪等情节。近代京剧等剧种有《桑园会》剧目，亦名《秋胡戏妻》，仅演戏妻一节，以秋胡向妻赔罪结束。收入 1958 年中华书局刊《元曲选》中。

【 秋浦双忠录 】

传记　清刘世珩（？—1926）编。世珩，安徽贵池人，光绪举人，官至度支部参议，加三品衔。工词曲，家富藏书，生平著述、辑录甚丰。此书所记南宋华岳（撰《翠微南征录》已著录，可参阅）及明吴应箕（撰《启祯两朝剥复录》已著录，可参阅）两忠臣，皆贵池（旧名秋浦）人，贵池邑人建双忠祠祀之，是以名书。光绪二十八年（1902）成书，有《刘氏唐石簃》本。

【 秋声集 】

案，秋时西风，草木零落，声多类肃杀，故曰秋声。北周庾信《周谯国夫人步陆孤氏墓志铭》："树树秋声，山山寒色。"唐孟郊《分水岭别示从弟寂》诗："古木摇霁色，离风动秋声。"以秋声名集者，《四库全书》中有二：

一、宋卫宗武撰，别集。宗武字洪父，自号九山。嘉兴华亭人，生年不详，卒于元世祖至元朝（1289）。曾官知常州，罢后闲居三十年，宋亡不仕。诗文眷怀故国，然气韵冲淡，有萧散自得之趣。张自翰为之《秋声集序》："古今骚人多寓意秋声中，皆悲时之易失，嗟老之将至，状其凄清萧瑟而已。今九山之集取名虽同，二实又有所不同者，观是集，读是序，见山谷所云：'末世诗似候虫声。'便谓诚然，正所谓痴人前不得说梦，岂真知公者乎？"

二、元黄镇成撰，别集。镇成字元镇，号存斋。福建邵武人，世祖至惠宗朝（1288—1362）在世。筑室城南，曰"南田精舍"。屡荐不仕，盖逢乱世，有匡时之志而不能行，乃有托而逃。诗多忧时感世之语。其《自序》曰："声于天地间不能无也，其声雷霆也，风雨也。其次通之为语言，和之为律吕。下至时禽候虫，又有所不屑为者，故记而自附于秋声者焉。秋声可有可无，余言亦可有可无，故录之为《秋声集》，庶童子能听之者乎？秋声子自序。"自号亦自名集曰秋声。

【 秋园杂佩 】

杂记　明陈贞慧撰。贞慧，字定生。江苏宜兴人，明万历至清顺治（1604—1656）朝在世，万历年廪生。读书砥行，与冒襄、侯方域、方以智，世称"四公子"。南明时，被魏忠贤余党阮大铖，夹嫌报复，陷于狱。旋得释，明亡后，隐居不出。清顺治五年（1648），作者避居亳村时成此书，题名示其时其地焉。作者《秋园杂佩引》："荻洲鸥地，抱病来此，败甑颓铛，时煎恶草以送日，隙则摊书涤砚，未足以消耗闲心，偶拈数条，以为寂历之助，题曰《秋园杂佩》。……戊子秋八月，定生识于亳村之雪岑厂。"佩，案：原指古人结于衣上的饰物。《诗·郑风·子衿》："青青子佩，悠悠我思。"屈原《离骚》："纫秋兰以为佩。"后由佩戴在身上，引申为牢记在心里。三国魏曹植《谢妻改封表》："况臣含气，衔佩弘惠，没而后已。"书中提及的大都是日常所见物品，不少是古人珍重的佩物。故称杂佩。作者乃借此曲折寄托他对故朝和旧友的怀念与对现实的不满。密友侯方域为之作《序》阐明了其中隐微的含义："其曰庙后茶，以澹为宗，君子之交澹若也，讥附浓也；曰兰，自喻也，众草芜秽，兰独芳也；……曰竹菇，山中所在，有之食焉，言采其薇也；曰南岳涧蕈，惟南岳涧中为然，移置他所则萎，感物生之不可移也；……曰鹦鹉啄金杯，记先朝法物，思太平也，……佩者佩也，古人或佩韦焉，或佩弦焉，或佩刀剑以视威焉，或佩玉以比德焉，示不敢忘也。"书收入《粤雅堂丛书》。

【 訄书 】

又名《检论》　近代章炳麟（1869—1936）撰。章炳麟，字枚叔，号太炎。浙江余杭人。近代民主革命家，思想家。学识宏博，论著宏富。著有《章氏丛书》。《訄书》于1900年初版。反映章氏早期的哲学思想，曾起到鼓吹革命的积极作用。訄，（qiu）：迫促，以言相迫。题名在作者之意，书中皆为急切之言，拯救中国之道。辛亥革命后1914年，增订本改名为《检论》。案，章氏原名学乘，字枚叔。后改名炳麟，又名绛，号太炎。太者，乃慕黄宗羲之号"太冲"；炎者，慕顾炎武名之"炎"，且炎武亦曾名绛，乃为纪念文天祥的学生，抗元名士王炎武而改称炎武。章氏于此，一再明其反清之志。近有中华书局1958年刊本。

Qu

【 瞿秋白文集 】

1954年2月，人民文学出版社出版。瞿秋白（1899—1935），江苏常州人。1917年入北京俄文专修馆学习。1920年被晨报聘为驻苏记者。1922年加入中共。1927年选入中共中央政治局。1928年去莫斯科出席共产国际六大。1930回国。1931年被解除中央职务。后在上海同鲁迅在一起，参加左翼文化运动，致力于马克思主义文艺理论介绍。1934年到中央革命根据地，任教育委员。红军主力长征后，留南方。1935年遭国民党军队包围被俘，同年就义。文集共八卷，收瞿秋白著作及译著。其中第一集收《饿乡纪程》《赤都心史》及《乱弹及其它》等，是中国最早的报告文学集。兹题解如下：

一、《饿乡纪程》。1922年出版时，曾改名《新俄国游记》。1954年编文集时恢复原名。作者1921年至1922年在苏联，正值经济困难、恢复时期，时人称其地为"饿"。作者在《序言》中说："饥寒交迫的去处，我且叫它'饿乡'。""纪程"，作者在《跋》中说："原为作者思想上之经过：具体而论是记'自中国至俄国'之路程；抽象而论，是记者'自非饿乡至饿乡’之心程。”

二、《赤都新史》。据作者《序》言：书中记叙了作者在“赤色的莫斯科里，所闻所见，所思所感。”“记此赤都中心影心响的史诗。”“社会实际生活、参观游览、读书心得、冥想感会，是我心理记录的底稿。”“个人心理上之经过”故名之曰《心史》。附：《乱弹及其他》，杂文集。题名之缘由见书中《乱弹〈代序〉》：“‘乱弹—皮簧’，本是草台班上东西，高高的戏台搭在旷场上，四周围是没遮拦的，不但锣鼓要喧天，而且歌曲也要直着嗓子叫，才敌得过台底下打架相骂的吵闹，也配的上‘乱弹’的别名。……是别一等级的艺术。当然是平民等级的了。……”后来“成了绅商阶级的艺术。所以乱弹已经不乱……然而这个年头，总有一天什么都要‘乱’。……咱们‘非绅士’的‘乱’不但应当发展，而且要‘乱’出个道理来。于是乎，咱们不肖的下等人重新再乱弹起来，这虽不是机关枪的乱弹（dan），却至少是反抗束缚的乱谈。”作者之意是：“乱”是下等人的“乱”是反抗束缚的，是革命。“弹”又异音指子弹之“弹”，表明杂文是有战斗力、杀伤力的。而“谈”“弹”谐音，“乱谈”又表示作者的自谦。

【 曲阜集 】

诗文别集　宋曾肇撰。肇字子开，江西南丰（今抚州地区属县）人。仁宗至徽宗时（1047—1107）在世，为曾巩之弟。治平年进士，官至吏部侍郎，又在外更十一州，类多善政。集以郡望名。曲阜，周时为鲁国都，以城内有阜，委曲长七八里，故名。曾姓始祖夏少康，封少子曲列于鄫。太子巫仕鲁，去“邑”傍为“曾”氏。巫之后裔曾参，为孔门高弟子，曾氏遂望出鲁国。杨龟山《神道碑》：“（肇）其先鲁人，后世迁豫章。五世祖洪立为南丰令，因家焉。”有《四库全书》本。

【 曲江集 】

又名《张文献公集》《张子寿文集》　别集　唐张九龄撰。九龄，字子寿，曲江人。生于高宗至玄宗年代（678—740），谥文献。景龙初进士，受宰相张说爱重。开元中拜同平章事中书令。玄宗生日，进《千秋金鉴录》，官至尚书右承相。封曲江男，天下称曲江公，而不称其名。曲江县，汉代置，在广东韶关市郊北江上游。今曲江城南三十里，有张九龄读书处。有《四库全书》本。

【 曲海目 】

剧本目录　清黄文旸撰。文旸字时若，江苏甘泉（今扬州）人，约嘉庆中（1808）前后在世。贡生，工诗，通声律。乾隆曾命在扬州设局审查修改戏曲，黄任总校，因得尽阅古今杂剧传奇，遂将所见“各撮其关目大概，勒成一书。”即《曲海》二十卷，收元至清代各种杂剧传奇一千另一十三种。又另编简目《曲海目》。后仅《曲海目》存，原载于《扬州画舫录》，今见于中国戏曲研究院编，1959 年出版的《中国古典戏曲论著集成》中。

【 曲海总目提要 】

戏曲论著　四十六卷，是《乐府考略》和《传奇汇考》的整理本。原作者系乾隆以前人，姓名等不详。或言整理者为董康，其人资料不详。本书记撰杂剧传奇提要，凡六百八十四目，均见于《曲海目》。但较黄氏原书目录仅存其三分之二，遂依黄氏例乃将书名改称《曲海总目提要》。书中介绍剧情梗概，考证故事来源，间附作者小传，资料较为丰富。所收剧目多已失传，赖此方可略知剧情，是中国古典杂剧传奇研究的重要参考资料。今有 1959 年人民文学出版社精装三册本。

【 曲洧旧闻 】

杂记　宋朱弁撰。弁字少章，徽州婺源（今江西上饶属县）生年不详，卒于高宗绍兴廿四年（1124）。朱熹族叔，官至奉议郎。使金时被留十七年始归。本书皆追述北宋轶事，于史有补。以未涉及金朝，故曰“旧闻”。曲洧，春秋时郑地，《左传·成公十七年》：“（鲁，成）公伐郑，自戏童至于曲洧。”今河南扶沟县西南，古以城临洧水而名。有《四库全书》本。

【 屈原 】

历史剧本　郭沫若（1892—1978）撰。作者生平请参见已著录之《沫若文集》。此剧是作者历史剧中的代表作，于 1942 年完成并出版。在重庆上演时轰动了山城。剧本通过战国时代楚国爱国诗人屈原一天的生活和斗争，概括了他悲壮战斗的一生。作者在《序俄译本史剧〈屈原〉》中说要“借了屈原的时代来象征我们当前的时代”。剧本以楚怀王对秦外交策略上两种斗争为线索,构成代表爱国路线的屈原与代表卖国路线的南后等人戏剧冲突,成功地创造屈原这个文学典型和一系列人物形象。周恩来曾高度评价,称作者在同国民党反动当局作斗争中“在戏剧舞台上打开了一个缺口”。剧本收入了1957年人民文学出版社出版的《沫若文集》中。

Quan

【 全芳备祖集 】

植物类书　宋陈景沂撰。景沂,浙江天台人,号肥遯(遁),余无考。此书前后集共五十八卷。旨在“物推其祖,词掇其芳”作者序言:“余束发习雕虫,弱冠游方外,初馆西浙,继寓京庠、姑苏、金陵诸乡校。晨窗夜灯,不倦披阅。记事而提其要,纂言而勾其玄。独于花、果、草、木尤全且备。所集凡四百余门,非全芳乎? 凡事实、赋咏、乐府必稽其始,非备祖乎?”全芳:谓汇总之博;备祖,言每一植物之故事、诗赋必溯其始。每种植物下列事实组:有碎录、纪要、杂著三目;赋咏组:有各体诗、联等十目。条理分明,搜罗宏富。共录花、果、卉、草木、农桑、药、蔬等植物二百七十余种。文人可寻章摘句,选择词汇,且可参证已失传诗词。植物学者亦可参考。有《四库全书》本。

【 全汉三国晋南北朝诗 】

诗歌总集　丁福保(1874—1952)编。丁福保,江苏无锡人,号畴隐居士。通经史,而中西兼贯。曾任京师大学堂教习等。又赴日考察医学,年四十向佛,编有《佛学大辞典》及丛书多种。此书作为清朝所编《全唐诗》的前接部分,凡从西汉到隋七百多人之诗,全部收入,分汉、三国、晋、宋、齐、梁、陈、北魏、北齐、北周和隋等十一集。但汉以前歌谣、逸诗则删而不辑,且校注粗略,考核不精皆为其缺点。有1959年中华书局重印本。

【 全上古三代秦汉三国六朝文 】

文总集　清严可均辑。可均字景文,号铁桥。浙江乌程(今吴兴)人,乾隆至道光朝(1762—1843)在世。嘉庆举人,官建德县教谕。精于校雠、辑录。因嘉庆间开全唐文馆,编《全唐文》,严未被邀请,乃以二十七年心血独自校编此书,收上古到隋之文章,以为《全唐文》的前接。其特点在“全”,收作者三千四百九十七人,约五百七十万字。网罗广泛,可见唐以前所存单篇文章及史论、子书佚文。对研究我国古代文化有参考价值。光绪间初刻刊印,其缺点在校刻不精。民国十九年(1930)年曾影印,中华书局1958年依此本断句影印。

【 全唐诗 】

诗总集　清彭定求(1645—1719)、曹寅(1658—1712)等奉敕编。彭定求,江苏长洲(今苏州)人。康熙时会试、廷对进士第一。授修撰,官侍讲。曹寅有《楝亭集》已著录,可参见其生平。康熙四十四年(1705),命以明胡震亨《唐音统签》和清初季振宜《唐诗》两书为底本,校补,翌年成书。所收凡唐五代诗二千二百余家,四万八千九百余首,附五代词。按时代前后编排,并系小传,间有校注考订。收录较全,校勘颇精,为研究唐诗正变源流之重要参考资料。1960年中华书局据扬州书局本校点重印,分十二册。1982年中华书局收王重民《补全唐诗》,又收《敦煌唐人诗集残卷》,孙复望《全唐诗补逸》,童养年《全唐诗续补遗》等,汇为一书,名《全唐诗外编》。

Que

【 却扫编 】

笔记　宋徐度撰。度字敦立,谷熟(今河南商丘谷熟集)人。生卒年不详,约宋高宗绍兴中(1147)前后在世。南渡后官至吏部侍郎,后因不能苟合于时,读书卞阳之山,杜门却扫。专心史事,撰《却扫编》三卷。《四库全书总目》言其:故家遗俗,具有传闻。故此编所记皆国家典章,前贤逸事,深有稗于史学,足资掌故。却扫,即闭门谢客,不复扫道迎宾,见其用心之专。典见江淹《恨赋》:“闭门却扫,塞门不仕。”《北史·李谧传》:“每曰:‘大夫拥书万卷,何假南面百城。’遂绝迹下帷,杜门却扫。弃产营书,手自删削。”收于《四库全书》。

Qun

【 群书会元截江网 】

类书，三十五卷，未著撰人名氏。《四库全书总目》据书中有端平及淳祐年号之题，断为理宗朝（1225—1264）书肆俗本。乃学子科举程式策论之参考书。书中分六十五门。采辑历代史实、经传格言、名臣奏议以及文章程式、排偶句法等。其叙事每具首尾，颇便省览。于宋代典故尤详，故可补史缺，亦为南宋类书中要籍。当时虽为坊间普通，后世则视之重要矣。书名元，有首要、本原之意。引喻为必读的、重要的。会元是将要点汇集。截江网，是横置江中的鱼网。元胡助为之作《序》云："谓之会元者，以见其有会归之地也；谓之截江网者，以见其无遗漏之虞也。"有《四库全书》本。

R

Ren

【 人境庐诗草 】

诗集　清黄遵宪（1848—1905）撰。遵宪字公度，嘉应州（今广东梅县）人。举人出身，历任驻日、美、英、新加坡等国参赞和总领事。积极参加推行新政。戊戌变法失败后，退居家乡。所作新派诗，描绘海外风情，引声、光、电、化入诗，时代特色鲜明。诗中反映近代中国，许多重大历史事件，表现强烈的民族主义和爱国精神。"人境庐"是作者书斋名，取陶渊明《饮酒》诗："结庐在人境"名之，又以名集。有1957年古典文学出版社刊本。1960年中华书局，又出版北京大学中文系近代诗研究小组编《人境庐集外诗辑》。黄氏另有《日本杂事诗》《日本国志》等著作。

【 人海记 】

笔记　清查慎行（1651—1728）撰。慎行，浙江海宁人，字悔余，号初白。康熙举人，赐进士。应召入值南书房，任编修。后因弟嗣庭案受株连下狱，雍正时放归。少师黄宗羲，能诗善词。人海，极言人多。初见于唐司空图诗："鲸鲵人海涸，魑魅棘林高。"宋苏轼《病中闻子由得告不赴商州》诗："惟有王城最堪隐，万人如海一身藏。"苏诗意谓京都人口众多，慎行则以人海代指京都。案，慎行授编修，供职内廷七年，任武殿校勘官三年等，皆在京都。作者言："通计三十年来，客居京师，岁月过半。其间耳闻目见，随手缀录，零丁体系，不下数百条。雪窗检点，裒集成卷，命曰《人海记》。"有北京古籍出版社1989年刊本。

【 人间词话 】

词评　王国维（1877—1927）撰。最初发表于1908年《国粹学报》，后单行。其题名有谓其所作词，曾屡见"人间"二字之题名，故亦名其词评。然王氏认为："文学以描写自然及人生的事实为主。"应为"人间"取义之由。词评的基本论点是"境界说"，认为："境非独谓景物也，喜怒哀乐，亦人心中之一境界。故能写真景物，真感情者，谓之有境界，否则谓之无境界。"王氏将我国的古典文论与西方的哲学、美学理论融合，与封建社会的传统诗话有所不同，影响甚大。1960年人民文学出版社将此书与《蕙风词话》合为一册出版。请参见《观堂集林》与《苕华词》（《人间词》）诸条。

【 仁山集 】

诗文集　宋金履祥撰。履祥字吉父，号仁山。浙江兰溪人，宋末元初（1232—1303）在世。为朱学传人，一代名儒。曾应召为史馆编修，不及就而宋亡。乃隐居著书，讲学丽泽书院，学者称仁山先生。至正中，赐谥文安：道德博闻曰文；宽容平和曰安。仁山，在兰溪县西北芝堰乡，与道峰山相对，金氏家在仁山下。有《四库全书》本。

【 仁学 】

哲学著作　近代谭嗣同（1865—1898）撰。嗣同字复生，号壮飞。湖南浏阳人。曾任南京候补官，与梁启超等办时务学堂，被光绪封为四品军机章京。变法失败，遇害。书成于光绪二十二年（1896）。作者借用当时物理学“以太”概念来解释“仁”，认为“仁为天地万物之源”，“仁以通为第一义”而“以太”则是“所以通之具”构造世界万物，使之成为一个整体，形成“不生不灭仁之体”。而世界的存在和发展都是由于仁之力，故称其哲学为“仁学”，并以名书。书中并提出：“君主废，则贵贱平；公理明，则贫富均。”“维变法可以救之。”号召维新变法。有1958年中华书局本。

Ri

【 日涉园集 】

别集　宋李彭撰。彭字商老，南康军建昌（今江西永修县）人。生卒年不详，约哲宗绍圣初（1094）前后在世。宋史无传，行履不可考。世称其诗文富赡，与苏轼、张耒等唱和。精释典，又称“佛门诗人”。其诗列为江西派大家。居有“日涉园”乃取陶渊明《归去来辞》：“园日涉以成趣”之句而命名，又以名集。有《四库全书》本。

【 日损斋笔记 】

元黄溍撰。溍字晋卿，浙江金华人，世祖至元到惠宗至正（1227—1357）年间在世。延祐进士，官翰林侍讲学士、中奉大夫。本书于经史子集，皆有所辨订。日损斋，作者室名。《庄子·知北游》：“礼者，道之华而乱之首也。故曰为道者日损，损之又损之，以至于无为，无为而无不为也。”意为日去其华伪，而归于淳朴无为。溍以之名室，名集。溍谥文献，别有《黄文献集》，专论经术。上述二书皆收录于《四库全书》。

【 日下旧闻考 】

地理志书。清朱彝尊（1629—1709）于康熙二十五年（1686）撰成《日下旧闻》四十二卷。记北京掌故、史迹。上至远古，下至明末，征引古籍凡一千四百四十九种。古代以帝王比日，因之皇帝所在地曰“日下”。《晋书·陆云传》：“云与荀隐素未相识，尝会（张）华坐……云因抗手曰：‘云间陆士龙。’隐曰：‘日下荀鸣鹤。’”唐钱起《送薛判官赴蜀》诗：“边陲劳帝念，日下降才杰。”乾隆三十九年（1774）因北京苑囿、宫署等之增设变化，又命于敏之等对《日下旧闻》增补考订，达一百六十卷，为过去最大最全的北京史地资料。乾隆皇帝为《〈日下旧闻考〉题词》：“重考彝尊书以成，七言权当序而行。名因日下荀鸣鹤，迹逮春明孙北平。挂漏岂无补所缺，淆讹时有校从精。百年熙皞繁文物，以胜三都于西京。”由此《四库全书》著录为《钦定日下旧闻考》。近代有1981年北京古籍出版社刊点校本。

【 日知录 】

笔记　清顾炎武（1613—1682）撰。炎武于清兵南下，屡起义兵抗拒，失败后专心著述，拒不出仕。氏原名绛，字忠清。乙酉年（1645，南明福王元年，清顺治二年）改名炎武，字宁人。缘于史上宋末志士王应梅，曾毁家助文天祥军饷。天祥被虏，应梅撰文生祭之，祈其殉国，并自更名炎午。此乃顾氏仰其为人，取其名名己，但曲折为之。因午于十二支属马，《说文》：“马，武也。”且清为女真族，曾称后金。金，白色。顾氏以炎名己，炎为“大明”为火，为赤，与之对立。喻以大明之炎火，销铄灭“金”（清廷）。氏治学主张经世致用，侧重考据，开清世朴学风气。此书为为其代表作，乃其读书有得，随时札记，故以“日知”为名。积三十年而后成。大体按经义、政事、财赋、世风、礼治、科学、史地、兵事、艺文等，以类相从，条列子目。有《四库全书》本。参见《顾亭林诗文集》等书。

Rong

【 容斋随笔 】

笔记　又名《容斋五笔》，宋洪迈撰。迈字景庐，别号野处。鄱阳人（今属江西）。徽宗宣和至宁宗嘉泰年间（1123—1202）在世。绍兴进士，曾使金，抗节不辱。后知婺州，以端明殿学士致仕。有诗集名《野处类稿》，以别号名。迈淹通赅博，经史、百家、医卜、星算无不深究。此书为其四十余年随时札记，主要为考据之作。对宋以前历史、政治、经济、辞章、典故等，辨订精审。尤详于宋代典章、制度，且论评精确，颇多创见。据云毛泽东于日理万机之暇，常常阅读。临终前十三天犹对身边工作人员说，要看《容斋随笔》。（见现代北京燕山出版社出版之《容斋随笔》新版本。）

Rou

【柔石选集】

小说集　柔石（1902—1931）撰。人民文学出版社 1958 年出版。柔石原名赵平福，浙江海宁人。海宁城西方孝孺祠堂前，有小石桥，名“金桥柔石”。柔石意寓“钢柔相济”，遂取为笔名。在省立第一师范学校读书时，即参加“晨光社”从事新文学活动。毕业后任小教，并开始创作。1930 年“左联”成立，他是基本成员之一。同年参加中国共产党，并代表“左联”参加全国苏维埃区域代表大会。1931 年被国民党反动派秘密杀害于上海龙华，成为“左联五烈士”之一。他的代表作有：

一、《二月》（1929）。中篇小说。以主人公萧涧秋来到芙蓉镇的遭遇，反映 20～30 年代找不到出路的小资产阶级知识分子的苦闷和彷徨。表现他们在与旧社会冲突中的悲剧性格。鲁迅先生曾在本书的《小引》中这样写道：“……惟有衣履尚整，徘徊海滨的人，一见水花，便觉得有所沾湿，狼狈起来。……他其实并不能成为一个小齿轮，跟着大齿轮转的。他仅是外来的一粒石子，所以轧了几下，发几声响，便被挤到女佛山——上海去了。”本书的开头“是阴历二月初，立春刚过了不久。……”乃因以题名。

二、《为奴隶的母亲》（1930）。短篇小说。它通过浙东地区流行的“典妻”制度，在朴素的白描中塑造了穷苦妇女春宝娘的鲜明形象，控诉了封建主义的野蛮、残酷、令人触目惊心。本书的题名是由于家境贫穷而被迫典身给地主家，替他不能生育的太太生孩子，而在儿子出生以后，仍然被逐回到贫穷的故家，母子不能相认，她，仍然是个奴隶。

【肉蒲团】

长篇小说　未署撰人姓名。原署“情痴反正道人编次”，别题“情死还魂社友批评”。真实作者生平事迹不详，当为明末清初人。此书曾用名《觉后禅》《风流奇谈》《耶蒲缘》《钟情录》《巧姻缘》《循环报》《野叟奇语》《玉蒲缘》等。取名之雅俗高下，显示各有所见，各有所取。是书在清代曾多次被列为淫书禁毁。“肉”原指人或动物的肉体。此处暗喻肉欲，即人的肉体欲求。如：食欲、色欲等。梁武帝《手敕》：“尘网牵连，肉欲障扰。”以“肉”指女性胴体，始自唐人。《开元天宝遗事》：“杨国忠于冬月，常选婢妾肥大者行列于前，令遮风……谓之肉阵。”又曰“肉屏风”。蒲团是用蒲编成的圆垫，为僧人坐禅及跪拜所用。本书题名表面取自僧人所坐蒲团，实喻书中人物在情欲极致荒唐之后，幡然悔悟而皈依佛门。书中故事叙元致和年间，才子未央生，风流纵淫，终遭报应。此书反映中国古代历来“性学”之说：谓男女性事是养人之药，不可惧之，亦不可溺之。对人生有积极作用，是反封建的。作者声称不是劝人纵欲、宣淫，但其自然主义的描摹，副作用很大。所谓一片佛心为世人说法，也不过只是循环报应之说。然此书在猥亵小说中，颇为突出。其文笔出色，生动活泼，在古代小说中，亦是杰出者。又擅长刻画性爱心理，一般小说也很难做到。难怪清人刘廷玑于《在园杂志》中提出作者是，明末清初的才子李渔。盖李渔才华风流，庶几似之。

Ru

【如梦令】

一、《如梦令》。长篇小说　台湾女作家萧飒撰。萧飒（1953—　）原籍江苏南京，生于台湾。青年时期开始创作，作品甚丰。本书女主人公于玲，因家贫，中学未毕业即出嫁。丈夫入伍后，与多人同居。一次她陪女儿堕胎，使她第一次知道：外在的物质和虚荣，并不能满足全部的人生。1981 年台湾九歌出版社出版。

二、《如梦令》诗集。台湾作家杨拯华撰。共收《如梦令》等诗六十一首，每一首都很短，深受中国古典诗歌“小令”的影响。1977 年台湾枫城出版社出版。案，《如梦令》，原是诗词牌名。相传是后唐庄宗(858—926)所创。原词是:"曾宴桃源深洞,一曲舞鸾歌凤。长忆别离时,和泪出门相送。如梦,如梦！残月落花烟重。"标其词牌名《忆仙姿》。后人嫌其非雅,乃取词中叠字,改词牌名《如梦令》。原词取神话传说刘晨、阮肇二人入天台山,遇仙女事。反映人生暂短,为欢几何之慨叹。作家亦取其万事如幻如梦之谓也。

【 儒林外史 】

长篇小说　清吴敬梓撰。敬梓字敏轩,又字粒民,号文木,自称江淮寓客。安徽全椒人,生于康熙至乾隆(1701—1754)年间。诸生,长居江宁(南京),荐而不就。擅辞赋,有别集《文木山房集》。清金和《儒林外史·跋》:"是书则先生嬉笑怒骂之文也。盖先生遂志不仕,所阅于世事者久,而所忧于人心者深。彰阐之权,无假于万一,始于是书焉发之。以当木铎之振,非苟焉愤时疾俗而已,……全书载笔,言各有物,绝无凿空而谈者。若以雍乾间诸家文集细绎而参稽之,往往十得八九。"正史中纪文人事迹者,有《儒林传》。清闲斋老人《儒林外史·序》:"夫曰'外史',原不自足正史之列也;曰'儒林',迥异玄虚荒渺之谈也。"书中刻画当时的士林——知识分子,追求功名富贵,丑恶虚伪的形象;也反映要改良社会的思想,描写品德纯良,自食其力的正面形象。揭露科举制度,以致整个封建社会的腐朽黑暗。叙事结构由十几个各自独立,而又有联系的故事编缀而成,开清代谴责小说笔法之先河。有作家出版社、人民文学出版社多次刊本。

【 儒门事亲 】

中医书　金张从正(1156—1228)撰。从正字子和,睢州考城(今河南睢县)人。南宋兴定年间,曾任太医,为金元四大家之一。本书介绍其善长的汗、吐、下三种攻邪疗法的理论和实践。题名反映古代社会的通识:"医家奥旨,非儒不能明;药品酒食,非孝不能备。"唐王勃有《黄帝八十一难序》:"人子不知医,古人以为不孝。"之言。《四库全书总目提要》云:"故名《儒门事亲》者,以为惟儒者能明其理,而事亲者当知医也。"有1858年上海卫生出版社刊本。

【 入蜀记 】

游记　南宋陆游(1125—1210)撰。陆游有《剑南诗稿》等已著录,可参见其生平。乾道五年(1169),陆游授夔州(今四川奉节地区)通判,次年起行,十月到任。因述其道路所经,以为是记。游本工文,故于山川风土叙述颇为雅洁,而于考订古迹尤所留意。如对李白、杜甫、白居易、苏轼、欧阳修、梅尧臣等诗作中的史地考证及搜寻金石,引据诗文,以参证地理者,颇有参考价值。是书收入《四库全书》,现存有《笔记小说大观》本等。

S

San

【 三才图会 】

一名《三才图书》　类书。明王圻等编,圻字元翰,上海人,嘉靖进士,久为地方官,历任知县等,至陕西布政使,著述丰富。三才,又作三材。古指天、地、人,见《易·系辞下》:"有天道焉,有人道焉,有地道焉,兼三材而两之。图会,即图谱的总汇。明顾秉谦为之《序》云:"因肆意搜辑勒成一书,上至天文,下至地理,中及人物,旁逮器用……总而题之曰《三才图会》。"其书分天文、地理、人物、时令、宫室、身体、衣服、人事、仪制、珍宝、文史、鸟兽、草木等十四门。每例先列图像,次撰说明,虽有冗繁不精之病,但采集广博,颇益考见。近有扬州广陵古籍刊印社1987年影印明万历本。

【 三朝北盟汇编 】

编年体史书　宋徐梦莘撰。梦莘字商志,临江(今江西清江县)人。北宋靖康末至南宋光禧(1126—1207)年间在世。绍兴年进士,官至秘阁,精于宋金和战之史。本书括徽宗、钦宗、高宗三朝与金和战、北(通背)盟(盟议)之史料。其编辑方法是,按年分类引录原文,故曰"汇编"。在李焘《续资治通鉴长编》徽、钦两朝部分全佚之今时,此书尤为可贵。有《四库全书》本。

【 三辅黄图 】

一名《西京黄图》,古地理书 撰者佚名,现一般认为,成书不晚于南北朝。《隋书·经籍志》著录《黄图》一卷。今传本卷数不一,盖后人所增辑。三辅,原指西汉时治理京畿地区的三个职官。景帝时置左、右内史及都尉,即称三辅。所辖即今陕西中部西安附近地区。黄,原指土地之色,后专指帝都。《艺文类聚》中南朝江总《云堂赋》:"览黄图之栋宇,规紫宸于太清。"此书分类记载秦、汉时期的城池、宫观、陵庙、明堂、郊畤、辟雍等。《四库全书总目提要》云:"其书皆记长安古迹间及周代灵台、陵囿诸事,然以汉为主;亦兼及河间日华宫,梁曜华宫诸事,而以京师为主,故称《三辅黄图》。"除《四库全书》本外,另有清毕沅补校本。

【 三更灯火五更鸡 】

散文集 台湾作家墨人(1920—)撰。墨人,诗人,小说家。原名张万熙,做过报社编辑,中学教员。1939 年开始写作。1949 年到台湾,退休后专业创作。所作长篇小说,曾获奖。作者曾被列入《世界名人录》。本书取其中一篇杂文题目作书名,文章内容是作者写作经验和历程的剖白。"三更灯火五更鸡"之句,见于清代樵云山人(刘璋)撰小说《飞花艳想》中。小说叙一秀才柳素心,系唐代文学家柳宗元之后。父亡,在母亲杨氏教育下,苦读诗书而功成名就事。书中第一回"众英才花下谈心"中引用一首诗曰:"三更灯火五更鸡,雪案萤窗志足奇。自古书香传弈业,果然庭训振家仪。"作者将学子的苦读与自己事业的甘苦联系起来,而作本书的题名。本书 1985 年由台北江山出版社出版。

【 三国演义 】

原名《三国志通俗演义》 章回历史小说 明罗贯中(约 1330—1400)编撰。罗贯中名本,号湖海散人。原籍山西太原(一说是钱塘,即杭州)相传师事施耐庵,并与之合作创作小说,余无考。此书据鲁迅《中国小说史》言:"凡首尾九十七年事实(184—280),皆排比陈寿《三国志》及裴松之注,间以仍采平话,又加推演而作之。"清初毛纶、毛宗岗父子,根据明李贽《三国志通俗演义》评本,整理回目,修正文辞,增删某些情节。把原书之二百四十则,改编成一百二十回。回目对偶工整,文字亦更流畅。人物性格更加鲜明、统一,成为后来最流行的版本。通行本为人民文学出版社 1953 整理后刊本,后多次再版。

【 三国志 】

纪传体史书 晋陈寿撰。寿(233—297)字承祚,巴西安汉(今四川南充)人,武帝时任著作郎。本书共六十五卷,与《史记》《汉书》《后汉书》合称"四史"记魏文帝黄初元年(220),至晋武帝太康六年(280)间,魏、蜀、吴三国史事。《魏志》三十卷,《蜀志》十五卷,《吴志》二十卷。寿为西晋臣,晋承魏祚,故以魏为正统。魏皆书"本纪"称帝,蜀、吴各为"传"称主。寿善叙事,有良史之才。于史料取舍剪裁,严谨得法,文笔简洁,然亦失之过略。故南宋裴松之(372—451)作注,引书近二百种,大部分今已失传,篇幅超出原书数倍,保存史料颇丰。开注释之范例,极便幼学。通行本是中华书局《二十四史》标点本。

【 三立编 】

儒家书 清王梓编。梓字琴伯,陕西郃阳(今合阳县)人。官四川崇宁知县,余无考。三立,典自《左传·襄公二十四年》:"太上有立德,其次有立功,其次有立言,虽久不废,此之谓不朽。"后通称立德、立功、立言谓三不朽。此书以之将王阳明的著作分类编辑。将讲学者归之《立德编》,摘述《传习录》《文录》诸篇;论事者归于《立功编》,载奏疏、咨文、行牒、批呈、告谕;诗文纳《立言编》,有古今体诗、杂文等,末附年谱。《四库全书》列入存目。

【 三略 】

古兵书 佚名撰。旧题黄石公撰,又云:源于姜子牙,俱为伪托。案:《史记·留侯世家》载:圯上老人授张良书曰:"读此则为王者师矣。后十年兴，十三年孺子见我济北谷城山下，黄石即我矣。”（参阅已著录之《谷城山馆诗集》）本书三卷有上、中、下三略。通篇教导君臣将帅要以德为本，斥兵为万事之源说，力陈不得已方能用兵。《三略》之名始见于《隋书·经籍志》，《汉书·艺文志》未载此书。《四库全书总目》谓：自汉以来言兵法者，往往以黄石公为名。此书文义不古，不类秦汉，当系后人伪托，但作北宋以前旧本则可。本书结构严谨，论证充分。虽诸无可考，然姑存之，亦可见后世重之由也。现存明千顷堂刻本，清光绪二十四年（1898）《武经七书》本。

【 三农纪 】

农书　清张宗法撰。宗法字师古，号未了翁。四川什邡（今成都北什邡县）人。农家出身，终身亲操耒锸。书名喻意是在三农—农老、耕父、牧童敦促下写成的。作者《自序》称：“法也生长农家，终身畎田，与鸟兽同其休息，与草木同其春秋，业业小人而已。时秋九月，与二三农老耕父相邀，登高旷饮，踞箕苔台，舞掌藤阴。又有一二牧童左右问答，理辨纷纷，析明耕术，各执己见。一牧童进而言曰：‘今之所话者，得其人述之，不枉苦谈一夕矣。’耕父曰：‘我辈中师古翁可乎?’予摇手曰：‘否！否！非不为也，是不能也。’耕父勃然曰：‘子之田吾其治之。’农老相和曰：‘子之苗吾能理之。’牧童在旁笑曰：‘饭牛者我之职也。’众嚣嚣曰：‘留子偷闲以成其著，但限期见效。’予已醉，不能应，辞归家。明日农老昨日议者毕集，执鸡携酒，负纸抱笔，相来旋庐，固是以无所辞……。”此书内容有农家月令、物产、水利、灾害、耕作、作物、蔬果、树木、药材、畜牧、蚕桑、蜂、鱼等，终以医疗摄生之术。其来源以引证古籍为主，兼及老农经验和自身见解，为一部内容翔实，较为全面的实用性农书。乾隆二十五年（1760）初刻，1959 年农业出版社出版《三农纪校释》本。

【 三三医学丛书 】

中医书　裘庆元（1873—1947）编。庆元，浙江绍兴人，精通医学，热心中医事业，家藏医书甚丰。曾创刊《三三医报》，开办三三医院。本丛书辑中医理论、临床各科、本草、方书、医话等医书共九十九种。以清代为主，也有唐、宋、元、明医著，并收少量日本医书。据《中国医籍提要》：“因裘氏取‘医不三世，不服其药。’‘三折肱知为良医’故书名《三三医书》。案：典见《礼记·曲礼下》：“医不三世，不服其药。”《春秋左传·定公十三年》：“三折肱知为良医。”有 1924 年杭州三三医社刊本。

【 三事忠告 】

政书　元张养浩（1269—1329）撰。养浩字希孟，号云庄。宋至元初在世，曾任县尹、监察御史，官至礼部尚书、参议中书省事。元天历二年，关中旱灾，特拜陕西行台中承。到官四月，倾囊赈饥。每抚膺痛哭，遂得疾不起，卒，谥文忠。养浩有《归田类稿》《云庄乐府》已著录请参考。《三事忠告》包括：养浩为县令时的《牧民忠告》；为御史时之《风宪忠告》；入中书时著《庙堂忠告》。其言皆切实近理而不涉迂阔，盖养浩留心时政，举所阅历者著之。明张伦《林泉随笔》：“张文忠公《三事忠告》，诚有位者之良规。观其在守令，则有守令之式；居台宪，则有台宪之箴；为宰相，则有宰相之谟。纯深明粹真有德之言也。考其为人，能竭忠徇国，正大光明，无一行不践其言。”该书收入《四库全书》职官类。

【 三水小牍 】

唐传奇　唐皇甫枚撰。甫枚字遵美，安定郡三水人。三水，古县名。在今陕西旬邑县境，因境内有罗川谷三泉并流故名。甫枚约唐僖宗广明中（880）前后在世。咸通末（837）曾为汝州（今河南临汝境）鲁山（今县治）令。明姚咨、秦汴言作者：“于天祐庚午岁，旅食汾、晋，手纪咸通中事，而为此书。”案：天祐无庚午，当时唐亡，乃梁开平四年。枚不忘故主，故仍用天祐纪年。小牍即小木简，此言以小木简写的文章，犹言札记、笔记。书中记晚唐异闻逸事，多仙灵怪异，而每记英烈之事。乃传奇小说属也，名篇如《飞烟传》，悲惨动人，曾独立单行。《鱼玄机》写女道士的凶残狂暴，颇具个性。文中穿插诗歌骈语，辞藻华丽，在晚唐小说中较有特色。有 1958 年中华书局排印本。

【 三侠五义 】

长篇小说　原名《忠烈侠义传》，一百二十回。

乃根据《龙图公案》改编。作者不详，道光、咸丰年间，有天津人石玉昆说唱此书，笔录成文，故卷头题“石玉昆述”。书名源自其中辅佐包拯审案平狱的三豪侠：南侠展昭、北侠欧阳春、双侠丁兆兰、丁兆蕙。五义士号称“五鼠”的：钻天鼠卢芳、彻地鼠韩彰、穿山鼠徐庆、翻江鼠蒋平、锦毛鼠白玉堂等。俞樾以书中不止三侠，又增订改编题为《七侠五义》，于光绪年间出版。近有安徽文艺出版社 2004 年刊本。

【 三言 】

明冯梦龙（1574—1646）编纂。是三个话本小说集：《喻世明言》《警世通言》《醒世恒言》的合称。《醒世恒言》又曾名《古今小说》，已著录。在《醒世恒言》书前，有可一居士《序》言：“六经国史而外，凡著述皆小说也。而尚理或病于艰深，修辞或伤于藻绘，则不足以触里耳而振恒心，此《醒世恒言》四十种，所以继《明言》《通言》而刻也。……‘明’者，取其可以导愚也；‘通’者，取其可以适俗也；‘恒’则习之而不厌，传之而可久。三刻殊名，其父一耳。”说明了小说的功用和性质。冯梦龙生平参见《古今小说》条。有岳麓出版社 1990 年刊本。

【 三叶集 】

散文合集　田汉（1898—1968）、宗白华（1897—1986）、郭沫若（1892—1978）撰。实为三人的通信集，内容大致以歌德为主题，讨论诗歌创作和理论，讨论戏剧改革也讨论婚姻问题。尤其在当时提出自由恋爱和包办婚姻，并公开讨论这些问题，在中国社会和中国文学都开了风气。关于题名书中有田汉的《序》云：“我于今发起把这些信，都为一集，发表出来，题曰 Kleeblatt。……Kleeblatt，拉丁文作 Tvifolium，系一种三叶矗生的植物，普通用为三人友情的结合之象征。我们三人的友情便由这部 Kleeblatt 结合了。”有 1920 年亚东图书馆版本。

【 三余集 】

二种：

一、诗文别集。宋黄彦平撰。彦平字秀岭，号次山。丰城（今在江西）人。生卒年不详，约北宋末（1126）前后在世。宣和年进士，建炎初官吏部郎中。其书题名取三国董遇“三余读书”之意。《三国志·魏志·王肃传》裴松之注，引《魏略》：“（遇）言‘当以三余’，或问三余之意，遇言：‘冬者岁之余，夜者日之余，阴雨者时之余也。’”后以“三余”泛指空余时间。书名《三余》示人勤苦治学之意。有《四库全书》本。

二、诗集。清康熙年，江苏太仓王撰撰，取名之意同上。

【 三鱼堂文集 】

诗文别集　清陆陇其撰。陇其字稼书，浙江平湖（今嘉兴地区属县）人。明崇祯年生，清康熙朝卒（1630—1692）。康熙进士，历官嘉定、灵寿知县、行取御史，以上疏不用，乞归。陇其学崇程朱，著作丰富。三鱼堂，陇其书斋名。清阮葵生《茶余客话》云：“其曾祖溥，曾为丰城县丞。尝督运夜过采石，舟漏，跪祝曰：‘舟中一钱非法，愿葬鱼腹。’漏忽止。旦视之，则水荇裹三鱼塞其罅。溥子东迁泖上，筑堂名三鱼。”有《四库全书》本。

【 三垣笔记 】

清李清（1602—1683）撰。清字心水，号映碧、天一居士。明末清初，兴化（今江苏县治）人。崇祯进士，于崇祯、弘光两朝，任刑、吏、工科给事中时撰此书。垣，矮墙，后用作官府的代称。刑、吏、工科时称刑垣、吏垣、工垣，因以名题。书据见闻记崇祯十年迄南明唐王隆武二年（1637—1645）间时事、朝章、典故、人物等。取材谨慎，评论人物无党争门户之见。记晚明内忧外患及施政方策，对党争败国、官场丑闻载叙尤多。有晚明社会政治、经济的真实史料。1982 年中华书局出版点校本。

【 三指禅 】

中医书　清周学霆撰。学霆，湖南邵阳人。自署梦觉道人，工诗文。著医书多种，诊病多奇中。此书专门论脉，以“缓脉”为标，列脉二十七，以对比方法，分析脉象之不同，论述病症，决定治法和方剂，切于临床实用。作者有《总论》：“曰医理无穷，脉学难晓，会心人一旦豁然，全凭禅悟。余未及冠，因病弃儒，留心医学，研究诸书，并无一字之师。独于脉，稍得异人指示，提一缓字而融会之。全身脉症，于瞬息间尽归三指之下。”禅，佛家梵语“禅那”的省称，意译“思维修”，静思之意。作者意为医家号脉之际，定思妙理，必有顿悟。有文益书局1895刊印本。

【 三传折诸 】

经学注疏　清张尚瑗撰。尚瑗字宏蘧，吴江（今江苏属县）人。生卒年不详，约康熙四十年（1701）前后在世。康熙进士，才情藻逸，好汗漫游，终江西兴国令。是对于春秋三传（《左传》《公羊传》《谷梁传》）的论证之作。折诸，语出扬雄《法言·君子》：“群言淆乱则折诸圣。”折：判断、折中于。诸，“之、于”二字的连用，折诸，即“折中于圣”的省略。书谓凡三传中有歧义者，折中于孔子的《春秋》。尚瑗《折诸序》云：“折诸之名本于扬子。扬子又曰：‘途虽歧而通诸夏则由诸，川虽曲而通诸海则由诸。’则将扩一二家以证之数十百家之异同。由四百八十余年而下逮乎千数十百年之久，近迎而距之，平心而察之，不敢谓一心之臆度，必百家皆莫之能及，又往往历群言之淆乱于吾说，竟无所于循。”《四库全书总目提要》：“尚瑗初从朱鹤龄游，讲《春秋》之学……亦作《读三传随笔》。积累既久，卷帙遂夥，乃排纂而成是书，……惟其书贪多务得，细大不捐，……殊为芜杂。然取材既广，储蓄遂宏，先儒训诂之遗，经师授受之奥，微言大义亦多错出于其中。所谓披沙简金往往见宝，……搜罗荟粹，犹为摭实之言。”书收于《四库全书》。

【 三字经 】

传统童蒙读物　南宋王应麟（一说为宋末区适子）撰。各代版本不同，明清学者续有增补。1928年章炳麟有重订本。内容包括社会生活、封建伦理、自然常识等。为三言韵文，朗读顺口，故名之。书中叙述中国历史，清晰简洁，有《小纲鉴》之称，与《百家姓》《千字文》并行，为旧时流行蒙学课本之一。收入岳麓书社1986年刊《传统蒙学丛书》中。

Sha

【 沙汀文集 】

1992年上海文艺出版社出版。沙汀（1904—1992）撰。沙汀现代小说家。原名杨朝熙，笔名沙汀。四川安县人，自幼熟悉四川乡村城镇豪绅统治下的大众生活。1921年就读于成都时，参加革命活动，后流亡上海。1932年加入左联并发表作品。1940年发表名作短篇《在其香居茶馆里》。长篇小说1943年发表《淘金记》，1945年发表《困兽记》，1948年发表《还乡记》等，皆其重要著作。新中国成立后仍致力于创作，并担任地方及中央文联、作协，社科院文学研究所等领导职务。现将其长篇小说“三记”题解如下：

一、《淘金记》。首次发表时名《烧箕背》，是以其矿地名之。后改《北斗镇》，因书中故事多发生在矿场附近北斗镇上。最后改名《淘金记》。唐许浑有诗句：“洞丁多斫石，蛮女半淘金。”此亦借以题名。

二、《困兽记》。写一群知识分子在时局逆转后，陷于无法自拔的烦闷生活，虽认作困兽，却希望“困兽犹斗”。《左传·定四年》：“困兽犹斗，况人乎！”喻在绝境中的挣扎。

三、《还乡记》。展现四川农村尖锐的阶级矛盾第一次写出了走向集体斗争的贫农形象。《庄子·渔父》：“还乡而立。”作者在《我的传略》中提到这三个长篇：“是企图从三个方面来揭露反动派的罪行。《淘金记》，是揭露地主阶级为发‘国难财’，彼此之间的内讧。《困兽记》，是揭露反动派对进步知识分子的迫害，和小学教师的艰苦生活。《还乡记》是学习了毛主席《在延安文艺座谈会上的讲话》，然后返回故乡，隐蔽在秀水镇一家锅厂里写成的。”

【 莎士比亚戏剧故事集 】

英C.兰姆和M.兰姆姐弟原著。系兰姆姐弟依据莎士比亚部分戏剧，改写的散文故事集，1807年完成，共二十篇。1903年上海达文社译出其中十个故事出版，译者不详。题名《澥（xie，海）外奇谈》。1904年由林纾执笔，魏易口译之本，题名《英国诗人吟边燕语》，含全部二十篇故事。我国最初上演的莎翁剧，多以此为蓝本改编。本书又曾题名《莎氏乐府本事》。1956年萧乾译本题为《莎士比亚故事集》。1978年中国青年出版社译本，改称

《莎士比亚戏剧故事集》。

【 莎士比亚戏剧集 】

英国莎士比亚（W. Shakspeare，1564—1616）著。文艺复兴时期戏剧家、诗人。生于商人家庭，当过剧场杂役、演员和编剧。现存其剧本三十七部，诗、十四行诗若干。莎翁戏剧在我国近代，最初有朱生豪（1911—1944）的译本。1935—1944 共翻译三十一部。1978 年定名为《莎士比亚全集》出版，有北京人民文学出版社刊本。其部分译本今名、曾用译名与题解如下：

一、《驯悍记》。1923 年译者诚冠怡题名《陶冶奇方》。

二、《罗密欧与朱丽叶》。1904 年林纾、魏易译作《铸情》。

三、《理查二世》。林纾、陈家麟曾译作《雷差德纪》。

四、《仲夏夜之梦》。郑振铎《文学大纲》中译作《夏夜梦》。

五、《威尼斯商人》。林纾、魏易译作《肉卷》。

六、《亨利四世》。林纾、陈家麟译作《亨利第四纪》。

七、《温莎的风流娘儿们》。1928 年缪览辉译作《恋爱神圣》。

八、《无事烦恼》。方平曾译为《扑风捉影》，又曾译为《无事生非》。

九、《第十二夜》。1947 年出版的朱生豪译本中有注云："1 月 6 日即耶苏圣诞后第十二日，为旧俗宴乐之佳节。曩时宫廷中例于是晚演杂剧为乐，本剧系供当时上演之用，故以《第十二夜》命名。"

十、《尤利乌斯·恺撒》。1924 年邵廷、许绍姗合译题作《罗马大将恺撒》。1935 年曹未风译作《恺撒大将》。

十一、《哈姆莱特》。1904 年林纾、魏易译作《鬼诏》。1924 年邵廷等译作《天仇记》。1938 年莎翁全集翻译会译为《丹麦王子哈姆雷特之悲剧》。1954 年卞之琳译作《哈姆雷特》。

十二、《终成眷属》。1927 年张采真译为《如愿》。

十三、《量罪记》。英若诚北京人艺演出本译作《请君入瓮》，又曾有译名《一报还一报》。

十四、《奥塞罗》。1904 年林纾、魏易译作《黑瞀》。黑，是指奥塞罗是黑人。瞀（mào）释义：1. 目眩、眼花。2.（心绪）纷乱。3. 昏乱、愚昧。此处喻奥塞罗在中了坏人圈套之后，怀疑妻子不忠的心理状态。

十五、《李尔王》。林纾等译作《鬼变》。孙大雨译作《黎琊王》。

十六、《麦克佩斯》。1930 年戴望舒译作《麦克倍斯》。张文亮译作《墨克白丝与墨夫人》。1936 年梁实秋译为《马克白》。

十七、《暴风雨》。1904 年林纾、魏易译作《飓引》。

Shan

【 山村遗集 】

诗文集　元仇远（1247—?）撰。远自号山村民，善诗，风格高雅。有诗《金渊集》已著录。此集为《金渊集》所不载。为项梦昶从他书辑录而成，故名。项氏有《山村遗集跋》："仇君自号山村，不愿富贵，而志在田园，……是真知慕渊明者，可尚矣。……从《珊瑚木难》《清河书画舫》……诸书中复得词、题跋若干首，编排成帙。"《四库全书总目提要》："此集之诗，皆不作于溧阳。不可并入《金渊集》内，故仍有其书名著于录，以不没远之佚篇矣。"书收入《四库全书》，参见《金渊集》。

【 山谷集 】

宋黄庭坚撰。庭坚字鲁直，号涪翁。洪州分宁（今江西修水县）人。生于仁宗朝（1045），卒于徽宗（1105）时。苏轼赞其诗文，声名始盛，为苏门四学士之一。长于诗，世称"苏黄"。曾官起居舍人，知鄂州、太平州。私谥文节先生，庭坚自号山谷道人。《宋史·黄庭坚传》："初游潜皖山谷寺石牛涧，乐其泉石之胜，因自号。"《潜山县志》："山谷寺有大石如牛眠，山上有二蹄迹，宋庭坚读书于此。时李公麟画庭坚坐石牛，庭坚因自号山谷道人题诗其上，所谓'青牛驾我山谷路'是也。"集有内集、外集、别集。内集，其甥洪炎收元丰元年至永丰四年，共二十八年作品。外集，南宋李彤编，收嘉祐六年至崇宁三年作品。别集，为其裔孙黄㽦所辑。有《四库全书》本。

【 山谷老人刀笔 】

书信集　宋黄庭坚（1045—1105）撰。庭坚有《山谷集》，前已著录，请参见。刀、笔，原在古代皆为书写工具。记事以刀刻于龟甲或木简，有笔以后，则以笔书之于帛。引申为书写成的文字。《淮南子·泰族》："然商鞅之法亡秦，察于刀笔之迹，而不知治乱之本也。"后又特指奏议、制诰、尺牍及诉讼状文等，皆称刀笔。此书是庭坚所写尺牍，即书信。按年次排由出仕至馆职、居忧、在黔州、戎州、荆渚、宜州等部分成卷。《四库全书总目提要》："是篇向有宋椠本，非后人所为。考《宋史·艺文志》，杨亿亦以刀笔别行，盖当时风气有此一体云。"书著录于《四库全书》集部别集类存目。另有《纷欣阁丛书》本。

【 山海经 】

古地理书。今本十八卷。最初司马迁于《史记·大宛传》中提及，未言作者。传说夏禹时伯益撰。汉王充《论衡·别通篇》："禹主行水，益主记异物。海外山表，无所不至，以所见闻作《山海经》。"西汉刘秀（即刘歆）《上山海经表》曰："《山海经》者出于唐、虞之际，……益与伯翳，主驱禽兽，命山川，类草木，别水土，四岳佐之。以周四方，逮人迹之所稀至，及舟舆之所罕到。内别五方之山，外分八方之海。记其珍宝奇物，异方之所生。水土、草木、禽兽、昆虫、麟凤之所止，祯祥之所隐。及四海之外，绝域之国，殊类之人。禹别九州，任土作贡，而益等类物善恶，著《山海经》。"现今认为是古代实地考察与见闻传说的合记，约成书于战国，秦汉时有增删。分《山经》与《海经》。《山经》中记名山五千余座。其中铜者四百余座，产铁者三千余座。其他记河山大泽三百余，及道里、历史、神话、民族、物产、医药、宗教、巫术、矿物的描述，是此类世界最早的文献记录。神话《夸父追日》《精卫填海》即保存此书中。其文叙述恢诡夸诞，想象奇特，自来视为奇书。因伪托难读，晋郭璞作注及图赞。清毕沅校正本称善。现代袁珂《山海经校注》亦为佳本，有上海古籍出版社1980年刊本。

【 山堂考索 】

又名《群书考索》　类书　南宋章如愚编。原百卷，元明版本为四集二百十二卷。如愚，金华（今属浙江）人，字俊卿。庆元进士，官国子博士，知黄州。入京，触权相罢归。结草堂山中，与士子讲学，时称山堂先生。章氏博采经史百家之言，论列政治制度，寄寓经世治国之心，以成此书。因分类立目，每有考辨，乃题《考索》。《四库全书总目提要》："宋自南渡以后，迂儒尊性命而薄事功，文士尚议论而鲜考证。如愚是编，独以考索为名，言必有徵，事必有据。博采诸家而折中以己意，不但淹通掌故，亦颇以经世为心。惟体例繁杂，未审重复，不便检索，利钝互陈。"《四库全书》列入子部。

【 山堂肆考 】

类书　明彭大翼编，张幼学增订。二百二十八卷，补遗十二卷。大翼字云举，号林居。扬州人，诸生。万历中曾知云南霑益州。是书汇辑类书，浸淫散佚，越二十年，于万历二十三年（1595）成帙。其孙婿张幼学增订，万历四十七年终成。分五集，四十五门。网罗繁富，经史子集，释经道藏，无所不及。虽憾于选择不精，但尚有条理，浅显易懂。案：肆，有陈列、延伸、扩张、极力、勤苦诸义。题名喻其采集之宏富浩博，用力之竭尽勤苦也。有《四库全书》本。

【 山雨 】

长篇小说　王统照（1897—1957）著。作者为现代小说家、诗人，字剑三，山东诸城人。1916年起在新青年发表文章，后就读于北京中国大学，并用白话写短篇小说。1921年参与发起文学研究会，1931年起构思《山雨》，书成为现代文学史上一部重要的长篇小说。出版后即被禁，作者避祸出国。新中国成立后任全国人大代表，山东文联主席。据本书作者之《跋》云："书中写北方农村崩溃的几种原因及现象，以及农民的自觉。"茅盾评此书："农民被掠夺的过程，在我们面前展开惊心的图画。"是"血淋淋的生活记录"。山雨，取唐诗人许浑《咸阳城东楼》诗："溪云初起日沉阁，山雨欲来风满楼。”隐喻农民革命意识的觉醒，所以当局急于禁售。近有北京华夏出版社1997年刊本。

【山钟集】

史料汇编　苏绍炳（梦庵）编。光绪三十一年（1905），美国虐待华工，并限制华工入境，激起上海、广州等地的反美爱国运动。曾铸（1849—1908，福建同安人），上海富商，在沪发起抵制美货和收回苏浙路权。本书收录有苛禁缘起，开会抵制，上外务部书，上海各地来往函电，上海商界与美国领事谈判经过，正告沪埠美商，实行不用美货等内容。书名乃取“国民合群，响应神速，犹如山钟”之意。有1906年刊本。

【杉溪居士集】

诗文别集　宋刘才邵撰。才邵字美中，吉州庐陵（今江西吉安）人。生年不详，约卒于高宗绍兴二十五年（1155）后。出知漳州时，治水有政绩。官至吏部尚书。其诗出自苏轼，才气纵横，杂文典雅。宋杨万里《杉溪居士集序》云：“惟我庐陵有泸溪之王，杉溪之刘两先生。”书以居处为号，又以名集。有《四库全书》本。

【珊瑚钩诗话】

诗评集　宋张表臣撰。表臣字正民，里居、生卒年皆不详，约北宋末（1126）前后在世。书名取自杜甫诗“文采珊瑚钩”句。杜甫《奉同郭给事汤东灵湫作》：“飘飘青琐郎，文采珊瑚钩”宋郭知达注：“《宋书·符瑞志》：‘珊瑚钩，王者恭信则见。’《孝经·援神契》：‘珊瑚钩，瑞宝也。’此二句推许郭给事也。”有《四库全书》本。

【珊瑚木难】

书画著录　明朱存理撰。存理，长州（今江苏苏州）人。英宗正统至武宗正德（1444—1513）年间在世。博学工文，好集异书，后以布衣终。本书记载所见书画，并载原文及款识题跋者，以此书为创始。书名源自三国魏曹植《美女篇》：“明珠交玉体，珊瑚间木难。”珊瑚，海中珊瑚虫之遗骨，形如树枝，古代视为珍宝。木难，《美女篇》引《南越志》注：“木难，金翅鸟沫所成碧色珠也，也作‘莫难’。”称为宝珠。书名取其集奇珍异宝于一身之意。有《四库全书》本。

【珊瑚网】

书画著录类　明汪砢玉撰。砢玉字玉兵，安徽徽州人。寄籍嘉兴，崇祯时官山东盐运使判官。本书有书录、画录并载题跋、论说等，为书画考证的重要著作。珊瑚，海中腔肠动物之遗骨，相连如树枝，古人视为珍宝。《新唐书·拂菻国传》：“海中珊瑚州。海人乘大舶，堕铁网水底。珊瑚初生盘石上，白如菌。一岁而黄，三岁赤。枝格交错，高三四尺。铁发其根，系网舶上，绞而出之。”书名取借喻网罗珍贵之意。有《美术丛书》本，有《四库全书》本。

【剡源集】

诗文别集　元戴表元撰。表元，宋末元初（1244—1310）在世。宋进士，除官未就，入元荐信州教授。学博而肆，其文情深雅洁，为一时大家，号剡源先生。集以号名。书有《自序》云：“先生姓戴氏，名表元，字帅初，一字曾伯。庆元奉化人，其世谱可知者：六代祖居奉化县小方门，三传而徙坊墎，又再傳而徙剡源之榆林，……性好山水，每策杖东游西眺不十里，近才数百步。不求甚劳，意倦辄止。忘怀委分，自号‘剡源先生’，因以名其集。或称‘质野翁’，‘充安老人’云。”案剡溪，浙江嵊县曹娥江之上游，其水制纸甚佳。嵊东即四明山，过山即奉化。李白《鲁东门泛舟》诗：“若教月下乘舟去，何啻风流到剡溪。”有《四库全书》。

Shang

【商君书】

法家著作　旧题秦商鞅撰。鞅，卫人，公孙氏，名鞅（约前390—前338）。初为魏相国家臣，后为秦国左庶长（即卿）和大良造（相），佐秦孝公变法，以战功封于商（今陕西商县地）号商君，因称商鞅。本书原二十九篇，今存二十四篇。书中有些篇所述史实在商鞅死后，说明非全部是商鞅本人所作，然书中确保留有商鞅遗著，记录了商鞅言行。故近代认为是战国末年，商鞅后学所编。有中华书局《诸子集成》本。

【商旅生涯不是梦】

传记　香港作家陈玉书撰。陈玉书，北京师范学院历史系毕业，曾任中学教员。后赴港经商，以五十元起家，至亿万富豪，号称世界景泰蓝大王。现任北京市政协委员，香港作家协会名誉会长。本书是真实的，具有文学性质的个人奋斗成功史。宣示了经商以至于为人处世之道，是经商者和文艺爱好者不可不读的奇书，出版后反映空前热烈。书名脱胎自唐李商隐一首《无题》诗："重帘深下莫愁堂，卧后清宵细细长。神女生涯原是梦，小姑居处本无郎。风波不信菱枝弱，月露谁教桂叶香。直道相思了无益，未妨惆怅是清狂。"中的"神女生涯原是梦"句的改换。本是李商隐自伤遭遇坎坷之意，作者套用，以反映当代知识分子的命运，颇有新意。原书是 1990 年香港繁荣出版有限公司出版。

【 上清集 】

诗集　元薛玄曦(1289—1345)撰。玄曦字云卿，号上清外史。江西贵溪人，道士。上清，道家认为人天两界之外别有三清，即玉清、太清、上清。上清是神仙居住的仙境。唐白居易有《梦仙》诗："梦身升上清。"元黄溍《弘文裕德崇仁真人薛公碑》："公讳玄曦，字云卿，姓薛氏。善为文，尤长于诗。豫章揭公留琼林月余，斋三月乃为作序，称其老劲深稳，如霜松雪桧，百折莫能挠；清(木厂支)孤峻，如豪鹰俊鹘，千呼不肯下；萧条闲远，如空山流泉，深林孤芳，自形自色，不与物竞。人以为知言……公自号上清外史，所著有《上清集》若干卷，《樵者问》一卷……。"书以号为名。清顾嗣立《元诗选》著录其诗二十八首。

【 上尉的女儿 】

中篇翻译小说　原作是年俄国诗人普希金(1799—1837)所著。我国孙用译，于 1949 年在上海出版。1956 年北京人民文学出版社再版。本书在 1903 年，曾以《俄国情史・斯密士玛利传》为名翻译出版，是中国翻译出版的第一部俄罗斯文学作品。当时另一译本是根据日文转译的，题名《花心蝶梦录》。1943 年又有以《甲必丹的女儿》译名的版本出版。("甲必丹"是俄语上尉的译音)。最后定译名为《上尉的女儿》。本书为中国翻译的第一部俄罗斯文学作品，书中以俄国 1773—1775 年布加乔夫领导农民起义为背景，写主人公"我"和未婚妻—女主角白山要塞司司令塞米罗夫上尉的女儿之间的悲欢离合。

【 尚絅斋集 】

诗文别集　明童冀撰。冀字中州。浙江金华人，约元末明初(1361)前后在世。曾任湖州府教授，居有尚絅斋，以名集。尚絅：加上罩袍。《诗・卫风・硕人》："硕人其硕，衣锦褧(絅)衣。"。絅衣，即麻布制无里的单衣，相当于罩袍。《礼记・中庸三十一》："《诗》曰：'衣锦尚絅，恶其文之著也。'"絅袍加在锦绣衣服之外，使文采不外露。引申君子品德美好，自谦亦不外露。明章懋《与赵知府叔鸣书》："今以非可当得之官，而高自标榜，全失尚絅之意。"有《四库全书》本。

【 尚书 】

原单称《书》。传说为孔子手编订为一百篇。内容是帝尧至秦穆公几个时代的史实，实为我国最古的一个史料汇编。儒家尊称为《书经》。秦时焚书，竹简断烂，《书经》散佚。至西汉初由原秦博士伏生整理得二十八篇，计：虞夏四篇、商书五篇、周书十九篇，分为典、谟、训、诰、誓、命六种文体。汉朝人称为《尚书》。汉刘熙《释名・书契十九》："《尚书》，尚，上也。……以尧为上，始而书其时事也。春秋说题辞亦云：'尚者，上也。上世帝王之书也。"文帝时由晁错以汉代通用的隶书写定，后称《今文尚书》。西汉中武帝末时，鲁恭王坏孔子宅壁，得以古籀文写的《尚书》。孔安国以汉时的文字校读，多出十六篇。于是将汉初隶书本，称《今文尚书》，后发现的籀文本称为《古文尚书》，引发了一场学术纷争。当时学者如贾逵、马融、郑玄等，先后为《古文尚书》作注，共五十八篇。流传至西晋永嘉之乱时散佚。至东晋，忽有梅赜，向朝廷献上《古文尚书》五十八篇。符合郑玄所言篇数，但明显有拼缀之迹，真伪相杂，即为今存之《古文尚书》。唐孔颖达据此本撰《尚书正义》。宋代又将《孔安国传》与孔书，合为《尚书注疏》("孔传"为注，"正义"为疏)。明、清时刻入了《十三经注疏》，遂通行天下。但自唐末起怀疑者日多，由宋朝的朱熹起，至清代阎若琚、惠栋，反复严密考证，确定梅赜所献是伪书，称"伪孔本"。但其中《今文尚书》二十八篇，是商周文献孑余，幸赖以留传至今，与其积累的自汉代以来的各种解说，仍是重要的参考书。通行本为《十三经注疏》所收《尚书注疏》。

【 尚友录 】

类书　明廖用贤编。用贤，福建建阳（今建瓯县）人，字宾于，诸生。与同里陈一言等结诗社，唱和无虚日。四方词客至者，多住其家，去则赠金。家渐落，不少惜。此书汇编周秦至南宋人小传，仿《万姓统谱》体例编排。尚，通上。尚友，即上与古人为友。典见《孟子·万章下》："以友天下之善士为未足，又尚论古之人。颂其诗，读其书，不知其人可乎？是以论其世也，是尚友也。"清陆可求《〈尚友录〉序》："善友古人者，得其纲领而举之。虽古人与我远隔数千百年，若聚一堂，又安在前言往行不可得而识乎？廖君宾于，昔樵川宿学也，尝汇集古人事实，以韵为纲，以姓为目。一展卷而如见其家世焉，如见其平生焉，名曰《尚友录》，行世久矣。"有明天启元年（1621）刻本。

Shao

【 少室山房类稿 】

别集　明胡应麟撰。应麟字元瑞，浙江兰溪人。约神宗万历年（1551—1602）前后在世。中举后，试进士久不果。乃筑室山中，淹通群籍，为王世贞推举而得名。《四库全书总目提要》云："此书芜杂之内，尚具精华……足以为读者劝也。"因其家乡有嵩山，类河南之嵩山，因取其名书媲，并题名其集。作者书中有《嵩山歌序》："去余家五十里而近，有山曰'嵩'，穹隆崒嵂，峭倩幽邃。视洛之嵩高，不知谁之伯仲也。旁一峰千仞秀出，巀嵲之际，若轩辕浮丘所尝居者。余以以嵩之少室名之，且作长歌以记其胜。"案，河南登丰有太室、少室二山，总名曰"嵩山"。谓其"室"者，山下各有石室也。名刹少林寺在其境焉。胡氏又有《少室山房笔从》系笔记，二书俱录入《四库全书》。

【 少阳集 】

诗文集　宋陈东撰。陈东，北宋润州丹阳（今属江苏）人，字少阳，哲宗至高宗朝（1086—1127）在世。徽宗时入太学，宣和七年（1125），率太学生上书请诛蔡京等"六贼"以谢天下。钦宗时罢李纲官，对金求和。东又率诸生伏阙上书，从者并京城居民十余万人。高宗时，东终因上书事被杀。后高宗悔悟追赠秘书阁修撰。东以诸生，愤切时事，摘发权奸，冒万死以冀一悟，其气节自不可及。统治者虽指责他震惊庭陛，迹类乱民，亦乖大体，但也承认他志在匡时，言皆中理，所指陈者，事后亦一一皆验。其事缘忧国，不出求名。故南宋以来儒者以忠义予之，而遗文至今传诵焉。此书为康熙年间刊，收东遗文、本传、行状及他书论赞。入《四库全书》。

【 绍陶录 】

传记　宋王质撰。质字景文，其先郓州（今属山东），后徙兴国。理宗至孝宗朝（1127—1189）在世。绍兴进士，为太学正。博通经史，善属文，以才华名。然耿介忤时，厄于权幸，于孝宗淳熙年，奉祠山居，绝人逃世。以晋陶潜，梁陶宏景皆弃官遗世，其同时唐汝舟、鹿何可继其风，因作此书。名"绍陶"乃慕先人，寄怀尘外之志。书中上卷载栗里（陶潜居地），华阳（宏景号华阳真隐）二谱及遗文遗事，并咏以词。下卷记唐、鹿事，而附以林居咏物之诗。共二卷。有《四库全书》本。

She

【 舌华录 】

文言小说　明曹臣编辑。曹臣字荩之，安徽歙县人。曹臣搜集《世说新语》及宋人笔记等，将汉魏至明的问答、隽语类分为"慧语""名语""豪语""狂语""傲语"等十八门。记言论而不取事迹，记口谈而不取笔札，故名。《四库全书总目提要》子部杂家类存目云："所录皆取面谈，凡笔札之词不载，故曰'舌华'，取佛经舌本莲华之意。"案：舌字原意是舌头，引申为语言。《论语·颜渊》："驷不及舌"注："过言一出，驷马追之不及。"是书收入《笔记小说大观》，岳麓书社 1985 刊有点校本。

【 射雕英雄传 】

长篇武侠小说　金庸（1924—　）撰。1958 年发表。此书题名缘由，据金庸氏云："《史记·李广传》：'是必射雕者也。'王维有诗：'回看射雕处，千里暮云平。'杨巨源诗：'射雕天更碧，吹角塞仍黄。'温庭筠：'塞尘牧马去，烽火射雕明。'黄庭坚诗：'安得万里沙，霜晴看射雕。'中国描写塞外生活的作品，往往提到射雕。"此书写在南宋、金、蒙古三者对峙时代，北方一个少年英雄的成长、成材与成功。少年英雄郭靖，与另一个人物杨康的名字，来源于历史上著名的"靖康之耻"。两个人因流落到不同的生活环境，而性格、气质和命运完全不同。在书中作者提出："为国为民乃侠之大者"的观念，令人耳目皆新。参阅《金庸全集》条。

Shen

【 申鉴 】

政书　汉荀悦（148—209）撰。悦字仲豫，颍川颍阴（今河南许昌境）人。曾任黄门侍郎、秘书监等职。《后汉书·荀淑传》中称：悦献帝时，侍讲禁中，见政移曹氏，志在献替。而说无所用，乃作《申鉴》五篇。……既成奏上，帝览而称善。此书以儒术谈政治，分政体、时事、俗嫌、杂言上下共五卷。《申鉴·政体》："夫道之本，仁义而已。五典以经之，群籍以纬之。咏之，歌之。前鉴既明，后复申之，故古之圣王，其于仁义也，申重而已。笃序无疆，谓之申鉴。"《申鉴通检·申鉴要略》："（荀）悦慨世风日下，大道不行，乃准往之嘉言，足为鉴戒者，申而论之，著成《申鉴》。其书虽属针砭世俗之作，但醇厚之气，溢于言表。"是书收入1984年浙江人民出版社刊《百子全书》。

【 神农本草经 】

中医药学书　简称《本草经》《本经》。书约成于秦至东汉末。神农，传说的中远古帝王，在位时尝百草以疗疾病，故医家多有系托神农之名者。本草，中药之统称，因各药以草类为多，故称。原书早佚，其内容则保存在历代《本草》中。重要的如唐苏敬《唐本草》、宋唐慎微《证类本草》、明李时珍《本草纲目》，都是以本书为基础发展起来的。本书三卷，收列三百六十五种药物，详述其性味、功用和主治等。汉代前后之用药大多包括在内，是我国现存最早的药物文献。现传的《神农本草经》有明卢复和清孙星衍、颜观光、日本森之立三家的辑佚本，新中国成立后均有重印。参见上编类书名《本草》。

【 神仙传 】

道家传记　晋葛洪（284？—364？）撰。洪有《抱朴子》已著录，可参见其生平。此书作者自序谓：乃为其弟子问师有无仙人而作。汉刘向著《列仙传》仅记七十一人，殊简。洪复抄旧籍得八十四人，除容成公、彭祖外，余皆《列仙传》所无。有虚构，或虽有其人，却无羽化成仙之事。后人辩证，以为荒诞不经。但诗人、小说家多取为典故，演成故事，遂传于世。有《汉魏丛书》本。

【 神异经 】

志怪小说　旧题汉东方朔（前154—前93）撰。东方朔，西汉平原厌次（今山东惠民境）人，字曼倩。性诙谐滑稽，善辞赋。有关其人传说很多。此书至《隋书·经籍志》始有著录。案《汉书》朔之本传，及刘向的记载中，皆无此书，故历来辨其为依托之作。观其辞藻缛丽，格近齐梁，当由六朝人士影撰而成。本书一卷，仿《山海经》分别以东、东南、南、西南、西、西北、北、东北及中诸《荒经》分部记述。其略于山川道里，而详于异物，故名《神异经》。虽恍惚而莫可究诘，然恒为辞赋家所引用。流传既久，故不妨过而存之。有《汉魏丛书》本。

【 沈从文文集 】

沈从文（1902—1988）撰。沈从文，现代小说家、散文家。湖南凤凰县（今湘西土家、苗族自治州）人，青年时入军伍。1922年到北京，升学未果。1926年开始创作。三十年代是"京派"作家代表人物。解放后于1957年放弃文学生涯，成为历史文物专家。作者创作绝大部分是在新中国成立前，现将其部分作品书名题解如下：

一、《阿丽丝漫游中国》。阿丽丝又作爱丽丝。原是十九世纪中期，英国作家卡罗尔氏创作的童话中主人公小女孩，她在梦中游历了一个光怪陆离的世界。作者借用这个人物到中国的游历，来反映旧中国的腐败和当时湘西落后野蛮的旧风俗。虽然不是最好的童话，却也是反映社会问题的作品。

二、《边城》。中篇小说,1934 年发表。写川、湘、黔三省交界的“边城”茶峒小镇上,一对兄弟,同时爱上老船工的女儿翠翠。之后,哥哥退出,远行中罹难。弟弟在悲痛中也出走了,老船工也死了,留下了孤独的翠翠和渡船……。作者说要表现一种优美、健康、自然,而又不悖乎人性的人生形式。故事缠绵曲折,人情风物描写朴实神妙,开中国现代抒情小说的独特境界。

三、《八骏图》。短篇小说集。1935 年发表。此为以其中一篇名,作集名。“八骏”原指中国古代小说《穆天子传》中,周朝天子御乘的八匹骏马。比喻小说中八位教授,写他们的恋爱观和态度。揭露一些知识分子的虚伪、怯懦和自私。

四、《湘西》。散文集。1939 年发表。作者在《题记》中说:“我这本书只能说是湘西沅水流域的杂记,书名用《沅水流域识小录》似乎还切题一点,一般记载说起湘西时,常常不免以沅水流域各县做主体。……本文在香港《大公报》发表时,即沿用这个名字,因此现在并未更改。”类似作品还有《湘行散记》,对研究作者作品有重要参考价值。

五、《长河》,散文集。1946 年发表。在本书《题记》中作者说:“用长河流域的一个小小的水码头作背景,就我所熟悉的人事作题材,来写这个地方一些平凡人物生活上的‘常’与‘变’,以及在两相乘除中所有的哀乐。”

《沈从文文集》1982 年由广东花城出版社与香港生活·读书·新知三联书店分店联合出版,共十二卷,为收集沈氏作品较为齐全者。

【 慎子 】

哲学著作　周慎到(约前 395—前 315)撰。慎到,战国时赵人,曾在齐国宣王、威王时,于稷下学宫讲学,其说本黄老道德之术。但强调以道变法,提出尚法、贵因、重势的思想,属于前期法家。申不害、韩非尝称之。其书《汉志》中列于法家。原作四十二篇,至宋部分失传。今存本是明人捃拾残剩,再编次者。其命名之由见余嘉锡《古书通例·古书书名之研究》:“古人著书,多单篇刊行。及其编次成书。类出于门弟子或后学之手,因推本其学之所出,以人名其书。”有 1984 年浙江人民出版社《百子全书》本。

Sheng

【 升庵集 】

诗文别集　明杨慎撰。慎字用修,号升庵。四川新都(今县治)人,弘治至嘉庆年(1488—1559)在世。正德年进士第一,官翰林修撰。以“大礼案”,触嘉靖帝怒,谪戍云南永昌卫。是以闲暇无事,乃专心著述。学识博洽,著作之富,为明代之冠,声名大振。此集包括赋、文、诗、经说、诗话、杂记等共八十一卷。升,《易·升卦》:“元亨,利见大人。勿恤,南征吉。”乃以升庵为号,又名其书室、文集。义取因祸得福之幸也。有《四库全书》本。

【 生死场 】

中篇小说　萧红(1911—1942)撰。萧红,黑龙江呼兰县人,原名张廼莹。1930 年,因反抗封建家庭出走流浪。1934 年到上海,在鲁迅的关怀与支持下,出版了代表作《生死场》,列为《奴隶丛书》之三。1938 年,到山西民族革命大学教书。1940 年去港,日本侵占香港后,病逝。本书取材于其东北故乡,描绘出一幅“北方人民对于生的坚强,对于死的挣扎”的“力透纸背的图画”(见鲁迅《萧红作〈生死场〉序》)。关于书名,萧军在 1978 年该书《重版前言》中说:“因为本文中有如下的几句话:‘在乡村,人和动物一起忙着生,忙着死……。’还有‘大片的村庄,生死轮回着和十年前一样……。”萧军又说:“全书所写的,无非是在这片荒茫的大地上,沦于奴隶地位的被剥削、被压迫、被碾轧……的人民,……在生与死的两条界限上辗转着,挣扎着……或者悄然地死去;或者是浴血斗争着……。”场,意为多数人聚集的处所,故名《生死场》。1935 年上海容光书局初版。

【 声执 】

词评　近代陈匪石撰。声,即词。由于词是先有曲调,再按其曲拍调谱来填制歌词,所以作词也被称为“倚声”“填词”。执,是遵守、掌握。关于书的题名,作者于《序》中言:“予虽谫陋,然出其管蠡之见,与声家商榷,或能匡我不逮,俾此道日就康庄。一息尚存,及身亦可求益。昔释珈说相,法执我执,皆所当破。词属声尘,宁免两执。况词自有法,不得谓一切相皆属虚妄,题以《声执》,适表其真。"作者在论声析词之中,陈述己见:作词论词不免束缚于某些条条框,但也不能不遵守一些共同的规律。由此"执"又有折中、公允之意。本书收入1934年初刊的唐圭章编《词话从编》。

【 渑水燕谈录 】

史料杂记　宋王辟之撰。辟之字圣涂。青州(今山东淄博市)人,约神宗元丰年(1082)前后在世。治平年进士,从仕四方,平日游宴,每有所闻必记之。渑水,自淄博市东北,向西北流经广饶县西南,注入麻木湖。作者晚年退居渑水畔,乃以名集。《自序》:"《渑水谈》者,齐国王辟之,将归渑水之上,治先人旧庐,与田夫樵叟闲燕(通宴)而谈说也……闲接士士大夫谈议,有可取者,辄记之。久而得三百六十余事,私编之为十卷。"所记为哲宗绍圣年以前杂史、逸闻,野史类也。有《四库全书》本。

【 圣经 】

宗教书　基督教的正式经典,被奉为教义和神学的基本依据。内容包括历史、传奇、律法、诗歌、论述、书函等,认为书中载有神的启示和旨意。圣经原名意谓是《那本(唯一的)书》。1919年英国教士马礼逊,在马六甲第一次用中文铅字印刷的书名题为《新旧约圣经》。译者按中国人习惯定书名为"经",意即经典,并冠以"圣"字,表示尊重,又有神谕的意思。

【 圣证论 】

儒家经学书　三国魏王肃撰。肃,东海郡(汉置,今山东南部,江苏北部地域)人。献帝兴平至魏甘露(195—256)在世。官至太常,善贾逵、马融之经学,与郑玄学派对立。是书曾著录于《隋书·经籍志》,已佚。今本系后人所辑。其书大多缓引伪书《孔子家语》等,托称"取证于圣人之言"借孔子的名义,讥短郑玄,企图夺取"郑学"的地位,由此书可考见郑、王经学思想的异同。书名题义即"取证于圣人之言",以证"郑学"之非。有清马国翰《玉函山房辑佚书》辑一卷本。皮锡瑞撰有《圣证论补评》二卷本。

【 盛世危言 】

论文集　郑观应(1842—1902)撰。郑氏原名官应,别号杞忧生。广东香山(今中山市)人。曾为英商买办,并曾任上海机器织布局总办等职,是中国早期资产阶级改良主义者。作者关心时务,考察各国个政治。凡有关安内攘外之说,辄随手笔录。1873年编成《救时揭要》。经增删一千八百多次,改名《易言》。光绪十九年(1893)再次增补、改订,始定名为《盛世危言》。语自《论语·宪问》:"邦有道,危言危行。"《汉书·贾损之传》:"臣幸得遭盛明之朝,蒙危言策。"颜师古注:"危言直言也。言出而身危,故云危言。"本书题名即意为:盛明之世,不畏危难而直言。书中提出改革政治,变法图强,采用西方先进技术等主张。光绪帝谕令印二千部,分发各大臣阅读。对戊戌变法、洋务运动等,影响很大。为顺应时局,作者于1894年、1895年至1900年不断增删。辛亥革命后,又作《盛世危言续编》,是改良派著名论著。收入1982年上海人民出版社《郑观应集》。

Shi

【 失去的金铃子 】

长篇小说　台湾女作家聂华苓(1925—　)著。台北大林出版社1960年初版。作者湖北武汉人,生长就学于重庆、南京等地。中央大学政治系毕业后,1949年到台,任教于台湾大学等。1964年到美,与保罗·安格儿共同成立"国际作家写作室"。本书是作者早期作品,以抗战时期四川山区生活为背景,通过一个女孩子——苓子的心灵成长,描绘了一些受新思想影响的青年男女,对垂死的封建婚姻制度的抗争。金铃子是一种虫,与女孩的名字谐音。作者将这种虫声描写为既迷人又神秘的东西:"一个声音若断若续,低微清越,不知由何处飘来,好象一根金丝一匝一匝的,在田野上绕,在树林上绕,在我心上绕,越绕越长,也就越明亮。我几乎可以看见一缕缕细悠悠的金光。那声音透露点什么……"作者的描写,象征苓子的一种想象、希求，一种诱惑、一种飘忽不定的力量。作品以大自然中生命之音与人的心灵历程相呼应，讴歌对自由热烈的追求和成长中生活哲理的思考。

【 师山文集 】

诗文别集　元郑玉撰。玉字子美，徽州歙县(今安徽属县)人。成宗至惠宗朝(1298—1358)在世。教授乡里，于歙州西师山，筑精舍授业。以门人众多，又起师山书院。朝廷召之不赴，日以著述为事。有诗云："何时四海收甲兵，还向西山理旧书。"学者称师山先生。汪克宽《师山先生状》："或劝先生筮仕，笑而不答。筑室里之师山。将著述以见意。学者从先生问学，绅佩寝盛。门人鲍元康等，因其地创师山书院。殿堂门庑，庖湢咸具。講肄有斋，登眺有亭。先生日与诸生论说《春秋》而通其大用。"本书以乡里讲学之地名名集有《四库全书》本。

【 师陀文集 】

师陀撰，华夏出版社 2000 年出版。师陀(1910—1988)，现代小说家，原名王长简，师陀、芦焚等，为其常用的笔名。河南杞县人，1931 年九一八事变后，以芦焚为笔名在报刊上发作品。1936 年起，一直在上海从事文学创作。作品《谷》，曾获得 1937 年《大公报》文艺奖金。新中国成立后在上海出版公司等处任职。兹将其若干作品单行本题解如下：

一、《里门拾记》。短篇小说集。1937 年上海文化生活出版社出版。作者收入回到故乡河南农村生活的结晶，十二篇。有《序》言曰："把所见所闻，仇敌与朋友，老爷与无赖，总之，各行各流的乡邻们聚集拢来，……编辑成书，虽不怎么伟大惊人，却也好算一幅'百宝图'。……关于书的名目，最初想定的是《乡党》，后来觉得不妥，改作《里门记》，但后来觉得还是不妥，终于决定'记'上面再'拾'一下，标明这里的不是专事颂扬的传略，也不是老牌的记事，而是随手从家门前拣来的零狗碎，编缀起来的货色。"

二、《黄花苔》。散文集，共二十三篇。上海良友出版公司 1937 年版。关于书名的由来，作者有《序》言："文坛也有如花坛，因上面时常生出'奇芭'和'异草'，而我写的——犹其这里收，却是坛下的东西，是野生植物，……那便是既不美观，也大用的黄花苔。黄花苔就是蒲公英，是我们乡下人的名目，据也是地丁的一种，……取得是不为世人所知的《黄花苔》，原是：我是从乡下来的人，而黄花苔乃暗暗的开，暗暗的败，然又暗暗的腐烂，不为世人闻问的花。自然，也未尝不想取一漂亮点的名目，仿照我们乡下的办法冲一冲喜的，但我想那气大约依旧未必会好，结果也许将要更坏，倒不如这样来得实。"

三、《江湖集》。散文集　收九篇，上海开明书店 1938 年出版。关于书名，作者在《编后记》中言：这几年的生活"东奔西走……是数年前完全没有料到的。"书中所写"是流落在江湖上的和名流权贵毫无关涉。"故此题名。

四、《看人集》。散文集　共九篇。上海开明书店 1939 年出版。题看似"自谦"，实为愤懑之词。作者在《题记》中说到：书版后，或躺或立在"书店的台上或架上出神"仅仅看着人们进进出出，无人问津。"书原是写给人看的，而今看人，对作家们不能不算是一种讽刺。"

【 诗地理考 】

古地理学著作　宋王应麟(1223—1296)撰。作者将《诗经》中所涉及的山川分布、政区置划、地域范围及诸地名，采诸《尔雅》《说文》《水经》《地志》等前人著作之中，荟萃遗文，详加考证。然案而未断，故得失并存。《诗地理考 · 自序》："风土之音曰风，朝廷之音曰雅，郊庙之音曰颂，其生于心……人之心与天地山川流通，发于声，见于辞。"又云："读诗者观于此，亦升高自下之助云。"作者资料，参见《玉海》等书。有《丛书集成》本。

【 诗故 】

诗经研究著作　明朱谋(玮)撰。谋(玮)字郁。封镇国中尉，万历中管理石城王府事。博通群籍，著书多。深居朱邸，不进取于名场，得以研究遗文，发挥古义。此仿苏辙《诗集传》之例，同其学，以《诗经 · 小序》首句为，而参用旧说以考证之。其题《诗故》者，盖由《汉书 · 艺文志》著录有：《鲁故》《齐后氏故》等。颜师古注曰："故者，道旨也。"

谋(玮)是编,盖用汉儒之旧名,故题《诗故》。说亦多以汉学为主,与朱熹《诗集传》,多所异同。自立新意,亦有失穿凿。然谋(玮)博极群书,学有根底,与剽窃言不同,经术盛衰之故,亦可知其大凡矣。有《四库全书》本。民国间有《豫章丛书》本。参见上编类书名"故"字条。

【 诗话总龟 】

诗话集 宋阮阅撰。阅,字闳才,舒城(今安徽六安地区属县)人。曾知郴州、袁州。生卒年不详,约北宋末(1126)前后在世。此书成于宣和五年(1123),网罗丰富,北宋以前诗话大体略备。原名《诗总》后人改编增益,以《诗话总龟》流传。胡仔《苕溪渔隐丛话序》云:"舒城阮阅,昔为郴江守,曾作《诗总》颇为详备。"全书采集诗话、笔记、小说近二百种。分类编次,是研究宋诗的重要资料。总龟,古代指千年的灵龟。传说以其甲卜事,无所不知。《白孔六帖》:"龟二百岁为一总,龟千岁为五总龟,千岁一聚,问无不知。"有《四库全书》本。

【 诗缉 】

诗经研究著作 宋严粲撰。粲,邵武(今属福建)人字明晖,曾官清湘令。"缉"同"辑",是书为汇辑诸家解《经》之说而成,故名《诗辑》。作者有《自序》:"二儿初为周南》《召南》,受东莱义,诵之不能习。余为缉诸家说,句其训,章括其旨,使之了然易见。既而友朋训其子弟者,竞写之,困于笔札,胥命锓进之木。"《四库全书总目提要》:"书以吕祖谦《读诗记》为主,而集采诸家以明之。旧说有未安,则别以己意阐发。……至于音训疑似,名物异同,考证尤精核。宋代说诗之家,与吕祖谦书并称善本。"案:吕祖谦,(137—1181)号东莱子,撰有《吕氏家塾读诗记》,与严粲此书皆收入《四库全书》。

【 诗集传 】

诗经研究著作 宋朱熹(1130—1200)撰。朱有《晦庵集》已著录,可参见其生平。此书为朱熹杂采《毛诗》《笺》,间用齐、鲁、韩三家诗义,而以己意取舍。"集传"义"集解"同,故名之。朱熹解诗原宗《小序》,后从郑樵之。由于打破对《诗序》的迷信,在理解上另辟新径,意在探《诗经》本义。兼顾训诂与剖析义理,而主要在剖析义理。对义的理解多所发明。宋以后说《诗》多以此书为宗,元明以科举取士,也以此书为准,可见其影响深远。但亦有主观臆者,如以"天理人欲"解释恋爱婚姻的诗,不免歪曲诗旨。把男女相悦之辞,俱说成是"刺淫"或"淫奔"表现道学家的观点。刻本繁多,现通行的有1958年中华书局上海编辑所排印本。参见上篇"集解""集传"诸条。

【 诗家鼎脔 】

诗总集 宋未著撰人。卷首有题词署曰"倦叟"亦不知倦叟为谁?上下卷共录九十五人,所存诗多者十余首,少者仅一二首。盖取"尝鼎一脔"之意。宋末佚篇,赖此以存者颇多。案:脔,释为切成方块的肉。尝鼎一脔,意为尝其一二可知其余。典见《庄子·至乐》:"奏九韶以为乐,具太牢以为膳。鸟乃眩视忧悲,不敢食一脔。"《淮南子·说林》:"尝一脔肉,而知一镬之味。"宋王安石《临川集·回苏子瞻简》:"得秦君诗,手不能舍,……余卷正冒眩,尚妨细读,尝鼎一脔,旨可知也。"书收于《四库全书》集部总集类。

【 诗经 】

我国最早的诗歌总集 原称《诗三百》,至汉列为六经之一,始称《诗经》。约编成于春秋年间,收西周初(前十一世纪),至春秋中叶(前六世纪)约五百年间的诗歌,共三百零五首。分"风""雅""颂"三个部分。最多的是民歌,即"风部",价值也最高。其次是小部分"雅"。颂是贵族创作。为《诗经》释传者,《汉书·艺文志》中录有鲁、齐、韩三家。《汉志》又著录《毛诗》二十九卷,系毛亨所传。东汉郑玄为《毛诗》作注,世称"郑笺",学者风行,独传至今,其他诸家皆废。后世名注尚有:唐孔颖达《毛诗正义》,宋朱熹《诗集传》,清陈奂《诗毛氏传说》,王先谦《诗三家集疏》。现代有1980上海古籍出版社刊高亨《诗经今注》等。参见上编,类书名"诗"。

【 诗品 】

诗歌评论 梁钟嵘撰。嵘字字仲伟,颍川长社(今河南长葛)人。约梁武帝时(公元550)前后在世。曾仕齐梁。书本名《诗评》,自隋代起又称《诗品》至今。是书取汉魏至梁五言诗作家，以诗派承继及作品成就，分为上、中、下三品。虽有武断，仍不失为中国最早的诗歌批评、理论专著。钟氏论诗重视“诗味”，提出“滋味”说。品不仅品第、品评，还有品味之意，所以本书又以《诗品》为名。自钟氏后继之品诗、品文、品画等著述迭出焉。1963 年人民文学出版社刊今人郭绍虞《诗品集解》与《续诗品注》合册发行。

【 诗人玉屑 】

诗话总集 宋魏庆之编。庆之字淳甫，号菊庄。建安（今属福建）人，生卒年不详，约南宋理宗嘉熙末（1240）年前后在世。有才不屑科举，唯种菊千丛，日与骚人逸士觞咏其间。本书成于度宗时，辑录繁富，多南宋人语，如与高宗时胡仔撰《苕溪渔隐丛话》，载北宋人言合之，宋之诗话齐备矣。玉屑，道家言碎玉为药，服之可以成仙。作者名其书，意谓诗人读之，可悟作诗之道。如凡人食玉屑，可换骨成仙。宋黄升《诗人玉屑序》：“方今海内诗人林立，是书既行，皆得灵方。取宝囊玉屑之饭，论之以冰瓯雪碗；荐之以菊英兰露，吾知其换骨而仙也必矣。”有 1957 年古典文学出版社刊本。

【 诗式 】

诗歌理论 唐皎然（730？—799？）撰。皎然诗文《杼山集》已著录，可参考其生平。本书将擅长写景抒情的王维、孟浩然一派诗人的创作经验，上升为理论。探讨诗歌创作艺术性的问题，如书中之“明四声“论，提出诗有：四不、四深、二要、二废、四离、六迷、六至、七得、五格、八对等。专论诗的“格式”，故名《诗式》。成书于中唐，为当时“诗格”一类作品中，较有价值的一部。世传多一卷本，清末陆心源《十万卷藏书楼丛书·二编》中所收者为五卷，较为完备。

【 诗薮 】

诗评诗话 明胡应麟（1551—1602）撰。本书历评周、汉、六朝、唐、宋、元各代诗歌。续编评明洪武至嘉靖年诗作。论诗大体奉王世贞《文苑卮言》为准，但已有所变。虽仍倡“格调论”，已兼注神韵。并提出“兴象”之说：“但求体正格高，声雄调畅，积习之久，矜持尽化，形迹俱融。兴象风神，自尔超迈。”又言：“一悟之后，万象冥会。”已近严羽之“妙悟”说矣。书中征引博富，间及考订，甚有参考价值。作者另有《少室山房类稿》已著录，可参见其生平。有 1979 年上海古籍出版社刊本。

【 诗缵绪 】

诗经研究著作 元刘玉汝撰。玉汝，始末不详。仅知其为江西庐陵人，尝举乡贡进士，元末明初在世。缵：继续、继承。《礼记·中庸》：“武王缵太王、王季、文王之绪。”绪：丝端。《说文段注》：“抽丝者得绪，则可引。”今语头绪，即引申意为开端。《四库全书总目提要》：“此书大旨专以发明朱子（熹）《集传》，故名曰《缵绪》。……凡《集传》中一二字之斟酌，必求其命意所在。或存此说而遗彼说；或宗主此论而兼用彼论，无不寻绎其所以然。……反复体究，缕析条分。虽未必尽合诗人之旨，而于《集传》一家之学，则可谓有所阐明矣。”有《四库全书》本。

【 施公案 】

长篇通俗小说 又名《施公案奇闻》。约成书于乾隆至嘉庆年间，作者无考，有诸版本，而回数不一。现通行 1982 年，北京宝文堂排印之四百零二回本。书中专写施公断案故事。小说中的施公、施仕纶，实际为康熙年间之施世纶。其历任扬州、江宁知府、顺天府尹、漕运总督等官职。《清史稿·施世纶传》：“其人聪明果决，摧抑豪猾，禁戢胥吏，所至有惠政。”小说《序》称：“采其实事数十条，表而出之。使天下后世知施公之为人，且使为官者知以施公为法也。”书中另一主要人物是侠客黄天霸，其由“绿林”而变为“侠客”，成为统治者的鹰犬。《施公案》标志中国公案小说和侠义小说的合流。其“隐恶扬善”思想，迎合部分民众的心理，影响很大。京剧戏曲《恶虎村》《连环套》等，都取材于此书。

【 狮子吼 】

戏曲传奇 明汪廷讷撰。廷讷生卒年不详。休宁（今属安徽）人。万历年曾任盐运使。此剧写陈慥之妻柳氏悍妒，不许丈夫接近别的女人。陈慥偷偷去见好友苏轼所赠之妾秀英，柳氏气成大病。正值苏轼前去探望，听得柳氏大叫大喊，犹如狮吼。

苏轼因题诗《寄吴德仁兼简陈季常(陈慥字)》:“龙丘居士亦可怜,谈空说有夜不眠。忽闻河东狮子吼,拄杖落手心茫然。”河东乃柳氏郡望,此暗指陈妻柳氏。狮吼:佛经上说佛祖讲经法相威严,声震世界,如狮子吼。陈好谈佛,苏轼故此相戏。后遂称悍妇为河东狮子,妇之怒为河东狮吼,书以此得名。本事出自宋洪迈《容斋随笔·三笔·陈季常》。有《六十种曲》本。

【 十驾斋养心录文史考证著作 】

清钱大昕撰。大昕字晓征,号辛楣、竹汀。江苏嘉定人,生于雍正六年(1728),卒于嘉庆九年(1804)。乾隆年举人,曾任内阁中书、提督广东学政等。以词章名世,沈德潜推为“吴中七子”。十驾斋,作者室名,其典见于《荀子·劝学》:“驽马十驾,功在不舍。”驽马,劣马。驾,指马一天所行之路。意谓即使劣马驾车,十天也行很远,在于不停的走!养新,取自宋张载《芭蕉》诗之意旨。《十驾斋养新录·自序》“‘芭蕉心尽展新枝,新卷新心暗已随。愿学新心养新德,旋随新叶起新知。’张子厚芭蕉句也。先大父尝取‘养新’二字榜于读书之堂,大昕儿时侍左右,尝为诵之,且示以温故知新之旨。……偶有咫闻,随笔记之。自惭萤爝之光,犹贤博塞之好。题曰《养新录》,不忘祖训也。”是亦显示作者自强不息之志,日有所得而记也。有1983年上海书店重印1937商务本。

【 十六国春秋 】

史籍 旧题后魏崔鸿(? —525)撰。鸿字彦鸾。博通经史,曾参修国史,官至齐州大中正。本书为纪传体之晋代北方十六国史。原书北宋时亡佚。明代屠乔孙等摭《晋书》《艺文类聚》《太平御览》诸书所引鸿书,连贯排比而成。十六国指:前赵、后赵、前秦、后秦、蜀、前凉、西凉、南凉、北凉、后凉、前燕、后燕、南燕、北燕、西秦、夏。“春秋”古史籍之通称,参见其专条。《四部备要》本较通行。

【 十年一觉香港梦 】

短篇小说集 香港作家阮朗(严书庆,1919—1981)著。作者有长篇小说《金陵春梦》已著录,可参见其生平。本书1981年,由广西人民出版社初版。书中各篇反映了世界富都香港的变迁和面貌。有对底层社会小人物命运的同情;有对上层社会绅士丑恶灵魂的鞭鞑。揭露资本主义社会的罪恶;抒发港澳同胞的思乡念土之情。作者阅历丰富,观察敏锐,文笔老练,为读者描绘一幅独具特色的香港风情画。书名脱胎自唐朝诗人杜牧的一首题为《遣怀》的诗:“落魄江湖载酒行,楚腰纤细掌中轻。十年一觉扬州梦,赢得青楼薄幸名。”书名反映了当代人与唐代诗人共同的如梦如电的历史沧桑感。

【 十七岁、十七岁、十七岁 】

长篇小说 香港女作家尹雷曼(1918—)著。1975年台北华欣文化公司初版。尹雷曼原名尹光荣,河南汲县人。西北大学毕业,留美获硕士学位。赴台任教于大学,又兼职于报界、电影界。本书主人公于也鲁,是个“老好人”年龄正好是三个十七岁相加——五十一岁。社会上重视少女的寂寞,而忽略中年人的寂寞。主人公虽拥有一切,但儿女成年之后,远走高飞,父母心中便是无穷无尽的凄凉寂寞。书中对中老年人的“空巢”心态描写出色。

【 十三经注疏 】

丛书 儒家奉为经典的十三部古书注疏本的合编。清阮元校。汉把《易》《诗》《书》《礼》《春秋》立于学官,名“五经”。唐合《周礼》《仪礼》《公羊》《谷梁》为“九经”。开成年间,又加《孝经》《论语》《尔雅》称“十二经”。宋代复增《孟子》,至明合称“十三经”。共四百一十六卷,十四万七千五百六十字。清顾炎武《日知录》卷十八《十三经注疏》:“自汉以来,儒者相传,但言‘五经’,而唐时立之学官则云九经者,三礼、三传分而习之,故为九也。其刻石国子学则云‘九经’并《孝经》《论语》《尔雅》。宋时程、朱诸大儒出,始取《礼记》中之《大学》《中庸》及进《孟子》以配《论语》,谓之‘四书’本朝因之,而‘十三经’之名始立。其先儒释经之书,或曰传,或曰笺,或曰解,或曰学,今通谓之注。……其后儒辨释之书名曰正义,今通谓之疏。”南宋以前,经之注疏分别单行。宋绍熙间,始有合刊之十行建本。明朝皆有重刻,至清因“漫漶不可识”且多讹舛。阮元以家藏十行宋本为主,补入诸佳本，详加校勘，于每卷末附校勘记，号称善本。现以1980年，中华书局据世界书局缩印本影印的两卷本最为通行。

【 十四行诗集 】

书名原文 Thesonnets。（英）莎士比亚（W. Shakespeare，1564—1616）著。十四行诗（Ilsonetto）音译为"商籁体"，原出于法国普罗旺斯语 Sonet，初泛指一种民间流行的小诗，后由意大利著名诗人彼得拉克发展为一种成熟的"彼得拉克体"诗歌。十六世纪末成为英国最流行的诗体，莎翁所作又称为"伊丽莎白体"。十四行诗格式固定，两部分共十四行，压韵也有特殊规格。中国梁宗岱译此书为《莎士比亚商籁》。商，中国古代列为五音之一，乃清劲之声，方位属西。籁，一种竹制古乐器，或指乐声。"商籁"是音译兼意译。中国诗人冯至1942年，也发表诗歌《十四行集》刊行。有1981年上海译文出版社刊本。

【 石初集 】

别集　元周霆震撰。霆震字亨远，安福（一作安成，今属江西吉安地区）人。元末明初（1292—1397）在世。终生未仕。因先世居石门田西，乃自号"石田子初"，省文曰"石初"。其《石初志》云："周氏自吴将军建功赤壁，子孙散在江东派安成者，石门田西始著。吾以夹策独存斗室。扁以'石初'，石门吾初也。王粲荆州之赋，贾岛桑干之诗，楚仲仪之乐操南音，齐太公之五世反葬，梦寐往来于怀。时异事殊，贫贱奔走。儿孙成长，不知桑梓为何如。侵寻暮年，悔已无及，署此斗室以志水木本源。庶几出入起居，饮食坐卧，如石门在目，以发情而抒情也。"作者意在勿忘祖先。震霆亲见元代由盛而亡，其诗忧时伤乱，感人至深。有《四库全书》本。

【 石点头 】

话本小说集　旧题：明天然痴叟著，墨憨主人评。卷前有《龙子犹序》，墨憨主人及龙子由皆冯梦龙（1574—1646）别号，故作者或为其友人。书名《石点头》，典故见于晋缺名《莲社高贤传·道生法师》中云："东晋僧竺道生，在虎丘山聚石为徒，讲《涅盘经》，顽石皆为之点头之事"，意在"推因及果，劝人作善"，以书中孝子、烈妇亦能感化世人。小说多取材于《本事诗》《夷坚志》《情史》诸书中之故事。龙子犹（冯氏）《序》云："'石点头'者生公在虎丘说法事也。浪仙氏（作者别名）撰小说四十种，以此名篇。若曰生公不可作，吾代说法，所不点头会意，翻然皈依清净方便法门者，是石之不如也。"有1957年上海古籍出版社刊本。

【 石湖诗集 】

宋范成大撰并手编。成大字致能，号石湖居士。吴郡（今苏州）人，钦宗靖康至高宗绍兴（1126—1192）在世。绍兴年进士，曾任参知政事，官至资政殿学士、加大学士。使金时抗争全节，几遭杀害。故后追封荣国公。范氏素有文名，工诗、词。约以婉峭，善写田园，为南宋四大家之一。晚年退居石湖。宋杨万里《石湖诗集序》："公之别墅曰石湖，山水之胜东南绝境也。寿皇曾为书两大字以揭之，故号石湖居士。"湖在苏州市盘门西南十里，范蠡经此入五湖。成大因越来溪故址，修台筑榭。"石湖"二字，为孝宗所赐，故以名号名集。有《四库全书》本。

【 石林居士健康集 】

诗文别集宋叶梦得撰。梦得字少蕴，号石林。苏州吴县人，神宗至高宗朝（1077—1148）在世。绍圣年进士，官至翰林学士，崇信军节度使。梦得嗜学早成，多识前言往行，著述甚丰。本集系叶氏再镇建康（今南京）时之作。其孙铬在《建康集跋》中云："右先君大卿手编《建康集》八卷，乃大父左丞绍兴八年，再镇建康时所作诗文也。"叶氏尤工于词撰有《石林词》另撰有《石林诗话》等。有《四库全书》本。

【 石林燕语 】

杂记宋叶梦得（1077—1148）撰。叶氏纂述旧之作，多有关掌故，于官制、科目言之尤详。梦得晚年迁居浙江吴兴县西卞山的石林谷，号石林山人。此书亦因号得名。燕，通宴。释为安闲、休息。《诗·小雅·蓼萧》："既见君子，孔燕岂弟。"郑玄笺：燕，安也。有《四库全书》本。

【 石门集别集 】

元梁寅撰。寅字孟敬，江西新喻（今新余）人。

元末明初(1303—1389)在世。曾辟儒学训导，兵起后，隐居教授。洪武朝征之，以老病辞归。结庐石门山讲学，人称“梁五经”，又称石门先生。李重芳《重订石门集序》：“闻石门先生其人也，先生丁元季，隐石门山中。注训六经，以授多士。又工诸家古今各体。不欲仕。新喻(余)，在今宜春地区。北部靖安县城北四十里，渤潭之右，有石门山，上有宝莲峰，为名胜之地。”有《四库全书》本。

【 石门文字禅 】

诗文集　宋僧惠洪撰。惠洪名觉范，俗性彭(一说姓喻)氏。神宗熙宁至高宗建炎(1071—1128)年间在世。江西宜丰(今宜春地区属县)人。曾住峡州(今宜昌)、庐山、南昌、石门诸寺。“文字禅”，即以文字参悟禅理。明僧达观有《序》云：“初祖东来，因病投剂，直指人心，不立文字。……盖禅如春也，文字则花也。春在于花，全花是春；在于春，全春是花，而禅与文字有二乎哉？故德山临济，棒喝交弛，未尝非文字也。清凉天台，疏经造论，未尝非禅也。而禅与文字有二乎哉？逮于晚近，更相笑而更相非，严于水火矣。宋寂音尊者(惠洪号)忧之，因名其所著曰《文字禅》。”石门：江西庐山西南有铁船、天池二山，相峙如石门也。有《四库全书》本。

【 石屏集 】

南宋戴复古撰。复古字式之，浙江黄岩人。约孝宗至理宗朝(1167—1205)在世。终身以布衣浪游，负诗名五十载，为江湖派名诗人。作《论诗十绝》，推崇陈子昂、杜甫等，忧国忧民的精神，反对藻饰。虽口不言世事，而诗中常抒发爱国情怀，指斥时政。贺方回称其诗：清新健快，刻意精研，有清远之致。曾吟得“夕阳山外山”句，越数年始得“春水渡旁渡”为对，乃止。戴氏亦长于词，有《石屏词》，学侔苏、辛。晚年隐居故乡南塘石屏山下，因自号，并以名集。有《四库全书》本。

【 石渠宝笈 】

画品评　清张照、梁诗正等奉敕撰。张照，江苏华亭人，官至刑部尚书，工书法。梁诗正，官至东阁大学士，总裁国史。是书记载清初至乾隆年间，内府所藏真迹。分书册、画册、卷、轴等九类，依贮藏之所，按次品评。案：书品、画品，自六朝谢赫，唐代张彦远以来，历朝皆有著录。至乾隆时，论博且精，惟此书耳。石渠，阁名。为汉宫中藏书之所，位于未央宫之北。乃汉初萧何造，藏汉军入关后所得秦朝图籍。其下砻石以导水，因为阁名。成帝时又于此藏秘书，宣帝时曾与诸儒讲论于此。有《四库全书》本。

【 石渠意见 】

经学著作明王恕撰。恕字宗贯，陕西三原(今县属)人。成祖永乐至武宗正德朝(1416—1508)在世。正统年进士，累官吏部尚书。扬历中外五十余年，刚正清严，始终不变。朝廷所以多名臣，皆为恕引荐之力。卒，谥端毅。石渠，作者晚年自号。乃是成化二十二年(1486)，七十岁时辞官退休后，在家乡建造石渠，渠成之日，喜以自号。作者书中《石渠说》云：“石渠者，吾自号也。……既纳录而归，乃先茔二门前造一石渠，以通灌溉。盖欲图坚久而导庆泽于无。喜其渠之成，而因以为晚年之号。汉以石渠阁为藏书之所而吾所谓石渠者，既无阁，又无书之可藏，不过溯其流，求源，以达其意焉耳。”作者书之题名，表明一是喜于石渠造，可长久造福于世；二以汉代藏书阁自况；三是象征作者在问上溯流求源，通达堂奥的决心。意见，则为作者谦称其为人的见解，一己的私见。近代有商务印书馆1935年收入《丛集成初编》之本。参见上编类书名“意见”等条。

【 石室仙机 】

围棋谱书　明许谷编。较完整地收集了明代以前棋的文献资料。许谷，字仲诒，号石城居士。上元(今属南京)人。嘉靖进士，官至南京尚宝卿。博涉精诣，以文名。石室，指石室山，又名烂柯山，在今浙江衢县南。南朝梁任昉《述异记》：“晋王质入山采樵，见二童子对弈，质置斧坐观。童子与质一物如枣核，食之不饥。局终，童子指示曰：‘汝柯烂一矣！’质归乡里，已及百岁，无复旧时人。”书名意谓此书为神仙所授，神机莫测。有明万历(1573—1620)间刻本。

【 石田集 】

别集　元马祖常撰。常字博庸，世为雍古部，居靖州天山（在今新疆）。世祖至惠宗朝（1279—1338）在世。官终枢密副使，谥文贞。其文精瞻鸿丽，诗才富健圆清。石田，典自《左传·哀公十一年》："得志于齐，犹获石田，无所用之。"祖常居石田山房，有《记》曰："其耕之土虽硗瘠寡殖，不如江湖之沃饶。然犹愈无业也。祖常因乐而居焉，于是名其屋曰'石田山房'。"以室名名集。有《四库全书》本。

石田诗选明沈周撰。周，字启南，号白石翁，人称石田先生。长州（今苏州）人，未仕。宣宗至武宗朝（1427—1590）在世，其事迹见《明史·隐逸传》。周工诗善画，与唐寅、文徵明、仇英等称"明四家"。石田，多石贫瘠难耕之田，喻无用。原典见《左传·哀十一年》。又《黔记》载：昔有隐士居贵州贵阳石田，忽有道士从假牛，曰耕石田。隐士妻往索牛，道士怒，舍之去。今石上犹有耕犁之迹。杜甫《寄赞上人》诗："亭午颇和暖，石田又足收。"有《四库全书》本。

【 石头记 】

《红楼梦》的原名。长篇章回小说。清曹雪芹（1715—1763）撰。雪芹名霑，字梦阮，号雪芹。名霑，乃其父曹頫取自《诗经·小雅·信南山》："益之以霡霂，既优既渥，既霑既足。"号雪芹，原自苏轼《东坡八首·三》诗："泥芹有宿根，一寸嗟独在。雪芹何时动，春鸠行可脍。"先世汉族，后为正白旗"包衣"人。其三代祖为康熙宠信贵族，获罪家道衰落，乃居北京西郊著《石头记》，于乾隆中以八十四回抄本出现于京中。乾隆五十七年，有程伟元刻本，已增至一百二十回，且改名《红楼梦》。原《石头记》书名来源，见书中云：有一奇石，乃女娲炼石补天遗剩之石，已通灵性。怨愧无才，日夜悲哀，经僧道点化成玉，随公子宝玉降生贾府。历尽荣华富贵，悲欢离合。书中第一回目题："甄士隐梦幻识通灵，贾雨村风尘怀闺秀。"又言："作者自云曾历过一番梦幻之后，故将真事隐去，而借通灵说此《石头记》一书。"故名。另又有《脂砚斋重评石头记》一书。脂砚斋，室名，主人姓氏无考。是最早为作评论者，应为与曹氏关系密切人士。为1957年人民文学出版社刊本。

【 石隐园藏稿 】

别集　明毕自严撰。自严字景曾，淄川（今属山东淄博市辖）人。穆宗宁庆至庄烈崇祯（1569—1638）在世。万历进士，官至户部尚书、太子太保。当其总国计时，整饬内忧外患，为天下推重。居有石隐园，以之名集。毕氏有《石隐园怀古》诗："惟石性最坚，从不受折磨。余隐暂效之，腐鼠安能吓。不羡公与侯，何心仙与释？宁知春与秋，并忘朝与夕。斯为石隐园，吾以适吾适。"有《四库全书》本。

【 石洲诗话 】

诗评　清翁方纲（1733—1818）撰。方纲有《言诗三昧举隅》已著录，请参阅其生平。此书内容为对唐、宋、金、元诗及对元好问、王士祯等的评论，也集中阐发了其"肌理"诗论。关于题名，作者有《自序》云："自乙酉春迨戊子夏，巡视诸郡，每于幕中二三同学，隔船窗论诗，有所剖析，随手札小条相付，积日既久，汇合遂得五百余条。秋间诸君皆散归，又届报满受代之时，坐小洲石畔，日与粤诸生申论诸家诸体，因取前所札记散见者，又补益之，得八百余条。令诸生各抄一本，以省口讲，而备遗忘，本非诗话也。"是为其到广东视学时，与学侣论诗之札，集为诗话。石洲，乃其论诗之处也。有《粤雅堂丛书》本。

【 石竹花的沉思 】

散文集　台湾女作家张秀亚（1919—2001）著。张祖籍河南。少年就读于平、津。中学时开始写作。毕业于辅仁大学。抗战时在大后方报社服务。胜利后，回辅仁任教。1948年赴台，继续为文。以"陈蓝"为笔名，写散文，"亚蓝"为笔名写小说。至八十年代已出书七十多种。《石竹花的沉思》内容有：关于诗与画的欣赏文字，抒情写景的散章，读书与写作的札记等。作者于书中写道："编这本集子时，正好看到宝岛上一朵盛开的石竹花，这花引起了我一些回忆，那紫色天鹅绒似的花片，有如一把细致的弦琴，似犹回绕着我往日走上家中石阶的足音，我就以它作为这本文集的名字。"1979年台北道声出版社出版。

【 拾遗记 】

一名《王子年拾遗记》　志怪小说集。旧题晋王嘉撰。此书记述上古庖牺氏、神农氏以迄东晋各代异闻怪事和蓬莱、昆仑等仙山事物。摭拾东晋之前典籍所不载,故题《拾遗记》。大都借某点史实演饰铺张,多荒诞无稽。惟情节婉曲,文采可睹,文人多引为故实。原本经乱残缺,南朝梁绮搜罗补缀,并为《序》言:"(此)文起牺、炎已来,事迄西晋之末,五运因循。十有四代,王子年乃搜撰异闻,而殊怪必举,记事存朴,爰广向奇,宪章稽古之文,绮综编杂之部,《山海经》所不载,夏鼎未之或存,乃集而记矣。"案:王嘉(? —约 395)十六国时陇西(今甘肃陇西东南境)方士,字子年,喜谈神仙怪异,预言未来。隐居,不受征召。胡应麟认为此书即萧绮所撰,伪托王嘉耳书。收入《四库全书》《百子全书》。

【 蚀 】

长篇小说茅盾(沈雁冰,1896—1981)撰。本书是中国最早采取三部曲形式,即由三个略带连续的中篇《幻灭》《动摇》《追求》组成。发表于1927—1928 年,并首次使用"茅盾"作笔名。本书题名,作者在《蚀·题词》中说:"这三篇旧稿子,是在贫病交迫中用四个月的功夫写成的……种种缺陷,至今内疚不已。……对于读者不胜歉然。命名曰《蚀》,聊志这一段过去。"又在《蚀·补充几句》中说:"……尚有当时无法言明的:意谓一九二七大革命失败只是暂时的。而革命的胜利是必然的,譬如日月之蚀,过后即见光明;同时也表示我个人的消极悲观也是暂时的。"其三个中篇创造意图是:"展示青年在革命浪潮中所经历的三个时期:(一)革命前期的亢昂兴奋和革命既到面前的幻灭;(二)革命斗争剧烈时的动摇;(三)幻灭、动摇后不甘寂寞尚思作最后之追求。"(见茅盾《从牯岭到东京》)。书中以大革命时代为背景,以某些小资产阶级知识青年的思想动态和生活经历为题材。描写青年们在难以忍受的折磨下,经历曲折苦痛的路程。以及"左"倾思潮的危害。主人公章静等,有一定的典型性。1930 年开明书店出版。

【 史记 】

我国第一部纪传体通史。汉司马迁(前 145—前 86?)撰。司马氏生平参见已著录之《太史公书》。"史记"原为我国古代史书类典籍的通称,先秦诸国皆有《史记》。司马迁此书原有《太史公》《太史公书》《太史公记》等名称。东汉桓帝时《汉东海庙碑》云:"阙者,秦始皇所立,名之秦东阙,事在《史记》。"《史记》之称,即以此最早。近代朱自清认为《史记》是魏晋时人对《太史公记》的简称。经《隋书·经籍志》定名为《史记》乃成为司马迁书之专称。《史记》上起三皇五帝,下至武帝太初年间,记载跨三千年之历史。全书有十二本纪、十表、八书、三十世家、七十列传共百三十篇,五十二万余字。所创体例为纪传体正史开山,后世不能移其范。《史记》之史学、文学价值皆极高。鲁迅称之为"史家之绝唱,无韵之离骚"。后世之注释者,著名的有:南朝宋裴骃之《集解》,唐司马贞之《索隐》,张守节之《正义》等。日本泷川太郎《史记汇注考证》内容丰富,为研究者称便。参见本书上篇《史记》及后面《太史公书》诸条。有 1959 年中华书局新点校本。

【 史通 】

史评专著著　唐刘知几撰。知已,彭城(今江苏徐州)人。高宗至玄宗时(661—721)在世。永隆进士,在武后及中宗朝,三为史官。全书二十卷。作者长期在史馆掌知国史,所论史籍源流、体例、史官建制和旧史得失,多有精辟之见。提出史家应兼有"史才""史学""史识"三长,以"史识"尤为重要。是我国最早系统的史学理论专著。作者在《史通·自序》中言:"昔汉诸儒,集论经传,定之于白虎阁,因名曰《白虎通》。余既在史馆而成此书。故便以《史通》为目。且汉求司马迁后,封为史通子,是知史之称通,其来日久。博采众议,爰定兹名。"注本有清浦起龙的《史通通释》有 1978 年中华书局刊本。

【 始丰稿 】

诗文别集　明徐一夔撰。一夔字大章,天台(今浙江县治)人。元末明初(1361)前后在世。洪武初特授翰林官。天台,三国时吴置,晋时曾名始丰。境内有天台山。传说汉刘晨入天台采药,遇二女子。留,半年始归,抵家已七世矣。有《四库全书》本。

【 士礼居黄氏丛书 】

清黄丕烈(1763—1825)编。丕烈有《百宋一廛书录》已著录,可参见。士礼居,丕烈室名。“士礼”即《仪礼》的别称。典见《史记·儒林传》:“于今独有《士礼》,高堂生能言之。”《汉书·艺文志》:“汉兴,鲁高堂生传《士礼》十七篇.丕烈因购得宋刊严州(今浙江建德)和景德官本《仪礼》两种,故题其室为“士礼居”。乾嘉之际,丕烈藏书为东南大宗,校勘精善,有宋本百余种,此选其佳者十九种,于嘉庆二十三年(1818)辑刊。以版本校雠著称,为世所重。民国间上海博古斋影印增至二十二种。有嘉庆道光间黄氏刊本及1922年上海博古斋影印增辑本。

【 世说新语 】

古小说集　本名《世说新书》,简称《世说》。南朝宋文学家刘义庆(403—444)撰,南朝刘孝标(462—521)作注。书取汉至东晋轶事琐语,分德行、言语、政事、文学等三十八门。清言名隽,对后世笔记小说及小品文影响很大。所注征引赅博,多所纠正,价值较高,考据家频为引证。关于书名,宋黄伯思《东观余论·跋世说新语后》:“世说名肇刘向,六十七篇已有此目,其书今亡。宋临川考王(刘义庆)因录取汉末至江左名士佳语,亦谓之《世说》。”余锡嘉《四库提要辨证》:“刘向《世说》虽亡,疑其体例亦如《新序》《说苑》。上述春秋,下纪秦汉刘义庆即用其体,托始汉初,以与刘向书相续。故即用向之例,名曰《世说新书》,以别于向之《世说》,其《隋志》以下,但题《世说》者,省文耳。”至于《新语》,原本汉陆贾撰书名。三国时吴太常顾潭又撰有《顾子新语》,录于《隋志》。刘义庆书,于唐段成式《酉阳杂俎》引王敦澡豆事时,尚作《新书》可证,后不知如何改称《新语》传世,不可复正矣。是书记世族之思想、生活和清谈放诞之风,亦有批判黑暗,讽刺淫佚之作。语言精练,词义隽永。中许多古事、古典,为文学家、史学家所据所征,脍炙人口焉。有1983年中华书局刊余嘉锡《世说新语笺疏》。

【 事类赋 】

类书　北宋吴淑(947—1002)编。淑字正义,丹阳(今属江苏)人。仕南唐为内史,归宋后官至起居舍人、职方员外郎,与修《太平广记》《文苑英华》等。书尊当时取士之制,吟诵科试之备而成。初进名《一字题赋》,二十卷,无注。太宗命加注释,复自注广为三十卷,改今名。题名典见《魏志·后妃传》注引《魏略》曰:“(卞)兰献赋,赞述太子德美。太子报曰:‘赋者,言事类之所附也。’”题名意取诸此。书按事类分天、岁时、地等十四部,又一百目。每目为一字,每字作赋一首。逐句引文有注释,并详注引用书名。淑见闻尤博,赋亦工雅,尤注与赋出自一手,事无舛误,传诵至今。其征引之事文,今多不传,一字之存,当同一珠。书收入《四库全书》。参见上编类书名“事类”条。

【 事事关心 】

散文集　台湾作家林双不(1950—　)撰。林氏本名黄燕得,笔名碧竹等。台湾云林人,1968年开始创作。本书收有《千年未觉考试梦》《事事关心》等篇。以书信和聊天的方式,写当代台湾社会转型后所产生的一些社会问题,并尝试提供解决办法。书名来自明代江南东林书院的楹联:“风声、雨声、读书声,声声入耳;国事、家事、天下事,事事关心。”东林书院在江苏无锡市东门苏家弄,创于北宋政和元年(1111)。明万历三十二年(1604)顾宪成等人重修,与高攀龙等讲学其中。以清议为武器,抨击阉党。党狱兴起,诏毁全国书院,东林居其首。崇祯年又稍恢复。楹联语表示东林学子的志向与抱负。本书于1982年由台北九歌出版社初版。

【 事物纪原 】

工具类书　宋高承原撰。承原始末不详,仅知其为元丰(神宗1078—1085年间年号)中人,籍开封。原,源始。书名意为:汇记世间事物之来源及发展过程。原编记二百十七种,今本为后人增益至一千七百六十余。分五十五部,包括天地山川、鸟兽草木、阴阳五行、礼乐制度等。凡微末至于鸿巨,无不考其自来。虽未能穷尽且有不确切处,但皆考索古书,推始翔实,注其出典,足资考证。明阎敬《事物纪原序》:“盈天地之间惟万物,亘古今有事变焉。物有万殊,事有万变,而一事一物莫不有理,亦莫不有原。不究其原又曷从而穷其理哉！故圣门之学以格物致知为先，文学之士以以博问洽识为贵，而一物不知又儒者之所耻。夫以有限之见闻而究无穷之事物，况载籍之繁，汗牛充栋，虽矻矻穷年而欲知其无不尽难矣。此《事物纪原》之所由作也。"有1989年中华书局刊点校本。

【 事物原会 】

类书　清汪汲编。四十卷。汲，安徽休宁人，字葵田，自号海阳竹林人、古愚老人。其书汇集隋《物始》、唐《事始》《事原》、明《物原》等书，与经史子集各家之说互相考核，排比记载，删重就简，拾遗补阙而成，故题名《原会》。是书说明各事物起源始末，堪称浩博，且注明出处，资料精审，颇有功用。有嘉庆二年（1797）休宁汪氏古愚山房家刻《古愚老人消夏录》丛书本。

【 适园丛书 】

张均衡（1872—1927）编，七十四种。均衡字石铭，清浙江吴兴（今县属）人。光绪举人，曾官兵部车驾司郎中。博雅好古，藏书十余万卷。此编所收有杂史、诗话、书录、题跋及诗文别集等，多有罕见稿本及抄本。适园，为均衡在于光绪三十三年（1907），在浙西南浔镇上所筑私人园林，池馆楼台一时之胜，园中有"六宜阁"是张氏藏书之处。园名取自晋张翰"任心自适"之典故。张翰曾为齐王冏辟为大司马东曹掾。《晋书·张翰传》："……翰因见秋风起，乃思吴中菰菜、莼羹、鲈鱼脍。曰：'人生贵得适志，何能羁宦数千里以要名爵乎！'遂命驾而归。……俄而冏败，人皆谓之见机。"均衡以之名园，且名书。于民国二至六年（1913—1917）有自刊本。

【 释名 】

训诂书　汉刘熙撰。熙字成周，东汉末北海（今山东潍坊境）人，余不详。名，事物的称号。《管子·心术上》："物固有形，形固有名。"此书以音求义，以同声相偕来推论事物命名的由来。其中虽有穿凿附会，然因去古未远。可资考见古音，亦可推见古人制度之遗。与《尔雅》《说文》同为我国早期语言学著作。明人将其与《尔雅》《小尔雅》《广雅》《稗雅》相比附，改称《逸雅》共称"五雅"。以《四部丛刊》本较为常见。见"五雅"条。

【 谥法 】

政书北宋苏洵（1009—1066）撰。洵有《嘉祐集》已著录，可参考其生平。谥，乃帝王、贵族、大臣、士大夫死后，依其生前事迹给以的称号。其法始于周代，《礼记》曰："幼名，冠子，五十以伯仲，死谥：周道也。"谥法，立谥之法也。苏洵奉诏取刘熙诸家谥法，删订考证，撰成此书。士大夫死后由亲族门生故吏为立谥者称私谥。洵书收入《四库全书》史部政书类。

shou

【 守山阁丛书 】

钱熙祚辑刊。熙祚江苏金山人，叙选通判。道光初得张海鹏《墨海金壶》残版，又从浙江文澜阁《四库全书》中，录出流传较少之书，增补删汰，辑成此书，凡百十二种。守山阁，钱氏藏书室名，阁建于金山县（今属上海市）之秦山，意为永与此山相守。清张鉴为之作《藏书记》云："去金山县十八里曰秦山，山石柔脆。道光丁酉官以筑海塘伐石，别驾钱雪枝尊甫持论为无益，庐墓千计徒被毁掘，命雪枝倍其输，以告当事得已。由是闾里相庆于路，乃构宗祠于麓，复为阁以储藏书。颜曰'守山'。盖自其祖羽章先生来居此，垂二百载，冀与此山相守于无穷也。"初有道光二十四年金山钱氏据墨海金壶刊版重编增刊本，另有《丛书集成初编》本。参见已著录之《墨海金壶》条。

Shu

【 书筏 】

书法论著　清笪重光（1623—1692）撰。重光字在莘，号江上外史。江苏句容人。顺治进士，官御史，巡按江南。善书画，工诗文。此书论凡二十九则，以随笔札记形式表达书法美学思想。筏，竹或木编的渡水工具。《东观汉记》："吴汉平成都，乘筏从江下。"《书筏》意喻是可以之泛游书法海洋的良舟。王文治有《书法跋》云："此卷为笪书中无上妙品，其论书深入三昧，初直与孙虔礼先后并传，《笔陈图》不足数也。”有《美术丛书初集》本。

【 书画跋跋 】

艺术评论　明孙鑛撰。鑛字文融，万历会试第一，为文选郎中，官至南兵部尚书，生卒年不详。此书为对《书画跋》的评论。《四库全书总目》云：“是书名《书画跋跋》者，王士先有《书画跋》，鑛又跋其跋，故重文见义。犹《非非国语》《反反骚》例也。……鑛以制义名一时，亦不以书画传，然所论则时有精理，与士祯长短正同，亦赏鉴家所当取证者矣。”有《四库全书》本。

【 书眼 】

书画论著明董其昌、李日华撰。其昌，华亭（今属上海）人。世宗嘉靖至思宗崇祯朝（1555—1636）在世。万历进士，官至南礼部尚书，以太子太保致仕。其昌天才俊逸，书法超越诸家，画集宋元诸家。此书其昌“书眼”部分，凡一百另四条。杂论书法碑帖多甘苦有得之语。日华“书眼”则多泛泛之论。案：眼是最能表达人的精神的，引申则指事物关键精要之处。《世说新语·巧艺》：“顾长康（恺之）画人，或数年不点目眼。人问其故，顾曰：‘四体妍蚩本无关妙处，传神写照正在阿堵中。’”阿堵，为晋人言语：此处、这个。亦即眼神。该书主要在于阐发写字作画的经验义理，故题名曰《书画眼》，有盖天楼巾箱本。

【 书经 】

即《尚书》。《书经》是儒家对《尚书》的尊称，为五经之一。汉武帝元年，置五经博士。列《易》《尚书》《诗》《礼》《春秋》为五经。参见《尚书》条。

【 书目问答 】

分类书目　清张之洞（1837—1909）撰。之洞，清末直隶南皮（今属河北）人。字孝达，号香涛，晚号抱冰。同治进士，历任内阁学士、四川学政等，官至军机大臣兼管学部，曾积极推动洋务运动。此为同治十三年（1874），张氏任四川学政时，在目录学家谬荃孙协助下，专为回答生童“应读何书？书以何本为善？而编，故名《书目问答》。分经史子集四大部，每部之中再分小类，子目若干，较传统四部分类法有所创新和突破。共著录图书两千二百余种，不收小说、戏曲和所谓“越轨”书。有清光绪四年（1878）初刻本，后出版本颇多。

【 书香 】

杂文集　台湾作家彭歌（1926—　）撰。1968年台北仙人掌出版社初版。彭歌原名姚朋。河北宛平人，台湾政大毕业，留美硕士。历任报社总编等，并任教于台湾大学。本书介绍新书与作家，并引介国外出版界的经营。作者在《前记》中言：在要于提倡读书风气。书香，古人用芸香草，藏于书中以辟蠹，故有书香之称。后转以美称读书之风气或指有读书传统的家风。宋林景熙《述怀次柴主簿》：“书香剑气具寥落，虚老乾坤父母身。”清石成金撰《传家宝》：“无论书香子弟与村童因材施教。”

【 书影 】

笔记　清周亮工撰。亮工字诚斋，号栎园。河南祥符（今开封）人。明神宗万历至清康熙（1612—1672）在世。崇祯年进士，康熙时官至江南江安粮道。是编乃其官户部侍郎时，缘事逮系，在狱中追忆生平见闻而作。记有评论诗文、艺坛掌故、文人逸事，涉及小说、剧曲、绘画等。初收入《四库全书》后复查被抽毁。但《四库抽毁书提要稿》仍称其：记述典赡，议论平允，颇足以为文献之征。书名因其在狱中无可检阅，故取“老人读书只存影子”之语，为名。周铭《书影跋》：“栎翁曰：‘吾之为此，不过读书影子已耳。’是何存乎见少之词哉！夫读书之敏捷影响则有之；究极精微，等于测影之妙则有之；且古之君子之著书也，犹木之有枝叶也；木有枝叶尚能荫庇人，矧君子之著书乎？影广则荫庇亦广，影大则荫庇亦大。然则《书影》之广大悉备，其荫庇天下后世，又宁有既哉！”有上海古籍出版社1981年本。

【 枢垣纪略 】

典制文献清梁章钜（1755—1849）撰。章钜字闳中，晚号退庵。福建长乐人。嘉庆进士，官至江苏巡抚兼署两江总督。于嘉庆二十三年选充军机处章京，以入直之便，抄录大量有关档案资料，于道光三年（1823）辑成。是书记载清代军机处的沿革变化，人员升迁，奖励惩罚制度等资料。枢垣，中枢机关。军机掌职与唐宋之枢密有共同之处，故以

"枢垣"名书。五十年后朱智等补充修辑,为清代政治史料,道光、光绪各有刊本。

【 鼠璞文史学术书 】

宋戴埴撰。埴字仲培,桃源(在今湖南)人。生卒年不详,约宋理宗淳祐年(1241)前后在世,余无考。该书为考订经史疑义、名物典故之异同者。鼠璞,见《尹文子·大道下》:"欲买璞者,皆云为郑人。郑人谓玉未理者为璞。周人谓鼠未腊者为璞。周人怀璞谓郑贾曰:'欲买璞乎?'郑贾曰:'欲之。'出其璞视之,乃鼠也。因谢不取。"此典又见于《战国策·秦策三》。《四库全书总目提要》:"其曰'鼠璞'者,盖取周人、宋人同名异物之义。"即借以标明循名责实,明辨异同之旨。有《四库全书》本。

【 述古堂藏书目 】

私藏书目　清钱曾(1629—1701)撰。曾有《读书敏求记》已著录,可参阅。是书著录藏书两千八十九种。述古堂,钱氏藏书室之一。室名乃其祖钱谦益所题,典自《论语·述而》:"述而不作,信而好古"之语。谦益有《述古堂记》云:"孔子曰:'述而不作,信而好古,窃比我于老彭。'包咸曰:'老彭,商贤大夫,即彭祖也。'《世本》云:'姓篯名铿,在商为守藏史。'吾钱故篯后人也,倾有事世谱,自谓可信不诬。族孙曾,字遵王,粪除厥父室庐,读书其中,以新堂来请名,余遂名之。曰:子有志学古,请言吾钱氏之古,考吾先世之大宗彭祖,至于九十五氏,而子又加二矣。遗经旧史不与古人俱往者,俨然在此堂也。以余之老耄,犹将羹墙仰止,况子少壮努力在乎?昔以述古名堂者有矣,刁于钱之故,数祖典,尊圣谟,考德问业,莫斯堂宜也。谨书之以为记,俾刻石陷置壁间,而余亦将游息于斯,以交儆焉。"有《丛书集成初编》本。

【 述异记 】

古代小说集,有两种本:

一、南朝祖冲之(429—500)撰。著录于《隋书经籍志·杂传》中,十卷。已佚,鲁迅在《古小说钩沉》中辑有佚文。祖冲之,字文远,范阳蓟(今北京大兴区)人,著名科学家。

二、南朝梁任昉(460—508)撰。两卷,唐以前未见著录,最早见于北宋国家书目《崇文总目》小说类中著录。书前无名氏序称:"(任昉)家藏书三万卷,故多异闻,采于秘书,撰《新述异记》上、下两卷。"见其为沿用祖冲之书名。虽在唐人著作中有引用之证据,但书中又记有任昉身后之事,因多可疑。《四库全书》编者认为是后人杂采类书所引之《述异记》文,附益他书杂记,辑成卷帙,为半真半假,似张华之《博物志》之书。案;任昉字彦升,官至新安太守,事迹见《梁书》。又:述,记述。异,指灵异鬼怪之事。本书属志怪小说类。有《汉魏丛书》等本。

【 漱玉词 】

一名《易安词》　词集　宋李清照撰。清照号易安居士,济南人。神宗元丰至高宗绍兴年间(1081—1155?)在世。工诗善文,尤以词擅长,是我国文学史上杰出的女作家。漱玉,本指山泉激石,飞流溅白,晶莹如玉。晋陆机《招隐诗》:"山溜何泠泠,飞泉漱鸣玉。"唐刘长卿《过包尊师山院》诗:"漱玉临丹井,围棋访白云。"题名漱玉,乃形容其词之清隽秀美。此本收入《四库全书》仅十七首。现存词七十余首,近有人民文学出版社出版《李清照词校注》三卷本。

【 数学 】

又名《数学九章》　宋秦九韶撰。九韶字古道,晋州安岳(今属四川)人。1202 年至 1261 年在世,官至知府。书成于南宋理宗淳祐七年(1247),全书收八十一例题,分九类。其中"大衍求一"及"正负开方术"为具有世界意义的数学成就。中国古代称计算之学为"算术",即出于《九章算术》。隋唐立"算学"科,培养天文、算术人才。宋元以后出现"数学"一词,但至近代 1937 年清华大学仍设有"算学系",至 1939 年始改名为"数学系"。秦九韶的书,是中国较早称"××学"的古籍。有《四库全书》本。

Shuang

【 双鉴楼丛书 】

傅增湘(1872—1950)编,十种。增湘字沅叔,号藏园。清四川江安人,光绪进士,授翰林院编修。

民国任教育总长、大总统顾问、故宫博物院图书馆馆长等职。傅氏藏有两部珍贵的《资治通鉴》，一是祖父傅诚传下来的元刊本，另一为得自瑞方藏的以七种宋刊残本配成的百衲本，故名其室曰“双鉴楼”傅氏《藏园群书题记·百衲宋本资治通鉴书后》：“昔同治乙丑岁，先大父励生公官金陵，得元刊《资治通鉴》胡注，即世所谓‘兴文署本’者，……是为吾家藏书之鼻祖。余频年搜采，宋元椠本略有所储，差幸仰承先绪，今复得此钜编，正与梅磵注本先后辉映，敬题藏书之所曰双鉴楼，……”民国间傅氏有自刊本。

【 双溪集 】

别集

一、北宋苏籀撰。籀字仲滋，眉山人。苏辙之孙，约北宋末（1120）前后在世。官至监承，南渡后居婺州。婺州，今金华市，境多溪流。有《四库全书》本。

二、南宋王炎（1138—1218）撰。炎字晦叔，婺源（今在江西）人，官至军器少监。明王麟《双溪类稿序》：“公世居婺源武水之曲，双溪合流，因以为号。”此书又名《双溪类稿》。有《四库全书》本。

三、明杭淮撰。淮字东卿，江苏宜兴人，累官中承，双溪为其号。有《四库全书》本。

【 双溪杂记 】

笔记　明王琼（1459—1532）撰。琼，山西太原人，字德华，号晋溪。成化进士，官至户部尚书、兵部尚书。是书为王氏杂记明代史实，以写作时地点题名。作者在书中有记云：“余所居岩穴，在双溪之间。怡神养气之余，忽有所思，辄录于册，久而成帙。虽不敢自谓尽合道理，照皆纪实无空言者。格物君子，得而观之，未必无所取云。”是书收入明高鸣风辑《今献汇言》中。

【 霜红龛集诗文别集 】

清傅山（1607—1684）撰。清末丁保诠编。傅山，山西曲阳（今太原人）。生于明神宗万历年，少年有志，愤明季缙绅腐恶，独苦持气节。明亡居土穴，拒不出仕。衣朱衣，号朱衣道人。年七十四，被迫进京应试。以死拒，放还。傅氏博通诸子、诗文、书画、金石、医术。“霜红龛”为其室名，又以名集。傅氏《青羊庵诗·序》：“庵嶂崛（土围）松林中故名。后改霜红龛，以秋季树草夜色胥红也。崛（土围），山名，在太原城北，峻峭多树林，红叶最佳。”有1985年山西人民出版社影印本。

【 霜叶红似二月花 】

长篇小说　茅盾（沈雁冰1896—1981）撰。本书于1943年发表时，临时题名《秋潦》。是写民族资产阶级和地主阶级的斗争与妥协，与农民阶级的反抗。后来取唐杜牧《山行》诗中：“停车坐爱枫林晚，霜叶红于二月花”之句，只改一字，以“似”代“于”，作为书名。作者在1958年的《新版后记》中说：“书中一些主要人物，如出身地主阶级和小资产阶级的青年知识分子，最初在一九二七年国民党叛变以前，都是很‘左’的，宛然像是真正的革命党人，可是考验的结果，他们或者消极了，或者投向反动阵营了。如果拿霜叶作比，这些假左派，虽然比真的红花还要红些，究竟是假冒的，‘似’而已，非真也。再如果拿一九二七年以后反革命势力暂时真的占了上风的情况来看，他们（反革命）得势的时期不会太长，正如霜叶，不久还是要凋落。这就是我所以借用了杜牧这句诗，却又改了一字的理由了。”单行本有1980年四川人民出版社刊本。参阅《茅盾全集》。

shui

【 水道提纲 】

水文地理著作　清齐召南（1703—1768）撰。召南字次风，号琼台。台州（今浙江临海）人。官至礼部侍郎。作者曾参与编修《大清一统志》，又依全国各省舆地图册，及1718年实测绘制的《皇舆全图》，继承《水经》等书的传统体例，于乾隆二十六年（1761）成此书。书中记清朝前期全国河道水系。通编以海为纲，以河为目；分编以巨川为纲，以支流为目。提纲挈领，故名《水道提纲》。资料可靠，为古代地理书所罕见，具较高的科学价值。有《四库全书》本。

【 水东日记 】

笔记　明叶盛撰。盛字与中，昆山（今属江

苏)人。永乐至成化年(1420—1074)在世。官至吏部左侍郎,仕四朝三十年之久。本书汇明代典制沿革、遗闻逸事颇详,足资考证。盛熟悉掌故,又家富藏书,所录多耳闻目睹,与道听途说有别。书名中“水”指淞水,即吴淞江,又名苏州河,流经江苏南部及上海西部。俞允文为其书作《序》云:“其书专于记事,核古综今,关注军国,号为通博。书凡四十卷,以其成书于淞水之东,名为《水东日记》”。书收入《四库全书》。

【 水浒传 】

长篇章回小说又名《忠义水浒传》,明施耐庵撰(一说罗贯中编次)。施氏生平,记载绝少,只《施耐庵墓志》称其为苏州人,元末进士,卒于明初。本书为我国首部以农民起义为题材的小说巨著。施氏根据《大宋宣和遗事》中有关宋江等人聚义事迹及其他话本、杂剧、传说基础上再创作而成。书名“水浒”二字,初见于《诗经·大雅·绵》中:“古公亶父,来朝走马,率西水浒,至于岐下。”水浒,为水边、在野之意。元杂剧中已有“水浒戏”,戏中有“寨名水浒,泊名梁山”之语。施氏书原题名《江湖豪客传》,又思之欠佳,乃改为《水浒传》。明李卓吾(贽)在《出像评点忠义水浒全书发凡》中言:“梁山泊属山东兖州府,《志》作泺,称八百里,张之也。……传不言梁山,不言宋江,以非贼也,非贼人,故反以‘水浒’名之。浒,水涯也,虚其词也。盖明率土王臣,江非敢据此泊也。其居海滨之思乎?罗氏(卓吾认为此书为罗贯中编次)之命名微矣!”此书艺术成就杰出,对明清以后戏曲、小说影响很大。版本很多,最流行的是金圣叹评的《第五才子书施耐庵水浒传》。次有明容与堂百回本及明袁无涯百二十回本。新中国成立后人民文学出版社、中华书局出版过七十一回、百回、百二十回本。清人俞万春不满《水浒传》中受招安的结局,另撰《结水浒传》,又题名《荡寇志》。写一百单八将,结局非死即诛,无一能逃斧钺。表现“尊王灭寇”的立场,故名。有1983年人民文学出版社刊本。

【 水经注 】

古地理书北魏郦道元撰。道元,范阳涿郡(今河北涿县)人。博览群书,曾官荆州刺史等职。《水经》为记载古水系书,旧题汉桑钦撰。因原文极简略,之后名称变异,非注不能卒读。晋郭璞尝注之,后佚。郦氏亲自考察,又博采古籍,将原《水经》已记一百三十七条水流,扩充记载了水道一千二百五十二条。且采入有关地貌、物产、人物史迹、传说谣谚等综述于书中。注文远多于正文,且语言精妙,极具史学、文学价值,为现存第一部以水道为主的综合地理著作。有1984年上海人民出版社铅印本。

【 水心集 】

别集　南宋叶适(1150—1223)撰。叶适,字正则。永嘉(今温州)人。淳熙五年(1178)进士,历仕孝宗、光宗、宁宗三朝,官至吏部侍郎兼直学士。力主抗金,曾在江淮前线屡挫敌军。后以从韩侂胄而夺职,乃杜门著述。叶氏为永嘉学派代表,哲学上持唯物观点,与朱熹陆九渊相对立。诗文力求新颖脱俗,提倡独创精神。时人以其所居称为“水心先生”。叶氏本人有诗曰:“听唱三更里论,白旁单浆水心村。”有《四库全书》本。

【 水云村稿 】

文集　元刘埙撰。埙字起潜,江西南丰县(今属抚州地区)人。宋末元初(1240—1319)在世,官至延平教授。诗文雄放,尤长四六。水云村为其居地。其自作《水云村记》:“余家南丰西里,居治特数十步,而近夜聆谯,鼓声咚咚。如在枕边。而深巷无邻,幽花疏竹,萧闲淡雅,俗气市声所不到。或竟日无辙迹,居然类村落。闲,出门数武,盱江横陈。江外南山孤耸。绿水环洲渚,白云生洞穴。客因名以水云村。予以自谓水云村,客亦谓予水云村。”书以居地、自称名集。有《四库全书》本。

【 水之湄诗集 】

台湾作家叶珊(1940—　)撰。1960年台北蓝星诗社出版。叶珊,原名王靖献,笔名还有杨牧等。台湾花莲人。毕业于台湾东海大学外文系,留美获艺术硕士、文学博士学位。任教于美国、台湾大学。《水之湄》原是本书收录的五十首诗歌中的一首题名。对于此书名作者在《后记》中说:“是因为在这首诗中,我正努力表现我们这个年龄的骄傲。这段生命,细心想想,且将是我一生中最不会忘记的。”湄:指岸边,水与草相接的地方。《诗经·秦风·蒹葭》:“所谓伊人,在水之湄。”

Shuo

【说郛】

丛书　元陶宗仪撰。宗仪,元末明初人,惠宗至正年(1360)在世。陶氏有《南村辍耕录》已著录。本书辑汉魏至宋元各种笔记六百余种,其中少数世无其他传本。书名取自汉扬雄《法言·问神》:“大哉!天地之为万物郭,五经之为众说郛。”郭,城。郛,外围之大城。引申为范围。原句意为众说不出于五经,可助理解孔子之道。明杨维桢《说郛序》:“天台陶君九成,取经史传说,下迨百杂说千余家,纂成一百卷,凡数万条。剪扬子之语名之曰《说郛》。……虽然扬子谓:‘天地万物郛也,五经众说郛也。’是五经郛众说也。说不要诸经徒劳搜泛采,朝记千事,暮博千物。其于仲尼之道何如也。孟子曰:‘博学而详说之,将以反说约也,约则要诸道已。’”有1988年商务印书馆影印本。

【说铃】

有二

一、笔记。清汪琬(1642—1690)撰。琬字苕文,江苏长州(今吴县)人,明末清初在世。顺治进士,康熙间,试博学鸿词,授翰林院编修。学术甚深,时魏禧、候方域并以古文擅名,与琬并称三大家。是书乃记康熙时名人逸事,有啸园丛书本。

二、丛书。清吴震方撰。震方字青坛,浙江石门人。生卒年不详,约康熙三十三年(1694)前后在世。进士及第,官至监察御史。丛书汇刻清初诸人所做小说及笔记等,凡四十七种。有道光间吴江沈氏世楷堂刊本。案:书名《说铃》,典自扬雄《法言·吾子》:“好说而不见诸仲尼,说铃也。”李轨注:“铃以喻声,犹小说不合大雅。”

【说诗晬语】

诗评　沈德潜(1673—1769)撰。德潜字确士,号归愚。江苏长州(今苏州人)屡试未第,至乾隆四年始得进士,而年将七旬。高宗称之为“老名士”,命值上书房,擢礼部侍郎。沈氏工诗,主“格调”之说,强调儒家“温柔敦厚”诗教,作诗应“中正和平”等理论。晬,婴儿周岁之称。旧俗婴儿周岁时,以盘置弓箭、书本、珍宝、针线等,看婴儿抓取什么,以卜其一生志趣。民间称其“抓周”。本书沈氏有《自序》云:“辛亥春读书小白阳山之僧舍,……寺僧有叩作诗指者,……重却其请。每钟残灯炧倏,有触即书。或准古贤,或抽心绪。时日既积,纸墨遂多。命曰《晬语》,拟之试儿晬盘,遇物杂陈,略无诠次也。”题名《晬语》,言其之议论,错杂无序,一如婴儿盘中的物品,以示谦逊。有1979年人民文学出版社校注本。

【说唐】

长篇历史小说又名《隋唐演义全传》,或《说唐全传》。今存最早刻本为乾隆年(1783)刊。著者不详,六十八回。隋唐之际群雄并起的史实,早为民间喜闻乐道。明代大兴演义小说,有罗贯中《隋唐两朝志传》,林瀚《隋唐志传通俗演义》等。清康熙年又有褚人获《隋唐演义》刊行。此书以诸本为基础编写,虽奉正史,而益杂说。独能广泛吸收民间传说,塑造众多英雄,故事生动,颇具传奇色彩。风格粗犷,神态个性突出,敷演如话本,故名《说唐》其后又有《说唐后传》《征西说唐三传》及《反唐演义传》等续书出现,亦广泛流传。有1978年上海古籍出版社刊本。

【说文解字】

古字书　汉许慎撰。慎字叔重,汝南(今河南偃城)人。约公元58—147年在世。官至太尉南阁祭酒。书成于东汉和帝永元十二年(100)。说,解释、解说。解,分析、讲解。古人认为独体为文,合体为字。许慎《说文解字序》:“仓颉之初作书,依类象形,故谓之文。其后形声相益,即谓之字。文者,象物之本;字者,言孳乳寖多也。”为我国第一部以六书(指事、象形、形声、会意、转注、假借)为理论,析字形,解字义,辨声读的字典。此书以小篆为主收字9353个,以古文、籀文作重文列字1103个,并首创部首检字法。该书集中反映汉代学者文字学研究成果,对研究古汉语的文字、词汇、音韵及汉语史、后代字书、字典的编著,都有重要价值和巨大影响。后代与其有关的著作有：北宋徐铉的补注、补音、增附本，世谓之“大徐本”。清人段玉裁之《说文解字注》有1981年上海古籍出版社影印本。另有王筠之《说文句读》，近代丁福保之《说文解字诂林》等。

【 说文通训定声 】

文字学书　清朱骏声（1788—1858）撰。骏声字丰芑，江苏吴县（今苏州境）人，道光时黟县训导，精小学。作者有《自序》：“题曰说文，表所宗也；曰通训，发明转注假借也；曰定声，证广韵、今韵之非古而导其源也。”指作者之意有三：一、以《说文解字》为本，考明文字本义；二，通训，是对文字转注、假借的说解，为其最精彩的部分；三、定声，是按声训相通的原则，考明字音字义。有武汉古籍书店1983影印咸丰元年临啸阁本。

【 说苑 】

笔记　汉刘向（前77—前6）撰。向有《别录》已著录。此书为刘向校书时，根据皇家藏书和民间图籍，按类编纂的先秦至西汉的遗闻逸事。该书首列总说，后加按语。所辑以诸子言行为主，多载有关国家兴的哲理、格言，立意讽喻。所录与《史记》《左传》等书有出入。所征之籍，后多亡佚。此书文笔朴素，叙事简约，是魏晋小说的先导。有《四部丛刊》本。

Si

【 司马文正公传家集 】

诗文集　北宋司马光撰。司马光字君实，陕州夏县（今属山西运城地区）人。生于真宗天禧三年（1069），卒于哲宗元祐元年（1068）。因家乡在夏县涑水乡，世称“涑水先生”。少聪慧有智，传说有“破缸救伴”的故事。宝元年近士，以献所撰《通志》，诏设局续修。书成，赐名《资治通鉴》。神宗时，光与王安石新法不合，居洛十五年。哲宗时起拜尚书右仆射，悉去新法之害民者。在位八月卒，赠太师温国公，谥文正。本书又名《温文正公文集》。《四库全书》著录为《传家集》言其：“不以词章为重，气象亦包括百家，凌跨一时。”有《四部丛刊》本。光著作尚有《稽古录》《涑水纪闻》等。请参阅《资治通鉴》等条。

【 四部备要 】

丛书　中华书局编印。计五集三百三十六种，一万一千三百零五卷。四部，指经、史、子、集。备要，即所择皆为重要常备之典籍。是编注重实用，可与《四部丛刊》互为补充。自1924年启用聚珍仿宋版铅字排印。1931年刊线装本。1935年印平装本。1936年缩印精装本。1989年中华书局重印精装100册。

【 四部丛刊 】

丛书　张元济（1867—1959）等编。是书择宋元旧刻、明清精刻、及抄本、校本、手稿本等。按经、史、子、集四部分类编排。强调实用，尤重版本。商务印书馆《印行〈四部丛刊〉启》：“自咸同以来，神州几经多故，旧籍日就沦亡，盖求书之难，国学之微末，未有甚于此时者也。上海涵芬楼留意收藏，多蓄善本，同人怂恿景印，以资津逮后学；有未备，复各出公私所储，恣其搜鉴，得其风流阒寂之会，成此《四部丛刊》之刻。”始编于1919年。《初编》完成于1922年，商务印书馆影印，计三百二十三种，两千一百册；《续编》刊于1934年，有八十一种，五百册；《三编》刊于1935年，收七十三种，五百册。实为我国近现代一部最大之影印古典文献丛书。1984年起上海书店全部影印，精装五百册。

【 四库全书 】

我国最大的一部丛书，清乾隆（1711—1799）敕辑。历时十年，至乾隆四十七年（1781）始成。辑修时以刘统勋等为总裁，纪昀等为总纂官。参与其事者四千余人，包括名儒戴震等三百七十人。共收书三千五百零三种，七万九千三百三十卷，约九亿九千七百万字。名“四库”乃取唐代以来皇家藏书按经、史、子、集设四库分藏之例。乾隆三十八年上谕：“……各省所采及武英殿所存官刻诸书，统按经、史、子、集编之目录，命为《四库全书》。俾古今图书汇萃无遗，永昭艺林盛轨。”弘历在《文渊阁记》中又谕：“……总名之曰《四库全书》。盖以古今数千年，宇宙数万里，其间所有之书，都不出四库之目也。”此书编成之后，正本藏北京故宫文渊阁，新中国成立前被运往台湾。正本外再誊录六部，其下落：计分藏于北京圆明园文源阁者，已毁于英法联军；藏于承德避暑山庄文津阁者，今在北京；存沈阳故宫文溯阁者，已移甘肃；扬州大观堂文汇阁与镇江金山寺文宗阁之藏，皆毁于太平天国之战火；杭州文澜阁之藏，在战火中损失过半，经搜集补抄齐全，现藏浙江省图书馆。后来1983年台湾商务印书馆影印了文渊阁本。1957年上海古籍书店又据台湾影印本缩印成三十二开本，分装计一千五百册。

【 四库全书简明目录 】

解题书目清纪昀（1724—1805）等奉敕撰。是书为《四库全书总目提要》的简编本。乾隆三十九年（1774），以总目卷帙浩繁，不便检查，命别编《简明目录》于四十七年告竣。此《简目》删除存目书，仅收入正藏《四库全书》三千四百余种。提要也从简，只记卷数作者和主要内容。因曾流入民间，多数版本收书互异。有上海古籍出版社1985年刊本。

【 四库全书总目 】

解题书目（又称《四库全书总目提要》），清纪昀（1724—1805）总纂。乾隆四十七年（1772），《四库全书》纂成，命纂《总目提要》二百卷。收录正式入库书，三千四百六十一种，七万九千三百零九卷。“存目”列未收书六千七百九十三种。以经、史、子、集为纲，下分小类和子目。每类前有“小序”，每书题名后有“提要”。对其书作者生平、著述状况、基本内容、版本及源流得失，作简要的介绍和评论。比较完整系统地评介了乾隆以前的历代典籍，有重要参考价值，可作古籍入门之书。有中华书局1965年刊精装本。唯因出于众人之手，限于功令、时限、屡见错误。近人余锡嘉（1883—1955）撰《四库提要辨证》订正失讹，甚佳。

【 四六丛话 】

诗文评论清孙梅撰。梅字松友，号春浦，乌程（今浙江湖州）人，乾隆近士，官太平府同知。“四六”骈体文之一体，行文多以四字、六字相间为句。柳宗元《七巧文》中有“骈四俪六，锦心绣口”之句。李商隐将自己所写四六文编为《四六甲乙集》，是“四六”得名之始。中唐之后“四六”颇为盛行。此书论元代以前关于四六文的旧说，并列作家小传。作者汇辑众说，叙其原委、体制，以推尊和倡导骈体文，故名《四六丛话》。有清刊本。

【 四六法海 】

文章总集　明王志坚撰。志坚，江苏昆山人。万历进士，崇祯初，以佥事督湖广政，礼部推为学政第一。肆志读书，兼通内典。此书收骈体之文，原其本事，随事考证，以明此体法则，故称《法海》。所录下迄于元，上溯魏晋。论“四六”为古文变体，犹古诗之为律诗也。其初俪散相间而用，齐梁至唐人亦多取不甚对偶者。俾读者知“四六”之文，运意遣词与古文无异，编者于此深有功力。《四库全书总目》称其为四六中第一善本也。有明天启年载德堂刻本。

【 四世同堂 】

长篇小说　老舍（舒庆春，1899—1966）著。创作始于1944年，至1950年全部完成发表。包括《惶惑》《偷生》《饥荒》三个部分。小说以祁家祖孙四代为中心，反映抗日战争时期，沦陷在北平的人民的苦难历程和各色人等的表现。《惶惑》是写沦陷初期普通百姓，思想陷于惶惑之中。在《偷生》中，作者点明：爱好和平的人，如果没有勇敢，和平变成了屈辱，保生便变成偷生。《饥荒》写日寇统治末期，日益残暴的高压之下，人们在生死关头，终于悟到只有坚持抗争，才有出路。有北京出版社1982年刊本。参见《老舍文集》。

【 四书 】

又称《四子书》，为《大学》《中庸》《论语》《孟子》的合称。宋代《孟子》升格为经。淳熙年（1174—1189）朱熹由《小戴礼记》中取出《大学》《中庸》的两篇，分章断句，为之作注，称为“章句”。又将《论语》《孟子》附以注解，因其中引用了二程等人的说法，故称“集注”，合题曰《四书章句集注》，《四书》之名，由此始，并成为学子学习的入门书。有中华书局1957年刊本。元皇庆二年（1313）复科举，规定考试必须在《四书》内出题，发挥题意，至明清相沿不改。

【 四书释地 】

地理历史书　清阎若璩（1636—1704）撰。此书据《四书》，首释地一卷，复搜未尽之处释地续一卷。以牵连地理人名而及训诂典制谓之又续一卷。再集其他解释经义者复谓三续，共四百二十一条。所记事必究其根底，言必有据，旁参互证，多所贯通，校正前人关于古地名附会的错误。此书虽标名《释地》而所释多超出地理范围，书收入《皇清经解》参见已著录之《潜丘札记》。

Song

【 松陵集 】

诗歌总集　唐陆龟蒙（？—881）编。是书为陆龟蒙与皮日休（834？—883？）等唱和的诗集。松陵，唐代为苏州镇名（今在江苏吴江县境）。时崔璞任苏州刺史，皮日休为从事。陆龟蒙往访，相互唱和为诗，同时颜萱、张賁亦相随有作，共集成此书。参见已著录之陆龟蒙《甫里集》、皮日休《文薮》等。有《四库全书》本。

【 松乡文集 】

别集　元任士林撰。士林字叔实，号松乡，家奉化松林乡。宋理宗至元武宗时（1253—1309）在世。《宋元学案》："任士林字叔实，……讲道会稽，授徒钱塘。至大初，以荐授安定书院山长。"著有《中易》《松乡集》。有《四库全书》本。

【 松雪斋集 】

诗文别集　元赵孟頫撰。孟頫字子昂，赵匡胤十一世孙。宋礼宗宝祐（1254），至元英宗至治（1332）年在世。浙江湖州（今湖州市）人，累拜翰林学士。画入神品，书法冠雄一世。正、行、小楷，圆转遒丽，称为赵体。妻管氏、子雍、奕，均善书。诗文清邃奇逸。元杨载《赵公行状》："公讳孟頫……人所不及者数事：帝王苗裔，一也；状貌昳丽，二也；博学多闻知，三也；操履纯正，四也；文辞高古，五也；书画绝伦，六也；旁通佛老之旨，造诣玄微，七也……被遇五朝，官登一品，名满天下未尝始有自矜之色，待故交无异布衣时。"扁燕居处曰"松雪斋"，自号松雪道人。有《四库全书》本。所著词章曰《松雪斋文集》。

【 松源集 】

文集　清孙之騄撰。之騄字子骏，浙江仁和人。生卒年不详，约康熙五十年（1711）前后在世。博学好古，专于经书。雍正间官庆元县教谕。松源为古乡名，以有松源溪而得。宋庆元三年（1197）析原龙泉县之松源乡，置庆元县。今属丽水地区，县尚存。唐吴玉宾有《松源川口诗》："川势百千回，涛呼万古清。"有雍正己酉庚戌刻本。

【 嵩山集 】

诗文别集　宋晁公溯撰。公溯字子西，山东钜野人。约高宗绍兴中（1147）前后在世。宋史无传，仕履无考，或言其曾为眉州刺史。嵩山居士其号也。嵩山，五岳之一。以处于四方之中，山形高大，故称中岳，在河南登封县。晁氏望出河南诸地，汉晁错即许昌人。至宋家传文学，几乎人人有集。书以郡望胜地名集。有《四库全书》本。

【 宋布衣集 】

诗文别集　明宋登春撰。登春字应元，河北新河（今邢台地区属县）人。约思宗崇祯（1633）年前后在世。少即能诗善画，年二十余即弃家远游，足迹遍天下。晚年居江陵之天鹅池，自号鹅池生。《四库全书总目提要》云其文章简质，诗平易自然，淡远可诵。朱彝尊以贾岛、李洞为比。布衣：《战国策·赵策二》："天下之卿相人臣乃至布衣之士，莫不高贤大王之行义。"后因以代指平民或无功名的读书人。桓宽《盐铁论·散不足》："古者庶人耄（八九十岁的老人）而后衣丝，其余麻枲（麻布）而已，故名曰布衣。"此集本名《鹅池集》，又名《燕石集》，本书为康熙年刊本，以其生平名集有《四库全书》本。

Sou

【 搜神记 】

志怪小说　晋干宝撰。干宝，东晋史学家、文学家。字令升，新蔡（今属河南）人。生卒年不详，约东晋初（317）前后在世。以博学召为著作郎，曾领史官，迁至散骑常侍。干宝好阴阳术数，于此书《自序》云撰此书是"以发明神道之不诬"，遂撰集古今灵异神祇、人物变化为之。原书三十卷，散佚。今本是后人从《法苑殊林》《太平御览》

等书中掇辑而成，有多种本，卷数不一。搜神，即搜集古今灵异之事。书中亦存有民间传说如：干将、莫邪之故事。该书是魏晋志怪小说的代表，对后代文学，尤其是小说的影响很大。有 1974 年中华书局刊本。

Su

【苏门集】

诗文别集　明高叔嗣撰。叔嗣字子业，号苏门山人。祥符（宋真宗大中祥符年，改浚仪为祥符县，今为开封县治）人。嘉靖进士，累官至湖广按察使。孝宗至世宗朝（1501—1537）在世。苏门，山名，太行支脉。在河南辉县西北七里，又名苏岭、百门山，上有百门泉。《晋书·阮籍传》："籍尝于苏门山遇孙登，与商略终古及栖神导气之术，余皆不应。"其后宋邵雍、元姚枢皆隐居于此。按，高氏望出河南，此书以故乡名士隐逸胜地名集。有《四库全书》本。

【苏学士集】

别集　宋苏舜钦（1008—1048）撰。舜钦字子美，祖籍梓州（今四川中江），生于开封。景祐进士，范仲淹荐为集贤校理。为北宋诗坛革新派，与梅尧臣齐名，时称"苏梅"。多论政之作，辞气慷慨激昂。行文雄放，如其为人。案：宋改唐代之集贤殿书院为集贤院，掌收藏校勘典籍。有大学士、学士、直学士、修撰、校理等官。集以官衔题名。是书有《四库全书》本。《四部备要》本，中华书局重排复校，1961 年以《苏舜钦集》题名出版。

【苏雪林文集】

苏雪林（1897—1999）撰。雪林，女作家，原名梅，笔名有绿漪等。原籍安徽瑞安。十七岁发表作品。二十岁留法学画，归国后在大学任教。1929 年以一部长篇自传体小说《棘心》成名。1949 年到台任教于大学，并从事神话与屈原赋的研究，有著作数十部。现将有代表性的题解如下：

一、《棘心》，长篇小说。1929 年上海北新书局出版。写女主角杜醒秋三年的旅法生活。作者有扉页题词："我以我的血和泪，刻骨的疚心，永久的哀慕，写成这本书，纪念我亲爱的母亲。""棘心"有典。《诗经·邶风·凯风》："凯风自南，吹彼棘心。棘心夭夭，母氏劬劳。"诗中人之子，以棘木之心，喻自己的稚弱，南风象征父母的鞠育。以棘木成长的不易，比喻父母鞠养的辛劳。后常以"棘心"喻人子思亲之情。

二、《屠龙集》，散文集 1941 年商务印书馆印行，收十九篇。作者在《自序》中将侵华日寇比之为"毒龙"并声言："我坚决地相信中华民族绝对不会灭亡，侵略者的失败也是命运注定的。二十五年前（按 1936）所写的那篇圣诞前夜三部梦曲（按指本集中的《屠龙》一文），就预先替那猖狂的毒龙，画出了它的悲惨结局，所以现在特别把这篇文字的题目改为《屠龙》，这个集子就题作《屠龙集》。"《苏雪林文集》2000 年，由中国现代文学馆编，华夏出版社出版。

【涑水集】

诗文别集　清翟凤翥撰。凤翥字象陆，山西闻喜人。生卒年不详，约顺治十七年（1660）前后在世。进士及第，官至福建布政使。涑水，在山西西南部，源于绛县，流经闻喜县，县有涑水书院。《四库全书总目提要》："因尝讲学于其乡之涑水书院，故题曰《涑水编》。"是书收入《四库全书》。

【素女经】

古性学书　成书年代及作者均不详。素女，传说中神女名，与黄帝同时。有言其长于音乐，或言其知阴阳天道，又谓其善房中术。汉王充《论衡·命义》："素女对黄帝陈五女之法。"本书初见于晋葛洪《抱朴子·遐览》中。素女，是古代房中术著作里，常称引的人物，以黄帝之师或顾问出现。《隋书经籍志·经部三·子部》中录有《素女秘道经》一卷，其后未见著录此书者。清末学者发现日本宽平年（当中国唐朝）书目有《素女经》一卷。又见日人丹波康赖于 984（当中国宋朝）所编之《医心方》书中，录有《素女经》全帙。清末收入湖南叶德辉编刊之《双梅景阁丛书》此书提出：房中术非一般性技巧，而是养身修炼之法。包括求子法、房中禁忌等。显示中国古代医学、生理学之卓越成就。近有山东画报出版社 2004 年刊本。

【 素书 】

兵书　旧题秦黄石公撰，宋张商英注。黄石公，秦末汉初隐士，曾授张良兵书。此书内容以道、德、仁、义、礼为主旨，又以老子之说为之训释，显然有黄老思想对军事理论的渗透。但本文与注文如出一手，间有浅近仙佛之语，且自晋至宋，学者未尝一言及之，乃咸称其为伪托之书。然可作军事理论史研究参考，故流传至今。按：素，原意是无色白绢，引喻为空、白、原本……诸意。有《百子全书》本。

【 肃雝集 】

诗集　元郑允端（女）撰。允端，泰定至至正年间（1327—1356）在世。平江（元置平江路，今苏州境）人。同郡施伯仁妻。张士诚入平江，兵破其家，贫病卒。肃雝：整齐和谐。《诗·召南·何彼秾矣》："曷不肃雝，王姬之车。"毛亨传："肃，敬。雝，和。"雝同雍。《列朝诗集》：杨循吉《吴中往哲记》云："钱惟演及杜寅为叙传。曰：郑氏居吴中，号花桥郑家。嫁同郡施伯仁。能诗文。至正丙申，妖兵据城，家为盗所破，年三十，得疾卒。"题名取严敬和顺之意，有《涵芬楼秘笈》本。

Suan

【 酸甜苦辣咸 】

散文集　台湾作家唐鲁孙（1906—1985）撰。台北大地出版社出版。作者原北平市人，北平财政商业学校毕业。曾任秘书、厂长等职。到台后，七十年代起开始写作，结集有《中国吃》《天下味》《故乡情》《什锦拼盘》等。本书1980年，由台北大地出版社出版。内容是中国南北口味、东西小吃的烹调与特色，具有知识性与趣味性。书名之起缘：古代称酸、甘、苦、辛、咸为五味。《周礼·天官·疾医》："以五味、五谷、五药养其病。"《孙子兵法·势篇》："味不过五，五味之变不可胜尝也。"本书中有《鸡蛋炒饭》《红豆·芸豆·豆腐丝·烂蚕豆》《蜂糖糕和翡翠烧卖》《打卤面》等三十八篇。作者以料理调和中至要的五味，作为书名，来阐述中国饮食文化的丰富多彩与变幻无穷。

Sui

【 隋书经籍志 】

史志目录　简称《隋志》。唐魏徵（580—643）等撰。是我国继《汉书·艺文志》以后的，第二部最古的史志目录。本志利用隋代遗书与《隋大业正御书目》《七录》等核对删重补缺，记注存佚。著录存书三千一百二十七部三万六千七百另八卷，佚书一千另六十四部一万二千七百五十九卷。首创利用经、史、子、集四部分类体系，下四十类，附佛、道二录。有总序及大小序，扼要说明各家学术源流及其演变。在书名、卷下，多附简要注释，指明作者及时代、爵衔。间或说明真伪及存亡残缺等。既反映隋一代藏书，又记载了六朝的图书变动，是考察唐以前文化典籍重要依据。所创四部分类体系，沿至近代，影响深远。有1955年商务印书馆标点排印本，《八史经籍志》本。参见已著录之《汉书·艺文志》条。

【 随园诗话 】

诗歌评论　清袁枚撰。枚字子才，康、乾时（1716—1797）人。辞官后徙居金陵南京小仓山之随园。自号随园老人，世称随园先生。《白下琐言》："本为织造局尚农寓园，简斋（袁枚号）得之，乃以随名。城中名园，无出其右。"《履园丛话》："随园在江宁城北，依小仓山麓。池台虽小，颇有画趣。中有小仓山房等阁榭。"《随园诗话》为其诗歌理论代表作。论诗持"性灵说"。言称："自三百篇至今日，凡诗人传者，都是性灵……"又说："诗者，人之性情也。"强调性情之趣，并将性灵和学识结合起来。以性情、天分和学力为创作基础，以真、新、活为创作追求，反对一味复古。有1960年人民文学出版社标注本。参见《小仓山房文集》。

【 遂初堂书目 】

宋尤袤（1127—1194）撰。一卷，私人藏书目录，又名《益斋书目》。袤有《梁溪遗稿》已著录，可参见其生平。宋人目录存至今者，《崇文总目》已无完书，现唯此书与晁公武《志》为最古。陈振孙《书录解题》称其为当时之冠。体例与史志同，仅载书名。特点为兼记几种版本，为现存最早的版本目录，乃考证家所必读。遂初，作者自号。《宋史·尤袤传》："袤尝取孙绰《遂初赋》以自号，光宗书扁赐之。"陈景云《绛云楼书目注》："遂初堂匾额，宋光宗御书也。堂在无锡九龙山下。"按：遂初，意为去官隐居，得遂其初愿。汉刘歆徙五原太守不得意，作《遂初赋》。晋孙绰有高尚之志，居于会稽，游放山水十余年，作《遂初赋》自言见止足之分。有1935年商务印书馆《丛书集成初编》本。

Sun

【孙膑兵法】

又名《齐孙子》　兵书　战国孙膑撰。膑，齐人，孙武后代。名不可考，约与商鞅孟轲同时。传说曾与庞涓同师事鬼谷子，为涓所忌，将膑骗至魏国，陷以膑刑（挖去膝盖骨），故称孙膑。后为齐威王军师，终大败魏军，杀涓。《汉书·艺文志》著录有《齐孙子》八十九篇，后失传一千余年。1972年山东临沂银雀山汉墓出土其残简，经整理编纂为今本《孙膑兵法》。在春秋时期孙武《孙子兵法》和吴起《吴子》等兵书基础上，对先秦军事思想有所发展。如"围魏救赵"即其著名的战例。有文物出版社1957年铅印本。参见《孙子》条。

【孙子】

又名《孙子兵法》《吴孙子兵法》　是中国现存最古之兵书。春秋孙武撰。武，字长卿。齐人，军事家，曾以兵法十三篇见于吴王阖闾，率吴军破楚。十三篇有卷上计篇：作战篇、谋攻篇、形篇；卷中势篇：虚实篇、军争篇、杂变篇、行军篇；卷下地形篇：九地篇、火攻篇、用间篇等。有曹操等十一家为之作注。七至十八世纪陆续传至日本、法、英、德、捷、俄等国，皆有译本。其名言如："知己知彼，百战不殆""攻其不备，出其不意""以逸待劳"等，为社会普遍传诵。《汉书·艺文志》著录为《吴孙子兵法》。另著录之《齐孙子》为孙武后世孙，齐威王军师孙膑著，以示区别。有中华书局1977年刊中国人民解放军军事科学研究院战争理论研究注释小组《孙子兵法新注》本。

T

Tai

【太白山人漫稿】

诗集　明孙一元撰。一元字太初，自称秦人，当时即莫之详。约宪宗至武宗朝（1484—1524）在世。宗室属，因避祸云游天下，尝栖太白之巅，故称太白山人。其人才地超轶，诗多悲壮激越之音。事迹见《明史·隐逸传》。明郑善夫《〈太白山人漫稿〉序》："《太白山人漫稿》者，吾友孙太初所为始也。触而成声，无谓有谓之云也。太初关西豪杰也，束发入太白山，为山人。"太白山，又名太乙山。今陕西太白县东。唐杜牧诗《长安杂题》："洪河清谓天地浚，太白终南地轴横。"有《四库全书》本。

【太白阴经】

兵书　全称《神机制敌太白阴经》，唐李筌撰。筌号少室山达观子，曾官荆南节度副使、仙州刺史等。太白，即太白星。传说太白星司掌杀伐，故后人每以太白比喻兵戎。《左传·哀公九年》杜预注："兵，阴类也。"本书分人谋、杂仪、战攻具等门，论次各种军事问题，颇含朴素唯物论和辩证法因素。有《墨海金壶》等本。

【太仓稊米集】

诗文别集　宋周紫芝撰。紫芝，字少隐，宣城人。生于神宗元封五年（1082），卒年不详。稊，草名。形似稗，实如小米。《庄子·秋水》："计中国之在海内，不似稊米之在大仓乎？"大，同太，大仓即太仓。大仓之一粒米，极言其小。作者集中《自序》云："山谷先生告其甥曰：'文章直是大仓一稊耳'黄公之文可与司马迁、扬雄、刘向之徒相为表里。若其诗则杜子美、苏子瞻而下不数也。而犹小之如此,况不逮其万一者乎!"书收录于《四库全书》。

【 太平广记 】

笔记小说总集 宋李昉(925—996)等奉敕撰。李昉生平见著录之《文苑英华》条。本集因成书于宋太宗太平兴国年间,故名。明谈恺在重刻此书时云:"按宋太平兴国间,既得诸国图籍,而降王诸臣,皆海内名士。或宣怨言。尽收用之,置之馆阁,厚其廪节。使修辞书……"又以野史、传记、小说诸家编成五百卷,分为五十五部,赐名《太平广记》为宋四大书之一。是现存汇集野史、传记、小说诸家撰著,最大之一部。后来宋元话本、杂剧,明清小说,多采取书中故事。对后世文学、戏曲影响很大。书版成后,因有人言"非后学所急"未能刊行。至明嘉靖年谈恺肆力校刻,方得流传。有1959人民文学出版社、1961年中华书局等版本。

【 太平寰宇记 】

地理总志 宋乐史(930—1007)撰。史字子正,宜黄(今属江西)人。太平兴国进士,官至水部员外郎。以《唐志》过简,地名变易亦多,乃博采史书、地志、文集、碑刻、杂说,引据赅博,保存前代佚志甚多。体例乃袭唐《元和郡县志》,始于东京,终于四夷。幽云十六州,虽已属辽,仍列叙次,以明恢复之志。为中国史志学上已初具地理总志规模者,对后世总志编纂影响很大。书始撰于太平兴国(太宗年号)四年(979)。寰宇,意为当朝天下。题名表示称颂宋王朝之统一兴盛。清钱大昕《十驾斋养新录·卷十四》:"其书成于太平兴国中……间采稗官小说,亦唯信而有征者取之。有宋一代志舆地者,当以乐史为巨擘。"近代收于商务印书馆《丛书集成》中。

【 太平经 】

道教典籍 传为东汉于吉撰。内容庞杂,包括老子遗教、图谶、方术、巫语等。宣扬有神论和封建思想,既反对剥削阶级贪婪无厌,也有自食其力和济困扶危的进步思想。东汉末年张角、张鲁利用其组织和发动农民起义。是研究中国哲学史、宗教史和农民战争的重要资料。《太平经》三字的含义,据唐末道士闾丘方远《太平经抄》癸部首页的解释:"太者,大也;大者,天也;天能抚育万物,其功最大。平者,地也;地平然能养育万物。经者,常也;天以日月五星为经,地以岳渎山川为经。"中华书局1960年出版王明《太平经》合校本。

【 太平御览 】

类书 宋李昉(925—996)等奉敕撰,共一千卷。因编于太宗太平兴国年间,初名《太平总类》,后更此名。《太平御览》卷首按语,引《国朝会要》:"太平兴国二年三月,诏翰林学士李昉、扈蒙……同以群书类聚之,分门编为千卷。先是,帝阅前代类书,门目繁杂,失其伦次,遂诏修此书。以前代《修文御览》(今佚),《艺文类聚》《文思博要》(今佚)及诸书,参详条次,分定门目。八年十二月书成。诏曰:'史馆新纂《太平总类》,包罗万象,总括群书。记历代之兴亡。自我朝之编纂,用垂永世。可改名为《太平御览》。'帝每听政之暇,日读《御览》三卷。有故或缺,即追之。"是书约四百七十万字,资料浩博,珍奇可观。引书二千五百七十九种,皆注目出处,大多今已失传。对校勘典籍,辑佚考订,皆有价值,为宋四大书之一。有1960年中华书局据《四部丛刊》影印本。

【 太平乐府 】

散曲总集 元杨朝英撰。朝英,号澹斋。青城人,生卒年均不详,约元泰定帝泰定中(1326)前后在世。生平无考,与贯云石善,云石号酸斋,尝对他说:"我酸则子当澹矣。"遂自号酸斋。朝英工曲,《太和正音谱》评为"碧海珊瑚"。是书选录关汉卿、马致远等八十余家散曲作品,前五卷为小令,后四卷为套数。此书与其所编《阳春白雪》同为研究元代散曲的重要资料。近有中华书局1958年出版的隋树森校订本。

【 太史公书 】

《史记》原名,汉司马迁撰。迁字子长,西汉左冯翊夏阳(今陕西韩城)人。史学家、文学家。汉景帝中元五年(前145)生,约昭帝始元元年(前86)卒。父谈,官太史令。十岁诵经典,二十岁遍游南北。奉使巴蜀、昆明。谈死，遗嘱继志著史。三年继任太史令。因牵连李陵事遭腐刑，出狱后，十八年发愤完成第一部纪传体通史。《汉书·艺文志》著录为《太史公》百三十篇，后亦称《太史公书》（见《太史公自序》及《论衡》）《汉书·杨恽传》中称为《太史公记》。按：汉官职仅有太史令，谈父子尽官此。言公乃后人尊称。迁亦在书中有《太史公自序》及每篇末书"太史公曰"。《汉志》著录本此。至《隋书·经籍志》始著录为《史记》此后定名专用于本书，参见《史记》条。

【 太玄 】

哲学著作　又名《太玄经》《扬子太玄经》，西汉扬雄（前58—后18）撰。其生平，参见已著录之《扬侍郎集》。扬雄晚年感诗赋无补于世道，转向哲学。提出以"玄"作为解释天地万物的总原则。其"太"意为至高至极。"玄"指宇宙万物的本原。此书体裁模仿《周易》，内容则是儒、道、阴阳家的混合体。其在《太玄·玄国》中云："夫玄者，天道也，地道也，人道也，兼三道而天名之。"有《四部备要》本。

【 泰西民法志 】

哲学译著　原名《社会主义史》著者柯卡普。1892年在英国出版。1898年胡诒谷首次译成中文，由上海广学会出版。书名译为《泰西民法志》，是中国第一次介绍马克思主义学说的译著。1912年英国将该书增删重订，新增1892年至1913年间，世界各国社会主义运动史。1920年由上海新青年社出版。案：泰西原为极西之意，泛指欧美各国。我国古代称南海以西为西洋，指现中亚及印度洋一带，而欧洲则位于更西。明朝意大利人利玛窦来华，自称是大西洋人，以别于西洋。后来泛指欧洲为泰西。

Tan

【 坛经 】

又称《六租坛经》《六祖大师法宝坛经》　佛教经典　中国南禅宗创始人慧能（638—713），曾在韶州（今广东韶关）大梵寺坛上说法，弟子法海记其语录，兼及事迹，汇成一书。为佛教中土著述中，唯一称经之作。案：《汉书·高帝纪》上："于是汉王斋戒设坛场。"颜师古注："筑土而高曰坛，除地谓场。"坛经之坛即法坛，慧能于坛上说法，门徒视若佛经，乃称《坛经》。1983年中华书局出版郭朋校释本。

【 谈龙录 】

诗评　清赵执信（1662—1744）撰。执信，山东益都人。他曾与王士祯、洪升论诗。王氏谓"诗如神龙"，当于云中露一鳞半爪，不可见其全体。申其"神韵"之诗教。赵氏著是书以非之。作者认为龙之变化"固无定体"，但强调"龙之首尾完好"鳞爪缺一不具，非龙也。是皆以诗喻龙，故名《谈龙录》书旨为：诗中当有人在，不应为缥缈无著之语。收入《四库全书》及《清诗话》。

【 弹指词 】

词集　清顾贞观（1637—1714）撰。贞观字远平，号梁汾。江苏无锡人。康熙举人，少以才名动京师，官秘书院典籍。文兼众体，尤擅词，与纳兰性德齐名。《弹指词》声传海外，与陈维崧、朱彝尊称"词家三绝"。弹指，一弹指的省语，喻时间短暂。唐王维《能禅师碑铭》："弹指不留，水流灯焰。"司空图《偶书》诗："平生多少事，弹指一时休。"词集题名反映作者人生如梦的思想。通行的有《四部备要》本。

【 谭苑醍醐 】

考据著作　明杨慎（1488—1559）撰。慎生平，见已著录之《升庵集》。书名题解见其《自序》云："如乳出酪，从酪出酥，从生酥出熟酥，从熟酥出醍醐。"犹之精义入神，非一蹴之力也，然考订辩论亦多获新解。醍醐，作酪时凝于上者为酥，而酥上凝聚的油为醍醐，味甘美。佛教中喻为最高佛法，原文见《涅盘经·十四·圣品行》："譬如从牛出乳，从乳出酪，从酪出生酥，从生酥出熟酥，熟酥出醍醐，醍醐最上……佛亦如是。"杜甫《大云寺赞公房》诗："醍醐长发性，饮食扶过衰。"慎取其精益求精，锲而不舍求知意，名集。有《四库全书》本。

Tang

【 唐才子传 】

传记　元辛文房撰。原本十卷,现存八卷。辛文房,西域人。字良史,能诗。其始末不见于史传,有《披沙诗集》,已佚。其名因慕刘长卿(字文房)而取。原书叙唐代诗人二百七十八人传略,附叙一百二十人,总为三百九十八人。明代尚有全书,收于《永乐大典》中,后佚。编纂《四库全书》时,从各引文处搜集编次得八卷,尚存二百七十八人。其中见于新旧《唐书》的仅一百人,余皆为博采众书者。辛氏熟通汉文学,于诗有深刻研究,见解精到。乃使此书不仅为唐代诗人传记资料,且成为讨论唐诗风格流变与品评各家艺术成就的杰出专著。然以抄掇未暇检评,杂见谬舛。某些观点陈腐,后人多有纠订。有1956年古典文学出版社刊本。

【 唐风集 】

一名《杜荀鹤文集》《杜荀鹤诗》。诗集　唐杜荀鹤撰。荀鹤,唐末(846—907)在世。字彦之,池州石埭(今属安徽)人。居九华山读书,自号九华山人。出身寒微,自称"天地最穷人",相传他是诗人杜牧之后。四十六岁中进士,唐亡,任五代梁太祖朱温翰林学士。此集为其登第时自编,三卷。释风:《诗经》有十五国风,不少是当时各地民谣,后引申作诗歌解。荀鹤自称:"言论关时务,篇章见国民。"(《秋日山中》诗句)。其诗着重反映社会现实,民生疾苦,继承元白新乐府流派的传统。本集收诗三百余首,多为律诗。名篇名句有:《山中寡妇》:"任是深山更深处,也应无计避征徭!"《题所居村舍》:"如此数州谁会得,杀民将尽更邀勋。"《再经胡城县》:"去岁曾经此县城,县民无口不怨声。今来县宰加朱绂,便是生灵血染成!"语言浅近,形象鲜明,催人泪下。虽为统治阶层讥斥,终是突破华靡诗风时代的力作,有很大影响。《四库全书》以《唐风集》录入。1980年上海古籍出版社影印本题名《杜荀鹤文集》。

【 唐会要 】

政书　宋王溥撰。溥字齐物,并州祁县(今属山西)人,于后周和宋初两任宰相。此书成于宋太祖建隆二年(961),内载唐代典制沿革甚详,包含唐代实录和唐人著述等原始资料颇多。体例近于《通典》而专于一代,为中国现存最早的会要体史书,有中华书局1955年重印本。参见上篇类书名"会要"条。

【 唐诗鼓吹 】

选集　金元好问(1190—1257)编,门人郝天挺注。好问有《遗山集》已著录。本集所选皆唐人七律诗,凡九十六家,五百九十六首。大抵以高华沉著为宗,多中、晚唐作家感怀之作,注释颇详。为研究当时诗歌之重要资料。鼓吹:原为古代出自北方的军乐。后来借喻作宣传、宣扬之意。《晋书·孙绰传》:"绰绝重张衡、左思之赋,每云:'《三都》《两京》,五经之鼓吹也。'"又引申有阐发、羽翼义。后蜀韦庄《又玄集序》:"此盖诗中鼓吹,名下笙簧。"有《四库全书》本。

【 唐诗纪事 】

诗总集、史料　宋计有功撰。有功,字敏夫,自号灌园居士。临邛(今四川邛崃)人约北宋末(1126)前后在世。宣和进士,曾官右承议郎、知州等。本书《自序》云:"闲居寻访三百年间文集、杂说、传记、遗史、碑志、石刻,至一联一句,传诵口耳,悉搜集缮录。"全书按年代顺序排列,以人物为纲,共收入诗人一千一百五十家,有小传。诗作或录全篇,或记佳句、本事、逸闻等。采摭丰富,保存许多不名当世的诗人、诗作和零散史料。对唐诗研究有重要参考价值。因皆为有关唐代诗人、诗作事迹史料,故名题《唐诗纪事》。

【 唐宋八大家文钞 】

总集　一百六十四卷。明茅坤编。茅坤字顺甫,号鹿门,归安(今浙江湖州)人。正德至万历(1512—1610)年间在世。坤,嘉靖进士,官至广西兵备佥事、大名副使。善古文,与唐顺之、归有光等并称"唐宋派"。本书评选唐宋两代韩愈、柳宗元、欧阳修、三苏、王安石、曾巩八家文章合集,故名之。考明初以来,已有人编书,推重八家之文。但只有茅坤此集,流传海内,影响很大,世称"八大家"实自此书始。《四库全书总目提要》:"今观是集,大抵亦为举业而设……然八家全集浩博，学者遍读为难。书肆选本，又漏略过甚。坤所选录，尚得烦简之中。集中评语，虽未见深，而亦足为初学之门径。一二百年来家弦户诵，故亦有由矣。”有《四库全书》本。

【 唐贤三昧集 】

诗总集 清王士祯(1634—1711)编。三昧，佛教语。原意为“定”“正定”即排除一切杂念，使心神平静。后转指解脱束缚，自由自在为三昧。王氏评诗力主神韵说，此书则专选录唐王维、孟浩然等四十三人清微淡远之作，以宣传其神韵说。有康熙二十七年(1688)刻本。参见王士祯已著录之《带经堂集》《分甘余话》等书。

【 唐音癸签 】

诗文评 明胡震亨撰。震亨字孝辕，浙江海盐人。万历举人，官至兵部员外郎。晚年倾力编成《唐音统签》十集(见后著录)，以干支为纪，本集为其中第十，故称《癸签》。《统签》前九集皆录唐诗，此集则记录有关唐诗的研究资料，对唐诗的源流变革、体制形成、风格品位、作家短长及有关录记，颇称丰富，论断亦有可取。《统签》卷帙过大，从未刊刻。唯此集于顺治十五年(1658)，其后人先行单刻，为三十三卷。乾隆时又收入《四库全书》集部之诗文评类中。释音：有乐音、消息、言语、文辞诸意。元人杨士宏曾编有《唐音》十四卷，收录唐诗一千三百余首，此书题名亦类此意。有中华书局1959年刊本。

【 唐音统签 】

诗总集 明胡震亨撰。震亨所撰《唐音癸签》已著录在前。本部为其全帙，共一千零二十七卷。缘亨既归，乃以个人之力，借自家及友人之丰富藏书，在吴琯所编的《初唐诗纪》六十卷、《盛唐诗纪》一百卷的基础上，纂成是编。书以十干为纪，甲至壬签，尽录唐诗人之作。《癸签》辑有关唐诗资料。结集全备有唐一代歌诗，堪称巨帙，惜私人无力全刊。其《癸签》于顺治年先刊。康熙二十四年(1685)，震亨后人为迎合当时诗风及社会需要，又将《戊签》刊行，其中皆录晚唐之作。附刊《闰余》乃录南唐、吴越、闽国之诗。乾隆之时，以朝廷之力编《全唐诗》实际是以此书为本，补遗苴漏而成。《戊签》《闰余》，在《四库全书》列入总集存目，其余则无录焉。近代收入《中国文学参考资料小丛书》。

【 唐摭言 】

笔记 五代王定保(870—940)撰。定保，南昌人。唐末光化进士，后仕南汉，官至中书侍郎同平章事。摭：拾取。张衡《西京赋》：“摭紫贝，博耆龟”引申为采集、搜取。本书据知名人士传述，列一百零三门。详载唐科举故实，保存遗闻逸事；又唐诗人之零章断句，为别集失载者，也赖以留存。作者《散序》云：“定保生于咸通庚寅岁，时属南蛮骚动，诸道征兵，自是联翩寇乱中土。虽归第太平里，而迹未尝达京师。故治平盛世，罕得博闻。然乐闻科第之美，尝谘访于前达间，如：丞相吴郡公扆、翰林侍郎濮阳公融、恩门右省李常侍渥、颜夕拜荛、从翁丞相溥、从叔南海记室涣、其次同年卢十三延让……若等十许人。时蒙言及京华故事，靡不录之于心，退则编之于简策。”故名之曰《唐摭言》。

【 棠棣之花 】

五幕历史剧本 郭沫若(1892—1978)撰。本剧根据作者1920年剧本《棠棣之花》和1925年剧本《聂嫈》等改写，于1941年11月定稿。该剧写义士聂政，受韩国抗秦派首领严仲子之托，刺杀相国侠累的故事。作者说：(剧本的)政治气氛是以主张集合，反对分裂为主题。作者把聂氏姐弟的牺牲与联合抗秦事业结合起来；将严仲子与侠累的矛盾解释为抗秦或亲秦的斗争。棠棣：典出自《诗经·小雅·常棣》篇：“常棣之花，鄂不韡韡(炜)。”汉代以后引文常作“棠棣”，相传是周公所作，歌颂兄弟和乐之情的。《左传·僖二十四年》也有：“常棣之花，鄂不韡韡。凡今之人，莫如兄弟。”之逸诗。后人则以“棠棣”喻兄弟之情。郭氏在《祝〈棠棣之花〉的演出》中说明：“棠棣之花，古人用来表示兄弟。聂嫈和聂政是姐弟，故我用‘棠棣之花’作为剧名。”按：聂政事成之后自杀，其姐嫈伏尸亦殉，示姐弟情深。郭氏此剧表达团结抗战，反对分裂投降的主题。给以聂氏姐弟的牺牲，以崇高悲剧的诗意形象。有人民文学出版社1980年刊本。

【 棠阴比事 】

法学著作　南宋桂万荣撰。万荣，浙江鄞县人，官朝散大夫、知府。棠阴，相传周代召公奭巡行南国，在棠树下听讼断案。后人念此，相戒不伐其树。集名取此典示听讼断案之意。比事，即排比事类。此书在五代《疑狱集》和宋《折狱龟鉴》两书基础上写成，介绍一些案例的执法、侦破、断狱、量刑等情况，故题名《棠阴比事》。书收入《四库全书》。1980年群众出版社出版今译《棠阴比事选》。

Tao

【 桃花扇 】

传奇剧本　清孔尚任（1648—1718）撰。演明末复社文人侯方域与秦淮名妓李香君爱情故事。宫扇本侯李二人定情之物，因剧中有权奸逼嫁香君，香君不从，以首触地，血染宫扇，后经人就扇上血迹点画成桃花，故有是题。孔尚任《桃花扇小识》："其不奇而奇者，扇面之桃花也；桃花者，美人的血迹也；血痕者，守贞待字，碎首淋漓，不肯辱于权奸者也。"此剧以实事实人，精心结撰，达到历史与艺术的完美结合，所谓"借离合之情，写兴亡之感"。1959年人民文学出版社出版校注本。参见已著录之孔尚任《湖海集》。

【 桃李春风 】

话剧剧本　老舍（舒庆春1898—1966）、赵清阁（1914—1999）合撰。四幕，1943年成都中西书局出版。作品塑造了辛永年，为人师表，教学生以为文做人之道，对穷困生倾囊帮助。后来在逆境中，又得到学生们的慷慨相帮。表现了师生相互扶持，情暖融融之意。桃李，喻培养的学生，见汉韩婴《韩诗外传》"……夫春树桃李，夏得荫其下，秋得食其果。"《资治通鉴·唐武则天皇后·久视元年》："仁杰又荐夏官侍郎姚元崇……卒为名臣。或谓仁杰曰：'天下桃李，悉在公门矣。'"春风：喻恩泽教化。《说苑·贵德》："管仲曰：'吾不能以春风风人，吾不能以夏雨雨人，吾穷必矣。'"所以"春风化雨"常用以称颂教师的伟大。参阅已著录之吴崇兰的长篇小说《春风桃李》条。

【 陶庵梦忆 】

笔记　明张岱撰。岱字宗子、石公。号陶庵、蝶安居士。浙江山阴（今绍兴）人。明末清初1597—1676年在世。清兵南下，避乱会稽剡溪山，发愤著述。文史皆佳，尤精明史。康熙初参与编写《明史纪事本末》，成书于清顺治三年（1646）。本书作者意在追念前朝。《陶庵梦忆·自序》："陶庵，国破家亡，无所归止。披发入山，駴駭（骇）为野人。……因想余生平，繁华靡丽，过眼皆空，五十年来总成一梦。……追思往事，忆即书之。"是书对晚明官僚、士人、市民之生活，以至山川风物、民情土俗、文物古迹、工艺书画、琴砚收藏等，皆有所载，有裨于晚明社会研究。文笔清奇短隽，多脍炙人口之小品佳作，堪称美文。作者还著有《西湖梦寻》《琅嬛文集》等。有上海古籍出版社1982年点校本。

【 陶渊明集 】

诗文别集　晋陶潜撰。潜字元亮，又字渊明。浔阳柴桑（今江西九江）人。晋简文帝咸安至宋文帝元嘉年（365—427）在世。少怀高尚，著《五柳先生传》自况。曾任江州祭酒，又为彭泽令，仅八十余日，去职隐居。《文选·颜延年〈陶征士诔序〉》："若其宽乐令终之美，好廉克己之操，有合谥典，无愆前志。故询诸友好宜谥曰'靖节征士'。"李善注：《谥法》，宽乐令终曰靖；好廉自克为节。陶氏为我国著名田园诗人，唐宋以后渐为世人所重，元、明、清注家蜂起。《丛书集成》中有《陶靖节诗集》以私谥名集。另本《陶彭泽诗集》以居官地名集。有中华书局1979年刊本。

【 梼杌闲评 】

又名《明珠缘》章回小说　不著撰人，从文字看或为明人，但刊于康熙年间，五十回。写明喜宗宦官魏忠贤，勾结喜宗乳母客氏擅权乱政事。其通俗名为《明珠缘》，以魏客二人用明珠作定情物而得名，可能与书贾招徕读者有关。所写大事多可信，可与正史相参。评者认为是"深极哀痛，血透纸背"之作。清同治年被列为禁书。案：梼杌，为我国古代传说中的恶兽、凶人，又曾为楚国史书名。是书1987年人民文学出版社出版点校排印本，收入《中国小说史料丛书》。参见上篇类书名“梼杌”条。

Tian

【 天地玄黄 】

杂文集 郭沫若(1892—1978)撰。上海大学出版公司1947年刊。玄黄,原意是黑色及黄色,又指天地。《易·坤》:“夫玄黄者,天地之杂也。天玄而地黄。”又玄黄亦貌病态。《诗·周南·卷耳》:“陟彼高岗,我马玄黄。”《尔雅·释诂》:“玄黄,病也。”孙注:马更黄色之病。传:玄马病到黄。此书于1947年12月出版,表示作者对战后国际、国内形势仍将出现反复的一种看法。作者在书中说:“我们无疑地是胜利了,但这胜利好象是疟疾初愈,还没有断根,有点保不定什么时候再发寒战的形势。……而且不仅重庆,不仅中国,似乎全世界都是这样。……要玩点训诂学老调的话,‘玄黄,病也’,天地的病痛还没有彻底的消除,……疗治时代疟疾的奎宁或阿特布林,便是民主团结与和平建设,要用这药剂彻底消除法西斯细菌,天地才有澄清的希望。”

【 天方夜谭 】

又译作《一千零一夜》 阿拉伯民间故事。它来源于古波斯、伊拉克阿巴斯朝和埃及麦马立克朝时代,自八世纪起在中东流传,至十六世纪编辑成书。书中生动地描写中世纪阿拉伯国家的社会生活的复杂画面和人民的思想感情。中国最早的选译本有1913年的《海上述奇》,介绍辛伯达航海故事。1904年周作人用萍云女士化名译出阿里巴巴的故事,题名《侠女奴》。1906年商务印书馆出版奚若译的四卷文言本。1908年商务印书馆又出版林纾执笔、曾宗巩口译的《新天方夜谭》。天方又作“天房”。是指现在沙特阿拉伯麦加城内的伊斯兰教的圣地和朝拜中心。元代史籍记有“天房”,明清改作“天方”,并以之泛称阿拉伯国家。阿拉伯人,夜里常常聚在一起,或朗诵诗歌,或讲说故事。夜谭就是夜谈之意。1957—1958年纳训直接由阿拉伯文本译出,题作《一千零一夜》。名字出自这个故事集的引子,说国王山鲁亚尔,因痛恨王后与人有私,将其杀死。此后每日娶一少女,翌晨即杀掉。宰相的女儿山鲁左德,为拯救无辜女子,自愿嫁与国王。她每夜讲述故事,引起国王兴趣,而免遭杀戮。她的故事一直讲了一千零一夜,终于感动了国王。本书原名的阿拉伯语意为“风流谈”。书中有180个的长短不一的故事,在1001个夜晚分别述见。为什么用“1001”尚无定论,在土耳其语中“一千零一”是表示很多的意思。

【 天工开物 】

古科技文献 明宋应星撰。应星(1587—?),江西奉新(今县治)人。万历举人,曾官知州等职。明末弃官回乡,生平博爱实学。本书总结了中国至明代的生产工艺、技术知识。涉及衣食、建筑、五金、化工、兵器、舟车、纸墨等,可谓古代技术百科全书。有日、英、法、德、俄等多种语言译本,为世界科技史名著。天工,见《尚书·皋陶谟》:“无旷庶官,天工,人其代之。”意是:勿设虚官,上天命定的工务,人们应代替完成。开物,见《易·系辞上》:“夫《易》,开物成务,冒天下之道。”意为《易经》开创万事,成就事务,包含天下一切道理。《天工开物》作者意在此。本书记载了,人们代替天工创造的生产技术和知识。有1959年上海中华书局刊本。

【 天籁集 】

散曲集 元白朴撰。朴字仁甫、太素,号兰谷。隩州(今山西河曲地)人。金哀宗正大三年(1126)生,约元成宗大德(1306?)年卒。幼经丧乱,受鞠于元好问。迨长,学问博洽,善诗词、杂剧。入元不仕,徙家金陵,以诗酒优游。天籁:自然之音响。《庄子·齐物论》:“女(汝)闻人籁,而未闻地籁,女闻地籁,而未闻天籁夫。”取以名集,谓其作,不事雕琢,得自然之趣。元王博文《天籁词原序》:“太素与予,有三十年之旧。曩会江东,曾与予言:作诗不及唐人,未敢轻言诗。平生留意于长短句,散失之余,仅两百篇,愿吾子序之。读之数过,词语遒严,情寄高远。音节协和,轻重隐惬。凡当歌对酒,感事兴怀,皆自肺腑流出,予因以‘天籁’名之。……然则继遗山者,不属太素而奚属哉!”有《四库全书》本。

【 天龙八部 】

长篇武侠小说　金庸（1924—　）撰。1967年发表。此书之题名与佛学有关，据作者说："'天龙八部'这名词出于佛经。许多大乘佛经，叙述佛向菩萨比丘说法时，常有天龙八部参与听法。《法华经·提婆达多品》：'天龙八部，人与非人，皆遥见彼龙女成佛。''非人'，是形貌似人而实际不是人的众生。天龙八部都是'非人'，包括八种神道怪物，因为以'天'及'龙'为首，所以称为'天龙八部'。"作者又云："天龙八部这八种神道怪物。各有奇特的个性和神道，虽是人间之外的众生，却也有尘世的欢笑和悲苦。这部小说虽没有神道精怪，只是借用这个佛经名词，以象征一些现世人物，就象《水浒》有母夜叉孙二娘、摩云金翅欧鹏。"小说除了主要写主人公肖峰的成长和献身，又分别表现八个副线，即云南大理段氏、少林寺、星宿海丁氏、丐帮、辽国、金国、蒙古。从结构上对应天龙八部之说。作者在书中以写大理国王子段誉、契丹后代肖峰、少林弟子虚竹等人的曲折命运，暗示他们代表了被佛家所谓三毒，即：贪（争权）、嗔（仇怨）、痴（情孽）异化了的人性。书中人物性格、心态和情状，往往被夸张到走火中邪，亦真亦幻，如神似魔的境地。造成了"无人不冤、有情皆孽、善恶泯绝、非人世界"的局面。作者意图以佛学的大光明观照映武林世界；以佛学的大慈悲论化解人世冤孽，为侠义精神寻找佛学的救赎与皈依。案："天龙八部"乃佛家语，指诸天及龙神等之八部。《翻译名义集》："八部：一天、二龙、三夜叉、四乾达婆、五阿修罗、六迦楼罗、七紧那罗、八摩睺罗迦。"《普庵大德禅师释谈章》："无数天龙八部，百万火首金刚。"天，梵语中光明清净、自在最胜之天人，所居的至妙世界，住该处之佛即称天。参见《金庸全集》。

【 天禄琳琅书目 】

官藏善本书目　清于敏中（1714—1779）等编。敏中，江苏金坛人，乾隆进士，官至军机大臣、文华殿大学士等，曾任四库馆总裁。乾隆九年（1744），帝命将内府宋、元、明善本书籍提出，集中于乾清宫昭仁殿，题藏室为"天禄琳琅"。案，天禄，即天赐的福禄。典见《书·大禹谟》："四海困穷，天禄永终"晋陆机《汉高祖功臣颂》："赫以高祖，肇载天禄。"此指天赐秘籍。琳琅，古代皆指精美玉石，此喻典藏之政珍贵。乾隆四十（1775）年奉命成目，为前编。嘉庆三年（1798）成后编，共收书一千另二部。有《四库全书》本。

【 天水冰山录 】

杂史　明无名氏撰。此书乃明代权奸严嵩、严世蕃被籍没其贪贿之金银珠宝，古玩字画的清单。天水，天然的水。唐宗楚客诗："太液天为水，蓬莱雪作山。"冰山，典出五代王仁裕《开元天宝遗事》，言唐玄宗时，杨国忠因其妹杨贵妃而得宠，位登宰相。四方趋炎附势者众，或有劝陕西进士张彖去拜见杨国忠，张彖说："尔辈以为杨公之势，倚靠如泰山。以吾所见，乃冰山也。或皎日大明之际，则此山当误人尔。"后果如所言。以天水冰山名书，是比喻严氏父子虽权倾一时，一旦失势，即如冰山，顷刻融化，亦为后人示警耳。书收入《丛书集成初编》。

【 天下郡国利病书 】

地理志书　清顾炎武（1613—1682）撰。本书叙明代各地之疆域沿革、民情风俗、物产资源及农田水利、工矿交通、户口赋役。以其专为考究利弊得失，故名"利弊之书"。作者有《自序》："崇祯巳卯，秋闱被摈，退而读书，感四国之多虞，耻经生之寡术。于是历览二十一史，以及天下郡国志书，一代名公文集。间及章奏、文册之类，有得即录。共成四十余帙。一为舆地之记，一为利病之书。"清叶廷琯《鸥陂渔话》中载："徐立齐相国曰：'有体国经野之心，而后可以登山临水；有济世安民之略，而后可以考古论今。'此正先生自遣其抱负。一部《郡国利病书》胥在之矣。自汉以下，堪当此语者，殆无几人。"

【 天下同文集 】

总集　元周南瑞编。南瑞，安城人，字敬修，能文词，余无考。此书收元代诗、词、文、赋等，按类编次。同文，即文字相同。典见《礼记·中庸》："车同轨，书同文。"书名谓国家文字统一，乃聚天下之文成集之意。元刘将孙《天下同文原序》："自《文选》来，唐称《文粹》，宋称《文鉴》，皆伟然成书。他日考一代文章者，当于此取焉。”有《四库全书》缩印本。

【 天涯犹有未归人 】

短篇小说集　台湾作家吴痴（1917—　）著。1971年台北正中书局出版。吴痴原名许承志，浙江临海人。曾就读于浙江大学外文系，留美学军事，回台任职军界。本书多怀旧之作，表现淡淡的失落心情。反映大陆人去台的心声。书名来自明万历间闽人徐熥诗《寄弟》：“春风送客翻客愁，客路逢春不当春。寄语莺声休便老，天涯犹有未归人。”徐熥撰有《幔亭诗集》已著录，请参见。

【 天一阁书目 】

私藏书目　清范懋柱撰。懋柱字汉衡，浙江鄞县（今宁波）人。其先祖范钦，明万历进士，官至兵部右侍郎。集古籍七万余件，嘉靖末在宁波月湖之西建天一阁藏之，是我国现存最早的藏书楼。案，天一，乃取古代五行学说“天一生水”之意以名。见《尚书·洪范》：“五行，一曰水。”唐孔颖达疏：“天一生水。”题名有以水制火，保全藏书的祈愿，并在阁前凿池贮水防火。至懋柱时修《四库全书》，命私家以进献所藏，范氏进书为私家之最。后又著录阁藏编成此目。有年鄞县重修天一阁委员会刊本。

【 天中记 】

类书　明陈耀文编。耀文字晦伯，确山（今属河南）人。嘉靖进士，官至按察司副史。知识博洽，学治有据。案：今河南汝南县城北有天中山，又名天台山。陈氏因居舍近天中山，故以名书。有扬州广陵古籍刻印社1990年影印本。

【 田汉文集 】

田汉（1898—1968）撰。有中国戏剧出版社1983—1986年刊本。田汉本名田寿昌，湖南长沙人。田汉之名，取自辛亥革命前夕，与三学友报考中学预科时，四人取名，字联为“英、雄、怀、汉”，乃名田汉之始。曾留日学海军，后改学教育，终而投身文艺，成为中国著名的现代戏剧家。田汉，1932年加入中国共产党。1934年为电影《风云儿女》所作主题歌《义勇军进行曲》（聂耳作曲），中华人民共和国成立后被列为代国歌。其著名代表作有：《名优之死》1927年，以当时被迫害而倒在舞台上的名优刘鸿声的事迹写成。《回春之曲》写华侨青年回国参加抗战负伤，在恋人梅娘悉心呵护下，恢复健康重上战场的故事。《丽人行》1947年发表。表现三个不同阶层的青年妇女，所经历的曲折生活道路。题名取自杜甫诗篇题名《丽人行》者。《关汉卿》1958年，为纪念列为世界文化名人的，元代大戏剧家关汉卿之作。

【 田间文集 】

清钱澄之撰。澄之字幼光，明万历至清康熙（1612—1693）年间在世。明诸生，弱冠时，以诋阉党闻名。崇祯时，上书言政，不报。游吴越间，与诸儒名流友善。闻见博洽，其文明白晓畅。张舜微《清人文集别录》：“清军南下，澄之回归故里，筑室田间，自号田间老人，以课耕著书终其身。”书以其号题名。有宣统二年钱氏振风学社刊本。

Tiao

【 苕华词 】

词集　又名《人间词》《观堂长短句》王国维撰。收词一百十五首。王氏有《观堂集林》已著录，请参见其生平。王氏曾在刊布其所作之词时，称《人间词甲稿》《人间词乙稿》等。其“人间”二字凡三十八见，故赵万里认为：“人间二字屡见，遂以名之。”王氏号观堂，《观堂长短句》为自定稿。晚年易《人间词》为《苕华词》。案：苕，古书上指凌霄。《诗经·小雅·苕之华》：“苕之华，芸其黄矣。”《疏》：“紫赤而繁华，衰则黄。”《诗序》称：“苕之华，大夫闵时也。……君子闵周氏之将亡，伤己逢之，故作是诗也。”王氏取名于此，或有感于清室之衰亡乎。本书收入1940年，长沙商务印书馆出版的《海宁王静安先生遗稿》中。

【 苕溪集 】

诗文别集　宋刘一止撰。一止字行简，湖州归安（今浙江吴兴县）人。神宗至高宗朝（1079—1160）在世。宣和进士，以敷文阁学士致仕。韩元吉为作行状，称其文演迤宏博，而关键严备。诗则寓意高雅，自成一家。苕溪，浙江有东、西苕溪，源于天目山北、南。于湖州合流，北入太湖，流经吴兴县境,因之又为吴兴之别称。集以故乡胜地为名。有《四库全书》本。

【 苕溪渔隐丛话 】

诗话集 宋胡仔撰。仔字元任,绩溪(今安徽属县)人。约南宋绍兴中(1147)前后在世,官至奉议郎,知常州晋陵县。后卜居湖州,自号苕溪渔隐。本书为继阮阅《诗话总龟》后较著者,集中北宋以前诗话精华,去取谨严。按人物年代排列,并附按语评议。苕溪,流经湖州。苕,即芦苇花穗,相传苕溪岸多芦苇花,秋时飘散如飞雪故名。有1937年上海商务印书馆刊本。

【 蜩螗集 】

诗集 郭沫若(1890—1978)撰。1949年上海群益出版社初版,收诗四十一首,大部作于抗战时期。蜩螗,蝉的总名。《诗·大雅·荡》:"如蜩如螗,如沸如羹。"清马瑞辰《毛诗传笺通释》:"按诗意,盖谓人悲叹之声,如蜩螗之鸣,忧扰之心如沸羹之热。"故常以"蜩螗"形容国事纷扰不宁。

Tie

【 铁网珊瑚 】

中国书画品录 旧题明朱存理撰。存理,明正德时,长州(今苏州)人,博学工文,好集异书,以布衣终。按《四库全书总目》考:此书实为赵琦美(1563—1624)编。琦美,隆庆至万历朝人,官至刑部郎中。好藏书,网罗数万,校勘极精。本书分《书品》十卷、《画品》六卷,赏鉴家多引据之。珊瑚,海中珊瑚虫遗骨积成,形如树枝。有白、红诸色,为珍贵饰品。《新唐书·拂菻国传》:"海中有珊瑚洲,海人乘大舶,堕铁网水底。珊瑚初生磐石上,白如菌,一岁而黄,三岁赤。枝络交错,高三四尺。铁发其根,系网舶上,绞而出之。"后则以铁网取珊瑚,喻搜求珍宝或人才。唐李商隐《燕台》诗:"愁将铁网罥(Juan,缠绕、牵挂)珊瑚,海阔天翻迷处所。"《四库全书》本。

【 铁崖古乐府 】

诗集 元杨维祯(1296—1370)撰。维祯有《东维子集》已著录,可参考。维祯父宏,筑楼铁崖山,植梅百株,聚书数万卷。去梯,使读书五年,因自号"铁崖"。泰定年进士,官天台尹。兵乱起,乃浪迹山水间。明初被召,以老乞归。此集为其仿汉乐府诗而作,自谓"乐府遗声",乃以名集。元吴复《铁崖古乐府·原序》:"求诗于删后者,既得其情性,而离去齐梁晚唐季宋之格者,君子谓之得诗人之古可也。会稽铁崖先生为古杂诗,凡五百余首,自谓'乐府遗声'。夫乐府出风雅之变,而闵时病俗、陈善闭邪,将与风雅并行而不悖,则先生之诗旨也。"案,铁崖山在浙江诸暨县北,明郑天鹏有诗《过铁崖故居》:"铁崖高万丈,立马忆嵯峨。"《四库全书》本。

【 铁云藏龟 】

汉文字学著作 清刘鹗(1857—1909)撰。铁云为刘鹗的字。龟,指龟甲、兽骨,其上刻(或写)有文字,称甲骨文。甲骨文是中国商代后期(公元前14至11世纪),王室用于占卜记事之载体物上的文字。为中国已发现的古代文字中,时代最早,体系较完整的文字。甲骨文于清末在河南安阳殷墟被发现后,为学者所重视。清光绪二十五年(1899),首次为金石学家王懿荣认识,并高价收藏。刘鹗也是著名研究和收藏者。本书就其所藏五千余片龟甲兽骨中,选印了一千零五十八片,是著录甲骨文的第一部书。有光绪甲辰石印本。

Ting

【 桯史 】

又名《柳氏旧闻》 笔记 南宋岳珂(1173—1240)撰。珂有《玉楮集》已著录,可参见。此书杂录两宋朝野诸事,亦载诙谐琐闻,近于小说。书名一说,以"桯"通"楹",取晏子凿楹纳书之意(见《晏子春秋·内篇杂下第六》记"晏子病将死凿楹纳书命子壮示之"之事),指佚书;一说,桯为床前几(见《说文》),取案间私史之意,不纯于史体。《桯史·自序》"亦斋有桯焉,介几间,髹表可书,余或从缙绅间闻闻见见归,倦理铅椠,辄记其上,编已,……每窃自恕,以谓公事公非,古之人莫之废也,见睫者不若身历,滕口者不若目击,史之不可已也审矣。”有中华书局 1981 年刊点校本。

Tong

【 通典 】

典制专著　唐杜佑撰。佑字君卿，京兆万年（今陕西长安）人。玄宗开元至宪宗元和（735—812）年在世。官至检校司徒同平章事，封岐国公。书因刘秩所著《政典》而广之，前后费时三十六年。贞元十七年（801）书成，计二百卷。唐李翰《通典序》：“采五经群史，上自黄帝至有唐天宝以来，每事以类相从，举其始终。历代沿革废置及当时群士议论得失，靡不载附之于事，如人支脉，散缀于体。凡有八门，号曰《通典》。非圣人之书，乖圣人微旨，不取焉。”该书创政书之体，为我国现存最早典章制度的文化专史。以类编纂，条理清晰，于唐代叙述尤详。“通典”原意为“通用的法典”，单称则特指此书。清乾隆续编佑书，载唐至明之政经典章制度，称《续通典》。有中华书局 1984 年刊本。

【 通俗篇 】

训诂工具书　清翟灏（1736—1788）撰。实为通俗词语、成语、惯用语词典。灏字大川，又字晴江，仁和（今杭州）人。乾隆进士，官金华教授。作者往来南北十许年，五方风土，靡所不涉。采集各地俗语、成语、方言土语等五千余条。分为天文、地理、时序、伦常及故事杂字等三十八类。逐条考辨语义，探索源流。因内容多为常言俚语、通俗典故，故名为《通俗篇》。同时人梁同书作《直语补正》，搜词四百条，补其缺漏。1958 年商务印书馆将二书合并出版。本书对研究现代汉语词汇的形成，查其出处，很有价值。

【 通雅 】

训诂著作　清方以智（1611—1671）撰。方氏生平，参见已著录之其《浮山文集》。此书仿《尔雅》体例，按类训释。以考证、训诂、音声为主，旁及典章、制度、天文、历数、艺术诸门。广征博引，包罗周全，以“使古今聚讼，征考而决之”。遂为此书，故又可视为小百科型的类书。方氏《通雅序》：“匿庸嗜奇，一袭一臆，两皆不免沿加辨驳，愈成纰谬。学者纷拿，何所适从！今以经史为概，遍览所及，辄为要删。古经聚讼为征考而决之。期于通达，免徇拘鄙之误；又免为奇僻所惑，不揣愚琐，名曰《通雅》。”有光绪六年桐城方氏重刻本。

【 通志 】

史书　宋郑樵（1104—1162）撰。樵有《夹漈遗稿》已著录，可参见其生平。郑氏博学，好考证。借游山川而访古，过藏书家，必借留尽读乃去。是书经三十年，于绍兴三十一年（1161）撰成。汇上古至隋三千余年史实。体例仿通史，有纪传、谱、略等部目。全书精彩在于二十略，其中氏族、六书、七音、都邑、昆虫、草木等为创制。艺文、校雠、图谱、金石亦有可取。特“校雠”为目录文献学重要著作，其余较之同时代人，多有高见。与唐杜佑《通典》、元马端临《文献通考》合称“三通”。案：通志者，不分时域而贯通古今之史事记载也。有中华书局 1987 年刊本。

【 通志堂集 】

诗文别集清纳兰性德（1655—1685）撰。性德，清代满族词人。原名成德，因避东宫嫌名讳，改名性德。正黄旗人，大学士明珠子。康熙进士，授乾清门侍卫。少负才名，好倚声填词，为清初大家。词集《饮水词》在吴中刊行，曾形成“家家争唱饮水词”（曹寅语）的局面。纳兰氏座师为徐乾学，此集为徐氏裒集。集中诸体以词最具特色，为清词代表作家之一。文以经解、序录居多，后人或疑非其所为。近人王国维论及性德时言：“纳兰容若（成德字），以自然之眼观物，以自然之舌言情。此初入中原未染汉人风气，故能真切如此。北宋以来一人而已。”通志堂，作者室名，取《易・系辞上》：“夫圣人，之所以极深而研几也，惟深也，故能通天下之志；惟几也，故能成天下之务。”语意名室并名其集。有上海古籍出版社 1979 年刊本。

【 桐江集 】

文集　元方回（1227—1306）撰。回字万里，号虚谷。以其父南游，回生于广，故名回，字万里。宋时出知严州（今桐庐）。入元改为建德路总管，仍治所桐庐。桐江，为浙江钱塘江自建德、梅城至桐庐一段的别称，风光秀丽，历来为诗人歌咏流连。

元洪焱祖《方总管回传》:“方总管回,字万里,歙(今属安徽)人……至元丙子春……改授嘉议大夫、建德路总管兼府尹。……在郡七年……归不复仕。徜徉钱塘湖山间二十余年……有《桐江集》若干卷传于世。”又其诗文为《桐江续集》,乃其桐江休官闲居后作,均见《四库全书》。

Tou

【投辖录】

杂记　宋王明清撰。明清字仲言,汝阴(今安徽合肥)人。高宗至宁宗朝(1127—1214)在世。书中所记四十四事,多掇拾丛碎,随笔登录。投辖,典见《汉书·陈遵传》:“遵嗜酒,每大饮,宾客满堂,辄关门,取宾客车辖,投井中。虽有急,终不得去。”车辖,即车轴两端的钉销,去之,则轮脱,车不得行。后即以“投辖”为主人殷勤留客之典故。宋陈振孙《郡斋读书志》:“所记皆奇闻异事,客所乐听,不待投辖而留也。”有《四库全书》本。

Tu

【图书编】

初名《论世编》,类书。明章潢(1527—1608)辑。潢字本清,江西南昌人,工经史,主讲白鹿书院,授顺天府训导。现题名取“左图右书”之意。章氏《序》云:“古今类编,如杜氏《通典》、马氏《文献通考》、丘氏《大学衍义补》皆有裨国家实用,可备考索。……即图书名义且莫之辨,……予因备采其切于身心、关于国家者,以类编之,题曰《图书编》。”其书汇辑诸书之图,万历五年(1577)成帙。分经义、象纬历算、地理、人道等五门。书中载明代政治社会情况,可补史志未备。有江苏扬州广陵古籍刻印社1988年影印明万历本。

Tui

【推背图】

道教著作　相传唐李淳风、袁天罡撰。淳风,唐雍县(今陕西凤翔)人,官太史令。天罡,唐益州(今四川成都)人,工相术,隋大业中任盐官令。首见《宋史·艺文志》著录,无撰者名。书凡六十图象,以卦分系之。每象下有谶语,并附“颂曰”诗四句,预言兴亡变化之事。其所预言均模棱两可,若明若暗,便于附会。因最后之图有颂曰:“万万千千说不尽,不如推背去归休。”句而得名。或说传至六十图时,袁天罡推李淳风背止之,而名。有光绪十三年(1887)抄本。

W

Wa

【瓦釜集】

诗集　刘半农(原名刘复,1891—1934)撰。书名语出《楚词·卜居》:“黄钟毁弃,瓦釜雷鸣。”原意是高贵者被弃,低贱者喧嚣,刘氏则反其意而用之。本书用家乡江阴方言写了许多“四句头的山歌”,甘冒被人笑骂的危险,来表现普通人民的生活愿望和情趣。题名瓦釜,一方面是说白话文原来就有,不过大家没有重视,因此要把被歧视的瓦釜,重新抬升;另一方面是定要“雷鸣”,要发出震荡之声,唤起大众共同重视新诗的创作。作者在《自序》中说:“要试验一下,能不能尽我的力,把数千年受尽侮辱与蔑视,打在地狱底里而没有呻吟机会的瓦釜的声音,表现出一部分来。”原书1926年由北平北新书局出版。刘氏生平参见已著录之《扬鞭集》。

Wan

【 玩斋集 】

别集　元贡师泰撰。师泰字泰甫，安徽宣城人。贡奎子，师事吴澄。成宗至惠宗朝（1298—1360）在世。官至礼部尚书。其文章得体，诗格高雅。《四库全书总目》称其："虞、杨、范、揭之后，可谓挺然晚秀矣。"师泰有室，名玩斋。玩，有欣赏品味之意。《文选》潘正叔（尼）赠陆士龙诗："玩尔清藻，味尔芳风。"又有研习体会之涵：《易·系辞上》："是故君子居则观其象而玩其辞，动则观其变而玩其占。"有《四库全书》本。

【 宛陵集 】

诗文集　宋梅尧臣撰。尧臣字圣俞，宣州宣城（今属安徽）人。宣城古名宛陵，时称尧臣为"宛陵先生"。官至尚书都官员外郎。工诗，以深远古淡为旨。与苏舜卿齐名，世称"苏梅"。二人对欧阳修有重要影响。欧阳修《宛陵先生文集序》："其家宛陵，幼习于诗。自为童子，出语已惊其长老。既长学乎六经仁义之说，其为文章简古纯粹，不求苟悦于世。"有《四库全书》本。

【 宛丘集 】

诗文别集　宋张耒撰。耒字文潜，楚州怀阴（今江苏淮安）人。仁宗至徽宗朝（1054—1114）在世。历任临淮主簿，知颍、汝二州。苏门四学士之一，自号柯山，人称宛丘先生。宛丘，古代称四周高中央宽平的圆形高地。《诗·陈风·宛丘》："子之漏兮，宛丘之上兮。"古陈国都于宛丘之侧，即今河南淮阳县，耒以故乡古地名名集。有《四库全书》本。

【 宛署杂记 】

地方志　明沈榜编辑。宛，明顺天府所辖宛平县简称。本汉蓟县地，唐析置幽都县，辽改曰宛平，今属北京市丰台区。署，官衙。作者于明万历二十八年（1600），升任宛平知县，深憾建县以来无人记述，而宛平又为京师首善之邑。"乃独阙如，伊谁责也？吾为宛平长吏，何可以无志！……是以退食之下，杂取署中所行之有据而言之足征者，随时记录，不立义例，不待序次，聊识见闻，用备掌故。"以成书于宛平官署，故题《宛署》。书记社会经济、政治制度和风俗典故，应类分为"志"，乃题《杂记》。明谢杰为之《叙》曰："大夫之书信矣，不乘不志而记之，且命之曰杂，则何居？示非完书也。……下此三辅之图、酉阳之俎则杂之云尔。是大夫所托以名书意也，词亦谦矣！"有北京出版社1961年版，根据明万历年刻本排印本。

【 晚学集 】

学术著作　清桂馥撰。馥字东卉，号未谷。山东曲阜人，乾隆至嘉庆朝（1736—1805）在世。乾隆进士，选云南永平知县，多善政。精通小学。书名"晚学"，一示所学者晚，又含晚而犹学之意。馥在书中《惜才论》文后《自记》中云："余童幼失学，长无师资，及闻先进之论，已过知非之年，一经未通，虽悔何及！及殷鉴不远，敢告来兹。己卯五月自记，时年六十。"阮元为之《序》云："顾自谓所学者晚，未能治全经，成一家之说。……乌呼！士人所学，苟一日见根底，何晚之有？"有《丛书集成》本。

【 万历野获编 】

又名《野获编》。笔记。明沈德符（1578—1642）撰。德符有《顾曲杂言》，已著录，可参考。是书记述万历朝以前朝廷掌故和自己的见闻杂事，包罗甚广。野获，典见汉刘歆《移书让太常博士》："夫礼失求之于野。"作者在《序》言："余以退耕而谈朝市，非僭则迂，然谋野则获，古人已有之，因以署吾录。"书成于万历三十四年（1606），时作者正在乡居，故题《万历野获编》，意为私家撰写的轶闻、杂录，类似野史。有年中华书局1959年出版断句本。

Wang

【 王荆公诗注 】

宋王安石撰。安石于元丰二年（1079）复拜尚书左仆射、观文殿大学士，改封荆国公，谥文。宋李壁有《王荆文公诗笺注》。1955年，中华书局出版《王荆公诗文沈（钦韩）氏注》。参见《临川文集》。

【 王舍人诗集 】

又名《友石山房稿》 明王绂撰。绂字孟端，别号友石生，又号九龙山人。元惠宗至正到明成祖永乐（1362—1416）年在世。无锡人，博学工诗，书画妙绝，曾隐居九龙山。洪武中征至京师，官终中书舍人。舍人，官名，本为宫内人之意，后世为亲近左右之官。三国时魏于中书省置中书通事舍人。梁时直称中书舍人。后明清内阁之中书科，亦有中书舍人，仅掌缮写文书。有《四库全书》本。

【 王司马集 】

别集 唐王建撰。建字仲初，颍川（今河南许昌附近）人。约玄宗天宝至文宗太和（751—835）年在世。大历年进士，曾为陕州司马。工乐府诗，与张籍唱和甚多。陕州，汉弘农郡，后魏改陕州，唐因之。民国废州为县，今为陕县，属河南洛阳地区。司马，《周礼》夏官之属，有军司马等。汉制大将军营置军司马。魏晋司马为军府之官，参与军机。隋唐为郡之佐官。有《四库全书》本。

【 王文成全书 】

又名《阳明全书》 别集 明王守仁撰。守仁字伯安，号阳明。余姚人，宪宗成化八年（1472）生，世宗嘉靖七年（1528）年卒。弘治近士，曾封新建伯，总督两广，官至南京兵部尚书。筑室余姚阴阳洞，世称阳明先生。其学倡良知良能，谓格物致知，当自求诸心，不当求诸事物。于宋儒推崇陆九渊。其文博大昌达，诗属姚江派。文成为其谥号。隆庆年其书合刊，仿《朱子全书》之例以名之。有《四库全书》本。

【 王无功集 】

别集 唐王绩（？—644）撰。绩字无功。自作《墓志文并序》："王绩者，有父母，无朋友。自为之字，无功焉。人或问之，箕踞不对。盖以有道于己，无功于时也。"典故原见《韩非子·解老》："不固则无功，无功则生有德。"意谓不固守官位，则无功于世。由道家观之，无功便可谓有德。王氏字之义，与名"绩"相反相成，并暗示作者淡漠功利的隐逸思想。绩事两朝，而皆仕途不达，唯以诗名。五言《野望》："东皋薄暮望……。"为世传诵，人称斗酒学士。其生平参见已著录之《东皋子集》。有上海古籍出版社 1987 年会校本。

【 王西楼乐府 】

散曲集 明王磐撰。磐字洪渐，高邮（今属江苏）人。生卒年不详，约武宗正德末（1521）前后在世。生富室，少不应举。家于城西，有楼三楹，日与文士谈咏其间，因号西楼。衙好古文辞，工散曲。是集收套数九，小令六十五首，均为北曲。词颇警健，多揭露现实之作。有明嘉靖刻本。

【 王右丞集 】

别集 唐王维撰。维字摩诘，河东（今山西永济西）人。武后圣历二年（699）生，肃宗乾元三年（759）卒。安史之乱后，迁尚书右丞，世称王右丞。右丞，尚书令之佐。秦时置尚书丞，汉因之。东汉分左、右丞。唐制，尚书省仆射下，有左、右丞。分领尚书省六个部务，左丞领吏、户、礼三部，右丞领兵、刑、工三部。有《四库全书》本。王维又有《王摩诘文集》。另参见《辋川集》。

【 王忠文集 】

别集 明王祎撰。祎字子充，义乌人。约元英宗到明太祖洪武（1321—1372）年在世。明初征为中书省椽，修元史成。使云南，抗节死。赠翰林学士，追谥忠文。有《四库全书》本。

【 王著作集 】

别集 宋王苹撰。苹字信伯，福建福清人。程门弟子，约神宗元丰至高宗绍兴（1082—1153）年间在世，曾官著作佐郎。著作郎，始置于三国魏时，掌撰国史，隶中书省。后各代皆置，但别置于史馆。宋元时仅掌编修"日历"（时事），佐郎为著作郎副职。有《四库全书》本。

【 王子安集 】

别集 唐王勃撰，明人辑本。勃字子安，绛州龙门（今山西河津）人。太宗贞观二十一年生，高宗上元二年卒（649—676）。诗为初唐四杰之冠，文有名篇《滕王阁序》。勃字子安，乃化用汉周勃安刘之典。《史记·高祖本纪》："周勃重厚少文，然安刘氏者必勃也。"义含兴邦安国，与名互相表里。有《四库全书》《四部丛刊》本。

【 辋川集 】

唐王维(699—759)撰。王维晚年居终南山,得宋之问蓝田别墅于谷川辋口,遂于好友裴迪隐居幽胜,优游其中。后辑其二十首酬唱之组诗,题名《辋川集》。中如所收《辋川闲居赠裴秀才迪》:"寒山转苍翠,秋水日潺湲。倚杖柴门外,临风听暮蝉。渡头余落日,墟里上孤烟。复值接舆醉,狂歌五柳前。"等。辋川,在陕西蓝田县。商岭水至蓝桥伏流到辋谷,如车辋环辏。川口两山夹峙,路随山转,甚险狭。其南鹿苑寺,即古辋川别墅。有宛委山堂刻《说郛》本。参见《王右丞集》。

【 望云集 】

诗文别集　元郎奎撰。奎字子章,安徽巢县(今存)人,元末明初在世。工诗,曾仕太祖幕府,南昌都督府参军事。集为作者纪念家乡及父兄死难者。望云,谓怀乡之思。典见《旧唐书·狄仁杰传》:"……登太行山,南望见白云孤飞。谓左右曰'吾亲所居,在此云下。'瞻望伫立久之,云移乃行。"明宋濂《望云集序》:"(奎)二亲与弟咸亡,子章只影飘零于江湖间,进退无依,遂拔剑从军。艰难险阻,莫不备尝。凡世道之污隆,时序之推移,人事之变更,每触之于目,必有感于心。感久则悲,悲不能已,乃悉假以诗写之,通名集曰《望云》。望云,志思亲也。"集收于《四库全书》。

Wei

【 危楼 】

长篇小说　台湾女作家孟瑶(1919—　)撰。作者原名杨宋珍,湖北汉口人。抗战时,毕业于重庆中央大学。到台后开始写作,作品有五十多部。本书写感情(或者说情欲)力量对人生的支配。题名极具象征意义。朱宅是一栋再也经不起风雨的危楼,而里面的人物有着与《红楼梦》同样的求解脱心理。昭示情感的郁结也足以导致家庭的毁灭。故事在两个台风中间发生,暗示明知危机随时可能出现,却又无力适时采取导救防御之道,……。危,高峻。《庄子·田子方》:"登高山,履危石。"又有凶险、不安之意。《庄子·则阳》:"安危相易,祸福相生。"危楼,即高楼。《水经注》:"稠木旁生,凌空交合。危楼倾岳,恒有落势。"宋辛弃疾词《摸鱼儿》:"休去倚危楼,斜阳正在烟柳断肠处。"本书于1962年由台北文坛社出版。

【 围城 】

长篇小说　钱钟书(1910—1998)撰。钱氏名钟书,传说是在按民俗在婴儿周岁"抓周"(令婴儿抓取杂物,以所取之物,卜测其日后的前程、性格、志趣等),钱氏拿的是书,见其钟情于书,故取名"钟书"。笔名或用"中书君"。本书发表于1946年,背景是抗战初期。通过主人公方鸿渐的生活道路和婚姻变化,反映半封建半殖民地时期,中国受到西方文化熏陶的知识分子群,遭遇的困境。题名的含义,见于书中的对话:"(褚)慎明道:'关于Bertie(英哲学家罗素的乳名)结婚离婚的事,我也和他谈过。他引用一句英国古语说:'结婚仿佛金漆的鸟笼,笼子外面的鸟想进去,笼内的鸟想飞出来;所以结而离,离而结,没有了结。'苏小姐道:'法国也有这么一句话,不过不说是鸟笼,说是被围困的城堡(fertresseassiegcel)城外的人想冲进去,城里的人想逃出来。'"钱钟书夫人杨绛女士,给电视剧《围城》的题词:"围在城里的人想逃出来,城外的人想冲进去。婚姻也罢,职业也罢,人生的愿望大都如此。"有晨光出版社1947年、人民文学出版社1981年刊本。

【 围炉诗话 】

诗评　清吴乔(1611—1695)撰。乔,一名殳,字修龄。江苏昆山人。关于题名作者有《自序》云:"辛酉(1681)冬,萍梗都门,与东海诸英俊围炉取暖,啖爆栗,烹苦茶,笑言飚举,无复畛畦。其有及于吟咏之道者,小史录之。时日既积,遂得六卷,名之曰《围炉诗话》。"其论诗强调比兴,宗晚唐而抑两宋,尤多排击明七子之模拟风气。是书收入《清诗话续编》。

【 惟实集 】

诗文别集　元刘鹗撰。鹗字楚奇,江西永丰(今吉安地区属县)人。世祖至惠宗朝(1290—1364)在世。官广东副史,守韶州,陷贼死节。此集名"惟实"盖本其祖训,以诗道贵实之语。元刘玉汝《刘公墓志铭》:"其文章有《惟实集》若干卷传于世。……其学问该乎六经,其行实贯乎日月。"元吴澄《刘鹗诗序》:"有客携庐陵刘鹗诗一裹来。卷首一序,乃其大父桂林翁所作。年过期颐,训其孙作诗贵实。盖知作诗作文之要领,且谓当推此实于言行,则其学识之所根抵,非但文士见趣而已。世之训其子孙,而能若是者几何人哉?"又曰:"相在尔室,尚不愧于屋漏,其慎言慎行者至矣。翁以实其言行诒孙谋,殆亦武公之意欤? ……翁字叔正,长吾父三岁。"有《四库全书》本。

【 唯室集 】

诗文别集　宋陈长方撰。长方字齐之,号唯室。侯官(今属福建)人,徽宗至高宗朝(1108—1148)在世。绍兴年进士,官江阴县学教授,学者称唯室先生。唯(音尾),应答之声。《论语·里人》:"曾子曰:'唯'。宋胡百能《陈唯室先生行状》:"公夙夜愤悱,求于《六经》。体之验之,不敢少释。一日读《论语》至'参乎,吾道一以贯之。'曾子曰:'唯'。始而疑,终而信。喟然而叹曰:'《六经》之书,渊深浩博,无逾此一言而已。'因榜其便座曰"唯室",书亦此名其集。有《四库全书》本。

【 韦苏州集 】

又作《韦江州集》　别集　唐韦应物撰。应物字太和,京兆(今陕西长安)人。生卒年不详,约玄宗开元至文宗太和(737)年在世。曾任滁州、江州至苏州刺史。工诗,高闲淡雅,自成一家。常与陶潜并称"韦陶"。刺史,秦汉皆置,主纠察郡国,权力很大。隋以后,为一州的行政长官,类似太守、知府之职。集以仕地官称名之。有《四库全书》《四部丛刊》本。

【 苇航漫游稿 】

诗集　宋胡仲弓撰。仲弓字希圣,山西清源(今清徐县)人。约度宗咸淳年(1266)前后在世。登进士第,曾官会稽令,集中有《老母适至而已见黜》诗,知其罢归。又杂兴诗中有:"不被功名缚,江湖得散行。"句,知被斥以后,浪迹以终,故以"苇航"名稿。苇航,苇,指捆苇草当筏,后用作小船的代称。《诗经·卫风·河广》:"谁谓河广? 一苇杭之。"孔颖达疏:"言一苇者,谓一束也。可以浮之水上,而渡若浮筏然,非一根苇也。"杭,通航。宋苏轼《前赤壁赋》:"纵一苇之所如,凌万顷之茫然。"有《四库全书》本。

【 卫生宝鉴 】

中医书　元罗天益撰。天益,真定(今河北保定)人,医术精深。卫生,即养生。《庄子·庚桑楚》:"趎(人名)愿闻卫生之经而已矣。"《经典释文》引李颐注:"防卫其生,令合道也。"后引申谓防卫疾病,保护身体健康。该书内容有药物永鉴、名方类集、药类法象、医验记述等四部分。宝鉴,宝贵的镜鉴。故名《卫生宝鉴》。有 1959 年商务印书馆刊本。

【 渭南文集 】

别集　南宋陆游(1125—1205)撰。游曾应四川宣慰史王炎之召,赴南郑幕府任职,参与渭水前线抗金。八十二岁时游封渭南伯,故以名集。据其子通《跋》称:集为游自定。又述游之言:剑南乃诗家事,不可施之于文,故别名"渭南"。渭南,原汉新丰县地,前秦置,因渭水之南而得名。有《四库全书》本。参见《剑南诗稿》。

Wen

【 温飞卿诗集笺注 】

唐温庭筠(812? —870?)撰。明曾益注,清顾予咸笺注补辑,咸子嗣立续注重订。庭筠字飞卿,本名岐。太原祁县(今属山西)人。其名缘起:三国魏何晏《景福殿赋》:"能翔岐阳之凤。"李善注:《国语》:"周内史过曰:周之兴也,鸑鷟鸣于岐山。"鸑鷟,即凤凰。温庭筠原名与字乃缘于此。飞卿屡举进士不第,然文思敏捷,精于音律。每入试,押官韵,八叉手而成八韵,人称"温八叉"。其诗辞藻华丽,与李商隐齐名,时称"温李"。庭筠原有《握兰集》《金荃集》《汉南真稿》等,宋时已逐渐亡佚。今见《四部丛刊》影印本,为精抄宋本。毛氏汲古阁刻本,亦题为《金荃集》。

【 文则 】

文章评论及修辞　南宋陈骙(1128—1203)撰。骙字叔进,台州临海(今属浙江)人。绍兴进士第一，曾官知枢密院事、参知政事，观文殿学士，卒谥文简。本书评论文章体式，着重研究六经、诸子文章句法。论及文章写作技巧，重简约、含蓄和形象性，而时有精辟之见。如对修辞中“比喻”一格，分其为直喻、隐喻、类喻、引喻、虚喻等十种，各有说明及例句，论见独特。对文章体式，虽概括诸家，大体皆准经以立制。本书研论文章写作技巧、法则，故名《文则》。人民文学出版社1984年，将《文则》与《文章精义》合订出版。

【 文镜秘府论 】

诗论　唐时日本遍照金刚撰。遍照金刚，日僧空海的佛教法号。俗姓佐伯，赞岐国多度郡屏风浦（今日本香川县通寺市）人。生于日本宝龟五年（774），卒于承合二年（853），曾追封弘法大师（921）。他在唐贞元二十年（804）至宪宗宝和元年（806），在长安留学七年。本书论述六朝至唐初，关于诗歌体制和声韵、对偶的理论。所引之书，今多失传。由此保存了不少中国古代文论的史料，如“文二十八种病”“文笔十病得失”等。对研究当时古近体诗律学、文学批评、修辞学均有参考价值。关于书名，任学良《文镜秘府论校注》云：“文镜者，犹言文章之龟镜（龟能卜吉凶，镜能别美恶，犹言借鉴）也，对此照之鉴之，犹劣毕见，无所逃遁矣。秘府者，文章之奥府也。”“善读者得此宝镜，自必入于文章之奥府矣。”有人民文学出版社1957年刊本。

【 文潞公集 】

诗文别集　宋文彦博撰。彦博字宽夫，汾州介休（今属山西）人。真宗至哲宗朝（1006—1097）在世。仁宗朝进士，累官至通中书门下平章事。逮事四朝，将相五十年，名闻四夷。接物兼下，尊德乐善，封潞国公，谥忠烈。书以封号名集。有《四库全书》本。

【 文明小史 】

长篇小说　李伯元（1867—1909）撰。李氏有《官场现形记》已著录。此书为其姐妹篇，于1903—1905年发表。书中叙述1905年前后，清廷立宪维新时期的社会面貌。集中反映当时官场，对新政、新学的态度，并揭示其内幕。作者在《楔子》中说：“你看这几年，新政新学，早已闹得沸反盈天，也有办得好的，也有办得不好的；也有学的成的，也有学不成的。现在无论他好不好，到底先有人肯办；无论他成不成，到底有人肯学……所以这一干人，且不管是成是败，是废是兴，是公是私，是真是假，将来总要算是文明世界上的一个功臣。所以在下特特作这一部书，将他们表扬一番，庶不负他们这一片苦心孤诣也。”阿英在《叙引》中有言：“这里所谓‘表扬’，很显然是反面着笔的话。”有北京通俗文艺出版社1955年刊本。

【 文泉子集 】

诗文别集　唐刘蜕撰。蜕字复愚，荆南（即荆州治所江陵）人。约懿宗咸通（860）前后在世。大中四年（850）及第，其时荆南岁解举人，多不成名，独蜕中，人称“破天荒”。官左拾遗时，以论令狐滈恃权纳货，谪华阴令。其集有《自序》：“自褐衣以来，辛卯以前，收其微词属意古今上下之间者，为内外篇焉；复收其怨抑颂记婴于仁义者，杂为诸篇焉。物不可终杂，故离为十卷，离则名之不绝，故援之以为‘文泉’。泉之时又大矣哉。盖覃以九流之旨曰文，配以不绝之义曰泉。崖古结，玑珠昧，则将救之；云雷亢，粢盛干，将救之。予岂垂之空文哉！”其意在文章如泉水，应以之经世济民，勿徒为空言。有《四库全书》本。

【 文山集 】

别集　宋文天祥撰。天祥字宗端，又字履善，号文山。吉州吉水（今属江西）人。生于宋理宗端平三年（1236），卒于元世祖至元十九年（1282）。官至右、左丞相，封信国公。抗元失败，被执拘燕三年。元帝知其不可屈，乃杀之。临刑作《正气歌》，帝叹为“真男子！”文山在江西吉安县东南。《读史方舆纪要·江西吉安府·方石岭》：“府东南二十里有文笔峰，文天祥居其下，因自号文山。”有《四库全书》本。

【 文史通义 】

文学理论　清章学诚撰。学诚字实斋，会稽（今浙江绍兴）人。乾隆至嘉庆年间（1738—1810）在世。乾隆年进士，官国子监典籍。本书内篇六卷，外篇三卷。泛论文史，但侧重于史，为刘知几

《史通》后，最著名的史学论著。作者提出“六经皆史”的著名观点。又在刘知几“史学三长：才、学、识”的基础上，更倡“史德”之说。提出史书有“比类”（纂辑）、“著述”之分。推重“别识心裁，成一家之言”的著述。于方志学论述，亦多创见。“文史”指用文字记载的历史事实，“义”指文史的义理。白寿彝《论六通》：“章学诚的书取名《文史通义》，表明他研究的对象，不是史实，而是文史之义。这就是说，他通过文史的研究，而达到知义的目的。”又书名之典，见于《孟子·离娄下》：“其事则齐桓、晋文，其文则史。孔子曰：‘其义，则丘窃之矣。’”有古籍出版社1956年标点本。

【 文薮 】

（又作《皮子文薮》 诗文集 唐皮日休撰编。日休字袭美，襄阳（今湖北襄樊）人。约唐文宗至僖宗朝（834？—883？）在世。早年隐居鹿门山，咸通年进士，官至毗陵副使。皮子，作者自称。薮，原意是多草之泽，借指人物荟萃之处。皮日休《文薮序》：“咸通丙戌中，日休射策不上第，退归州东别墅，编次其文，复将贡于有司。发箧丛粹，繁如薮泽，因名其书曰《文薮》焉。”有《四库全书》本。

【 文体明辨 】

文体论明 明徐师曾（1517—1571）编。师曾字伯鲁，号鲁庵，江苏吴江（今县属）人，官谏议大夫。是书取明初吴讷那《文章辨体》修订而成，亦按类编录，加以序说，但分类更繁。《四库总目提要》言其：“治约而棼”，然对研究古代文体仍有参考价值。该书收入人民文学出版社1962年出版的《中国古典文学理论批评专著选读》。

【 文溪存稿 】

诗文别集 宋李昴英撰。昂英字俊明，广东番禺人。宁宗至理宗朝（1201—1257）在世，官至礼部侍郎，卒谥忠简。文溪，其退居地也。陈大震《文溪集序》：“公号文溪，以郡北山泉汇于所居后，元有此名，盖地灵所钟也。噫！溪以文显，不以愚辱山川，亦有所遭云。”有《四库全书》本。

【 文献通考 】

典制文献 宋末元初马端临（约1254—1323）撰。端临字贵与，江西乐平人。宋宰相廷鸾之子，咸淳漕试第一。元初起为柯山书院山长，后终于台州儒学教授。全书三百四十八卷，分二十四类。其因杜佑《通典》而广之，历二十年于元大德十一年（1307）成书。记上古至南宋嘉定间，典章制度沿革。资料丰富，内容详赡，称最为通博之典制通史巨著。作者有《序》云：“凡叙事则本之经史，而参之以历代《会要》以及百家传记之书，信而有征者从之，乖异传疑者不录，所谓文也。凡论事则先取当时臣僚之奏疏，次及近代诸儒之评论，以致名流之燕谈，稗官之记录。凡一话一言所以订典故之得失，证史传之是非者，则采而录之，所谓献也。其采诸史传之记录而可疑，稽诸先儒之论辨而未当者，研精覃思，悠然有得则窃着己意，附其后焉，命其书曰《文献通考》。”有万有文库二集十通合刻本。

【 文心雕龙 】

文学理论著作 南朝刘勰撰。勰字彦和，原籍莒县（今属山东）。世居京口（今江苏镇江），约宋明帝至梁武帝时（466—538）在世。少孤，好学，依沙门居处。积十余年，博通经论。官至东宫通事舍人，为昭明太子萧统与沈约所重，后出家为僧。此书是我国古代文学评论开山之作，全十卷，五十篇。上篇有《原道》《宗经》为绪论性质。《明诗》《诠赋》篇，论各体作品的特征和历史演变。下篇有《神思》《体性》《风骨》《通变》《时序》《物色》《知音》等，探讨创作原则和方法、文学与时代的关系诸问题。全书体系完整，结构严密，总结前代文学现象，开辟文学理论批评的新阶段，有极重要的历史地位。作者在该书《序志》篇中云：“夫文心者，言为文之用心也。故涓子《琴心》、王孙《巧心》，‘心’哉美矣，故用之焉。古来文章以雕缛成体，岂取驺奭之群言‘雕龙’也。”案驺奭，战国时齐人，辩士驺衍（号称谈天衍）之徒，齐王嘉之。然其说文具难施，齐人颂之“雕龙奭”。刘勰取其文学立言事业，必为体大虑周，神思重采之义名书。有人民文学出版社1962年刊范文澜注本。

【 文选楼丛书 】

清阮元（1764—1849）辑，阮亨汇辑。阮元有《经籍纂诂》已著录，可参考。文选楼为阮元藏书处，在今江苏扬州市。隋曹宪以《文选》教授生徒，其所居曰文选巷。阮元居此建楼五间，题为《隋文选楼》，用祀曹宪，并为藏书之所，且以名书。丛书系阮亨根据其兄阮元所刻诸书汇辑而成，共三十四种。半为阮元著作，半为同时学者焦循等人著作，以经史考据、金石为主。有嘉庆道光间仪征阮氏刊本。

【 文苑英华 】

总集　宋李昉等奉敕撰。昉字明远，深州饶阳（今属河北）人。后唐庄宗朝至宋太宗朝（925—996）在世。历仕后汉、后周，入宋官至翰林学士，拜平章。太平兴国七年（982），诏昉主编此集。上续梁《昭明文选》，下限有唐。重在唐代诗文，占十之八九。集作家二千二百余人，作品近两万篇。唐代散佚之作，赖此以存。清编《全唐文》《全唐诗》亦曾取材于此。然内容浩繁，分类亦过杂。此集与《册府元龟》《太平广记》《太平御览》统称"宋四大书"。有1956年中华书局精装本。

【 文章精义 】

诗文评　南宋李淦撰。泛论先秦至唐各家诗文之高下、师承及文章写作之精粹之处。原载焦竑《经籍志》作李涂，《四库》作李耆卿，提要疑其为一。1962年人民文学出版社出版与《文则》合刊本。

【 文章缘起 】

一名《文章始》。文体论著　旧题南朝梁任昉撰。昉字彦升，乐安博昌（今山东寿光）人。宋孝武帝大明年至梁武帝天监年间（460—508）在世。入梁为御史中丞、秘书监。善属文，与沈约诗并称"任笔沈诗"。好书，聚至万余件，多异本。缘起，原为佛学名词。佛教谓一切事物必须具备种种因缘（条件）才能生起，引申即事物的起因。其书论述诗文骚赋各种文体的缘起，故题《文章缘起》有《丛书集成》本。昉有《述异记》，已著录，可参见。

【 文章正宗 】

总集　南宋真德秀（1178—1235）撰。德秀有《西山文集》已著录，可参考。此书选录《左传》《国语》以下至北宋的文章，所选要求"其体本乎古，其指近乎经"者。作者《自序》称："以后世文辞之多变，欲学者识其源流之正。"故集名《文章正宗》。有《四库全书》本。

【 文中子 】

又名《中说》　哲学著作　隋王通（584—618）撰。通字仲淹，绛州龙门（今山西河津）人，任蜀郡司户书佐，曾上书隋文帝《太平策》十二篇。朝臣疑忌，弃官归，以讲学著述为业。通仿《论语》为语录，由其子记录成书。门人私谥为文中子，以之名书。中有不偏不倚，无过无不及，中庸、中道、中和等义。书中《周公第一》云："千变万化，五常守中焉。"故一名《中说》。此书企图从理论上调和儒、佛、道三教，有《四部备要》本。

【 文忠集 】

别集

一、北宋欧阳修撰。修字永叔，号醉翁，晚号六一居士。庐陵（今江西吉安）人。真宗景德四年（1007）生，神宗熙宁五年（1072）卒。天圣年进士，晚以太子少保致仕，谥文忠。为著名史学家、文学家，倡导文学革新，其古文为唐宋八大家之一。撰《新五代史》，参与编修《新唐书》。有《六一词》《六一诗话》已著录，请参阅。有《四库全书》本。

二、南宋周必大撰。必大字子充，自号平园老叟。庐陵（吉安）人。钦宗至宁宗朝（1126—1204）在世。官至中书舍人，谥文忠。宋史著录为《平园集》，周氏另有《二老堂诗话》等。有《四库全书》本。

三、元王结撰。结字仪伯，定兴人。官至中书右丞，文忠，其谥也。

【 文子 】

哲学著作　本书初见著录于《汉书·艺文志》，但当时未列撰者姓名。有说作者为春秋时辛钘。钘，字文子，号计然，系老子弟子。其书主要阐述老子思想，但已非全为老子原句原意，有引申发挥。又杂糅儒、法、刑诸家，掺和宗教说教、民间谚语等。唐柳宗元曾认为是窃他书合之，非出于一手者。1973年长沙马王堆和河北定县有《文子》竹简出土，则其书在西汉早期已存在，可认定是博综百家的新道家——黄老之学的典籍。清孙星衍《问字堂集·文子序》："黄老之学，存于《文子》，西汉用以治世。当时诸臣皆能称道其说，故其书最显。"唐天宝年曾加号此书曰《通玄真经》，与《老子》《庄子》并重。书中保留了唐以前的《老子》古注及其道论。案,玄:深奥。指道家之学。《老子》:“玄而又玄,众妙之门。”通玄,即言融通道家义理也。有《四部丛刊》本。

【 闻过斋集 】

文集　元吴海撰。海字朝宗,闽县(今属福州)人,号鲁客,约元思宗至正末(367)前后在世。以学行称,绝意仕进。读书乐道,怡然自乐。尝著《书祸》以辟杨、墨、释、老。海生平虚怀乐善,有规过者,欣然立改,以“闻过”名其斋。吴海《闻过斋箴》:“海自始知学,窃有志于圣人之道。然资质愚昧,平日所为,鲜能不悖于理。中夜以想,惕然内惧。诚以人之有过不能自知,而他人知之。人知之而或相告之,不知其乐闻与否也,则亦将不告而已矣。然则虽欲闻之,安得而闻之? 用是扁其见宾客会友之所曰‘闻过斋’。”集为门人王偁编,以之名集。有《四库全书》本。

【 闻一多全集 】

闻一多(1899—1946)撰。一多,现代诗人、文史学家。湖北浠水人。原名闻家华,又名闻亦多。1912 年考入北京清华学校。五四时,主张姓名简化,先改名“闻多”,或曰:最简单的字就是“一”,遂名一多。笔名曾用夕夕等。1922 年起留美,并开始写作新诗。早期多为自由体,1923 年发表第一本诗集《红烛》。1925 年回国后,倡导格律诗。1928 年出版第二本诗集《死水》。后潜心研究中国古典文化和史学,并任教于武汉大学、西南联合大学等。40 年代投身爱国民主运动,1946 年 7 月 15 日被国民党特务暗杀。《全集》于 1948 年 8 月由开明书店出版。1982 年北京三联书店重印,共四册八集。重要书目解题如下:

一、《红烛》,诗集。1923 年上海泰东书局初版。所收大多作于留美期间,有《孤雁》《太阳吟》《忆菊》诸篇。有表现唯美倾向的秾丽之作,但主导精神是热血青年追求真理,挚爱祖国和批判黑暗世界。于诗法,作者主张新诗可用古典。本书标目脱胎自唐李商隐诗句“蜡炬成灰泪始干”。诗中有:“红烛啊! 这样的红烛! 诗人啊! 吐出你的心来比比,可是一般颜色?”之句。

二、《死水》,诗集。1928 年 1 月,新月书店出版。收诗二十八首,包括《一句话》《洗衣妇》《发现》《静夜》等名篇。《死水》为集中的一篇,它把旧中国比喻为一沟死水。本集全面实践作者新格律诗的理论,表现了诗歌的“三美”即音乐的美(节奏)、绘画的美(辞藻)和建筑的美(节的匀称和句的均齐)。体现了传统文化与现代文化的结合,代表作者所属的新格律派(即新月诗派)的典丽、凝重的诗风。

Weng

【 瓮牖闲评 】

笔记　宋袁文撰。文字质夫,四明鄞(今属浙江)人,徽宗至光宗朝(1119—1190)在世。自幼即喜读书,不汲汲于科举,终身未仕,而唯务勤学。本书以考订为主,分经史、天文、地理、人事、小学、诗词、书画、器用、释道、方技、物产等类。引证繁博,典故事实首尾完整,往往出于他书未备。评析辩论,大致赅洽。于音韵之学尤多精审。原书已佚,清初从《永乐大典》中辑出,收录于《四库全书》子部杂家类。瓮,是一种盛水、酒的陶器。瓮牖,以破瓮之口为窗,指人家贫困。《庄子·让王》:“原宪居鲁,环堵之室,茨以生草。蓬户不完,桑以为枢而瓮牖。”作者以此自况,并以名集。有《四库全书》本。

Wo

【 我心换你心 】

长篇小说　香港女作家梁凤仪著。梁凤仪,1985 年香港中文大学文学硕士,后留英、留美。1976 年回港任职香港佳艺电视,又创办公司,并于香港联合交易所供职,开始成为专栏作家。1989 年起创作财经小说多部,皆为畅销。本书为 1990 年香港明窗出版社初版。书中两个女主人公丁逊君与盛颂恩,在事业与家庭都没有达到两全其美。作者对事业女性的心态,对商场这一唯利是图、吞噬青春、脑力与心血的怪物,有深入的描写,并指出:在人生的舞台上,似乎难有完美的角色,只有换我心,为你心,始知每个人生角色,都有其难缠、委屈与凄惶之处。书名脱胎自五代词人顾夐《诉衷情》:“永夜抛人何处去?绝来音,香阁掩。眉敛,月将沉,争忍不相寻?怨孤衾,换我心为你心,始知相忆深!”参见《花间集》。

【 握奇经 】

又名《幄机经》《握机经》 兵书传为皇帝臣风后撰。姜尚引申,汉武帝时公孙弘作解。内容为八阵布列,以天地风云四阵为正,龙虎鸟蛇四阵为奇。所谓“握奇”,即大将居阵中,并以“余奇”(机动)之兵策应其他。一名《幄机经》,意谓军帐中之机密。名《握机经》,盖因“幄”“握”字近而附会。有汲古阁本。

Wu

【 乌台诗案 】

书名。凡一卷,宋彭九万撰。评述“乌台诗案”之始末。史载:苏轼不满王安石新法,于通判杭州,徙知湖州,以诗托讽。何定臣、舒亶等,摭其诗语,以为讪谤神宗。《乌台诗案·舒亶札子》:“伏望陛下体先王之义,用治世之重典,付轼有司,论如大不恭,戒天下之为臣者。”乃逮付台狱,折磨数月。侥幸被释,再贬黄州。为北宋著名文字狱。蜀人彭九万辑其全部文案,题名《乌台诗案》。见说郛第八十四册函海第十四册。又,乌台,谓御史台也。《事物异名录·宫室》:“《汉书》:‘御史府列柏树。尝有乌数千栖其上,因名为乌台。又名乌府,又名柏台。’”

【 无何集 】

哲学著作 清熊伯龙撰。伯龙字次侯,号钟陵,湖北汉阳人。生卒年不详,约顺治中(1653)前后在世。顺治进士,官终内阁学士,持无神论。熊氏以古书中释疑解惑之说以《论衡》为最,乃辑录《论衡》中,辟神仙鬼怪祸福灵验者,参以他论,汇为一集。原名《论衡精选》后取义《荀子·天论》:“雩而雨,何也?曰:无何也,犹不雩而雨也。”(雩,古代为求雨的祭祀。无何,即没有什么。)而改名《无何集》,本书有益于中国古代无神论的研究。有1979年中华书局刊排印本。

【 无情不似多情苦 】

散文集 台湾女作家俞丽清著。本书共收散文四十九篇,分三辑。上辑标题《风木哀思》,有《灯火下楼台》《思我母亲》等篇。下辑标《丽清小品》,有《台北二三事》等篇。下辑题《读书杂记》,有《讳之深》等篇。作者在《自序》中说:“上辑太多眼泪却是出于真情,……下辑太多理性,……只好把我自己喜欢的那一部分小品散文夹在当中。”评论家认为俞丽清的作品淡而美、洁而雅,文笔自如含情。“无情不似多情苦”之句来自宋晏殊词《木兰花》:“绿杨芳草长亭路,少年抛人容易去。楼头残梦五更钟,花底离愁三月雨。无情不似多情苦,一寸还成千万缕。天涯地角有穷时,只有相思无尽处。”作者借此题书名,表明“多情自苦”古今盖莫能外。原书是台北尔雅出版社1983年出版。参见已著录之俞氏散文集《栏杆拍遍》。

【 无能子 】

道教书 作者为道士,原名已佚,自称“无能子”,题为书名。据序载撰于唐僖宗光启三年(887)。此书原本庄、列,而杂以佛理。反映出儒道释三教既斗争又融合的时代特征,为唐末一部重学术著作。书收入《四库全书》子部道家类。

【 无为集 】

诗文别集 宋杨杰撰。杰,生卒年不详,约神宗时(1028)前后在世。南宋绍兴癸亥年,曾知无为军。本书编者赵士(粲纟)《无为军序》:“侍讲杨先生,名杰,字次公,道号无为子。”杰,无为军人,以原籍为号。杨杰诗或浅近,或奇崛,属元祐体。有《勿去草行》:“君不见长安公卿家,公卿盛时车如麻,公卿去后门无车。”写出世态人情。文章持论,颇有根底。无为,今在安徽巢湖地区。商代有巢伯国。隋建无为镇。宋(978)设无为军,1070年建县。有《四库全书》本。

【 无言歌 】

散文集 台湾女作家毕璞(1922—)著。1975年台北水芙蓉出版社初版。收入《听琴》《四重奏》《无言歌》《劳人草草》等八十八篇。毕璞原名周素姗，广东中山人。广州岭南大学毕业，曾任职报界。1943年起发表小说、散文等作品。作者用德国钢琴家孟德尔松的钢琴套曲《无言歌》作为书名，以示其文风格正如极为抒情的乐曲，且书中也有不少讨论音乐的文章。文笔朴实无华，流露脉脉性灵之美。"无言歌"又名"无词歌"，是一种抒情的小型器乐曲，用歌曲的形式、风格写成，旋律富于歌唱性。德国浪漫派作曲家孟德尔松(1809—1847)以此为名，创作钢琴小品八套，流传遐迩。

【 吴船录 】

游记　宋范成大(1126—1193)撰。范氏有《石湖诗集》已著录，可参考。淳熙四年五月至十月，作者从成都取水道赴临安(今杭州)，每日记载沿途见闻。题名取自唐杜甫《绝句》诗："窗含西岭千秋雪，门泊东吴万里船。"中的"吴船"两字，意谓是乘着入吴的船只，顺流而下的旅途日记。有《说郛》本、《笔记小说大观》本等。

【 吴山鷇音 】

诗文别集　清林云铭撰。云铭，福建侯官人，字西仲。顺治进士，官徽州通判。《四库全书总目提要》言："此其寓杭州时所作诗文，故署以吴山。其曰鷇音，则取庄子语也。"鷇(Kou)音：新雏孵出壳时的叫声。《庄子·齐物论》："其以为异于鷇音，其有辩乎？其无辩乎？"唐成玄英疏："鸟子欲出卵中而鸣，谓之鷇音也。"书名本此，谦意也。有康熙间刻本。

【 吴越春秋 】

编年体史书　东汉赵晔撰。晔生卒年不详，字长君，会稽山阴(今浙江绍兴)人，经学家。此书记载吴越两国史实，尤重吴越争霸。但不拘于史实，参杂许多传说和异闻。是汉晋以来保存较完整的，介于历史与小说间的著作，对后世小说、戏曲均有影响。此书也开创了专史体例，也是地方志的先导。有《四部丛刊》《四部备要》本。参见上编类书名"春秋"条。

【 梧桐雨 】

杂剧　元白朴(1226—?)撰，全名《唐明皇秋夜梧桐雨》。白朴，生平见已著录之《天籁集》。此剧根据白居易《长恨歌》而演绎。本事是七夕，杨贵妃在长生殿乞巧排筵，梧桐树下明皇与贵妃海誓山盟：今生偕老，百年以后，世世永为夫妻。安禄山乱起，明皇幸蜀，中途被迫缢死杨妃。归来，让位于太子，退居西宫养老。"春风桃李花开日，秋雨梧桐落叶时"日夜思想，朝夕哭奠。忽又梦贵妃相邀赴宴，正相缱绻，突为雨打梧桐惊醒。明皇叹吟："这雨一阵阵打梧桐应凋，一点点滴人心碎了！……惊魄破梦，助恨添愁，彻夜连宵。……雨湿寒梢，泪染龙袍。不肯相饶，共隔着一树梧桐，直滴到晓！"剧本结构紧凑，词曲优美，对洪升《长生殿》传奇，影响很大。王国维誉为元杂剧三大杰作之一。有1958年中华书局刊《元曲选》本。

【 梧溪集 】

诗集　元王逢撰。逢，元末明初(1319—1388)人，原籍江阴，被荐不仕。因其居黄山之东支席帽山，号席帽山人。又因大母徐氏手植双梧于故里之横江，后来避地吴淞之青龙江上。筑室曰"梧溪精舍"，自号梧溪子，皆志不忘先德。《元史类编·王逢传》："王逢，字元吉，江阴人。才气横侠，以能诗名，晚上避老上海之乌泾，筑室以居。自号最闲园丁。"王逢《雨坐梧溪精舍》诗："青梧阴四合，长夏含清秋。"《怀故园时寓隐乌泾十有七年》诗："薇花空复故园情，梧树犹怀里舍名。"有《四库全书》本。

【 五灯会元 】

佛教史著　南宋释普济编。普济，孝宗至理宗朝(1179—1253)在世。佛教以灯喻其教法和论著，五灯指：释道源的《景德传灯录》、李遵勖的《天圣广灯录》、释惟白的《建中靖国续灯录》、释悟明的《联灯会要》、释正受的《嘉太普灯录》。普济将《五灯》一百五十卷，合编为二十卷。元，意为根本、主要。会元，会集主要。宋王槦《五灯会元序》："自景德中有《传灯录》行于世，继而有《广灯》《联灯》《续灯》《普灯》，灯灯相传，派别支分，同归一揆。是知灯者，破愚暗以明斯道。今慧明首座，萃五灯为一集，名曰《五灯会元》，便于观览》。"此书收于《四库全书》。中华书局1984年有点校本。

【 五峰集(二种) 】

一、诗文别集。宋胡宏撰。宏字仲仁，福建崇安

（今建阳地区属县）人。徽宗至高宗朝（1102？—1155）在世，以荫补承务郎。因秦桧当政，终避不出。宏尝优游衡山。衡山七十七峰，最著名有祝融、天柱、芙蓉、紫盖、石廪等。李白有诗云："回飚吹散五峰雪，往往飞花落洞庭。"胡氏以胜地名其集，有《四库全书》本。

二、诗文别集。元李孝光撰。孝光字季和，浙江乐清（今属温州市）人。武宗至惠宗朝（1297—1348）在世，官至文林郎、秘书监承，曾隐居雁荡山五峰下，集以之名。《元史》本传："李孝光字季和，温州乐清人。少博学，笃志复古。隐居雁荡山五峰下，迄来受学，名誉日闻。……孝光以文章名负当世，其文一取法古人而不趋时尚。非先秦、两汉语，弗以措辞。有文集二十卷。"以居地名书。有《四库全书》本。

【 五经正义 】

儒家经典注释本　唐孔颖达（574—648）等，奉唐太宗命编订。初名《五经义疏》。颖达，字冲远，冀州衡水（今在河北）人。隋时举明经高第，入唐以后历官国子监博士、国子祭酒等职。精通经学。"五经"乃儒家五部经典的合称即：《诗》《书》《礼》《易》《春秋》。起自汉武帝建元五年，置五经博士时。"正义"见于《后汉书·桓谭传》："屏群小之曲说，述五经之正义"作书名之意旨是：正前人的义疏，强调学有所宗，专主一家。但对旧疏只引申而不立新义，是"疏不破注"说之谓。当时使诸说归于一定，并由官方颁布作定本，为学校之讲义和科举取士之依据，故处于独尊之地位。后成为清朝《十三经注疏》的组成部分。

【 午亭文编 】

诗文别集　清陈廷敬撰。廷敬号说岩，山西泽州府人。明末清初（1639—1712）在世。顺治年进士，官至文渊阁大学士、吏部尚书，谥文贞。廷敬居午亭山村，因《水经注》载：沁水，经午壁亭而名。《水经注·沁水》："阳阿水又东南流，经午壁亭东而南入山。沿波漱石，湍涧八丈。环涛毂转，西南流入沁水。"乃自号午亭山人，又以之名集。案，泽州，隋置。辖地有晋城、高平、阳城诸县。清为泽州府治，今属晋东南地区。有《四库全书》本。

【 午溪集 】

诗集　元陈镒撰。镒字伯铢，浙江丽水人。生卒年不详，约惠宗至元年中（1338）前后在世。尝官松阳教授。孔暘作《午溪集序》："括苍陈君伯铢，好学，善为文，尤刻意于诗。翱翔湖海上与名公胜士游，闻见益广，赋咏亦工。有《午溪集》四百余篇。……"午溪乃筑室居处，故名此集。黄溍评其诗曰："伯铢之诗，一出于自然，未尝以凌高厉空惊世骇俗为务。指事物而意趣深远，因能使人览之而不厌者，由其发乎情而不架虚强作也。"有《四库全书》本。

【 武林旧事 】

史地杂记　宋周密撰。密字公谨，号草窗，宋末元初（1232—1298）人。先世原籍济南，曾祖随高宗南渡，因家湖州。尝官义乌令，宋亡不仕，歌咏自娱。家富金石、藏书。工诗，能词，善书画，著述丰富。武林，杭州的别称。是书记南宋都城杂事。密流寓杭州，目睹身闻，乃仿孟元老《东京梦华录》之体，记朝廷典礼、山川景物、民情风俗，以至市肆佳节、教坊乐部、杂剧曲名、艺人姓名、无不胪载。作者《序》云："乾道淳熙间，三朝授受、两宫奉亲，古昔所无。一时声名文物之胜，号'小元祐'。丰亨豫大，至宝祐、景定，则几于政宣矣。因摭大概，杂然书之。青灯永夜，时一展卷，恍然类作日事。"周氏《癸辛杂识》《齐东野语》《绝妙好词笺》等均已著录，请参见。有上海古籍出版社 1958 年刊本。

【 武溪集 】

诗文别集　宋余靖撰。靖字安道，广东曲江（今县治）人。真宗至英宗朝（1000—1064）在世。天圣进士，官至工部尚书。曾三使契丹国，十年为南帅。虽不以词章名，亦斐然可观。武溪，今韶关南有曲江镇（马坝）有水，上游名武水，源由湖南吉首武山。东汉马援攻五溪蛮，至此作《武溪深行》："滔滔武溪一何深！飞鸟不度兽不临。吁嗟哉！武溪多毒淫。"有《四库全书》本。

【 武夷新集 】

别集　又名《武夷新编集》，宋杨亿撰。亿字大年，建州浦城人。宋太祖开宝至真宗天禧年（974—1020）在世。七岁能文，十一岁太宗阙下试诗赋,赐进士及第。累官工部侍郎、翰林学士等职。亿文格雄健,才思捷敏,为一代文豪。新集:新编集,乃与他集对举而言。建州,唐置,治所在建安(今建瓯)。浦城在其北,武夷山以南。武夷山,广义指江西、福建边境山区,主峰黄岗山。特指福建荣安县城南十公里处风景区,为福建第一名山。有《四库全书》本。

【 戊戌履霜记 】

杂史 胡思敬(1870—1922)撰。思敬,字漱唐,晚号退庐居士,光绪进士。曾极力反对戊戌维新和君主立宪,民国成立后仍坚持反动立场,力图复辟。戊戌变法时,胡氏居官京师,从正统的角度记述、评论戊戌变法著此书。履霜,语出《易·坤》:"履霜坚冰至。"意谓每年见霜之时,严寒冰冻将接踵而至。胡氏以此建议朝廷要防微杜渐,早作准备。有民国二年(1913)年南昌退庐刻本。

【 物理小识 】

科技综合著作 清方以智(1611—1671)撰。方氏生平,参见《浮山文集》。本书卷首为总论,次分十五门:天、历、风雷雨暘、地、占候、人身、鬼神方术、异事、医药、饮食、衣服、金石、器用、草木、禽兽等十五类。《四库全书总目提要》:"推阐其所以然""识小之言,亦不可尽废也。"物理,古代指物之常理。《鹖冠子·度万》:"庞子曰:'愿闻其人情、物理。'"现代指研究物质性质及其运动呈现的各种现象之科学。此书论及当时各种科技知识,也吸收了西方先进学说。历史上关于炼焦与用焦的记载,最早见于此书。比英国人达比(A. Darby)1713 年才知道炼焦,早一个世纪。有《四库全书》本。

X

Xi

【 西塍集 】

别集 宋宋伯仁撰。伯仁字器之,号雪岩。湖州人,约理宗端平年(1235)前后在世,江湖派诗人。《四库全书总目提要》:"卷首题《雪岩吟草》,下注《西塍集》。又《寓西马塍》诗题下注云:'嘉熙丁酉五月廿一日,寓京遭热,侨居西马塍,其曰西塍盖由于是。'是《雪岩吟草》乃全集之别名,《西塍》特集中之一种。"有《四库全书》本。

【 西窗一夜雨 】

短篇小说集 台湾女作家赵淑侠(1931—)著。本书收短篇小说九篇,写海外留学生生活、爱情和婚姻,以及对洋人家庭和社会的见闻描叙他们的漂泊感和寻根意识。作者对人物的心理及感情刻画深沉细腻。本书的题名来自晚唐诗人李商隐的七言绝句《夜雨寄北》:"君问归期未有期,巴山夜雨涨秋池。何当共剪西窗烛,却话巴山夜雨时。"书名于诗中摘词缀句而成亦颇工切。原书为1978 年台北道声出版社出版。参见已著录之作者散文集《海内存知己》。

【 西河文集 】

别集 清毛奇龄撰。奇龄字大可,又以郡望号西河。浙江萧山人,明末清初在世(1623—1716)。康熙十八年举博学鸿儒科,授翰林院检讨、明史纂修官。通经史,善诗文,工音律,才气纵横,有关其天资异禀传闻颇多。西河,古称黄河由北向南流段,为西河。《书·禹贡》:"黑水西河惟雍州。"传:"西距黑水,东距河。龙门之河,在冀州西。"宋蔡沈集传:"谓之西河者,主冀都而言。"冀州,即今河北、山西及黄河以北之地。又据《广韵》《姓源》:周文王第八子封于毛,称毛公。居今巨鹿、荥阳等地,亦属西河。故称毛氏者,望出西河。有《四库全书》本。

【 西湖佳话 】

原名《西湖佳话古今遗迹》 短篇小说选清无名氏撰。原题"古吴墨浪子搜集",十六篇,均以杭州西湖名胜为背景,叙述葛洪、白居易、苏轼、骆宾王、林逋、苏小小、岳飞、于谦、济颠、远公、文世高、钱鏐、圆泽、冯小青、白娘子等十六人的故事。佳话,犹美谈,传诵一时的故事趣闻。原康熙年间刊行,近有1956年古典文学出版社出版排印本。

【 西京杂记 】

笔记 晋葛洪(284?—364?)撰。葛洪有《抱扑子》等,已著录可参见。西京即长安,东汉迁都洛阳,因称长安为西京。书叙西汉传闻遗事、掌故、长安宫室、园囿,间杂怪异。其中卓文君、王昭君、匡衡、扬雄等人轶闻,均是著名故事。此书收入《四库全书》子部小说类。

【 西昆酬唱集 】

诗集宋杨亿编。杨亿有《武夷新集》已著录,可参见其生平。本书录杨亿、刘筠、钱惟演等十七人诗作,共二百四十八首。案,亿等于景德年在秘阁编修《册府元龟》,公之余暇,摭拾历史典故及前人作品之"芳润",互以诗作唱和消遣。众人声称宗法唐李商隐、温庭筠,追求对偶工稳、声律谐婉。一时风靡号称"西昆体",但终因流于追求辞藻绮丽、堆砌典故,造成寓意轻浅、空虚、单薄而式微。西昆,原指西方昆仑,乃群玉之山。相传古帝王于是处藏书,《穆天子传》中载唐上官仪《为朝臣贺凉州瑞石表》:"历选皇犹,稽河图于东序;详观帝籙,披册府于西昆。"杨亿将唱和之所秘阁,比之于先王藏书的昆仑山,其《序》中称:"取玉山册府之名,命之曰《西昆酬唱集》。"有《四库全书》本。

【 西山文集 】

别集 宋真德秀撰。德秀字景元,福建浦城人,孝宗至理宗朝(1178—1235)在世。庆元进士,官至翰文学士,拜参知政事,卒谥文忠。其平生空论多而建树少,学术墨守朱熹成说。西山,在福建浦城县,本名西岩山。上有西山精舍,为宋真德秀讲学之所。有《四库全书》本。

【 西台集 】

别集 宋毕仲游撰。仲游字公叔,代州云中(今山西大同)人。约神宗朝(1082)前后在世,官终西京留司御史台。西台,即西御史台简称。陆游《老学庵笔记·六》:"唐人本谓御史台在长安者为西台,言其雄剧……本朝都汴,谓洛阳谓西京,亦置御史台,至为散地。以其在西京,亦号西台,名同而实异也。"有《四库全书》本。

【 西厢记 】

杂剧 元王实甫撰。实甫生平事迹未详。钟嗣成《录鬼簿》谓其名德信,大都(今北京)人,并著录其杂剧十三种,今仅存《西厢记》等三种。本剧又名《崔莺莺(或作张君瑞)待月西厢下》。原始取材唐元稹传奇《崔莺莺传》(又名《会真记》),因原传奇有"待月西厢下"之句而得名。王实甫直接改编自董解元《西厢记诸宫调》(即《董西厢》)。写书生张珙(君瑞)在蒲东普救寺,遇崔相国之女莺莺,二人相慕。通过侍女红娘相助,终于冲破礼教束缚而结合。王实甫不仅在形式上突破元杂剧每剧四折体例,改为五折,更重要是突出了反封建礼教思想,提出"愿普天下有情人,都成了眷属"的主张,成为中国古典戏曲中的杰作。此剧问世后,刻本竟出,注家蜂起。清代最流行的是金圣叹批注,列为《第六才子书》的刊本。金批为《西厢记》撰有《序一》《序二》和《读西厢记法》,先对全剧作总论。进入本文后,在每一本和折之前加批语,发表见解。是评论《西厢记》的重要参考资料,也是古代戏曲理论中的珍贵遗产。有1957年古典文学出版社刊注释本。

【 西学东渐记 】

杂史 原名《My Lifein Chinaand America》(我在中国和美国的生活)。清容闳(1828—1912)原著。闳字达萌,号纯甫,香山南屏镇(今广东珠海)人。1847赴美留学,毕业于耶鲁大学。本书用英文写成,起自道光八年,迄光绪二十七年。自述其接受西方教育及亲历太平天国运动、洋务运动、维新变法等历史事件及从事教育、政治、经济活动的坎坷过程。1909年在美国出版,后由徐凤等译成中文,改今名,意为西方学说的逐渐引进。1915年商务印书馆出版。1981年收入湖南人民出版社《走向世界丛书》第一辑出版。

【 西游记 】

长篇章回神魔小说 明吴承恩(约1500—1582)撰。承恩字汝忠,号射阳山人,山阳(今江苏淮安)人。吴氏科场屡挫,曾任县丞,晚年绝意仕进而专著述。此书根据唐玄奘取经的故事、杂剧、话本等材料而创作。本缘唐玄奘于贞观年赴天竺取回佛经,经口述由弟子写有《大唐西域记》,弟子又撰《大唐大慈恩寺三藏法师传》,逐渐民间产生许多神化传说。在唐代又有许多文人传奇描写神猴事迹。至南宋时,有刊印《大唐三藏取经诗话》,其中“猴行者”已成为取经故事的主角。元、明又出现《唐三藏西天取经》《西游记杂剧》等。吴氏在上述材料的基础上,创作小说,取名《西游记》。成功塑造了“孙悟空”,不畏强暴,具有反抗精神的杰出形象,影响极广。全书想象奇特,曲折生动,语言诙谐,为我国著名古典小说。有1980年人民文学出版社校注本。

【 惜抱轩全集 】

清姚鼐(1731—1815)撰。鼐有《古文辞类纂》已著录,可参考。其室名惜抱轩,取陶潜《饮酒》诗之十五:“若不委穷达,素抱深可惜。”之语意名室。本书收文集、诗集、笔记等,基本包括鼐全部著作。故称“全集”,通行为《四部备要》本。

【 习斋记余 】

别集　清颜元(1635—1704)撰,门人钟錂辑,为元之文集。颜元清初思想家,博野(今属河北)人。字易直,号习斋,又以名室。其学尊孔孟之道,不尚空言。强调实践实用。自称“身实学之,身实习之,终身不懈”故以名室。与学生李塨并称颜李学派。记余,钟錂《叙》称:“余者何?对德言之也。谓吮毫濡墨,非身心正业,直余绪也。”有《畿辅丛书》本。

Xia

【 虾球传 】

长篇小说　黄谷柳(1908—1977)撰。作者,广东梅县人。初在香港报社作校对时发表作品。1947年起连续在《华商报》连载《虾球传》。书中背景是抗战胜利后的香港、广州与华南各地。主人公夏求,从一个流浪少年,成长为共产党领导下游击队的革命战士。也揭露了城市流氓黑社会的横行霸道、无恶不作及其必然覆灭的下场。展现殖民地半殖民地社会光怪陆离的世相,又比衬主人公成长道路的曲折、坎坷和惊险的传奇色彩。小说把中国传统的文学语言和西方心理刻画、环境描写结合起来。反映五四以来文学新的民族化、现代化的趋向。语言朴素精练,笔触豪放矫健而兼讽刺幽默,在读者中有较大影响。有福建海峡文艺出版社2003年刊本。

【 夏峰集 】

别集　明末清初孙奇逢(1584—1675)撰。奇逢,理学家。河北容城人,字启泰。万历举人,与东林党人友善。入清后,不仕。明末曾避乱于河北易州五公山,后家乡被圈地,乃移居河南辉县西北苏门山之夏峰,人称夏峰先生,并以名集。有清光绪间刊本。

【 夏完淳集 】

别集　明夏完淳(1631—1647)撰。完淳原名复,字存古。松江华亭(今属上海)人,少有神童之称。十四岁随父夏允彝、师陈子龙起兵抗清。南明鲁王封为中书舍人。太湖兵败,被清兵所俘。坚不屈服,在南京被洪承畴杀害,时年十七岁,谥节愍。完淳在狱有诗集《南冠草》,悲凉慷慨,动人心魄。其《别云间》诗云:“三年羁客旅,今日又南冠。无限山河泪,谁言天地宽?已知泉路近,欲别故乡难。毅魄归来日,灵旗空际看。”云间,今在上海境内。南冠,典自《左传》言楚人被囚,仍系南冠,示其不背本,不忘旧。完淳所著,清嘉靖年有《夏节愍公全集》。《夏完淳集》是中华书局上海编辑所1959年出版。参见郭沫若撰历史剧《南冠草》,已著录。

Xian

【 先拨志始 】

杂史　明文秉(1909—1669)撰。秉字荪符,吴县(今苏州)人。所记万历至崇祯史实。书名取自《诗经·大雅·荡》:“枝叶未有害,本实先拨。”拨,即断绝。谓枝叶未受损害,树根先断绝。作者推究明亡之原,始于杀戮群贤,并非只是来自外部的农民起义和清兵入侵。书《序》云;“名曰《先拨志始》,所谓辨之于早也。后之君子流览于,此其于邪正之辨,得失之故,亦洞若观火矣乎!”近有

1982 年上海书店出版本。

【闲情偶寄】

又名《笠翁秘书第一种》《闲情偶集》 戏曲杂论 明末清初李渔(1611—1679?)撰。渔字笠鸿、谪凡,号笠翁。兰溪(今属浙江)人。家设戏班,经常演出。作传奇剧《风筝误》等十种,合编为《笠翁十种曲》。本书包括《词曲部》《演习部》《声容部》《居室部》《器玩部》《饮馔部》《种植部》《颐养部》等八部分。词曲与演习部分,提出戏曲结构、词采、音律、宾白、科诨等艺术技巧,有前人未发之重大理论建树。相当准确而深入地,把握戏曲舞台艺术的审美特征。充分表现中国戏曲美学的民族化特征,不少艺术哲理同样适用于其他文学形式,为后人所重。其余部分涉及化妆、衣饰、生活环境、赏玩收藏、饮食文化、养生健康等方面。其审美心理与实际内容有现实意义,是中华民族既博大又精致文化的一部分。闲情,本指文人雅士闲暇、风雅的情趣,但李氏却寓庄论于闲情之中,是一部不可或缺的中国美学理论与实践著作。有 1959 年中国戏剧出版社《中国古典戏曲论著集成》本。

【贤弈编】

笔记 明刘元卿撰。元卿字调父,江西安福县人,约明神宗万历十二年(1584)前后在世。少无意科名,以屡荐官至国子博士、礼部主事。引疾归,专心著述以终。书名由孔子之言而来:《论语·阳货》:“子曰:‘饱食终日,无所用心,难矣哉!不有博弈者乎?为之,犹贤乎已。’”意思是说,下下棋,也比什么都不干强。作者《序》云:“予性拙,不晓博弈,客至第相对坐;又不善劝酒,客或欠伸苦之。因饱食之暇,辑古人言行可为法戒者,粗作区目;客至,焚香拭几,取书读一二品,以代弈棋云尔。读者因有所触动,岂独曰‘犹贤乎已’?”有明陈继儒辑《宝颜堂秘笈》本。

【咸平集】

诗文别集 宋田锡撰。锡字表圣,四川洪雅(今乐山专区属县)人。生于五代,卒于真宗咸平六年(940—1003)。进士及第,咸平中(1001)诏近臣举贤良方正,以锡应。真宗褒之,目为汲黯。累迁右谏议大夫,文馆修撰。此书以成书年号名之。有《四库全书》本。

Xiang

【乡约】

兵书 明尹畊(同耕)撰。畊号朔野子,山西蔚县人,官徽州府(安徽歙县)同知。明自宣德正统以来,国家屡有虏患,畊因与同邑父老共议兵事,嘉庆二十九年(1550)成此书。乃约乡里同邑共守御虏患事,故名《乡约》。共分堡置、堡势、堡制等十二约。所论皆训诫乡勇百姓之言,以守御乡邑为主,不具正规作战方法,此类兵书古来少见。民国二年(1913)以校补本入《畿辅丛书》。

【香艳丛书】

清虫天子编。虫天子,乌程(今浙江湖州市境内)人。原名张廷华,生平不详。丛书共二十集,三百二十七种,三百九十卷,皆隋唐以来有关妇女生活之著作。香艳,原指花草芳香、鲜丽。《开元遗事》:“明皇与贵妃幸华清宫,因夜酒初醒,同看木芍药。帝曰:‘此花香艳,尤能醒酒。’”后常以代指女性生活。宋张谔《咏美人诗》:“香艳王分帖,裙娇敕赐罗。”虫天子《香艳丛书序》:“集中载孝绰之名姝,叙李波之小妹。群雌粥粥,非夺婿于瑶光;往事沉沉,孰留痕于鲗墨?或玉钩斜畔,吊胜国之遗踪;或鞶鉴图中,谱圣朝之嘉话;或刻潜英于纸帐,或唤踏摇于屏风。或片语解围,絮散谢家之雪;或神针绣夜,锦飞织女之云。……握来银管,写靖节之闲情;倾尽金壶,记东山之韵事。”清宣统元年,上海国学扶轮社有排印本。

【香祖笔记】

清王士祯(1634—1711)撰。书中为康熙四十一、四十二两年札记。文字简洁,清韵流畅。香祖,兰花之别名。士祯之祖,明王象晋撰有《群芳谱》中言:“兰幽香清远,馥郁袭衣,弥旬不散。常开于春初,虽冰霜之后,高深自如,故江南以兰为香祖。”《香祖笔记自序》:“壬午后,急还京师。偶有见闻,笔之简策。适所居邸西有兰数本,花时香甚幽淡。昔人谓兰曰‘香祖’,因以名之。”王氏书斋有兰,乃名其室,以申其志,且以名书。有《四库全书》本。

【 湘绮楼说诗 】

诗歌评论 清王闿运撰。闿运字壬秋、壬父，号湘绮。生于道光，卒于民国（1832—1916）。湖南湘潭人，自谓生时父梦神榜其门“天开文运”，因以闿（意为开）运为名。恐系袭柳开故智，而托言父梦。咸丰举人，曾在成都、长沙、衡州等地主持书院、讲舍。清末主办南昌高等学堂，授翰林院检讨。民国时任国史馆长，兼参议院参政。居长沙定王故宅傍三楹之楼，览湘江美景，因名湘绮楼，并以名集。王氏深工于诗，其说多有精辟之语。弟子王简集其论诗、抄诗、作诗之什，叙事、记游、抒情皆备。闿运不用唐以后名名其书，改为说诗焉。有光绪宣统间刻《湘绮楼全集》本。

【 襄陵文集 】

宋许翰撰。翰字崧，拱州襄邑人。生年不详。卒于高宗绍兴三年。元佑年进士，官至尚书右丞、资政殿学士。襄陵，古地名。春秋时宋襄公葬地，即今河南睢县。有《四库全书》本。

【 项斯诗选 】

唐项斯撰。项斯字子迁，江东（今长江下游江苏等地）人。约唐文宗开成初（863）前后在世。会昌进士。初隐朝阳峰，枕石饮泉，长哦细酌，凡三十年。以诗卷谒杨敬之，敬之赠诗曰：“平生不肯藏人善，到处逢人说项斯。”其名益彰次年（844）遂擢上第，仕为丹徒县尉。后世称为人扬誉或说情曰“说项”。其诗多山村野景，清新、细腻。有《唐诗百名家全集》本。

【 相台五经 】

经学丛书 原为南宋岳珂（1183—1234）刊本，名《相台九经》者，即《九经相台本》的简称。宋代九经刊本以廖刚建宋余氏、兴国于氏校订重刻者称善。珂据此本，又合其家塾所藏名本二十三种，反复雠校，重刻于相台书塾。称《相台九经本》。清高宗时得《易》《书》《诗》《礼记》《左传》五经，照其样摹刻，故称今名。相台，即三国时曹操所建铜雀台。以其在相州（今河南安阳），唐以后称“相台”。岳氏为相州汤阴人，故以相台标书。清张之洞《𬨎轩语·语学》：“一、通经，宜讲汉学。《十三经注疏》及《相台岳氏本五经》皆古注。”有清光绪间家塾刻本。

【 象山集 】

诗文别集 宋陆九渊撰。渊字子静，江西金溪（今抚州地区属县）人。高宗绍兴至光宗绍熙年（1139—1192）在世。乾道进士，曾任靖安、崇安两县主簿，官至知荆门军事。居贵溪象山讲学，人称象山先生。尝与朱熹会讲于鹅湖，各据其说，理学乃形成朱陆两派。陆提出“心即理说”，认为：“宇宙便是吾心，吾心便是宇宙。”在治学修养上，强调“明本心”即能达到至善的境界，颇受禅宗的影响。象山，在今上饶地区贵溪县西南。辛弃疾《水调歌头·题吴子似县尉经德堂，堂陆象山所名也。》：“此是瑱山境，还似象山无。”有《四库全书》本。

Xiao

【 逍遥集 】

诗集 宋潘阆撰。阆字，及生卒年不详。大名（今冀南大名）人，约太宗（976）至真宗（1021）朝在世。自号逍遥子，曾居洛阳卖药。赐进士及第，除滁州参军。有诗名，风格类孟郊、贾岛。此以别号名集。逍遥，状安闲自得。《诗·郑风·清人》：“二矛重乔，河上乎逍遥。”又作消摇，《世说新语·赏誉》：“《王大将军与丞相书》注引荀绰《冀州记》：‘（杨）淮见王纲不振，遂纵酒不以官事规意，消摇卒岁而已。’”有《四库全书》本。

【 小仓山房诗文集 】

清袁枚撰。枚字子才，号简斋、仓山居士。钱塘人，生于康熙五十五年（1716），卒于嘉庆二年（1797）。乾隆四年进士，曾知溧水、沐阳、江宁等县。年甫四十，即告归，定居江宁。以书籍、诗文为事。诗多闲适之作，文含热情。细腻抒写，名篇有《祭妹文》等。小仓山，在南京清凉山东。作者筑随园于小仓山下，以“小仓山房”名其室，并题诗云：“买得青山号小仓，一丘一壑自平章。梅花绕屋香成海，修竹排行绿过墙。嵌壁玻璃添世界，张灯星斗落池塘。上公误听园林好，来画鸿庐旧草堂。”案：乾隆下江南时，令人画随园图。有乾隆间刻本。

【 小桥流水人家 】

长篇小说　台湾女作家萧传文著。1968 年台北文坛出版社出版。萧传文(1916—　),湖南礼陵人,毕业于上海大夏大学心理系。1927 年在上海《申报》等刊上发表作品,到台湾在报界任职,又在成功大学等校任教。本书写一个爱情悲剧:主人公永福与梅子青梅竹马,但因门不当,户不对而不能结合。永福抑郁以终,梅子在家侍奉老祖母……。小说构思曲折,心理刻画细腻。书名取自元词人马致远小令《天净沙·秋思》:“枯藤老树昏鸦,小桥流水人家,古道西风瘦马。夕阳西下,断肠人在天涯。”词中萧瑟悲凉的气氛与小说的悲剧色彩和合共鸣。

【 小腆纪年 】

编年体史书　清徐鼒撰。鼒字彝舟,号亦才。江苏六合人,道光进士,官至福宁知府。小腆,语出《尚书》之《大诰》诸篇,意为小主、小国,又为小丑之意,原是周成王斥责纣王子武庚的话。作者以此为书名是指明亡后苟存一时的小朝廷。此书仿朱熹《通鉴纲目》,叙南明福王、鲁监国和郑成功事迹。起自崇祯十七年,终于康熙二十二年(1644—1683),具系清朝年号。为较完备的南明史著之一。有 1957 年中华书局点校本。

【 小畜集 】

诗文别集　宋王禹偁撰。禹偁字元之,钜野(今山东菏泽地区属县)人。生于周世宗显德年(954),卒于宋真宗咸平年(1001)。太平兴国进士,官至左司谏,知制皓,出知黄州、蕲州。宋初文学改革倡导者。文章朴实无华,古雅简淡,有名篇《黄冈竹楼记》等传世。本书名取自《周易》,作者自次其文,以易筮之,得乾之小畜,因以名集。小畜为周易六十四卦之一,其象曰:“风行天上,小畜,君子以懿文德。”程颐《伊川易传》:“畜,止也,止则聚矣。”事物发展有“小畜大”,“阴畜阳”的道理。有时不宜急就速成,故小畜有须待之意。比喻君子要修养文章道德,以待时日。有《四库全书》本。

【 笑傲江湖 】

长篇武侠小说　香港作家金庸(1925—　)撰。作者生平,见《金庸全集》。江湖,原指江、河、湖、海。《庄子·大宗师》:“不如相忘于江湖。”引申泛指五湖四海各地。唐杜牧《遣怀》诗:“落魄江湖载酒行,……。”武林中,以漂泊不定的生活为“走江湖”。笑傲,原意是:心乐意舒、怡然自得。唐李白诗:“诗成笑傲临沧州。”元萨都剌诗:“落魄江湖懒折腰,笑傲江湖但长揖。”本书故事叙述江湖上,武林各宗派的矛盾冲突及其夺权、反夺权的斗争;也写出一些理想主义的人物,在现实生活中一入江湖,便身不由己,想笑傲江湖而不可得的悲剧。作者说:通过书中的一些人物,企图刻画中国三千多年来政治生活中若干普遍现象,实际上是一部政治生活的寓言。参见《金庸全集》条。

Xie

【 谐铎 】

笔记小说　清沈起凤撰。起凤字桐威,有号“红心词客”。苏州人,生于乾隆六年(1741),卒年不详。屡试不第,乃放情词曲。所作戏曲,风行大江南北。此书多狐鬼妖怪和奇闻异事。谐,即诙谐。铎,古代乐器大铃,宣教政令时,用以警众。清瑞叙云此书:“斯以晋人清谈,说宋人妙理,真谐其口而铎其心者也。”作者题名在于借故事作警钟长鸣,使人不致误入歧途。有 1983 年江苏广陵古籍刻印社影印《笔记小说大观》本。

【 写在人生边上 】

散文集　钱钟书(1910—1998)撰。钱氏有《管锥篇》已著录,可参见其生平。此书为开明书店 1941 年初版。作者于书前有序云:“人生据说是一部大书。假使人生真是这样,那么我们一大半的作者只能算是书评家,具有书评家的本领,无须看得几页书,议论早已发了一大堆,书评一篇可以写完缴卷。但是世界上还有一种人。他们觉得看书的目的,并不是为了写批评或介绍。他们有一种文明人的懒惰,那就是从容,使他们不慌不忙的浏览。每到有什么意见,他们随时在书边的空白上注几个字,或者写一个问号,象中国书上的眉批,外国书里的 Marginalia。这种零星的随感，并不是他们对于这本书整个的结论。因为随时批识，中间也许先后矛盾，说话过火，他们也懒得去理会。反正是消遣，不像书评家负有领导读者教训作者的大使命。谁耐烦那些事呢？假使人生是一部大书，那末，下面的几篇散文只能算是写在人生边上的。这本书真大！一时不易看完，就是写过的边上也留下好多空白。”

【谢法曹集】

诗文别集　南朝宋，谢惠连撰。惠连祖籍陈郡阳夏（今河南太康）晋安帝至宋文帝（397—433）时在世。得族兄谢灵运赏识，灵运言：与惠连相对时，辄得佳句，如“池塘生春草”等。人称二人为“大、小谢”。后人又把他和谢灵运、谢朓合称“三谢”。惠连因轻薄多尤累，故官位不显。永嘉七年（403）始为彭城王刘义康法曹行参军。其名篇《雪赋》以高丽见奇。参军，汉末以丞相统军，其幕府中任事者多称丞相参军。本非官名，至南北草时始以参军为官名。又以分科办事之性质再加区别，如司法参军等。此集即以官职名。有《汉魏六朝百三名家集》本。

【谢康乐集】

诗文别集　南朝宋谢灵运撰。灵运小名客儿，后人亦称其“谢客”。陈郡阳夏（今河南太康）人。晋孝武帝太元年至宋文帝元嘉年（385—433）在世。东晋名将谢玄之孙，袭封为康乐公，后人称谢康乐，是以名集。曾官永嘉太守，辞官隐居会稽，与族弟惠连、何长渝、羊濬之以文章会，时人称之“四友”。诗多写会稽、永嘉、庐山等山水名胜，开山水诗之一派，与陶渊明之田园诗派并列。有《汉魏六朝百三名家集》本。

【谢宣城集】

别集　南朝齐谢朓撰。朓字玄晖，陈郡阳夏（河南太康）人。于孝武帝至东昏侯朝在世。朓在永明体作家中成就较高，因与谢灵运同族，后世称“小谢”。李白《宣州谢朓楼饯别校书叔云》诗中言其：“蓬莱文章建安骨，中间小谢又清发。”“解道澄江静如练，令人常忆谢玄晖。”其诗声律、对仗，与唐近体诗的形成与发展，有深刻影响。宣城：晋置宣城郡，辖境今宣城、广德、宁国、太平、石台等县。太守：春秋时为武职，后转为地方长官。秦置郡设守，称郡守。汉景帝时改称太守。朓官不止太守，然诗家皆称其“宣城”，乃其诗现存有四分之一是在宣城时作，殆为世所胜传。有《四库全书》本。

Xin

【心史】

诗文别集　宋郑思肖撰。思肖，原名不详，宋亡后改名思肖（寓思赵宋），号可南，一字忆翁。连江（今属福建）人。宋末元初（1289）前后在世。初以太学上舍应博学弘词科。元兵南下，叩阙上书，不报。隐居吴下，自称三外野人。扁其居曰“木穴世界”（隐大宋），坐卧必向南，皆寓不忘故国之意。此书载宋亡于蒙古及元初史实，可补证史阙。因系作者亲身见闻，常有发自内心的故国慷慨切痛之音。自谓“天地万化，悉由此心出”，故题为《心史》。又因此书于崇祯末发自苏州一寺井中，外附铁函，故又名《铁函心史》。《四库全书提要》疑为伪托，列为存目，史学界尚无定论。有清光绪间上海广益书局本。

【心在山林】

散文集　台湾作家墨人（原名张万熙，1920—　）撰。作者散文集《三更灯火五更鸡》已著录。本书收散文四十四篇，包括对故乡风土景物、故人往事的怀念、追思。笔触如行云流水，顺畅自然，值得品味。对于书名，在台湾出版的《中国现代文学作品书名词典》中言：“书名《心在山林》，不是借用书中的篇名，也不是书中篇章的总集。可能是作者的一种希望，于此有所寄托，……书中第一篇，以作者的自寿联：‘不忧不惑不惧，乐山乐水乐天’作副题，也许要和《志在山林》相呼应。但自认是仁者、智者、隐者，所表现的却是一种狂狷。”本书于1980年由台北中华日报社初版。

【新书】

政论集　汉贾谊撰。谊（前200—前168），别号长沙。洛阳人，二十二岁时，文帝召为博士，官至大中大夫。因主张改革，权贵谤之。贬为长沙王，又为梁怀王太傅。三十三岁，忧郁致死。贾谊乃本荀卿、老子之论，而博采异说，折诸儒家。提出改革法令制度，强化中央政权，反对分裂的主张。鲁迅称其《治安策》《过秦论》："为西汉鸿文，沾溉后人，其泽甚远。"谊，亦长于赋，文辞雅丽。此书《汉书·艺文志》录作《贾谊》五十八篇。《隋书·经籍志》作《贾子》十卷。至《新唐书》始称《贾谊新书》，概其当时人论当时事，而独出新论，故以名之欤？有《四库全书》本。

【 新序 】

历史笔记　汉刘向（前77—前6）撰。向字子政，历官中垒校尉。此书成于阳朔元年（公元前20），原本三十卷，今本十卷。书分杂事、刺奢、节士、义勇、善谋五类。采录古史百家之书，旨在正纲纪、迪教化，乃儒者之言。书中与《左传》《国语》《战国策》《史记》颇有出人，可补诸史不足。文笔朴素洗练，有文学价值。序者，同"叙"，即作者叙述故事，而对现实寓有褒贬。汉于秦火焚书之后，对有新见解的著作辄加"新"字，故尔。有《四库全书》本。参见《别录》《古列女传》《说苑》诸书。

【 新语 】

政论集　汉陆贾撰。陆贾，楚人，秦始皇至汉景帝时（前240—前170）在世。从高祖定天下，拜大中大夫。两次使南越，说赵陀归附汉朝。又参与平诸吕之乱，而迎立文帝，以天年终。《史记·陆贾传》："陆生时时前说《诗》《书》。高帝骂之曰；'乃公马上得之，安事《诗》《书》！'陆生曰：'居马上得之，宁可以马上治之乎？且汤武逆取而顺守之，文武并用，长久之术也。……向使秦已并有天下，行仁义，法先圣，陛下安得而有之？'高帝不怿，而有惭色。乃谓陆生曰：'试为为我秦所以失天下，吾所以得之者何？及古成败之国。'陆生乃祖述存亡之征，凡著十二篇，每奏一篇，高帝未尝不称善。左右呼万岁！号其书曰《新语》。"该书绍继孟子、荀子学说，后启贾谊、董仲舒之论，成为汉崇儒治国的先声。对研究汉之立国，秦之败亡，有重要参考价值。有《四库全书》本。

Xing

【 荥阳外史 】

别集　明郑真撰。真字千之，鄞县人，约太祖洪武年，1383年前后在世。洪武初，授临淮县教谕，后升广信府教授。荥阳，郡名。三国时魏置，治所在今荥阳县，现属郑州市辖区。郑氏望出荥阳。《唐书世系表》云：周宣王封弟友于郑，及韩灭郑，子孙播迁陈宋之间，以国为氏，望出荥阳。外史，原为官名。《周礼》属春官，掌布京畿以外的王令。后诸侯的史官，亦称外史。文人常以外史为别称雅号。有《四库全书》本。

【 省愆集 】

诗文别集明黄淮撰。淮字宋豫，永嘉（今属浙江）人，元末明初（1367—1449）在世。洪武年进士，官至武英殿大学士，加少保。愆，过错。诸葛亮《黜来敏教》："使闭门思愆"淮曾为汉王高煦所谮，系狱十年。此集乃其狱中作，故以"省愆"为名。《四库全书总目》中言其："当患难忧患之日，而和平温厚，无所怨尤，可谓不失风人之旨。"有《四库全书》本。

【 省斋集 】

别集　宋廖行之撰。行之，字天民。衡州（今湖南衡阳）人。生卒年不详，约宁宗庆元（1198）中前后在世。官越州巴陵尉。内行修饬，留心经济，入仕亦多循绩。集以其室名。《省斋记》云："廖子天民，始命所居之室曰'坦斋'有日矣。他日读曾子'吾日三省吾身'（《论语·述而》）之言，恶其取名之浮，于实无自克之规也。则去'坦'而易之以'省'焉。"有《四库全书》本。

【 醒世恒言 】

话本小说集　明冯梦龙（1574—1646）撰。四十卷，《三言》第三部。本集中，多明文人创作，或有冯氏自著，艺术技巧较高。名篇如《十五贯戏言成巧祸》《闹樊楼多情周胜仙》等。冯氏有序云："忠孝为醒，而悖逆为醉；节俭为醒，而淫荡为醉；耳和目章，口顺心贞为醒，而即聋从昧，与顽用嚣为醉。……自昔浊乱之世，谓之天醉。天不醉人而人醉之,则天不醒人而人醒之。以醒天之权与人,而以醒人之权与言。言恒而人恒,人恒而天亦得其恒。万世太平之福,其可量乎?”有1957年人民文学出版社校注本。参见《古今小说》《三言》诸条。

【 杏亭摘稿 】

诗集　元洪焱祖撰。焱祖字潜夫,歙县人,号杏亭。元世祖至文宗朝(1262—1328)在世。曾任长芗书院山长、绍兴路儒学正、衢州路儒学教授等。元危素《杏亭摘稿原序》:“《杏亭居士集》,故徽州路休宁县尹致仕洪先生,所著诗文也……其所居有银杏大百围,故以为号,因名其集云。”明宋濂《杏亭摘稿序》:“其发之于诗,和而不怨、平而不激、严而不刻、雅而不凡,庶几忠厚恻坦,有《三百篇》之遗意者。”传说孔子与弟子于杏林下读书、弦歌,后代沿称杏树下为授徒讲学之处。有《四库全书》本。

【 性情集 】

诗集　元周巽撰。巽,事迹不见于它书。据《四库全书总目》考证:知其名巽,巽泉、巽亨乃其号与字。吉州(今江西吉安县)人。元末明初在世,曾以军功授永明簿,余皆无考。书名“性情”典见于《易·乾·文言》:“利贞者,性情也。”《周易正义》释其曰:“使物情和谐,各有其利。又使物坚固,贞正得终。”简言即利益万物,坚固贞正之意。现代意义上的性情,是指人的禀赋和气质,亦即性格。本集中之诗,多显示巽怀自洁之心,极重义德名节,是以性情名集。其《节士吟》中有云:“夷齐归西山,饿死无愧颜。鲁连蹈东海,一去竟不还。苏武持汉节,饥来啮寒雪。遂使李陵惭。去住难为别。采薇啮雪辞金者,寥寥千载空无人。睠彼宦游子,胡为寡廉耻。我歌处士吟,六合清风起。”其《咏梅》诗有:“品出群英上,名甘处士卑。……心中常自洁,真味少相知。”《四库全书总目》评其:“写景抒怀亦颇近自然,要自不失雅则。集以‘性情’为名,其所尚盖可知也。”有《四库全书》本。

Xu

【 盱江集 】

诗文别集　宋李觏撰。觏字泰伯,建昌军南城(今赣东抚州南城县)人。真宗至仁宗朝(1009—1059)在世,官至海门主簿、太学说书。因盱江流经南城,学者称其“盱江先生”。盱江,又称建昌江。源出江西广南县南,流经广昌、南城之东。入抚州地,为武阳水(抚江),下入鄱阳湖。宋曾巩《李节推亭子》诗:“盱江东郭门,江水堪虚碧。”有《四库全书》本。

【 须溪集 】

诗文别集　宋刘辰翁撰。辰翁字会梦,江西庐陵(今吉安)人。理宗至元成宗时(1234—1297)在世。少补太学生,廷试及第,鲠直得名。因亲老请为濂溪书院山长。宋亡,托方外以终。集因所居而名。须溪,源出福建光泽县,北流经江西贵溪县前,注于芗溪(信江)。有《四库全书》本。

【 虚舟集 】

诗集　明王偁撰。偁字孟扬,福建永福(今永泰县)人。洪武至永乐年间(1310—1370)在世。曾官国史院检讨、《永乐大典》副总裁。虚舟:喻胸怀坦荡。《晋书·谢安传赞》:“太保沉浮,旷若虚舟。”明解缙《虚舟集序》:“孟扬视功名泊如,每有抗浮云之志。期在息机与物无竞,故其集以虚舟名,亦可见其志焉。”案:虚舟,典见《庄子·列御寇》:“巧者劳而智者忧,无能者无所求。饱食而遨游,泛若不系之舟,虚而遨游也。”疏:“圣人泛然无系,譬彼虚舟,任运遨游。”有《四库全书》本。

【 徐霞客游记 】

地理学著作　明徐宏祖撰。宏祖字振之,自号霞客,又号霞逸。南直隶江阴(今属江苏)人,万历至崇祯朝(1586—1641)在世。徐氏应试不第,慨明末政治黑暗,遂断功名之念,乃问奇于名山大川,自谓有“烟霞痼疾”之酷。自二十二岁出游,凡三十年。备尝艰险,遭劫、乞食均未挫其志。集资料六十余万字而成篇。清吴国华《徐霞客圹志铭》:“霞客尝谓:山川面目多为图经、志籍所蒙。故穷九州内外,探奇测幽,至废寝食。穷上下,高而为鸟,险而为猿,下而为鱼,不惮以身命殉。”其书为卓越地理学之作,文笔优美精细,词意清新,生动丰富,情景交融。修正沿误,破除迷信。发现岩溶地理成因特征,早于欧洲两个世纪。梁启超《中国近三百年学术史》："盖以科学精神研治地理，一切皆以实测为基础，如霞客者，真独有千古矣！"为文学、科学界之珍果奇葩。有1980年上海古籍出版社刊本。

【 徐孝穆集笺注 】

诗文别集　南北朝徐陵撰，清吴兆宜注。陵字孝穆，梁武帝天监六年(507)生，陈后主至德元年(583)卒。东海郯(今山东郯城)人。八岁属文，十二岁通老庄。及长，博涉史籍，口辩纵横，与庾信同为梁东宫学士。使于魏、齐，被留。后归陈，官至太子少傅。诗与庾信齐名，号"徐庾体"。又为骈文大家，文檄军事，亦多出自手笔。陵文绮丽，辑裁巧妙，而多新意。原集久佚，此为后人采辑，以字名集。诗集《玉台新咏》，历来视为陵所选。二书均收于《四库全书》。

【 徐正字诗赋 】

诗文别集　唐徐寅撰。寅字昭梦，福建莆田人，约懿宗咸通末(873)左右在世，官授秘书省正字。正字，官名，北齐始置，属秘书省。与校书同掌校正书籍，隋、唐、宋因之。寅工诗，尝游大梁，作《过大梁赋》献朱温。赐一字绢一匹，厚礼馆待。但屡举不中，两鬓班白始登第。曾自编集名《探龙集》，意为登科射策如探睡龙之珠。归隐后作《钓矶集》，唐以后皆不见著录，已佚。此为其后裔哀辑。有《四库全书》本。

Xuan

【 宣室志 】

小说集　唐张读撰。读，唐深州陆泽(今河北深县)人。约公元853年前后在世。字圣用，大中进士，官至尚书左丞。宣室，汉未央宫前之宫殿。书名取自汉文帝在宣室问贾谊事。《史记·屈原、贾生列传》："上因感鬼神事而问鬼神之本，贾生因具道所以然之状。"书中皆言鬼神灵异之事，故名之。唐人李商隐有《贾生》诗曰："宣室求贤论逐臣，贾生才调更无伦。可怜夜半虚前席，不问苍生问鬼神。"有《四库全书》本。

Xue

【 薛涛诗 】

一名《洪度集》《锦江集》等。唐女诗人薛涛撰。涛字洪度，长安人，约代宗大历至文宗太和年间(768—831)在世。幼时随父入蜀，少有诗才，后流入乐籍，工诗辨慧。韦皋镇蜀召令侍酒赋诗，称"女校书"。出入镇幕，皆以诗受知。与元稹、白居易等名士唱和。居浣花溪上，创制深红小笺写诗，人称"薛涛笺"。《全唐诗》收其诗八十八首，情调伤感。名《锦江集》者，缘其寓居成都锦江之侧，西郊浣花溪，死后葬于锦江滨，故名。1984年人民文学出版社出版《薛涛诗笺》。

【 学海堂经解 】

又名《清经解》《皇清经解》经学丛书　清阮元(1764—1849)主编。阮元有《经籍籑诂》已著录，请参考。此书汇集清初至嘉庆间，经学著作七十四家，一百八十种，一千四百卷。是编版藏广州越秀山上学海堂侧文澜阁，故名《学海堂经解》。学海，学术汇集之处。典故见晋王嘉《拾遗记》记何休事："及郑康成蜂起而攻之，求学者不远千里，赢粮而至，如细流之赴巨海。京师谓郑康成为经神，何休为学海。"皇清，清人称本朝为皇朝。经解，训释儒家经典的著作。丛书有道光九年(1929)广东学海堂刊本。参见上篇类书名"经解"条。

【 学津讨原 】

丛书　清张海鹏编。海鹏，字若云，号子瑜。江苏常熟人，乾隆至嘉庆朝(1775—1816)在世。乾隆监生，家有"照旷阁"藏书万余卷，多为宋元刻本，治经之余，以刊刻古书为己任。此丛书二十集，一百九十二种，一千另四十八卷。以经史百家、朝章典故、遗闻逸事为主，兼及书画谱录。书名义取北齐刘昼《刘子新论·崇学》："道象之妙，非言不津；津言之妙，非学不传。"道，指思想、学说。象，事物的表状。言，指文字，亦指典籍。津，过渡，引申为传播。旨意是：奥妙的道象有典籍才能传播，典籍的奥妙非学习不能流传。是编乃助学者探讨学术源流，故题名如此。有1922年上海商务印书馆影印本。

【 雪楼集 】

诗文别集　元程钜夫撰。钜夫初名文海，以字行。京山（今湖北荆州属县）人。宋末元初（1249—1318）在世。官至翰林学士承旨，谥文宪。家居建昌（今江西南城）因纪念祖籍荆州京山有白雪楼，遂名其寓，亦号雪楼。程世京《程钜夫年谱序》："高祖征士，讳宥兴。曾游汉上，乐其风土。卜居郢州京山县之西高渠，卒葬其地……未几元兵南下，建昌内附，（季父）侍读公受命为守，遂举家居焉。公不能忘郢，故取郢州之白雪楼以名所寓，因后学称雪楼先生。"是以号名集。有《四库全书》本。

Xun

【 荀子 】

诸子哲学　战国荀况（前 313—前 238）撰。况又被尊称为荀卿，汉时因避宣帝刘询讳，曾改名孙卿。赵国人，曾为楚之兰陵（今山东苍山境）令，以著书终老其地。荀子为儒家革新学派，吸收老子、墨子诸家学说。主张自然天道观，论人性恶说。重视劝学、教育，以导向善。但坚持封建等级，纲常名教。荀、孟为儒家两大师，唐以前皆并称。宋儒提升《孟子》，为经，排斥荀卿。至清始称显学。荀之书于汉刘向校书时，曾名为《新书》。至唐杨倞作注乃更名为《荀子》，是最早的注本。清代以王先谦《荀子集注》最佳。有 1960 年北京古籍出版社排印本。

【 逊志斋集 】

诗文别集　明方孝孺（1357—1402）撰。孝孺字稀直、希古。浙江宁海人，师宋濂，人称正学先生。惠帝时，任侍讲学士。以不肯为成祖起草登基诏书被杀，诛其十族（九族合其学生称十族），死者共八百七十余人，名震天下。方氏书室名逊志斋，其典见于《尚书·说命下》："惟学逊志，务时敏，厥真乃来。"宋蔡沈传："逊，谦抑也。逊其志，如有所不能。敏于学，如有所不及。虚以受人，勤以励己，则其所修如泉始达，源源乎其来矣。"孝孺文章纵横豪放，诗雄奇俊逸。郑瑗《井观琐言》称其志高气锐而词锋浩然，足以发之。先生死后，文禁极严，门人藏其遗稿，宣德后始稍流布，故多脱文缺简。有《四库全书》本。

Y

Ya

【 亚细亚孤儿 】

长篇小说　中国台湾作家吴浊流（1900—1976）著。吴氏原名吴建田，笔名有饶耕等。台湾新竹人，台湾师范学校毕业后，担任教职。1936 年开始文学创作。1943 年到 1945 年，冒着生命危险，秘密写作长篇小说《亚细亚孤儿》。此书是吴氏重要的代表作，也是台湾新文学创作的里程碑。书中以日本殖民统治下的台湾，和日本及中国大陆为背景。写主人公胡太明，原名胡志明，这个历史孤儿，从苦闷到觉醒的坎坷历程。最后他偷渡到大陆，投入抗日战争的行列。书成于 1945 年，用日文出版时，题名《胡志明》。作者说："原来我命此名有很多寓意。日据时代的台湾，像五胡乱华一样，被别人统治。又台湾人是明朝的遗民，所以要'志明'。后因巧合了人名，恐怕有误不得不改名，就以《亚细亚孤儿》《被弄歪了的岛》等书名在日本再版。以后又译成中文，以《孤帆》《孤帆小影》《亚细亚孤儿》等书名在台湾地区发行，有 1962 年台北华南出版社版本。作者另有《吴浊流全集》六册，张良译编。

【 雅舍小品 】

杂文集　梁实秋（1902—1987）撰。实秋，原名治华，笔名秋郎。原籍浙江杭县（今余杭）。1915 入北平清华学校，1926 年留美哈佛大学研究院。回国后，在南京、上海大学中任教，并在报刊发表小品、评论。《新月社》成立，为主要成员。抗战时，入川编辑《中央日报·副刊》。1948年去香港，后在台湾任师范大学文学院院长。《雅舍小品》收文一百四十三篇，是作者从1940年陆续发表的。1949年起由台湾正中书局出版，共四集。关于书名，作者在合订本《后记》中说："抗战期间，我在重庆。五四大轰炸那一年，我疏散到北碚，吴景超、龚业雅也一同疏散到北碚。……我和他们合资在北碚买了一栋房子。……景超建议给这栋房子题个名字，以资识别。我想了一下说：'不妨利用业雅的名字，名之为雅舍。'……雅舍的名字缘来如此。并非如某些人所误会，以为是自命风雅。"本书《雅舍》一文也写道："长日无俚，写作自遣，随想随写，不拘篇章。冠以《雅舍小品》四字，以示写作所在，且志因缘。"

Yan

【 燕山夜话 】

文集　马南邨(即邓拓，1912—1966)著。邓拓，福建闽侯人。1930年加入中共及左联，抗战中任《晋察冀日报》社长、新华总分社社长。新中国成立后任《人民日报》社长、总编辑，北京市委文教书记。1961年遵照百花齐放、百家争鸣的方针，在《北京晚报》开辟《燕山夜话》专栏，以提倡读书，丰富知识，开阔眼界为宗旨，共发表杂文一百五十多篇。其中有些是为针砭时弊，有感而发的，如《说大话的故事》《三种诸葛亮》《一个鸡蛋的家当》《爱护劳动力的学说》等，尖锐地讽刺了想入非非，刚愎自用，滥用民力的幻想家和主观主义者。1966年被打成反党反社和主义分子，成为"文化大革命"的第一个著名的牺牲者。此书1963年初版，1979年重印。燕山，是河北省北部，东西走向的山脉。宋代曾于此山南部平原，置燕山府，所辖即今北京市及其周边地区。《北京晚报》专栏乃以此题名，书亦题此名。

【 燕石集 】

诗文别集　元宋褧撰。褧字显夫，大都人。世祖至惠宗朝(1292—1344)在世。泰定年进士，累官翰林直学士，兼经筵讲官。书名乃谦其所作也。大都，古燕地。燕石，燕山所产之石。《山海经三·北山经》："北百二十里，燕山多婴石。"晋郭璞注："言石似玉，有符采婴(缠绕)带，所谓燕石者。"《后汉书四八·应劭传》："宋愚大夫亦宝燕石。"注引《阙子》："宋之愚人得燕石梧台之东，归而藏之，以为大宝。周客闻而观之。主人斋七日，端冕之衣，衅以特牲。革柜，缇中十袭。客见之，俯而掩口卢胡而笑曰：'此燕石也，与瓦甓不殊。'主人父大怒曰：'商贾之言，竖匠之心。'藏之愈固，守之弥坚。"后以为自谦称物鄙之不足道。苏轼诗："漫遣鲤鱼传尺素，却将燕石报琼华。"元苏天爵《燕石集序》："显夫家本京师，故题其集曰《燕石集》。"元许有壬《燕石集序》："比予入京前十五日，而显夫卒矣。……孤籥奉《燕石集》拜且泣：'此先子所遗，兄癀编次也。'……自名燕石，然世皆信其为玉也。"有《四库全书》本。

【 严译名著丛刊 】

严复撰。复字又陵，又字几道。1854—1921年在世。福建侯官(今闽侯)人，曾留学英国海军大学。归国任北洋水师学堂总教习，后升总办。中日甲午战后，发表《辟韩》《原强》等文，主张变法维新。又译《天演论》等。主办《国闻报》。为近代启蒙思想家、翻译家。《丛刊》为其译著，著名的有八种：

一、《天演论》，原名《进化论与论理学》。英赫胥黎(T. H. Huxley)原著。严复以"天演"表示自然进化之理论。1896年初版后"物竞天择，适者生存"思想，风靡全国，对资产阶级改良思想，推动很大。

二、《原富》，原名《国民财富的性质和原因的研究》。英，亚当·斯密原著。严复例言："故'原富者'计学之书。"计学，是严复翻译英语《经济学》的译名。后来王亚男、郭大力重译此书，改名《国富论》。近有北京商务印书馆1981年刊本。

三、《群学肄言》，英，斯宾塞(H. Spencer)原著。现译为《社会学》。严氏云："以大阐人伦治化之事，号其学曰《群学》"。近有上海商务印书馆刊本。

四、《群己权界论》，原名《论自由》。英，约翰穆勒(J. S. Mill)著。近有北京商务印书馆1981年刊本。

五、《社会通诠》，原名意为《社会进化简史》。严氏云："是书原名《政治简史》……著治理之天演，自其粗简，以致精繁。使因果相生，厘然可指，故曰'史'也。"英，甄克斯(E. Jenks)原著。近有北京商务印书馆1981年刊本。

六、《名学浅说》，原书名中的"Logic"今译为《逻辑学》。英耶方斯(W. S. Jerons)原著。近有北京商务印书馆1981年刊本。

七、《穆勒名学》，原书全名为《逻辑学体系：演绎和归纳》，简称《逻辑体系》，英(J. S. Mill)原著。近有1981年商务印书馆刊本。

八、《法意》，今译为《论法的精神》。法国孟德斯鸠(Baron de Montesquieu)原著。近有北京商务印书馆1981年刊本。

【 岩下放言 】

杂著　宋叶梦得(1077—1148)撰。梦得有《石林居士健康集》已著录，可参考。书为其晚年致仕退居卞山时所作，多谈佛教、老子之旨，以其学问博洽，多知故事，颇有可采。岩下，意为归田隐居。放，放纵。《晋书・嵇康传》："又读老庄，重增其放。"放言，《后汉书・孔融传》："跌荡放言。"指纵意谈论，无所拘束。是书为无拘无束，随笔记录，故名《岩下放言》收入《四库全书》子部杂家类。

【 炎徼纪闻 】

民族史书　明田汝成(约1503—?)撰。汝成字叔禾，钱塘(今浙江杭州)人，嘉靖进士，官至广西布政司右参议。是书记述西南苗、瑶等少数民族之事。炎，极热。炎徼，指南方炎热边远之地。江淹《齐太祖诔》："冰州炎徼，来献其琛。"白居易《赠别微之》诗有："君还秦地辞炎徼。"以炎徼称我国西南炎热地区。本书记当地少数民族事，故以炎徼题名。于嘉靖三十七年(1558)成书。收入《四库全书》史部纪事本末类。

【 盐铁论 】

政经论集　汉桓宽撰。宽字次公，汝南(今河南属县)人。约昭、宣二帝间(前73)前后在世。官至庐江太守丞，昭帝始元六年，诏贤良文学，与御史大夫桑弘羊等辩论盐、铁、酒类，国家专卖事。后罢酒类专卖，而盐、铁依旧。故桓宽根据记录写成此书，唯以盐铁为名，盖惜其不尽行也。桓宽站在贤良文学士群的儒家立场上，反对桑弘羊和丞相田千秋等的法家观点，详细记述了当时辩论国策时的各方的理论至于神态，为古代重要史籍。近有北京华夏出版社2000年刊本。

【 颜鲁公集 】

别集　唐颜真卿撰。真卿，字清臣。京兆万年(陕西长安)人。中宗景龙三年(707)生，德宗宝兴元年(748)卒。开元进士，任平原太守时，逢安史之乱。真卿早有备，即起兵抗击。十七郡推为盟主，故河朔骚然，而平原独完。后官至尚书右丞，封鲁郡公。其文辞清刚，尤善正草书。《新唐书・颜真卿传》："真卿立朝正色，刚而有礼。非公道直言，不萌于心。天下不以姓名称，而独曰鲁公。"案，颜真卿原于吉州任别驾时撰《庐陵集》。在抚州刺史时编《临川集》。湖州刺史时为《吴兴集》。代宗晏驾时，任礼仪使，有《礼仪集》。大抵颜氏每官制一集，至五代时全佚。此本乃后人掇编者。郡公，爵名，晋始置。大者食万户，如小国王，亦称开国郡公。有《四库全书》本。

【 颜氏家训 】

杂论　隋颜之推撰。之推字介，琅琊临沂(今属山东)人。历仕北齐、周、隋诸朝，531—591年在世。书成于隋开皇九年(589)，名取家教训育，以诫子孙之意。本书《序致》："非敢轨物范世也。以整齐门内，提撕子孙，故留此二十篇，以为汝曹后车耳。"陈振孙《直斋书录解题》："古今家训，以此为祖。"后颇有效之者。颜氏并长文学，书中音韵、字训、风俗、时尚、典故、考证、文艺理论，所述多可取资，并补史阙。有1980年上海古籍出版社刊本。

【 弇山堂别集 】

杂史　明王世贞(1526—1590)撰。世贞有《弇州山人四部稿》已著录。此书载明代典故，分盛事、异典、奇事、史乘考误、表等类，可补明代实录之阙。弇山堂，王世贞室名。士贞在太仓县西隆福寺近处，筑园。广七十余亩，极园亭林木之胜。中叠三峰,曰西弇、中弇、东弇。取《穆天子传》:"纪迹于弇山之石而树之槐,眉曰西王母之山。"作者《弇山堂别集小序》:"名之别集者何? 内之无当于经术政体,即雕虫之技亦弗与焉,故曰'别集'也。"有《四库全书》本。

【 弇州山人四部稿 】

诗文别集　明王世贞撰。世贞字元美,号风州,又号弇州山人。江苏太康(今苏州专区属县)人。世宗嘉靖至神宗万历年(1526—1590)间在世。嘉靖进士,曾任山西按察使,因同情杨继盛,而受严嵩迫害,后官至刑部尚书。于文学,早年主张文必西汉,诗必盛唐,晚年始趋平淡。与谢榛等号称五子,又与吴国伦等称后七子。弇州,《淮南子·地形》云:"正西弇州为并土。"案,虞舜分冀东恒山之地为并州,包括今河北正定、保定及山西省、陕北诸地。又《山海经·大荒西经》:"有弇州之山,五彩之鸟,仰天名曰鸣鸟。爰有百乐歌舞之风。"世贞在太仓筑有弇山园,所以名集。四部为赋、诗、文、说四部。有《四库全书》本。

【 晏子春秋 】

传记　旧题齐晏婴(前? —前 500)撰。婴字平仲,夷维(今山东高密)人。春秋时齐大夫,执政五十余年,内政、外交皆卓有成就。本书八卷,皆述晏婴事迹。于言说中,发挥政论。与著书立说者迥别。《崇文总目》谓:"后人采婴行事为之。"中多谏诤之辞,显见作者之旨。编者姓名已失,题晏婴者,依托也。本书名,始见于《史记·晏婴传》,题为"春秋"者,类为史书。虽无传记之名,实传记之先也。近代亦有将此书列为"小说家者流"。可谓传说故事集,或最早的短篇小说集。有 1962 年北京中华书局排印本。

【 雁门集 】

诗集　元萨都剌撰。萨都剌,字天锡,号直斋,回族人。约于武宗至大年中(1272? —1340?)在世。其祖父以世勋镇云代,居于雁门。泰定进士,曾任翰林国史院应奉文字,晚年入方国珍幕府。其《西湖十景词》,至今脍炙人口。雁门,战国时赵置郡,秦因之,即今代县地。代县西门有雁门山,《山海经》:"雁门山者,雁飞出其间。"上有雁门关,自古为戍守重地。梁江淹《古别离》诗:"远与君别者,乃在雁门关。"唐施肩吾《云中道上作》:"羊马群中觅人道,雁门关外绝人家。"有《四库全书》本。

Yang

【 阳春白雪 】

全称《乐府新编阳春白雪》　散曲总集　元杨朝英(1326 前后)撰。朝英有《太平乐府》已著录,可参阅。其书选录元人散曲六十余家,小令近五百首,套数七十,搜罗颇富。在元散曲选集中编印最早,流传最广。阳春白雪典自宋玉《对楚王问》:"客有歌于郢中者,其始曰《下里》《巴人》,国中属而和者数千人;其为《阳阿》《薤露》,国中属而和者数百人;其为《阳春》《白雪》国中属而和者不过数十人,……是以其曲弥高,其和弥寡。"是楚国人当时以《阳春》《白雪》视为高雅音乐,集以此题名,喻集中所收皆高雅精深之作。是书与《太平乐府》皆为研究元代散曲的重要资料。有中华书局 1957 年出版新校本。

【 阳山顾氏文房 】

又称《顾氏文房小说》　丛书。明顾元庆辑。四十种。元庆字大有,长州(今江苏苏州)人。家阳山大石下,藏书万卷,择其善本刻之,题此名书。刻板纪年为正德至嘉庆年间(1517—1532),大部为小说,时为罕密,如后周王仁裕之《开元天宝遗事》等。近代有中华民国十四年(1925),上海商务印书馆据明本影印本。

【 扬鞭集 】

新诗集　刘半农(1891—1934)撰。半农原名刘复,现代诗人。原籍江苏江阴,少年家贫。读至中学,辛亥革命时,入革命军中,任文书。后去上海中华书局任编辑。到北京参加《新青年》杂志的编辑。1917 年起,开始用白话写诗。留法获国家文学博士学位,任教于北京大学。半农,是作者旧笔名的简化。张中行《负暄琐话·刘半农》:"早年在上海《礼拜六》派文章,署名'伴侬'。半农的大号,就是削去两个人字旁来的。"此外,半农也有敬服劳动农民之意。本诗集名"扬鞭",是策马飞跃的意思。希望这本诗集，能引发大家关心新诗，加入新诗的创作行列，使中国现代诗由此起飞。本书1926年由北平北新书局出版。

【扬侍郎集】

（一作《扬子云集》） 别集，西汉扬雄撰。雄字子云，蜀郡成都（今四川成都）人。宣帝甘露六年（公元前53年）生，新莽天凤五年（公元前18年）卒。博览群书，喜辞赋，亦长于哲学、语言。四十岁离家游京师，以辞赋上，为给事黄门郎。辞赋与司马相如齐名，并称“扬、马”。《羽猎赋》《长杨赋》《解嘲》均为其代表作。晚年，莽称帝，校书天禄阁。案：侍郎，官名。秦汉时，郎中令有侍郎，执戟宿卫殿门。汉时因给事在黄门（近侍之官署），故名，省称黄门郎。以官衔名书，书为明人所辑。有《四库全书》本。

【杨家府演义】

历史传奇小说 全称是《新编全像杨家府世代忠勇演义志传》，明代撰者佚名。小说从杨业抗辽，身陷重围，撞李陵碑殉国起。以十二寡妇征西，杨怀玉举家上太行，隐身远祸结束。共八卷，五十八回。乃由说书艺人讲史说本演变而成。原题“秦淮墨客校阅，烟波钓叟参订”，有万历刊本印章。“秦淮墨客”即纪振伦，号春华，余无考，现尚不能定此书为其所作。此书人物性格鲜明，语言通俗生动。特别是刻画英姿勃发的杨门女将，其中最光辉的是穆桂英，在民间的影响很大。戏曲于此采取题材甚多。有1980年上海古籍出版社点校本。另明嘉庆年间，书坊主人熊大木曾撰《北宋志传》，后被改编成《杨家将》，与《杨家府演义》接近，但有不同。

【仰节堂集】

诗文别集 明曹于汴撰。于汴，字自梁，又字贞予。安邑（今山西运城境）人，嘉靖至崇祯年（1550—1630）在世。万历进士，于官左佥都御史时，力扶善类，为魏忠贤所忌。崇祯初，拜左都御史。振顿宪规。平生制行高洁，风节凛然。仰节之“节”，指陶渊明与邵雍，二人分别谥为靖节、康节。作者《仰节堂记》：“先大人以万历四年之春，构书舍一区，命曰‘云津书舍’。为间者三，前敬以会讲，后分为静室。慕陶靖节、邵康节二先生高致，题曰‘仰节堂’，俾不肖辈学习其中。”以书室名集。有《四库全书》本。

【仰视千七百二十九鹤斋丛书】

简称《鹤斋丛书》。清赵之谦（1829—1884）编。列六集、四十种、七十四卷。之谦，字益甫。浙江会稽（今绍兴）人。咸丰举人，游京师，盛夏辄裸衣坐海王村（今琉璃厂）书市。挥扇纵谈，人目为狂士。后官南城知县。所辑经说、杂史、金石、笔记，均为篇幅短小罕见之书。其中《英吉利广东入城始末记》，为当时最新历史记载。本书之题名，作者有《序》云：“夜梦群鹤翔舞，羽翼蔽天，为数一千七百二十有九。然其水中之影，则为鹳、鹅、鸡、凫，且杂（虫遗）、螳、虻、蜣、蚈、螇、蠮、螉之属，并无一鹤。盖自慨屈居下僚，而卑鄙龌龊之辈，反居其上，故为此寓言以自遣也。因署名曰‘仰视千七百二十九鹤斋’者亦名是编。”有光绪中会稽赵氏刊本。

【养蒙集】

诗文别集 元张伯淳撰。伯淳，嘉兴崇德（今浙江桐乡之崇福镇境）人。宋理宗至元成宗（1242—1302）在世。举进士，官至翰林侍讲学士。元程钜夫《翰林侍讲学士张公墓志铭》：“……公，名伯淳，字师道。……省檄按疑狱衢秀州，咸得其情。事已，因过其家与其伯氏相从嬉遨，不忍顷刻离去，榜其室曰‘养蒙’。”案：养蒙，典见《易·蒙》，彖（tuàn）曰：“蒙以养正，圣功也。”孔颖达疏：“能以蒙昧隐默，自养正道。”室名取义于此。人称养蒙先生，其子采辑其文而传，以之名集。有《四库全书》本。

【养吾斋集】

诗文别集 元刘将孙撰。将孙，江西庐陵（今吉安）人。刘辰翁子，约成宗大德中（1302）前后在世。第进士，尝为延平教官、临汀书院山长。儒家学，习父风，有“小须”之目。（辰翁著《须溪集》已著录）。养吾，语出《孟子·公孙丑上》：“我养吾浩然之气。”浩然：正大刚直。作者以此明其志并以名斋，名集。曾闻礼《养吾斋集序》：“先生须溪刘氏，讳将孙，字尚友，学者称养吾先生。……先生之于文，浑浩变化，虎跃龙腾。有倾河倒海之势，而来者望洋不可涯涘。”有《四库全书》本。

Yao

【 姚少监诗集 】

唐姚合(779？—846?)撰。合,家硖石(在今河南陕县),元和年进士,授武功主簿。当时合之诗作为世传诵,称武功体,人称其姚武功。合刻意苦吟,喜为五律。诗风类贾岛,故“姚贾”并称,后为宋代江湖派诗人宗法。官至秘书少监,以衔名集。案,秘书监,官名,东汉桓帝时始置,典司图籍。自隋至宋皆有秘书省,以监为长官,少监次之。有《四库全书》本。姚合另撰有《极玄集》请参阅。

【 药房樵唱 】

诗词集　元吴景奎撰。景奎,字文可。兰溪(今浙江县治)人,世祖至惠宗朝(1292—1355)在世。曾任兴化县儒学录。吴氏多病,于采煎药石之间吟咏制作,故以名集。药房,古人制药之处。唐张籍《寻徐道士》诗:“寻师远到晖天观,竹院森森闭药房。”吴氏有《代呻吟绝句十首》:“鬓丝冉冉飏茶烟,药裹关心手自煎。祸福从来相倚伏,灵气何必事莛蓴。”其《满江红·天台道中》词云:“树迷烟际,襟袖冷。朔风初定,露花才堕。珠斗横空孤嶂远,金波摇月寒潭碎。问牛郎,采药遇神仙,知何地?”有《四库全书》本。

Ye

【 野处集 】

文别集　元邵亨贞撰。亨贞字复儒,号贞溪。先世淳安人,徙居华亭。元末明初(1309—1401)在世。野处,见《易·系辞下》:“上古穴居而野处,后世圣人易之以宫室。”亨贞博通经史,文辞富赡。著述于民间乡里,故以野处名集。曾官松江训导,终于儒官。足迹不出乡里。所作诗词已佚,此本独寸焉。有《四库全书》本。

【 野古集 】

诗文别集　明龚诩撰。诩字大章,江苏昆山(今苏州专区属县)人。太祖洪武至宪宗成化朝(1328—1467)在世。随父从军,守四川金川门(大凌河上游处)。燕兵至,恸哭遁归,卖药授徒,隐居以处。人詈之野古,作者便以名集,以藐视之。《野古集自序》:“世之骂疏俗粗鄙者类曰野,而目方直廉介者曰古。余生草野间,所交者黄童白叟而已。是古踪迹罕涉乎势利之途,谈论不越乎耕牧之事,衣冠不随乎时,礼貌不徇乎俗。与夫一言一动,不谐人耳,悦人目,而适人意也。或者以野骂之,或者以古目之,余闻而窃自揣焉。骂我野者诚得我实不深过;而目我古者虚誉过情,非余所敢知也,于是‘兼取’二字以命其斋。庶为晨夕接目警心之助,以求去其野而驯致其古已耳。……因斋名而题之曰《野古集》。”有《四库全书》本。

【 野趣有声画 】

诗集　元杨公远撰。公远,字叔明,安徽歙县人。生于理宗绍定年(1228),卒年不详。入元不仕,人称野趣居士,余无考。有声画,诗之别称。诗可吟咏,且富画意,尤其是描写山水景物的诗歌。元黄溍《筲溪风雨中,章德茂同泛》诗:“为君留此有声画,题作扁舟烟雨图。”元吴龙翰《野趣有声画·原序》:“杨君家松萝白岳下,因池林木蔚然,文类魏野之居,多所得趣。故其襟怀玉雪,不涴点尘。然天地间风月常新,烟云不断。君磨墨濡毫,画难画之景,以诗凑成;吟难吟之诗,以画补足。观此一卷,则知意匠经营亦良苦矣。”元方回《野趣有声画跋》:“野趣,杨叔明与倡和。阅前作,倏十二年矣。叔明能画能诗,笔愈益老而须发如漆,独道貌犹未老也。岂胸中有所养而然乎?其无声之诗,当求米元章、张彦远辈评之。其有声之画如《回溪道中》,此可谓五十六字‘溪山村落图’也。……全篇熟而不腐,新而不怪。诗妙至此,非胸有所养不能也。”有《四库全书》本。

【 野叟曝言 】

长篇章回小说。清夏敬渠撰。敬渠字二铭,康、乾时(1705—1787),江苏江阴人。夏氏自负博学,然屡踬科场。终身不得志,乃寄幻想于是书。此书叙一文武双全的理想人物——文白、文素臣,一生功高盖世,位极人臣,享尽人间荣华富贵。据金武祥之《江苏艺文志·凡例》云:“《野叟曝言》,

夏二铭作。二铭，即夏敬渠、懋修别号。书中文白即自喻，自以抱负不凡，未得黻黼休明，比之野老无事，曝日清谈耳。”野叟，即野老。唐许崇诗：“时因寻野叟，狂醉复狂歌。”曝言，即曝日而长谈。唐李颀诗：“百岁老翁不种田，唯知曝背乐残年。”是书虚构荒诞，又卖弄才学，无所不涉，成一光怪陆离之作。唯作者见闻阅历深广，写世态人情，曲折反映历史，有一定认识价值。有光绪八年申报馆排印本。

【 叶归何处 】

散文集　中国台湾女作家简宛（1939—　）著。简宛，原名简初惠。台湾师范大学历史系毕业，留美研究教育，回台在中学、大学任教。书中收《风雨故人来》《风里的怀念》《叶归何处》《情归何处》等共三十二篇。叙述友情甜美、家居幸福、旅居异国的所思所想；也写到女子年华老大的惆怅、对感情和婚姻的无奈和茫然。文笔自然平淡，也不失活泼。书名脱自古诗及俗语：宋黄庭坚词《清平乐》有：“春归何处？寂寞无行路。若有人知春去处，唤取归来同住。……”俗语中有“叶落归根”之说，言树叶凋谢，总要落在树根周围，喻不忘本源。唐惠能《坛经·付属品》：“叶落归根，来时无口。”《说岳全传》四十六回：“古人有言：树高千丈，叶落归根。卿家若是想念家乡，某家差人送你回国。”书名反映海外华人的游子心情。本书1971年3月由台北尔雅出版社出版。

【 叶圣陶集 】

别集　1987年江苏教育出版社出版。叶至善、叶至美、叶至诚共同主编。著者叶圣陶（1894—1988），原名叶绍钧。辛亥革命时，蒙师章伯寅为他改名“圣陶”，以有诗曰：“圣人陶钧万物”之意。江苏苏州人，青年时任小学校长多年。1914年开始发表文言小说，1921年参与发起“文学研究会”。著作有小说、散文、童话等，并长期兼任教师。解放后，职至中央文史馆长、政协副主席等。其重要著作题解如下：

一、《稻草人》。童话集　1923年发表。收有《画眉鸟》《稻草人》等。《稻草人》抒写农民的困境。鲁迅先生说：“叶绍钧先生的《稻草人》是给中国童话开了一条自己创作的路的。”见鲁迅《表·译者的话》。近有西安出版社1998年刊本。

二、《倪焕之》。长篇小说　1928年发表，为其代表作。通过主人公十余年中，对“理想教育”“理想爱情”“理想革命”的不断追求和幻灭，写出中国近代，追求进步的知识分子的心灵变迁史。

三、《未厌集》。短篇小说集　作者在题记中说：“厌，厌足也。作小说虽不定是什么甚胜甚盛的事，也总得像个样儿。因此未能厌足。愿意以后多多修炼，万一有使自家尝味到厌足的喜悦的时候吧。又厌，厌憎也。有人说我是厌世家，自家检查，似乎尚未厌世，不欲去自杀。这个世如何能厌？自家是作如是想的。几篇小说集拢来付刊，就用‘未厌’二字题之。”1928年出版。作者室名亦称未厌居。另有散文集称《未厌居习作》1935年出版。

四、《四三集》。短篇小说选　上海良友图书公司1936年初版。收作者1935年至1936年创作的二十篇小说。有“半年、一个练习生、火车头的经历、一篇宣言、邻居、逃难、多收了三五斗（曾被选作中学语文教材）等。描绘了特定历史时期社会人生和各色人物。至于书名作者在《自序》中说：“这本集子是四十三岁这一年出版的，就叫它《四三集》吧。”

五、《西川集》。散文集　收二十四篇。关于题名作者在《自序》中说：“取名《西川集》，所以记写作的地点。”西川，唐代镇名，即“剑南西川”，简称西川。治所在成都府，现为成都市。1945年重庆文光书店出版。

【 邺中记 】

杂记　今本一卷。晋陆翙（hui）撰。翙，国子助教，余无考。本书记五胡十六国（参阅已著录之《十六国春秋》）中，后赵帝石虎（295—349）事。石虎，后赵第二帝，凶暴荒政。在位十五年，身死族灭。以其都于邺（今河北邯郸专区临漳县境）而名本书。原二卷，宋已残缺，窜入唐马温《邺都故事》等书，有关魏以下都邺者六朝事，如魏文帝、魏武帝，北齐之高欢、高洋等。清由《永乐大典》中辑成一卷。案：邺城，春秋时齐桓公筑。汉置邺县。后汉袁绍为冀州牧时，镇邺。曹操亦曾封于邺。三国时，邺为魏五都之一。晋改为临漳，为石虎攻陷，迁都于此。后前燕、东魏、北齐均都于此。北周丞相杨坚攻焚之，毁千年古城于一旦。有《四库全书》本。

Yi

【 一捧雪 】

原名《一笠庵新编一捧雪传奇》　传奇剧本。明末清初李玉（1590？—1671？）撰。玉字玄玉，号一立庵主人。江苏吴县（今苏州）人。出身寒门，博学多才，科场不得志。明亡后绝意仕进，致力于戏剧创作。此剧演莫怀古之友汤勤，逢迎权贵严世蕃，献计谋夺莫之家传玉杯"一捧雪"，使莫家破人亡。莫因有仆代死，得以脱身。世蕃败，怀古子昊重得玉杯，且与父母完聚。传说严世蕃有迫害太仓王忬谋夺其家传珍宝事，作者以此剧影射为之。该书收入《古本戏剧丛刊》三集。

【 一切经音义 】

训诂学著作　"一切经"是佛教经书的总称，亦称《大藏经》。北齐释道慧撰有《一切经音》，久佚。现有以下两种：

一、唐释玄应撰者，亦名《大唐众经音义》，习称《玄应音义》，二十五卷。玄应，长安大慈恩寺翻译僧，兼通释儒，尤精字学。作者博引百数十种典籍，保存大量古籍佚文和异文。为现有佛经音义最古之作，兼有佛学词典和普通词典双重功用。有1935年上海影印本。

二、唐释惠琳（737—820）撰者。惠琳原裴姓，西域疏勒国（今新疆喀什噶尔）人。居长安西明寺，学贯儒、释，尤精中国、印度文字之学。此书亦名《大藏音义》，习称《惠琳音义》。作者历时二十余年，于汉唐一千三百部，五千七百余卷中，选择词语作注，凡六十万字。为现存佛经音义中，集大成之作。在古辞书中，援据古籍之多，保存佚文之富，首推此书。此书在我国久已失传，日本则保存单刻本，今并收入《大藏经》中。有1986年上海古籍出版社影印，清乾隆间日本刊本。

【 衣带渐宽终不悔 】

长篇小说　台湾作家许希哲（1934—　）撰。作者原福建晋江人，毕业于菲律宾雷伊泰学院，曾任侨联出版社总编。1959年到台湾，经商兼事写作。本书1983年由台北照明出版社初版。写少女徐乃英，高中毕业后，不思升学。因为自己长得太美，又多才艺，应当及早利用，服务社会。以免辜负造物主对她的偏爱，委屈自己，又不利他人。因此她选择了进入娱乐界，为了飞向高枝作凤凰，求企业家张道源帮忙，而且以作他的情妇为荣……小说映照出，当代台湾的世道人心。书名是调侃这位标榜高格调、高水平的女主角。原句采自宋朝词人柳永词《凤栖梧》："伫倚危楼风细细，望极春愁，黯黯生天际。草色烟光残照里，无言谁会登临意。拟把疏狂图一醉，对酒当歌，强乐还无味。衣带渐宽终不悔，为伊消得人憔悴。"

【 伊滨集 】

诗文别集　元王沂撰。沂字思鲁，先世云中，徙真定（今河北正定县）约文宗至顺年（1330）前后在世。延祐进士，曾官嵩州同知、国子博士、翰林待制，与修宋、辽、金史。延祐四年，曾佐郡伊阳。伊阳，属嵩州，在伊水之阳。作者《南轩书事四首》诗之一："纶巾羽服卧伊滨，清啸孤吟颇著勋。留语后人还要否？南山修竹北山云。"又有《暮春有怀》诗："我行常伊滨，休日聊游豫。溪山足真味，心迹捐外慕。"集名"伊滨"即题其时。案，伊阳，唐置。即今河南省嵩县西南旧县城地。唐李白《鸣皋歌奉饯从翁清归五崖山居》诗有："麒麟阁上春来早，著书却记伊阳好。"

【 伊洛渊源录 】

哲学著作　宋朱熹（1130—1200）撰。朱熹生平，参见已著录之《晦庵集》。伊、洛河南二水名。书以标志二程（洛阳人程颢、程颐，颐又号伊川先生）学派之源流，故名之。内容记周敦颐（二程之师）及二程，和邵雍等四人，与其门人弟子言行事迹。以记二程思想最详，推为理学正宗。宋人言道学宗派门户，多据此书。案，河南伊河源出伏牛山栾县，东北流至偃师县，入黄河。曹植《赠白马王彪》诗："伊洛广且深，欲济川无梁。"有《四库全书》本。

【 伊索寓言 】

公元前6世纪，希腊哲学家伊索（AEsop）著。

伊索,弗里吉亚人,以善寓言闻名。公元前3世纪,曾编有《伊索寓言集》,后佚失。现流行本是后人根据古代传抄本,并收集的零散寓言编订的。明代法国来华传教士金尼阁,曾口授与中国文人张赓,笔译于天启年成书。1625年刊行,取名《况义》。况,《广韵》释:“匹拟也。”况义,即譬喻之言义。现世仅存之抄本原件,藏于法国巴黎国家图书馆。1840年林纾,又据严培南口译而成书,由商务印书馆刊行,题名《伊索寓言》。1955年,北京人民文学出版社刊行周启明译本,题名仍为《伊索寓言》。

【医垒元戎】

中医书　元王好古撰。好古,赵州人。本书以十二经为纲,论述伤寒、杂病,为王氏代表作。宋张仲景著作,即以张元素、李东垣之理。参以王氏见解、经验而成。垒:军事营垒。元戎,是带兵的将领。书名喻良医用药,如良将临阵之用兵。其《自序》云:“攻守不常,出没无定,不啻胸中自有十万精锐。其敌可却,其胜可决,而其安可图。故曰《医垒元戎》。”有1907年京师医局刊本。

【医闾集】

别集　明贺钦撰。钦字克恭,号医闾。生于英宗正统至武宗正德年间(1437—1510)。其先浙江定海人,以戍籍辽东义州卫。成化年进士,曾官陕西参议,以母殁辞。钦读书医无闾山,自号医闾山人。文多,而信笔挥洒。义州卫,汉无虑县地。金改义州,明置义州卫。民国改义县。医无闾山,亦作医巫闾,在辽宁北镇县西,又称广宁山,主峰望海山,为阴山山脉分支。有《四库全书》本。

【仪礼】

儒家经典　旧说孔子(前551—前479)选定。为三礼之一,记载古代士大夫、贵族的礼节仪式,是孔门弟子必读书,故称《仪礼》,又称《士礼》。清邵懿辰《礼经通论》:“《仪礼》十七篇,内容有冠、昏(婚)、丧、祭、射、乡、朝聘八者,礼之经也。冠,以明成人;昏,以合男女;丧,以仁父子;祭,以严鬼神;乡饮,以合乡里;燕射,以成宾主;聘食,以睦邦交;朝觐,以辨上下。古代以汉郑玄注,唐贾公彦疏本称最善。清道光年胡培翚之《仪礼正义》为集成之新疏。有《十三经注疏》本。

【夷白斋稿】

诗文别集　元陈基撰。基字敬初,临海(今浙江台州地区属县)人。自号夷白,以之名斋复名集。元末明初(1314—1370)在世。元时任经筵检讨,张士诚致之为学士。吴平,太祖召修元史,赐金还。夷白,谓安贫自爱。《南史·隐逸传·附蔡荟》:“蔡荟,字修明,陈留人,清抗不与俗人交。李撝谓江斅曰:‘古人称安贫清白曰夷;涅而不缁曰白。’如蔡修明者,可不谓之夷白乎?”有《四库全书》本。

【夷坚志】

志怪小说集　宋洪迈(1123—1202)撰。迈有《容斋随笔》,已著录,可参见其生平。此书原四百二十卷,为宋志怪小说之最。现仅残存二百另六卷。夷坚,上古人物。《列子·汤问》:“有鸟焉,其名为鹏。翼若垂天之云,其体称焉。世岂知有此物哉?大禹行而见之,伯益知而名之,夷坚闻而志之。”洪迈在《夷坚支志丁集序》中言:“诸志皆得之传闻,苟以其说至,斯受之而已矣。”此书乃辑录古今传闻,部分来自前朝以来志怪集。搜罗宏丰,颇有价值。部分实录,亦反映当时社会现实。然宋周密评其:“贪多务得,不免妄诞”(见《癸辛杂识》)。为宋、明演唱、讲说艺人所重视,民俗学家亦取参考耳。有《四库全书》本。

【夷门广牍】

丛书　明周履靖辑。履靖字逸之,号梅颠道人,嘉兴(今属浙江)人。性喜书,专力古文辞。编篱引流,杂植梅竹,读书其中。书题夷门,自寓隐居之意。夷门原为山名,战国魏大梁旧有夷门,以山为名,乃城之东门。魏隐士侯嬴为夷门监者,后指夷门为隐居。牍,古代指木简,可书写记录。后引申指书籍、文书。《后汉书·荀悦传》:“所见篇牍,一览多能诵记。”题名示为多方的杂记。此书刊于明万历二十五年(1597),内容为闲适、觞咏二类,共一百另七种。其中包括有中国古代科技资料。有万历间作者辑刊本。

【绎史】

杂史　清马骕(1620—1673)撰。一百六十卷。骕字宛斯,山东邹平人。顺治进士,官灵璧县知县。平生专攻上古史,人称“马三代”。书成于康熙九年(1670),分太古、三代、春秋、战国、外录诸部。记上古迄秦末史实,主要采用记事本末体,兼取编年、纪传、学案、诸体之长。取材广及古史、群经、诸子、楚辞及其笺注,一百二十余种。超过《路史》《皇王大纪》等书,乃题《绎史》。《玉篇》云:“绎,大也。”以援据浩博,考证精密,而列清代史学名著之一。有 1987 年广陵古籍刊印社影印本。

【 猗觉寮杂记 】

笔记　宋朱翌撰。翌字新仲,舒州(今安徽舒县地)人。哲宗至孝宗朝(1098—1167)在世。政和进士,南渡后为中书舍人。秦桧恶他不附己,谪居韶州十九年。是书上卷为诗话,止于考证典据,不评论文字工拙。下卷杂论文章,兼及史事。寮,僧舍小屋。猗,依靠。觉寮,义为僧佛的净土。以之名书,寄寓作者宁静的心境。宋洪迈《猗觉寮序》:“先生嗜书学如渴之须食……在曲江五闰久,闭门谢客,正流落谪徙,……栖迟僧坊,独怅怅穷经考古……尝作一书,如诗话之类,辨证古今数百事,目之《猗觉寮》。”收入《笔记小说大观》。

【 遗山集 】

诗文别集　金元好问撰。好问,号遗山,字裕之。太原秀容(今山西忻县)人。生于金章宗昌明元年(1190),卒于元宪宗七年(1257)。金兴定年进士,官至行尚书省左司员外郎。金亡不仕,筑“野史亭”于家,著述其上。诗文皆负盛名,为金、元间一大家。遗山,好问读书处也。今定襄县东北牧马河滨,一孤峰突出,如群山之遗,是为遗山。好问爱此山孤峰耸秀,因取山名为号,晚年且建神山别墅于此。有《四库全书》本。

【 疑年录 】

传记　清钱大昕(1728—1804)撰。大昕有《十驾斋养心录》已著录,可参阅。疑年录,指寻求和推算古人的生卒年及其寿数的记录。题名缘自《左传·襄公三十年》:“有与疑年,使其年。”为推算年历之意。本书收录汉代郑玄至清代邵晋涵等三百六十三人,是检查历代文人学士生卒年风的工具书。有《小石山房丛书》等本。

【 倚松老人集 】

诗集　宋饶节撰。节字德操,抚州(今江西抚州市)人。生卒年不详,约神宗熙宁年末(1077)前后在世。据《四库全书总目提要》言:“曾为曾布客。后与布书论新法,不和,乃祝发为浮屠,更名如璧,挂锡灵隐。晚年主持襄阳之天宁寺,尝作偈云:‘闲携经卷倚松立,试问客从何处来?’遂号倚松老人。”此以号名集。陆游曾谓:北宋诗僧,以节为第一。有《四库全书》本。

【 蛾术篇 】

杂记　清王鸣盛撰。鸣盛,字凤喈,号礼堂、西庄、西沚。嘉定(今属上海)人,康熙至嘉庆年(1722—1797)在世。乾隆间进士,官至内阁学士,兼礼部侍郎。晚年居苏州三十年,闭门读书。诗、古文、经史皆名于世。蛾,同蚁。《礼记·学记》:“蛾子时术之。”孔颖达疏:“蚁予小虫,蚍蜉之子。时时术学衔土之事,而成大垤(die 土堆)。犹如学者,时时学问而成大道。”谓学问如蚁衔土,积少成多,方有成就,亦喻勤学。唐李峤《授崔挹成均司业制》:“虎门齿胄,蚁术横经。”本书内容以论经义、史地、小学为主,旁及制度、人物、文字、诗文、碑刻,皆有考证,近九十万字。议论淹博,考核精确。然涉广亦有疏失,后人有所驳正。有 1958 年商务印书馆刊本。

【 义门读书记 】

读书笔记　清何焯(1661—1722)撰。焯,江苏长洲(今苏州)人,顺治至康熙朝在世。赐进士,官至翰林院编修、赠侍讲学士。义门,作者书斋名。清沈彤叙其《行状》云:“先生讳焯,字屺瞻,苏之长洲人。其先有某某者,元元统间,以义行旌门,先生以其事名书塾,学者称义门先生。”是书所记皆评校经史及诗文集的读书笔记,为作者去世后,其子弟门生所汇集,题为《义门读书记》。有中华书局 1986 年出版本。

【 艺概 】

文艺理论著作　清刘熙载(1813—1881)撰。熙载字博简,晚号寤崖子。江苏兴化人。道光进士,授庶吉士,官广东提学使。后主讲上海龙门书院。工诗词,晚年注重文艺理论的探讨。著作颇丰,有《古相书屋六种》《艺概》为其一种。是书包括文概、诗概、赋概、词曲概、书概、经义概六部分。作者论“艺”,是以文学为主的,包括其他社科著作的广泛概念。其又自谓“好言其概”,此之“概”不仅是“得其大意”,而又能“触类引申”者,非仅言概况。刘氏在《自叙》中云:“若举此以概乎彼,举少以以概乎多,亦何必殚竭无余,始足以明指要乎!……盖得其大意,则小缺为无伤,且触类引申,安知显缺者者即隐蔽者哉!”故以“概”名书。有1978年上海古籍出版社出版点校本。参见上编类书名“概”字条。

【 艺海珠尘 】

丛书 清吴省兰辑。省兰字泉之,江苏南汇(今属上海)人。乾隆进士,官至礼部侍郎。丛书共二百十七种,内容包括经学、小学、舆地、掌故、笔记、小说、天文、历算、诗文等。艺海,指艺文浩如烟海。珠尘,为青砂珠。见王嘉《拾遗记·虞舜》:“(凭霄雀)能群飞,……衔青砂珠,积成垄阜,名曰珠丘。其珠轻细,风吹如尘起,名曰珠尘。”题名喻此丛书所收之珍贵难得。有嘉庆中南汇吴氏“听彝堂”刊本等。

【 艺文类聚 】

类书 唐欧阳询等奉敕撰。询,潭州临湘(今湖南长沙)人。南朝陈武帝至唐太宗朝在世。氏博览经史,以善书名,入唐官至弘文馆学士。书缘于高祖李渊,以古今图书日多,难究事之源流,命询等修纂此书。欧阳氏序云:“夫九流百氏,为说不同。延阁石渠,架藏繁积。周流极源,颇难寻究。欲摘其精华,采其指要,事同寻海,义等观天。《流别》《文选》专取其文;《皇览》《编略》直书其事。文义既殊,寻检难一。爰诏撰其事且文,弃其浮杂,删其冗长。金箱玉印,比类相从,号曰《艺文类聚》。”是书引证唐以前文献,一千四百三十一种,其十分之九已亡。书名“艺”指诗文,言其征引文学作品,故名。实际此书包括文学、自然各个方面,学者多用以辑佚。论之以该书校勘体例完备,查检便利云。有1959—1965年中华书局影印宋本。

【 艺苑卮言 】

文艺评论 明王世贞(1526—1590)撰。世贞有《弇州山人四部稿》已著录,可参考。此书十二卷,八卷评诗文,附录四卷,分论词曲书画。其论诗取格调说,认为:“才生思,思生调,调生格。才思不同,格调则别。”又主张:文必秦汉,诗必盛唐。卮言,自然随意之言。又说为支离破碎之言。《庄子·寓言》:“卮言日出,和以天倪。”成玄英疏:“卮,酒器也。日出,犹日新也。天倪,自然之份也。和,合也……无心之言,即卮言也。是以不言,言而无系倾仰,乃合于自然之份也。”又解:卮,支也。支离其言,言无的当,故谓之卮言耳。或取其双关,谓谈论艺术的随笔,零碎的言论。有丁福保《历代诗话续编》本。

【 艺舟双楫 】

书、文评。清包世臣(1775—1855)撰。世臣字慎伯,安徽泾县(古称安吴)人。书法家,嘉庆举人,曾任新喻(今江西新余)知县。著有《安吴四种》,此为其一。是作者历年所撰谈论文艺、书法的文章结集。题名取《易·系辞下》:“舟楫之利,以济不通。”喻其所作为艺海之舟楫,因书中论及文章、书法故名“双楫”。近代有商务印书馆《国学基本丛书》及《万有文库》本。

【 佚存丛书 】

日本林衡编。十七种。辑者取北宋欧阳修《日本刀歌》:“徐福行时书未焚,佚书百篇今尚存。”句意题名。所采如《乐书要录》、皇侃《论语义疏》、魏徵《群书治要》等,均为我国久佚,而日本尚存之书。原书印于日本宽政、亨和年间,时当我国清嘉庆之世。有1924年上海商务印书馆影印本。

【 易 】

即《周易》之简称,又名《易经》,古代有哲理性的占卜书。儒家经典,汉代列为六经之一。传说伏羲画卦,周文王演卦,皆不足信。其本文称“经”,其中有卦、《卦辞》《爻卦》用于占卜,约成于西周初。有“传”,为解释卦辞、爻辞者,共十篇,又称《十翼》,或《周易大传》。旧说为孔子所作,近代研究约为汉以前儒家学者多人撰。当时“经”“传”各单行,后来合一。释“易”,汉郑玄云:“易,一名而含三意。易，简，一也；变易，二也；不易，三也。即简单、变化与不易等义。”周，一说指周代，以别于“殷”易。郑玄《易赞》则释为周密、周遍。《易》主要以天、地、雷、火、风、泽、水、山八种自然现象作为八卦，并以之推测自然现象和人事变化。认为阴阳相互作用，千变万化是事物的根源。近代又认为其涉及辩证哲学和科学上的二进制数学。因文句古奥，孔子尚称“假年以学”，以致“韦编三绝”，可见难懂。今通行本有：三国魏王弼作注者。唐孔颖达《正义》本。唐李鼎祚《集解》，旁采众长，保留许多佚本、绝学，皆为名著。有《十三经注疏》本。

【 逸周书 】

先秦史籍　原称《周书》，或《周史记》。内容是周时诰、誓、命、记言之汇编。上起西周文王、武王，下至春秋末之灵王、景王。早者先于《左传》，晚者延至汉、晋。有与甲骨文相合，有较《尚书》《史记》为详者。司马迁、班固等人都曾引用。汉刘向等人，认为是儒家整理《尚书》所逸，故名。《汉书·艺文志》著录在《尚书》类中，题曰《周书》。晋郭璞注《尔雅》时，已称《逸周书》。李善注《文选》时引用，亦称《逸周书》。近人多认为是战国人拟作，其后又辗转附益，故其言驳杂，且有脱落难读之处，但史料价值很高。有《四库全书》《四部丛刊》本。

Yin

【 因话录 】

笔记　唐赵璘撰。璘字泽章，平原（今属山东）人。生卒年不详，约唐武宗会昌年中（844）前后在世。开成年进士，官至衢州刺史。因，释为旧。《管子·心术》：“因也者，非吾所顾，故无顾也。”注：因，旧也。《因话录》即《旧话录》。本书分五部，各记帝王、百官、不仕者、典故、杂述诸物等。作者为唐德宗宰相赵宗儒的侄孙，外祖是关中贵族柳氏，家世显赫，交游广泛。本人补阙于宣宗朝，熟悉朝中典故。乃录所见所闻，因以名书。书载唐初至大中九年逸闻琐事，可与史传相参考。其中郭暧与升平公主事，为名剧《打金枝》所本。另书名“因”，又可作缘故、因缘解。释为“叙典故来源”亦通。此书收于《四库全书》。1957年上海古籍书店出版《唐国史补》《因话录》合订本。

【 因园集 】

别集　清赵执信（1662—1744）撰。执信字伸符，山东益都人。康熙进士，官至右春坊右赞善。因园，执信别墅，晚年退居于此，以游历吟咏自娱，并以名集。园在今山东淄博市博山区后乐桥南。清孙宝仁《过因园诗》：“因园何所因，因地罕人力。”有《四部备要》本。

【 阴骘文 】

全称《文昌帝君阴骘文》　道教书。通称《道教劝世文》。文昌帝，即文曲星，星相家认为是吉星，主大贵。道教尊为天神，主宰人世功名、利禄。传说此书受文昌帝君启示而作。书名取自《尚书·洪范》：“惟天阴骘下民”。因，即暗默。骘，为评定。是说天遂不言，但于冥冥中监督人的行为，判善恶而定赏罚。劝人积德行善。此书明清时流传甚广，收入《道藏》中。

【 银海精微 】

中医书　旧题唐孙思邈（581—682）撰，近人指其为清顾锡撰。其书是我国较早的眼科专著，眼医之理、法、方、药俱全，为研究中医眼科理论及临床实践的重要文献。书名“银海”指眼目。《四库全书总目提要》于此书有辨证云：“唐、宋艺文志皆不著录。思邈本传亦不言有是书。其曰‘银海’者，盖取目为银海之意。苏轼《雪后书北台壁·之二》诗有：‘冻合玉楼寒起粟，光摇银海眩生花’句。《瀛奎律髓》引王安石之说谓：道书以肩为玉楼，目为银海，银海之说仅见于此。然迄今无人能举安石所引出何道书者，则安石以前绝无此说，其为宋以后书明矣。……方技之家，率多依托，但求其术可用，无庸核其书必真。”孙思邈为唐代著名医学家，世称其为药王，依附自可理解，就书论书，仍为可取也。有《四库全书》本。

【 银字集 】

论文集　赵景深（1902—1985）撰。景深，戏曲文学史家，字旭出。原籍四川，浙江兰溪出生。1922年毕业于天津棉业学校。后曾任中国公学、上海艺术大学、复旦大学等校教授及开明书店、北新书店编辑。新中国成立后曾任中国民间文学研究会上海分会主席等。此书为永祥书局1946年初版。书前有作者《序》言："关于中国小说的研究，过去我写过一本《小说闲话》(北新版)和一本《小说戏曲新考》(世界版)的上篇小说篇。这里呈献给读者的《银字集》是第三本，从民国二十七年秋(1938—编者)到民国三十二年冬(1943—编者)所写的中国小说论文都已经收集在里面，一共恰好是十篇文章。"关于书名作者说："本来书名叫《小说琐话》，但因放在全部创作的《文学新刊》里似乎不大调和，便想改名为《谈稗集》；后来又恐怕这书名还是过于硬性，便改名意义隐晦的《银字集》。因为南宋称小说一名为银字儿，儿字不过是语尾，不妨去掉。称作《银字集》便暗示这本书是谈中国小说的。虽然这两个字不大显豁，但却很漂亮。"

【 饮冰室合集 】

梁启超著，林志钧编。梁氏字卓如，号任公，别号饮冰室主人。1873—1909年在世。广东新会人，从康有为提倡变法维新，为戊戌变法领导者之一。晚年任教于清华大学，著述宏富。饮冰室号，取自《庄子·人间世》："今吾朝受命而夕饮冰，我其内热与。"唐成疏英疏："(沈)诸梁晨朝受诏，暮夕饮冰。足明怖惧忧愁，内心爋灼。"表现梁氏忧国忧民之心。本集由文集、专集合编。序以编年，共四十册，是较完备，由上海中华书局1936—1941年刊印。另上海会文堂书局印《饮冰室文集》，实为文集分类重订，全四册。

【 蚓窍集 】

诗集　明管时敏撰。时敏初名讷，以字行。松江华亭(今江苏松江县)人。洪武中，以秀才征事楚王祯，为长吏四十年。致仕，祯请命于朝，留居武昌。禄以终身，筑室黄屯山。其诗春容淡雅，多近唐音。名之曰"蚓窍"，取自韩愈《石鼎联句》诗："时于蚯蚓窍，微作苍蝇鸣。"传说蚯蚓在窍穴中，能发声成曲，喻微弱不足道的声响。明吴勤《蚓窍集序》："……盖取韩子《石鼎联句》之语，而名之也。以余观之，公之作铿鍧炳辉，……以是名其集者，公之谦德也。"有《四库全书》本。

【 蟫精雋 】

杂记　明徐伯龄撰。伯龄，浙江嵊县人。天顺(英宗1457—1404年号)时人，号箨冠生。传说其系箨(竹笋上的皮)为冠，啸歌自得。此书以文评、诗话为主，余为杂事。遗文旧事，它书不载，颇赖以传。蟫，《尔雅·释虫》："蟫，白鱼。"罗愿《尔雅翼·释虫》："始则黄色，既老则身有白粉。视之如银，故名白鱼。荆楚之俗七月曝书及衣裳，以为卷久则有白鱼。"书名意为嗜书而食化其精华，辄取录之。有《四库全书》本。

【 蟫史 】

蟫，即蠹鱼，又名白鱼，是蛀书籍、衣服的昆虫。(参见前条)以《蟫史》名书者有二

一、明穆希文(万历年间人)撰。又名《蟫史集》为类书。是书专辑古书中鸟兽之资料。《四库全书总目》指其将"蟫"作为虫(作者实泛指动物)之总称不当。然明然明姚弘谟《蟫史集·序》云："蟫者何？蠹也。名《蟫史》者何？志鸟兽虫史，因以蠹自喻也。……约之归乎蠹，味之取乎蠹。下帷者可为筌蹄，修辞者籍以羽翼。名之多识，长于诗也。"书名喻作者搜罗之广，采辑之勤耳。有《四库全书》本。

二、清屠绅(1744—1801)撰，文言长篇章回小说。唐段成式《酉阳杂俎续集·支诺皋》中有云：据《仙经》载：蠹鱼三食神仙字，即化成发状之环形物，以为神奇。此书前有杜陵男子《蟫史序》："子独不见夫蟫乎？堕粉残篇之内者，鱼也；含灵积卷之中者，脉望也。常则觅生活于故事，变则化腐臭为神奇。"作者自喻读书多，得神灵，乃化腐朽为新奇；又以书中神魔杂出，也谓之化腐朽为新奇，语义双关。有申报馆仿聚珍版印本。

Ying

【 盈川集 】

诗文别集　唐杨炯撰，明人编。炯，陕西华阴人。其字与生年不详(约650?)，卒于武后如意元年(692)。幼举神童，后授校书郎。又曾官盈川令，乃以之名集。炯列"初唐四杰"，在四杰中诗作

最少,成就较低。唯有慷慨激昂之气,一反当时绮靡诗风。如其《从军行》有句:“宁为百夫长,胜作一书生。”史称炯为官严酷。《四库全书总目提要》中载明童佩《序》称:“盈川废县在瀔水北,其地隶龙邱,(上述皆浙江地)。去郡四十里,今址岿然独存。炯令盈川,无何卒,县寻罢。民尸祝其,至今春秋不辍。是则因其文艺而更粉饰其治绩,亦非公论矣。”又或云:盈川在今四川筠连县境,待考。有《四库全书》本。

【 营造法式 】

古代建筑专著 宋李诫(?—1110)著。三十六卷。诫,郑州管城(今河南郑州)人。以荫入仕,历任将作监主簿、丞、少监及监,博学多艺。北宋元符三年(1100)春,奉敕编成《营造法式》。诫曾亲监造殿、邸、衙、廨、寺、庙多处。本书对建筑材料、结构、式样及彩绘等,都有详细的说明和精致的图样,内容多来自熟练工匠的经验。为中原地区官式建筑的模范。营造:制作、建造;法式:法度、法则。《营造法式》即建筑法则之意,是研究古代建筑史的珍贵材料。有商务印书馆1954年据万有文库版重印本。

【 瀛奎律髓 】

诗集兼评论 元方回撰。回,宋末元初(1227—1306)在世。安徽歙县人,字万里,号虚谷。因其父南游,生回后卒,故名及字如此。本书所选皆唐宋五七言近体律诗,分类加以批点、评论。律髓,言皆律诗中的精品。瀛,典取自唐太宗建文学馆,以杜如晦、房玄龄等十八人为学士,讨论典籍。且都画像书赞,题名爵里,时人谓之“登瀛州”。奎,古代谓当金、木、水、火、土五星聚于一方时,是祥瑞之兆。奎宿,是二十八星宿中主文章者,俗称“文魁星”。此处喻天才汇萃,难能可贵。方回于《自序》中言:“瀛者何?十八学士登瀛州也;奎者何?五星聚奎也;髓者何?非得皮得骨之谓也。斯登也,是聚也,而后八代五季之文弊革也。文之精者为诗,诗之精者为律。所选诗格,所注诗话,学者求之。髓由于可得也。”其评论有特色,佚诗、轶文亦赖以保存。本书收入《四库全书》。

Yong

【 永乐大典 】

类书 明解缙(1369—1415)、姚广孝(1335—1419)等奉敕编。原书二万二千八百七十七卷,目录六十卷,约三亿七千万字。装成一万一千零九十五册。永乐,明成祖年号。大典,谓浩繁巨帙之典籍。始修于永乐元年(1403)。《明实录·太宗实录》卷七十三,上谕:“天下古今事物散载诸书,卷帙浩穰,不易检阅。朕欲悉采各书所载事物,类聚之,而统之以韵。庶几考察之便如探囊取物耳。……备辑为一书,毋厌浩繁。”次年编成以进,赐名《文献大成》。帝犹嫌未备,又命重修,至永乐六年(1408)始成。成祖朱棣《永乐大典序》:“上自古初,迄于当世。旁搜博采,汇聚群分,著为奥典。……包括宇宙广大,统会古今之异同。巨细粲然明备,其余杂家之言,亦皆得以附见。盖网罗无遗,以存考察。使观者因韵以求字,因字以考事。自源徂流,如射中鹄,开卷而无所隐。……名之曰《永乐大典》。”全书依《洪武正韵》排列,辑入上古至明初百家百科之书,七八千种。原书仅抄一份,嘉靖年重录正、副两本。明季原本、副本俱毁。清初乾隆年间,正本又散失两千多卷。咸丰、光绪年,又遭英、法等八国联军等劫掠,仅存六十四本。幸而修《四库全书》时,曾从中辑缀佚书数百种,部分资料得以保存。现原书存世约八百一十卷。1959—1985年中华书局影印本收集最多。

【 涌幢小品 】

笔记 明朱国祯(1558—1632)撰。国祯,浙江乌程(今湖州)人。万历进士,官至内阁首辅。此书多记明代掌故。书初名《希洪小品》(希,仰慕、希望。)寓有仿效宋洪迈《容斋随笔》之意,后自知不类,乃改今名。书约成于万历至天启(1609—1621)年间。涌幢,是作者自制的六角木亭以为著述之所,可随意放置,如石幢涌出地面而名。其曰小品,作者说“犹然‘杂俎’遗意。”近代有中华书局1959年刊本。

You

【 幽闲鼓吹 】

史料笔记　唐张固撰。固始末不详，约中唐后人。本书记宣宗朝遗事，间及宪宗、武宗等朝。虽篇帙寥寥，而多关劝诫，但简当切实，可补史阙。鼓吹，原指古代鼓、钲、箫、笳合奏之乐曲或乐队。《事物纪原》引《唐乐志》云："黄帝使岐伯作鼓吹，以扬德建武。"至汉代，用于天子宴群臣或大驾出巡，亦有赐功臣以彰扬者。后军中、马上、道路皆可列鼓吹，其用渐滥。民间嫁丧亦用。文人用作书名，有引人注意以助传播之意。如现代之《东进序曲》，序曲，本戏曲前奏，取名用其表示前导、先声之意。有《四库全书》本。

【 幽忧子集 】

诗文别集　唐卢照邻撰。照邻，字升之，幽州范阳（今河北涿县）人。太宗贞观至高宗永隆年间（641—680）在世。曾任王府典签、新都尉等职，因风疾去官。居太白，自号幽忧子。服丹废手足，不堪久病，自沉于水。平生坎坷，大多欢寡愁殷之作。有骚人之风，然或有感情充沛，力量雄浑之章。尤善七古歌行。如《长安古意》："长安大道连狭斜，青牛白马七香车。……"为其名作。奠定了七言古诗的基础，与王勃、杨炯、骆宾王齐名，称"初唐四杰"本书以号名集。又《四库》本作《卢升之集》。

【 游豸山集 】

诗文别集　宋游酢撰。酢字定夫，福建建阳人。仁宗至徽宗朝（1045—1115）在世，官知汉阳军、和、舒、濠等州。豸，古传说之神兽，决讼时，令触不直。豸山，在福建建阳县西北九十里，蜿蜒逶迤，如琢如削。游酢曾读书于此，世称豸山先生。有《四库全书》本。

【 友石山人遗稿 】

诗集　元王翰撰。翰字用文，其先西夏人。徙居庐州（今安徽合肥），元末明初在世（1333—1378）。元时官至江西、福建行省郎中。后留陈友定幕府，表其为潮州路总管，监督梅、惠三州。友定败，屏居永福观猎山。洪武间辟书至，乃托孤于友人吴海，自裁。其号友石山人，以名集。翰匡时难之志，托于慷慨激烈之诗声。故人吴海《友石先生传》云："先生酷有山水癖，四时朝昏不问寒暑曳杖入幽林深谷，攀高崖绝壁览飞流潺湲，每遇石处必坐，坐则咄咄首肯，自语啸歌盘桓，既去复返，眷恋不舍。……或问曰：'先生若是其爱石者，石岂有声、色、臭、味之可悦，而爱之若是，若将与友乎？'先生曰：'是。石乃独与我性合，故爱之也。听之过丝竹，观之逾丹青，逆之溢椒兰，甘之越刍豢。石虽不言，而以形喻。终日与我若相唯诺者，而又不吾祸。奚为不爱之哉？且吾耳、目、口、鼻已与石化矣，而吾心则又然矣，而吾与为友又何间焉？'问者无以复，由是众咸称之友石先生云。"有《四库全书》本。

【 有女怀乡 】

散文集　台湾作家韩韩（1948—　）著。韩韩本名骆元元，原籍江西。政治大学中文系毕业，曾任《大自然》杂志总编辑。本书是1980年，台北时报文化出版公司初版。共收散文四十八篇。第一辑有《豆腐》《窗外》《夏日长》等，多描写旅美思乡情怀。第二辑有《留学生文学之没落》等，反映作者的社交圈及其执着的情操。作者在书中说："这个流浪漂泊的日子里，沉重如铅异乡人的心，唯有坐在柔软豪华的剧院座位间，等舞台灯光亮起，台下浑然忘我，那置身非我族类的感情，方才可以稍歇吧。"书名《有女怀乡》，来自《诗经·召南》："野有死麇，白茅包之；有女怀春，吉士诱之。"作者改其句，借以表达海外学子思念祖国的情怀。

【 酉阳杂俎 】

古小说集　唐段成式撰。成式，字柯古，先世齐州临淄（今山东淄博境），家于荆州（今湖北江陵）。官刺史、太常少卿。本书以事实分类，记奇繁，多荒诞。然古来佚文、秘典往往而在。论者病其浮夸，但仍相征引，为唐小说之翘楚。酉阳，典取梁元帝："访酉阳之逸典。"语。宋周登《酉阳杂俎后序》："余闻《方舆记》云：昔秦人隐学于小酉山石，有所藏书千卷。梁湘东王尤好聚书，故其赋曰：'访酉阳之逸典'。或段成式所著书有异乎世俗，故取诸逸典以名之也。"杂俎，俎，食器。言如肴蔌之杂陈于俎。作者《自序》："服缝掖者，肆笔之余，及怪及戏，无侵于儒。无若诗书之大鱼大羹，史为杂俎，子为醯醢也。炙鸮羞鳖岂容下箸乎？固役而不耻者，抑志怪小说之书也。成式学落词曼，未尝覃思。无崔骃真龙之叹，有孔璋画虎之讥。饱食之暇，偶录记忆，号《酉阳杂俎》凡三十篇，为二十卷。不以此间录味也。"案，酉阳山在湖南沅陵西北二十里，有大小二酉。相传小酉山中藏书千卷，秦人避地隐学于此。成式家藏书亦多奇籍，亦无所不览，故以名其集云。有1981年中华书局点校本。

【 又见棕榈 】

又见棕榈　长篇小说　台湾女作家於梨华（1931—　）著。1968年台北皇冠出版社初版。作者浙江镇海人，生于上海，辗转于福建、成都。1948年赴台，毕业于台湾大学。后留美，在美任教于大学，并从事创作。她的作品，开留学生创作的先河。本书写主人公牟天磊，在出国热的影响下赴美。临行前他对母校门前棕榈树许了愿：要向他们的主干一样，挺直无畏，出人头地。到了美国历尽艰难，获得博士学位。为了抗拒寂寞而回归故里，但他又发现自己仍然是个客。他虽然又见到了棕榈树，但当年许下的心愿，没有兑现，心情也完全不同。发现自己在美国没有根，在台湾也没有根。祖国大陆又是一个不敢去的地方，悲叹自己是一个没有根的一代。反映台湾一代人寻根思归的心态。近有北京中国友谊出版公司1984年刊本。

【 幼学琼林 】

童蒙读物　清程允升撰。原名《幼学须知》，嘉庆年增补改名《幼学琼林》。内容是自然、社会、历史、伦理等方面的知识和典故，编成骈语，以便朗读。幼学，见《礼记·曲礼上》："人生十年曰幼学。"注"名曰幼，时始可学也。"因称十岁为幼学之年，也指初入学者。琼，美玉。林，汇集。此书颇为流行，坊间有多种刻本。

Yu

【 愚庵小集 】

诗文别集　清朱鹤龄撰。鹤龄字长孺，江苏吴江（今苏州地区属县）人，明万历至清康熙时（1606—1683）在世。明诸生，颖敏好学。《清史稿·朱鹤龄传》："鼎革后，屏居著述，晨夕一篇。行不识路途，坐不知寒暑，人或谓之愚，遂自号愚庵，集以为名。著述长于笺疏，后从顾炎武之劝，致力经学。诗文亦颇有眷怀故明，伤感时事之作。"有《四库全书》本。

【 于湖集 】

诗文别集　宋张孝祥撰。孝祥，字安国，历阳乌江（今安徽和县属镇）人。高宗至孝宗朝（1129—1166）在世，历官集贤殿修撰，知荆南。《四库全书简目》云其："诗文刻意追苏轼，虽不能至，而天资高迈，亦时时得其近似。"于湖，古县名，遗址在今和县南当涂县境。东吴大将王敦，拥立东晋朝廷时，曾屯兵于此。有《四库全书》本。

【 于忠肃集 】

诗文别集　明于谦（1398—1457）撰。谦字廷益，号节庵。浙江钱塘（今杭州）人，永乐进士，官至兵部尚书。正统十四年（1449）英宗征瓦剌被俘，景帝立，谦领兵部尚书，守北京，击退来犯瓦剌军，论功加少保。景泰八年，英宗复辟，谦被诬杀。万历中谥"忠肃"。《谥法》："危身奉上，临危不反曰忠；刚德克就，执心决断曰肃。"本集中之奏议十卷，皆明白洞达，切中事机。其诗不事雕琢，风格遒劲，成就在文之上。名篇《咏石灰》："千锤百炼出深山，烈火焚烧只等闲。粉身碎骨浑不怕，只留清白在人间。"世广传诵，实为自况。有《四库全书》本。明孙高亮撰《于少保萃忠全传》，浙江文艺出版社1983年出版时，改名《于谦全传》，为其纪传体小说。

【 吾吾类稿 】

诗文别集　元吴皋撰。皋字舜举，江西临川（今县治）人，约惠宗至正（1334）年中前后在世。曾官临川路儒学教授。元亡后抗志不出，遁迹以终，号吾吾先生。吾吾，（yuyu）疏远貌。《国语·晋语二》："（优施）乃歌曰'暇豫之吾吾，不如乌乌。人皆集于苑，己独集于枯。'"韦昭注："吾，读如鱼。吾吾，不敢自亲之貌也。"梁寅《吾吾类稿原叙》："先生之文，典实古雅，从容于法度之中。其为诗冲淡和平,发乎性情之正。世之工侈靡浮丽以流连光景,嘲弄风月者,不可并论也。……尤妙于五言,如竹林清飚,顿苏烦郁;如兰皋秋露,琼殊尘境。因叹曰:'诗形于音,音生于心。心有所契,音乃中节。先生之诗,中节之音也。'"有《四库全书》本。

【 俞平伯全集 】

现代别集　俞平伯(1900—1990)撰。俞氏,现代诗人、散文家、古典文学评论家。浙江德清人。1919年北大文科毕业后,曾在燕京大学、北京大学、清华大学任教。新中国成立后,又任中国社会科学院文学研究所研究员。此全集是1997年,河北花山文艺出版社出版,共七卷。俞氏著作,往昔曾单行出版者,题解如下:

一、《冬夜》。诗集。1924年,上海亚东图书馆出版。书内第一集第一篇名为《冬夜之公园》。

二、《西还》。诗集。1924年,上海亚东图书馆初版。是作者第二部新诗集,完成于自美国归来之后。书前原有题记:"江南人打渡头桡,海上客归云际路。"1932年,书重版时,书后附言:"是书终于西抵上海之日,而以《西还》名之。"

三、《忆》。为作者第三部新诗集。全书手写影印线装。1925年北京朴社出版。《自序》中云:"……忆中所有的只是薄薄的影罢哩。……我由不得这没奈何的眷恋,而这一本小书便是《忆》。"朱自清亦有《跋》:"'儿时'这便是'忆的路'的起点,平伯君所徘徊而不忍去的了。"

四、《杂拌儿》。散文集。1928年,上海开明书店出版。杂拌儿是北京传统的小食品,类似果脯而质量稍次。由挂喇枣(去核红干枣)、芝麻南糖、杏干、山楂羔条、榆皮豆、糖瓜条、花生蘸等混杂而成,是平民年节应景零食,颇受儿童喜爱。本书后有周作人《题记代跋》:"北京风俗于过年一种什锦干果,故乡亦有之,称梅什儿。平伯借它来作文集的名字,大约是取它杂的意思。"俞氏在《自序》中说:"恰好丁卯大年夜,姑苏塞给我一堆杂拌儿,在我枕边。无以名之强而名之,读者其顾名思义乎。"

五、《燕知草》。散文集。1931年上海开明书店初版。收有名篇《桨声灯影里的秦淮河》等。作者解释书名云:"此书作者亦逢人说梦之辈,自愧阅世未深而童心就泯,遂曰'燕知'耳。乃一草草书也,亦曰《燕知草》耳。"作者另曾有诗:"君忆南湖荡桨时,老人祠下共寻诗。而今陌上花开日,应有将雏旧燕知。"或可作书名之别一注解。

六、《燕郊集》。散文集。1936年,上海良友公司初版。以作者居住地北京,旧名燕京,而名之。书中《附记》言:"忆初移居'秋荔亭',许氏昆仲均在西郊,騄就学燕京,闲清华,晨夕过从,于'红屋'中明灯谈笑,间或共读小说,致足乐也。此稿即其时旅中消遣之一,……昔之驩游既不可再,将来之事遥远无凭,适《燕郊集》将成,爰录存此稿。以为他年卜邻之券。……"

七、《红楼梦辨》。为作者《红楼梦》研究著作之一。20世纪50年代重版时,改名《红楼梦研究》,是新红学派代表作之一。1954年,曾引起广泛的批评讨论。参阅上篇类书名词语"辨"条。

【 虞初新志 】

文言短篇小说集。清张潮(1605—?)编。潮,明末清初,新安(今安徽歙县)人。曾任翰林院孔目,能词,好刻书。"虞初"据《史记》中,言其为洛阳人,汉武帝小吏。乘辎车(有蓬围之车),到处采访奇闻怪事。《汉书·艺文志》小说类中,著录有《虞初周说》九百四十三卷。是根据《周书》改编的,被视为我国小说家之祖。张衡《西京赋》云:"小说九百,本自虞初。"原书已佚。明人陆采撰有《陆氏虞初志》。汤显祖撰有《续虞初志》。邓乔林有《广虞初志》等,都是短篇小说选集。此书张潮之《虞初新志·自序》云:"《虞初》一书,汤临川称为小说家之珍珠船,点校之以传世,洵有取尔。独是原本所撰述,尽摭唐人旧事。唐以后无闻焉。临川续之,合为十二卷,其间调笑滑稽,离奇诡异,无不引人入胜。究以简轶无多,搜罗未广。予是以有《虞初后志》之辑,需之岁月,始可成书。先以《虞初新志》授梓问世。"本书《凡例十则》中又言:"虞初……以是名书,亦犹志怪之帙,即'齐谐'以为名;记异之书,木'坚夷'而著号。"是作者以此类集异志怪之书,皆可以《虞初》而名之。《虞初》乃成为一类书之名也。此书所辑大多明末清初所撰,其事多近代,其人多时贤。大抵真人真事,而以小品笔法。文隽而工，故颇引人入胜，流传很广。有《四库全书》本。

【 渔洋诗话 】

诗歌评论　清王士祯(1630—1711)撰。渔洋原为山名，在太湖中。顺治十八年，王氏至苏州，过无锡时，赏邓尉山梅花于太湖口。宿圣恩寺，望太湖中之小山名渔洋山者，正对寺门。王氏赏其秀峙，乃取之自号渔洋山人。此书主要宣扬其诗论的"神韵说"和"妙悟说"。《自序》中云："康熙乙酉，余既遂归田，武林吴宝厓陈琰书来，云欲撰本朝诗话，征余所著。无暇刺取诸书，乃以余生平与兄弟友朋论诗，及一时诙谐之语可记忆者，杂书之。……遂付装潢。"参见王氏《带经堂集》。有《四库全书》本。

【 羽庭集 】

诗文别集　元刘仁本撰。仁本，字德元，浙江黄岩(一作天台)人。生年不详，约卒于惠宗至正(1367)年。进士乙科，官浙江行省左右司郎中。从方国珍，事败，义不仕明，抗节死。仁本曾庭居委羽山，故自号羽庭。宋无逸《羽庭集序》："天台山之下，尽东海曰黄岩。其别峰走旷原而秀者，委羽。委羽山之人有刘德元者，颀然而清，黝然而玄，飘然有遗世之志。……爱其文也，故冯物而序之，重为歌也：'……天台半落黄山青，山中老人刘羽庭。吟诗作赋如建瓴。轩辕道士来相迎，袖中出我亦玄经。起伏万状不得名，为歌此曲山月明。'"案，委羽山在黄岩县南五里，一名俱依山。山东北有洞，俗传仙人刘奉桂坠翮处，道书以为第二洞天。有《四库全书》本。

【 庾开府集 】

诗文别集　北周庾信撰。信字子山，南阳新野(今属河南)人。生于梁武帝天监十二年(513)，卒于隋文帝开皇元年(581)。《诗・小雅・信南山》："信彼南山，维禹佃之。"子山之字，本此。初仕梁，使西魏，被留。至北周时官至骠骑大将军，开府仪同三司，世称"庾开府"。善诗赋，初与徐陵同为宫廷文学代表，号"徐庾体"。晚年风格转为萧瑟苍凉。名作如《哀江南赋》等。杜甫颇受其影响称其"清新庾开府"，"庾信文章老更成"。案，开府，原指成立府署，自选僚属。汉时太傅、三公、大将军、将军，可以开府。魏晋以后开府者增多，遂有"开府仪同三司"之名号，即援三公成例开府置吏。庾信又另有集名《庾子山集》。有《四库全书》本。

【 舆地广记 】

地理书　北宋欧阳忞(min)撰。忞，庐陵人，欧阳修从孙。舆，原意是车厢，引申为承载之物，又引申承载万物之大地，因此舆地即指大地。见《易・说卦》："坤为地，……为大舆。"司马贞索隐："谓地为舆者，天地有复载之德，故谓天为盖，谓地为舆，……"此书中舆地义为地理。书约成于北宋政和年间(1111—1115)，广泛记载我国地理沿革及宋代地理现状，故曰"广记"。收入《四库全书》通行的有《国学基本丛书》及《丛书集成初编》本。

【 玉楮集 】

诗集　宋岳珂(1173—1240)撰。珂，字肃之，号倦翁。河南汤阴人，抗金名将岳飞之孙。官至淮东总领制置使。集为其五十八岁时自编，收诗三百五十八首。《四库总目》评其诗曰："轩爽磊落，气格亦有可观。"玉楮，玉雕之楮叶。典自《列子・说符》："宋人有为其君以玉为楮叶者，三年而成，锋杀茎柯，毫芒繁泽。乱之楮叶中，不可别也。此人遂以巧食宋国。子列子闻之曰：'使天地之生物三年而成一叶，则物之有叶者寡矣。'故圣人恃道化而不恃技巧。"唐卢重玄注："是以大辩若讷，大巧若拙耳。若三年成一叶，与真叶不殊，岂理国全道之巧乎？……此之为未明本末也。"以"玉楮"题书名，似指所成不易。并示自谦；非真"智巧"也。有《四库全书》本。

【 玉斗山人集 】

诗文别集　元王奕撰。奕字敬伯，江西玉山(上饶地区属县)人。元初至元年(1279)前后在世，号斗山，又号至元逸民、玉斗山人，曾任玉山教谕。原著有《斗山文集》，不存。此稿本名《东行斐稿》。明嘉靖，其乡人陈中州刊，改题此名。《斐稿版成告墓文》："维嘉靖壬寅日南至，刊斗山东行稿成。太鹤山陈中州等发玉山，北走二十里，告于玉斗山人之墓曰：'先生至元逸民，光于柴桑。《东行斐稿》风乎黍离。'"明李梦阳《游环玉睹玉斗山人遗稿》诗:“三百年来见此篇,留藏真识子孙贤。溪堂此日寻山到,玉斗高峰想象前。”案,环玉山在玉山县北,一名玉斗。南唐时县令杨文逸梦一羽衣梦人,自称环玉山人来谒。未几其孙亿生因名之。峰顶有玉斗书院故址。有《四库全书》本。

【 玉海 】

类书　宋王应麟撰。应麟字伯厚,庆元府(今浙江宁波)人。宋宁宗嘉定年,至元成宗元贞年间(1223—1296)在世,号深宁居士。学问广博,官至礼部尚书。本书两百卷。搜集典故,囊括旧文。分:天文、地理、台阁、宫室、服食、器用等二十一门,二百四十余类。特别于宋代史事,多有史志所未详者。此书与《太平御览》《太平广记》《册府元龟》同称宋代“四大类书”。《四库全书总目提要》云其曰:“《玉海》者本于张融集名,实则仿梁武(萧吉)所集《金海》之例,而变其称也。”此说近是。有《四库全书》本。

【 玉井樵唱 】

诗集　元尹廷高撰。廷高字仲明,号六峰,别号玉井峰樵。浙江遂昌(今属丽水专区)人。约世祖至元年中(1290)前后在世。曾任处州(今括苍)教授,又掌教永嘉。葛衣粗食,隐于玉井峰,与友唱和,遂以名集。其诗神思清隽,不染俗氛。有诗《玉井峰会一堂五首》其一:“数间茅屋万山巅,天赐闲人地自偏。门外远峰含落日,檐前古木卧苍烟。葛衣草食从吾志,纸帐蒲团了宿缘。”又:堂成而方外芥室和尚玉溪道士访余,玉井峰相对啜茶,一笑忘言,真会一也。“携手抓峰蹑紫霞,船来路到总无差。……莫将门户论分别,鼎距蒲団且啜茶。”玉井,井之美称。《三国志·魏明帝纪》:“……大治洛阳宫。……为玉井绮栏……。”其书收入《四库全书》。

【 玉梨魂 】

长篇小说　徐枕亚(1889—1937)撰。枕亚,江苏常熟人,曾加入南社,创办《小说丛报》等。后主要从事小说创作,擅长以华丽的骈体文言,写男女爱情悲剧,是鸳鸯蝴蝶派代表作家。本书发表于1914年,写清末青年寡妇白梨影与家庭教师何梦霞的爱情悲剧。书以二人爱情萌发于何在梨树下葬花之时,后终以因封建礼教束缚,不得结合,梨影郁郁而终。何作诗悼曰:“不知今夜空床梦,明月梨花何处魂”诗喻白能“用情守礼”之殉情,因以“玉梨魂”名书。为鸳鸯蝴蝶派开山之作。有1923年同益图书公司印刷,民权出版社发行本。

【 玉茗堂集 】

诗文集　明汤显祖撰。显祖字若士,又号清远道人。临川(今属江西)人,嘉靖至万历年(1550—1617)在世。曾官礼部主事,因抗疏谪广东。调浙江遂昌知县,弃官归家。以擅词曲名,作品重灵性,反对复古,反对格律束缚。名作有《牡丹亭》等,称“临川四梦”(已著录)。玉茗堂,汤氏所居,堂前植玉茗花。玉茗,白色山茶。《临川县志》云:北宋雍熙,州守周申甫发现白色山茶。四季常青,花黄芯绿蕊,白瓣有异香,为之题咏。继任崔仁冀又赏之,命名“玉茗花”,并作《玉茗花赋》。说天下奇花仅此一株,可与扬州土庙琼花媲美。汤氏以之名堂,意在自喻寄寓和抒发:出淤泥而不染,处颓世而自清的洁身自好的情操,并以名集。参见《牡丹亭》条。新中国成立后合刊其传奇、诗文为《汤显祖集》,1962年中华书局出版。

【 玉篇 】

字书　南朝梁顾野王(519—581)撰。野王,字希冯,吴郡吴(今江苏苏州)人。梁武帝时任太学博士,入陈,官终光禄卿。博通经史、小学、天文、地理。本书是继《说文》之后的重要字书。仿《说文》体例,收字一万六千九百余。成书于大同九年(543)。名“玉篇”意喻此书美善如玉。原本现只存残本,藏于日本。宋陈彭年等增字重修,今本称《大广益会玉篇》。1983年北京中国书店据泽存堂本影印,题名《宋本玉篇》。

【 玉山璞稿 】

诗文别集　元顾瑛撰。瑛又名德辉,字仲英。江苏昆山(今苏州地区属县)元末明初人(1310—1369)。玉山,在昆山县西北,以产昆石而名,又作昆山县别名。瑛又慕唐王维之辋川,有蓝田玉山之胜。杜甫亦有“爱汝玉山草堂静”之句,乃名其居。瑛轻财结客,年四十,以家产尽付其子,卜居玉山。风流文采,甲于江左。元郑元佑《玉山草堂记》:

"吴人顾仲瑛氏，家界溪，溪濒昆山。仲瑛工于诗，而心慕二子王维、杜甫。亦于其堂庑之西，茅茨杂瓦为屋若干楹。用少陵诗句匾曰'玉山草堂'。……仲瑛嗜诗如饥渴，每冥心古初，哦草堂之下，以成篇什。文采绘以为之图，又复命客为之记焉。"璞，未经加工的玉石，作者自谦之意。有《四库全书》本。

【 玉笥集 】

二种，均收于《四库全书》。

一、诗集。元张宪撰。宪字思廉，山阴（今绍兴）人，约元末明初（1341）前后在世。少负才不羁，晚为张士诚所召，任枢密院都事。元亡，变姓名，寄食僧寺以终。因家玉笥山，号玉笥生。玉笥山，即今绍兴市南会稽山之一峰。《初学记八·会稽志》："射的北有石壁立，临水漫石。宜山遥望，芃芃有似张帆。又名玉笋山，……。"宋陆游《游镜湖》诗有："超然登玉笋，及此烟月夕。"之句。

二、诗集。元邓雅撰。雅字伯言，淦（今江西永修，旧有淦家埠）人。元末明初（1341）前后在世，曾与梁寅共讲学于江西新喻县北之石门山。笥，是盛衣物、食品的方形竹器。石门山南有玉笥山，为道家洞天胜地。

【 玉台新咏 】

诗总集　南朝徐陵（507—583）编选。玉台，指宫廷台观。曹植《冬至献袜履表》："茅茨之陋，不足以入金门，登玉台也。"梁简文帝《临安公主集序》："出玉台之尊。"徐陵在序文中有"周王璧台之上，汉帝金屋之中"语，可知原为后宫庭苑歌咏的诗集。刘肃《大唐新语》云："梁简文为太子，好作艳诗，境内化之。晚年欲改作，追之不及。乃令徐陵为《玉台集》，以大其体。"《玉台集》即本书省文。此书为《诗经》《楚辞》之后，最早的诗歌总集。除了所谓艳诗以外，还保留许多汉至梁的著名诗篇，及一些佚篇。如《古诗为焦仲卿作》"孔雀东南飞"，即最初见于此书，为中国诗史发展之重要诗集。有1955年文学古籍刊行社本。参见《徐孝穆集笺注》。

【 玉堂嘉话 】

笔记　元王恽撰。恽字仲谋，号秋涧。金末元初（1227—1304）在世。河南汲县人，官至翰林学士，知制诰。是书述其三十四年两入翰林，暨有关掌故。如其草创、建置、词馆制度及制诰诸事。多为正史所阙，足资博识。玉堂，唐宋以后称翰林院为玉堂。宋苏易简为学士，太宗以红罗飞白书"玉堂之署"四字赐之，后沿此称。有《四库全书》本。

【 玉溪生诗集 】

唐李商隐撰。商隐有《李义山文集》已著录。氏，字义山，怀州河内（今河南沁阳）人。宪宗元和至宣宗大中（813—858）年间在世。早入王茂元幕府，并为其婿。因卷入党争，被排挤出长安，任县尉、幕僚等。晚年还长安为判官。商隐一生落魄不达，然于诗，则各体皆长，尤工律诗、绝句。虽多感伤，但典雅华丽，擅于比兴，寄托深入。虽扑朔无达诂，既视为情诗，亦视为珍品。玉溪，在河南济源县西北。氏少时读书玉阳王屋山，其《奠令孤公文》有："故山峨峨，玉溪在中"句，因之后人称商隐为玉溪生，乃以名集。又以商隐诗多晦隐，注家甚多，清冯浩《玉溪生诗集笺注》颇详备，有上海古籍出版社1979年刊本。

【 郁达夫文集 】

郁达夫（1896—1945）撰。1984年，广东花城出版社与三联书店香港分店联合编辑出版。是迄今为止收集郁达夫著作最多的别集。郁达夫，现代小说家、散文家。原名郁文，浙江富阳人。1913年赴日留学。1922年毕业于东京大学经济部。1921年参与成立创造社，同年出版白话小说集《沉沦》。回国后在北京大学等校任教。1930年参加左联。抗战军兴于1937年赴武汉在国民政府担任抗日宣传工作。1938年到南洋，化名从事抗日救国活动。1945年9月17日，被日军秘密杀害。郁达夫作品历年曾陆续出版，兹列其部分书名题解如下：

一、《寒灰集》，收小说十一篇。1927年，上海创造社出版。作者在本集《题辞》中说："名之曰寒灰。寒灰的复燃，要借吹嘘之力。这大力的出处，大约是在我的朋友王映霞身上。……"题名显示虽自我伤感，但又寄热望于女友的爱情，将"复燃"生活与创作的新机。

二、《鸡肋集》，小说集。1927年上海北新书局初版。作者《题辞》言："'弃之可惜，存之可羞'象这一类的东西，古人名之曰鸡肋，我就把它拿作来作了全集第二卷的名字。

三、《茑萝集》，短篇小说集。1928 年上海泰东书局初版。茑萝，蔓生灌木，矖于他木。《诗·小雅·頍(kui)弁》："茑与女萝，施于松柏。"古人以此诗比喻兄弟亲戚缠绵依附。集中此篇《茑萝行》，乃作者自叙坎坷潦倒，回乡愧对老母妻儿的恋恋亲情。

四、《过去集》，短篇小说集。《过去》，是其中的一篇。自述我曾经热烈地追求陈家姐妹的老二，却忽略了暗恋自己的老三，结果一无所成。若干年后，我又遇到寡居的老三，但过去的经历，亘在心头，无法挽回。作者以此篇名集。1927 年发表于上海。

五、《奇零集》，杂文、小品、译文合集。收三十二篇。作者《题辞》云："……都是些不成篇的小文章，外国人称这一种东西作 Odds And Ends，中国人也有'鸡零狗碎'的一个成语。若把鸡零狗碎的四字拿来作书名，未免太长了一点，所以把'鸡'字改作了'奇'字。"1928 年上海开明书店出版。

六、《敝帚集》，散文、评论集。作者《题辞》："……'家有敝帚，享之千金'(编者按：见自《东观汉记·光武帝纪》)自知所见不明，不能学聪明人的藏拙以揽誉，所以重编之后，我就猫猫虎虎地加上了这个名字。"上海现代书局 1928 年出版。

七、《薇蕨集》，小说集，收九篇。曾编入抗战前的《达夫全集》第六卷。薇、蕨皆野菜，可充饥。《诗·召南·草虫》："陟彼南山，言采其薇。"《史记·伯夷列传》中说：殷遗民伯夷、叔齐耻食周粟。隐于首阳山，采薇而食之。作者在本集《自序》中说："三四年来不晓为了甚么，总觉得不能安居乐业，日日只能干逃亡窜匿的勾当。……我辈小民，便无可逃于天地间了。夷齐远逝，首阳山似乎也搬了家，现世的逆民，终只能写点无聊的文字来权当薇蕨。《薇蕨》之集，也不过想收取点到饿乡去的旅费而已。"上海北新书局 1930 年初版。

八、《断残集》，杂著。1938 年在上海初版。作者曾言："《断残集》是把断篇残简收集起来出书的意思，绝没有影射朱淑真女词人丽句的企图。开卷第一，先得在此声明。"1938 年上海北新书局初版。编者按：宋代浙江女词人朱淑真有《断肠词》一卷，四印斋刊本。郁氏之思及于此乎？

九、《忏余集》。1933 年上海天马书店初版。内容是小说与散记。本书代序正题《忏余独白》："……而友人说定要我写一篇关于创作生活的经验，我也落得在饿死之前，再作一次忏悔。"

十、《闲书》，散文集。1936 年上海良友图书公司出版，收四十篇。作者《自序》云："……许多短长杂稿，都是闲空不过，才拿起笔来写出的；所以事忙的人，简直可以不读，这一种书，终于也还是帮闲的作品。不过仔细想一想，凡一个人到了拿笔管写写的时候，总是属于闲人一类的居多，忙人是不会去干这些无聊的余事的；同样想拿起一册书来读读的人，必然地也非十分有闲者不可，忙人连吃饭睡觉的工夫都没有，又那里会起看书的心思。中国一向，就把看书当作是消闲的动作，故而对于那些小说笔记之类的册籍，统叫作闲书，说他们无关大体，得遣闲时；我以为这一称呼，实在是最简洁恰当也没有的了，所以就拿来作了我的书名。"这是表示作者"寂寞与凄凉"的愤激之词。

【 郁达夫小说全集 】

郁达夫(1896—1945)著。时代文艺出版社 1995 年出版，共收入作者小说五十二篇。内容有三类：一是"我"的留学生生活；二是"我"为生计在社会奔波之苦；三是其他人物的遭遇。有较广泛的社会生活面，常以第一人称开始。其著名的篇章，曾以单行本出版，书名题解如下：

一、《沉沦》。短篇小说集。1921 年上海泰东书局出版，是"五四运动"以后最早的白话小说。写一个留学日本的青年，眼见故国陆沉，和身受异国他乡的屈辱，无以自拔而走向沉沦。作者《自序》："《沉沦》是描写一个病态青年的心理，也可以说是青年忧郁症的解剖。里边也带着叙述现代人的苦闷—便是性的要求与灵肉的冲突……"在当时此书引起广泛的争论和很大的影响。

二、《迷羊》。短篇小说集。1927 年发表。以一个青年自叙他与一个女戏子出逃后的放纵生活。在女戏子抛弃他以后，写其忏悔的心情。作者在

《后叙》中以一个传教士的口吻说:“……因为我们都是迷了路的羊,在迷路上有危险,有恐惧是免不了的。只有赤裸裸地把我们负担不了的危险恐惧告诉给这一个牧人,使他们为我们负担了去,我们才能够安身立命。”以上两集小说,可以明显看出是受西方“忏悔录”式文学和日本“私小说”的影响而作。

三、《饶了她》。中篇小说。1932 年发表,上海现代书局初版。写“五四运动”以后,到日本发动淞沪战争的社会大变动中的,三个女性知识分子的不同遭遇。原名《她是一个弱女子》。初版后即遭禁,又改名《饶了她》,始得出版。是因为书中人物吴一粟说过这样一句话:“饶了她,饶了她,她是一个弱女子!”此书名又双关地要政府检查官“饶了她”这本书,但事实上没真正地被“饶”。1934 年此书又再次被禁,存书也全部被没收。参见《郁达夫文集》。

【 郁离子 】

笔记　明刘基(1311—1375)撰。刘基有《诚意伯文集》已著录,可参阅。是书为刘氏元末弃官居居青田时所作,多为寓言。郁离子是贯穿全书代言的假托人物,作者借其口发表对社会政治的见解,亦作书名。郁,文采兴盛貌,取自《论语·八佾》“郁郁乎文哉!”句。离,八卦之一,象征火、兴旺状。郁离,即文明的象征。吴从善《序》之云:“夫郁郁,文也;明两,离也,郁离者,文明之谓也。非所以自号,其用意谓天下后世若用斯言,必可底文明之治耳。”其书主旨抨击元代黑暗现实,提供重建封建秩序的理想。有 1981 年上海古籍出版社出版点校本。

【 喻林 】

语文类书　明徐元太编。元太,宣城(今属安徽)人。嘉靖进士,官至刑部尚书。徐氏广泛阅地前人诸书,随手摘录譬语喻言,积二十年之功,类编成书。取“汇喻为林”之意,名书。自六经以来譬况达意,汇集成书者,此为首创。有明万历七年(1579)年始刊本。

【 豫章文集 】

诗文别集　宋罗从彦撰。从彦字仲素,南剑沙县(今福建南平市)人。神宗至高宗朝(1072—1235)在世。曾官惠州博罗县,后入罗浮山,研习学问。豫章《左传昭公·十六年》载记为无楚战地。汉时将今江西南昌境置为豫章郡。因其地有豫章岗;或云楚王曾建豫章台。《广韵》:“罗姓本自颛顼,末胤受封罗国,子孙以为氏,望出豫章、长沙。”从彦以郡望名其集。有《四库全书》本。

【 鬻子 】

子书　旧题(周)鬻熊撰,唐逢行圭注。《汉书·艺文志》道家类中,录有《鬻子》二十二篇。唐颜师古注:“名熊,为周师。自文王以下问焉,周封为楚祖。”另于小说家中,录有《鬻子说》十九篇,下师古有注:“后世所加。”《四库全书》子部杂家类,录有《鬻子》一卷。经考该书列子引用过。《史记》《汉书》皆有文王见鬻子的记载。南梁刘勰《文心雕龙》中,诸子第十七:“至鬻熊知道,而文王咨询。遗文余事,录为《鬻子》。子目肇始,莫先于兹。”认此书为子书之始。但《四库全书总目提要》疑原本已失,今本是唐人好事之流伪撰。以流传既久,存备一家耳。但书之名“子”,无早于此书者,则可取其说焉。有《四库全书》本。

Yuan

【 渊颖集 】

诗文别集　元吴莱撰,明宋濂编。莱字立夫,浦阳(今浙江兰溪)人。成宗至惠宗朝(1297—1340)在世。延祐年曾举进士不第,遂隐居松石山,深研经史。宋濂曾师事之,自号深袅山道人。卒后,门人学子私谥为渊颖先生,后更谥贞文。宋濂《谥议》:“……门生学子佥曰;‘经义玄深,非渊而何? 文辞贞静,非颖而何?’于是私谥曰渊颖先生。”宋濂《渊颖先生碑》:“吴公以精深玄懿之学,发沉雄奇绝之文。和阴批阳,出神入鬼,纵横变化,其妙难名。生虽非克并融以申其志,既没而立言。浩浩穰穰,其书满家,信一代之伟人。足以播芳,犹于弗朽者也。”《四库全书总目》谓其“年不登中寿,身未试一官,而在元人中,负词中之目,与黄(溍)柳(贯)相埒。”足见其诗文,当时颇有影响,书以谥号为名。有《四库全书》本。

【 渊鉴类函 】

类书　清张英(1637—1708)等奉敕编。英字敦复,号乐圃,安徽桐城人。官至文华殿大学士兼礼部尚书。渊鉴,清帝宫中书斋名。此书仿《唐类函》体例,故名。康熙帝《御制渊鉴类函序》:“俞安期《唐类函》,颇称详括。大抵祖述欧阳询之《类聚》,稍删存《书抄》《初学记》《白帖》《通典》而附益之。安期,明人也。而曰《唐类函》者,以其皆唐辑也。既缺宋以来书,而唐以前亦有脱漏者。爰命儒臣逖稽旁搜,溯回往籍。网罗近代,增其所无,详其所以。参伍错综,以摘其异,探赜索隐,以约其同。要之不离乎?以类相从,而类始备焉。”是书取《太平御览》等十七种类书及总集、子史稗编等明嘉靖以前古籍,增其无,详其略,康熙十六年成帙。共五百四十卷。资料丰富精审,皆注出处。《四库全书总目》言其:“务使远有所稽,近有所考。源流本末,一一灿然。”有《四库全书》本。

【 元丰九域志 】

地理书　宋王存(1023—1101)等撰。此书据祥符年间,《九域图》重修,因此书无图,故名“九域志”。九域,即九州。《说文解字》段玉裁注:“凡分别区域曰囿。常道将引《洛书》曰:‘人皇始初,分理九州为九囿。’九囿即毛诗之九有,韩诗之九域也。”因成书于元丰三年(1080)乃冠名《元丰九域志》。有1984年中华书局出版点校本。

【 元丰类稿 】

别集　宋曾巩撰。巩字子固,建昌南丰(今属江西)人。真宗天禧至至神宗元丰年(1019—1073)在世。嘉祐年进士,少以文见赏于欧阳修。奉诏校书,为集贤殿校理。后知齐、襄诸州,所在多奇绩。元丰年入为史馆修撰,典修国史。官至中书舍人。散文平易典重,为唐宋八大家之一。学者称南丰先生,谥文定。是书五十卷,诗、文附行状、墓志。因编于神宗元丰年(1078—1084)间,按文类排列,故名。有《四库全书》本。

【 元和郡县志 】

地理书　唐李吉甫(758—841)撰。吉甫,赵州赞皇(今属河北)人,以荫入仕,官至中书侍郎,同中书门下平章事。当唐削平藩镇之际,为明军事利害著此书。原名《元和郡县图志》,书成于宪宗元和八年(813),故书名冠以“元和”,北宋图佚后改今名。此书为我国现存最早的比较完整的地方总志。中华书局1983年出版点校本。

【 元氏长庆集 】

别集　唐元稹撰。稹字微之,河南洛阳人。代宗大历四年(779)生,文宗太和五年(831)卒。长庆是穆宗(821—824)年号。长庆二年,元稹曾任数月宰相。白居易《元稹墓铭志》:“公著文一百卷,题为《元氏长庆集》。”诗名与白居易相埒,同倡新乐府,号称“元白”。《连昌宫词》为其名篇,有《行宫》:“寥落古行宫,宫花寂寞红。白头宫女在,闲坐说玄宗。”洪迈《容斋随笔》评其:“语少意足,有无穷之味。”与《长恨歌》相映。稹又撰传奇《莺莺传》(即《会真记》),为后世名戏曲《西厢记》原本。参阅《白氏长庆集》。有《四库全书》本。

【 元文类 】

诗文总集　元苏天爵(1294—1352)编。天爵有《滋溪文集》已著录,可参阅其生平。此书选元代诗文,分四十三类,依类编次,故以之名。收元初至延祐年之作,正元文极盛之时。天爵文史兼长,又工于鉴别,所以去取精严。且保存若干已佚的诗文,史料价值很高。元王理《国朝文类序》:“考胜国文章之盛,独赖是编而已。”后人将其与姚铉《唐文粹》、吕祖谦《宋文鉴》鼎足并称焉。

【 缘督集 】

诗文别集　宋曾丰编。丰字幼度,江西乐安(今抚州地区属县)人。约孝宗淳熙年中(1182)前后在世。乾道进士,官至知德府事,以著述自负。丰晚年筑室,自号撙(节制意),故又名《撙斋集》。缘督,义为顺守中道。《庄子·养生主》:“缘督以为经,可以全生,可以养亲,可以尽年。”《文选·晋左太冲(思)·魏都赋》:“上垂拱而司契,下缘都而自勤。”注:“缘,顺也;督,中也。顺道守中以为常。”

【 缘缘堂随笔 】

散文集　丰子恺(1898—1975)撰。1931年上海开明书局出版。丰氏,浙江崇福(今桐乡县)人。

原名丰润，曾改丰仁。在杭州第一师范时，教师以“仁者康乐”之意取号子顗。恺、顗相通，皆快乐和乐之意。丰氏曾留学日本，学习音乐美术。回国后，长期执教。凡漫画、书法、散文皆精长。缘缘堂是作者生前室名，作者言；其取名是在释加牟尼画像前的供桌上，拿两次阄。拿起来的都是“缘”字。就命名以缘缘堂。作者皈依佛门，有着“偶然以必然为基础”的哲学思想。认为无论何事，都是大大小小、千千万万的“缘”所凑合而成。又寓意作者散文创作风格，亦如缘缘堂构造之坚固、坦白、单纯、明快。

【 愿学集 】

诗文别集　明邹元标撰。元标字尔瞻，号南皋。江西吉水（今吉安地区属县）人，嘉靖至天启年（1555—1642）在世。万历进士，官至左都御史，谥忠介。本书多为讲学之语，其学宗王守仁，而严于实践。集名“愿学”，示作者愿以孔孟圣人为楷模之意。愿学，见于《论语·先进第十一》：“（孔子）曰：‘赤，尔如何？’对曰：‘非曰能之，愿学焉。宗庙之事，如会同，端章甫，愿为小相焉。’”郑注：“我非自言能，愿学为之。”又《孟子·公孙丑上》：“吾未能有行焉，乃所愿则学孔子也。”

Yue

【 月屋漫稿 】

诗集　元黄庚撰。庚字星甫，浙江天台（今台州地区属县）人。约元成宗大德年中（1302）在世。其居题为“月山书馆”，又称“月屋”，乃以名集。尝居山阴，月中诗社征诗时，推为第一。其《月山书馆诗》：“山色青边屋，幽深称隐居。瓶梅香笔砚，窗雪冷琴书。壁有先贤像，门无俗客车。代耕惟舌在，何必耦长沮。”又《月屋漫稿自序》：“自科目不行，始得脱屣场屋，放浪湖海。凡平生豪放之气，尽发而为诗文。且历考古人沿袭之流弊，脱然若醯鸡之出瓮天，坎蛙之蹄涔而游江湖也。遂得率意为之。惟吟咏性情，讲明礼义，词达而已，工拙何暇计也。于是裒集所作诗文，缮写成编，命之曰《漫稿》。”《四库全书》已收录。

【 古代诗歌总集 】

宋郭茂倩辑。郭氏，北宋须城（今山东东平）人。字德灿，神宗元丰七年（1084），为河南府法曹参军。通音律、善汉隶，余无考。本书总括历代乐府歌词，上起先秦，下至五代，共百卷，分十二类。各类有总序，每曲有题解，叙各种曲调和歌词的起源发展。每题古辞在前，后人仿作列后。征引浩博，所据精审，是自宋以来，研究乐府的重要典籍。郭氏书中云：“乐府之名起于汉魏。自孝惠帝时，夏侯宽为乐府令，始以名官。至武帝乃立乐府，采诗夜诵，有赵代秦楚之讴。则采歌谣，被声乐，其来盖迹远矣。”统治者采诗固为粉饰太平，歌功颂德和满足娱乐。但民间作品，形式活泼、新鲜；音调优美、和谐；反映现实广阔；生活气息浓郁，是中国宝贵的文化遗产。有1955年文学古籍出版社影印宋本。

【 乐章集 】

词曲集　宋柳永撰。永，建州崇安（今属福建）人。约仁宗庆历年中（1045）前后在世。初名三变，盖取自《论语·子张》：“君子有三变，望之俨然，即之也温，听其言也厉。”字耆卿，排行第七，俗呼柳七。为举子时，好狭邪游。叶梦得《避暑夜话》称：“教坊乐工，每得新腔，必求柳为词，始行于世。”时仁宗留意儒雅，深斥浮华。永有《鹤冲天》词云：“忍把浮名，换了浅斟低酌。”及临轩放榜，特落之。曰：“此人风前月下，好去浅斟低唱。何要浮名？且填词去。”三变自此自称“奉旨填词”。后改名永，方得磨勘转官。（见《能改斋漫录》）终在景祐年，中进士，官至屯田员外郎，故世号之柳屯田。有西夏归朝官云：“凡有井水饮处，即能歌柳词。”永精于音律，尤善慢词，对宋词体制有很大影响。案，乐章，原指乐书的篇章。《晋书·乐志》：“泰始二年，诏郊祀明堂，礼乐权用魏仪，但改乐章而已。”后指能入乐的词曲，《新唐书二零二·李白传》：“帝坐沉香亭，意有所感，欲得自为乐章。”有《四库全书》本。

【 岳武穆遗文 】

诗文别集　南宋岳飞（1103—1141）撰。飞，字鹏举。相州汤阴（今在河南）人，有战功。被秦桧以“莫须有”罪名杀害，时年三十九岁。孝宗时诏复飞官，以礼改葬，谥“武穆”。《谥法》：“折冲御侮曰武，布德执义曰穆。”书以谥号名之。此本为明徐阶编，录于《四库全书》。又宁宗时追封鄂王。理宗时，改谥“忠武”。《谥法》：“虑国忘家曰忠，威强睿德曰武。”《丛书集成》有《岳忠武集》。《半亩园丛书》：有《岳忠武王集》。岳飞之词《满江红》世代传诵，明邹元标撰《岳武穆精忠传》，清钱采因之撰小说《说岳全传》。

【 说学斋稿 】

文集　十卷，元危素撰。素字太朴，金溪（今属江西）人。元末明初（1303—1372）在世。曾官于元，与修宋、辽、金三史。入明为翰林学士，与宋濂同修元史。能诗文，工书法，文章为元末巨擘。素读书之室名“说学斋”，取《论语·学而》：“子曰：‘学而时习之，不亦说乎！’”说，同悦。明王褘《说学斋记》：“说学斋者，临川危太朴先生读书之室也。先生间谓褘：‘盍为我为之记。’呜呼，学非易言也，学而至于说，尤不易言。……先生德行信于人，文章名于世，见于外者如此，则学而自得于说，可知矣。”有《四库全书》本。

【 阅微草堂笔记 】

笔记小说　清纪昀（1724—1805）撰。纪昀生平见已著录之《纪文达公文集》。此书为乾隆五十四年至嘉庆三年陆续写成，包括《滦阳消夏录》《如是我闻》《槐西杂志》《姑妄听之》《滦阳杂录》五种。多怪异之事，间杂考辨。虽宣传封建道德，对宋儒也有批评。语言简洁，叙事明畅，是清代继《聊斋志异》之后，较有影响的文言短篇小说。“阅微草堂”是作者在北京虎坊桥寓所的书斋名。阅：阅读。微，微言，指幽深精妙的言辞。作者《阅微草堂》诗：“读书如游山，触目皆可悦。千岩与万壑，焉得穷曲折。烟霞涤荡久，亦得心胸阔。所以闭宅门，微言终日阅。”斋名取义本此，亦以名集。有1955年天津古籍书店刊本。

【 越绝书 】

史志　旧题东汉袁康、吴平同撰。袁康，会稽人，余不详。书又名《越绝纪》，原二十卷，今存十五卷。成书于光武建武二十八年（52）。越：越王勾践。绝：卓绝。书：载记也。记载勾践之丰功伟绩，又及伍子胥、子贡、范蠡、文种、计倪等人的活动。采传闻异说，近于方志。此书与《吴越春秋》相出入，而文章博奥伟丽则过之。《越绝外纪本事》：“问曰：‘何谓越绝？’越者，国之氏也。绝者，绝也。谓勾践时也。……勾践之时天子微弱，诸侯皆叛。于是勾践抑强扶弱，绝恶反之于善。取舍以道，沛归于宋，浮陵以付楚，临沂、开阳复之于鲁。中国侵伐，因斯衰止。以其诚于内，威发于外。越专其功，故曰‘越绝’。”或谓：孔子作《春秋》，至获麟绝笔。此书乃继《春秋》之作，故名。《越绝书·叙外传》：“圣文绝于彼，辩士绝于此。故题其文，谓之《越绝》。”又说：绝有穷、尽、极、最之意。绝地、绝域皆谓辽远与世隔绝之地。越地当时远离中原，故称之。近代认为此书，非一人一时之作也。有《四库全书》本。

Yun

【 云巢编 】

诗文别集　宋沈辽撰。辽字睿达，钱塘（今杭州）人。仁宗朝（1032—1085）在世。以兄沈遘荫入仕，曾任审院西官主簿。又以太常寺奉礼郎摄华亭县，坐事流永池，徙池州（今安徽贵池县）。筑室齐山自题“云巢”。辽，文章豪放奇丽，尤长于诗。与苏轼、黄庭坚唱和，近江西派。齐山，在安徽贵池县南二十五里，西临齐山湖。唐杜牧有《九日齐山登高诗》。有《四库全书》本。

【 云峰集 】

别集　元胡炳文撰。炳文，徽州婺源（今江西上饶地区）人，宋末元初（1250—1333）在世。曾任信州（在上饶）道一书院山长，精朱熹之学。元吴澄《云峰胡先生行状》：“先生名炳文，字仲虎，号云峰。世居徽之婺源考川……居之南一峰高耸。有诗云：‘举头山苍然，一峰立云表。’故乡人曰云峰者，因称为云峰先生。”以号名集。有《四库全书》本。

【 云笈七签 】

道家书　宋张君房编辑。君房，岳州安陆（今属湖北）人，官至御史台。时真宗崇尚道教，诏君房校理《道藏》。至天禧三年成《大宋天宫宝藏》四千五百六十五卷（已亡佚）。君房撮其精要，以成此书。道家语称其典藏书箱为“云笈”。道书共分七部，即洞真、洞玄、洞神和太玄、太平、太清以及正一四辅等，故称《七签》，计一百二十二卷。内容包括经教宗旨，仙真位籍，斋戒服食，内外丹，方术乃至诗歌传记。多采录旧籍原文，择要分类，集北宋以前《道藏》主要内容之大成。已佚书籍赖以保存片断，为研究道教重要参考书。有《四库全书》《四部丛刊》本。

【 云林集 】

诗集　明危素撰。素字太朴，号云林。江西金溪（今抚州地区属县）人。元末明初（1295—1372）在世，累官至翰林侍讲学士。素常居抚州金溪东云林山，因以名集。危素《云林图记》：“云林山在金溪县东，……蜀都简君天碧，与余客吴文正公所，为作云林图。道士方壶子亦爱余山居幽僻，数为之图。张彦辅真人奉敕写钦天殿壁，余时在经筵，用米氏法为余图之。翰林侍讲学士虞公尝为赋诗。海内之名胜继有作于是。有声之画，无声之诗，悉萃于几席，南金大被不足为贵矣。然故旧人而以云林为余别号，则非余志也。”按：云林山在金溪县东四十里，势极峻。上接云际，故曰云林。有三十六峰，最高者为出云峰。元萨都剌《和闲闲吴真人》：“诗几度驱车上京国，五更归梦绕云林。”有《四库全书》本。

【 云松巢集 】

诗别集　元朱希晦撰。希晦，元末明初（？—1390），乐清（今在浙江温州专区）人。隐居于雁山瑶川，有室名“云松巢”，乃以名集。巢，古人营居于树上曰巢。唐李白《赋庐山五老峰》诗：“吾将此地巢云松。”明章陬《云松巢集原序》：“此《云松巢集》者，乐清朱希晦先生所赋咏也。先生家瑶川，世有令德。自幼嗜学力行，有志于古人。元季避海内乱，遂囊括不仕，益闭门读书，以究其业。下笔才情思涌，而于诗尤工。故因物寄情，伤时感事。凡有触于外而动于中，一于歌焉发之。日增月积，多至千余篇。扁其室曰‘云松巢’，而稿因以名焉。”有《四库全书》本。

【 云台集 】

又作《云台编》　别集　唐郑谷撰。谷字守愚，袁州宜春（今属江西）人。生年不详，昭宗乾宁年前后（？—896）在世，曾官都官郎中，诗家称郑都官。其集，在扈从僖宗登华山五峰寓云阳道舍（云台观）时编次，乃名。按，齐己曾以“前村深雪里，昨夜数枝开。”见谒。谷曰：“数枝非早也，未若一枝佳。”齐己拜曰：“我一字师也。”云台观，在陕西华阴县南八里，以云台峰为名。云台峰即华山北峰，为华山五峰最低者。有《四库全书》本。

【 云溪集 】

诗集　宋郭印撰。郭印始末不详，据集中诗，知其号“亦乐居士”。四川成都人，约钦宗靖康初（1126）前后在世。政和进士，曾官县令。好为诗，与曾糙、计有功等交游。云溪乃其别墅名，作者《云溪杂咏》云：“予性嗜水竹，欲卜一亩之园，而贫不能有。日经月营逾二十载，乃得今日所谓云溪者，过初望焉。”案，四川成都东北盐亭境内有云溪，杜甫曾诗云：“云溪花淡淡，春郭水泠泠。”或作者怀故土之思欤？有《四库全书》本。

【 云溪友议 】

杂记　唐范摅撰。范始末无考，约僖宗（877）年前后在世，自号五云溪人。书中所录皆中唐以后故事，诗话居十之七八，乃唐人说唐诗。未见于它书者，逸篇琐事，颇赖以传。因多为友人之间的议论，故称《友议》。案，五云溪，又称五溪或若耶溪。在浙江绍兴南二十里，若耶山下，北流入镜湖。相传越国美女西施，曾浣纱溪上。有《四库全书》本。

【 云烟过眼录 】

笔记　宋末元初周密（1232—1298）撰。密有《武林旧事》《齐东野语》等已著录，可参考。本书记述作者所见之古器、奇玩、书画等。云烟过眼，语出苏轼《宝绘堂记》：“譬之烟云之过眼”句，指如烟云过目，转瞬即逝，珍藏亦身外之物也。旧本作“云烟”乃倒误其文，有《丛书集成》本。

【 云阳集 】

别集　元李祁撰。祁字一初。茶陵（在今湖

南湘潭地区)人。元末约(1296—1373)在世。集以所居云阳山名。明杨士奇《李云阳文》:"云阳李祁,别号祈,字一初,茶陵人。元至顺癸酉进士第二人,官至儒学提举。元亡不仕,祁自号不二老人。"其《奉题朱泽民先生画山水图》:"洞庭之南湘水东,青山奕奕盘苍龙。云阳高峰七十一,欲与衡岳争为雄。我家近在云阳下,来往看山如看画。十年尘土走西风,每忆云阳动悲咤。吴中胜士朱隐君,笔精墨妙天下闻。画图画出湘江水,青山上有云阳云。云阳山高湘水绿,十年不见劳心目。只今看画似看山,万里归情寄鸿鹄。"云阳山,在茶陵、攸县、安仁三县间,属罗霄山脉。《湖南通志》:"云阳之墟……可以隐居。"云阳氏,古之仙人姓氏,因号云阳山,名胜甚多。有《四库全书》本。

【 云庄集 】

文集　宋刘爚(yue)撰。爚字晦伯,建阳(今福建地区属县)人。高宗至宁宗(1144—1216)在世,朱熹门人。乾道进士,官至工部尚书。爚曾从朱熹,在武夷山读书讲道。筑云庄山房,以为终老隐居之地,学者称云庄先生,并以名集。云庄,在闽建阳西北,武夷山主脉之云谷山中。朱熹于此处讲学,熹有《云谷二十六咏》诗,其一为《云庄》。有《四库全书》本。

【 云庄乐府 】

全称《云庄休居自适小乐府》,散曲集。元张养浩撰。养浩,济南人。字希孟,其名与字,源自《孟子・公孙丑上》:"我善养吾浩然之气。"号云庄。又自称齐东野人。宋度宗至元文宗朝(1269—1329)在世,曾官监察御史、参议中书等职。因抨击时政,为权贵所忌,至治元年,辞归故里。隐居华不注鹄山阳之云庄别墅。《历城县志》:"云庄,张养浩致仕时所居。"又以之名其号。所作散曲百数十首,多写隐逸生活,亦有不满现实之作,《太和正音谱》评他的曲"如玉树临风"有孔德图书馆石印本。

【 筠溪集 】

诗文别集　宋李弥逊撰。弥逊字似之,约神宗至高宗(1082—1153)时人。原籍福建连江(今宁德地区属县),居吴县。大观年以上舍登第,官至户部侍郎。以忤秦桧,乞归。筠溪,在连江县西玉泉山下,弥逊隐居地,逊以自号,并名其集。连江,晋曰温麻,唐置连江县,位岱江下游,临海。有《四库全书》本。

【 郧溪集 】

文别集　宋郑獬(xie)撰。獬字毅夫,安陆(今湖北孝感地区县治)人。真宗至神宗时(1022—1072)在世。皇祐进士,曾知开封、杭州、青州等地。以不合于王安石新法,求去。郧,古国名。在今湖北安陆,春秋时灭于楚。郧川,源湖北随县,经流安陆、应城等地入汉江,今作涢水。有《四库全书》本。

【 运甓漫稿 】

诗文别集　明李昌祺撰。昌祺名祯,庐陵(今江西吉安)人,洪武至景泰(1376—1452)年间在世。永乐年进士,曾参与修撰《永乐大典》。官至河南布政使,以廉洁宽厚著称。甓,砖。运甓,见《晋书・陶侃传》:"侃在(荆)州无事,辄朝运百甓于斋外,暮运于斋内。人问其故,答曰:'吾方致力中原,过尔优逸,恐不堪事。'"其励志勤力,皆此类也。李氏以此典名集亦自励耳。又李氏曾仿瞿佑《剪灯新话》(已著录),作《剪灯余话》,借以抒写胸臆。有《四库全书》本。

【 韵语阳秋 】

诗话　宋葛立方(?—1164)撰。立方字常之,丹阳人,徙吴兴(今属浙江)。绍兴进士,官至吏部侍郎。本书评论宋代和宋以前诗人作品,不着眼于造句之工拙,着重论及流派意旨之是非。"阳秋"词原作"春秋",有评论之意。韵语,即指诗歌。案,晋人语:因晋简文帝生母郑太后小名阿春,故天下讳"春"字,遇"春"字辄改"阳"。晋孙盛撰《晋阳秋》,书中即皆以阳代春。葛氏此书采罗广博,保存宋以前许多未能流传的作品,很可珍贵,持论亦严正精当,颇可借鉴。本书又名《葛常之诗话》,或《葛立方诗话》。参见上编类书名"春秋"条。有《四库全书》本。

Z

Za

【 杂事秘辛 】

小说　传为汉代人撰，作者姓名不详。明杨慎(1488—1559)有序云：得此书于安宁土知州万氏。《四库全书总目提要》则有言：明沈德符《敝帚轩剩语》中言，即杨慎伪作也。明胡震亨、姚士粦《跋》中，辨其与史料舛谬之处甚详。本书名所谓“杂事”是记录汉宫内事。秘，是“秘书”之意。辛，是卷帙按天干第八位之数名编号。内容是记录汉桓帝的懿德皇后(名莹，权臣梁商之女，梁冀之妹)被选入宫的小史。文辞艳丽，语涉猥亵，亦类传奇。汉人无是体裁，故辨伪焉。近有济南山东画报出版社 2004 年刊本。

Zai

【 在轩集 】

诗集　元黄公绍撰。公绍字直翁，昭或(今四川广元)人。约宋末元初(1290)前后在世。咸淳进士，入元不仕，隐居樵溪。尝取胡安国(北宋理学家，著《春秋传》)“心要在腔子里”句，名所居曰“在轩”，因以名集。作者《书在轩名后》文：“……公绍对曰：‘尝读胡文定公语，心要在腔子里。自觉有警，以作小轩名之曰‘在’。‘在’义何居? 曰：先儒有言，心要在腔子里。此吾所以志也。传曰：心不在焉，视而勿见，听而不闻，食而勿知其味。目之于色也，耳之于声也，其于人至近也。心不在焉，而犹若是，况乎其他。翁之名此轩也，其知所以用力矣。尚何假于余之言哉? 抑余每过在轩，必询之轩外曰：‘主人在乎’曰：‘在’。或主人他出，则曰否。余于是悟‘在’之为义。心：主人也。轩：腔子里也。”有《四库全书》本。

【 再生缘 】

又名《华丽缘》《孟丽君》《金闺杰》　长篇弹词　陈瑞生(1751—1796)撰。瑞生，杭州人，十八岁开始创作，后丈夫因科场案牵累谪戍，写到十七卷，书未成而卒。后由杭州另一女诗人梁德绳续补三卷。道光元年(1821)又由侯芝改编为八十回本加序印行。是书写元代昆明才女孟丽君与皇甫少华订婚，后因奸人破坏，几经波折，他们在人间的结局终成悲剧，而“再生”到天上才得团圆，即是“再生”之“缘”。《华丽缘》是指皇甫少华(华)和孟丽君(丽)的姻缘。《孟丽君》是以书中女主人公姓名而题。《金闺杰》是侯芝改编后所题，言其“书中女子皆有杰出之才，以是名之得矣。”是篇故事曲折，描写细腻，文辞优美，艺术成就较高，对后来戏剧、曲艺颇有影响。在南方孟丽君的名字，几乎妇孺皆知。有 1983 年中州书画社点校本。

Zao

【 早起看人间 】

散文集　罗兰(1919—　)撰。罗兰，台湾女作家，原名靳佩芬。祖籍河北宁河人，天津女师毕业。曾任教员、电台节目制作、编辑等职。1962 年起在台湾发表作品。有散文、诗歌、长篇小说等。本集中分“早起看人间”“机器时代”“归宿・归宿”“抚今追昔”四辑。作者在《前言》中说：“‘早起看人间’，是我用早起比较冷静清醒的心情，来看日常所接触的问题。它是我个人的一些心得，希望也能得到读者的共鸣。”本书在 1981 年 3 月由台湾世界文物出版社出版。作者另外的散文集《罗兰小语》已在大陆出版。

Zha

【 扎抃 】

笔记　清桂馥(1736—1805)撰。桂馥有《晚学集》已著录,可参考。是书多通过文字训诂来解说经史,考辨名物。作者有《序》云:“以其琐碎,窃比匠门之木杮(fei),题曰《扎抃》。”杮,《说文》:“杮,削木朴也。”段注:“各本作削木扎抃也。”扎,即木简。朴,为木皮。作者谦称所记之琐碎,如木牍削下弃之的木皮,故名。有《心矩斋丛书》本。

Zhai

【 摘云集 】

散文诗集　台湾作家萧白(1925—　)撰。萧白原名周仲勋,浙江诸暨人。1969 年到台湾,是多产作家,尤其散文成绩突出。本书 1970 年由台湾阿波罗出版社初版。书中收短小隽永的散文诗,一百一十三篇。没有篇名,只冠以数字标明号码。作者在《后记》中说:“这些篇章追求诗之境界,注重意象之美,重在人生哲理。初无意给它篇名,为便于发表而已。”书中引用作家林绿的话:“这本《摘云集》即是如此,只有书名,而无篇名。书名只取其象征性而已。如果我们一定要追问他到底写些什么,不妨就说是真、善、美吧。”

Zhan

【 战国策 】

有散文价值的史料汇编。无作者名氏,乃战国时各国史官、策士辑录。汉中秘所藏,错乱卒糅。刘向校书《叙录》曰:“战国之时,君德浅薄。为之谋策者,不得不因势而为资,据时而为。故其谋扶急持倾,为一切之权。虽不可临国教化,兵革救急之势也。皆高才秀士度君之所能行,出奇谋异策。转危为安,运亡为存,亦可善,皆可观。中书本号,或曰《国策》、或曰《国事》、或曰《短长》、或曰《事语》、或曰《长书》、或曰《修书》。臣向以为,战国时游士辅所用之国。为之谋策,宜为《战国策》。”是书起自春秋末(公元前 453)至秦二世(公元前 209)记,二百四十五年各国政治、军事、外交诸事。分为西周、东周、秦、齐、楚、赵、魏、韩、燕、宋、卫、中山十二策。宋代有亡佚,曾巩为之补订。汉高诱,宋姚宏、鲍彪,元吴师道,清黄丕烈等人,皆有佳注。近有 1978 年上海古籍书店点校本。

【 湛然居士集 】

诗文别集　元耶律楚材撰。楚材,辽东丹王八世孙,金章宗至元太宗朝(1190—1243)时人。《元朝名臣事略》:“楚材生父文献公,尝私谓所亲曰:‘此子吾家千里驹也。他日必成伟器,且当为异国用。’因取《左氏》‘楚虽有材,晋实用之’以为名字。”故字曰晋卿。从太祖平定四方,官至中书令。凡蒙古陋风,悉为改革。元主国规模,皆楚材所定。博极群书,旁及天文、地理、律历、术教。湛然:深沉宏厚、清澄纯粹之意。楚材自号湛然居士,以号名集。元孟攀鳞《湛然居士集序》:“若乎湛然,不可以形寻,不可以言诘。其处之也厚,静于内为善渊,演于外为道派。即其性而见其文与之气,具粹然一出于刚正。观乎所称,其人可知矣。”有《四库全书》本。

【 湛渊集 】

诗文别集　元白挺撰。挺字廷玉,钱塘(今杭州)人。宋末元初(1248—1328)在世,仕至儒学提举。工诗文,诗逼陶韦,书迫颜柳。晚年结庐西湖金沙滩,有湛渊,因以自号。明宋濂《元故湛渊先生白公墓铭》:“所居西湖,有泉自天竺来,及门而汇。榜之曰‘湛渊’,因以自号。晚归老栖霞,又号栖霞山人。”案,湛:一、澄澈。晋谢淑源(混)《游西地》诗:“景昃鸣禽集,水木湛清华。”二、水深貌。《楚辞・招魂》:“湛湛江水兮,上有枫,……”有《四库全书》本。

Zhang

【 张爱玲全集 】

女作家张爱玲(1921—1995)撰。四卷,海南出版社 1995 年出版。张爱玲,原籍河北丰润,出生于上海。1941 年在香港读大学。1942 年辍学回沪。1943 年发表处女作《沉香屑·第一炉香》。1944 年,首次将创作小说结集以《传奇》名义出版。1952 年去中国香港。1973 年起定居美国洛杉矶直到去世。其作品想象繁复、丰富,历史意识强烈。描写风俗、人性十分熟练。融合西方小说和中国旧小说的特点,现代对之评价颇高。兹将其部分书名题解如下:

一、《传奇》。中短篇小说合集。1944 年在上海出版。作者在《自序》中说:"这里的故事,从某一个角度看来可以说是'传奇',其实这一类故事也多得很。"故事多是"怨情",即不健全、不完满、不正常、不幸的婚姻和爱情。书中名篇如《金锁记》,写妇人曹七巧,为了金钱抛弃了爱情。后来又为金钱,葬送了女儿的幸福。翻译家傅雷说:"这刽子手是谁? 黄金,最初她用黄金锁住了爱情,结果锁住了自己。"《沉香屑·第一炉香》,写上海姑娘葛薇龙,在生活放荡的姑母纵容下,走向沉沦。作者说那是"沉没下去"的时代。《倾城之恋》,写白流苏和范柳原相恋,遭家庭反对。在太平洋战争中相会于香港,在倾城(香港被日军侵占)之地,这对生死契阔的恋人,总算得以团聚。

二、《半生缘》。是作者的第一部长篇小说。20 世纪 40 年代发表时,初名《十八春》,寓意少女的花样年华。20 世纪 60 年代改写成《半生缘》,写少女顾曼祯,因为姐姐曼璐的堕落,而失去了男友沈世钧的爱。又在曼璐的圈套下失身于姐夫。沈世钧也另娶。书名的含义是:众人的缘分,只有一半,每个人的下场都是无奈的。后来此书又改名《惘然记》。取典于唐李商隐诗:"此情已成待追忆,只是当时已惘然。"

三、《怨女》。是作者的另一部长篇。1968 年台北皇冠杂志社初版。写多年的媳妇熬成婆,后来也虐待媳妇。对女人的狭隘、刻薄的内心世界刻镂生动。

【张祠部诗集】

唐张继撰。继字懿孙,生卒年不详,襄州(今湖北襄樊)人。天宝进士,大历末授检校员外郎,是以名集。诗多登临纪行之作。语言自然明白,不尚雕琢,情致清迥。名诗《枫桥夜泊》:"月落乌啼霜满天,江枫渔火对愁眠。姑苏城外寒山寺,夜半钟声到客船。"历来为人称道,北宋时已刻石苏州。有《全唐诗》及《唐诗百名家全集》本。

【张河间集】

别集　东汉张衡(78—139)撰。衡字平子,南阳西鄂(今河南南阳)人。科学家、文学家。安帝时征拜郎中,后出任河间(今属河北)相,故世称张河间,并以此名集。曾两次任太史令,制作水运浑天仪和侯风地动仪,为天文学和地震学之杰出贡献。其文学成就主要在赋和诗,散体赋以《两京赋》为代表作,精心傅会,十年始成。其诗对七言诗的形成和发展有重大影响。有《汉魏六朝百三名家》本。

【张恨水全集】

张恨水(1892—1967)撰。1992 年,山西北岳文艺出版社出版。全集共七十卷,收作者小说、散文、杂著及诗词等。作者原名张心远,1914 年在蒙藏垦殖学校读书时,写旧体诗,笔名作"愁花恨水生"。又以读李后主词《乌夜啼》中有"人生长恨水长东"句,悟光阴之可贵,乃截取"恨水"作笔名。于 1915 年起用恨水之笔名,投稿于报。此后连续著有长篇小说一百零三部,短篇小说四十部及散文诗词等,累计三千万余字。作者重要著作题名注释如下:

一、《春明外史》。长篇小说。1924 年发表,叙述记者杨杏园和梨云的恋爱,又有和李冬青的感情纠葛。背景是北洋政府时代,北京的广阔的社会生活。春明,本唐代长安城门,后来以春明作为京都的代称。外史,是谓本书是作者当时所听到、看到以至于亲身经历的,社会新闻的实录。案:唐都长安,东有三门,中为春明。因以"春明"为首都的代称。唐王建诗《寄广文张博士》:"春明门外作卑官,病友终年不得看。"

二、《金粉世家》。长篇小说。1926 年发表。以国务总理家的弃妇冷清秋为引子,写此豪门盛衰的兴亡史。金粉,借用六朝金粉之典,喻其富贵繁华,又暗喻粉妆黛饰必致颓落之意。冷氏之冷是冷眼旁观的意思。世家,本为《史记》中专纪世袭封国诸侯事迹者,在此亦讽刺之笔。案:金粉,金指金钿;粉指铅粉,皆妇女梳妆之物。古代诗人多用于咏与妇女有关之事。如六朝金粉、北地胭脂。元王实甫《西厢记》二本一折:“香消六朝金粉了,清减了三楚精神。”张氏之题,亦暗示权势豪门,裙结带联之风。

三、《啼笑因缘》。长篇小说。1929 年发表。写富家子弟樊家树,与天桥鼓姬沈凤喜的爱情悲剧。啼笑一词,见于南朝陈时,徐德妻乐昌公主诗:“笑啼皆不敢,方验作人难。”明传奇剧《红拂记》:“新诗句,倍惨伤,想啼笑俱难,非是谎。”因缘:佛家语。指产生结果的直接原因是因,促成这种结果的条件是缘。《楞伽经》:“一切法因缘生。”据作者《写作生涯回忆》书中云:是据 1924 年,北平一女艺人高翠兰之事,敷演成书。张氏子回忆:“(父亲)说我写这个不完全是婚姻问题,所以‘因缘’的因字,没有女字旁。”

四、《八十一梦》。长篇小说。1939 年发表。以梦幻的方式,揭露抗战时期大后方“雾重庆”的贪污腐败、巧取豪夺、纸醉金迷、光怪陆离的百丑图。作者在书前《楔子》中有诗:“休向朱门乞蕨薇,荒山茅屋学忘饥。卢生自说邯郸梦,未必槐荫没是非。”作者在卑劣的高压之下,只得使出中国文人的老套“寓言十九托之于梦”的手法。后来终于迫于压力,只写了十几个梦。作者说:“原稿泼了油,被耗子吃掉了。”暗示被迫停笔。

五、《五子登科》。长篇小说。五子登科,本是民间艺人颂扬人家,家教有方、子弟有为之语。此处却是辛辣的讽刺。作者在本书前言中说:“这部书,是日本投降后,描写一个国民党北平接收专员,沉醉在五子之中。所谓五子,不是以前所谓五子齐名的五子,是金子、车子、女子、房子、票子。……所以在当时有五子登科的称号,恭维这些接收专员。”案:五子登科,指五代后周渔阳人窦禹钧家教有方,所生五子仪、俨、侃、称、僖相继登科,皆入仕途。长为礼部尚书,次为礼部侍郎,三为神阙,四为谏议大夫,五为起居郎,号为窦家五龙。蒙学课本《三字经》中有云:“窦燕山,有义方,教五子,名俱扬”,五子登科原典如此。

六、《夜深沉》。长篇小说。1941 年上海生活之友社出版。本书写一个街头卖唱女子,色艺双全,被捧为京剧红角,但她却堕落在黑暗的旧社会之中。她的男友也被迫娶了上司的姘妇……夜深沉,原为京剧曲牌,由昆剧《思凡》的《风吹荷叶煞》曲牌演变而来。因其中有“夜深沉,独自卧”的唱词,取头三字命名。以胡琴演奏,南堂鼓配合,曲调用于京剧《击鼓骂操》和《霸王别姬》的伴奏。作者在本书的结尾处写道:“夜深深地,沉沉地……”寓意旧社会的黑暗。

七、《弯弓集》。短篇小说、诗词、剧本合集。1932 年北平远亭书社出版。共十八篇。作者有《跋》云:“至于今日,则外寇深入,国亡无日。而吾人耳闻目睹帝国主义者之压迫,为世界人类所不能堪。于此而犹言非战,更何异率吾民束手就缚之余,且洗颈而就戮?不愿就缚与就戮矣,则发扬民族思想,以与来束缚来戮者抗,理也,亦势也,更何题焉?”题名弯弓,即弯弓射日之意。日,即指日本帝国主义。作者号召中华民族,冲破不抵抗主义的束缚,抗看击日本侵略者。

【 张居正大传 】

传记　朱东润(1869—1988)撰。朱东润,文学史家、传记作家。肄业于伦敦东南学院。1917 年回国曾任武汉大学、中央大学等校教职。新中国成立后任复旦大学教授、中文系主任,中国作协理事等职。关于书名作者说:“大传本来是经学中的一个名称,《尚书》有尚书大传,《礼记》也有大传,但在史传里从来没有这样用过。不过我们应当知道中国的史学发源于经学,一百三十篇的《史记》,只是模仿《春秋》的作品:十二本纪模仿十二公,七十列传模仿《公羊》《谷梁》,‘传’的原意,有注的意思,所以《释名·释典艺》云:‘传传也,以传示后人也。’七十列传只是七十篇注释,把本纪或其他诸篇的人物,加以应有的注释。既然列传之传是一个援经入史的名称,那么在传叙文学里再来一个援经入史的大传似乎也不算是破例。”参见上编类书名“大传”条。

【 张氏拙轩集 】

诗文集　宋张侃撰。侃字直夫,由扬州徙居吴兴。宁宗开禧年(1206)前后在世。曾监常州奔牛镇酒税,后迁上虞丞。其父张严以误国被劾,为世诟病。而侃独志趣潇散,浮沉末僚。所与游者如赵师秀等,皆吟咏自适,恬静不争之士。为诗亦清隽圆转,时有闲淡之致。书以其斋名题之。作者《拙斋记》:"淮海张某,以拙名读书轩有年矣,每见前修多以拙自号,则又解曰:吾非大巧若拙之谓也,吾非巧窍所耻之谓也,实杜少陵'用拙存吾道'(杜甫《屏迹》诗之一)之意。以见吾非有心于为拙,特欲不失吾之本然者而已。使世之巧或可移吾之拙,则道非吾有矣。吾日惧焉,因书以自警。"案:拙与巧相对。《书·周官》:"作伪心劳日拙"。老子:"大直若屈,大巧若拙,大辩若讷。"此书原名《拙轩集》,因《四库全书》另著录有金人王寂《王氏拙轩集》,故此处特异之。有《四库全书》本。

【 张司业集 】

诗文别集　唐张籍撰。籍字文昌,和州乌江人(一说苏州吴人,后移居和州—今安徽和县)。约代宗至文宗朝(765?—830)在世,仕至国子司业。长于乐府诗,与王建齐名而格在其上。张氏之诗反映丰富的社会生活,代表作有《野老歌》《征妇怨》《凉州词》等。司业,学官名。隋大业三年(607)设国子监司业,又称国子司业。协助祭酒,主管监务,教授生徒,历代相沿,清末废。又近人将张籍、王建之诗合编为集,名之曰《张王乐府》。有《四库全书》本。

Zhao

【 昭代丛书 】

清康熙中张潮(1650—?)辑。潮新安(今安徽歙县)人,文学家,曾任翰林院孔目,以刊刻丛书为世所称。此书所辑皆清人小品杂著,掌故琐记尤多。昭代,政治清明的时代,旧文人常以美称本朝。张氏认为清朝"不特武功之胜为前代所莫大,而文教之隆尤觉超越往古。"乃辑是集。后杨复吉、沈楙德等有续辑、重辑本。道光中吴江沈氏世楷堂刊本,足本共收五百六十一种。

【 昭昧詹言 】

诗话　清方东树(1772—1851)撰。东树,安徽桐城人,其为姚鼐门人,故以桐城派观点论诗,认为"古文文法"亦通于诗。所采姚鼐、姚范诸人之说。昭昧,使昏昧得以彰明,令愚昧可以启智。詹言,典见《庄子·齐物论》:"大言炎炎,小言詹詹。"指喋喋不休之语,是作者谦辞。有1962年人民文学出版社出版点校本。

【 昭明文选 】

总集　南朝萧统编选。统(501—531),字德施。梁武帝萧衍长子,好文学,博览群书。天监元年立为太子,三十一岁未即位而卒,谥昭明。于东宫时召文学之士,编成是书。本书为中国现存最早的文学总集,其自序称选文以"事出于沉思,义归于翰藻"的文学作品。将文学和经、史、子书区别开来。涵先秦至梁八百年,各体文章七百五十二篇。分三十七类,共三十卷。古代为士人必修之课本。主要注本有:唐高宗显庆中《李善注》,开元中又出吕延济、刘良、张铣、吕向、李周翰五人,《五臣注本》。至南宋合刊之曰《六臣注文选》。萧统另有《昭明太子集》,梁时已佚,今本为明人采缀而成。有1977年中华书局影印清胡克家断句本。

【 昭阳趣史 】

通俗小说　明古杭艳艳生编。作者真实姓名,无可考。书前有序称:"向刻《玉妃媚史》,是为玉妃知己。若不以僝工(又作功),以写昭阳之趣,昭阳于九泉宁不恨于君耶! 于是爰辑其外纪,题曰《昭阳趣史》。"僝工(功),显见功业之意。此书似成于天启元年(1621)之前。据《赵飞燕外传》《赵飞燕别传》敷衍而成。《玉妃媚史》写杨贵妃私生活,此书则写汉成帝后妃赵飞燕及其妹赵昭仪的淫乱生活。昭阳,本成帝所筑宫殿,飞燕与昭仪曾先后居住于此,故以此代指二女,并以名书。有《国学珍本文库》本。

Zhe

【 折狱龟鉴 】

一作《决狱龟鉴》　法学著作　宋郑克撰。克,南宋开封(今属河南)人。字克明,宣和进士,历上元尉、湖州提刑司干官。五代和凝父子有《疑狱集》,所记皆平反冤狱,辨别诬陷之事。克以其未尽详备,遂采摭旧闻,增加案例,列二十门,案例后皆有分析,于绍兴三年(1133)成书。折狱,即断狱、判案。龟,古人以龟为灵物,灼龟甲以卜吉凶。鉴即镜,能别美恶。龟鉴犹言借鉴。《旧唐书·刘蕡传上书》:"且具非大德之中庸,未为上圣之龟鉴,何足以为陛下道之哉。"题名意谓此书是判案决狱可引用的借鉴。有1989年上海古籍出版社译注本。

Zhen

【贞观政要】

杂史 唐吴竞(670—749)撰。竞为汴州(今河南开封)人,于武后、中宗、高宗、玄宗四朝居史职。贞观为唐太宗(627—649)时年号,取《易·系辞下》:"天地之道,贞观者也"其时太宗与其大臣房玄龄、杜如晦、魏征等,以隋亡为鉴,实行缓和社会矛盾的措施,促进了社会经济恢复和发展,出现了著名的"贞观之治"。是书载录贞观年间实施大政纲要,故此题名。此书系统地总结了历史经验,为以后诸朝及日本皇家、幕府的重视,被用为讲读教材。有1987年四川人民出版社出版译注本。

【真诰】

道教著作 南朝梁弘景撰。弘景字通明,丹阳秣陵(今南京境内)人。宋文帝至梁武帝朝(452—536)在世。博通天文、历法、符图、医药,曾为齐高帝诸王侍读,后隐居句曲山(今江苏茅山)自号华阳真逸。梁武帝召之不赴,然每谘以大事,时人谓山中宰相。真,谓神仙。诰,通告。封建时代特指上告下之文,《易·姤》:"天下有风,姤以施命诰四方。"宋高似孙《真诰序》:"诰者,告也。《书经》有《汤诰》《洛诰》诸篇。孔安国云:诰以大义,告乎天下者也。"本书载神仙授受真诀事,将儒学及佛学引入道家,被收入《四库全书》。

【珍珠舶】

文言小说 明末清初徐震撰。震字秋涛,浙江秀水(今嘉兴)人。一生落拓,著有小说多种。本书前题"烟水散人(徐震之号)著"。书中叙商人赵相,被恶棍蒋云设圈套阴谋,夺其艳妻,破其家产,陷其冤狱,终被昭雪,而恶人蒋云伏法遭报之事。作者在卷首《自序》中叙此书命名缘由:"客有远方来者,其舶中所载凡珊瑚、玳瑁、夜光、木难之珍,璀璨陆离,靡不必备。……至于小说家搜罗闾巷异闻,一切可惊、可愕、可欣、可怖之事,罔不曲描细叙,点缀成帙。俾观者娱目,闻者快心,则与远客贩宝何异!"显示古代作家网罗传奇,敷染文章,讲说因果报应,求裨世道人心的创作思想。近有北京大众文艺出版社2002年刊本。

【震川文集】

别集 明归有光撰。有光字熙甫,江苏昆山人,武宗正德元年(1506)生,穆宗隆庆五年(1571)卒。嘉靖年进士,官至太仆寺丞。其文推崇唐宋,与王慎中等号"唐宋派",黄宗羲推为明文第一。《项脊轩志》《先妣事略》为传世名篇。尝居嘉定安亭江上读书讲学,生常数百,人称震川先生。归有光《震川别号记》:"余生大江东南,东南之薮为太湖。太湖亦名五湖。《尚书》谓之'震泽'故谓为震川云。其后人传相呼,久之便为余所自号。其实谩应之,不欲受也。"又言:"识同年进士何启图,亦号震川。……启图,大复先生之孙……高才好学。与之居,恂恂然。盖余所企慕焉。昔司马相如慕蔺相如之为人,改名相如。余何幸与启图同号,因遂自称之。盖之自称震川者,自此始也。"安亭,江苏嘉定、昆山交界处有安亭镇,明安亭张名由诗云:"清江一曲汉时亭。"亭以"安"名也,乃名江,并以名镇。归有光即读书于此。又震,八卦之一,《易·说卦》:"万物出于震。震,东方也。"震泽,即东方之泽也。有《四库全书》本。

【震泽长语】

笔记 明王鏊撰。鏊字济之,江苏吴县(治所在今苏州境)人。代宗至世宗朝(1450—1524)在世。成化中,乡试第一。累进户部尚书、文渊阁大学士。震泽,《书·禹贡》:"震泽底定。"即今日太湖。晋李农《涉湖诗》:"震泽为何在?在今惟太湖。"吴县,在太湖畔,鏊故以名集。长(zhang)语,多余的话。《宋史·范祖禹传》:"先按讲其说,开列古义,参之时事。言简而当,无一长语。"王鏊以名书,乃自谦之词。王氏另有别集曰《震泽集》取义同上。有《四库全书》本。

Zheng

【 正蒙 】

哲学著作　北宋张载(1020—1077)撰。载字子厚,凤翔郿县(今陕西眉县)横渠镇人,学者称横渠先生。嘉祐进士,官至同知太常礼院。以系关中人,其学派称为"关派",为宋理学四大派之一,与周敦颐、程颢、程颐、朱熹并称"周、程、张、朱"。此书为张载择一生言论之精华,编成,取《易》"蒙以养正"之文,名书。正,为整饰、纠正。蒙指愚昧。是谓以儒学经典,纠正佛、道之邪说。有1975年北京中华书局排印本。

【 郑板桥集 】

清郑燮(1693—1765)撰。燮字克柔,号板桥。康熙至乾隆朝在世。乾隆进士,曾知山东范县(今属河南)、潍县。因办理赈济,得罪豪绅而罢官。后客居扬州卖画为生是"扬州八怪"之一。善诗词,工书画,世称其诗、书、画三绝。此集中以诗词居多,皆有感而发,颇能反映民间疾苦,言其:"横涂竖抹千千幅,墨点无多泪点多。"案:其号板桥,缘于与其乡兴化城东,宋时有古板桥。郑氏有《板桥自叙》云:"兴化有三郑,其一为铁郑,其一为糖郑,其一为板桥郑。故天下咸称板桥郑云。"中进士后自刻印章曰:"二十年前旧板桥。"唐刘禹锡《杨柳枝》:"春风一曲柳千条,二十年前旧板桥。曾与美人桥上别,恨无消息到今朝。"此为用其旧句。有1962年中华书局刊本。

【 郑愁予诗集 】

台湾诗人郑愁予(1933—　)著。1979年,台湾模范书店出版。愁予,台湾现代派诗人,本名郑文韬,原籍河北,生于北平。毕业于台湾中兴大学,留美获硕士学位,在美大学任教。其诗歌常被引用和谱曲,作品语言轻柔,一如淡烟疏柳。言语、节奏、情感都是中国化的。或寄情山水,或怀念故土。融传统于现代,化陈腐为新奇。愁予,原意是:使我发愁。见于《楚辞·九歌·湘夫人》:"帝子降兮北渚,目眇眇兮愁予。"宋辛弃疾词《菩萨蛮·书江西造口壁》:"郁孤台下清江水,中间多少行人泪。西北望长安,可怜无数山!青山遮不住,毕竟江流去。江晚正愁予,山深闻鹧鸪。"民间传说鹧鸪鸣声如:行不得也哥哥!诗人取此名,寓意多情善感,又有慨于世路艰难等诸含义。

Zhi

【 卮林 】

笔记　明周婴撰。婴,福建莆田人。崇祯初,以贡生知上犹县。是书体近类书,而考订经史,辨证颇为赅洽。广征博引,纠正群书及其注疏的讹误。书名《卮林》取《庄子·寓言》:"卮言日出"之意。唐成玄英疏:"夫卮满则倾,卮空则仰,空满任物,倾仰随人。无心之言,即卮言也。……又解:卮,枝也;支离其言,言无的当,故谓之卮言耳。"后人常谓对自己著作的谦词,此书收入《四库全书》。

【 知不足斋丛书 】

清鲍廷博编。廷博字以文,号渌饮。雍、乾、嘉时(1728—1814)人。原籍安徽,后迁浙江。其斋名取自《大戴礼记》:"学然后知不足。"之文。清朱文藻《〈知不足斋丛书〉序》:"吾友鲍君,以文世居歙之长塘,尊文敏庵先生迁寓武林。性耽文史,筑室储书。取《戴记》:'学然后之不足。'之意颜其斋。……于是出其所储,为前家所未刊,或已刊而伪脱过甚者。悉心刊定,授之梨枣。仿前人成例,目曰丛书,而冠以知不足斋之名。"氏卒时未竟,后人踵成。共三十集,二百另七种,七百八十卷。所收经史考订、算书、金石、地理、书画、诗文、书目皆珍抄旧刻,富于参考价值,为清代特出之编。后高永勋有《续知不足斋丛书》,鲍廷爵编《后知不足斋丛书》,均仿其例。有民国十年(1921)上海古书流通处影印本。

【 知非堂稿 】

诗集　元何中撰。何中字太虚,抚州乐安(今江西抚州地区属县)人。世祖至元至文宗至顺年间(1256—1332)在世。宋末进士,至顺间为龙兴学师。学问弘深赅博,著述多帙。有室名"知非堂”。知非，谓有所觉悟。语见《淮南子·原道》：“故蘧伯玉，年五十而知四十九年非。”案蘧伯三，春秋时魏国之贤大夫。虽老而省身思过，有所觉悟，传为佳话。又据此谓五十岁为知非之年。有《四库全书》本。

【 知堂文集 】

自选散文集　周作人（1885—1967）撰。作人原名櫆寿，曾改名奎授，又号知堂等。笔名有药堂、周遐寿等。在日留学时，曾与鲁迅同编《域外小说集》。五四运动时期，组织文学研究会，参与文学革命。在理论上和创作上，都有较大影响。主要成就是散文，集知识、哲理、趣味于一体，风格平和冲淡。1927年后提倡闲适小品，虽仍遒劲，而趋苍老。日占时曾任伪职。新中国成立后，仍从事文学工作。知堂，原为其室名。此书首篇有《知堂说》云：“孔子曰：‘知之为知之，不知为不知，是知也。’荀子曰：‘言而当，是知也；默而当，亦知也。’此言甚妙，以名吾堂。昔杨伯起不受暮夜赠金，有四知之语，后人钦其高洁，以为名堂，由来旧矣。吾堂后起，或堂作新四知堂耳。虽然孔荀二君生于周季，不新矣，且知不必以四限之，因截取其半，名曰‘知堂’云尔。”有1981年上海书店影印本。

【 直斋书录解题 】

私人藏书目录　南宋陈振孙撰。振孙字伯玉，号直斋，浙江安吉人。约1183—1261年光宗至理宗朝在世。嗜藏书，仿《郡斋读书志》作解题提要。各书详其卷帙多少，撰人名氏而品题其得失，故曰解题。费时十一年，辑成书目五十六卷。著录古籍三千余种，五万一千一百八十卷。与南宋官修《中兴馆阁书目》（原书佚）收书相近。所录之书，今多亡佚。与《郡斋读书志》，同为考察宋代古籍的重要参考书。原书明代即已不传，清修《四库全书》，从《永乐大典》中辑出成帙，并加校注。中华民国时，编入《万有文库》。单行有上海古籍书店排印本。

【 职方外纪 】

世界地理书　明代天主教来华教士爱儒略（1582—1649）撰。撰人事迹不详。自序言：利玛窦进《万国图志》，庞我迪奉命翻译，爱儒略更增补成之。实为合作之书。成书于熹宗天启三年（1623）。五卷，另卷首一卷。卷首为五大洲总图及万国图表。卷一为欧罗巴总说及各地。卷三为利未亚（非洲）总说。卷四为亚墨利亚（美洲）总说。卷五为四海总说，叙海名、海岛、海族、海产等。梁启超《中国近三百年学术史》：“言世界地理者，始于晚明利玛窦之《坤舆图》，爱儒略之《职方外纪》。”职方，古《周礼·夏官》中有“职方式”掌天下地图，主四方职贡。隋唐宋皆置有司。明清在兵部下设职方清吏司，其职为掌舆图、军制等。本书皆记载外国风土，乃自古舆图所不载，故名《外纪》。又职方，古代亦指版图，即疆域所领，其意亦通。有《四库全书》本，1936年商务印书馆刊本。

【 止山集 】

别集　（包括以下四卷：《南行集》《东游集》《北观集》《山中集》）明丘云霄撰。霄字凌汉，号止山。崇安人，官柳城知县，后居武夷山止止斋。明世宗嘉靖年（1549）前后在世。明冯承芳曾为其《山中集》作序：“《山中集》者何？集止山丘君之诗也。为集者何？门人所编梓也。名《山中集》者何？君居武夷山时所著也。丘君，崇安人也。崇安为建之严邑，去邑二十余里，有武夷山，止止山又武夷中之一山耳。峰峦岩壑，秀拔奇伟。清溪曲流，古迹宛在。尝闻山水高深，则能开人之思，泰人之神也。……君自早岁，雅好林泉。目穷登眺，缘崖扪萝，捃奇撷胜。乃结庵止止山中，日以种学绩文为事。暇时登山钓水，弹琴鼓缶。或畅于吟咏之间，或发于词论之下，日萃成帙，凡数十卷。门人偶得此而刻之，特其禁脔耳。”此别集以止止山结庐之处，总而名之。有《四库全书》本。

【 止止堂集 】

明戚继光（1528—1203）撰。戚氏有《纪效新书》已著录，可参考。是书为其所做诗文，其诗风格豪壮伉健，多燕赵之声。止止堂为其室名，典自《庄子·人间世》：“虚室生白，吉祥止止。”成玄英注：“夫吉祥之所集者，至虚至静也。意为吉祥善福，止在凝静之心。有明刊本，清光绪山东书局重刊本。

【 指南录 】

诗集　宋文天祥（1236—1238）撰。天祥，吉水(今属江西)人。字宋瑞,号文山,年二十中进士第一。官江西安抚史时,元兵围临安。受命以右丞相兼枢密使赴元军中谈判。被拘后,逃脱。辗转南下,投奔福州宋端宗赵是时,路上赋爱国之诗。辑集总题名曰《指南录》。集中《扬子江》一诗有言:"臣心一片磁针石,不指南方不肯休。"明天性如磁针必指南,爱国之志终生不渝。天祥后兵败被俘,囚禁元大都四年,不屈被害。诗文,后人辑为《文山集》二十一卷。其《正气歌》是具有鲜明、强烈的民族气节和爱国主义情操的诗作名篇。此书收入1985年北京中国书店《文天祥全集》中。

【 至正集 】

诗文别集　元许有壬(1287—1364)撰。有壬之《圭塘爱乃集》已著录。至正,元顺帝年号(1341—1367)。有壬于至正年,为翰林承旨,以此年号名集。《元史・许有壬传》:"改元至正……六年召为翰林学士……复拜中书左丞……二十四年九月二十一日卒,年七十八。……有壬善笔札,工辞章,欧阳玄序其文,谓其雄浑闳隽,涌如层澜。迫而求之,则渊靓深实,盖深许之也。"有《四库全书》本。

Zhong

【 中国的一日 】

报告文学集　茅盾(沈雁冰1896—1981)主编。题名仿效原苏联作家高尔基发起并主编的《世界的一日》一书。本书由生活书店在1936年9月出版,收四百九十篇。茅盾在《我所走过的道路》中说:"选择五月二十一日,因为这一天是极平常的一天(如选在某个节日上,来稿就可能千篇一律)。"而这也"不引起国民党的注意"。书中所收"是向来从不写稿(即非文字生活者的)人们作品为最多。"以一日为限,而遍及全国,则成为当时中国的一个横断面,"展示了中国一日人生的多种面目。"有1936年上海文学社初版本。抗战初期,梅益等主编过《上海一日》。解放区也出现过《冀中一日》。作家骆宾基1938年撰《大上海的一日》通过伤兵救护见闻,反映伤员的战斗意志。被茅盾评其是"用血用怒火写成的作品"皆为仿其例者。

【 中论 】

政论著作。汉末徐干(171—218)撰。干字伟长,北海(今山东乐昌西)人。"建安七子"之一。曹操任其为五官中郎将文学。中,谓中正之道,不偏不倚,即儒家所谓"中庸"。此书大抵原本经训,归于圣贤之道。收入《百子全书》《四部丛刊》。

【 中山诗话 】

诗评　宋刘攽(1023—1089)撰。攽有《彭城集》已著录,可见其生平。攽与兄敞以博洽名,吟咏非其所长。然学有根底,考证议论,可取者多。攽认为:"诗以意为主,文词次之。或意深义高,虽无词平易,自是奇作。"宋人引用多称《刘贡父诗话》。此本题名,疑其原无标目,后人以其郡望追题者。案:中山,战国时有国中山,为魏所灭。汉景帝子刘胜封中山王,治所在今河北定州境。中山、彭城皆刘氏郡望。有《四库全书》本。

【 中说 】

一名《文中子》　哲学著作。隋王通(584—618)撰。通字仲淹,绛州龙门(今山西河津)人。任蜀郡司户书佐,曾上隋文帝《太平策》十二篇,为朝臣疑忌,弃官归,以讲学著作为业。此乃通之语录,其子记述,仿《论语》为此书。通卒,门人私谥文中子,又以名书。书中言:"千变万化,五常守中焉。"其"中"有中庸、中道、中和诸义。是书企图从理论上调和儒、佛、道三教。有《四部备要》本。

【 中兴间气集 】

唐诗选集　唐高仲武选编。仲武始末不详,渤海(今山东滨县)人。本书选安史之乱平后,肃宗至德到代宗大历年间(约756—779),著名诗人诗作约一百四十首。计二十六人,包括钱起、张继、刘长卿、戴叙伦、皇甫冉等。编者在《自序》中言:"唐兴一百七十载,属方隅叛涣,戎事纷纶。业文之人,述作中废。粤若肃宗先帝,以殷忧启圣,反正中原,……国风雅颂,蔚然复兴。……仲武不揆菲陋,辄罄謏闻。博访词林,采察谣俗。起自至德元首,终于大历。作者数千,选者二十六人,诗总一百三十二首。分为两卷,七言附之。略叙品汇、人伦。命曰:《中兴间气集》。"案:中兴,由衰落而重新兴盛。《诗·大雅·烝民·序》:“任贤使能,周室中兴焉。”间气,古代指杰出人才。《春秋演孔图》:“正气为帝,间气为臣。”作者以平安史之乱,为唐朝中兴,故名之。本书为唐人选唐诗重要文本,又以断代选诗,颇具特色。有《四库全书》本。

【 中庸 】

儒家经典。原为《礼记》中的一篇,相传为战国子思(公元前483—前402,孔子之后)汉郑玄《目录》云:“名中庸者,以其记中和之为用也。”宋朱熹为作章句。与《大学》《论语》《孟子》并列为“四书”熹言:“子程子曰:‘不偏谓之中,不易谓之庸。中者,天下之正道;庸者,天下之定理。”全书阐述“中庸”之道作为君子的最高的道德规范,故名《中庸》有中华书局《诸子集成》《四书章句集注》本。

【 中州集 】

总集 金元好问(1190—1257)编。金氏有《遗山集》已著录,可参考。此集成书于金亡之后,录金代诗人二百四十九人的作品。选录标准大致主于以诗存史,每人各为小传,兼评其诗,旁及逸事等。因集中作者大都集中在中州一带,故名。案:中州,古豫州地处九州中间称中州。今河南为古豫州地,故相沿亦称河南为中州,亦泛指黄河中游地区。有《四部丛刊》本。

【 忠介烬余集 】

诗文别集 明周顺昌撰。昌字景文,号蓼州。吴县(今属江苏)人,神宗至熹宗朝(1584—1626)在世。万历进士,官至吏部文选司郎中。忠介,谥号。烬余,焚后所余。《四库全书总目提要》:“(昌)以忤魏忠贤,为所罗致,逮治拷掠,杀之于狱。崇祯初追谥忠介……初,顺昌被逮时,箧衍著作颇多。仓促间,被友人投火灭迹。后其子茂兰,遇片纸只字,必摹而勒之石。至其孙靖,复从戚友家搜录成集,故名‘烬余’”。有《四库全书》本。

【 忠正德文集 】

诗文别集 宋赵鼎撰。鼎字元镇,号得全居士。山西闻喜(今县治)人,神宗至高宗朝(1085—1147)在世。曾两任宰相,因与秦桧不合,谪岭南,绝食死。曾自题铭旌“身骑箕尾归天上,气作山河壮本朝”。《四库全书总目提要》:“鼎,南渡名臣,屹然重望。气节学术,彪炳史书。本不以辞藻争长短,而出其绪余,无忝作者。盖有物之言,有不待雕章绘句而工者。”绍兴五年,鼎监修神、哲二宗实录成。高宗亲书“忠

正德文”四字以赐,因以名集。有《四库全书》本。

Zhou

【 舟车集 】

诗集 清陶季撰。季,江苏宝应人。生卒年不详,约顺治末(1611)年前后在世。少负异才,明亡后,弃举子业,以布衣肆力于诗古文词。嗜游,北抵燕赵,南浮湘、沅,西逾太行,东历海岱。诗成于舟车之中,故名之。事迹见《清史列传·陶季传》。有康熙雍正间刊本。

【 周髀算经 】

天文历算书。相传为周代著作,撰者佚名。现代认为成书在公元前一至二世纪,约西汉时期。原名《周髀》,唐代始用今名《周髀算经》,并立于官学。周,即周人、周公。髀,即股,又是古代测量日影的表。此书卷上:“周髀长八尺,夏至之日,晷(日影)一尺六寸。髀者,股也;正晷者,勾也。”宋李籍《周髀算经音义》:“周天历度,本庖牺氏之立法,其传至之周公,受之于大夫商高,周人志之,故曰《周髀》”书中最早引用数学中“勾股定理“及大量的计算问题,不仅在我国数学史上,而且在世界数学史上占有一定位置。有1963年中华书局出版《算经十书》本。

【 周礼 】

儒家经典 旧说为周公所作。汉武帝时,河间献王获之献于朝,为“三礼”之一。刘歆命名为《周礼》,成书约在春秋战国时期。内容是周代至战国时期,王朝的官制,寓以儒家的政治理想编辑而成。全书六篇,按六官分述为天、地、春、夏、秋、冬。冬官已佚,汉人补以《考工记》。王莽、宇文泰、王安石提出改革时,都引以为先例。通行今本为四十二卷。汉郑玄注,唐贾公彦疏。孙诒让《周礼正义》

为清人集成之作。1940年哈佛燕京学社编有《周礼引得·附注疏引书引得》。有《十三经注疏》本。

【 周元公集 】

文集 宋周敦颐撰。敦颐字茂叔，道州营道（今湖南道县）人。真宗天禧至神宗熙宁（1017—1073）在世。思想家。累官至广东运转判官，提点刑狱。家乡有濂溪，人称濂溪先生，二程皆其弟子。其散文《爱莲说》，极赞莲之“出淤泥而不染”，卓然超绝，为世传诵名篇。卒谥元公。元，主义行德曰元；公，立志及众曰公。案，零陵地区道县有濂溪，流入潇水，周敦颐曾居此。其后又居庐山莲花峰，有溪出峰下，敦颐亦名之曰濂溪。赵抃《寄周茂叔》诗：“君向濂溪湖外行，倅幡仍喜便归程。”有《四库全书》本。

【 周作人散文 】

散文集 周作人（1885—1967）撰。作者有《知堂文集》已著录。本书为1992年4月，中国广播电视出版社出版。散文是作者一生最大的成就，生前结集很多，兹将可考者题解如下：

一、《自己的园地》。1923年9月由晨报社初版。作者说：“我自己的园地是文艺。”种什么都据个性、趣味而定。强调自己，宣传“有独立的艺术美与无形的功利”的文艺观点。书收散文五十六篇。

二、《雨天的书》。1925年12月北平北新书局初版。收四十三篇。《自序一》：“随便写一两行，并无别的意思，聊以对付这雨天气闷光阴罢了。……在晴雪明朗的时候，人们的心里也会有雨天，而且阴沉的或者更长久些，因此我这雨天的随笔也就常常有续写的机会了。”文章都是针砭时弊和对封建文化的猛烈批判。

三、《泽泻集》。1927年6月上海北新书局初版。收二十二篇。有《序》言：“至于书名《泽泻》那也别无深意—并不一定用《楚辞》的‘筐泽泻以豹鞹兮’的意思，不过因为喜欢这种小草，所以用做书名罢了。”泽泻，喜生于沼泽地的多年生草本，中医以其根状茎入药，利水渗湿，主治小便不利。

四、《谈龙集》。1927年12月开明书店出版。收杂文四十四篇。多是关涉文艺的。本书作者在《序》中，讲了一个叶公好龙的故事后说：“（我）喜欢谈文艺，实际上也只是乱谈一阵，有时候对文艺本身还不甚明了……我所谈的压根就是假龙，不过姑妄谈之。”乃作者谦词。

五、《谈虎集》。1929年上海北新书局出版。收一百三十七篇，都是谈论人事的。作者在《谈龙集·序》中也提道此书之命名：“古人云，谈虎色变。遇见过老虎的人听到谈虎固然害怕，就是没有遇见过的谈到老虎也难免心惊，因为老虎实在是可怕的东西，原是不可以轻易谈得的。我这些小文，大抵有点得罪人得罪社会，觉得好象是踏了老虎尾巴，私心不免惴惴，大有色变之虑，这是我所以集名谈虎之来由，此外别无深意。”

六、《苦茶随笔》。1935年上海北新书局出版。共五十一篇。作者在《小引》中说，1928年想要写《夜读抄》，终于搁笔。“这回因友人们的策励，决心再来续写，仍将旧引抄上，总题目改为《苦茶随笔》，盖言吃苦茶时所写者耳。”作者还特别推崇杜牧“忍过事堪喜”的诗句，认为这句诗的境界“有如吃苦茶”。而且苦茶并不是好吃的。可见作者用这一书名，表现着沉痛，也有着反讽。作者室名即“苦茶庵”。

七、《苦竹杂记》。1936年上海良友图书公司出版，共收四十九篇。苦竹，一种矮小之竹。节长，而笋苦不中食。唐李白有“苦竹寒声动秋夜”之句。作者于书中《小引》提到：有一种“裱褙锡箔的纸黄而粗，盖即苦竹所制者欤。我写杂记，便即取这苦竹为名。”

八、《风雨谈》。上海北新书局1936年出版，共三十八篇。作者《小引》言：“《诗经·郑风》有《风雨》三章，其词曰‘风雨凄凄’云云，今不具引，……我取这《风雨》三章，特别爱其意境，却不敢冒风雨楼的牌号，故只谈谈而已，以名吾杂文。”

九、《秉烛谈》。1940年上海北新书局出版。收二十四篇。秉烛，即执烛。关于书名，作者在其后出版的《秉烛后谈》书中的《两篇小引》里中提到，原拟题《风雨后谈》，但出版者不同意，乃苦思改题。一日，见杜甫诗《羌村三首》之一，其末联云：“夜阑更秉烛，相对如梦寐。”……就叫作《秉烛谈》吧。……我用‘秉烛’只取其与《风雨谈》略有相近的意境耳。“作者也提到晋平公问师旷所答：“老而好学，如秉烛之明”事。可见作者读书之多，联想之广。

十、《药堂语录》。1941 年天津庸报社初版。另《药味集》1942 年北平新民印书馆出版。《药堂杂文》1944 年北平新民印书馆出版。都名“药堂”，可见作者内心的痛苦。

Zhu

【 朱庆余诗集 】

唐朱庆余撰。庆余名可久，以字行。越州（今浙江绍兴）人。入长安后以诗《近试上张籍水部》：“洞房作夜停红烛，待晓堂前拜舅姑。妆罢低声问夫婿，画眉深浅入时无?”为籍赏识。宝历二年（826）登进士第，授秘书省校书郎。其诗词意清新，描写细腻，诗风近于张籍。有《四部丛刊续编》影印宋本行世。

【 朱子家训 】

一名《朱柏庐先生治家格言》　清初朱用纯（1617—1688）撰。用纯，字致一，江苏昆山人，号柏庐。明生员，清初居乡教学，治程朱理学。父于清兵破城时死难，因终身不仕。感王褒悼父的故事，自号柏庐。《艺文类聚》引王隐《晋书》：“王褒痛父不以命终，绝世不仕。立屋墓侧，旦夕常至墓前朝拜，辄悲号断绝。墓前一柏树，褒常所攀，涕泣所著，树色与凡树不同。”朱子，即朱柏庐。家训，是家长对子女的教诲。此书把儒家思想作为日常生活的准则，实为封建社会修身之铭。坊间多有刻本，字句小有不同。近有山西古籍出版社 2004 年刊本。

【 朱自清文集 】

朱自清（1898—1948）撰。自清字佩弦，原名自华。因父亲借债供其上大学，为早日毕业，替家中还债，而改名自清。原籍浙江绍兴，随父长居扬州，故自称扬州人。1916 年入北大，毕业于哲学系。后在浙江等地中学教书，参加文学研究会。1925 年起任教于清华大学中文系。创作以散文为主，1928 年第一本散文集《背影》出版。以其中《背影》一文名集。文写家庭遭变故后，在一个凄冷的时令，父亲送儿子远行……文中说：“我与父亲不相见已二年余了，我最不能忘记是他的背影。……”作者抓住对背影的刻画，真实地反映风雨如磐的旧中国，小资产阶级的困顿生活面貌。叶圣陶评其：“文质并茂，全凭真实感受真性情取胜。”朱氏名篇还有《桨声灯影的秦淮河》《荷塘月色》，散文集《你我》中的《给亡妻》等。抗战胜利后，由西南联大返回清华任教。签名于《抗议美国扶日政策并拒领美援面粉宣言》，1948 年在贫病交加中逝世。毛泽东在《别了，司徒雷登》一文中，称赞他和闻一多“表现了我们民族的英雄气概”。朱氏在古典文学研究和文学评论方面著作有《经典常谈》《诗言志辨》《新诗杂话》《论雅俗共赏》等。著述近三十种，二百余万言。本文集乃 1955 年，开明书店出版。

【 洙泗考信录 】

考证著作　清崔述（1740—1816）撰。述有《考信录》专条已著录请参考。此书主要考核孔子生平事迹，孔子，鲁人，洙、泗原是鲁国水名，故以名书。崔氏将儒家经典著作《论语》《国语》《左传》《孟子》《史记》等有关孔子的事迹，按年编排，凡传注与经合者，予以参证，不合者，加以考辨。对其他书中的记载错误也加校正，反映乾嘉学派的疑古精神。书中提出许多考核史料真伪的方法，全书严正简洁，但受“圣贤”标准束缚，不免有片面性，仍不失为研究孔子的参考资料。此书收入《东壁遗书》。

【 珠玉词 】

词集。北宋晏殊（991—1055）撰。殊字同叔，抚州临川（今江西抚州）人。赐同进士出身，官至枢密史、中书门下平章事。名臣范仲淹、欧阳修与词人张子野皆出门下。工诗词，擅词中小令。词风承袭五代，受冯延已影响。婉丽而音韵和谐。内容多士大夫诗酒生活及悠闲情致。名作如《浣溪纱》：“无可奈何化落去，似曾相识燕归来。”对仗工整流利，为世所传诵。以“珠玉”名集，喻其词作精美圆转。有《四库全书》本。

【 竹涧集 】

诗文别集　明潘希曾撰。希曾字仲鲁，浙江金华人，成化至嘉靖（1476—1532）年在世。弘治进士，任兵科给事中。以不贿刘瑾，被矫诏廷杖除名。瑾诛，起。平惠州乱，治河有成，官至兵部侍郎。明程文德《大司马竹涧潘公传》："（被谪）还乡里，杜门不出，日惟课子弟读书。宅后池旁佳竹，荫可息。间招亲友觞咏。悠然自得，因自号竹涧居士。"并以名集。有《四库全书》本。

【 竹山词 】

词集。南宋蒋捷（1235—1300）撰。捷字胜欲，自号竹山。宜兴（今属江苏）人，咸淳进士，宋亡后隐居太湖竹山。以此名集。善小学，尤工词，以炼字精深，调音谐畅而著称。词多写追怀往昔及国亡后的遭遇感受。有《四库全书》本、《四部备要》本等。

【 竹书纪年 】

又名《汲冢纪年》　编年体史书。撰者佚名。晋太康二年（281）汲郡（今河南汲县西南）人不（fou）准，盗发魏襄王墓时，发现了用竹简记录的编年史书，故名。晋书束皙传："记夏以来至周幽王为犬戎所灭，以事接至三家分，仍述魏事至安厘王之二十年"以其晋亡后，特记魏国，识其为晋魏史官所录。原书南宋后亡佚，有辑本十余种传世。近代著名的有朱右曾辑、王国维补《古本竹书纪年辑校》本。

【 烛湖集 】

诗文别集　宋孙应时撰。应时字季和，浙江余姚（今县治）人。高宗至宁宗朝（1154—1206）在世。淳熙进士，曾官知常熟县。居余姚东北之烛溪湖，自号烛湖居士，并名其集。宋张淏《会稽县志·孙应时传》："雪斋孙不明，居余姚烛湖上，安贫乐道，终身不愿仕，有古人之节。三子应求、应符、应时皆以文学知名。"有《四库全书》本。

【 渚宫旧事 】

杂记　唐余知古撰。知古，文宗（827—840）在位时，曾官将士郎、守太子校书。里贯等不详。此书为作者游汉上时作，皆录古楚地事，因以春秋时楚别宫渚宫为书名。上起鬻熊，下至唐代。题名"渚宫"见于《左传》。孔颖达疏云：渚宫当郢都之南。遗址在今湖北江陵县城内，春秋时楚成王建。后亦为江陵之别称。有《四库全书》本。

【 麈史 】

杂史　北宋王得臣撰。得臣，字彦辅，号凤亭。安陆（今属湖北）人，仁宗至徽宗朝（1036—1116）在世。嘉祐进士，官至司农少卿，学问博洽。是书分类记事，列四十四门，二百八十四事。凡朝廷掌故，耆旧逸事，耳目所及，多所记载。参稽经典，辨别异同，考核精详。为研究北宋典章制度及考究古迹之重要参考。麈，鹿属，俗名四不像，尾可作拂尘。魏晋名士清谈时，常持麈尾，故曰"麈谈"。作者《麈史·序》："自师友之余论，宾僚之燕谈，与耳目之所及，苟有所得，辄皆记之。……总成三卷，名曰《麈史》。盖取出夫实录，以其无溢美、无隐恶而已。"有《四库全书》本。

【 杼山集 】

诗文别集　唐释皎然撰。皎然生卒年不详，约活动于大历贞元（760）年前后。本名谢清昼，湖州长城（今浙江长兴）人，谢灵运十世孙。中年剃度于湖州杼山妙喜寺，与贯休、齐己皆以诗名。士大夫子弟趋而学诗者甚多，刘禹锡少年即受其指点。本集诗，多描写山水和宣扬禅理之作，以其居地名集。今浙江湖州市西南杼山上有三翼亭，为皎然与陆羽、颜真卿共建者。皎然另撰有《诗式》，请参考著录。有《四库全书》本。

【 筑 】

五幕历史剧　郭沫若（1892—1978）撰。作者根据《史记·荆轲列传》，高渐离为友报仇，行刺秦始皇的故事写成。案：高渐离，燕人，善击筑。偕荆轲入秦刺王，轲死，渐离变姓名为人佣保。久之闻于始皇，惜其善击筑。乃矐（熏瞎）其目，使击筑，未尝不称善，稍益近之。渐离乃置铅筑中，扑秦王，被杀。关于筑，作者考证说：古筑，五弦，如琴而小。左手执其项，置其尾于肩上，右手以竹尺击之。《筑》之题名，缘此。此剧又曾名《高渐离》，以剧中主人公名之。再曾名《琅邪台》，是以高渐离刺秦始皇的地点名。《史记·秦始皇本纪》:“作琅邪台,立石刻,颂秦德。”今在山东胶县境内。单行本有1951年上海新文艺出版社刊本。参见《沫若文集》。

Zhuang

【庄子】

道家经典　一名《南华真经》《南华经》。战国哲学家庄周及其后学撰。庄周,宋国蒙(今河南商丘境内),约公元前369—前258时人。曾为漆园吏,后从事讲学著述。《汉书·艺文志》著录庄子五十二篇,现存三十三篇。其内篇七,为庄周撰。外篇、杂篇是门人后学撰。唐玄宗时,尊庄周为“南华真人”。尊其书为《南华真经》,将其神化。其书注家甚多,以晋向秀、郭象最著名。庄周独尊老子,发挥其“道”的学说。强调“道”的自然无为,发展其唯心神秘的一面。认识上提出相对性,但又流于诡辩和不可知论。人生观上提出达生、忘我、安时处顺、逍遥自得。追求绝对的个人自由,但又陷于宿命论。然其文汪洋恣肆,多借寓言,想象丰富,于哲学、文学皆有价值。有1954年中华书局刊本。

【壮悔堂集】

清侯方域撰。方域字朝宗,河南商丘人。明神宗万历至清顺治(1618—1654)年间在世,早年为复社重要成员,曾拒附阉党阮大铖。入清,中顺治乡试副榜,中年抑郁而卒。方域初放意声伎,与名伎李香君相恋,演成著名的《桃花扇》悲剧。已而发奋为诗古文,诗文与魏禧、汪琬齐名。壮悔堂是顺治九年方域所建书斋题名,并以名集。侯氏《壮悔堂记》:“古者三十为壮,余是时已三十有五矣。……况余少遭党禁,又历戎马间,而乃睥睨若是。然则坎壈而几杀其身,夫岂为不幸哉?忽一日念及,怃然久之。其后历寝食不能忘,时有所创,创辄思,积创积思,乃知余生平之可悔者多矣,不独名此堂也。急别构一室居之,名曰壮悔。”题此以壮悔恨之深。有清刻本及《四部备要》本。

Zhui

【追昔游】

诗集　唐李绅撰。绅字公垂,无锡人,祖籍亳州(今安徽亳县)。武宗时(772?—846)在世。元和年进士,官中书侍郎同中书门下平章事。与元稹、白居易友,参加新乐府运动。氏长于诗,其《悯农》二首:“春种一粒粟”“锄禾日当午”是脍炙人口的传世名作。本集题名《追昔游》,表达作者对仕途经历的追怀和感慨。其自序云:“《追昔游》盖叹逝感时,发于凄恨而作也。或长句,或五言,或歌,或吟,或乐府齐梁,不一其辞,乃由牵思所属尔。起梁溪,归谏署,升翰苑,承恩遇。歌帝京风物,遭谗邪播越。历荆楚,步湘沅,逾岑峤,抵荒陬。止高安,移九江,泛五湖,过钟陵,溯荆江,守滁阳。转寿春,改宾客,留洛阳,廉会稽,过梅里。遭谗邪再为宾客,分务归东周。擢川守,过大梁。词有所怀,兴生于怨,故或隐或显,不常其言,冀知音于异时也。”有《四库全书》本。

【缀白裘】

戏曲剧本集　初集为玩花主人钱沛思编,续集为钱德苍编。凡十二集,四十八卷。乃从乾隆时流行剧目约二百种中,选单出戏四百八十九出。多为舞台演出本,较原作有增饰。不少已失传的剧本,赖以保存片段,是研究古代戏曲的重要资料。书名语出《慎子·内篇》:“狐白之裘,非一狐之腋。”云珍贵的白狐皮衣,乃众多白狐腋下皮毛连缀而成,示此集为戏曲精华。有1955年中华书局校订本。

Zi

【资治通鉴】

中国第一部编年体通史　北宋司马光(1019—1086)主编。光之生平,参见《司马文正公传家集》。缘宋治平元年(1064),光进通志,叙战国至秦二世之史实。英宗诏再纂《历代君臣事迹》。光领衔编撰,历十九年,于元丰七年(1084)

成。神宗赐名《资治通鉴》。资，协助。治，治理、治术。鉴，借鉴。神宗《资治通鉴序》云：“《诗》云：‘商鉴不远，在殷之后’。故赐其名曰《资治通鉴》以著朕之志焉耳。”元胡三省《新注〈资治通鉴〉序》：“神宗……赐名《资治通鉴》且为序其造端立意之由。温公之意专取国家盛衰，系民生休戚。善可以为法，恶可为戒者，以为是书。”书共二百四十九卷，起自战国周烈王（公元前403），至五代后周（959），共一千三百六十二年史事。取材博综十七史，先作丛录（提纲），再作长编（史料系年），最后削润而成。淹通贯串，为史家绝作。近有1956年中华书局点校本。光后，南宋李焘撰《续资治通鉴长编》，接载南宋史事。清毕沅又撰《续资治通鉴》，再继光书，叙史到元至正年。注本以胡三省为佳。此外宋朱熹据光书撰《资治通鉴纲目》，创“纲目体”，袁枢撰《通鉴纪事本末》，创“本末体”，皆史籍繁衍名作。

【 滋溪文稿 】

文集　元苏天爵撰。天爵字伯修，河北真定（今正定）人，世祖至惠宗朝（1294—1352）在世。初授蓟州判官，后以浙江行省参政总兵于饶信，卒军中。滋溪即滋（又作兹）河，源于山西五台，入河北为大清河南支。天爵博学知要，长于记载。居有滋溪书堂，人称滋溪先生。元人宋本《滋溪书堂记》：“伯修汲汲然，至不知饥渴之切己也。日谓予：‘昔吾高王父玉成翁，当国初，自汴还真定，买别墅县之新市，作屋三楹，置书数十卷。再传而吾王父威如先生，又手自抄校得数百贮之，因名曰滋溪书堂，盖滋水道其南也。’”有《四库全书》本。

【 子不语 】

志怪小说　清袁枚（1716—1797）撰。袁枚有《小仓山房集》已著录，可参见其生平。本书正、续共三十四卷。书名典自《论语·述而》：“子不语怪、力、乱、神。”意思是：孔夫子不谈关于怪异、暴力、叛乱和鬼神之事。袁枚《子不语序》：“怪、力、乱、神，子所不语也。然‘龙血’、‘鬼车’，《系辞》语之。‘玄鸟生商’、‘牛羊饲稷’，《雅》《颂》语之……书成，初名《子不语》。后见元人说部有雷同者，乃改为《新齐谐》云。“齐谐”，语见《庄子·逍遥游》，志怪者也。元人《子不语》罕为人知，故此书仍以《子不语》知名。鲁迅《中国小说史略》：“其人屏去雕饰，反近自然。然过于率意，亦多污秽。自题戏编，得其实矣。”近有济南齐鲁书社2004年刊本。

【 子史精华 】

类书　清吴襄（1661—1735）等奉敕撰。经史子集四部之书，史籍浩繁，子籍庞杂。康熙六十年，帝命儒臣于先秦诸子与历代朝、野史籍、杂记等子、史两类书中，摘辑历史故事、自然知识、学术文化里的成语典故、名言隽语等，类编成书。雍正帝于《御制〈子史精华〉序》中称：“大凡其部三十，其目二百七十有九。自天文、地理、帝德、王功、礼乐、兵刑之大，人伦日常之用。以及九边之殊域，二氏之异教。方术技艺之巧，草木鸟兽之蕃。门分类别，条理具备。而采掇子史，芟芜撷秀，甚有裨于学者。盖士之向学通经为先，而博及于子史，故不能若穷经之专一，惟揽其精华而识之。”乾隆以后影响较大，但以分类不精，查用不便为憾耳。有《四库全书》本。

【 子夜 】

长篇小说　茅盾（1896—1981）撰。茅盾，原名沈德鸿，字雁冰，浙江桐乡人，是中国现代文学著名大师。其笔名“茅盾”的由来，清参阅《茅盾全集》条。《子夜》是中国现代文学中，一部成功的政治小说。书中以1930年，典型的半殖民地中国上海为背景。展现以吴荪甫为代表的民族资产阶级，对赵伯韬代表的，有帝国主义后台的金融买办资产阶级的斗争。也反映了当时城乡工农的斗争和生活。原来题名《夕阳》，取意于唐诗“夕阳无限好，只是近黄昏”。但感到此题名，使作品的思想内容消极，便改题为《燎原》，仍觉不妥。由于全书三十余万言，描写事件首尾时间不过两个月，可见情节、动作的紧张，反映了中国革命中的躁动与不安，于是接受瞿秋白同志的建议，定名《子夜》。子夜，原为古代记时中，相当于现代半夜十一点到凌晨一点的称呼。书名寓意，象征黎明前的黑暗时刻。作者在《我所走过的道路（中）》说：“我决定把题名由《夕阳》改为《子夜》，子夜即半夜，快天亮了。这是从当时革命发展的形式而言。"日本竹内好的译本,题为《天亮以前》与《子夜》相近,本书收于《茅盾全集》。

【 紫山大全集 】

别集 元胡祗遹撰。祗遹,字绍升。磁州武安(今河北武安县)人,金哀宗(1227)至元世祖朝(1227)在世。官至江南浙西道提刑按察史,谥文靖,追赠礼部尚书。其诗文理明词达,亦善小曲。《辍耕录》载其赠《沉醉东风》以歌女朱帘秀。曲作见于《阳春白雪》(参见著录)中。案:紫山一名朱农山、马服山,在今河北邯郸市西北,武安县近之。书以此名怀乡之念。有《四库全书》本。

【 紫微集 】

诗文别集 宋张嵲撰。嵲字巨山,湖北襄阳(今县治)人。哲宗至高宗朝(1094—1146)在世,曾官中书舍人。紫微,原为中国古星宿名,在北斗以北,以北极为中枢,十五颗星呈屏藩状。又为官署名,魏武帝置秘书令,即中书之任。至唐开元初,改中书省为紫微省,官员称紫微令,掌佐天子执大政,而总判省事。取象紫微,有藩臣匡卫之意,此后紫微即为中书舍人之代称。或谓唐中书省内,多植紫薇花,故名。唐岑参《寄左省杜拾遗》诗:"联步趋丹陛,分曹限紫微。"有《四库全书》本。

【 紫微诗话 】

诗歌理论 宋吕本中(1084—1145)撰。本中有《东莱诗集》已著录,可参见其生平。氏为江西诗派大家,论诗推崇黄庭坚、陈师道,并作《江西诗诗话宗派图》。曾官中书舍人。权直学士院。唐开元后,中书省称紫微省。紫微,中国古代天文名词。隋末编《丹元子步天歌》,将天空分为三十一个星区,共有二十八宿及三垣。三垣为:上垣,太微;下垣,天市;中垣,紫微。紫微垣有星十五颗,环绕北极星周围,象如拱卫中极之意。中书舍人亦称紫微令,是以名书。有《四库全书》《历代诗话》本。

【 紫岩诗选 】

宋于石撰。石字介翁,兰溪人。生于理宗淳熙年(1250),卒年不详,宋亡不仕,因所居自号紫岩。案:兰溪东二十五里,山上有岩,色紫,形如复釜,又名紫云山。有《四库全书》本。

Zong

【 宗伯集 】

诗文别集 明孙继皋撰。继皋,字以德。无锡人,约神宗万历年中(1550—1610)在世。官至礼部侍郎,因极谏忤旨致仕去。《四库全书总目提要》:"继皋致仕去后,追赠礼部尚书。此编题曰《宗伯集》,以所赠官也。"案:宗伯,官名,古代六卿之一。《书·周官》:"宗伯掌邦礼,治神人,和上下。"《国语·郑》:"以佐尧者也。"三国吴韦昭注:"秩宗之官,于周为宗伯,汉为太宰,掌国祭事。"所掌即后来礼部之职,故也称礼部尚书为大宗伯。有《四库全书》本。

【 宗忠简集 】

诗文别集 楼昉编集。泽字汝霖,义乌人,仁宗嘉祐至高宗建炎朝(1059—1128)在世。元祐进士,才兼文武,仕州郡有政绩。靖康变后,入东京。又以兵马副元帅,在河北屡败金兵。北方称"宗爷爷",不敢再犯。晚年奸人排抑,忧愤成疾。病危诵杜甫:"出师未捷身先死,常使英雄泪满襟!"再大呼三声"过河"而卒。谥宗简,《谥法》:"危身奉上曰忠。""正直无邪曰简。"编者以谥号名集。有《四库全书》本。

Zu

【 祖英集 】

诗集 宋释重显撰。重显俗姓李,字隐之。遂州(今四川绵阳地区遂宁县)人,曾住灵隐翠峰、明州雪窦。书名:祖,仿效、沿袭。《史记·韩世家》:"秦王必祖张仪之故智。"又为继承,《汉书·司马迁传》:"迁外孙平通侯杨恽,祖述其书,遂宣布焉。"英,精华。韩愈"含英咀华"。原书有释者文政《序》云:"乃祖阐千古之芳烈也。"其诗风致清婉,天然拔俗。唯内容多涉禅宗,非专为吟咏而作。有《四库全书》本。

【 祖咏集 】

唐祖咏撰。咏，河南洛阳人。开元进士，仕途不得意，迁居汝水之北，与王维、王翰、储光羲等相友善。其诗多写山水景物，亦有反映现实之作。《终南望余雪》云：“终南阴岭秀，积雪浮云端。林表明霁色，城中增暮寒。”历来为人称道。《全唐诗》收其诗三十六首。有《唐五十家诗集》本。

Zui

【 罪惟录 】

纪传体史书。清初查继佐（1601—1676）撰。继佐字伊璜，号舆斋、东山钓史。浙江海宁人。崇祯举人，授徒乡里，曾参加抗清斗争，事败隐居著述。晚年讲学杭州，称东山先生。此书记明代史实，包括本纪、志、列传等。原名《明书》，因庄廷鑨“明史案”牵连入狱，乃更书名曰《罪惟录》。罪惟，见《孟子·滕文公下》：“孔子曰：‘知我者其惟《春秋》；罪我者，其惟《春秋》。’”作者有《序》云：“此书之作……备极辛苦。兼以他诖误而连狱，方椟藏而无山。言之无罪者，大率不求文理，而妄指便是南箕；事事直书者，其实不登律例，而据云准为铁案，使非知几，早同负简，则又西狩获麟以前未尝有此警亥也。改书名为罪惟，天下之大，或犹有深原其故者。”作者在几获杀身之祸后，复能自著此书，乃截取孔子语，以“获罪惟录书”之意题名，含义深远云。近有1986年浙江古籍出版社出版点校本。

Zun

【 尊白堂集 】

别集　宋于侍撰。侍字寿老，宁国人。生卒年无考，约孝宗朝（1183）前后在世。隆兴年进士，出为绩溪令，饮食服用悉取于家。累官兵部侍郎，奉祠卒。侍为政肃然，治行有绩，不徒以文学见长。侍慕白居易的为人，故以“尊白”名堂。有《读白乐天》诗云：“大节更思公出处，寥寥千载是吾师。”宋陈贵谊《尊白堂集序》：“侍郎平日常曰：‘韩魏公有醉白堂，坡公有我似乐天之句。此吾所不敢，惟知尊之敬之，故扁以为堂。’吁，安得此长者之言哉！”侍宋史无传，而志乘载详。工古诗文，以真朴见重。有《四库全书》本。

【 遵生八笺 】

养生著作　明高濂撰。濂字深甫，号瑞甫。仁和（今杭州）人，约神宗万历朝（1573）前后在世。工诗曲。遵，《说文》：“循也。”此处有遵循、遵守、遵行以养生之意。书专言服食之事，以闲事消遣之事分为八类：一、清修妙论，为养身格言；二、四时调摄，言按时修养；三、起居安乐，室物日用可资颐养者；四、延年却病，说服气（呼吸养生）、导引；五、饮馔服食，谈食品服饵；六、燕闲清赏，皆赏鉴清玩，如种花卉法；七、灵丹妙药，介绍经验要方；八、尘外遐举，记历代隐逸事迹一百人。共八目，故曰八笺。有《四库全书》本。

Zuo

【 昨夜星辰 】

原文见于唐诗人李商隐（813—858）之《无题》诗，有作者多人撷作书名：

一、《昨夜星辰》。短篇小说集。台北商务印书馆1966年出版，收有十三篇，多写青年在爱情的十字路口的彷徨。作者梅黛。

二、《昨夜星辰》。短篇小说集。台北尔雅出版社1981年出版，收有篇名《昨夜星辰》《摘星者》等小说十篇。内容侧重在青年男女（尤其是大学生）的感情困扰。作者陈幸蕙（1953—　），原籍湖北武汉。

三、《昨夜星辰》。长篇小说。台湾皇冠杂志社1988年出版，叙少女彤霓因心理压抑以致轻生……作者冯冯。

四、《昨夜星辰》。短篇小说集。台北联合出版社1989年出版，收有题为《昨夜星辰》的小说等等多篇。作者潘雨桐（1937—　）是马来西亚作家，原籍中国广东梅县。案：李商隐的七律《无题》原诗如下：“昨夜星辰昨夜风，画堂西畔桂堂东。身无采凤双飞翼，心有灵犀一点通。隔座送钩春酒暖，分曹射复腊灯红。嗟余听鼓应官去，走马兰台类转蓬。"此诗寓意暧昧似有隐情,但表面仍是一首含蓄而深沉的爱情诗,故文人常借此中美文,题于抒写爱情的作品。

【 左手的缪斯 】

散文集　余光中(1928—2017)撰,1963 年台北文星书店出版。光中,诗人。祖籍福建永春,生于南京。毕业于台湾大学外文系,美国爱荷华州立大学硕士,专攻英美诗歌与现代艺术,任教于台湾、香港等地大学。诗歌集有《舟子的悲歌》《白玉苦瓜》等。此集作者有言:"这本抒情散文集,有一半的篇幅为作者心仪的人物塑像。其中有诗人、作家,还有画家。另一半篇幅则容纳一些介绍现代绘画的文字,三篇游记和两篇小品。"缪斯(Mousɛi)是希腊神话中,九位司文艺和科学女神的通称。她们分别掌管历史、音乐和诗歌、喜剧、悲剧、舞蹈、抒情诗、颂歌、天文和史诗等。书名的"左手",表示此为诗人的副产品,寓含自谦之意。

【 左传 】

又称《春秋左氏传》《左氏春秋》,是我国最早最完备的编年史。左丘明,鲁国人。左丘氏,名明。目失明,为鲁国史官。孔子曾称赞他的为人(见《论语・公冶长》),《左传》相传是他所撰,但近人多认为是战国初年人,据各国史料编成。《左传》以春秋为纲,详细记载了当时的历史事件,保存大量古代史料。今存书四十卷,共十八万多字。起于鲁隐公元年(公元前 722 年),终于鲁悼公四年(公元前 464 年),比《春秋》多出十七年。其叙事更至悼公四年(公元前 454 年)为止。《左传》文字优美,记事详明,突出事物的本质,善于刻画人物的细致动作和心理活动,是我国古代最早的一部史学和文学名著。为《左传》作注的有:西晋杜预、唐孔颖达、清洪亮吉等。宋林尧叟注,常与杜预注合刊,是最通行的本子。参见《春秋》诸条。有 1981 年中华书局刊注释本。

书名小考

一、书和书名的起源

1. 书的起源。古代的“书”字，最初是上“聿”下“者”。聿即是笔，隶书省笔下“者”字，改成“曰”，写成“書”（繁体）。《说文》：“书，箸（通著）也。”箸，意谓显明。原构字的意思是：用笔使文字显明。所以“书”字的本义是写。后来转义为文字，乃有书法一说。书字又可解释为记载，《说文》：“著之竹帛谓之书。”文字成篇，即是文章。再编联成册，就称为书籍。

上古的记载，后来统称作书，就是史书。孔子整理过的史书专题一名作《书》，以后又称《书经》《尚书》。

2. 书名的起源。中国古代的文字载体，较早的是刻在龟甲兽骨上，称甲骨文。以后铸在青铜器上，称为金文。为了应付日益扩大的需要，在公元前一千多年，开始使用更加方便的竹、木简。写在竹木简上的文章，有首有尾完整的称作“篇”。篇，后来也成为文章或作品的计量单位。篇有篇名，写在卷起来的简策（通册）外面，便于检索，称为小题，又曰小名。许多篇章整合成书册，总题一名，称作大题，又曰大名。这就是后来的书名，此即书名的起源。

3. 所以书之一词，最初的意义是书写、记载，是动词。后来转化成名词，乃以通称史书，又曾特指《书经》《尚书》。再后，又在这个字词的原本的意义上使用它，即凡以文字有所记载，并编辑成册的，皆可称为“书”。《现代汉语词典》中“书”的一词的释义是：“书籍，装订成册的著作。”

书名就是书的题名。

二、先秦时代书籍题名的原则

1. 孔子整理典籍并予以题名。

据《史记·孔子世家》所载，孔子（公元前551—479）曾整理典籍。他将史官所藏典、诰等，整理编辑命名曰《书》。将收集的诗歌，删定约三百篇，定名为《诗》。将鲁国史籍整理后，题名为《春秋》。这是历史上最早记载，有意为书籍题名的记录。

孔子是大思想家、教育家，他在首创为书籍题名之时，也为后世树立了书籍题名的标准。概括起来，体现了三个原则：（一）书籍的题名，反映了书籍的内容，如《书》《易》《礼》等。（二）题名，反映了书籍的著述形式，如《诗》，意思是一种韵文。（三）题名，是象征、寓意性的。如《春秋》原为鲁国编年史，题名用一年四季的春秋两季代表年代，以表示它是一部编年史书。

2. 先秦时代诸子百家著作的题名。

先秦时代，除了孔子以外，诸子的著作，由其作者或门徒集编成书。题名多是作者的姓氏（后来也有以姓名），再加上“子”（古代男子的尊称），即以姓氏、姓名作为书籍题名的主要词语。这就为书籍题名树立了第四个原则。

3. 综上所述，先秦时代已大体上树立了书籍题名的原则范围，即书籍题名：（一）要反映书籍的内容；（二）反映书籍的著述形式；（三）象征、寓意；（四）标示作者姓氏、姓名。直到今天，书籍题名仍适用上述四个原则。

三、中国古代书籍题名原则的含义与应用

1. 书名必是反映书籍内容的。如孔子在题名古籍《书》时，表明其内容是史官记载的典、诰等。这就树立了一个样版，即书名要反映书的内容。这是书籍题名的重要原则，因为读者在接触一本前所未见的书籍时，他的第一个反应就会是：此书内容是说什么的？尤其是各学科的专著（无论是自然科学还是社会科学），必须一目了然地以书名提示所著述的学术内容。

由于历史在发展，语言有变化和事物名、实的变迁，使得后人在阅读古籍时，难以即时地、正确地理解。于是有了传解、注释家的出现。因为历史久远，中国古代这个现象尤其突出，即专门解释古籍的传、说、注、疏、笺、解、释等。由汉代至清朝两千多年来一直兴盛不衰，并进一步推动了学术研究著作的繁荣，如论、学、考、校等。有的则发展成为训诂、章句、章义等的专门之学。古籍的注释部分，也成为典籍的重要组成。这些以各种方式注释前人文篇的词语，也成为书名的重要组成部分，也是表示书籍内容的。

2. 书籍题名的第二个原则是，反映著述形式。因为著述方式，不仅仅有叙说（讲道理或叙事），还有另一种方式是抒发情感。抒情的著作，有许多是带有音乐性的韵文，它是与前者叙说式的文体（后来称作散文）相对的，一种有韵律的文体。而且多样化的发展成为诗、辞、歌、赋、曲等诸多形式。

3. 寓意、象征。是书籍题名的第三个原则。著述者，为使读者能引起特别的注意和兴趣，要考虑一个美的、艺术化的题名。于是题名者借用了古代诗人常用的手法：比、兴。汉代人郑众说过：“比者，比方于物；兴者，托兴于物。”书的题名也可以借用比、兴的手法，赋予其寓意、象征、比喻、借代的意义，使题名深刻、含蓄、典雅，或是使之有多元解释，引起好奇，以加强对读者的吸引力。这种题名方式，后来有很大发展，其空间也很广阔。尤其是在文学和艺术书籍中，有广泛的应用。

但由于书名多是简单的词语，有时不读全书，很难理解作者的深意，书名也可能产生歧义，引发争论。对传播造成正面或负面的影响。

4. 以著者姓氏或姓名题作书名，是书籍题名的第四个原则。起于春秋战国，诸子百家的言行，由其本人或其门徒编辑成书，题以作者姓氏或姓名。余嘉锡《古书通例・古书书名之研究》：“古人著书，多单篇刊行。及其编次成书。类出于门弟子或后学之手，因推本其学之所出，以人名其书。”又因中国古代学术极重师承、门派，所以以姓氏、姓名题作书名（后来发展又包括了作者的字、号、职衔、郡望等）自然流行开来。而且知名度增高后，就出现了“文以人传”或“洛阳纸贵”的现象。

四、书名词语的类型化

1. 先秦时代留下来的四种书籍题名原则，千百年来得到后人的认同和沿袭。由此也就产生书名词语类型化现象。

例如，因为“书”原来是指标历史书籍的，后来的许多历史书就仍题为《×书》。如《汉书》《晋书》《周书》《陈书》《隋书》《唐书》等。这样“书”这个书名常用的词语，就成了一种类型化的书名词语。

也有人仍在“书”这个词的原本意义—记载上，使用它作书名。如《汉书・艺文志》中，就著录有《推杂书》《龟书》《蓍书》和贾谊的《新书》等。后来题“书”作书名的也有：《商君书》《农书》《焚书》《四库全书》《大同书》《訄书》等。于是凡有所记载，可资传世者，在题书名时都可用“书”这个书名词语，它也就成为一个类型化的书名词语。“史”之一词也如此，既有《史记》，后人就题有《宋史》《清史》等。“史”，也就成为又一个类型化书名词语。

2. 书名词语的类型化现象，是由于后人的沿袭、模仿。它反映了文化、学术的发展、深化、衍生与其流派、门类的产生。

如对古籍《春秋》的解释，就有《左(丘明)传》《公羊传》《谷梁传》等。后来又出现了注、笺、疏等。再后又出现考证、校雠等学科。又如记、论、话、说、诗、歌等，则由篇章发展成一种文体或一种文学形式。

书籍刻板刊行之后，出于推荐、传播的需要，书名词语也出现了以修饰、美化手段强化流通的现象。

五、书名词语由简单到复合

1. 早期书名词语比较简单，如《书》《春秋》。由于书籍著作日益增多，已越来越不能适应多样、复杂的需要。为了表明此“书”非彼“书”，常常把一个主要书名词语与其他的附加成分，组合成复合书名词语。如“书”即可有“宝书”“图书”“评书”“全书”“遗书”“丛书”“书抄”“书简”“书话”“书目”“书信”等。而且有些也类型化了，如“图书”，大凡带有插图，或图文并茂的书，都可以称“图书”。书名词语的复合化，不仅表示书籍内容和形式的变化，也反映了文化学术的发展变化。

2. 复合书名词语的组成，是由一个主要词语，在其前面或后面附加了其他的修饰或限制成分所组成的双声或多声词语词之间的关系，基本有两种形式：

(一)并列的，即大体上是相等的，如注疏、解说、评传、纲要、校注、考证、评论、记要、答问等。

(二)偏正式或主从式的，词语中有一个是主要的，另一个起修饰或限制作用。如外传、大观、博览、文学、游记、文选、集解、宝鉴、通志、浅释、诗集、新论、图解、全集、野史、故事等。

六、类型化书名词语及其附加成分的来源与作用

1. 来源于古代典籍的传授、注释、解说、考校、评点等。即从训诂学上发展起来的，典籍的注释和研究。如传、注、疏、笺、义、解、释、训、诂、说、证、校等，反映治学的发展和需要。

2. 来源于各种文体的兴起和繁荣。如诗、词、歌、赋、记、话、语、录、传、志、论、史等。一种文体积少成多，积篇成书，它就逐渐被题为书名，变成各种书名词语。

3. 表示对书籍内容和形式的各种不同的修饰和限定。诸如表示姓氏、学派、时代、地域、资讯多寡、范围大小、写作特点、版本标识等。如长、大、全、广、博、通、小、约、要、简、精、琐、纲、略、摘、浅、新、旧、正、续、内、外、古、今、总、概、别、林、海等。

4. 反映书籍题名时对其的评价、美化、神圣化、神秘化等意图。如经、典、秘、宝、金、珠、玉、璧、藏、真、雅、俗、野、黑、芳、香、艳、奇、妙等，近于现代广告用语。有时带有刺激读者视听感官，或煽情作用。类似现代所谓包装，目的是扩大其传播影响。

七、书名的结构

1. 中国书名是由简到繁，由简单词语到复合词语的多重组合而成。由于学术的发展和深化，研究日益精密，书籍的流通也逐渐扩大，而著述者为了精确阐明自己的与众不同，也有为适应不同读者的需要与爱好，书名由简单词语而发展到在其前后增置各种附加成分。例如《书》，原来只是一个单词，后来题名“书”的书籍越来越多，就在前面增置了附加，而成为《尚书》，意为上代之书。又为了尊崇其特殊地位，而后置了附加而成为《书经》，使它不至于在书海中被淹没。类似的情况还有《周易》《礼记》《春秋左传》等。以后的发展可谓丰富多彩，仅举例若干以示：如《毛诗诂训传》《礼记正义》《道德真经》《世说新语》《昭明文选》《全唐诗》《蒙古秘史》《金瓶梅词话》《全本绣像批点红楼梦》《矛盾论》《现代物理学导论》《音乐手册》《西洋名画图鉴》《家庭菜谱》《茶话》等。

2. 如果进行分析，书名可以看成是由下列模

式组成的，即：

“前置附加书名词语 + 主要书名词语 + 后置附加书名词语”

其中只有主要书名词语是重要的，前置、后置书名词语常常是类型化的，而且也有不是一个而是多重的，也可能只有前置附加，而后面没有，或是相反。现在试举一些书名例来分析其结构组成（并试用符号来标识，用 O 来表示书名主要词语，用—来表示前后的附加成分）如：

《毛诗诂训传》

— O — — —

《礼记正义》

O — — —

《十三经注疏》

— — O — —

《全本绣像批点红楼梦》

— — — — — — O O O

《现代物理学》

— — O O—

3. 一本书的题名的结构，虽然分析起来由于着眼点的不同，而可能有异。但有一点是肯定的，即书名是有内在结构的，是可以分解的。其中必有一个是主要词语，而前置或后置则是附加的，或类型化的书名词语。分析书名，可以迅速准确地把握书籍内容。书名由简到繁，由单一到多重，到类型化、个性化反映学术文化的发展。读者可观察其源流和趋势，并得出相应的结论。

下面从古今众多的书名中举出一些实例并试作分析以证所论，次序大体按朝代排列

汉：

《易传周氏》	《论语》
O — — —	O —
《风俗通义》	《孙子兵法》
O O — —	— — O —
《吴越春秋》	《伤寒论》
O O — —	O O —
《释名》	《水经注》
— O	O — —

晋：

《九章算术注》	《孔子家语》
— — O O —	O O — —
《东观汉记》	《神农本草经》
— — O —	— — O O —
《玉台新咏》	《昭明文选》
— — — O	— — O —

唐：

《贞观政要》	《史通》
— — O —	O —
《艺文类聚》	《元和郡县志》
O O — —	— — O O —
《广弘明集》	《五经正义》
— O O —	— O — —
《千字文》	《皮子文薮》
— O —	O O — —

宋：

《大广益会玉篇》	《二程遗书》
— — — — O O	— — — O
《六一诗话》	《文苑英华》
— — O —	O O — —
《江南野史》	《别本韩文考异》
— — — O	— — O O — —
《朱子全书》	《剑南诗稿》
O O — —	— — O O
《容斋随笔》	《资治通鉴》
— — O O	— — O O

元：

《南村辍耕录》	《铁崖古乐府》
— — — — O	— — — O O
《西厢记》	《录鬼簿》
O O —	— — O
《续藏书》	
— — O	

明：

《三国演义》	《闲情偶记》
○○——	○○——
《李卓吾评忠义水浒传》	《警世通言》
——————○○—	○○——
《永乐大典》	
———○	

清：

《佩文韵府》	《古今图书集成》
——○—	——○○——
《说唐》	《清诗别裁》
—○	—○——
《聊斋志异》	《书目问答》
○○——	○○——
《植物名实图考》	
——○○——	

近代：

《鲁迅全集》	《辞源》
○○——	○—
《矛盾论浅说》	《文学概论》
○○———	○○——
《北京观光手册》	《中国通史》
——○○——	○○——
《现代流行歌曲》	《计算机语言》
————○○	———○○
《漫画技法》	《家庭用药常识》
—○——	——○○——

八、近代书籍题名的两种倾向

前面说过，书籍题名的目的是：昭示书籍的本质内容、著述形式、内容的寓意象征和著者姓氏等信息。但是从中国图书文化的发展历史来看，特别是魏晋以降，文人觉醒到“有意为文”，著书立说之风盛行，书籍数量激增。既然刻印成书，就不仅仅是为藏之名山，也是要更多的人阅读鉴赏，以流芳百世。因此书籍题名，如何更有力的吸引读者，就成为一个问题。六朝以后，文人著述结集刊刻日益普遍，文集的题名多才多姿。由书名可以反映作者的生平、历略、理想、情操、爱好等诸多层面。而自小说、戏曲勃兴以后，由于其本质上就有大众化、流行化的要求，于是文艺方面的书籍，题名就更加殚精竭虑地加以艺术化、哲理化、诗化、美化。务求不同凡响，甚至争奇斗艳，要一鸣惊人。使书籍题名寓意化、象征化的原则，更加发展。纷纷取自各种诗、词佳句，警语，格言，口号等。目的是提高书籍的格调，引导读者产生美感、激情，或表现内容的新颖独特，或要表现作者的高见卓识，而洋洋可观。又以近代西方文艺、科学的引进，书籍题名也有趋于洋化的形势，洋化的特点是口语化。又在现代商品经济市场规律的影响下，书名以广告式的语言出现，着意耸人听闻，以求出奇致胜，造成轰动效应，也产生抄作。如近来关于书名《丰乳肥臀》《拯救乳房》的讨论。等而下之者，也有名不副实，哗众取宠，庸俗，媚俗，恶俗的现象出现，如有人将《水浒传》改名为《一百零五个男人和三个女人的故事》；把《红楼梦》改名《女儿国的秘密》。但是 2005 年 4 月 3 日的《西安晚报》上的一篇文章提到著名作家海岩谈到他几部作品的题名：小说《平淡生活》出版前，编辑部强烈要求海岩改名，说哪怕叫“污点女孩”也比平淡生活四个字好卖，可海岩偏不。海岩说：“每部小说的名字虽然最后都成了流行，但刚开始都曾遭遇抗议。《玉观音》当初被认为是最差的，传达主题不明确，跟卖玉坠子似的。还有《拿什么拯救你，我的爱人》，好多媒体记者都劝我说：‘海岩老师，您这个书名太长，连标题都不好上，妨碍宣传。’但我坚持下来是因为在书名里有我要表达的意图，我不太管是不是卖得好。”其中深意颇为耐人寻味。

近代书籍题名的两种取向，一种是科学地反映书刊的实际；另一种是要发挥丰富的联想、幻想，可说是书籍题名的写实主义和浪漫主义的两种潮流吧。

国家基本职业培训包（指南包 课程包）

工业机器人系统操作员

人力资源社会保障部职业能力建设司编制

中国劳动社会保障出版社